레비-스트로스의 구조주의문화이론과 사상

레비-스트로스의
구조주의문화이론과 사상

강학순 지음

인간사랑

서문

        1949년, 인류 지성사에서 최초로 레비-스트로스
(Claude Lévi-Strauss, 1908~2009)가 구조주의(structuralism)를 주창했다. 이항대
대二項對待(binary opposition)[1]라는 구조가 모든 문화적 사상事象에 내재해 있
다는 것을 실증적으로 밝힌 것이다. 이로 인해 문화, 즉 인간에 의해 이
루어진 또는 이루어지는 세상의 모든 것을 이항대대라는 모델로 접근하
는 20세기 후반에 접어들어 현대의 지배적 사조를 구조주의라고 한다.

    소쉬르-야콥슨의 언어학에서 이미 구조주의가 제시되었지만 그것
이 인문사회과학 전반에 확고한 방법론으로 자리 잡게 된 것은 레비-
스트로스에 의해서다. 그래서 '구조주의' 하면 맨 먼저 레비-스트로스
를 생각하게 된다. 이에 구조주의를 '레비-스트로스의 구조주의'라고

---

1   한국 학계에서는 보통 '이항대립二項對立'이라는 번역을 사용하고 있다. 필자는
    강신표의 번역인 '이항대대二項對待'가 적절하다고 생각한다. 이항 간은 서로 對
    (against)이면서 **동시에** 서로 待(for)이다(동양사상에서 음과 양이 서로 그러한 것
    처럼).

부른다. 레비-스트로스의 영향으로 비롯된 다양한 학문영역의 구조주의를 후기구조주의라고도 한다. 보통은 통칭해서 구조주의이다.

레비-스트로스의 구조주의는 "우리들의 세계관 형성에 있어서 진정한 혁명이다".[2] 구조주의는 리치, 니담, 살린스 등의 인류학, 브로델을 선두로 하는 아날학파의 구조주의 역사학, 푸코의 역사학 방법론과 사회-역사사상, 알튀세르를 필두로 하는 구조주의 마르크시즘, 바르트를 중심으로 하는 구조주의 문학, 사이드의 후기식민주의 비평과 스피박의 현대사회비평, 라캉을 필두로 하는 구조주의 정신분석학, 데리다의 해체주의 이론과 사상 등에 큰 영향을 주었다. 특히 푸코, 알튀세르, 바르트, 라캉을 '구조주의 4인방'이라고 하는데 레비-스트로스는 이들 모두의 아버지 격이었다.[3]

레비-스트로스의 영향력은 모든 분야에서 지대했다. 1981년 프랑스의 저명한 월간지 『리르(Lire)』가 수백 명의 작가, 교수, 기자, 정치가를 대상으로 사상, 문학, 예술, 과학 등의 발전에 가장 깊은 영향을 끼친 생존 지식인이 누구인지를 조사한 결과 레비-스트로스가 단연 1위였다. 그 뒤로 레몽이 2위, 푸코가 근소한 차이로 3위, 그리고 라캉이 4위였다.[4] 임봉길 등은 "동서고금을 막론하고 어떤 방법론이나 사상이 이처럼 엄청난 성공을 거둔 것은 전대미문이라는 점에서 '혁명'이라는 단

---

2   F. Dosse, 1997, *History of Structuralism*, Volume I: *The Rising Sign, 1945-1966*, D. Glassman (trans.), University of Minnesota Press, pp. xxiv~xxv.

3   위의 책, p. xxi.

4   위의 책, pp. xxi~xxii.

어가 가능하다고 믿어진다"[5]고 했다.

〈문학과비평사〉 조사(1988)에 의하면 우리나라에서는 1968년 『사상계』 7월, 9월, 10월호에서 불어불문학자 이휘영, 김현, 홍재성, 김화영이 번역을 통해 처음으로 레비-스트로스와 구조주의를 소개했다. 그후 차차 불문학, 언어학, 문예평론, 인류학, 철학, 사회학 등에서 극히 일부 학자가 그의 구조주의를 단편적으로 취급했다. 1970년대에 들어 구조주의 소개와 연구가 활기를 띠기 시작했다.

1973년 이광규는 "레비-스트로스의 생애와 학문에 관하여 집필을 끝낸 이 순간의 소감은 4년의 대학 기간을 다시 갖고 레비-스트로스를 다시 한 번 연구하고 싶은 것이 솔직한 심정"이라고 토로하면서 "이제 레비-스트로스를 파악하였다기보다는 그를 이해하기 시작하였다"[6]고 했다. 그는 대학을 떠나 외교부 재외동포재단 이사장으로 있으면서도 "가장 아쉽고 차후에도 계속하고 싶은 것이 레비-스트로스의 구조주의를 다시 정리하여 큰 저서로 출판하는 것"[7]이라고 했다.

1974년, 강신표는 문화인류학 명저 *The Unconscious in Culture*[8]에서 레비-스트로스가 제시한 구조가 중국 고대로부터의 우주론적 구조임

---

5 임봉길·윤소영·송기형·김성도·정재곤, 2001, 『구조주의 혁명』, 서울대학교출판부, 표지 글.

6 李光奎, 1973, 『레비-스트로스—生涯와 思想』, 大韓基督教書會, 머리말.

7 이광규, 서울대 《교수신문》 (2006. 1. 4).

8 Shin-Pyo Kang, 1974, "The Structural Principle of the Chinese World View", In I. Rossi (ed.), *The Unconscious in Culture*, New York: E. P. Dutton & Co., Inc.

을 밝혔다. 1981년에는 그가 주도적인 역할을 해서 레비-스트로스를 우리나라에 초청해 한국 지성계에 구조주의에 대한 관심을 획기적으로 불러일으켰다. 또한 1998년 그는 경주세계문화엑스포 행사장에 세워진「새천년의 미소─전통, 조화 그리고 창조」라는 이름의 엑스포상징 조형물, 2002년에는 퇴계의 성학십도(聖學十圖), 2004년에는 성종 때 편찬된 악학궤범(樂學軌範)의 음악 등을 구조주의로 접근해서 '이항대대'가 우리 동아시아에도 공통되는 문화문법임을 밝혀 그것을 대대(對待)문화문법이라고 명명했다. 이러한 획기적인 학문적 성취에 대해 후일 그는 일찍 여읜 어머님을 찾은 것 같다고 술회했다.[9]

김형효는 70년대 중반부터 구조주의를 공부하면서 "때로는 구조주의(構造主義) 공부를 포기할까 하는 심정도 가졌었다. 그 까닭은 첫째로 구조주의가 포괄하고 있는 지식의 범주나 양이 너무 많고, 따라서 필자는 얼마나 아는 것이 없고 무식한가 하는 쓰라린 자각 때문이다. 둘째로 구조주의의 논리가 너무 난해하고 어렵고 복잡해서 스스로 두뇌 수준에 회의를 가졌기 때문"[10]이라고 했다. 그는 60년대에 공부했던 루뱅대학에 다시 가서 구조주의를 20대 당시의 정열과 패기로 마무리 짓고자 안개 끼고 음산하기 이를 데 없는 벨기에의 겨울 날씨 속에서 오로지 공부와 연구에만 매진했다. 10여 성상星霜 매진의 결과, 1988년 대작『구조주의 사유체계와 사상』을 출간한다. 그러면서도 그는 "필자의 노력에도 불구하고 실력의 축적이 미진하여 구조주의를 아직 완전히 소화하지 못하였음을 고백한다"[11]고 했다.

---

9   姜信杓, 1998, 韓國의 對待文化文法과 人學,『한국문화인류학』 31(2): 229쪽.

10   김형효, 1989,『구조주의 사유체계와 사상』, 인간사랑, 12쪽.

푸코, 데리다, 바르트, 라캉, 알튀세르 등에 관한 저서는 시중에도 상당히 있다. 정작 '구조주의 아버지' 레비-스트로스의 경우, 그의 문화이론과 사상의 **숲-나무적 전모를** 쉽고 명확히 이해할 수 있도록 쓴 저서를 찾아보기 어렵다. 아예 없다고 해도 과언이 아니다.

레비-스트로스의 구조주의를 둘러싼 사태가 위와 같은데 어떻게 감히 천학비재淺學非才 필자가 그 전모를 명료하게 쓸 수 있단 말인가. 필자는 상기 대석학분들의 그 학구열, 그 학문적 겸손을 귀감으로 삼았다. 그리고 지봉(芝峯)의 면학정신을 책상 옆 벽에 써 두고 매일매일 공부마음을 다잡았다: 학문을 하는 자는 오직 정성을 다하는 것과 오래 계속하는 데에 그 뜻이 있는 것이다; 성을 다하면 통하지 않는 것이 없을 것이요 오래 계속하며 얻지 못하는 것이 없을 것이다.[12]

본서의 목적은 크게 두 가지이다. 첫째, 레비-스트로스의 구조주의 문화이론과 사상 전모를 기초부터 체계적으로 그래서 쉽고 명료하게 이해하는 것이다. 둘째, 이를 통해 인간과 세상에 대해 보다 열린 지식과 폭넓은 깨달음을 함양하는 것이다.

필자는 이 목적을 최대한 효과적으로 달성하기 위해 본서를 강의형식으로 구성해서 강의문체로 썼다. 형식적, 서술적 품격 따위를 개의치 않고 오직 '쉽고 명료하게'라는 목표를 향해 글자의 체와 크기, 괄호, 각괄호, 각주, 대시기호(─) 등 여러 방법을 동원해서 실제로 강의하듯이 썼다. 또한 '앞서 검토했듯이', '제 몇 장章에서 언급한 것처럼', '뒤이

---

11 위의 책, 13쪽.

12 李睟光,『지봉집(芝峯集)』, 권29: 경어잡편(警語雜編).

어 취급할', '뒤편에서 논의할' 등등 다양한 안내 글귀를 이례적일 정도를 넘어 **글의 학문적 무게감을 훼손하면서도** 파격적으로 계속 삽입했다. 본서를 차례로 읽어 나가면 모든 내용을 누구나 한 군데도 막힘없이 명료하게 이해할 수 있도록 하기 위함이다.

레비-스트로스는 "유교사상의 전통 속에서 자란 동양인은 구조의 개념을 쉽게 파악할 수 있다"고 했으며 또한 "음양陰陽의 대립對立[對待]에 의해 질서 지어지는 우주론적 체계宇宙論的 體系를 기반으로 하는 고대중국사상古代中國思想보다 더 훌륭한 구조주의적 사고방식의 예를 어디에서도 발견해 본 적이 없다"고 했다.[13] 그러므로 구조주의를, 유학 크게는 동양사상(동아시아의 유불도儒佛道사상)을 참조해서 쓰면 이해가 더 명료해지고 깊어진다. 서양인이라면 별문제이지만, 동양인인 필자가 구조주의를 전문적으로 쓰면서도 그러한 참조 없이 쓴다면 이해할 수 없는 일일 것이다. 필자는, 본서의 목적과 분량을 고려해서, 그 참조를 최소화하려고 노력했다.

외래 학술용어는 원어를 병기하면 이해가 쉽고 분명해지는 경우가 있다. 외래어 문헌으로, 또는 그것의 번역을 기반으로 쓴 문헌으로 공부해서 책을 쓰면서도 원어를 일절 혹은 거의 병기하지 않는 경우가 많다. 남다른 한글사랑에서 그런지, 학문적 권위의식에서 그런지 이유를 알 수 없다. 필자는 오직 '쉽고 명료하게'라는 목표를 향해 원어를 적절하게 병기했다.

---

13 C. Lévi-Strauss, 1983, 『레비-스트로스의 人類學과 韓國學』, 강신표(대표 역·편),
    韓國精神文化硏究院, 13쪽. (각괄호 필자)

제1장에서는 이례적으로 많은 지면을 할애해 문화인류학이론 전반을 기술했다. 문화인류학에서 구조주의인류학의 위치, 특성, 여타 문화인류학이론과의 관련성에 대한 이해를 확실히 하기 위해서이다. 특히 문화생태주의, 인지認知주의, 기능주의, 구조-기능주의, 그리고 레비-스트로스의 구조-기능주의 거부에 대해 역점적으로 기술했다[문화인류학도라면 이유를 이미 알고 있을 것이다]. 후학들이 그 이론들을 가지고 실제로 문화에 접근해서 연구논문을 쓸 수 있도록 쉽고 명확하게 썼다.

문화인류학이론 각각을 따로따로 이해한 것은 제대로 된 이해가 아니다. 그 이론들을 상호 유기적 관련 속에서 이해해야만 온전한 이해이다. 새로운 이론은, 특히 문화인류학이론의 경우, 기존 이론의 문제점이나 한계 속에 그 싹이 배태되어 있기 때문이다. 필자는 제1장을 그러한 유기적 관련을 의도적으로 고려해 쓴 것이 아니다. 하지만 제1장을 처음부터 차례로 읽어 나가면 누구나 그러한 관련 속에서 각각의 이론을 온전하게 이해할 수 있을 것이다.

제2장에서는 인류 지성사에 레비-스트로스라는 '영웅'이 탄생된 사조적 배경을 기술했다. 특히 사르트르의 현상학적 실존주의를 역점적으로 기술했다. 현상학적 실존주의에 대한 이해가 확실하지 않으면 그래서 레비-스트로스가 왜 그것을 비판하는지 모르면 그의 구조주의(이하 구조주의) 전모를 입체적으로 이해할 수 없고 따라서 쓸 수도 없다.

제3장에서는 레비-스트로스의 인식론적, 방법론적 기반을 기술했다. 특히 소쉬르의 '혁명적인' 언어학 이론을 역점적으로 기술했다. 그 이론과, 그 이론에 기반한 트루베츠코이의 음운론이 레비-스트로스가 제시하는 인식론, 방법론의 모태이기 때문이다. 또한 루소의 사상을 심층적으로 기술했다. 레비-스트로스의 인간관, 문명관의 토대가 바로

루소의 사상이기 때문이다. 데리다는 그를 '투철한 루소주의자'라고 했다.

　제4장에서는 레비-스트로스의 구조주의문화이론을 집중적으로 기술했다. 이론의 핵심이 명확히 드러나도록 필자의 부연설명이나 예증 제시를 자제했다. 전문용어에 대한 서술이 소상하지 않은 경우도 있다. 그래서 얼른 이해되지 않는 부분도 있을 것이다. 이러한 지장 없이 제4장을 쉽고 명료하게 이해할 수 있기 위한 필수적 전 단계가 바로 제3장이고 또 그 앞의 제2장이다[그러므로 관심있는 부분을 골라 먼저 읽으면 쉽게 이해되지 않는다고 실망할 수 있다]. 특히 토템, 신화에 대한 구조주의적 접근을 역점적으로 기술했다. "토테미즘은 그 이후 작업과, 그의 구조주의를 따르는 연구자들에게 방법론적 청사진"[14]이기 때문이다.

　제5장에서는 레비-스트로스의 구조주의 역사관에 대해 논술했다. 이를 위해 제1절에서 먼저 헤겔의 역사관을 많은 지면을 할애해 역점적으로 기술했다. 철학도 레비-스트로스가 인류학도로 전향한 이유가 바로 헤겔의 역사주의철학을 그가 정면으로 거부했기 때문이다. 헤겔의 역사관을 구체적으로 명확하게 이해해야만 그 거부 이유를 알 수 있고 이를 기반으로 레비-스트로스의 역사관에 대한 온전한 이해가 가능하다.

　제6장에서는 레비-스트로스의 구조주의 문명관을 밝혔다. 이를 위해 제3절에서 제국주의 실상을 먼저 밝혔다. 그 감추어진 실상을 알아야만 그의 문명관에 대한 온전한 이해가 가능하기 때문이다. 레비-스

14　C. Lévi-Strauss, 1973, *Totemism* (1962), R. Needham (trans.), Harmondsworth: Penguin Books, p. 10.

트로스의 문명관과 역사관은 유럽이 비유럽 세계를 수백 년에 걸쳐 '바이러스적 방식'으로 착취해온 만행을 합리화하는 모든 제국주의적 문명관, 역사관을 뒤엎었다.

제7장에서는 이상 레비-스트로스의 문화이론과 사상을 통해 함양한 필자 나름의 깨달음과 철학으로써 동양이 서양으로서 동양을 말해온 학문풍토를 비판하고 동양이 동양으로서 동서양을 말했다. 따라서 글의 형식과 문체가 여타의 장과 달리 아카데믹 에세이에 가깝다. 특히 제3절에는 필자가 서구합리주의의 '문화적 모순'을 오랜 세월에 걸쳐 직접 목도한 기록이 포함되어 있다.

제8장에서는 고대로부터 동양의 인식론이 구조주의인식론과 거의 판박이라는 것을 역점적으로 논술했다. 또한 레비-스트로스와 동양사상의 합창이 오늘날 양자물리학을 통해 전 인류에 울려 퍼지고 있다는 사실을 명료하게 밝혔다. 이 작업을 위해『도덕경』중에서도 "오랜 세월 동안 많은 사람의 생각을 혼미하게 만든 원인을 제공한"[15] 제1장과 제2장을, 구조주의로부터 생각을 얻어, 독창적으로 해석했다. 이 해석에 있어 기성의 권위에 의존하는 상호참조적 이해로써 다람쥐 쳇바퀴 도는 식의 해석을 거부했다. 또한 암암리에 깔린 노자에 대한 신비론을 걷어내었으며 이현령비현령耳懸鈴鼻懸鈴을 떠올리게 되는 복잡한 훈고학적 해석에 의존하지 않았다. 필자의 작은 지식으로 난삽한 해석을 하나 더 보태는 일을 결코 하지 않았다.

15　김형효, 1999,『老莊 사상의 해체적 독법』, 청계, 20쪽.

　　본고의 완성은 은인들 덕분이다. 필자의 공부역정에 있어 언제나 든든한 언덕인 친구 임종달은 당시 성치 않은 몸인데도 한국에서 구할 수 있는 문헌자료(주로 동양사상이나 동양사상과 관련된)를 그야말로 헌신적 노력으로 섭렵해 보내주었다.

　　M. Goldsmith 선생님(와이카토대 명예교수)은 오랜 세월에 걸쳐 필자의 공부와 연구의 모든 것을 적극적으로 도와주신 큰 은인이시다. 필자가 와이카토대에서 한국의 구조인류학을 선구하신 고 강신표 선생님을, 레비-스트로스와 라캉을 통해, 간접으로나마 뵙게 된 것은 하늘의 도우심이다. 당시 연구자료가 막혀 논제를 바꾸어야 하는 상황에 봉착해 있었다. 논제를 바꾸려면, 연구계획서를 다시 작성해서 대학 당국의 승인을 득해야 하는 데 여러 달이 걸린다. 선생님께서 직접 보내주신 구조주의 관련 저서, 학술저널 그리고 크신 칭찬과 격려 덕분에 그 어려운 상황을 타개해서 연구를 완성할 수 있었으며 이를 토대로 본고를 쓸 수 있었다. 필자의 고교 선배 김원경 선생님은 당신의 바쁜 저술작업을 밀쳐 놓으시고 본고 거의 전부를 하나부터 열까지 누차 철저하게 지도해주셨다. 그 고마움 이루 말로 할 수 없다.

　　무명인 필자의 졸고를 흔쾌히 출판해주신 인간사랑 출판사 여국동 사장님께 감사드립니다. 세밀한 윤문작업까지 더해 책을 잘 만들어주신 권재우 편집장님과 이국재 영업부장님을 비롯 임직원분들께 감사의 마음을 전합니다. 귀사의 무궁한 발전을 기원합니다.

필자 강학순

차례

일러두기

1. 고유·명사나 고유명사에 가까운 고전용어는 괄호를 해서 한자를 병기했다.

2. 각주번호가 문장 끝 마침표 바로 왼편에 있는 경우 그 각주는 그 문장에만 해당된다.

3. 『논어』 각 장章의 절節 번호가 한국학자가 쓴 책 간에도, 외국학자가 쓴 책 간에도 조금 다른 경우가 있다. 본서는, 어느 한 『논어』에만 의존하지 않고, 복수의 국내외 『논어』를 참고했으며 참고한 『논어』의 절 번호를 제시했다. 이에 그 번호가 독자가 가지고 있는 『논어』의 것과 1-2절 정도의 차이가 있을 수 있다(제4장 각주 74 참조).

4. 본서에서 동양은 동아시아 유불도(儒佛道) 문화지역이다.

제1장 들어가면서: 문화인류학 이론들

― 왜 레비-스트로스인가 ―

크로버(A. L. Kroeber)와 클러크혼(C. Kluckhohn)의 연구 *Culture: A Critical Review of Concepts and Definitions*에 의하면 문화인류학자들이 문화[1]라는 용어를 정의한 것이 무려 175개이다. 이것은

---

1   문화와 문명, 이 두 용어의 개념은 국가와 시대 그리고 학자에 따라 다양하다. 문화(culture)의 어원은 토지경작이나 식물재배나 동물사육을 의미하는 라틴어 cultra에서 유래했다. 문명(civilization)의 어원은 미개한 농사짓는 사람보다 개화한 도시의 시민이라는 뜻인 라틴어 civio에서 유래했다. 독일에서는 문화를 정신적인 것으로 보는 반면, 문명을 물질적, 기술적, 국제적 속성으로 보아 양자를 구분한다. 영·미에서 문명은 모든 인간생활의 향상·개명을 의미해서 소위 야만인에 대한 문명인이라고 하는 말에서 느끼는 그러한 뜻인 반면, 문화는 간단히 교양, 교육, 양성이란 뜻의 좁은 의미로 많이 쓰이고 있다. 이것은, 독일과 반대로, 문명이라는 개념 안에 문화를 포함시키는 경향이다. 니시오카 히데오西岡秀雄에 의하면, 일본에서는 명치(明治)시대에 들어서서 문화와 문명을 영·미식 개념으로 사용한 이후 같은 흐름을 보였다. 그러나 1950년대 중반 이후 칸바 도시오樺俊雄를 비롯한 일각에서는 문화와 문명을 독일식으로 구별하면서 그 위에 양자를 광의의 문화라는 명칭으로 포괄할 것을 주장한다. 그래야만 문화와 사회 간의 관련을 바르게 파악할 수 있다고 주장하면서 독일 언어에서도 문화와 문명 양자를 포괄하는 Gesittung이라는 어휘가 사용되고 있음을 지적하고 있다(西岡秀雄, 1961, 『文化地理』, 東京: 廣文社, 6-13쪽).
E. B. Tylor(1832~1917)는 문화를 '지식, 신앙, 예술, 도덕, 법률, 관습 그리고 사회구성원으로서의 인간에 의해 획득된 모든 능력과 습성의 복합적 총체'라고 정의했다. 이것은 가장 표준적인 문화의 정의인 것으로 보편적으로 수용되고 있다(C. Seymour-Smith, 1996, *Macmillan Dictionary of Anthropology*, London: The

문화인류학[2] 학설 역시 몇 개로 딱 구분 짓기가 어렵다는 것이다.

구조주의를 상징주의 속에서 논해야 하는가, 혹은 상징주의가 넓은 의미의 구조주의 범주에 드는가. 상징주의인류학과 해석주의인류학(문화해석학)을 서로 다른 범주로 분리할 수 있는가. 신진화주의인류학은 마르크스주의인류학의 한 갈래로 보아야 하는가. 라쩰의 문화전파론, 슈미트의 문화권文化圈론, 위슬러 유의 문화영역론 등은 근본에 있어 문화지리학이 아닌가. 스튜어드의 문화생태학 역시 문화지리학 범주에 드는 것 아닌가. 문화기호론 혹은 기호인류학은 결국 구조주의가 아닌가. 알튀세르의 마르크스주의인류학도 구조주의의 한 갈래가 아닌가. 인지認知인류학 역시 방법론에서 볼 때 구조주의의 한 분야가 아닌가. 이러한 여러 관점에 따라 문화인류학의 학설 분류가 다양할 수 있다. 가바리노(M. S. Garbarino, 1983)와 바나드(A. Barnard, 2000)의 견해를 참고로 해서, 모건(L. H. Morgan, 1818~1881) 이래의 문화인류학 이론을 간추리면 크게 진화주의, 전파주의, 역사주의 또는 [전파는 시간의 흐름 속에서 일어나는 역사적 사태이므로] 전파-역사주의, 문화생태주의, 패턴-형상주의, 인지주의, 기능주의, 구조-기능주의, 그리고 구조주의로 대별할 수 있다.

Macmillan Press, p. 65).

2 인류학으로 번역되는 anthropology는 희랍어 anthropo(사람, 인간)와 logos(앎, 지식)의 합성어이다. 직역하면 인간학 혹은 인학人學, 즉 인간을 연구하는 학문이다 (Anthropology means 'human study')(R. Keesing and A. Strathern, 1998, *Cultural Anthropology: a comparative perspective*, London: Harcourt Brace & Company, p. 2).
인간을 연구하기 위해서는 문화를 가진 인간(man as a culture carrier)으로서의 인간도 연구해야 하고 동물로서의 인간(man as an animal)도 연구해야 한다. 대별하면, 영·미에서는 전자를 문화인류학이라 하고 후자를 형질인류학이라 한다. 반면

*

먼저, 진화주의문화이론은 상기 모건이 제시한 3가지 가설을 전제로 한다. 인류의 지리적 기원이 단일하다. 동일한 발전단계에서는 인류의 욕구가 유사하다. 인간심리의 제일성齊一性(psychic unity of mankind), 즉 동일한 사회적 조건에서는 인간의 심리가 모두 같다.

그리고 학문적 체계는 잔존殘存(survival)이라는 방법론적 틀 위에서 성립되었다. 소위 원시인[이하 소위 생략]은 서구인이 발전하기 이전의 것들을 가지고 있고, 발전한 현 서구인에게도 원시적 잔존이 있다는 것이다. 그러므로 원시인의 문화를 연구하면 소위 문명인[이하 소위 생략]의 과거를 알 수 있고 이에 따라 인류 전체의 단일한 문화사를 편성할 수 있다는 것이다. 이러한 가설적 틀 위에 성립된 진화주의의 핵심 독트린은, 첫째, 발전적 진화이다. 인류의 문화는 저차원에서 고차원으로, 단순에서 복잡으로, 불완전에서 완전으로 진화 발전해간다는 것이다. 둘째, 보편적, 단선적 진화이다. 상기 인간심리 제일성이라는 가설적 전제에 기반해서 문화의 진화는 어떤 민족이건 모두 같은 방향, 같은 단

에, 유럽대륙에서 인류학이란 대체로 형질인류학이고 문화인류학은 주로 민족학(ethnology)이라고 한다. 영국의 인류학은, 나중에 래드클리프-브라운에서 보듯이, 문화와 사회를 구분해서 인간을 사회학적으로 접근해야 하는 존재로 규정하기 때문에 문화인류학이기보다는 사회인류학이다. 학계에서는 쟁점이 내포된 그러한 이분법적 가름을 피하기 위해 사회문화인류학(sociocultural anthropology)이라는 용어를 흔히 쓴다(C. Seymour-Smith, 1996, 앞의 책, p. 259). 이와 관련된 구체적이고 자세한 내용: R. Keesing and A. Strathern, 1998, 앞의 책, pp. 3-5; A. Barnard, 2000, *History and Theory in Anthropology*, Cambridge University Press, pp. 1-4.

계를 거쳐 진행된다는 것이다. 문화가 다양한 이유는 다양한 인종에 따른 진화 속도의 차이 때문이라는 것이다. 모건을 위시한 타일러, 프레이저, 바코펜 등이 대표적 진화주의자이다.

20세기에 들어와, 원시인에 관한 기록이 풍부해지면서 진화론이 비판받게 된다. 마르크스-엥겔스의 유물사관에 기초가 된 모건의 주저, 일명『고대사회』라고도 하는『미개로부터 야만을 지나 문명에 이른 인간진보(*Researches in the Lines of Human Progress from Savagery through Barbarisms to Civilization*)』에서 주장하는 난혼제라는 것이 존재하지도 않았고, 그것이 있었다고 추론할 만한 근거도 없으며, 가장 진보된 혼인제도라고 주장하는 일부일처제가 가장 원시적인 채집·수렵사회에서도 널리 발견된다는 사실이 밝혀졌다. 또한 핵가족이, 근대 이후는 커녕, 고대의 씨족 집단가족보다도 더욱 오래된 제도임이 밝혀졌다.

진화주의에 대한 비판을 요약하면, 첫째, 진화적 발전이라는 개념에 대한 비판이다. 문화에 있어서 물질과 기술이라는 측면은 발전여부를 말할 수 있지만, 제도, 종교, 도덕, 그리고 인간성 등과 같은 비물질적 측면에 관해서는 진화발전을 말할 수가 없다는 것이다. 둘째, 그럼에도 불구하고, 진화론에 입각한 인류문화사에서는 그러한 비물질적 측면까지 포함해서 모든 측면의 문화를 서구인 자신의 문화와 비교해서, 그 유사성 차이의 정도에 따라 문화적 우열의 서열을 매기고 있기 때문에 철저히 서구중심의 자민족중심주의(ethnocentrism)라는 것이다. 셋째, 인간심리의 제일성에 대한 비판이다. 모든 인간, 모든 민족에 의해 이루어진 문화가 인간심리의 제일성으로 인해 같은 방향, 같은 단계를 거쳐 일직선적으로 발전해 나간다는 주장은 구체적 사례와 다르다는 것이다.

인류지리학(anthropogeography)의 창시자 독일의 라쩰(F. Ratzel, 1844~1904)은 서로 다른 문화에서 발견되는 동일한 문화요소(culture element)—인간의 생활에서 만들어진 일체의 유형무형의 산물—는 문화의 전파 및 차용借用에 의해 이루어진다고 주장함으로써 진화론을 부정하고 문화전파주의를 선구先驅했다. 이후 일단의 독·오獨墺학파 문화지리학자에 의해 그 학문적 완성을 보게 된다.

문화전파라는 문화지리학적, 인류지리학적 테마는 신대륙 발견부터 시작된다. 그때 거기서 유럽인이 접촉한 인디언문화는 신대륙에서 독립적으로 발생한 것인가, 아니면 구대륙에서 전파된 것인가 하는 테마이다. 라쩰의 이론에 의하면, 그것은 전파에 의한 것이다.

민족이동은 엄연한 역사적 사실이다. 또한 민족이동 시 문화전파의 자취가 지리적 이동경로를 따라 남아 있다. 이에 라쩰은 서로 유사한 문화요소의 분포를 추적해서 지도상에 정확히 기입하는 방법을 통해 인류가 지구상의 어느 한 중심지[3]에서부터 분산 이동해서 각기 다른 지리적 환경에 적응하면서 그에 따른 다양한 문화를 발전시켜 왔다고 주장했다. 이에 그는, 인류의 문화가 다양한 것은 근본적으로 지리적 환경의 소산이라고 보았다. 이른바 지리환경 결정론이다.

라쩰은 서로 유사한 문화요소의 지리적 분포를 추적함에 있어서 유사성 판단에 대한 주관적 오류를 제거하기 위해 형태규준形態規準을 제

---

3 인류의 지리적 기원에 대해 다지역 기원설, 단일지역 기원설이 있다. 지금까지 연구의 총 결산에 의하면 후자가 거의 확실하다. 현생인류의 조상으로 믿어지는 화석 중에 가장 오래된 화석에 붙여진 이름이 오스트랄로피테쿠스인데 아프리카 중부에서만 발견되었기 때문이다. 오스트랄로피테쿠스인은 신생대 제3기의 마이오세 말기(약 530만 년 전)와 홍적세 초기(약 160만 년 전)에 살았다고 추정되고 있다.

시했다. 즉, 서로 다른 지역에서 발견되는 유사한 문화요소가 그 본성(목적)이나 재료의 성질에서 필연적으로 생긴 유사가 아닌, 전적으로 우연한 유사성을 가질 때 그 문화요소는 동일 기원에서 전파된 것으로 간주한다는 것이다. 그는 지리적으로 서로 먼 지역인 아프리카와 멜라네시아의 활을 비교해서 두 곳 모두 활대 단면이 반원형이고, 활대에 얽혀 있는 고리가 활시위받이라는 것을 알았다. 그 단면과 시위받이의 구체적 모양은 활의 본성이나 재료와는 무관한 것이어서 형태규준에서 볼 때 두 곳의 활은 동일 기원이라고 그는 주장했다. 후일 그레브너(F. Graebner)는 공통언어규준을 추가했다. 동일 어족語族 지역의 문화요소는 동일 기원이라는 것이다. 그는, 남미에서 담배재배 양식과 해먹(hammock) 방식이 지역에 따라 다양하지만 둘 다 주로 아로와크어족 지역에 분포한다는 사실은 그것들이 동일 기원임을 말해주는 확실한 증거라고 했다.

라쩰의 제자 프로베니우스(L. Frobenius)는 동일기원판단에 있어서 과학적 객관성을 제고하기 위해, 어느 특정 문화요소와 더불어 그것과 관련된 적어도 몇 개 이상의 문화요소를 함께 고려하는 양量규준을 추가했다. 이를테면, 칼 하나만을 서로 비교해서 유사성을 판단해 동일 기원 여부를 가리는 것이 아니라, 칼과 관련된 창이나 방패 등 관련 다수를 비교해서 종합적으로 판단해 가린다는 것이다.

여기에 추가해서, 오스트리아 신부 슈미트(W. Schmidt, 1868~1954)는 전파·확산의 지리적 경락經絡의 연속성 여부를 파악하기 위해 밀도密度규준(계속규준)을 추가했다. 서로 유사한 칼이나 창이, 이를테면, 수천 킬로미터 떨어져서 발견된다면 그것들이 동일한 기원에서부터 전파·확산된 것이라고 보기 어렵고, 몇백 킬로미터 당 적어도 몇 개 이상은 발견되어야만 동일 기원이라고 볼 수 있다는 것이다. 그는 밀도규준과 상기 그레브너가 제시한 문화권 개념을 종합해서 독·오학파의 전파주의를 완성한다.

슈미트에 의하면, 풍습, 종교, 의식, 예술, 법, 복식服飾 등 모든 문화현상은 내적 민족정신의 외적 표현이다. 내적 민족정신에 의해 모든 문화집단에는 각기 고유한, 일관되고 단일한 문화구성규범(문화통합규범) 즉 문화공리(culture postulate)가 있다. 문화공리에 의해 개별 문화집단은 있을 수 있는 여러 가지 관습이나 제도 중에서 자신의 문화공리에 따라 하나의 유형을 택하게 된다. 가족의 경우, 부계가족, 모계가족, 양계兩系가족, 확대가족, 부부가족 등에서 하나만을 택해 자신의 가족제도로 한다. 하나의 문화제도(culture institute)나 하나의 문화복합(culture complex) 내에 있는 모든 문화요소는 그러므로 총체적인 유기적 조화를 이룬다.

예를 들어, 수렵狩獵에는 수렵에 필요한 노구·기술이라는 범주의 문화요소들, 훈련·교육이라는 범주의 문화요소들, 사회적 조직이라는 범주의 문화요소들, 수렵 전후의 의식이라는 범주의 문화요소들 등이 있다. 여러 범주에 걸친 이들 문화요소가 문화공리에 의해 서로 유기적 통합을 이루어 수렵문화복합을 이룬다. 이러한 문화복합이 다시 몇 개가 모여 문화제도가 된다. 수렵은 수렵문화복합으로 그 문화적 과정이 그치는 것이 아니다. 수렵에서 획득된 것을 교환하는 문화적 과정, 그리고 교환해서 소비하는 문화적 과정으로 연결된다. 이들 과정 역시 각기 문화공리에 의해 유기적 통합을 이루어 교환문화복합, 소비문화복합이 된다. 이 수렵문화복합, 교환문화복합, 소비문화복합이 다시 문화공리에 의해 통합되어 경제제도를 이룬다. 그리고 경제제도, 친족제도, 교육제도, 법률제도 등이 서로 유기적 통합을 이룸으로써 비로소 하나의 특정 문화가 탄생한다.

이렇게 탄생한 문화가 어떤 역사적 사태 속에서 일정한 지리적 영역 (area)을 점하게 되면 특정 문화권文化圈(culture circle)이 형성된다. 문화권은 그러므로 역사적 전후관계를 갖는 하나의 독립된 체계이다. 문화복합이나 문화제도는 시간의 흐름 속에서 문화공리에 의해 체계정돈적 형태로 확장되거나 이동하면서 다른 문화공리에 의해 구성된 기존의 문화복합이나 문화제도를 밀어내기도 하고, 그것과 중복되기도 한다. 이에 따라 문화는 (밀어내는 경우) 지리적 확산 뿐만 아니라 (중복되는 경우) 시간적 선후관계를 나타내는 문화층을 이루기도 한다. 따라서 문화권 연구를 통해 문화전파의 지리적 방향성과 역사성을 밝힐 수 있다. 이에 슈미트는 문화연구에 있어서 지리공간 상의 체계적 실체인 문화권별 연구를 주창한다. 지구상의 그 어떤 문화라 하더라도 구체적인 당해 문화요소, 문화복합, 문화제도를 문화권이라는 패러다임에서 분석함으로써 그 문화의 지리-역사적 배경은 물론, 그 문화의 기저를 관통하는 문화공리 나아가 민족정신까지 파악·이해할 수 있다는 것이다.

문화전파주의는 지금까지 논의한 독·오학파 외에 리버스(W. Rivers), 스미스(G. Smith), 페리(W. Perry) 등 영국학파가 있다. 그들은 소위 고등문명의 대부분 요소가 원래 이집트의 것인데 수많은 일과 사태를 품은 역사 속에서 그것들이 이집트 밖의 여러 지역으로 전파되었다고 주장한다. 이에 그들은 주로 이집트문화 연구에 치중했기 때문에 이집트학파라고도 불리기도 하는데 학계로부터 이렇다 할 지지를 받지 못했다.

문화전파주의는 특히 문자가 없는 선사시대의 문화, 예컨대, 신석기시대의 민족이동과 그에 따른 문화교류를 밝히는 데 크게 공헌하고 있다. 또한 유럽 각국과 여타 국가들 그리고 우리나라에서도 문화교류의 지리적 배경, 지리-역사적 계보를 연구하는 중요한 이론으로 되어왔다.

하지만 다음과 같은 점에서 비판을 받는다. 첫째, 물질문화라는 측면에서는 전파에 의한 유사성을 논할 수 있지만 비물질적 문화에 대해서는 그것을 논하기가 어렵다는 점이다. 둘째, 동일한 목적이나 용도를 가진 문화요소는 지역에 상관없이 어느 정도까지는 유사한 형태를 가지기 때문에 유사성에 관한 우연성 여부를 객관적으로 가리기가 어렵다는 점이다. 셋째, 문화의 지리적 이동에 따른 문화접촉에 의해 특정 문화요소가 전파될 때 그 문화요소를 수용하는 방식, 수용이 당해 사회에서 가지는 의미, 수용이 당해 사회에 미치는 영향 등은 사회마다 다르기 때문에 문화의 유사성과 그 정도를 전파론만으로 접근하는 데는 한계가 있다는 점이다. 넷째, 인간이란 처해진 환경 속에서 필요한 것을 스스로 만들어 사용할 수 있음에도 불구하고, 문화의 선파라는 측면에 치중함으로써—비근하게는 지금 우리가 향유하고 있는 문화가 꼭 전파에 의한 것이라고 간주함으로써—인간의 창조능력을 과소평가한다는 점이다.

*

다른 한편으로 미국에서는 독일 출신 보아스(F. Boas, 1858~1942)가 문화진화론을 두고 신학적 창조론의 퇴조에 대체된 이론에 불과한, 독단과 유추에 의거한 '안락의자 철학자들'의 이론이라고 비판했다. 타일러, 모건, 프레이저, 베스터마르크, 바호펜 등 당시 인류학 대가들은 안락의자에 앉아 선교사, 식민지 관리, 상인 등으로부터 입수된 자료를 가지고 인류의 문화와 역사에 관해 진화론이라는 거대한 일반화도식을 수립했다(통역을 통해서나마 직접 원주민의 이야기를 듣기 시작한 것은 1890년대가 끝날 무렵이다). 독일 키일(Kiel)대학에서 바닷물 색에 관한 연구로 자연지리학 박사학위를 받은 보아스의 과학적 학문배경은 자신의 현지조사를 철저히 과학적이도록 했다.

그는 2년에 걸쳐 캐나다 베핀(Beffin)섬에서 수행한 현지조사에서, 북극의 혹독한 기후에 대한 이누이트[4]의 탁월한 적응양식에 매료되어 문화에 대한 관심을 확고히 했다. 다양한 민족들이 어떻게 해서 제각기 독특한 생활양식 곧 문화를 계속 이어왔는가를 설명할 수 있는 보편법칙이 반드시 있을 것이라고 그는 믿었다. 학문적 배경이 자연과학인 그로서는 그 법칙을 유추가 아니라, 직접 찾아내야 했다. 그러기 위해 그는 문화현상을 비교하기에 앞서 실제로 비교가 가능한지 여부를 먼저 확정해야 했다. 이에 그는 광범하고 먼 거리에 있는 문화요소 간의 유사성 비교를 통해 지나친 일반화를 추구하는 상기 독·오학파의 방법론을 비판했다. 그리고 대신에 비교가 가능한 구체적 사례의 비교연구를 주장함으로써 현지조사가 그의 기본적 방법론이 된다. 그에게 문화연구는 현지조사를 기반으로 구체적, 실증적, 귀납적이어야 했다.

이러한 방법론으로써 그는 어떤 문화는 자신에게 이롭지 못한 환경임에도 그 어떤 관성에 의해 계속 유지되고, 어떤 거주지역은 그곳 사람에게 뚜렷한 이익이 없는 문화적 속성이 환경과 무관하게 존재하기

---

[4] 베링해 일대의 몽골계 원주민은 자신들을 '사람'이라는 뜻인 이누이트(inuit)라 칭했다. 반면에 캐나다 인디언은 그들을 '생고기를 먹는 사람'이라는 뜻인 에스키모(Eskimo)라고 불렀다.

도 하며, 자연조건이 동일함에도 불구하고 때로는 크게 상이한 문화가 존재한다는 것을 밝혀서 기원전 5세기 「대기, 물, 장소(Airs, Waters and Places)」라는 논설을 통해 처음으로 환경론적 견해를 제시한 히포크라테스 이래의 뿌리 깊은 환경결정론을 부정하고 이른바 역사[에 따른]특수주의(historical particularism)를 주창했다. 문화다양성, 즉 인간집단마다 문화가 서로 다르고 특이한(unique) 것은 문화가 저마다의 고유한 역사적 사건과 상황의 산물이기 때문이라는 것이다. 그는 문화가 '수없이 많은 조합과 순열을 가진 역사적 우연'의 결과이므로 문화적 사실이란 그 사실에 선행한 역사적 사건으로 가장 잘 설명될 수 있다고 주장했다.[5]

이에 따라 그는 단선單線진화론의 비교방식—인류의 문화는 모두 같은 방향, 같은 단계를 거쳐 진화한다고 간주해서 현존하는 무문자無文字인의 문화와 선사시대의 무문자문화를 서로 비교하는 방식—을 거부했다. 그는 현존하는 무문자인 역시 문자를 가진 문명인처럼 긴 역사를 가졌고, 그 속에서 그들의 생활양식 역시 나름의 정합성(coherence)—시종일관하는 조화적 통합성—과 그에 따른 이치의 정당성을 가지고 있기 때문에 모름지기 인류학자는 그들이 보는 대로 보고, 생각하는 대로 생각해야만 그들의 문화를 올바로 접근할 수 있다고 했다.[6]

그들이 보는 대로 보고, 생각하는 대로 생각할 수 있는 방법이 무엇인가? 보아스는, 언어관념론(linguistic idealism)에 입각해서, 인류학자는 무엇보다 먼저 연구대상 부족민의 언어를 알아야만 그것이 가능하다고 했다.

---

5   M. S. Garbarino, 1983, *Sociocultural Theory in Anthropology*, Illinois: Waveland Press, p. 48.

6   위의 책, pp. 48-49.

관념론이란 일체의 현실은 근본적으로 마음 혹은 정신(mind)에 의한 것이라는 철학적 주장(doctrine)이다. 언어관념론에 의하면 우리는 "정신의 산물인 언어의 범주로써[언어적 범주 내에서 언어적 범주껫] 우리가 살고 있는 세계를 '창조'한다."[7] 즉, 우리 인간이 발을 딛고 살아가는 이 현실의 세계는 다름 아닌 언어가 만든 세계라는 것이다(이 테마는 곧 보게 될 사피어-워프 가설 편에서 다시 구체적으로 논의하게 된다). 따라서 인류학자는 연구대상 부족민의 언어를 알아야만 그들이 보는 대로 볼 수 있고, 생각하는 대로 생각할 수 있어서 그들의 문화를 올바로 접근할 수 있다는 것이다. 그뿐만 아니라 역사특수주의인 보아스는 연구대상 부족민의, 언어는 물론이고, 역사를 알아야만 그들의 의미세계 곧 문화에 대한 참다운 접근이 가능하다고 했다.

> 민족학이 해야 할 일은 [연구대상 부족민의] 사회적 생활 전모를 연구
> 하는 것이다. [그러므로] 언어, 관습, 지리적 이동, 신체적 특징이 민족
> 학 연구의 대상이다. 무엇보다 먼저, 인류 전체의 역사는 물론, [연구
> 대상 부족민의] 역사를 빙하기 때의 흔적으로부터 시작해서 오늘에 이
> 르기까지 고고학을 통해 연구해야 한다(Boas, 1940: 627-628).[8]

이에 그는 문화인류학을 민족학, 언어학, 형질인류학, 고고학 이렇

---

7   S. Blackburn, 1994, *The Oxford Dictionary of Philosophy*, Oxford University Press, p. 184. (각괄호 필자)

8   R. J. Perry, 2003, *Five Key Concepts in Anthropological Thinking*, New Jersey: Prentice Hall, p. 165. (각괄호 필자)

게 4개 분과로 구성했다.[9] 그는 특히 북아메리카 인디언집단에 관한 선사학先史學, 생산활동, 생활양식, 언어 등을 통계학적으로도 형질인류학적으로도 접근해서, 다시 말해, 그들의 사회적 생활 전모를 망라하는 총체적 접근으로 연구해서 문화인류학은 물론 여러 관련 학문분야에 많은 업적을 남겼다. 이에 그는 미국 문화인류학의 아버지라 불린다.

보아스의 역사특수주의는 한편으로 그의 문화상대주의(cultural relativism)로 귀결된다. 모든 사회는 저마다 서로 다른, 특수한 역사에 의해 각기 고유한 문화를 향유한다는 것, 그러므로 모든 사회는 동일한 잣대로 잴 수 없는 각기 나름의 합리성과 이치정합성을 가지고 있다는 것이다. 이것은 당시 서구문명에서는 너무나 타당하고 당연한 서구의 자민족중심주의, 인종주의를 정면으로 반대하는 것이었다.

이에 보아스학파의 탐구초점은 당연히 인류 보편의 문화가 아니라, 개별의 문화이다. 선과 악, 우와 열, 가치의 유무 등은 개별의 역사성에 의한 개별문화적인 것이지 결코 통通문화적(cross-cultural)인 것일 수 없다는 것이다. 그들에 의하면 인성人性 역시 개인이 처해있는 개별의 문화적 요인에 의해 형성되는 것이다. 성인成人이란 그러므로 개인의 문화화(enculturation) 과정의 결과물이다. 그들을 문화결정론자라고 하는 이유이다. 또한 그들은 문화상대주의라는 신조에 입각해 미개(primitive)라는 어휘가 문화적 경멸의 뜻을 내포하고 있다고 주장하면서 그 사용을 반대했다. 심지어 문자이전(preliterate)이라는 용어도 거부했다. 그 용어 자

---

9 위의 책, p. 166.

체에 문자이전 문화는 '문자문화로 발전해 나가야 할 열등한 문화'라는 의미가 내재해 있기 때문이라는 것이다.

보아스학파가 이처럼 극단으로 나가자, 1960년대에 반동적 비판이 대두된다. 첫째, 그들의 연구에는 분석이라는 차원이 결여되어 있다는 것이다. '문화가 문화를 결정한다'는 문화결정론이기 때문에 그들의 연구는 오직 본래의 관습이나 신앙이나 생활양식 등을 이어받아 살아가고 있는 연구대상주민의 관습, 신앙, 생활양식 등을 기술만 하는 차원이라는 것, 그래서 일반화를 지향하는 사회과학적 설명에 있어서 정체를 가져왔다는 것이다. 둘째, 일반화를 거부하는 그의 인류학은 문화특질을 메마르게 그냥 기록만 해서 목록을 만드는 이른바 특질목록인류학(trait list anthropology)이라는 것이다. 이와 관련해서 레비-스트로스는 그러한 목록작업은 개별의 민족지 기술일 뿐 인류학의 궁극적 목적, 즉 모든 인류사회에 적용되는 문화의 일반이론을 밝히는 것과는 무관한 것이라고 비판했다. 셋째, 상징인류학, 유일신의 보편도덕을 외치는 기독교, 인류 역사가 목적론적으로 진보해 나간다고 주장하는 마르크스주의, 제3세계의 현실 문화에 정치경제적 종속성이 내재해 있음을 파헤치는 종속이론 등은 문화상대주의가 현실절대긍정주의이며 따라서 극보수주의라고 비판한다. 뿐만 아니다. 문화상대주의를 지나치게 강조하면 결국 자민족중심주의와 통하게 되는 이론적 모순이 있다.

한편, 보아스의 동료 위슬러(C. Wissler, 1870~1947)는 *The Relation of Nature to Man in Aboriginal North America*에서 특정 문화요소들이 어떤 한정된 지역 내에 분포되어 있어서 그 지역의 문화가 다른 지역의 문화와 구별될 때, 그 지역문화의 지리적 영역을 문화영역(culture area)이라고 개념화했다. 그는 지리적으로 인접하고 있는 문화들 간에 유사성이 있음을 주목했다. 이 유사성의 원인을 그는 두 가지로 분석했다. 하나는 전파라는 역사적 사태에 의해서이다. 또 하나는 기본적 생계조건의 유사성에 의해서이다. 이에 따라 그의 초기 문화영역 구분은 들소, 옥수수, 순록, 연어, 야생열매, 집약적 농업지역 등으로 나뉘어진 식량지역에 기초를 두고 있다. 뒤이어 그는 종교, 사회조직 등 비물질적 측면의 문화요소에 의한 문화영역 구분으로 나아간다.

위슬러는, 지도상에 꼼꼼하게 표시하는 현지조사를 통해, 한 문화영역 내에 그 영역의 대표적 문화요소를 많이 또는 뚜렷하게 갖는 부족이나 지역이 있다는 것을 알아내어 그것을 문화중심(culture center) 혹은 중심영역(central area)이라고 했다. 반면에, 대표적 문화요소를 적게 또는 뚜렷하지 않게 갖는 부족이나 지역을 주변영역(marginal area)이라고 했다. 그리고 이 중심-주변이라는 개념 틀에 시간이라는 역사성을 더해서 연대-영역가설(age-area hypothesis)을 제시했다: 어떤 문화의 기원지역은 그 문화의 대표적 문화요소가 가장 많이 집중되어 있는 지역이다; 그리고 역사적 시간이 오랠수록 전파 및 교류에 의해 문화요소가 지리적으로 더욱 널리 분포된다. 이 연대-영역가설은 문화의 전파 및 교류를 연구하는 데 크게 기여하고 있다. 또한 고고학에서 연대를 측정하는 데 일정 기여하고 있으며, 지역의 문화사를 편성하는 데에도 일조하고 있다.

위슬러와 보아스는 미국 자연사박물관, 시카고 자연사박물관에서 북미 인디언문화에 관한 전시를 할 때 당시 유럽 박물관에서 성행하는 방식, 즉 [일반적으로 익히 알고 있는] 시대구분에 따른 진화단계별 문화물을 비교하는 전시방식을 거부했다. 대신에 문화물을 연대-영역가설에 입각해 전시함으로써 문화가 수많은 일과 사태를 품은 시간의 흐름 곧 역사 속에서 지역별로 특수하게 전개되어온 양상을 보여주었다. 이에 대해 문화를 그렇게만 접근하면 제한된 지리적 범위 내에서의 일반화나 전파를 설명할 수 있을 뿐이라는 점이 지적되었다. 이에 따라 위슬러 역시 상기 특질목록인류학이라는 한계 내에 있다고 평가되었다.

크로버(A. L. Kroeber, 1876~1960)는 보아스의 뒤를 이은 대표적인 미국 인류학자이다. 그는 『문화(*The Superorganic*)』에서 문화의 초유기체성을 주장했다. 인간은 유기체이지만 인간의 문화는 유기체의 생물학적, 유전학적 속성과 무관한 초유기체성이라는 것이다. 그는, 여성복의 패션 변천에 관한 연구에서, 패션의 유행이 눈에 띄게 규칙성을 보이는 것은 인간의 선택에 의한 결과가 아니라 실은 문화의 작용이라고 했다.

그에 의하면, 우리는 누구나 의복문화, 음식문화, 교육문화, 예절문화, 상거래문화 등 다양한 문화를 (문화는 인간의 유기체적 속성과 무관하기 때문에) 학습과 적응을 통해 습득해서 삶을 영위한다. 이에 따라 상기 각각의 문화는 시간의 흐름 곧 역사 속에서 일정한 패턴을 가진다. 그리고 이들 패턴으로 인해 예컨대 한국인의 사회가 한국사회답고, 일본인의 사회가 일본사회다운 것이다. 그에 의하면, 패턴들은 상호작용한다. 상거래문화패턴이 교육문화패턴이나 예절문화패턴과 무관할 수 없다는 것이다. 그는 상호작용하는 문화패턴들과 역사적 사건/사태가 만들어낸 총체로서의 문화적 패턴을 형상(configuration)이라고 했으며 이 패턴-형상이 인간사회에 문화적 정체성을 부여해서 어떤 사회를 그 사회답게 한다고 했다.[10]

크로버의 인류학에서 개인은 중요하지 않다. 초유기체성인 문화가 개인을 지배하기 때문이다. 보아스와 마찬가지로 문화결정론인 것이다. 크로버에 의하면, 발명가란 자신이 속한 문화 내에서 문화가 허용하는 것을 발명할 수 있을 뿐이다. 만약 바흐가 비서구 부족사회에서 태어났더라면 단 한 편의 소나타도 작곡하지 못했다는 것이다. 즉, 개인을 초월해서 어떤 패턴-형상이 영속되도록 하는 문화적 힘이 존재한다는 주장이다. 이에 대해 보아스학파 내에서도 그가 문화를 지나치게 물상화物象化(reification), 즉 문화를 마치 어떤 의지를 가진 구체적 사물처럼 간주한다는 비판이 있다.

인간의 유기체적 속성과 무관하고 개인의 의식과도 무관한 문화적 패턴-형상을 인류학자가 어떻게 파악할 수 있는가? 크로버에 의하면, 모든 사회는 각기 다른 사회와 구별되는 특성들을 가지고 있다. 그러므로 한 사회 내에서 오래 지속되고 있는 그 특성들을 관찰함으로써, (제2장에서 다룰) 뒤르켐의 집합의식론과 유사하게, 개인을 초월해서 존재하는 그 사회의 문화적 패턴-형상을 파악할 수 있다.[11]

이와 관련해서 클라이드 클러크혼(C. Kluckhohn, 1905~1960)은 드러난 문화(overt culture), 감추어진 문화(covert culture)라는 개념을 제시해서 전자와 후자는 한 개 동전의 양면과 같다고 했다. 보이는 사상事象으로서의 문화는 보이지 않는 관념이 드러난 것이라는 주장이다. 이와 같은 맥락에서 그는 패턴과 형상을 구별했다: 보이는 패턴은 보이지 않는 관념인 형상이 드러난 것이다.[12] 그는 보이지 않는 형상을 파악하기 위해

---

10 M. S. Garbarino, 1983, 앞의 책, pp. 52-53.

11 위의 책, p. 53.

12 C. Seymour-Smith, 1996, *Macmillan Dictionary of Anthropology*, London: The Macmillan Press, p. 50.

인간의 삶에 있어서 **가장 기본적인** 시간, 인간의 본성, 인간관계, 자연에 대한 문화적 관념 등을 양극단과 그 중간이라는 삼분법(trichotomy)으로써 관찰했다: 시간에 대해 과거, 미래, 현재 중 어디에; 인간의 본성에 대해 선, 악, 선/악 중 어디에; 인간관계에 대해 수직적 혈통, 수평적 형제, 독립적 개인 중 어디에; 자연에 대해 자연을 정복하는 것, 자연에 위압을 가하는 것, 자연과 조화를 이루는 것 중 어디에 또는 어느 가치에 더 초점을 두고 삶을 영위하는가를 관찰함으로써 사회마다 보이지 않는 관념적 형상을 파악할 수 있다고 했다. 그는 이렇게 해서 파악된 형상을 기반으로 만들어진 문화분류체계가 더 실질적이고 유익하다고 주장했다.[13]

한편, 언어인류학자 사피어(E. Sapir, 1884~1934)는 '문화적 패턴으로서의 현실'에 대한 인식은 [기정旣定인] 언어적 배경에 의한 것이라고 주장했다. 앞서 논의한 보아스의 언어관념론에 의하면, 우리는 정신(mind)의 산물인 언어의 범주 내에서 우리가 살고 있는 세계를 '창조'한다.[14] 이러한 보아스의 언어관에 영향을 받은 사피어와, 그의 제자 워프(B. L. Whorf)는 *Language, Thought and Reality*에서 현실세계에 대한 인식은 화자(speaker)의 언어에 의해 조건 지어진다고 했다. 언어가 단지 의사소통 수단일 뿐만 아니라 현실인식과 이에 기반한 세계관 형성에 강한 영향

---

13 그 주장에 모두 동의할 것이다. 하지만 문제는, 자본주의지구촌이라는 현실을 생각해 볼 때, 그렇게 해서 만들어진 문화분류체계가 주로 어느 부류의 사람 또는 어느 부류의 사회가 무슨 목적으로 **보다 실질적이고 유익하게** 사용할 것인가 하는 점이다.

14 S. Blackburn, 1994, 앞의 책, p. 184.

을 준다는 것이다. 인식이란, 오관을 통해 감각-지각(sense-perception)된 경험이 언어에 의해 개념으로 바뀌어서 의식에 저장된 것이다. 즉, 우리 인간은 지각된 경험 그대로를 인식하는 것이 아니라, 지각된 경험이 언어에 의해 개념화된 것을 인식한다는 것이다. 이것을 시인 김춘수는 '꽃'이라는 시로써 표현했다.

> 내가 그의 이름을 [언어로써] 불러 주기 전에는
>
> 그는 다만
>
> 하나의 몸짓에 지나지 않았다.
>
> 내가 그의 이름을 불러 주었을 때
>
> 그는 나에게로 와서
>
> 꽃이 되었다.

요컨대, 언어 이전에는 세상의 그 무엇도 아무 의미없이 산만하게 존재하는 현상에 지나지 않는다는 것이다.

사피어-워프 가설로써 부연하면, 언어적 배경[旣定] — 언어가 어떤 문법·통사統辭체계로 되어있고, 얼마나 다양하고 풍부한 어휘/개념을 가지고 있으며, 그 어휘/개념이 주로 어떤 범주의 것인가 등 — 이 다르면, 동일한 사물이나 사태에 대한 인식이 다르고 이에 따라 세계에 대한 인식도 다르다. 그 누구도 이러한 언어적 강제력을 피할 수 없다는 이른바 언어결정론(linguistic determinism)이다. 이것을 제임슨(F. Jameson)은 *The Prison-House of Language*에서 언어의 감옥이라고 표현했다.

예컨대, 어휘/개념을 10개 가진 사람과 100개를 가진 사람은 현실 인식이 다르고 이에 따라 다른 세상을 향유한다는 것이다. 또한 그것을 똑같이 100개씩 가지고 있다 하더라도 그것이 어떤 범주의 것인가, 이를테면, 대부분이 문학 범주의 것인가, 수학 범주의 것인가, 법학 범주의 것인가에 따라, 또는 주로 냄새에 관한 것인가, 맛에 관한 것인가, 색깔에 관한 것인가에 따라서도 그러하다는 것이다.

또, 한국어에는 '형', '동생' 어휘가 뚜렷하게 구별된다. 반면에 영어에는 구별 없이 'brother'이다. 구별하려면 'elder brother', 'younger brother' 이렇게 두 개의 어휘를 사용해야 한다. 한국어와 영어가 그처럼 다르기 때문에 현실적 삶에서 형, 동생에 대한 인식이 한국사회와 영국사회 간에 다르고, 이에 따라 한국사회에서 형과 동생 간의 문화적 역할패턴과 영국사회에서 형과 동생 간의 문화적 역할패턴 역시 다르다는 것이다.

또, 영어는 통사統辭구조가 주어+동사+목적이면서 동사의 시제가 명확하다. 한국어는 영어와 달리 주어+목적+동사이지만, 동사의 시제는 비교적 명확하다. 중국어는 영어처럼 주어+동사+목적어이지만, 동사의 시제가 거의 없다. 언어적 배경이 이처럼 다르기 때문에 한국인, 영국인, 중국인이 동일한 현실을 두고도 각기 달리 인식함으로써 그들의 삶에 있어 문화적 패턴이 다르다는 것이다. 그러므로 생물학적으로는 한국인지만 한국어는 전혀 모르고 영어를 무의식적 수준에서 구사한다면 그는 문화적으로 이미 영국인이라는 것이다. 요컨대, 동일한 현실이라도 [기정]언어적 배경이 다르면 문화적으로 다른 현실이라는 언어상 대론(linguistic relativism)이다.[15]

15　C. Seymour-Smith, 1996, 앞의 책, p. 171.

문화는 이처럼 **강제력을 가진 언어에 따른** 자체성(orthogenesis)이 있어서―보다 이해하기 쉽게 생물학적 표현으로 [기정된] 정향진화定向進化성이 있어서[16]―환경적 압력이나 개개의 다양성에 의해서보다는 이전의 문화에 의해 미리 결정되므로 문화가 어느 한 방향으로 안정된 흐름(drift)을 가진다. 그리고 이 안정(poise)된 흐름으로 인해, 일정한 패턴을 가진 문화적 정체성이 어떤 사회를 **계속** 그 사회답게 한다. 사피어-워프의 'cultural drift' 이론이다.

이상, 요컨대, 사피어의 언어인류학은 현실인식에 있어서 '언어가 먼저인가 문화가 먼저인가'에서 언어가 먼저라는 언어결정론, 달리 말해, 언어상대론을 주장한다.[17]

그런데 사피어와 동료인 베네딕트(R. F. Benedict, 1877~1948)는, 언어가 아니라, 문화를 기정既定(fixed/given)으로 보았다.[18] 그녀는 『문화의 패턴(*Patterns of Culture*)』에서 에토스(ethos: 한 문화를 관통하는 정신이나 습속) 혹

---

16 orthogenesis를 생물학에서는 정향진화定向進化라고 번역한다. 한 생물의 기관은 그 생물이 속한 계통성에 맞게 일정한 방향성을 가지고 진화한다는 것이다. 일정방향성의 요인은 생물체에 이미 갖추어져 있다[既定]고 본다. 라마르크(J. B. Lamarck)가 대표적인 정향진화론자이다. 정향됨과 관련해서, 그는 자신의 용불용설用不用說을 통해 용에 의한 획득형질은 유전한다는 가설을 세웠다. 그리고 이 가설 위에 '단순에서 복잡으로'라는 목적을 향해[定向] 진행하는 연속진화를 주장했다. (제5장에 나오는) 헤겔이 말하는 이성 역시 목적론적인 정향진화론과 유사한 사고의 산물이다.

17 레비-스트로스는 문화의 시작(emergence)과 언어의 시작은 정확히 일치한다고 했다(C. Lévi-Strauss, 1969a, *Conversation with Claude Lévi-Strauss*, ed. by G. Charbonnier, trans. by John and Doreen Weightman, London: Jonathan Cape, p. 155). 이후 학계의 전반적 견해는 언어와 문화를 상호 피드백 관계로 본다.

은 레이트모티브(leitmotiv: 한 문화의 기저基底 관념이나 동기)에 의해 수미일관首尾一貫하는 내적 통합을 이루어 패턴화된 문화의 상태를 형상(configuration)이라고 했다.

베네딕트에 의하면, 인간이란 원래 가소성可塑性(plasticity)의 인성, 즉 다양한 인성으로 주조될 수 있는 인성을 가지고 태어난다. 각 사회는 기정既定인 문화에 기반한 문화화(enculturation) 과정을 통해 이상적인 성인成人을 주조해 내려고 한다. 그래서 다양한 인성 중에 사회 저마다의 형상에 맞는 특질의 인성만 바람직하다고 간주해서 그것을 아이들에게 (인간은 원래 가소성의 인성으로 태어남으로) 반복적으로 가르쳐 함양시킨다. 문화화 과정은 바로 이러한 패턴화 과정이다.

그녀는 [이해하기 쉽도록 하기 위해] 뚜렷이 대조되는 세 가지 경우의 형상을 예로 들었다. 한 예는 푸에블로(Zuni Pueblo)족의 경우이다. 그들은 모든 일에 절도를 좋아하고 과격이나 극단을 싫어한다. 그들에게는 샤머니즘에 의한 강렬한 감동이나 광란을 수반하는 의식이 없다. 이러한 에토스로써 패턴화된 문화의 상태 곧 형상을 그녀는 비유적으로 아폴론적[희랍신화의 그 Apollon]이라고 했다. 또 다른 예는 멜라네시아 도브(Dobu) 섬 주민의 경우이다. 그들의 문화는 시기猜忌심에 의한 레이트모티브로 일관되어 있다. 그들의 생활은 생존경쟁에 몰두하는 가운데 다른 사람을 패배시키기 위한 악의와 증오로 일관된다. 그들은 악의 있는 요술을 써서 인근의 섬사람들로부터 미움받는다. 이러한 문화의 상태 곧 형상을 그녀는 편집광偏執狂적이라고 했다. 그리고 또 다른 예는 아메리

---

18 M. S. Garbarino, 1983, 앞의 책, p. 66.

카 북서해안의 콰키우틀(Kwakiutl Indian)족의 경우이다. 그들의 에토스는 모든 일에 경쟁심이 강하고 활발하며 매우 열정적이다. 그들은 종교의 식을 통해 황홀경을 추구하고, 위신을 유지하고 높이기 위해 포틀래취 (potlatch)라는 행사를 통해 경쟁적으로 재산을 남에게 나누어 주고 파괴하기도 한다. 이러한 문화적 형상을 그녀는 비유적으로 디오니소스적 [희랍신화의 그 Dionysos]이라고 했다.[19]

이와 관련해서 베네딕트는 *Anthropology and the Abnormal*에서 정상과 비정상은 개인이 속해 있는, 패턴화된 문화의 상태 곧 형상에 의해 결정된다고 했다. 그러므로 문화적 정상(cultural sanity)이 보편적 정상 (universal sanity)일 수 없다고 했다. 즉, 비정상이란 개인 자신이 속한 사회의 문화적 형상에 맞는 패턴의 행동을 하지 않았다는 것을 의미할 뿐이라는 주장이다. 이를테면, 콰키우틀인이 콰키우틀사회에서 푸에블로인의 문화적 형상에 맞는 패턴의 행위를 하면 그것이 바로 비정상이라는 것이다. 이에 그는 정상과 비정상은, 서구의 정신병리학을 통(通)문화적으로 적용해서 취급할 문제가 아니라, 문화적 형상이 각기 다른 개별 사회마다의 윤리적 문제라고 했다. 같은 맥락에서, 그녀는 하나의 지방사회 문화에 불과한 서구문화를 보편적 문화로 간주하는 경향을 비판한다. 나아가 그녀는 서구의 심리학에서 보편적 본능이라고 주장하는 모성애나 소유욕도 (사람은 누구나 가소성의 인성으로 태어나기 때문에) 태어난 뒤 후천적 문화에 의해 형성되는 것이라고 주장한다. 요컨대, 베네딕트에서 인성이란 크게 말해 문화이다.[20] 이에 그로 인해 문화를 연구

---

19 위의 책, p. 66.

20 위의 책, p. 66.

하는 인류학이 인성을 다루는 심리학으로 되었다(psychological reduction-ism)는 비평도 있다.

만년에 그녀는 『국화와 칼(*The Chrysanthemum and the Sword*)』에서 이른바 원거리 문화분석(the study of culture at a distance)―문학작품, 신문, 영화, 잡지, 전쟁포로나 망명인과의 인터뷰 등을 통한 문화연구―을 통해 일본문화의 패턴적 특질을 포착해서 그 형상을 은유적으로 표현했다. 바로 '국화와 칼'이다[우리 한국문화의 형상을 은유적으로 표현한다면 무엇일까]. 그녀는 이 형상을 산출한 에토스를 이른바 사무라이정신인 은혜갚기, 그리고 이와 관련된 의리 및 수치羞恥라고 분석했다.

『국화와 칼』을 두고 당시 세계적인 저술가 카와지마 타케요시(川島武宜, 1909~1992)는 미국인 베네딕트가 일본인의 정신생활, 일본의 문화를 성공적으로 분석했다고 높이 평가했다. 아이치 가쿠인(愛智學院)대학의 아야베 쓰네오(綾部恒雄)는 문화인류학설사에서 (뒤에서 논의할) 영국 사회인류학의 기능주의, 구조-기능주의가 영향력에 있어서 최고 위치이고 그다음이 베네딕트의 문화패턴주의(cultural patternism)라고 했다. 다른 한편에서는 『국화와 칼』을, 당시 철저히 계급사회인, 일본사회의 계급 간 차이 및 그 차이에 따른 부수적 행위를 간과하고 또한 시대적 정황도 무시한 그래서 지나치게 정태靜態적이고 획일적인 시각에 의한 문화분석의 산물이라고 비판했다. 또한 영국 사회인류학자들은 문화화를 패턴화로 보고 패턴의 형상을 파악하는 것이 실제에 있어서 아무런 이점이 없으며, 특히 그 적용상의 문제로 인해 인기를 잃었다고 했다.[21] 이

---

21 사실 일본의 문화적 형상을 '칼과 국화'로 은유했다고 해서, 혹은 베트남의 문화적 형상을 그 무엇으로 은유했다고 해서 그것이 실제로 무슨 이점이 있을까. 특히 그

러한 다양한 평가와 비판 속에서도 『국화와 칼』은 일본문화론의 고전이라는 지위를 지금도 유지하고 있다.

베네딕트와 함께 마가렛 미드(M. Mead, 1901~1978)가 있다. 미국은 평등주의에 입각해서 문화적 다양성을 존중하는 문화다원주의(cultural pluralism)를 표방한다. 이와 관련해서 흔히들 미국을 '문화의 용광로'라고 부러워한다. 벨(D. Bell)에 의하면, 미국이 문화의 용광로인 것은 쾌락주의(hedonism)가 공통의 가치—소비와 과시를 가치로 여기는 공통된 생각—로 되었다는 점에 있다. 그 공통의 가치가 중산계급과 청년문화를 결합시킴으로써 상이한 생활양식과 습성의 차이를 없앴다. 하지만 이로 인해 그 용광로라는 것은 고작 고급 어투와 저급 어투의 말을 모두 사용하면서 스스로를 놀림감으로 만드는 [말하자면]중간적 아메리카(Middle America)일 뿐, 미국의 평등은 내부적으로는 질적 평등과 거리가 멀다. 미국사회에는 "문화적으로 공통의 목적이나 신념이 없고 [비근하게 코로나19 위기에 직면하자 너도나도 총기구매에 나서는 사태에서 보듯이] 어찌할 바를 모르는 당황(bewilderment)만 있을 뿐이다."[22]

어떻게 해야 하는가? 이 절실한 물음과 관련해서 보아스 이래 미국 문화인류학의 주된 관심은 다양한 문화에 따른 인성(personality)에 있다.

것을 어디에 적용할 수 있을까. 미국이 베트남에 대해 모종의 문화적 형상을 가지고 베트남을 만만하게 보고 전쟁을 시작했기 때문에, 전쟁이 에스컬레이션식 확전으로 장기화되어 미국이 패배한 것 아닌지. 미국이 아프칸전쟁에서 결국 도망치듯 물러난 것도 같은 이유가 아닌지.

22　D. Bell, 1980, *The Winding Passage: Essays and Sociological Journeys 1960~1980*, Cambridge, MA: Abt Books, p. 260. (각괄호 필자)

베네딕트의 제자이자 절친한 친구인 미드 역시 그 절실한 물음에 부응해서 문화와 인성에 관한 연구에 집중했다.

미드는 생물학적인 남성적 기질과 여성적 기질이 보편적으로 존재하는가, 아니면 그 기질이라는 것이, 상기 베네딕트에서처럼, 남성다움(masculinity)과 여성다움(femineity)이라는 사회마다의 패턴화된 문화적 형상을 따르도록 하는 문화화에 의한 것인가를 면밀하게 참여 관찰했다. 그 결과『세 부족사회의 성과 기질(Sex and Temperament in Three Primitive Societies)』에서 남성다움, 여성다움이라는 인성은 문화적으로 창조된 것이라고 주장했다. 그녀의 이러한 연구와 주장은 1960년대에 시작된 페미니스트 운동을 선구적으로 주도한 측면이 있다.

또한 그녀는 남양군도의 7개 부족에 관한 연구서『남성과 여성(Male and Female: A Study of the Sexes in a Changing World)』에서 어린이가 남녀간의 신체적 차이를 인식하는 과정, 스스로 자신이 어느 성에 속하는지를 아는 과정, 그리고 마침내 성인 남녀가 되는 과정을 구체적으로 상세하게 기술했다. 이 기술을 통해 그녀는 비서구 부족사회에서 사춘기현상(사회적 감정적 혼란)은 생물학적 요인에 의한 보편적 현상이 아니라 사회마다의 문화적 현상이라고 주장했다. 반면에, 당해 부족사회의 패턴화된 문화적 형상으로부터 일탈된 개인의 경우는 그 일탈이 개인의 생물학적 요인에 의한 것이라고 분석했다. 이에 그녀는 사춘기현상을 인간의 보편적인 생물학적 본성 탓으로 규정하는 것은 서구문화, 미국문화를 과도하게 통문화적으로 일반화하는 것이라고 비판했다.

요컨대, 미드의 인류학에서도 문화란 어디까지나 패턴이다. 또한 패턴으로서의 문화가 패턴화된 인성, 심지어 패턴화된 성의식까지 만들어낸다는 문화결정론이다. 따라서 저마다의 고유한 문화를 인정하고 존중해야 한다는 문화상대주의이기도 하다. 이에 그녀는 결코 통문화적 잣대로 잴 수 없는 다양한 인종적·민족적 배경에서 일어나고 제기되는 성 및 연령과 관련된 사회적 문제, 아이들 교육에 관한 문제, 환경에 관한 문제, 문화의 계승에 관한 문제 등 인류가 직면한 복잡하고도 **근본적인 문제를** 자신의 문화이론으로 접근해서 해결하기 위해 전 세계적인 활동을 펼쳤다. 1969년 『타임』지는 그를 '세계의 어머니'로 지정했다.

*

크로버가 문화의 초유기체성을 인류학에 도입한 이래 그의 인류학은 지리학과 밀접한 관련을 갖는다.[23]

이 대목에서 인류학의 갈래를 일단 정리해 두고 논의를 계속하는 것이 좋을 것이다. 20세기 초, 인류학에는 크게 두 가지 접근이 있었다. 하나는 지리학적 접근으로, 인류의 지리적 이동(migration), 문화의 지리적 확산, 그리고 이와 관련된 민족·종족 및 그들의 목적(혹은 지향) 분류 등이 주된 관심이다. 또 하나는 사회학적 접근으로, 주로 사회제도가 어떻게 발전해 나가는지를 다룬다. 전자는 대부분 개성기술적(ideographic) 접근이고, 후자는 주로 이론정립적(nomothetic) 접근이다. 또한 전자는 전파주의를 주장하는 경향인 반면, 후자는 대체로 진화주의이

---

23 W. Norton, 1989, *Exploration in the Understanding of Landscape: A Cultural Geography*, New York: Greenwood Press, p. 15.

다.[24]

1906년 옥스퍼드대학에 개설된 인류학 강좌 교수요목은 크게 형질인류학과 문화인류학을 구분했다. 그리고 문화인류학 교수요목에 고고학, 테크놀로지(기술문명으로 이루어진 것을 이용하는 방법의 총체), 민족학(ethnology), 사회학을 넣었다. 1909년에는 인류학관련 용어를 논의하기 위해 옥스퍼드대학, 케임브리지대학, 런던대학의 관련학자가 모여 회의를 열었다. 그 결과, 무문자민족에 관한 개성기술적 기록인 민족지적 접근을 지리학적 접근이라고 했고, 무문자민족의 역사를 가설적으로 재구성하는 일을 민족학과 선사先史고고학이라고 했으며, 무문자사회의 제도에 관한 비교연구를 사회인류학(social anthropology)이라고 했다.[25]

후일 바나드(A. Barnard)는 복잡한 인류학 갈래를 사회학과 관련해서 두 갈래로 정리했다. 한 갈래는 영국 인류학이다(민족학적/인류학적, 주로 영국파): 퍼거슨(A. Ferguson)·스미스(A. Smith) — 프리차드(J. Prichard) — 매인(H. Maine)·맥레넌(J. McLennan)·루복(J. Lubbock)·모건(L. Morgan)·타일러(E. Tylor)·프레이저(J. Frazer) — 리버스(W. Rivers) — 말리노브스키(B. Malinowski)·래드클리프-브라운(A. Radcliffe-Brown). 또 한 갈래는 미국 인류학이다(지리학적/인류학적, 독오獨墺파·미국파): 훔볼트(A. Humbolt)·존스(W. Jones) — 그림(W. Grimm)·봅(F. Bopp) — 뮐러(F. Mller)·바스티안(A. Bastian) — 라쩰(F. Ratzel)·그레브너(F. Graebner) — 보아스(F. Boas) — 크로버(A. Kroeber)·로위(R. Lowie)·스튜어드(J. Steward). 그리고 사회학이다(사회학적, 주로 프랑스파): 몽테스키외(C. Montesquieu, 퍼거슨·스미스에도 영향) —

---

24 A. Kuper, 1991, *Anthropology and Anthropologist*, London: Routledge, p. 2.

25 위의 책, p. 2.

생시몽(C. Saint-Simon) ― 콩트(A. Comte) ― 스펜서(H. Spencer) ― 뒤르켐(E. Durkheim)·모스(M. Mauss).[26] 다시 논의로 돌아가자.

크로버는 토착문화와 그 지역의 환경 간에 상관관계가 있다는 점에 주목했다. 그는 인류 존속의 1차적 조건이 먹는 것 곧 식량이므로, 문화란 근본에 있어서 식량을 구득求得하기 위한 다양한 인간활동의 산물이라고 보았다. 이에 그는, 앞서 위슬러가 한 것처럼, 식량지역을 기초로 문화영역(culture area)을 구분해서 지도화했다. 다음으로 종교, 사회조직 등 비물질적 측면의 문화요소를 기초로 문화영역을 구분해서 거기에 함께 지도화했다. 여기에 그는 식물학적, (기후, 토양, 물, 지형과 같은) 자연지리학적, 기상학적 사상事象을 문화영역의 구성요소로 추가해서 지도화했다. 문화와 환경 간의 관련성을 이처럼 구체적으로 지도상으로 한눈에 이해할 수 있게 하는 그의 문화지리학적 연구는 그의 제자들, 특히 스튜어드(J. H. Steward, 1902~1972)에게 문화생태학적 연구를 촉진시킨다.

문화생태학(cultural ecology)을 사전적으로 정의하면, 문화에 관한 인류학적 탐구의 한 분야이다; 탐구의 초점은 어느 특정 지역에 살고 있는 인간집단(population)과 그곳 환경 간의 관련성이다; 탐구의 결과, 문화는 인간이 주어진 환경적 여건에 대해 적응(adaptation, not adjustment)해서 이루어진 것이다.[27]

---

26 A. Barnard, 2000, 앞의 책, p. 179.
27 C. Seymour-Smith, 1996, 앞의 책, p. 62.

부연하면, 문화생태학이란 일반체계이론 관점에서[28] 인간과 환경 간의 관계를 생태학적 방법으로 접근하는 인류학의 한 분야이다. 생태인류학(ecological anthropology)이라고도 한다. 앞서 언급했듯이 타일러는 문화를 '사회성원成員으로서의 인간에 의해 획득된 모든 능력과 습성의 복합적 총체'라고 정의했다. 스튜어드에 의하면 이 복합적 총체인 문화는 "인간이 환경에 대해 적응한 결과이다. 대단히 중요한 창조적 과정인 이 적응[adaptation(not adjustment)이므로 당연히 창조적 과정]에 관해 탐구하는 방법론이 문화생태학이다."[29]

ecology(생태학)의 어원은 고대 희랍어 oikologia이다. oikos는 집 혹은 서식처라는 뜻이다. logia는 논리적이라는 의미가 내포된 말 그래서 학

---

28 오스트리아 생물학자 버틀란피(L. Bertalanffy)가 주창한 일반체계(general system)라는 패러다임에 입각한다는 것이다. 버틀란피는 자신이 수립한 생물학의 체계론을 생물학, 물리학 등 자연과학분야 뿐만 아니라 사회학, 심리학, 정신병리학, 인류학에도 적용해서 인간의 행동과 사회·문화현상까지 설명하고자 했다. 요컨대, 일반체계론은 어떤 특정 현상에 관한 체계를 이론화한 것이 아니라, 단일한 유질類質동형태(isomorphism)적 체계법칙이 자연과 인간사회의 모든 현상에 적용된다는 것을 이론화한 것이다.

　　유질동형태란, 유類도 질質도 서로 다른 별개의 현상에 적용되는 개념적 모형이 모두 동일한 형태라는 것이다. 이것은 막연하게 형이상학적 개념으로 간주되었던 '전체성'에 관한 하나의 일반과학이다(L. Bertalanffy, 현승일 옮김, 1990, 일반체계이론, 民音社, 69쪽). 예컨대, 자연의 조직 및 균형은 사회의 조직 및 균형과 동형태라는 것이다. 그러므로 문화를 생태학적으로 접근한다는 것은 생물계 질서에서 과학적으로 확인된 사실을 인간사회 질서의 모델로 삼는다는 것이다. 일찍이 스펜서(H. Spencer)는, 이와 유사한 사고에서, 사회의 조직과 진화를 유기체의 조직과 진화에 관한 원리로 설명하는 사회유기체론을 제시했다. 고대로부터 유학에서는 모든 자연현상, 모든 문화현상을 관통하는 궁극적인 생성변환원리를 음/양이라는 유질동형(태)모델로 제시하고 있다.

29 J. H. Steward, 1955, *Theory of Culture Change*, Chicago: University of Illinois Press, p. 5. (각괄호 필자)

문이라는 뜻이기도 하다. 이 두 뜻의 합성어 oikologia는 '삶의 장소에 관한 학문'이라는 의미이다. 쇼다 마코토(沼田眞)에 의하면, 그리스의 테오프라스토스(Theophrastos, BC 372?~BC 287)의 식물지植物誌는 식물의 삶의 장소 곧 식물지리학이다. 이 학문적 전통을 이어받은 '자연지리학의 아버지' 훔볼트(A. von Humbolt, 1769~1859)는 지리공간들 상호관계에 있어서 의존성과, 자연현상들 간의 유기적 상호관련성에 연구의 초점을 두었다. 이에 따라 최초로 그가 '관련' 또는 '연관'이라는 의미를 가진 association이라는 용어를 주조하게 된다. 훔볼트의 연구를 토대로 다윈은 1859년『종種의 기원』에서 유기체와 지리적 환경 간의 관련성과, 이에 따른 다양한 적응을 중점적으로 탐구했다.[30] 이들의 연구에는 상기 어원 그대로의 생태학적 견해가 뚜렷하다.

뒤이어 1868년 스위스 생물학자 헤켈(E. Haeckel)이 처음으로 생태학(oecology)이라는 용어를 제시해서 "생태학은 유기체가 자신을 둘러싸고 있는 외부세계[환경]와 맺고 있는 관련성을 탐구하는 온전한 과학이다. 유기체가 존재할 수 있는 모든 조건이 그 관련성에 있다[유기체의 존재는 **전적으로** 그 관련성에 의존한다]. 그 조건은 유기체적 자연[생명체], 비유기체적 자연[물, 공기, 토양, 기후] 모두를 포함한다"[31]고 정의했다. 이에 따라 생태학적 개념과 방법론이 생물지리학이나 생물학에서 널리 채택된다.

이후 1935년 영국 생물학자 탠슬리(A. G. Tansley)가 생태계(ecosystem)라는 용어를 제시했다. 그에 의하면, 생태계는 여러 종種의 유기체와 그

---

30 沼田眞, 1977, 地理學と生態學の接點,『地理』第二十二券, 第一號, p. 75.

31 C. C. Park, 1981, *Ecology and Environmental Management*, London: Butter-worths, p. 33. (각괄호 필자)

환경으로 구성된 자영自營적 전체全體(self-sustaining collection)이다. 생태계의 규모는 지구 전체에서부터 한 작은 연못에 이르기까지 다양하다. 생태계의 건강성은 하나의 생태계를 구성하고 있는 유기체 종의 다양성과, 다양한 종들 간에 교환되는 에너지의 이질異質성에 달려있다. 건강한 생태계일수록—즉, 유기체 종이 다양할수록 그리고 이들 상호간에 교환되는 에너지가 이질적일수록—생태계 외부의 환경변화에 영향을 적게 받기 때문에 내부적으로 역동적 균형을 이루어 총체적 항상성(homeostasis)을 유지한다. 상기 헤켈은 일찍이 이것을 외부 생리학(external physiology)이라고 했다. 즉, [생리학]하나의 유기체를 구성하고 있는 다양한 기관들(organs) 간에 이루어지는 이질적 에너지의 상호의존 메커니즘의 정교성 및 기능적 유기성은, [외부 생리학]하나의 생태계를 구성하고 있는 다양한 유기체 종들 간에 이루어지는 이질적 에너지의 상호의존 메커니즘의 정교성 및 기능적 유기성과 같다는 것이다.

이러한 생태계가 말해주는 방법론은, 어떤 한 규모의 로캘(locale)—일이 일어나는 한 단위의 지리적 현장—에서 유기체 상호 간에 일어나는 모든 현상에 대해 총체성(totality of phenomena within the locale)이라는 패러다임으로 접근하는 것이다. 이에 관한 다윈의 설명에 해설을 보태면 영국은 해군, 고양이, 쥐, 벌, 클로버, 소가 상호의존성에 의해 총체적으로 동적 균형(poise)체계를 이루고 있는 국가 규모의 한 생태학적 로캘이다: 고양이가 많아지면 쥐가 줄어든다; 벌집을 습격하는 쥐가 줄어들면 벌이 증식한다; 벌이 증식하면 꽃가루 수정이 잘 되어 클로버가 번성한다; 소가 좋아하는 클로버가 증식하면 소가 잘 큰다; 소가 잘 크면 쇠고기를 잘 먹는 영국인의 건강이 증진된다; 영국인의 건강이 증진되면 영국 해군이 강성해진다. 결국 고양이가 영국을 해군강국으로 만든다는 것이다. 그런데, 다윈의 견해에 의하면, 고양이를 가장 잘 돌보는 사람은 주로 노처녀들이다. 따라서 노처녀야말로 영국을 해군강국으로 만든 궁극적 기여자이다. 하지만, 대영제국大英帝國을 지향하는 영국 해군이 남자들에게 독신을 권장하는 것이 노처녀 수를 늘리는 첫 번째 원인이다. 결국 무엇을 말해주는가? 영국의 해군에 의한 그 무엇도, 상호의존이라는 총체성 메커니즘에 의해, 부메랑처럼 피드백되어 다시 영국의 해군에게 영향을 미친다는 것이다.

한편, 1871년 다윈은 *The Descent of Man, and the Selection in Relation to Sex*에서 인류를 생물계통수樹에 있어서 하나의 가지라고 주장했다. 인류 역시 다른 생물 종과 마찬가지로 생명망網의 한 자리에 위치하고 있다는 것이다. 이에 그는 인간을 다른 생물들과 함께 연구에 포함시킨다. 이에 따라 20세기 초 사회과학이 생태학적 아이디어에 인간을 포함시킴으로써 인간생태학(human ecology)이라는 개념이 1910년경부터 대두된다. 사회학에서는 맥켄지(R. McKenzie)와 파크(R. E. Park)를 주창자로 해서 인간생태학적 논지의 주된 초점을 인간과 사회환경[제도] 간의 관련성에 둔다(사회생태학). 지리학에서는 배로우즈(H. H. Barrows)를 필두로 인간생태학적 논지의 주된 초점을 인간과 자연환경 간의 관련성에 둔다(문화지리학). 그리고 인류학에서는 인간생태학이 상기 스튜어드에 의해 문화생태학으로 된다.[32] 인간은, 기어츠(C. Geertz)의 표현으로, 문화동물(culture-bearing animal)이기 때문이다.

인간은 '문화동물'이므로 문화생태계와 [자연]생태계 간에는 중대한

---

32 강학순, 1990, "地理學과 文化의 接點", 『地理學論究』 第10·11號 合本號, 199-201쪽.

차이가 있다. 그러므로 문화생태학적 탐구방법은 생태학적 탐구방법의 어디까지나 준용準用이다. 스튜어드에 의하면, 인간은 생태학적 상황에 들어설 때—즉, 인간이 자신을 둘러싼 환경과 상호작용할 때—인간유기체와 무관한, 앞서 크로버에서 논의했듯이, 초유기체성인 문화를 개입시킨다. 반면에, 인간 이외의 생물은 종種 본래의 신체적 특징으로써, 다시 말해, 종 자체에 기인된 [말하자면]유기체적 장비(genetically-derived organic equipment)로써 자신을 둘러싼 환경에 반응해서 적응한다.[33]

이에 스튜어드는 문화생태학이 인간생태학이나 사회생태학과 구별된다고 했다[34]: 생물학에서는 진화법칙과 이에 부수된 생태학 원리가, 생명망을 구성하고 있는 유기체 종 및 물리적 환경과 무관하게, **모든 생명망에** 적용될 수 있다[35]; 이와 유사하게, 인간생태학이나 사회생태학의 목적은 "**모든 문화-환경 상황에** 적용할 수 있는 일반원리를 탐구하는 것이다"[36]; 이에 반해, 문화생태학은 "어느 지리적 영역(area)의 문화적 사상事象과 패턴이 어떻게 해서 다른 지리적 영역의 그것과 구별되게 되었는지 그래서 그 지리적 영역 고유의 지역성과 문화사를 가지게 되었는지를 설명하고자 한다."[37]

그러므로 문화생태학은, 앞서 논의한, 크로버의 패턴-형상 문화론에 함의된 문화결정론을 거부한다.

---

33 J. H. Steward, 1955, 앞의 책, p. 32.

34 위의 책, p. 5.

35 위의 책, p. 30. (굵은체 필자)

36 위의 책, p. 36. (굵은체 필자)

37 위의 책, p. 36.

문화결정론자는 [패턴으로서의 문화이다. 문화가 패턴이기 위해] 문화는 문화에서 나온다는 일반원리(predeterminism)를 헛되이 가정하지만, 문화생태학은 일정한 지리공간을 점하는 로캘(locale)이라는 환경을 별도/추가 문화요인(the extracultural factor)으로 간주하기 때문이다.[38]

요컨대, 로캘이라는 환경을 별도의 문화요인으로 추가하는 문화생태학은 '문화는 문화에서 나온다.' 즉 오직 문화만이 문화요인이라는 문화결정론을 부정하는 것이다. 이것은 한편으로 보아스 이론을 타당성 있게 보완하는 측면이 있다. 문화생태학은, 보아스의 역사주의에 '역사 전개가 실제로 일어나는 로캘'의 환경적 특수성이 추가되어야 한다는 이론이기 때문이다. 그렇다면, 결국 문화생태학은 뿌리 깊은 지리환경결정론(자연환경결정론)과 연계되는 것 아닌가? 이에 대해 스튜어드는 문화핵심(cultural core)이라는 개념을 제시해서 지리환경결정론도 부정한다.

문화핵심은 생계활동과 경제제도(subsistence activities and economic arrangements)에 밀접하게 연결된 일단의 눈에 띄는 특질이다. 여기서 핵심이라는 것은 생계활동과 경제제도에 실제로(empirically) 밀접하게 관련된 사회적, 정치적, 종교적 [문화로서의]패턴이다. 그 이외의 무수한 눈에 띄는 특질은, 생계활동과 경제제도에 밀접하지 않게 연계되어 있기 때문에, 큰 잠재적 가변성을 가지고 있다. 잠재적 가변

---

38 위의 책, p. 36. (각괄호 필자)

성이 큰 2차적 [예를 들어, 의복, 요리, 오락 등과 관련된] 특질은, 무작위적인 기술혁신 또는 기술확산에 의한 순전히 문화-역사적 요인에 의해 크게 결정되는 것으로서, 유사한 핵심을 가진 문화들이 서로 외양적으로 구별되게끔 한다.[39]

스튜어드는 사냥에 있어서 동일한 문화적 고안물, 즉 동일한 활, 창, 덫을 가진 사회들임에도 '문화핵심' 범주인 땅의 형세 및 서식동물의 특성에 따라 사회가 서로 다르다는 것을 밝혔다. 이에 의하면, 주된 사냥감이 큰 무리를 지어 사는 경우에는 협동에 의한 사냥이 유리하기 때문에 상당수의 사람이 일 년 내내 같이 지낸다. 그런 사회는 캐나다의 아사바스칸 사회, 알곤키안 사회처럼 다가족 또는 다부족으로 구성된다. 반면에, 주된 사냥감이 지역이동 없이 소규모로 흩어져 있는 양상에서는 사냥감이 사는 곳의 형세를 아는 사람들이 소그룹으로 사냥하는 것이 유리하다. 그런 사회는 부시멘, 니그리토, 오스트랄리안, 타즈마니안, 퓨기안 사회처럼 국지적인 소규모의 부계 부족이나 무리로 구성되는 것이 보통이다.

이처럼 사회제도가 유사한 이유는 그들의 자연환경이 유사해서가 아니다(지리환경결정론 부정: 부시맨족과 오스트랄리안족은 사막지역에, 니그리토족은 열대우림에, 퓨기안족은 춥고 비가 많은 지역에 산다). 그 이유는 문화핵심, 즉 사냥감의 본성이 유사하고 이에 따라 그들의 생계문제(subsistence problem)가 서로 같기 때문이다.[40]

---

39 위의 책, p. 37. (각괄호 필자)

40 위의 책, p. 38.

스튜어드에 의하면, 산업화된 오늘날에도 마찬가지이다. 어느 사회에서나 생계활동과 이에 따른 경제제도—자본제도, 신용제도, 교역제도 등—와 밀접하게 관련된 사회적·정치적·종교적 [문화의 다른 표현]패턴들이 문화핵심이다.[41] 이것은 마르크시즘의 유물론적 경제환원주의, 즉 하부구조인 생산양식이 상부구조인 법률, 정치, 종교, 철학 등을 규정하는 최종심급이라는 주장과 같은 맥락이다. 이에 스튜어드는, 해리스(M. Harris) 그리고 뒤이어 나오는 화이트(L. A. White)와 더불어, 대표적인 문화유물론자로 불린다.

해리스는 기술이 유사하면 유사한 생산체계, 유사한 분배체계를 이루게 되어 결국 유사한 가치체계와 신념의 문화를 향유하게 된다는 문화유물론을 주장했다. 백인사회는 인종에 따라 품급을 매긴다. 해리스는 사상이나 인권문제로만 접근했던 그러한 인종주의를 자신의 문화유물론으로 접근해서 그것이 근본에 있어서 백인사회의 경제적 이익을 위해 시작되었다는 것을 밝혔다. 또 그는 소비에트주의인 소련의 붕괴를 유물론 관점인 문화생태학적으로 접근해서 분석했다. 또한 힌두교의 암소 숭배, 아즈텍의 식인 습관, 콰키우틀족의 포틀래취, 마링족의 유아살해 등을 문화생태학적으로 접근해서 '수수께끼' 같은 그들 문화의 물질적 근거를 추적해 드러냄으로써 백인의 오만한 인종주의를 불식시키는 데 기여했다.

그뿐만 아니다. 많은 실증적 연구에 의하면, 문화생태학적 접근과 통찰은 지역개발정책, 특히 미국이 주도적으로 제시하는 근대화이론에

———

41 위의 책, p. 40.

입각한 제3세계의 공업 위주 지역개발정책 분석에 크게 기여하고 있다. 근대화패러다임의 지역개발이란, 제3세계 지역사회가 서구 중심의 통通문화적인 정치경제네트워크 곧 자본주의세계경제체계(capitalist world-economic system)로 편입되어가는 과정이다. 이 편입은—생태학적 표현으로, 지역 외부로부터의 급격한 환경변화는—지역의 '문화핵심' 즉 생계와 밀접하게 연결된 자원(특히 토지 및 인력 자원)과 그 이용에 획기적인 변화를 초래할 수 있다. 또한 생산양식과 생산물, 재화 및 부의 흐름과 지역경제의 구조, 나아가 지역의 (전통)문화에도 큰 변화를 초래하기 쉽다. 이에 대한 문화생태학적 접근은, 지역개발정책이 시행되는 로컬의 구성원인 지역주민이 그 시행으로 인한 외부로부터의 새로운 변화에 대해 적응하는 과정 및 그 결과에 대한, 앞서 논의한, 미시적인 '외부생리학'적 접근이다. 이 접근은 그 적응 과정 및 결과를, 상기 다윈의 예증에서 보았듯이 총체성 관점에서 분석하기 때문에 지역개발정책이 당해 지역에 가져오는 발전 혹은 저발전에 관해 정확한 지식과 통찰을 제공한다.[42]

한편 스튜어드는 어느 지역의 눈에 띄는 특질과 [문화의 다른 표현]패턴이 어떻게 다른 지역의 그것과 구별되게 되었는지, 그래서 그 지역 고유의 지역성과 문화사를 가지게 되었는지를 문화생태학적으로 접근해서 뿌리 깊은 단선진화(unilinear evolution)를 부정하고 다선진화(multilinear evolution)를 주창했다.

단선진화론은 모든 사회가 유사한 문화진화단계를 거친다는 보편

---

42 강학순, 1993, "地域發展에 관한 文化生態學的 硏究," 경북대학교 박사학위논문, 47-50쪽.

진화론이다. 보편진화론자에 의하면, 문화가 지역에 따라 다양한 것은 보편진화에 있어서 시간에 따른 문화의 차이, 즉 진화발전의 **속도 차이 에 따른** 문화의 차이 때문이다. 그 속도는 인종에 따라서 다르다. 서구 인은 인종적 품品이 우수해서 진화발전 속도가 빨라 문화가 앞서 있고, 비서구인은 그 품이 열등해서 그 속도도 늦어 문화가 뒤처져 있다.

반면에 스튜어드의 다선진화론은 모든 인간사회가 자신이 몸담고 있는 로캘 곧 문화생태장場에 따라 저마다 특수하게 진화해 나간다는 특수진화론이다. 앞서 논의한 크로버의 문화 초유기체론을 수용한 그 에 의하면, 우리 인간은 환경과 상호작용할 때—즉, 환경에 반응해서 적응(adaptation, not adjustment)할 때—초유기체성인 문화를 통해서 한다. 예를 들면, 기후변화로 인해 일조시간이 짧아지면[환경변화] 인간은 지 식·기술·장비[문화]를 가지고 품종개량 등을 통해 적응해 나간다. 또 기온이 낮아지면 문화를 가지고[지식·기술·장비를 개발하고 발전시켜서] 적응 해 나간다. 인간이 이처럼 문화로써 환경에 적응하는 것은, 인간 이외 의 모든 종種이 자신의 '유기체적 장비'를 가지고 환경에 대해 기계적으 로 적응하는 것과 달리, 창조적 과정이다. 이러한 창조적 과정을 통해 인간의 문화는 진보해 왔다. 이 문화적 진보는 인간과 환경 간의 관계 를 다시 선택하고, 이 선택은 생물군락(biotic community)에서 인간의 위치 를 격상시켜 왔다. 수렵시대의 문화[기술과 생산제도]에서 인간이 차지한 생물군락에서의 위치와 오늘날의 문화[기술과 생산제도]에서 인간이 차지 하고 있는 그 위치는 크게 다르다.[43] 유물론적 측면에서 볼 때, 문화가

---

43 J. H. Steward, 1955, 앞의 책, p. 34.

진보적으로 진화해왔다는 것은 엄연한 사실이라는 것이다.

스튜어드에 의하면, 문화의 그러한 진화발전 속도와 양상은 인간사회마다 서로 상이하다. (관념으로서의 사회가 아니라) 일정한 지리적 영역을 점유해서 이루어진, 문화동물 인간의 사회가 바로 문화생태장場(로켈)이다. 서로 다른 수많은 일과 사태를 품은 시간의 흐름 곧 역사 속에 있는 각각의 문화생태장에서 이루어지는 문화의 진화발전 속도와 양상은 당연히 각각 다르다. 따라서 문화는 문화생태장별로 다를 수밖에 없다. 그래서 지구 전체에서 보면 다선적으로 진화해왔다. 그 결과, 문화는 문화생태장 저마다의 고유한 지역성과 문화사를 가지게 된 것이다.

스튜어드에 의하면, 페루, 이집트, 중국은 애초에 서로 간에 문화전파가 거의 불가능하다. 그들은 지리적으로 아주 멀리 떨어져 있는, 저마다 서로 다른 문화생태장이다. 그들 간에 유사한 문화가 있다고 하더라도 그것은 서로 상이한 문화생태장에서 각각 독자적으로 진화해온 문화가 어떤 단계에서 우연히 유사성을 보였을 뿐, 결코 보편진화론으로 설명될 수 없다. 이러한 스튜어드의 다선진화론(multilineal evolution)은 인종주의를 배경에 깔고 있는 단선진화론(unilineal evolution)에 대해 전 인류적인 큰 반성을 불러 일으켰다.

한편, 스튜어드와 동시대에 화이트(L. A. White, 1900~1975)는 전파주의 그리고 (곧 논의할)기능주의와 구조-기능주의에 의해 퇴조된 진화주의를 유물론적 입장에서 재평가했다.

사회진화, 문화진화라는 진화주의 패러다임은 18세기 계몽사상가 튀르고(A. R. J. Turgot, 1727~1781)와 콩도르세(M. Condorcet, 1743~1794)에 뿌리를 두고 있다. 뒤이어 생시몽(1760~1825), 헤겔(1770~1831), 콩트

(1798~1857)에서 그것이 사회사상으로 된다. 이후 사회학적 담론에서 진화(evolution)라는 개념을 보급시키고 '적자생존(survival of the fittest)'이라는 용어를 사용한 것은 스펜서(H. Spencer, 1820~1903)가 처음이다.[44] 1852년 스펜서는 *The Development Hypothesis*에서 사회진화론을 주장했는데 이를 소셜 다위니즘(social darwinism)이라고 한다. 그런데 다윈이 진화론을 주장한 『종의 기원』은 1859년에 출판되었다. 화이트는, 이처럼 사회진화론이 다윈의 진화론에 앞서 있었기 때문에 소셜 다위니즘, 즉 '사회과학에 대한 다윈 진화론의 영향'이라는 통념은 잘못된 것이라고 반박했다. 또, 인간은 생물학적으로 진화된 존재이기 때문에 문화 역시 다위니즘 진화론과 연계해서 접근해야 한다는 생각에서 문화를 인간의 생물학적, 유전학적 특질과도 관련 지어 전방위적으로 접근해야 하다는 앞서 보아스의 방법론은 잘못된 것이라고 비판했다.

나아가 화이트는 문화를 두고 전파냐, 문화집단마다의 독립적 발전이냐 하는 것은 사실의 문제이지 이론의 문제가 아니라고 주장했다. 진화와 전파 둘 다를 인정하는 그는, 진화론과 크로버의 문화 초유기체론을 결합해서, 유물론적 기술결정론인 신진화주의를 주창한다.

크로버에 의하면, 앞서 보았듯이, 인간을 제외한 모든 생물 종種의 사회조직은 신체구조 및 유전학적 구성이므로 생물학적 결정론으로 규정된다. 따라서 그것들의 사회조직은 문화가 아니다. 이에 반해, 인간의 사회조직은 인간유기체의 속성과 무관한 초유기체성의 문화이다. 이를 지지하는 화이트는 문화를 취급하는 학문, 인간심리를 연구

---

44 C. Seymour-Smith, 1996, p. 265.

하는 학문 양자를 명확하게 구분했다.

사물과 사건(행위), 예를 들어, 종, 노예, 장모를 내외하는 관습, 투표, 자살, (개인적 또는 집단적)시위 등을 인간유기체와의 관련 곧 신체적 맥락(somatic context) — 예컨대 인간의 욕구, 희망, 불안, 만족, 밖으로 드러내는 반응, 관습형식 등과의 관계 — 에서 고려하고 해석하는 과학을 심리학이라고 했다. 반면에, 그러한 사물과 사건(행위)을 인간유기체와 무관한 신체외적 맥락(extrasomatic context), 다시 말해, 그것들 상호 간의 관계 — 예컨대 그것들을 결혼, 성 간의 분업, 생산양식, 정치조직형태, 재산소유자격 등과 관련 — 에서 고려하고 해석하는 과학을 문화학(culturology)이라고 했다.[45]

화이트의 문화학은 문화의 궁극적 기능을 '인류생활의 보장과 존속'이라고 본다. 그는 그러한 기능을 가진 문화를 기술적, 사회적, 관념적 차원으로 구분해서 문화의 기술적 차원이 문화의 사회적, 관념적 차원의 성격을 결정한다고 주장한다. 마르크시즘의 유물론적 경제환원주의와 맥락을 같이하는 유물론적 기술결정론을 제시한 것이다.

구체적으로, 화이트에 있어 인간 종種의 생존이란 결국 환경에 대한 적응이다. 이 적응은 에너지를 확보해서 그것을 인간의 필요에 맞게 변형시키는 과정이다. 이에 그는 문화를 기술결정론으로 접근해서 문화진화공식 ET=C를 제시했다. 문화(C)의 진화단계를 측정할 수 있는 유일 최선의 지표는 연간 1인당 포촉捕觸하는 에너지(E)양과 그 에너지를 효율적으로 처리할 수 있는 기술(T)이라는 것이다. 그는 이 공식으로

45　L. A. White, 1973, *The Concept of Culture* (李文雄 譯, 1981, 『文化의 槪念』, 一志社, 141-148쪽).

문화의 기능에 대한 효율을 측정해 그 결과를 가지고 문화진화의 고저를 등급 지어서 인류의 문화가 기술에 따라 다선적으로 진화 발전해 온 것이 엄연한 사실임을 도표와 그래프[46]를 통해 보여주었다.

뒤이어 스튜어드·화이트의 제자이며 레비-스트로스로부터도 큰 영향을 받은 살린스(M. Sahlins)와 서비스(E. R. Service)는 『진화와 문화(*Evolution and Culture*)』에서 단선진화, 다선진화 둘 다 인정해서 일반진화론(general evolutionism)과 특수진화론(specific evolutionism)을 제시했다. 즉, 모든 사회에 있어서 문화는 기술결정론적(예를 들어, 석유나 우라늄은 청동기사회의 기술에서 무용지물이라는 것, 그러므로 그것은 당시 문화의 진화와 아무런 상관이 없다는 것, 따라서, 달리 말하면, 어느 시대 어느 사회이건 문화의 진화는 궁극적으로 기술에 달렸다는 것) 일반진화를 해서 큰 틀에서 보면 석기문화, 청동기문화, 철기문화 이러한 순서로 단선적 진화를 해왔다는 것이다. 그러면서 **동시에** 개별 사회의 문화는 자신의 지리적, 역사적, 기술적 환경에 적응(adaptation)해서 각각 나름의 특수진화를 해 지구 전체에서 보면 다선적 진화를 해왔다는 것이다. 이들의 이론은 진화에 있어서 화이트에서보다 더욱 특수주의이고 따라서 더욱 다선주의이다.[47] 서비스는 *Origins of the State and Civilization* 에서 [문화]사회형태(social type)의 경우 무리(band)사회, 종족(tribe)사회, 족장지배(chiefdom)사회, 국가(state)사회의 순서로 일반진화해 왔음을 밝혀 전 세계적 지지를 얻고 있다.[48]

---

46   이것이 실려 있는 문헌: 위의 책, 120, 122쪽.

47   A. Barnard, 2000, 앞의 책, p. 40.

48   C. Seymour-Smith, 1996, 앞의 책, p. 255.

　1920년대 이래 미국 문화인류학의 중심인 보아스학파는 앞서 본 것처럼 역사특수주의, 문화상대주의, 문화결정론으로 그 성격을 요약할 수 있다. 1950년대에는 그러한 성격과 이론적 관련을 가지면서 미국에서 인지인류학(cognitive anthropology)이 대두된다. 인지인류학은 문화를 개념 혹은 지식(앎)의 체계로 본다. 그리고 이론적 발전은 인지심리학, 구조언어학, 구조인류학으로부터 영향을 받는다. 특히 레비-스트로스의 구조주의방법론이 인지인류학 성립에 크게 공헌했다.

　인지인류학은 문화를 보는 방식에 대한 의문에서부터 출발한다. 즉, 누구나 자신의 문화적 필터(자신의 개념체계 혹은 지식체계)를 통해 다른 문화를 바라보기 때문에 인류학자가 연구대상문화를 있는 그대로 이해해서 기술하기가 어렵다는 것이다.

　부연하면, 겨울철에 내리는 눈을 지칭하는 어휘가 영·미인에게는 '눈' 뿐이다. 눈의 상태나 상황을 나타내기 위해서는 동사, 형용사, 부사 등을 활용해서 내리는 눈, 바람에 휩쓸려온 눈이라고 말한다. 반면에, 에스키모는 눈을 상태나 상황에 따라 '내리는 눈', '바람에 휩쓸려온 눈', '단단하게 뭉쳐진 눈', '녹기 시작한 눈' 등 여러 가지 어휘로써 말한다. 이러한 언어적 다름으로 인해 에스키모문화와 서구문화가 다르다는 것이, 앞서 논의한, 사피어-워프 가설이다. 반면에 그러한 언어적 다름은 영·미인과 에스키모인이 향유하는 서로 다른 문화와 자연환경이 산출한 개념체계에 의한 것이라는 견해가 인지인류학의 입장이다. 서구의 문화와 자연환경에서 영·미인이 눈을 에스키모인처럼 인지해서 눈을 나타내는 여러 가지 어휘가 있어야 할 필요나 이유가 없다는 것이다.

요컨대, 비서구토착사회의 문화를 연구함에 있어 서구에서 서구문화에서 정립된 접근방법이 타당할 수 없다는 것이다. 이에 에믹적 접근이 대두된다.

에믹(emic), 에틱(etic)은 미국 언어학자 파이크(K. Pike)가 음성학적(phonetic), 음소학적(phonemic)이라는 용어를 원용援用해서 만든 문화인류학적 용어이다.

음성학에서는 언어학자가 음성언어 곧 말소리의 물리적 특징, 즉 사람의 구강, 혀, 입술의 모양을 어떻게 하는가에 따라 성대를 통해 나오는 음성의 소리가 어떻게 달라지는지를 분석하고 기록해서 체계화한다. 이 체계는 물리적 체계임으로 서양인, 동양인, 문자文字인, 무문자無文字인 구별 없이 모든 사람에게 공통되는 그래서 누구나 이해할 수 있는 표준화된 보편체계이다. 다시 말해, 음성기관이 정상인 사람이라면 그 누구가 그 누구의 음성을 분석해서 체계화해도 그 체계는 동일하다. 이를 원용해서, 원주민문화를 외부인인 인류학자가 만든 표준화된 인지체계로써 이해하는 방식을 음성학적(phon*etic*)에서 따온 에틱적(etic) 접근이라고 한다.

반면에 음소音素론에서는 서로 구별되는 말소리의 뜻을, 언어학자/관찰자가 아니라, 당해 언어 화자(speaker)의 음소체계를 통해 이해하고자 한다. 음소는 말(음성언어)에 담긴 뜻을 분별해주는 최소의 음단위이다. 키우다[kiuda]라는 말과 비우다[biuda]라는 말의 뜻을 변별 혹은 분별할 수 있는 것은 음성 [k], [b]가 서로 구별되기 때문이다. 이때 /k/, /b/가 음소이다. 그런데 모든 언어가 동일한 음소체계를 가지고 있는 것은 아니다. 한국어에서 음소인데 영어에서는 아니기도 하고 그 반대의 경우도 있다. 또한 대부분의 언어에서 음소가 아닌데 어떤 언어에서는 음소이기도 하고 그 반대의 경우도 있다.

예를 들어, 한국어에는 /ㅍ/, /ㅃ/가 별개의 음소로 취급되어 각각 독립된 철자 'ㅍ', 'ㅃ'가 있다. 영어에는 그것들이 하나의 음소 /p/ 안에 존재하는 이음異音(allophone)으로 취급되어 하나의 철자 'p'를 공유한다. 한국인의 두뇌는 /ㅍ/, /ㅃ/를 구분해서 인지하는 반면, 영·미인의 두뇌는 구분해서 인지하지 않는다. 그래서 한국어 훈련 이전의 영·미인은 한국어 뿔을 [pul]이라 듣고 발음한다. 그런데 한국어에서 [pul]이라는 말소리의 뜻은 '뿔'이 아니다. 물론 이와 반대인 경우도 있다. 영어에서 /b/, /v/는 별개의 음소이며 각각 독립된 철자 'b', 'v'가 있다. 한국어에는 /v/가 없고 /b/가 있다. 그래서 영어훈련 이전의 한국인은 영어 very를 [beri]라 듣고 발음한다. 그런데 영어에서 [beri]라는 말소리의 뜻은 'very'가 아니다. 이처럼 음소체계는 특정 언어의 당해 화자에게만 의미가 있는 체계이다. 이를 원용해서, 연구대상인 원주민문화를 인류학자가 당해 원주민의 인지체계에 입각해서 이해하는 방식을 음소학적(pho-n*emic*)에서 따온 에믹적(emic) 접근이라고 한다.

에믹적 접근이라는 아이디어는 일찍이 보아스 그리고 (뒤이어 취급할) 말리노브스키(B. Malinowski)에서도 볼 수 있다. 그러나 인지인류학 성립은 1950년대 중반 미국의 콘클린(H. C. Conklin), 라운즈베리(F. G. Lounsbury), 월리스(A. F. C. Wallace), 구디너프(W. H. Goodenough) 등이 방법론을 연구함으로써 이루어진다. 이들에 의하면, 인지인류학의 목적은 비서구토착사회의 문화를 에믹적으로 접근해서 그들 자신의 인지체계

—바꾸어 말하면, 그들만의 분류체계 혹은 범주체계—를 파악함으로써 그들 문화의 특수성과 고유성을 이해하는 것이다. "원주민의 개념과 범주로써 표현된 에믹적 기술記述은 인류학자의 개념과 범주로써 표현하는 에틱적 서술을 필요로 한다. (…) 에믹적 기술을 에틱적 서술을 통해 체계화함으로써 문화에 관한 일반과학이 발전하는 데 기여한다."[49] 문제는 방법론, 즉 에믹적 접근이어야만 이해가 가능한 원주민 문화의 특수성과 고유성을 어떻게 일반과학의 조건인 검증과 반복이 가능한 절차로 추출해 서술할 수 있는가 하는 것이다.

인지인류학의 방법론은, 문화구조가 언어구조와 동일하다는 것을 실증함으로써 '문화에 관한 일반과학을 정립한 레비-스트로스'의 구조주의방법론을 기본적으로 수용하는 것이다. 그의 그 방법론적 모델은 (제3장에서 취급할) 언어학의 음운音韻모델이다. 이에 따라 인지인류학은 음운론의 판여關與적 대립—레비-스트로스로 말하면 이항대대二項對待—모델에 기초해서 (제3장에서 볼) 의미의 변별특질(semantic distinctive feature)을 분석해서 토착적 문화세계의 개념체계(인지체계)를 해명한다.[50] 그 대표적 작업이 친족용어에 담긴 문화적 인지에 대한 성분 혹은 소성素性 분석(componential analysis)이다.

왜 친족용어인가? 레비-스트로스에 의하면 인류는 모든 다양한 사회적 집단—친족집단, 직업집단, 취미집단, 정치집단, 종교집단, 민족집단 등등—의 총체이며 그중에 가장 근본적이고, 보편적이고, 일차적

49 W. H. Goodenough, 1970, *Description and Comparison in Cultural Anthropology*, Chicago: Aldine, p. 112.

50 C. Seymour-Smith, 1996, 앞의 책, p. 42.

인 집단이 친족집단이다. 이에 동의하는 인지인류학에 의하면, 각기 다른 문화를 향유하는 친족집단은 친족에 대한 자신만의 고유한 인지체계(개념체계)가 있다. 하지만 무문자 원주민은, 자기들이 사용하는 말의 체계를 기술할 수 없듯이, 친족에 대한 자신들의 문화적 실천체계를 기술할 수 없다. 그러므로 원주민 언어를 습득해서 친족에 대한 그들의 문화적 실천을 에믹적으로 접근해서 거기에 내재된 인지체계를 발견하고 그것을 인류학자 자신의 말(글)로써 에틱적으로 서술하는 것이 바로 인류학자가 해야 할 일이다. 이에 인지인류학에서는 에믹 범주와 에틱 범주 간의 관련을 공식화하려는 방법론이 제기되어 논의된다. 그 방법론에 관한 상기 구디너프의 '유명한' 연구에 의하면, 친족 및 친족체계라는 가장 근본적이고 일차적인 문화적 영역에서 그 두 범주 간의 관련이 투명하게 드러난다.[51]

그래서 [우리는 외국어 중에 주로 영어를 습득하고 있으므로] 영어화자話者인 영·미인의 경우를 예로 들어 uncle이라는 친족용어의 소성素性을 상기 레비-스트로스의 이항대대二項對待—음운론으로 말하면 관여적 대립—모델을 가지고 분석하면, 4개 소성으로 구성되어 있다: male이라는 소성(female과 대대對待적인 male), first ascending generation이라는 소성(nephew와 대대적인 uncle), consanguine's spouse라는 소성(father-in-law[처가]와 대대적인 uncle[친가]), 그리고 collateral이라는 소성(father[친계]와 대대적인 uncle[방계]). 이것은 영·미인에 있어 uncle이라는 친족용어에 담겨있는 문화적 인지, 예를 들어, 그들에게 [문화적 실천]'아저씨다

---

51 A. Barnard, 2000, *History and Theory in Anthropology*, Cambridge University Press, p. 114-115.

운' 행위('avuncular' behavior)란 어떤 것인지를 파악하는 데 유용하다.[52]

나아가 uncle에서와 동일한 방법으로 father, mother, grandfather, brother, niece 등 친족용어의 소성을 분석해서 나를 중심으로 종縱으로는 위로 2대, 아래로 2대; 횡橫으로는 직계(lineals), 방계(co-lineals), 원계(ablineals)로 해서 테이블 표를 작성할 수 있다. 이 표가 바로 친족에 대한 영·미인의 인지를 도식圖式으로써 드러낸 것이다.[53]

문화집단마다 인지체계가 다르다는 사실은 지구상에 있는 모든 문화집단 각각은 서로 다른 문화세계를 살아간다는 것을 의미한다. 그러므로 인지인류학은 한편으로 문화집단 저마다의 민속분류학(folk taxonomy)—민속식물학, 민속동물학, 민속천문학, 민속의학 등—과 깊은 관련을 가지므로 민족의미론(ethnosemantics)이기도 하다.

민족의미론 혹은 민속분류학의 기반은 민족지民族誌(ethnography)이다. 민족지라는 용어에는 두 가지 뜻이 있다. 하나는 연구대상인 원주민의 생활 전모를 세밀하고 정확하게 기록하기 위해 실제로 그들의 생활에 들어가 수행(field work)하는 민족지적 연구(ethnographic research)라는 뜻이다. (뒤이어 보게 될) 말리노브스키(B. K. Malinowski)가 제시한 참여관찰(par-

---

52 위의 책, p. 115.

53 그 도식을 두 가지 방식(Wallace and Atkins방식, Romney and D'Andrade방식)으로 그려서 제시한 문헌: 위의 책, p. 116.
    이들 도식은 친족에 대한 영·미인과 한국인의 문화적 인지가 서로 상당히 다르다는 것을 보여준다. 한 예로, 친사촌, 고종사촌, 외종사촌, 이종사촌이 영·미인에게는 모두 cousin이라는 사실이 도식으로 나타나 있다. 이것은 사촌을 우리처럼 그렇게 분류해서 문화적 실천을 해야 할 필요나 이유가 없다는 그들 마음의 인지형판(mental template)이 드러난 것이다.

ticipant observation)과 앞서 본 보아스의 문화상대주의가 바로 이러한 방법론적 전통을 열었다. 또 하나는 민족지적 기록(ethnographic monography)이라는 뜻이다. 인류학 초기에는 식민지 관리, 선교사, 상인, 군인, 여행가 등이 기록한 것을 민족지로 사용했다. 점차 훈련된 인류학자들이 원주민의 언어를 습득하고 필드워크를 해서 정확하고 충실한 민족지를 작성하게 된다. 이들이 연구대상문화를 에믹적으로 접근해 기술한 민족지를 초기 민족지와 구분해서 신민족지(new ethnography) 또는 맥락에 따라 민족과학(ethnoscience)이라고 한다.

상기 콘클린이 기술한 신민족지에 의하면, 필리핀 하누누족은 색채를 (서구식 분류 기준인 색상·명도·채도라는 3가지 소성素性이 아니라) 명도·암도·습도라는 3가지 소성을 가지고 분류한다. 또한 후쿠이 가쓰요시(福井勝義)가 기술한 신민족지에 의하면, 이디오피아 서남부 목축민 보디족은 사물을 색채와 모양이라는 소성으로써 분류한다. 이는 소의 색채와 모양과 관련되어 있다. 색채 간의 근연近緣관계는 소들 간의 클랜(clan)—동일한 조상의 혈연집단—분류체계와 합치하고 있다. 이것은 오랜 세월에 걸친 소의 교배를 관찰하고 그 지식을 계승함으로써 소를 매개로 한 색과 모양의 유전법칙을 습득해온 결과, 즉 민속유전학(민속멘델리즘)의 결과이다.

또한 고대로부터 중국에는 비슷한 색을 가진 음식은 의학적 성질도 서로 통한다는 관점의 민속분류학이 있다. 전통적으로 중국인은 사람의 다섯 가지 장기—간(肝)·심장(心)·지라(脾)·폐(肺)·콩팥(腎)—를 (이를테면, 냄새와 온도가 아니라)색과 물질이라는 소성에 입각해 분류한다. 간: [색]청(靑)-[물질]나무(木), 심장: 적(赤)-불(火), 지라: 황(黃)-흙(土), 폐: 백(白)-쇠(金), 콩팥: 흑(黑)-물(水). 그리고는 이 분류체계를 물질들 간의 음양(陰陽)적 대대對待에 의한 상생적(木生火, 火生土, 土生金, 金生水, 水生木), 상극적(水克火, 火克金, 金克木, 木克土, 土克水) 상호작용과 결합해서 인체의 생리학적 현상을 설명하는 데 도입했다.

이것은 중국 고대로부터의 음양(陰陽)-오행(五行: 木火土金水) 우주주론에 기초한 중국인 고유의 민속의학이다. 만약 폐의 기능이 약해서 다른 장기와 음양적 부조화가 생기면, 폐는 白[색]-金[물질]이므로 흰색 계통의 음식(연근, 무, 도라지 등)을 먹는다. 또한 동시에, [土生金]金은 土로부터 生하며 土는 黃이므로, 황색 계통(호박, 살구, 당근 등)의 음식도 먹는다. 그러면 폐의 기능이 강화되어 장기들 간의 음양적 조화를 회복할 수 있다. 만약 폐 기능이 지나치게 강해서 다른 장기와 음양적 부조화가 생기면, 폐는 白-金이므로 상기 흰색 계통의 음식 섭취를 줄인다. 또한 동시에, [火克金]金은 火에 의해 克하며 火는 赤이므로, 적색 계통의 음식(토마토, 강낭콩, 비트 등)을 먹는다. 그러면 폐의 기능이 조절되어 장기들 간의 음양적 조화를 회복할 수 있다. 이러한 식이요법은, 주지하다시피, 소위 정통의학의 한계를 극복 또는 보완하고자 하는 대안의학(alternative medicine)의 한 분야로 널리 수용되고 있다.

비근하게는 우리의 고유한 구비口碑적 전통, 민간신앙, 경관景觀으로 표출되어 있는 토속적 지리공간의 의미, 풍수지리학, '부뚜막의 흙도 약이 된다'는 한의학 등도 인지인류학(민족의미론)적으로 접근할 필요가 있다.[54] 상기 후쿠이 가쓰요시는 인지인류학이야말로 문화분석에 있어

---

54 인지인류학적 연구의 대표적 사례: 강신표, 1998, "韓國의 對待文化文法과 人學", 『한국문화인류학』 31(2), 212-221쪽; 崔吉城, 1988, "不淨 관념으로 본 한국인의 의식구조" (韓相福 編, 『한국인과 한국문화』, 심설당, 269-289쪽). 전자는 연구자

서 새로운 무기와 꿈을 가져다주었다고 했다.[55]

*

보아스와 동시대에, 대서양 건너 영국에서는 말리노브스키(B. K. Malinowski, 1884~1942)를 필두로 기능주의가 대두된다. '기능주의인류학(Functional School of Anthropology)'은 말리노브스키 스스로가 자신의 인류학에 부여한 타이틀이다. 폴란드에서 물리학과 수학으로 박사학위를 받은 그는 프레이저의 『황금 가지(The Golden Bough: A Study in Magic and Religion)』를 읽고 인류학에 매료되었다. 그는 영국에서 다시 인류학을 공부해 호주 원주민의 가족조직에 관한 연구로 또 박사학위를 받는다.

학문적 배경이 과학주의인 그로서는, 어떤 한 사회의 문화를 이해함에 있어서 보아스의 역사주의적 접근은 별 의미가 없었다. 당시 인류학이 연구대상으로 했던 문자가 없는 소위 미개사회에는 신뢰할 만한 역사적 자료가 거의 없었기 때문이다. 그래서 불확실한 자료를 토대로 거대한 이론을 만들어내는 데도 그것을 검증할 방법 또한 없었기 때문이다. 그가 볼 때 당시 무문자사회에 관한 역사는 추측에 의한 역사(conjectural history)에 불과하고, 역사에 의거한 방법이란 추측적 인과관계에 기반해서 추론적으로 주장하는 것이었다. 이에 그는 자신의 표현으

자신이 일상에서 늘 대하는 바위, 나무, 소, 사람, 별자리를 동양 고유의 오행론으로[민족의미론적으로] 접근했다. 후자는 인생을 시작함(출산)과 마감함(사망)에 있어 不淨, 俗, 聖의 관계를 민족의미론적으로 접근했다.

55 이종원 (옮김), 아야베 쓰네오 역음, 1987, 『문화를 보는 열다섯 이론』, 도서출판 인간사랑, 184쪽.

로 '문화에 관한 과학적 연구'가 절실했다. 방법이 무엇인가? 그는 현지에 가서 생활하며 직접 보고 듣는 참여관찰(participant observation)을 주장한다. 이후 참여관찰은 문화인류학, 나아가 사회과학 전반에 걸쳐 필수적 방법론이 된다.

트로브리안드(Trobriand) 언어를 습득한 말리노브스키는 1922년 수년에 걸쳐 트로브리안드 제도—뉴기니 동부의 작은 산호초 섬들—의 문화, 특히 쿨라(Kula)를 참여 관찰해서 기록한 『서태평양의 원양항해자(*Argonauts of the Western Pacific*)』를 통해 기능주의를 주창했다. 그의 모든 후계자는 사회인류학이 트로브리안드 제도에서 시작되었다고 생각한다.[56]

쿨라는 트로브리안드 제도, 라프란 제도, 와리 섬을 연결하는 약 300킬로미터의 삼각형 지역에서 이루어지는 전통적인, 공적公的이며 규칙적인 교역체계이다. 주 교역품은 소우바라는 붉은색 조개로 만든 머리장식, 무와리라는 흰색 조개로 만든 팔찌이다. 그것은 일상에서 실용성이나 경제적 가치가 거의 없고 흥정이라는 것도 없다. 전자는 삼각형 지역을 시계방향으로, 후자는 시계반대방향으로 돌아가며 교역이 이루어진다. 상기 프랑스파 모스(M. Mauss)[뒤르켐의 조카]의 『선물(*Gift*)』로부터 영향을 받은 말리노브스키가 볼 때 그것은 상품이 아니라 선물이었고, 그것을 교역하는 것은 상행위가 아니라 어떤 기능을 가진 교환행위였다.

무슨 기능인가? 말리노브스키의 참여관찰에 의하면, 쿨라의 모든

---

56 A. Kuper, 1991, 앞의 책, p. 1.

과정에는 각 과정에 여러 가지 주문呪文, 복잡한 관습, 규칙이 있다. 주문의 힘에 의한 주술은 그들의 심성을 지배하는 심리학적 기능을 해서 공동체의 모든 활동에 의미, 절차, 질서를 부여한다. 주술과 의례는 공동작업을 위한 조직과 협조를 이끌어낸다. 주술에 의한 마술적 믿음이 그들의 협동을 확실하게 하는 기능을 하기 때문이다. 이 협동은 개명된 사익私益이라는 형태(a form of enlightened self-interest)의 협동이다. 개명된 사익이란, 사익이지만 그것은 어디까지나 상호응화應和(mutual accommodation)라는 심리적 상호성 원리에 기반한 사익이라는 것이다. 주술과 의례가 개개인으로부터 상호응화적 협동을 이끌어냄으로써 쿨라는 상기 삼각형 지역 내에 있는 수천 명을 둘씩 결합시키고, 이를 토대로 전체적 공동관계를 맺도록 하는 사회통합 기능을 한다. 쿨라에 대한 말리노브스키의 이러한 기능주의적 관점은 당시 서구인의 생각 즉 '야만인 (savage)의 이상한 교역'이라는 통념을 완전히 무너뜨린 것이다.[57]

애초에 어떻게 해서 그러한 쿨라가 존재하게 되었을까? 말리노브스키의 문화이론이 바로 이 질문에 답하고 있다. 쿨라는 본질적으로 트로브리안드 제도 일대의 원주민이 자신의 존속存續을 위해 만들어낸 그들 나름의 문화적 수단이다.

말리노브스키의 문화이론은, 인간은 생존하기 위해 어떤 근본적인 것을 해야 한다는 전제로부터 출발한다. 그는 그것을 인간의 기초적 혹은 생물학적 욕구 곧 먹는 것, 배설하는 것, 생식生殖하는 것이라고

---

57 위의 책, p. 26.

했다. 그리고 이것 중 어느 하나라도 하지 않으면 인류는 존속할 수 없다고 했다.

그 이론에 의하면, 식욕이라는 기초적, 생물학적 욕구를 충족시키기 위한 문화적 장치가 식량공급이다. 식량공급이라는 파생적 필요를 충족시킬 수 있는 문화적 장치가 농업이라는 지식과 기술이다. 이 지식과 기술 습득을 충족시킬 수 있는 문화적 장치가 교육과 훈련 그리고 이와 관련된 제도이다.[58] 요컨대, 인간생존의 기반인 생물학적 욕구충족을 위해 파생되는 제반 필요를 충족시키기 위한 수단 **모두가** 문화인 것이다.[59] 트로브리안드 원주민의 쿨라 교역, 성생활과 산아産兒, 신화, 농사와 관련된 의례, 정원庭園일 등을 면밀히 참여관찰한 말리노브스키의 설명을 직접 들어본다.

> 문화는 본질적으로(primarily) 사람의 생물학적 욕구(needs)를 충족시키기 위한 것이다. 문화라는 수단을 통해 생물학적 욕구를 충족시킴에 있어서 사람은 거기에 새로운 욕구를 더한다(develops). 제일 먼저, 도구나 문화물 그리고 지식의 안내를 통해 [식욕이 기초적 욕구이므로] 음식제조활동을 조직해야 한다. 이 조직욕구에 대한 문화적 응답이 초기의 과학이다. (…) 인간행동은 성공확신에 의해 인도되므로 그 확신을 심리적으로 뒷받침하고자 하는 욕구에 대한 문화적 응답이 주술이다. (…) 끝으로 지식의 체계, 예상의 체계를 세우기 위한 욕

---

58 B. Malinowski, 1944, *A Scientific Theory of Culture and Other Essays,* University of North Carolina Press, p. 23.

59 A. P. Cheater, 1991, *Social Anthropology,* London: Routledge, p. 23.

구에 대한 문화적 응답이 인류의 기원과 운명에 대한 탐구이다. 또한
이와 더불어 삶, 죽음, 그리고 우주에 관한 탐구이다. 이 탐구의 체계
를 세우고 지식을 조직화하고자 하는 욕구에서 종교의 필요가 생긴
다.[60]

[기초적이든 파생적이든] 새로운 욕구가 생기지 않으면 (…) 그 어떤 발
명, 혁명, 지적 변화, 사회적 변화도 결코 일어나지 않는다. 그 어떤
[사소한 오락 관련 같은 것이 아닌] 중대한 활동체계도 인간의 욕구와 그
충족에 직·간접으로 연결되지 않으면 결코 지속될 수 없다.[61]

무엇을 말해주는가? 한 사회에 현존하는 모든 문화적 사상事象—한
사회 내에 존재하는 지금의 모든 지식과 기술, 관습과 제도, 주술과 종
교, 사회적 관계 등—을 기능이라는 관점으로 접근해서 이해해야 한다
는 것이다. 기능이란 한 사회의 **전체체계수준에서** 요구되는 필요를 충
족시키는 기능이라는 것이다. 이 필요는 개인의 기초적(생물학적) 욕구를
충족시키기 위한 필요, 기초적 욕구를 충족시키기 위한 파생적(사회적)
필요 모두를 포함한다는 것이다. 그리고 이 모든 필요를 충족시키기
위한 과정에서 직면하는 제반 문제를 상기 상호응화應和라는 심리적 상
호성을 기반으로 극복 또는 해결하기 위한 제도적 장치가 바로 문화라
는 것이다.

말리노브스키에 의하면, 그러한 제도적 장치 곧 문화가 없는 상태

---

60 B. Malinowski, 1948, *Magic, Science and Religion and Other Essays* (selected by
Robert Redfield), Glencoe, IL: The Free Press, p. 202. (각괄호 필자)

61 B. Malinowski, 1944, 앞의 책, p. 40, 142. (각괄호 필자)

에서 개인이 생물학적 기초욕구를 충족시키는 활동, 예컨대, 생식활동을 한다면 그것은 인간의 삶이 아니라 정글법칙이 지배하는 동물의 삶이다. 인간의 삶은 제도라는 문화적 장치에 의해 개인이 책임질 활동들—생식활동, 영토활동, 생리활동, 자발적 연합활동, 직업에 기반한 활동, 지위와 신분에 따르는 활동 등—이 통합된 삶이다. 여기서 통합이란 제도들이 기능적으로 상호 관련되어 있다는 것이다. 말리노브스키에 의하면, 하나의 제도가 하나의 기초적 또는 파생적 욕구만을 충족시키는 기능을 하는 것이 아니다. 그 어떤 제도도 여러 가지 욕구를, 적어도 부분적으로는, 충족시키는 기능을 한다. 예를 들어, 생식활동과 관련되어 있는 가족제도에 변화가 일어나면 그 변화는 직업활동과 관련된 사회적 신분에 관한 제도에 직·간접으로 영향을 미친다는 것이다.

요컨대, 말리노브스키에 의하면, 한 사회에 있어서 문화는 그 사회 내에 있는 모든 제도 간의 기능적 상호관련 곧 통합에 의해서 이루어진 것이다. 그러므로 문화는 그러한 통합을 가능하게 하는 언어[언어 속에서 삶의 모든 것이 개념 지어진다], 지식[지식이 개념을 체계적으로 통합한다], 종교[종교가, 쿨라의 주술과 의례 기능처럼, 개개인의 행위를 심리적으로 통합한다]에 의해 만들어진 것이다. 따라서, 그 어떤 사회의 문화라도 그것을 온전히 이해하기 위해서는 기초적 욕구가 충족되어야만 존속할 수 있는 개인이라는 수준, [개인 고립적으로가 아니라]사회 속에서 그 욕구를 [정글법칙적으로 아니라] 상호응화적으로 충족시키는 기능을 가진 제도라는 수준, 그리고 제도들을 통합하는 장치인 언어·지식·종교라는 수준 이들 모든 수준이 통합된 총체로서의 문화를 분석해야 한다. 문화에 대한 자신의 이러한 새로운 접근을 그는 '기능주의인류학'이라고 했다.[62]

말리노브스키의 기능주의인류학은 진화주의인류학에서 말하는 잔존殘存 개념을 부정한다. 진화주의에 의하면, 무문자無文字인의 현재 관습은 잔존, 즉 소위 문명사회에서는 이미 기능을 상실한 과거의 것이다. 하지만 문화의 진화가 늦은 무문자인은 그것을 지금도 행하고 있다. 그러므로 그들의 현재 관습[잔존]을 관찰하면 문명인의 과거를 알 수 있다.

말리노브스키는 이러한 진화주의의 방법론적 틀을 정면으로 공박한다. 그에 의하면, 어느 사회를 막론하고 긍정적인 것이든 부정적인 것이든 현존하고 있는 일체의 문화적 사상事象은 그 사회의 존속을 위한 당시적합성을 가진다. 어떤 행위가 당시적합성이 없어지면 그 행위는 없어진다. 따라서 무문자인의 현재 관습은 그들의 현재에 적합한, 생생하게 살아있는 관습이다. 그럼에도 불구하고, 그들의 현재 관습을 잔존으로 간주해서 이를 토대로 인류문화의 진화와 관련된 역사적 (재)구성을 도모한다는 것은 결코 타당하지 않다. 요컨대, 문화연구, 문화이해에 있어서 핵심적으로 중요한 것은 한 사회에 있어서 현존하는 문화의 여러 측면이 어떻게 상기 모든 수준에서 통합되어 당시총체성(an integrated contemporary whole) 속에서 공시적[63]으로 기능하는가 하는

---

62 A. P. Cheater, 1991, 앞의 책, p. 23.

63 공시共時적(synchronic), 통시通時적(diachronic)은 (제3장에서 취급할) 소쉬르가 주조한 용어이다. 양자는 시간이라는 차원에서 대對개념이다. 하나의 체계 속에서 모든 요소들이 어느 한순간에 공존해 있는 것을 공시적 상태라고 한다. 그 공시적 상태가, 시간의 흐름 속에서, 전개되어 나가는 것을 통시적 상태라고 한다.
예를 들면, 장기놀이는 하나의 체계이다. 진행되고 있는 장기놀이에서, 장기판 위에 있는 모든 말들의 어느 한순간의 상태가 공시태共時態이다. 이 공시태가 시간의 흐름 속에서 매 순간 다음의 공시태로 전개되어 나가는 상태가 통시태通時態이다. 공시적 연구는 시간이라는 차원과 무관한 연구인 반면, 통시적 연구는 시간이

것이지, 문화의 과거형태가 아니라는 것이다.

  말리노브스키의 기능주의는 몇 가지 점에서 논쟁에 직면하게 된다. 먼저, 그 이론의 공시태적 성격상 무역사적(ahistorical)이라는 비판이 일반적이다. 그런데 그 비판은 말리노브스키의 입장에서 볼 때 비평 없이 답습되고 있는 오류이다. 말리노브스키에게도 무문자사회에서 말로 전해 내려오는 일이나 사건이 결코 무가치한 것이 아니다. 다만 그는 그것을 '추측에 의한 역사'라는 범주에 넣어서 신화처럼 다룬다. 예를 들어, 기원이나 통치에 관해 말로 전해 내려오는 신화는 당대 정치권력이 실재 했음과 그 권력의 분배를 설명하기 위해 만들어진(designed) 것이므로 그 당시에서 기능한다는 것이다. 그러나 그것을 과거에 관한 정확한 기록처럼 취급하지는 않는다는 것이다.[64]

  또한 그의 기능주의는, 상기 무역사적이라는 비판과 연계되어, 사회의 통시적 변화를 설명할 수 없다는 비판도 받는다. 이 비판 역시 말리노브스키로서는 과도한 것이다. 사회변화에 관한 그의 입장은 (제2장에서 취급할) 뒤르켐의 사회결정론적 입장—집합표상이나 사회적 규범으로부터의 분리는 곧바로 기능불가(dysfunctional)라는 견해—에 비해 훨씬 유연하다. [이른바 야만인인] 트로브리안드 원주민은, 프레이저나 타일러 유의 '안락의자 인류학자들'이 생각하는 것과 달리, 그들 나름으로 이성적이고 합리적이다. 그들은 타산하는 개인(calculating individual)이며, 통시적 시각에서 자신의 장기적인 이익 여부를 가릴 줄 안다. 그들은

라는 차원을 고려하는 연구이다.

64 위의 책, p. 24.

위신의 상실이 없거나 이득을 손실할 가능성이 없으면 자신의 의무를 피할 수 있다. 그들은 문명화된 사업가가 하는 것처럼 여러 가지 가능성을 통시적 관점에서 자신에게 유리하게끔 조작해 나간다.[65]

이와 관련해 말리노브스키는 그들 개개인으로 하여금 사회의 기대에 따르도록 하는 것(constraint)이 제도의 규범력에 있다기보다는 1차적으로 개인의 장기적인 사익私益에 있다고 분석했다. 또한 그는, 장기적 안목으로 자신의 사익에 대해서 상호응화원리를 기반으로 합리적 타산을 하는 그들 개개인 간의 상호작용에 의해 사회의 통시적 변화가 있어왔다고 주장한다. 한 예로 그는 남아프리카공화국의 경우를 든다. 그들은 개인 간의 그러한 상호작용에 의해 전통사회가 자신을 제국주의적으로 지배하고 있는 근대사회와 경쟁해왔으며 그 결과 전통과 근대의 종합을 산출함으로써 남아프리카공화국사회가 통시적 변화를 경험하고 있다고 했다.[66]

이러한 말리노브스키의 변증법적 논지는 문화를 추상적 관념으로 간주하는 (뒤이어 보게 될) 래드클리프-브라운을 비롯한 여러 동시대인으로부터 실패라는 선고를 받는다. 래드클리프-브라운에 의하면, 비서구사회의 통시적 변화는 문화 자체가 어떤 작인(agent)이어서가 아니라 서구열강의 물리적 힘에 의한 일방적인 것이다. 즉, 문화를 지닌 개인들(culture-bearing individuals)이 상호작용하는 것이지 문화들 자체가 상호작용하는 것이 아니라는 것을 말리노브스키가 인식하지 못했다는 것이

---

65 위의 책, 24; A. Kuper, 1991, 앞의 책, pp. 25-27.
66 A. P. Cheater, 1991, 앞의 책, p. 24.

다.[67] 레드클리프-브라운은 남아프리카공화국의 경우도 아프리카문화와 유럽문화가 접촉됨으로 인해 문화가 변한 것이 아니라, 물리적 힘에 의해 유럽문화를 지닌 개인과 아프리카문화를 지닌 개인이 그냥 섞여 살고 있는 혼성적(composite), 다원적(plural) 사회일 뿐이라고 했다. 나아가 그는, 그러한 혼성사회를 이룸으로써 서구열강의 직접적 지배에서 벗어난 상태에 있는 비서구사회에 관한 권위 있는 역사적 자료가 매우 부족함에도 불구하고, 말리노브스키가 위와 같이 문화접변(acculturation)이라는 아이디어를 제안하는 것은 복잡하고 어려운 혼성사회의 변화과정연구를 단순화하기 위한 조야한 유용주의(crude utilitarianism)라고 평가했다.[68]

끝으로, 말리노브스키로서는 피할 수 없는 두 가지 비판이 있다. 하나는 기능주의가 문화이론의 궁극적 초점을 인류보편의 1차적 욕구인 생물학적 욕구에 맞추고 있기 때문에 일체의 문화적 질서가 결국 생물학적 질서로 환원됨으로써 엄연히 실재하는 개별 문화의 특수성과, 이에 따른 문화 간의 차이를 설명할 수 없다는 비판이다. 또 하나는 기능주의가 이론의 공시태적 속성상 정태靜態론인 까닭에 한 사회를 구성하고 있는 그 어떤 요소도, 그것이 아무리 부정적인 것이라 하더라도 그 사회의 존속에 기여한다는 입장이라는 것이다.[69] 따라서 그 어떤 사악

---

67 위의 책, p. 25.

68 위의 책, p. 28; A. Kuper, 1991, 앞의 책, pp. 33-34.

69 비근하게 우리는 누구나 범죄 없는 사회를 염원한다. 그러나 하루아침에 우리 한국사회에서 범죄가 말끔히 사라진다면 한국사회가 지상낙원이 되는 것이 아니라 오히려 붕괴될 수 있다는 것이다. 지금 한국사회에 있는 일체의 문화적 사상事象(물론 범죄 관련 사상도 포함된)은 현재 한국사회의 총체적 필요를 충족시키는 당시

한 역모逆謀에 의한 권력도, 눈앞에 벌어지고 있는 비인간주의적 독재도, 압제수탈적 식민제도도, 인신매매도, 소녀들을 강제로 징용해서 위안부로 만든 일제의 만행도, 레비-스트로스의 비판에 의하면 근친상간에 의한 혼인까지도[70] 당해 사회의 총체성 속에서 현재적합성을 가지므로 모두 정당화될 수 있다는 입장이기 때문에 극단의 보수적 이데올로기를 조장한다는 비판이다.

*

한편, 래드클리프-브라운(A. R. Radcliffe-Brown, 1881~1955)은 안다만(Andaman)—인도 뱅갈만 동쪽 미얀마와 가까운 섬—사회를 참여관찰하고 조사(survey)했다. 이를 토대로 그는 20년에 걸쳐 발표한 자신의 논문과 강연기록을 토대로 쓴 *Structure and Function in Primitive Society: Essays and Addresses*를 통해 구조-기능주의(structural-functionalism)를 주창한다.

———

적합성적 기능을 함으로써 한국사회의 안정과 균형에 기여하고 있기 때문이라는 것이다. 하루아침에 범죄가 모두 사라진다면 그래서 범죄 관련 문화요소와 문화제도가 하루아침에 전부 붕괴·소멸된다면 범죄관련 문화요소나 문화제도와 직·간접으로 연관되고 파생되는 일로 삶을 영위하는 사람들의 생존 역시 당장 심각한 위기에 처하게 된다는 것이다. 하루아침에 모든 질병이 사라져도 이와 마찬가지라는 것이다.
기능주의인류학을 통해 '급진적 개혁'이라는 명제에 대해서도 깊이 생각해보게 된다. 또한 '개혁이 혁명보다 어렵다'는 언명도 새삼 떠올리게 된다.

70 C. Lévi-Strauss, 1969, *The Elementary Structure of Kinship* (1949), J. H. Bell and J. R. Sturmer (trans.), London: Eyre & Spottiswoode, p. 488. (제4장에서 논의하는) 근친상간은 구조의 원리에 반하기 때문에 인간사회의 종말을 가져온다.

그는 스펜서(H. Spencer, 1820~1903)의 보편진화론, 사회유기체론에 영향을 받았다. 전자는 유기체, 비유기체를 막론하고 모든 것은 균질성에서 이질성으로, 단순한 형태에서 분화된/복잡한 형태로 진화한다는 이론이다. 후자는 사회의 조직과 그 진화 원리는 유기체의 조직과 그 진화 원리와 유사하다는 이론이다. 또한 그는 (제2장에서 취급할) 뒤르켐(E. Durkeim)의 사회적 사실(social facts)―사회에서 일어나는 일체의 사실은, 심지어 그것이 순전히 개인적이고 심리적인 것처럼 보이는 자살이라 하더라도, 그 사회의 집합의식(collective conscious)이 표출된 것이므로 결국 사회적 사실―이라는 개념에 영향을 받았다. 이에 따라 그의 인류학은 일체의 인간적 측면, 즉 사람의 생리적 심리적 욕구나 환경적 측면 등을 배제한 사회학적 학문이 된다. 그의 구조-기능주의인류학을 사회인류학(social anthropology)이라고 하는 이유이다. 앞서 논의한 미국 보아스 중심의 분화인류학이 문화결정론인 반면, 영국 래드클리프-브라운 중심의 사회인류학은 사회결정론이다.[71] 말리노브스키, 에반스-프리차드, 퍼스, 퍼티즈, 메이어, 나델, 글루크먼 등 영국의 인류학자들은 서로 간에 상당한 이론적 차이가 있음에도 불구하고, 앞서 바나드의 인류학 갈래 정리에서 보았듯이, 모두 사회인류학자로 불린다.

말리노브스키에 의하면 문화가 없는 인간의 삶은 동물적 삶이고, 문화가 없는 인간의 사회는 동물적 사회이다. 인간에게 사회와 문화는

---

71 많은 학자들은 쟁점이 내포된 이러한 이분법적 가름을 피하기 위해 사회문화인류학(sociocultural anthropology), 사회문화체계(sociocultural system)라는 용어를 흔히 쓴다(C. Seymour-Smith, 1996, 앞의 책, p. 259).

분리될 수 없는 통합체라는 것이다. 양자는 다만 [지금 여기서 하는 것처럼] 분석적으로 분리될 수 있을 뿐이라는 것이다.

반면에 레드클리프-브라운은, 문화는 관찰될 수 없는 가치나 규범 따위와 같은 하나의 추상관념이기 때문에 과학적으로 연구하는 것이 불가능하다고 주장했다.[72] 그는 사회라는 것(the social domain)의 자율성과 독립성을 인식했다. 즉, 하나의 사회는 앞서 문화생태학 편에서 취급한 생태체계처럼 스스로 영속해 나가는 하나의 전체(a self-perpetuating whole)라는 것이다. 이에 따라 그의 학문은 사회, 사회구조, 사회조직 그리고 과정을 강조한다.[73] 그는 자신의 구조-기능주의인류학을 '인간사회를 탐구하는 이론적 자연과학'이라고 천명했다.

> 흔히들 내가 '사회인류학의 기능주의학파'에 속한다고, 심지어 그 리더 혹은 리더 중의 하나라고 기록한다. 하지만 기능주의학파가 정말로 존재하는 것이 아니다. 그것은 말리노브스키 교수가 만들어낸 [말하자면] 신화이다. (…) 자연과학에는 그런 뜻의 '학파(school)'라는 자리가 없다[양자陽子의 기능을 이론적으로 체계화했다고 해서 물리학의 기능주의학파라고 한다면 사실 어색한 것 아닌가].
>
> 나는 사회인류학을 자연과학의 한 분야로 간주한다. (…) 나는 사회인류학을 인간사회를 탐구하는 이론적 자연과학이라고 생각한다. 물리학과 생물학에서 사용하는 방법과 본질적으로 유사한 방법으로 사회현상을 탐구할 수 있다고 본다. 이러한 방법론의 사회인류학을

---

72 M. S. Garbarino, 1983, 앞의 책, p. 58.

73 C. Seymour-Smith, 1996, 앞의 책, p. 259.

나는 기꺼이 비교사회학(comparative sociology)이라 부른다.[74]

래드클리프-브라운에 의하면, 자연과학의 본질적 목적은 자연과학 분과별 연구가 제각기 우주구조의 어떤 한 부분을 밝힘으로써—예컨대, 원자물리학은 원자의 구조를, 화학은 분자의 구조를, 해부학과 생리학은 유기체(생명체)의 구조를 밝힘으로써—궁극적으로는 우주의 일반구조를 밝히는 것이다. 이와 유사하게 사회인류학의 본질적 목적은 다양한 사회집단의 사회구조(이하 구조)를 밝힘으로써 궁극적으로는 모든 인간사회의 공통적 특징(common features)에 관한 일반화, 즉 인간사회의 일반구조를 밝히는 것이다.[75] 그러므로 사회인류학의 방법론은 물리학이나 생물학의 방법론과 본질에 있어서 유사하다는 것이다.

이에 사회인류학의 관심은 자연과학처럼 구체적이고 관찰 가능한 것, 즉 "개개인의 과거 활동까지 알 수 있는 물질적 산물과, 언어 및 행위 활동이다.[76]" 래드클리프-브라운은 상기 안다만 원주민의 물질적 산물과; 언어 활동, 즉 친족, 신분, 경제 등과 관련된 말과; 행위 활동, 즉 토템이나 신앙과 관련된 의례, 주술, 생산 및 분배 등의 행위를 참여관찰하고 조사했다.[77] 이 조사는, 콩트 실증주의를 수용해서, 참여관찰과 함께 통계학적 분석을 병행하는 것이었다.

---

74 A. R. Radcliffe-Brown, 1952, *Structure and Function in Primitive Society: Essays and Addresses*, London: Cohen & West, pp. 188-189. (각괄호 필자)

75 A. Kuper, 1991, 앞의 책, p. 54.

76 A. R. Radcliffe-Brown, 1952, 앞의 책, p. 190.

77 이에 관한 구체적 기술: A. Kuper, 1991, 앞의 책, pp. 57-64.

그 결과, 그는 구조를 "실제로 존재하는 사회적 관련의 복잡한 관계 망(a complex network of (…) actually existing (…) social relations)"[78]이라고 정의했다. 구조는 그러므로 한 사회에 있어서 "어떤 한 [공시태적] 순간에 (at a given moment of time) 모든 개인의 모든 사회적 관련의 총합으로 구성 된다."[79] 이것은, 뒤집어 말하면, 한 사회에 있어서 모든 개인 간의 **보이 지 않는 그러나 실재하는** 사회적 관련의 총합 곧 구조가 사회 표면에 보이는 제도화된 행위를 산출한다는 것이다.[80]

그렇다면 기능이란 무엇인가? 래드클리프-브라운이 제시하는 '구조 -기능주의(structural-functionalism)'라는 용어 자체가 기능을 구조라는 개 념 밑에 일자-者적으로 포함시킨다는 것을 말해준다. 달리 말하면 '사 회적 관련의 복잡한 관계망' 즉 보이지 않는 **구조가** 보이는 사회적 행 위를 산출하는 **기능을** 한다는 것이다.

여기서 구조를 구성하는 기본요소는 사람(person)이다. 이 사람은 단 순한 유기체 개인이 아니라 사회적 관련의 복잡한 관계망 속에서 한 위 치를 차지해 그 위치에 맞는 활동을 하는 사람; 그러므로, 달리 말해, 사회적으로 제도화된 그래서 표준화된 행위를 하는 사람이다. 이 사람 의 제도화된/표준화된 행위가 구조의 존속存續에 기여하는데 이 기여가 바로 기능이다. 요컨대, 기능이란 "[구조가 산출하는] 사회적으로 표준화

---

78 A. R. Radcliffe-Brown, 1952, 앞의 책, p. 190.

79 A. R. Radcliffe-Brown, 1957, *A Natural Science of Society*, Glencoe, IL: The Free Press, p. 45, 55. (각괄호 필자)

80 A. P. Cheater, 1991, 앞의 책, p. 25.

된 행위나 사유思惟가 [다시] 구조의 존속에 관련하는 것이다."**81** 그러므로 기능이란 다름 아닌 "활동 중에 [즉, 기능 중에] 있는 구조(the structure in action)이다."**82** 따라서 사회가 존속하는 한 구조와 기능은 분리될 수 없다. 구조는 구조-기능으로서의 구조이고, 기능 역시 구조-기능으로서의 기능이다[그래서 structural-functionalism]. 이러한 기능은 말리노브스키가 말하는 기능, 즉 사용[사람의 욕구(needs) 충족에 사용] 혹은 목적[사람의 욕구 충족이 목적]이라는 개념의 기능과 다른 것이다.

래드클리프-브라운에 의하면, 구조(한 세트의 보이지 않는 사회적 관련)의 기본단위는 두 개의 기본요소 곧 사람과 사람이다. 어머니와 자식의 경우, 이 두 사람 간의 보이지 않는 사회적 관련[구조]이 이들 간의 보이는 사회적 행위를 산출한다. 이 행위는 당해 사회의 모든 어머니와 자식 간의 행위패턴과 유사하다. 이 행위패턴은 그러나 형제와 자매 간, 아버지와 자식 간, 친구와 친구 간의 행위패턴과는 분명히 다르다.

또한 두 사람 간의 보이지 않는 사회적 관련 곧 구조가 산출한 행위패턴은 사회마다 다르다. 예를 들어, 한국사회, 영국사회, 중국사회, 이란사회는 부자간 혹은 부부간 혹은 친구간 혹은 남남간에 서로 다른 형태의 행위패턴이 있다. 사회에 따라 서로 다른 특정 행위패턴이 부여된 사람은 결국 배우인 셈이다. 사회 속에 있는 사람은 결코 자신의 말과 행동의 주체일 수 없다는 것이다. 이처럼 래드클리프-브라운의 인류학은, (제2장에서 논의할) 뒤르켐에서와 마찬가지로, 사회결정론이다.

---

81   A. R. Radcliffe-Brown, 1952, 앞의 책, p. 200. (각괄호 필자)

82   위의 책, p. 200. (각괄호 필자)

사회결정론. 부연하면, 사람은 누구나 구조—한 사회에 있어서 사회적 관련의 복잡한 관계망(달리 말해, 한 세트의 보이지 않는 사회적 관련)—가 산출한 그래서 사회적으로 표준화된 특정 행위패턴에 따라, 마치 배우가 대본에 따라 행위하듯이, 행위를 한다. 그리고 이 행위가 다시 구조의 존속에 기여하는 기능을 한다.[83] 구조와 행위는 이처럼 상호 피드백 관계이다. 이 피드백이 누적되어 구조가 특정 형태를 가진다. 우리는 모두 자신이 주체적으로 행위한다고 생각하지만, 실은 자신이 속한 사회의 구조의 특정 형태를 따르는 행위를 한다. 한 사회 내에 있는 모든 어머니와 자식 간의, 모든 선생님과 학생 간의 행위패턴이 유사한 이유이다. 여기서 구조(structure)와 구조의 형태(structural form)가 구분되고, 이에 따라 래드클리프-브라운은 자신만의 인류학방법론을 제시하게 된다.

래드클리프-브라운에서 구조는, 언급한 것처럼, 한 세트의 **보이지 않는** 사회적 관련이다. 이 사회적 관련이 **보이는** 행위를 산출한다. 따라서 구조는 관찰, 즉 인류학자가 사회성원成員 개개인의 행위를 실제로 보고 들은 것이다. 그러므로, 뒤집어 말하면, 개개인의 행위 자체가 보이지 않는 구조의 현현(manifestation)이다. 반면에 구조의 형태란 일반화, 즉 인류학자가 개개인의 행위[구조의 현현]를 관찰하고 이것을 누적기록해서 구조의 형태를 통계학적으로 추론한 것이다.

이것을 바나드(A. Barnard)는 다음과 같이 설명한다. 어느 부족에 에드

---

83 A. P. Cheater, 1991, 앞의 책, p. 26.

워드라는 추장이 있다 치자. 에드워드 사후에 죠지가 그의 추장 지위를 계승했다 치자. 인류학자는 그 두 추장의 행위를 관찰한다. 이때 에드워드와 부족민 간의 보이지 않는 사회적 관련, 죠지와 부족민 간의 보이지 않는 사회적 관련이 바로 그 부족사회의 구조이다. 두 추장의 역할, 즉 부족민에 대한 (두 자연인이 아니라) 두 추장의 행위[구조의 현현]를 관찰하고 이것을 누적 기록해서 [현현된] 구조의 형태를 통계학적 처리를 거쳐 기술할 때 그 인류학자는 그 부족사회의 정치제도 영역에 있어서 구조의 형태를 기술하는 것이 된다.[84]

부연하면, 사회인류학에서는 어떤 한 부족사회를 연구함에 있어서, 앞서 논의한 보아스의 이른바 특질목록인류학과 달리, 개별 추장과 개별 부족민을 기술하는 데 관심을 두지 않는다. 사회인류학자는 일반화, 즉 사회성원成員으로서의 사람과 사람 간의 행위를 관찰해서 통계학적 방법을 통해 당해 사회의 전형적인 추장과 전형적인 부족민, 전형적인 아버지와 전형적인 아이, 전형적인 선생님과 전형적인 학생을 기술한다. 이 기술이 바로 그 부족사회의 정치제도 영역, 가족제도 영역, 교육제도 영역에서 구조의 형태를 기술하는 것이다. 이렇게 해서 다음 분석단계에서는 그 부족사회의 영역별 구조의 형태를 다른 부족사회의 영역별 구조형태와 비교할 수 있고, 이 비교의 누적을 통해 구조의 일반형태를 제시할 수 있다.[85] 이에 그는 자신의 사회인류학을 뒤르켐이 말하는 사회형태학(social morphology)이라고도 했다.

레드클리프–브라운에 의하면, 어떤 한 사회의 구조형태에 관해 연

---

[84] A. Barnard, 2000, 앞의 책, p. 72.

[85] 위의 책, p. 72.

구한 결과는 비교연구를 위한 자료와 가설을 제공한다. 이 가설은, 다른 한 사회의 구조형태와 비교하는 검증과정이 필요하다. 이러한 방식으로 가능한 한 많은 사회의 구조형태를 밝혀 그 다양함과 차이를 체계적으로 목록하고 이것을 통계학적으로 처리해서 구조의 일반형태를 밝힐 수 있다. 이에 그는 자신의 사회인류학을 기꺼이 비교사회학이라고도 한다. 그는 체계적인 비교연구를 하지 않는다면 인류학은 기껏 역사지誌(historiography)나 민족지誌(ethnography)가 될 것이라고 했다.

레드클리프-브라운이 상기 안다만섬에서 구체적이고 관찰 가능한 것 즉 '개개인의 과거 활동까지 알 수 있는 물질적 산물과, 언어 및 행위 활동'을 관찰·조사해서 밝힌 구조의 일반형태는 유기체(생명체)의 절합 節合구조(articulative structure) 형태와 흡사하다. 절합이란 한 체계 내에 있는 모든 체계구성요소는 각기[節] 고유한 기능을 수행하고 있지만, 그 체계 전체로 볼 때는 그것들이 상호 유기적 기능으로 결합되어 있다[合]는 의미이다. 생명체를 취급하는 생리학에 의하면, 하나의 유기체는 각기 고유한 기능을 가진 기관들(organs)로 되어있고 이들 기관이 유기적인 전체적 통합성을 지향해 상호 절합기능을 해서 그 생명체를 존속시킨다. 레드클리프-브라운에 의하면, 사회에 있어서 구조의 일반형태도 이와 흡사하다. 하나의 사회를 구성하는, 각기 고유한 기능을 가진 제반 영역의 제도들—치안영역의 제도, 정치영역의 제도, 교육영역의 제도, 경제영역의 제도, 혼인 및 가족영역의 제도 등—이 유기적인 전체적 통합성을 지향해 상호 절합기능을 해서 그 사회를 존속시킨다. 이에 레드클리프-브라운은 자신의 사회인류학을 사회생리학(social physiology)이라고도 했다.

부연하면, 생리학에서 모든 유기체(생명체)는 절합구조이다. 그러나 절합형태(articulative form)는 유기체 종種에 따라 다르다. 지구상에는 다양한 종의 유기체가 있고 이에 따라 다양한 절합형태가 있다. 이와 마찬가지로, 사회인류학[사회생리학]에서 모든 사회는 절합구조이다. 그러나 절합형태는 사회 유類에 따라 다르다. 지구상에는 다양한 유의 사회가 있고 이에 따라 다양한 절합형태가 있다. 레드클리프-브라운은 그러나 이들 양자 간에 하나의 뚜렷한 차이가 있다는 것에 주목해서 사회변화에 관한 새로운 이론을 제시하게 된다.

래드클리프-브라운의 사회인류학은 앞서 언급했던 것처럼 사회, 사회구조, 사회조직 그리고 과정을 강조한다. 이에 의하면, 생명은 실재하는 어떤 것(thing)이 아니라 과정(process)이다. 유기체는 유기체를 구성하는 한 요소인 어떤 기관, 이를테면, 심장이나 위장의 기능을 정지시키면 기관들 상호간의 상기 절합기능이 정지되기 때문에 생명의 과정이 종료되어 죽는다. 반면에 사회는 사회를 구성하는 한 요소인 어떤 제도, 이를테면, 정치영역 제도나 교육영역 제도의 기능을 정지시켜도 절합기능이 정지되지 않기 때문에 생명의 과정이 종료되지 않는다. 다만 사회가, 뒤르켐의 용어로, 디스노미아(dysnomia) 즉 사회적 불건강 상태로 존속한다.

레드클리프-브라운에 의하면, 바이러스에 의해 병든 유기체는 건강을 되찾기 위해 자신에 내재된 모든 기제를 최대한 작동시킨다. 이와 마찬가지로 디스노미아 상태가 된 사회도, 뒤르켐의 용어로, 유노미아(eunomia) 즉 사회적 건강을 되찾기 위해 자신에 내재된 모든 역량을 총동원한다. 이를테면, 사회를 구성하는 어떤 영역의 제도를 없애거나, 새로 만들거나, 더 확대·강화하거나 하며 이로 인해 구조형태가 변형하기도 한다. 그리고 이러한 변화를 통해 사회는 영속해 나간다. 그는 아프리카, 태평양 지역에서 발생한 신흥종교는 백인문명접촉으로 인해 급속히 증대하는 디스노미아를 줄여서 사회를 지속시키려는 현상이라고 했다.

요컨대, 래드클리프-브라운에서 사회의 지속성이란 지어 놓은 건물처럼 고정적 지속성이 아니다. 그것은 유기체처럼 변화하는 지속성이다. 살아있는 유기체는 어느 부분이든 기본단위 조직(tissue)이 끊임없이 새로워진다. 이를 통해 유기체가 건강한 혹은 덜 건강한 상태로 끊임없이 변화한다. 마찬가지로, 사회는 구조의 기본단위 곧 사람의 인구학적 변화, 사람 간의 사회적 관련 및 역할의 변화로 인해 건강한 혹은 덜 건강한 상태로 끊임없이 변화한다. 예를 들면, 출생이나 이민 등으로 새로운 사회구성원이 들어온다. 사망이나 이주 등으로 사회구성원이 나가기도 한다. 친구가 적이 되기도 하고, 적이 친구가 되기도 한다. 결혼과 이혼도 있다. 벽돌공이 장관이 되기도 하고, 장관이 감옥에 가기도 한다. 이러한 인구학적 변화, 사람 간의 사회적 관련 및 역할의 변화로 인해 사회가 날마다, 해마다 변화한다. 혁명이나 군사정복 시에는 사회의 조직이 그래서 사회의 형태가 급격하게 변화한다. 이로 인해 사회가 심각한 디스노미아 상태로 되어도 사회는, 생태체계처럼, 변화를 통해 스스로 영속해 나가는 하나의 전체이기 때문에 지속된다.

이러한 '변화하는 지속성'이라는 패러다임에서, 사회변화에 관한 많은 연구가 이루어졌다. 에반스-프리차드(E. Evans-Pritchard)는 *Nuer Religion*에서 정부가 없는 누어족 사회에서 질서를 유지시키고 누어사회를 누어사회답게 만드는 것이 오히려 갈등임을 밝혔다. 글루크먼(M. Gluckman)은 *Politics, Law, and Ritual in Tribal Society*에서 지배자를 무너뜨려 그에 대신하려는, 아프리카 부족사회에서 통상 발견되는 역모逆謀가 오히려 사회 유지에 적극적인 기능을 담당한다는 것을 밝혔다. 리치(E. Leach)는 *Political Systems of Highland Burma*에서 버마 고산족의 정치를 연구해서, 터너(V. Turner)는 *The Forest of Symbols*에서 인간, 기호, 상징, 나아가 세계를 종교적 차원에서 연구해 사회의 연속성이 유지되면서도 사회가 변화한다는 것을 보여주었다. 이들에게 공히 변화는, 궁극적으로 스스로 안정을 유지하는 체계(self-stabilizing system)에 다시 통합되는 그러한 변화이다. 갈등이나 역모에 의해 사회가 디스노미아 상태일 때 새로운 유노미아를 되찾기 위한 사회 스스로의 자동안정화 현상이 바로 변화라는 것이다(심각한 위기들과 이에 따른 변화를 통해 지속되어온 우리 한국사회를 생각해본다).

니담(J. Needham, 1900~1995)—중일전쟁 때 중경(重慶)의 영국대사관 과학고문이었으며 케임브리지대학 니담연구소 소장—은 *Science and Civilization in China*에서 중국사회의 지속성 역시 변화하는 지속성이라고 분석했다. 중국사회는 천천히 변하는 균형 속의 살아있는 유기체와 같은데 불안정한 격변에 익숙한 서양인은 그러한 중국사회를 (제7장에서 보게 될 것인 바) 정체적 사회라고 비난하면서 중국문명을 폄훼貶毁했다고 했다. 중국사회가 그렇게 폄훼될 정도로 한결같음은 [생태계처럼 스스로 안정을 유지하는 내부 환경의 항상성(homeostasis)에서 나온 것이라고 했다. 중국체제는 혁명이나 전란과 같은 온갖 혼란을 겪으면서도, 인류사 최초의 발명과 발견을 거듭하며 곧바로 현상(status quo)을 복원하는 피드백 메커니즘의 자동항법장치와 같은 체제라고 했다.

사회와 사회변화에 관한 레드클리프-브라운의 인류학적 이론에 대해 다양한 평가가 있다. 아이치 가쿠인(愛智學院)대학의 아야베 쓰네오(綾部恒雄)는, 문화인류학이론에서 영국의 구조-기능주의가 영향력에 있어서 최고 위치에 있다고 했다. 또한 치타(A. P. Cheater)는, 래드클리프-브라운은 실수에 의한 고장이나 기능의 부전으로 인해 디스노미아에 든 사회가 유노미아를 지향해 끊임없이 노력해서(struggle) 자신의 구조형태를 변화시킬 수 있는 메커니즘을 인식한 최초의 인류학자라고 했다. 다만 그의 구조-기능주의는 말리노브스키의 기능주의와 마찬가지로 비서구식민사회의 미래보다는 공시共時적 관심, 즉 그들이 어떻게 해서 그들의 현재에 적합한가에 대해 관심을 가짐으로써 사회변화에 관한 온전한 이론을 사회인류학에 유산으로 남기지는 못했다고 했다.[86]

한편 (내심 전 세계 규모의 신제국주의를 지향해서 영국을 비롯한 유럽열강의 지역블록적 식민주의를 해체하고자 했던 당시) 미국의 인류학자들은 래드클리프-브라운이 식민주의와 관련해서 역사에 대한 관심, 사회의 기능에 대한 관심 양자 간에 갈등했다고 비평했다. 이에 대해 레드클리프-브라운은 그들의 비평 포인트가 애초부터 잘못되었다고 공박했다. 그는 자신의 연구가 식민주의와 관련된 역사학적인 것을 연구할 것이냐, 사회학적인 것을 연구할 것이냐 하는 선택을 놓고 갈등할 성질의 연구가 아니라고 했다. 그는 자신의 연구가 사회학적인 공시共時적 측면, 즉 (식민주의와 관련이 아니라 순수하게) 제도가 당시의 사회체계 내에서 어떻게 기능하는가에 주안점을 둔다고 했다. 그는 자신의 주안점이 역사학적인 통시通時적 측면, 즉 제도가 시간의 흐름 속에서 어떻게 변화하는가에 있는

---

86 A. P. Cheater, 1991, 앞의 책, p. 27.

것이 아니라고 논박했다.[87]

그러나, 대별해서 다음 3가지 비판에 대해서는 그가 논박하기 어렵다는 점이 구조-기능주의의 한계이다. 첫째, 구조-기능주의는 사회 스스로가 통합과 안정을 지향한다는 균형상태를 지나치게 강조한다는 것이다. 그래서 2차세계대전 이후 부족민을 멸종시키기도 하는 그런 제국주의는 종식되었음에도 지구상의 많은 부족사회가 여전히 시간의 흐름 속에서 소멸을 겪고 있는 엄연한 현실을 설명하지 못한다는 것이다.

둘째, 2차세계대전 이전의 기능주의와 구조-기능주의는, 앞서 논의했듯이, 인종주의를 암암리에 깔고 있는 진화주의와 더불어 식민주의 세력과 연루된다는 비판을 피할 수 없다. 특히 구조-기능주의인류학은 영국에서 비교사회학으로 통한다. 비교사회학의 목적은 상기에서 언급했듯이 되도록 많은 사회의 구조형태를 서로 비교해서—다시 부연하면, 예를 들어, A사회의 **전형적인** 추장과 **전형적인** 부족민, **전형적인** 아버지와 **전형적인** 아들을 B사회의 **전형적인** 추장과 **전형적인** 부족민, **전형적인** 아버지와 **전형적인** 아들과 서로 비교해서—체계적으로 목록화하는 것이다. 당연히 그러한 목록은 제국주의적 정복과 착취에 유용하다. 영국 류의 비교사회학은, 의도와 무관하다 하더라도, 당시 제국주의에 복무되기도 했기 때문에 착취전통에 기여하는 제국주의인류학이라는 비판이 있다.

셋째, 통합이론과 사회학[88]에서는 래드클리프-브라운이 혈육과 감

---

87 A. Barnard, 2000, 앞의 책, p. 72.

88 20세기 후반, 사회학에서는 실증주의방법론을 비판하고 대두된 인간주의방법론과 구조주의방법론이 서로 대립한다. 전자는 인간의 주체성이 어떻게 형성되는지에

정을 가진 사람을, (제2장에서 취급할) 뒤르켐에서처럼, 오직 사회학적으로만 접근함으로써 인간의 주체적 실천이라는 측면을 전적으로 간과한다고 비판한다.

끝으로, 레비-스트로스의 비판이다. 이 비판은 레비-스트로스의 구조 개념에서 볼 때 구조-기능주의에 대한 **근본적** 거부이다. 한마디로, 레드클리프-브라운은 인류학 이론가가 아니라는 것이다. 이에 그는 레비-스트로스에게 사회구조를 직접 설명한다.

> 나는 '사회구조'라는 용어를 당신과는 어떤 의미에서 아주 다르게 사용합니다. 이로 인해 우리의 논의가 매우 어려워서 유익할 것 같지 않습니다.

대한 의문을 도외시하고 주체적 자각과 성찰만으로 실천(praxis) 즉 역사를 만들어 나가는 사회적 행위가 대두될 수 있다고 간주함으로써 이론 부재의 이데올로기적 태도를 조장한다는 비판을 받는다. 반면에, 사회적 행위를 구조의 산물로 간주하는 후자는 사회의 구조적 총체가 어떻게 생산/재생산되는가에 대한 문제를 도외시한다고 비판받는다.

구조가 먼저인가, 행위가 먼저인가 하는 인류지성사의 딜레마 속에서 70년대 후반 소위 통합이론이 대두된다. 헤게르스트란트(T. Hägerstrand)의 시간지리학(time geography)을 이론적 기반으로 하는 기든스(A. Giddens)의 구조화(structuration) 이론이 그것이다. 통합이론의 중심과제는, 구조와 행위를 이분법적으로 전제해서, 구조가 어떻게 행위를 결정하느냐 혹은 구조가 어떻게 행위에 의해서 형성되느냐에 관한 것이 아니다. 그 중심과제는 행위가 매일의 시간-공간장場(time-space settings) 속에서 어떻게 구조화되며, 이 구조화된 행위가 구조화된 행위수행에 의해 어떻게 (재)생산되는가 하는 것이다. 이러한 구조화와 그 (재)생산 메커니즘에 관한 연구: 강학순, 1992, "기든스(A. Giddens) 構造化理論의 地理學的 含意와 文化景觀 解釋,"『地理學』제27권, 제2호.

당신에게 사회구조는 현실과 관련이 없고 만들어진 모델과 관련이 있습니다. 나는 사회구조를 현실[현실 자체가 보이지 않는 구조의 현현顯現]이라고 간주합니다. (…) 어느 지역에서 나는 한 호주 원주민가족 집단을 살펴봅니다(examine). 거기 몇몇 가족에서 사람들이 어떤 제도적 질서로써 생활하는 것을 봅니다(find). 그것을 나는 그 집단의 그 당시[공시태] 사회구조라고 합니다. 다른 또 하나의 호주 원주민가족 집단이 첫 번째 집단과 서로 유사한 사회구조[즉, 서로 유사한 제도적 질서로써 생활하는 현실]를 가지고 있습니다. 한 지역에 있는 많은 호주 원주민가족 집단들 중에 [이런 식으로] 몇몇 샘플집단을 살펴봄으로써 나는 어떤 형태의 구조[구조의 형태]를 기술할 수 있습니다.

당신이 말하는 '모델'이 내가 말하는 이 구조의 형태 자체인지 혹은 그것에 관한 나의 기술記述인지 모르겠습니다. 구조의 형태 자체는 관찰에 의해 발견될 수 있습니다. 여기에는 [콩트 류의 실증주의방법론에 기반한] 통계학적 관찰이 포함됩니다.[89]

20세기 전반, 이른바 대영제국大英帝國의 강성과 더불어 래드클리프-브라운 유의 사회인류학은 영향력이 전 세계적이었다. 그러나 레비-스트로스는, 만약 사회구조가 래드클리프-브라운의 주장처럼 보이는 현실이라면 우리는 구조를 관찰에 의해서만 파악할 수 있다. 그렇다면, 사회구조란 결국 보이는 사회조직(social organization) — 즉 사회적 제도, 그리고 이 제도에 입각한 사회적 역할, 그리고 이 사회적 역할에 따른

---

89 Sol Tax *et al.* (eds), 1953, *An Appraisal of Anthropology Today*, Chicago: Aldine, p. 109. (각괄호 필자)

행위패턴 및 집단 간의 관련성이 지속되도록 하는 지위地位[90]—에 다름 아니라고 했다. 그는 구조-기능주의가 사회조직을 유기체 절합조직에 비유해서 훌륭하게 기술할 수는 있지만, 모스(M. Mauss)가 보여준 것처럼 무엇이 **사회조직이라는 문화현상을 있게 하는지를** 보여줄 수 없다고 비판했다. 요컨대, 래드클리프-브라운의 구조-기능주의는 인류학의 궁극적 탐구대상, 즉 모든 인류사회를 관통하는 문화의 일반구조를 밝히는 것과는 무관한 이론이라는 것이다.

상기 모스는 에스키모사회의 혼인의례라는 문화현상을 관찰해서 거기에 호혜성(reciprocity)이라는 (제2장에서 논의할) 집합의식 혹은 집합무의식—집합의식은, 개인의 의식과는 무관하므로, 개개인 입장에서는 집합무의식—이 실재함을 보여주었다. 모스의 그 연구로부터 영감을 받은 레비-스트로스는, 문화의 일반구조는 "경험되는 현실 그 자체와는 무관하다. 그것은 경험적 현실을 기반으로 하는—예컨대, 혼인의례와 같은 경험할 수 있는 현실을 분석해서 제시할 수 있는—추상적 모델이다"[91]라고 했다. 이에 그는 래드클리프-브라운이 말하는 사회구조 곧 직접 관찰되는 현실은 "구조의 모델을 만들기 위한 자료일 따름이다"[92]고 주장한다.

레비-스트로스에 의하면, 구조의 모델은 래드클리프-브라운이 수

---

90 C. Seymour-Smith, 1996, 앞의 책, p. 262.

91 C. Lévi-Strauss, 1968, *Structural Anthropology* (1958), C. Jacobson and B. G. Schoepf (trans.), London: The Penguin Press, p. 279.

92 위의 책, p. 279.

용하는 콩트 류의 실증주의, 즉 보이는 것을 두고 그것에 관해 무엇을 과학적으로 탐구하는 그러한 고전적 합리주의인 실증주의적 접근으로서는 파악해낼 수 없다. 그것은 바슐라르로 대표되는 현대합리주의, 달리 말해, 레비-스트로스가 제시하는 (제3장에서 논의할) 수퍼합리주의 (super-rationalism)인 신실증주의적 접근(neo-positivistic approach)으로써 파악해 낼 수 있다. 즉, 보이지 않는 것의 존재를 가설을 통해 구성하고 그 가설을 보이는 현실에서 과학적으로 입증하는 방법론으로써 파악할 수 있다는 것이다.

레비-스트로스가 수퍼합리주의방법론을 통해 제시하고자 하는 구조는 모든 문화집단 일반의 무의식적 구조이다. 그런데 무의식과 관련해서 인류가 지금까지 확실하게 알고 있는 것은 인간은 누구나 말을 무의식적으로 구사할 수 있는 능력을 타고난다는 것이다. 이에 그는 **인간의 의식을 초월해서 실재하는** 무의식적 구조를 탐구하기 위해서는 모름지기 말(언어)을 연구의 출발점으로 해야 한다고 생각했다.[93] 그래서 그는, 지금까지 우리가 보아온 그 어떤 문화인류학이론과도 달리, 의미가意味價가 영零인 음성이 어떻게 해서 무의식적으로 의사소통을 할 수 있는 도구 곧 말이 되는지를 밝힌 (제3장에서 취급할) 음운론에 기반해서 '혁명적'인 구조주의문화이론을 제시하게 된다.

---

93 C. Lévi-Strauss, 1969a, *Conversation with Claude Lévi-Strauss*, by G. Charbonnier (1961), John and Doreen Weightman (trans.), London: Jonathan Cape, pp. 154-155.

제2장 레비-스트로스 '영웅'의 탄생

구조주의의 발전(elaboration)은 사회과학 이론의 발전(development)에 있어서 이례적일 정도로 단 한 사람, 레비-스트로스라는 프랑스 인류학자와 주로 관련되어왔다.[1] 그래서 대개는 구조주의가 프랑스에서 처음 시작된 것으로 알고 있다. 사실은 그렇지 않다. 레비-스트로스는 구조주의적 사상이 고대로부터 중국의 지적 전통 속에도 이미 있다고 했다. "정말로 나는 고대 중국의 전통에서보다 더 훌륭한 구조주의적 사상의 예를 발견할 수가 없었다".[2] 그러나 오늘날 지배적인 과학주의 인식론(epistemology)으로서의 구조주의 대두는 현대 프랑스의 지적 전통의 산물이다.

1   R. H. Winthrop, 1991, "Semiotics; Structuralism; Symbolism; Totemism", In R. H. Winthrop (ed.), *Dictionary of Concepts in Cultural Anthropology*, New York: Greenwood Press, p. 275.

2   Shin-Pyo Kang (ed. in chief), 1983a, *Lévi-Strauss's Anthropology & Korean Studies* (Lévi-Strauss' Lectures in Korea, Oct/1981), The Academy of Korean Studies, p. 6.

1. 뒤르켐의 사회학적 인간을 넘어

레비-스트로스는 인류학에서 영웅이다.[3] 과연 영웅은 대혼란과 위기 속에서 출현하는가. 그의 젊은 시절 프랑스는 정치와 사회 전반에 걸쳐 혼란에 혼란을 거듭하면서 큰 위기에 처해있었다.

프랑스가 프러시아와의 전쟁(1870~1871)에서 비참하게 패하자 나폴레옹 3세(루이 나폴레옹)는 루이 필립에 이어 또 망명길에 오른다. 곧이어 이번에는 민중봉기에 의해 제3공화국(1871~1940)이 수립된다. 제3공화정은 그간에 누적된 극심한 사회적 혼란과 역경을 극복해야만 했다. 패전의 결과, 프랑스는 50억 프랑이라는 엄청난 배상금을 물어야 했고, 알사스 지방을 빼앗기고, 메츠를 포함한 로렌 지방의 3분의 1을 잃었다. 프랑스는 약 100년 동안 유럽대륙에서 가장 막강한 국민국가였다. 그런데 독일연방 북부에 있는 한 왕국 프러시아에 참패당해 프랑스의 자존심은 무참히 땅에 떨어졌다.

이런 상황에서 제3공화정은, 제3공화정을 전복시키고자 하는 보수 우파(왕당파)와 프랑스사회 자체를 전복시키고자 하는 좌파 사이에서 중도적 노선을 취하며 그들과 힘겨운 정쟁을 해 나간다. 그러던 중 1894년 드레퓌스 사건이 터진다. 군부와 보수세력이 결탁해서, 유대인 출신 장교 드레퓌스(A. Dreyfus)가 프랑스의 군사비밀을 독일에 넘겼다고 모함한 사건이다. 이로 인해 5년에 걸쳐 프랑스는 물론 전 유럽이 떠들썩했다. 그 결과는, 우파이고 좌파이고 간에 모두 도덕적으로 심

---

3   N. Hayes는 *Claude Lévi-Strauss: The Anthropologist as Hero*에서, F. Dosse는 두 권에 걸친 방대한 *History of Structuralism*에서 레비-스트로스를 영웅이라고 했다.

하게 부패한 당시 프랑스사회의 총체적 치부를 드러낸 것이었다.

이 난국을 어떻게 타개打開할 것인가? 푸코(M. Foucault)의 실증처럼, 권력은 자신이 필요로 하는 지식을 택하기 마련이다. 제3공화국 정권은 뒤르켐(E. Durkheim, 1858~1917)의 사회학을 택한다. 뒤르켐은『자살(Suicide)』에서 자살은 명백히 개인적, 심리적, 주관적 행위처럼 보이지만 실은 사회적 현상, 즉 어떤 사회적 압력이나 풍조가 반영된 행위라는 것을 보여주었다. 이에 그로서는 당시 프랑스의 극심한 정치·사회적 혼란을 치료할 수 있는 처방은 당연히 사회학적 처방이여야 했다.

뒤르켐에 의하면, 인간은 원래 이기적이며 인간의 감정 역시 원래 눈먼 것이다. 사회란 이러한 개개의 인간을 초월해 있는 집합적인, 세속의 도덕적 힘이다. 아무리 정교한 제도적 장치를 마련해도 개인을 초월하는 집합적 도덕력이 없다면, 그래서 개인의 이기적 본능과 눈먼 감정이 횡행한다면 사회는 존립할 수 없다. 집합적 도덕력에 기반한 사회적 질서는, 개개인이 집합의식(collective consciousness) ─ 각 사회마다 사회성원成員들에게 내재된 (다른 사회의 성원들과 구별되는) 어떤 공통적 믿음과 의향[4] ─ 에 적절히 통합되어야만 이루어질 수 있다. 집합의식은, 개인 차원에서는 무의식적인 것이므로 집합무의식(collective unconscious) 혹은 사회무의식(social unconscious)이다. 또한 그것에는 인지적, 감정적 요소 뿐만 아니라 도덕적, 종교적 요소도 포함되기 때문에 맥락에 따라서는 집합양심(collective conscience)이기도 하다.

뒤르켐에 의하면, 집합의식으로부터 격리된 개인, 즉 집합의식이라

---

[4] C. Seymour-Smith, 1996, *Macmillan Dictionary of Anthropology*, London: THE MACMILLAN PRESS LTD, p. 52.

는 [말하자면] 사회적 나침반과 무관한 개인은 이기적 본능과 눈먼 감정에 의해 좌우되기 때문에 결코 이성과 도덕성에 이를 수 없다. 개인이 집합의식에 적절히 통합될 수 있기 위해서는 밀도 높은 사회적 통합네트워크가 있어야 하고, 개인은 이 네트워크를 통해 다른 사람과 세속의 도덕적 영향을 주고받음으로써 다양한 퍼스낼리티 간에 조화로운 통합이 이루어져야 한다. 이에 그의 처방은(즉, 제3공화정은) 전통적으로 막대한 세력인 교회가 주장하는 종교적 차원보다는 실제로 인간이 몸담고 살아가는 세속의 도덕성을 기르고, 이 도덕성을 사회 전반에 걸쳐 실현시킬 수 있는 제도를 마련해야 했다.

방법이 무엇인가? 뒤르켐은 『사회에서 분업(*The Division of Labour in Society*)』을 통해 그 구체적 방법을 제시한다. 그것은 생산자와 소비자를, 노동자와 고용주를 상호 친밀하게 접촉시킬 수 있는 다양한 단체를 만들어 집합의식을 고양시키고, 이를 통해 커뮤니케이션이 깨지고 단절된 상호 간에 세속의 도덕규범이 확립되게 함으로써 사회적 결속과 화합을 공고하게 하는 것이었다. 이를 달성하기 위해 그는 개개인의 개성이라는 것도 실은 사회적으로 구성된 것; 사회란 세속도덕의 커뮤니케이션 네트워크에 다름 아니라는 것; 이 네트워크를 통해 집합의식이 사회의 모든 구성원에게 심어진다는 것을 역점적으로 논설했다. 뒤이어 그는 『종교생활의 기본형태(*The Elementary Forms of the Religious Life*)』를 통해 집합표상(collective representation)이라는 개념을 제시해서 개인과 집합의식 간의 관련성을 더욱 분명히 했다. 그리고 이를 토대로 그 어떤 사실, 사건도 어디까지나 사회학적으로 접근해야 한다는 자신의 주장을 더욱 공고히 한다.

집합표상이란, 한마디로, 집합의식이 현실에서 구체적인 일이나 사건으로 표출된 것이다. 그에 의하면, 인간은 누구나 한 사회, 한 인간집단에 소속되어 있기 때문에 인간에 의해 일어난 그 어떤 일 혹은 그 어떤 사건이라도—그것이 설령 자살과 같이 아무리 개인적 차원에서 일어난 것이라 하더라도—그것은 결국 한 사회의 집합의식이 표출된 것, 즉 집합표상이다. 그러므로 한 사회의 구성원이 행하는 일체의 행위와 일은 결국 사회적 사실(social fact)이다. 어떤 경우라도 개인의 순수 주체적 의식과 생각에 의한, 개인적 차원의 사실이라는 것은 없다. 이처럼 철두철미한 사회학주의는, 제1장에서 본 것처럼, 레드클리프-브라운의 사회인류학에 큰 영향을 미치게 된다. 또한 그 사회적 사실이라는 아이디어는 (제3장에서 취급할) 모스(M. Mauss)에 의해 사회무의식이라는 개념으로 발전되었으며 레비-스트로스는 그 개념으로부터 영감을 받아 (제4장에서 논의할) 주체의 죽음 혹은 인간의 죽음이라는 함의의 구조주의인식론을 제시하게 된다.

집합의식과 집합표상(보이지 않는 집합의식이 보이는 일이나 사건으로 표출된 것). 이들 개념으로부터 뒤르켐이 주장하는 사회적 개입(social intervention) 필요성이 구체적으로 도출된다. 그에 의하면, 자살은 엄연히 심각한 실제 사실이다. 그러나, 만약 사회구성원에게 집합의식이 없다면 자살은 집합표상일 수 없고 따라서 사회적 사실이 아니다. 그러므로 자살은 어떠한 **사회적** 개념도, **사회적** 의미도 가질 수 없다. 따라서 자살에 대해 그 어떤 적절한 사회적 개입 혹은 조치도 있을 수 없다. 죽든, 살든, 어떻게 죽든, 어떻게 살든 개인 각자가 스스로 알아서 할 일이다. 이것은, 집합의식이 없으면 인간의 사회적 삶을 가능하게 하는 세속의 도덕성 자체가 있을 수 없다는 것을 의미한다. 또한 인간과 사회를 과학적 방법에 기반해 실질적으로 접근할 수 있는 어떠한 사회적 잣대, 방법도 없다는 것을 의미한다. 나아가 그렇게 접근할 수 있는 대상조차도 있을 수 없다는 것을 의미한다. 더 나아가 그렇게 접근해야 할 이유나 필요에 대한 개념 자체가 없다는 것을 의미한다. 집합의식이라는 사회적 나침반이 없기 때문에 각자는 그저 본능과 감정에 의해 좌우되면 그만이다. 이것이 전부인 것이다. 요컨대, 집합의식은 "[세속의]도덕성과 규범의 기반이고, 개념과 과학의 원천이며, 궁극적으로 이성의 자리(the seat of reason)이므로 모든 합리성 성취의 조건이다."[5]

뒤르켐에 의하면, 집합표상이 원시사회에서는 주로 종교적 상징물과 의례의 형태를 취한다. 다시 말해, 원시사회에서 종교적 상징물과 의례는 그 사회성원의 집합의식이 구체적으로 표출된 집합표상이라는 것이다. 집합의식은, 개개 성원成員이 공동체적으로 모여 북받치는 종교적 감정을 상호 간에 경험하면서 육성된다. 집합표상은, 이처럼 구성원들 스스로가 느끼는 집합의식의 경이로움에 대한 감정적, 정서적 반응에 의해 만들어진 것이다. 따라서 그 만들어진 것은 대부분 신비화된 형태이다.

그러나 시간의 흐름 곧 역사 속에서 사회가 진화발전한 경우에는 종교가 탈신비화되고, 신이 세속의 권위에 의해 대체됨으로써 집합표상이 국가적[집합적] 차원의 제도와 일이라는 형태를 취한다. 즉, 국가차원의 제도나 일 자체가 집합표상이라는 것이다. 그러므로 집합의식 역시 국가차원의 제도와 일을 통해서 육성된다는 것이다(비근하게 우리의 새마

<hr />

5   S. Clarke, 1981, *The Foundations of Structuralism: A critique of Lévi-Strauss and the structuralist movement*, Sussex: The Harvester Press, p. 11. (각괄호 필자)

을운동을 떠올리게 된다).[6] 따라서 '이성의 자리'인 집합의식의 육성·발전은, 신비적인 종교적 행위나 상징에 의해 유발되는 감정적 정서적 반응에 의존해서가 아니라, 국가의 사회적 개입 즉 국가가 행하는 교육에 의한 세속합리주의(secular rationalism)의 발전에 의해 이루어진다.

이처럼 진화론적 이론체계인 뒤르켐 사회학에 의하면, **민중의 힘에 의한 제3공화국 대두 자체가** 시간의 흐름에 따라 진보해 나가는 집합 의식이 구체적으로 표출된 집합표상이며 또한 세속합리주의가 진화적 으로 발전해 나가는 과정이다. 이러한 뒤르켐 사회학은 당연히 제3공 화국 정권에게 구세주와 같았다. 이에 뒤르켐학파의 과업이 바로 제3 공화국의 과업이 된다. 그들은 제3공화정의 학문과 교육 분야에 중심 적 위치를 차지하게 되었고 이에 따라 모든 정치적 문제와 관심에 그들 의 개입이 절대적으로 지배했다.

그러나, 제3공화정의 정치를 뒷받침한 뒤르켐의 사회학주의는 끝내 반작용을 불러온다. 뿌리 깊은 앙시엥레짐의 종교세력(교회세력)을 타파 하기 위해 휘둘렀던, 세속합리주의에 기반한 사회적 개입과 처방이 오 히려 경직적 권위주의로 변질됨으로써 원래 제3공화정이 제시했던 자 유주의는 심각하게 훼손되었다. 역사 속에서 진보해 나가는 집합의식 에 의해 전 국민적 결속과 화합이 이루어져서 조화롭게 발전하는 프랑 스사회가 되기는커녕, 좌파와 우파 모두로부터 제3공화정에 대한 공

---

6   당시 박정희 정권은 국가 차원에서, 기억하다시피, 거의 모든 종류의 교육과 행사 에 "국민총화" 교육—일종의 전 국민적인 집합의식고양 교육—을 프로그래밍해 넣 었다. 이를 통해 국가 차원의 사회적 결속과 화합을 공고히 해서 상당한 성공을 거 둔 새마을운동은 뒤르켐적 사회학주 패러다임의 운동이라 할 수 있다.

격이 다시 거세졌다. 설상가상으로, 유럽대전의 위협이 무겁게 감돌았다. 이러한 상황에서 베르그송의 철학이 프랑스사회를 지배하게 된다.

2. 베르그송의 형이상학적 인간을 넘어

생물학자이자 철학자 베르그송(H. Bergson, 1859~1941)은 제3공화정에 대해 온건하게 비판적인 입장이었다. 그의 철학은 이성과 경험 양자를 절충적으로 긍정해서 '모든 것은 각각 자리가 있다'는 식의 총체적 절충을 추구한다. 그러나 근본에 있어서는, 뒤르켐의 사회학주의와 달리, 경험주의에 가깝다. 직관(intuition)에 의한 즉각적 경험으로써 실재(reality)에 이를 수 있다고 보기 때문이다.

베르그송의 철학적 과업은, 한마디로, 우리의 인식이 실재에 도달하는 것이다. 하지만 그것은 이성에 의해서는 불가능하다. 그의 철학에서 이성은 어디까지나 실천이성(practical reason)이기 때문이다. 실천이성(이하 이성)은 경험에, 말하자면, 분석 그물망을 씌운다. 이 망은 실용적 실천을 거르는 망이다. 개별 경험은 이성이라는 분석 그물망에 의해 체계적 개념으로 되고 또한 개념들 간에 논리적 관련성이 지어진다. 따라서 '이성에 의한 앎'이란 실재 즉 있는 그대로의 것을 아는 것이 아니라, 분석 그물망에 의해 매개되어 왜곡된 실재를 아는 것이다. 하지만 그 앎은, 비록 참 실재를 아는 것은 아니더라도, 세속의 현실생활을 합리적으로 영위해 나갈 수 있도록 해준다는 점에서는 타당성을 가진다. 이 타당성은 순전히 실용적 의미에서 타당성이므로 실재 또는 진리 차원에서 볼 때는 타당성이 없다.

베르그송에 의하면, 우리의 인식이 실재에 이를 수 있는 것은 그 어떤 매개도 없이 오직 직관에 의한 즉각적 경험에 의해서 가능하다. 그에게 있어 실재(있는 그대로의 것)는 순수지속(pure duration), 즉 무시간(time-lessness) 속의 영원한 운동(movement)이다. 이러한 지속성(continuity) 속에서 우리의 인식은 **항상 생성生成**(becoming)**과정 중에 있는** 정신적 총체(spiritual whole)의 한 부분이 된다.[7]

그는 과학과 철학이 결합된 자신의 박사학위 논문인 「시간과 자유로운 의지(Time and Free Will)」와, 『물질과 기억(*Matter and Memory*)』에서 순수지속과 실재에 관해 역점적으로 논술했다. 이에 의하면, 직관에 의한 즉각 경험이란 정신(spirit)에 의한 경험이다. 인간의 기억 속에는 과거 전체가 다 들어있다. 두뇌는 일종의 센서 역할을 해서 현재상황에 유용한 과거만을 거기서 감지해 낸다. 이성적 사유란 현재의 순간을 자신에게 혹은 자신이 속한 집단에게 보다 이롭게 꾸려나가기 위해 항상 합리적으로 생각하는 것 이상의 가치를 가질 수가 없다.[8] 그러므로 그에게 있어 이성이란, (제7장에서 취급할) 칸트가 [비판이 아니라]비평한 순수이성과는 거리가 먼, 실천이성이다. 이성은 어디까지나 실천이성이므로 정신에 의한 경험의 총체성, 그것의 풍성함, 그것의 영성(spiritual quality)을 결코 포괄할 수가 없다.

반면에 직관에 의한 즉각 경험, 즉 정신에 의한 경험 속에서는 '이성에 의해 주조된 개념'의 베일이 벗겨지고, 경험하는 주체와 경험되는 객

---

[7] 위의 책, p. 13.

[8] S. Blackburn, 1994, *The Oxford Dictionary of Philosophy*, Oxford University Press, p. 42.

체 간에 통합이 이루어진다. 이성적 사유는 [대상을 경험하는]자아(empirical ego)를 끊임없이 의식한다. 직관은 오히려 그러한 자아를 정신에 의한 경험의 총체성 속으로 용해시켜서 주체(자아)와 객체(대상)가 하나인 상태 곧 물아일체지경物我一體之境을 경험하게 한다. 이 경험이 바로 순수지속, 즉 무시간 속의 영원한 운동을 경험하는 것이다. 이 경험은, 이를테면, 한 운동에 있어서 그 운동의 과거와 그 운동의 미래가능성 둘 다가 현재의 그 운동에 참여하는 것이다. 따라서 실재 곧 순수지속 속에서 현재는, 말하자면, 살아있는 영원이다.[9] 무엇을 말해주는가? 실재라는 것은 과거, 현재, 미래라는 기간(span) 개념인 시간과는 무관하다는 것이다. 실재는 순수지속, 즉 지속적 순환을 반복하는 끊임없는 운동(continuity and movement)이라는 것이다. 또한 이 순수지속인 운동(실재)을 경험하는 정신 역시 한순간의 정태靜態도 없는 지속성이라는 것이다.

베르그송에 의하면, 공간과 결부되지 않은 시간은 무기간無期間 시간이다. 무기간 시간은, 지금 우리 뇌리에 있는 시간 개념에서 볼 때, 무無시간이다. 그런데 과학이, 공간과 결부된 물리적 기간을 의미하는 시간이라는 개념을 만듦으로써 우리는 원래 지속성인 경험을 단속斷續성의 기간적 경험으로 인식하게 되었다.

그의 부연에 의하면, 지구는 자전과 공전이라는 두 차원에서 한순간의 정태도 없는 공간운동을 끊임없이 반복하고 있다. 과학은 지구가 360도 자전하는 공간의 길이를 스물네 개로 등분等分하고, 지구가 이

---

9   S. Clarke, 1981, 앞의 책, p. 13.

스물네 등분을 운동하는 기간을 24시간이라고 규정함으로써 우리는 기간적 시간개념을 갖게 된 것이다. 이를테면, 어디서 20분 동안 무슨 경험을 했고, 그다음 3시간 동안은 다른 곳에서 어떤 경험을 했으며, 그다음 날부터 10년 동안은 또 어디서 무슨 경험을 했다는 식이다. 이러한 기간으로서의 시간개념을 가지게 되면서 우리는 원래 무시간 속의 지속성인 경험을 무수하게 다양한 기간으로 끊어서 단속성인 경험으로 인식하게 된 것이다.

이와 관련해서, 높은 경지의 무술인이 경험하는 시간을 생각해보자. 그는 매 순간 검을 운용할 때마다, 상대의 검이 이전 순간에는 어떻게 나왔는지 그리고 이후 순간에는 어떻게 나올지를 (매 순간마다 이성적 사유로써 아는 것이 아니라) 직관적으로 안다. 고도의 직관적 대응에서는 주체인 내가 객체인 검을 잡고 매 순간을 단속적으로 의식해서 검을 운용하는 것이 아니다. '지속성인 정신'에 의한 총체성 속에서 검과 내가 하나가 된 물아일체경 곧 무아無我지경에서 검이 나간다. 무아, 즉 대상을 경험하는 아(empirical ego)가 없기 때문에 대상을 경험하는 '기간으로서의 시간' 역시 있을 리가 없다. 이 무시간 속의 순수지속 곧 실재를 경험하는 동안에는, 단속성인 기간으로서의 시간이 인식되지 않기 때문에, 무시간 세계(timeless world)를 경험한다. 물론 무술인만 그런 것이 아니다. 한 분야에 오랜 세월 훈련과 노력을 경주해서 고도한 수준의 정신(spirit)을 함양한 음악가, 화가, 운동선수, 종교인 등은 무시간 세계를 경험한다. 그들은 한 음, 한 음 또는 한 획, 한 획 또는 한 동작, 한 동작을 매번 이성적 사유를 통해 운용하는 것이 아니라, 정신에 의한 총체성 속에서 직관적으로—보통의 표현으로는 무의식적으로—운용한다.

특히 정신과 관련해서 베르그송은『창조적 진화(*Creative Evolution*)』에서 엘랑비탈(élan vital)론을 역점적으로 피력한다. 이에 의하면, 실재 곧 순수지속이란—순수, 즉 그 어떤 것에도 영향을 받지 않는 그러므로 완전히 자유로운(unconstrained)—영원히 계속되는 운동 곧 생성生成(becoming)이다. 따라서 실재는, 어떤 실체(substantial entity)가 아니라, 자유롭고 영원한 운동인 생성 그 자체이다.『역경(易經)』으로 말하면 '생(生)하고 또 생하는' 운동 자체인 것이다. 무릇 운동의 근원은 힘이다. 감각-지각되는 형이하학적인 물리적 힘은 어떤 기간 동안의 힘이다. 반면에 기간이 없는 영원한 운동 즉 끊임없이 생성을 구동驅動하는 영원한 형이상학적인 힘, 이것을 베르그송은 엘랑비탈이라고 했다.

그에 의하면, 엘랑비탈은 시공간적 한계 내에서 끝내 정태적일 수밖에 없는 물리-화학 법칙으로는 이해할 수 없다. 그것은 수학적으로 접근해 볼 수도 없고, 이성적 논리로도 이해할 수 없다. 그것은 생하고 또 생하면서 영원히 지속되는 **생성 본래의** 자율적 힘이다. 엘랑비탈은 그러므로 순전히 [전혀 양적이 아닌]질적이고 지속적이며 그 어떤 조건이나 규칙이나 원리도 초월하는 그래서 완전히 자유로운 그러므로 또한 전혀 예측불가적인 생성이라는 힘을 있게 하는, 우주적 생기生氣의 본원本源이다.[10] 따라서 그것은, 달리 말해, 살아있는[11] 절대정신이다.[12]

---

10 위의 책, p. 13. (우주적 생기의 본원, 바로 신이 아닌가. 그는 세상을 떠나기 2년 전 신부로부터 영세를 받고 신에 귀의한다.)

11 이에 베르그송은 쇼펜하우어, 니체, 딜타이 등과 더불어 이른바 생生철학자(philosopher of life)이다. 생철학은 인간을 이성적 존재로 보기보다는 자연성의 존재로 봄으로써 본능적 욕구, 실존적 감정, 충동적 의지를 긍정하고 존중한다. 그래서 실존주의, 현상학, 해석학에도 일정 정도 영향을 준다. 여기서 life를 생활이라고 번

이러한 베르그송 철학에서, 이성에 의한 세속합리주의는 질서 있는 도덕적 사회의 성립과 유지에 꼭 필요하다. 그리고 세속합리주의로써 이루어진 도덕적 사회의 기저에는 우주에 충일한 살아있는 절대정신이 관통하고 있다.[13] 중요한 포인트는 이것이다. 그런 식의 이성(실천이성)과 정신(엘랑비탈)이라는 구분이 일단 옳다고 받아들여지면, 인간사회는 이성에 의한 체계이기도 하고 한편으로는 정신에 의한 체계이기도 하다는 것이므로 시간의 흐름 속에서 인간에 의해 이루어지는 것, 다시 말해, 역사 속에서 일어나는 것은 모두 타당성이 부여될 수 있다는 것이다. 나아가 이성과 정신 간의 균형을 **기획적으로 조절함으로써** '모든 것은 각각 자리가 있다'는 식의 총체적 절충(total reconciliation)을 추구할 수 있다는 것이다. 역시 푸코가 실증한 대로였다. 베르그송의 철학은, 결국 권력과 하나가 되어, 특히 형이상학적인 정신이라는 측면을 다양한 방식으로 해설함으로써 이현령비현령耳懸鈴鼻懸鈴 식의 폭넓은 정치적 함의를 가지게 되어 권력을 위한 광범한 해설과 이해를 지원하는 데 사용되었다. 그 결과, 그의 철학은 절대적 형이상학으로 변질되어 현실과는 완전히 멀어지게 된다.

(제7장에서 논의할) 플라톤 이래 뿌리 깊은 형이상학인 이성주의 류의 철학을 공박하기 위한 베르그송 철학이다. 하지만 그 철학은 '직관에 의한 즉각 경험'이라는 경험주의 기치 아래 오히려 (제5장에서 논의할) 헤

역해서 '생활철학자'라고 하는데 적절하지 않다. 현상학이나 실존주의로 너무 치우친 번역이기 때문이다.

12   위의 책, p. 13.

13   위의 책, p. 13, 15.

겔 유의 기계론적 역사주의로 변질된다. 그래서, 생生철학이라는 명색이 무색하게, 경직적인 현실 절대 긍정적 철학이 됨으로써 날로 심각해지는 정치·사회적 모순과 갈등을 외면하고 더욱 외골수적으로 보수적인 반동적 해설에 활용되었기 때문에 끝내 급진적인 거부를 불러일으켰다.

뒤르켐과 베르그송의 학문이 제3공화정에서 무려 반세기 이상 지적 정통(intellectual orthodoxy)으로 되어있었다.[14] 하지만 거듭되는 이들 학문의 현실적 실패로 인해 초래된 극심한 정치·사회적 파열과 지적인 대혼란은, 근본적으로 새로운 문화를 재건하고자 하는 혁신적 사조를 불러일으킨다.

3. 사르트르의 실존주의적 인간을 넘어

제일 먼저, 현실을 가감 없이 극단적으로 분석하는 초현실주의가 1920년대의 사회와 철학에 대한 강력한 반발로 형성된다. 그 핵심은 모든 기존의 주의, 주장을 부정하고 일체의 '정통' 혹은 '절대'라는 것을 거부하는 것이었다. 이러한 초현실주의와 밀접한 관련을 가지고 1924년 르페브르(H. Lefebvre), 폴리체(G. Politzer), 프리드만(G. Friedmann) 등이 주도하는 철학그룹이 대두된다. 이들은 기성 철학이 현실과 전혀 무관한 환상적 현실을 제시하고 있다고 비판했다. 그들의 활동은 급진적

---

14 위의 책, p. 9.

이었다. 1920년대 말경, 철학그룹은 상당수의 초현실주의자와 함께 마르크시즘을 수용해서 공산당에 가입한다. 그러나 이것이 그들의 운동에 참다운 토대를 제공하지는 못했다. 공산당이 그들에게 어필한 것은 공산당이 자본주의사회를 통째로 거부한다는 점이었다. 하지만, 그것이 전부였다. 당시 코민테른 극좌파 시절 마르크시즘은 (제5장에서 논의할 헤겔에서처럼) 철두철미 기계론적 발전사관이었다. 그것은 그러므로 그 어떤 **새로운** 철학도 제시할 필요가 없는 절대이념이었다. 결국 마르크시즘은 '모든 철학의 죽음'만을 선포한 것에 불과했다.

이런 상황에서, 당시 학생 신분이던 세대로부터 완전히 새로운 지식인이 대두된다. 대표적으로 사르트르, 레비-스트로스, 아롱, 메를로-퐁띠, 니장 등이 여기에 포함된다. 니장은 『집 지키는 개들』에서 철학의 대사제로 불려지는 기성 철학자 특히 뒤르켐(그는 제3공화국 대두 자체가 역사 속에서 진보해 나가는 집합의식이 구체적으로 표출된 집합표상이라고 주장했음을 생각해보자), 베르그송(그의 철학은 결국 권력을 위한 이현령비현령식의 광범한 해설과 이해를 지원하는 데 사용되었음을 생각해보자), 브렁쉬빅(L. Brunschvig) 등을 향해 통렬한 비판을 퍼부었다. 그는 이들을 '전제적 부르주아 계급을 지키는 공식적 철학자'라고 공격해서 당시의 혁신적인 사조적 열망을 대변했는데, 한마디로, 새로운 휴머니즘(a *new* humanism)이었다[이와 관련해서, 코로나19로 인해 그 이전과 다른 일상이 '새로운 정상(a new normal)'이 되고 있음을 생각해보자].

이 새로운 휴머니즘은 일상의 실제생활과 유리된 일체의 형이상학적인 철학과 역사주의—인간사회는 인간과 무관하게(인간의 의식, 의지, 지향, 행위와 무관하게) 역사 자체의 형이상학적 법칙에 의해 움직여 나간다는 주장이나 믿음—를 거부하는 것이었다. 이러한 거부는 개별 인간의 일상생활이 보여주는 있는 그대로의 현실을 토대로 해서, 그러한 현실을 위해서 참다운 철학이 재정립되어야 한다는 열망이었다.[15] (이 열망이 사르트르, 레비-스트로스, 푸코, 라캉, 바르트 등에 의한 서구문명비평을 거치면서 숙성되어 1968년 5월 파리에서 이른바 68운동이 일어난다. 이 혁명적 운동이 전 세계, 특히 서방 세계로 급속히 파급되어 총체적인 기성문화개혁운동으로 전개된다. 그 운동은, 끝내 오히려 인간성을 억압하고 문화적 차별과 불평등을 심화·고착시키는 경직적 사조로 되어버린 모더니즘으로부터의 해방을 부르짖는 급진적인 것이었다. 이것은 반反모더니즘 성격인, 제7장에서 취급할, 오늘날의 포스트모더니즘 사조를 열었다.)

당시 '있는 그대로의 현실'이란 대책 없는 처절한 현실임을 적나라하게 고발한 니장은 프랑스사회를 혁명적으로 개혁하기 위해 마르크시즘으로 돌아선다. 아롱은 딜타이적 이해를 주장하는 막스 베버로 나아간다. 딜타이는 객관적 관찰을 기반으로 하는 그 어떤 방법론도 부정하고, 감정이입적 이해를 주장했다. 이에 동의하는 베버는, 자본주의가 객관적 과학주의에 기반한 합리화과정을 금과옥조로 함으로써 인간을 '정신과 혼이 없는 전문인', '마음과 감정이 없는 향락인'으로 전락시켜 참 인간의 종말을 가져왔다고 보고 딜타이적 접근방법을 주장했다.

서로 거의 동갑인 사르트르(J. P. Sartre, 1905~1980)와 레비-스트로스는 그들보다 더욱 급진적으로 나아갔다. 이들은 책상머리에 앉아 사유思惟에만 의존하는 철학자에 의해 형이상학적으로 규정된 일체의 인간관을 부정했다. 이들은 일상의 현실을 살아가는 인간을 기성의 그 어떤 철학과도 연관 짓거나 참조하지 않고 순수하게 탐구해서 '인간이란 무

---

15 위의 책, pp. 20-21.

엇인가'에 대한 참된 답을 제시하고자 했다. 하지만 문제는 그것이 말처럼 그렇게 간단하게 될 일이 아니라는 것이다. (앞서 뒤르켐, 베르그송에서처럼 그렇게) 사변思辨적 이론으로 제시된 인간으로부터 일상에서 현실을 살아 가는 경험인 개인으로 돌아간다는 생각은 형이상학을 물리칠 수 있는 참신한 아이디어이다. 하지만 다양하고 복잡한 현실을 열이면 열, 백이면 백 제각기 달리 경험하면서 살아가고 있는 개인 속에서 인간(humanity)이라는 것이 그렇게 손에 쥔 듯이 환하게 파악될 수가 없다.

방법이 무엇인가? 사르트르는 현상학으로 나아간다. 형이상학적인 모든 선입관을 제거하고, 추상적으로 구성된 인간의 개념을 완전히 철폐하고 난 후, 그 어떤 매개도 없이 즉각적으로 의식에 맞닥뜨려지는 순수한 실존實存 속에서 그 참된 답을 찾을 수 있다고 사르트르는 믿었다. 이에 그는 데카르트의 사유하는 나(the Cogito)를 출발점으로 하고 후설의 현상학을 수용해서 현상학적 실존주의(phenomenological existentialism)를 제시하게 된다.

데카르트(R. Descartes, 1596~1650)는 인간의 의식을 철학의 토대원리로 삼았다. 르네상스 시대에는 신과 인간, 자연과 과학에 관해 새로운 생각과 중세적 낡은 생각이 서로 뒤엉켜 있었다. 이에 데카르트는 철학의 확고한 토대를 마련하기 위해, 우리 인간은 무엇을 어떻게 알 수 있는가 하는 인식의 확실성에 관해 몰두했다. 그는 일체의 존재에 대해 철저하게 회의懷疑했다. 그런데 아무리 회의하려고 해도 딱 한 가지, **회의하는 사유를 하는** 자기 자신의 존재에 대한 회의는 불가능했다. 그 결과, 그는 철학의 확고한 토대로 '나는 사유한다, 고로 존재한다(Cogito, ergo sum)'[16]는 명제를 제시했다. 소위 코기토철학의 탄생인 것이다.

코기토(cogito) 즉 사유한다는 것은 회의하고, 의심하고, 통찰하고, 인지하고, 의도하고, 구상하고, 감각하는 등 의식작용 일반을 뜻한다. 따라서 그 명제는 '나는 의식하는 한에서 존재한다'라는 명제인 것이다. 그런데 '내가 의식한다' 함은 내가 무엇을 의식함이다. 즉, 내 의식 밖에 있는 어떤 대상을 의식함이다. 그러므로 '사유하는 나'라는 명제에는 두 가지 뜻이 함의되어 있다. 첫째, 나는 내가 어떤 대상을 의식함으로써(대상 의식) 나의 존재를 의식한다(자기 의식). 둘째, 그런데 (제7장에서 취급할 칸트의 불가지不可知론처럼) 대상 그 자체는 무엇인지 알 수가 없다. 대상은 일단 의식되어야만 어떤 의미를 가짐으로써 우리는 그것을 안다(apprehend). 의미를 가지고 존재하는 일체의 대상은 그러므로 사유하는 주체 곧 의식을 가진 나 — 회의하고, 의심하고, 통찰하고, 의도하고, 구상하고 등등을 하는 나 — 에 의해서 존재한다. 데카르트의 이러한 자아自我주의 논리(ego-logie)는, 한편으로 비판과 공박을 받으면서, 다양한 의식철학에 이론적 기반을 제공한다.

후설(E. Hussel, 1859~1938)은 브렌타노, 데카르트, 칸트 등으로부터 상당한 빚을 지고 있는 소위 의식철학의 거두이다. 그는 세계와, 세계 내에 있는 모든 대상을 우리가 어떤 방법으로 접근해야 하는가의 문제를 엄밀하게 다루었다. 그 결과, 그는 그 무엇에 의해서도 제약되지 않는 그러므로 초월적이고 자유로운 의식을 가진 우리 인간의 주체성이 그어떤 형이상학적, 자연주의적, 도덕적, 신학적 전제에도 앞선다고 주장했다. 이에 그는 스스로 '엄밀학으로서의 철학'이라 칭하는 현상학을

---

16 cogito는 사유하다는 의미인 라틴어 cogitare의 일인칭 동사로 '나는 사유한다'라는 뜻.

제시한다.

그의 현상학은 당시 지배적인 양대 철학적 사조인 자연주의(맥락에 따라 실증주의 혹은 객관주의)와 형이상학적 역사주의를 사이비철학(pseudo-philosophy)이라고 공박했다. 자연현상을 접근하는 방법과 역사현상을 접근하는 방법이 서로 다를 수 있고 또한 서로 달라야 함에도 불구하고 전자는 전자대로, 후자는 후자대로 오직 자신만이 모든 영역을 올바로 접근할 수 있다고 주장한다는 비판이다. 더욱이, 본질, 의식, 인식 등에 관한 탐구방법이 자연학이나 역사학을 탐구하는 방법과 동일해야 한다는 사조는, 사이비 정도가 아니라, 유럽 학문의 위기 나아가 철학의 위기의 진원이라고 맹공했다.

후설에게 철학은, 그 어떤 전제도 배제하고, 그 무엇에 의해서도 제약되지 않는 자유로운 의식에 직접 와 닿는 오직 현상으로부터 시작하는 것이어야 했다. 따라서 그가 제시하는 방법론은 한마디로 '상태 자체로(to the things themselves)'이다. 즉, 눈앞에 벌어지고 있는 또는 벌어진 상태 자체만을 기술해야 한다는 것이다. 그 나머지 혹은 그 이외의 것은 ─비록 그것이 아무리 비참하고, 긴급하고, 이해 불가능하다고 누가 발을 구르거나, 세상이 떠들썩하다고 하더라도─아예 괄호를 쳐서 어떠한 판단도 중지해야 한다는 것이다. 과연 엄밀한 철학적 이상理想이다.

후설의 이러한 현상학적 방법론과 상기 데카르트의 코기토철학을 발전적으로 수용한 사르트르의 현상학적 실존주의(이하 실존주의)에 의하면, 인간은 본래 순수하고 자유로운 의식(pure and free consciousness)을 가지고 있다. 의식이 순수하고 자유롭다는 것은 두 가지를 의미한다. 첫째, 본디 의식은 세상의 그 어떤 원리나 도덕에 의해서도 제약되지 않는다는 것이다. 이러한 초월적 의식을 가진 우리 인간은 그 어떤 유의 의무도 없는 완전히 자유로운 존재라는 것이다. 둘째, 오관의 감각을 통해 지각(이하 감각-지각)되는 모든 것의 의미는 원래 순수하고 자유롭다는 것이다. 다시 말해, 감각-지각에 의한 경험 자체에 그 어떤 미리 고정되거나 규정된 의미도 없다는 것이다.

내가 **나의 감각-지각으로써** 경험한 모든 사상事象 자체에는 어떠한 의미도 없다면, 나라는 존재는 도대체 무엇이며 의미라는 것은 어떻게 해서 가능한 것인가? 후설의 현상학을 수용한 사르트르에 의하면 대상과, 대상을 인식하는 의식은 분리된 두 개의 실체가 아니라 하나의 단일한 현상이다. 그의 설명이다.

> 우리가 막 출발한 버스를 타기 위해 그 버스를 뒤쫓아가고 있을 때, 우리는 '버스를 향해 달리고 있는 우리의 자아(self)'를 대한다(encounter); 우리의 존재(being)는 우리의 머릿속에서 [대상과 분리되어 독립된 실체로서] 확인되는(found) 것이 아니라, 그 버스와 함께 확인되는 것이다.[17]

이 '함께'에서 우리는 데카르트와 갈라선 사르트르를 본다. 사르트르는 자아(self)를 사유하는 실체(a thinking substance)라고 간주하는 데카르트에 반대한다. 사르트르에 의하면, 우리는 '우리가 관계하는 사물과 함께 있는 존재(being)로서의 자아'를 인식한다. 이것은 우리의 의식

17　C. B. Guignon, 1998, "Existentialism," In E. Craig (general ed.), *Encyclopedia of Philosophy*, London: Routledge, p. 496. (각괄호 필자)

이 항상 세상에 있는 것[대상]을 향하는 것, 즉 지향적 의식이기 때문이다. 달리 말해, 사유하기 때문에 나라는 존재가 있는 것이 아니라, 사물과 함께 있음으로써 행위하고 경험하기 때문에 나라는 존재가 있다는 것이다. 요컨대, 사르트르에 있어서 대상이 없으면 '사유하는 나(the Cogito)'가 있을 수 없다.[18]

이러한 인식론은 당시까지 서구인에게 지배적인 인간관을 전적으로 부정하는 것이다. 즉, 나는 아무것도 아니고('I' is not an object, not a thing) 전적인 의도적 행위(sheer intentional activity)가 나라는 것이다. 그러므로 나의 행위와 분리되어 존재하는 실체로서의 나(a substantive real me)를 상정할 수 있는 근거가 전혀 없다는 것이다.[19] 이에 사르트르는 데카르트 이후 뿌리 깊은 서구의 자아주의인식론 모델 곧 '주체와 대상'이라는 이분법에 기반한 코기토적 인간관과 그 철학을 거부했다. 이에 대한 그의 설명이다:

 흰 바탕인 정사각형 속에 말타인이 사용하는 도끼의 머리 4개를 검은색으로 그려 넣었을 때, 우리는 그것들을 검은 도끼머리로 지각知覺하던지 또는 그것들 사이의 흰 공간들을 지각한다(perceive). 우리는 두 경우를 동시에 지각할 수는 없다[만약 두 경우를 동시에 지각한다면, 그것은 이 세상에 있는 그 어떤 무엇도 아니기 때문에 아무런 유의미한 지각이 되지 못한다]. 그러면, 무엇이 우리로 하여금 그것을 전자 또는 후자로 지각하게끔 하는가? 정원사는 그 흰 공간을 보고 하나의 꽃으로 지각할 것이다. 반면에 군인은 그 검은 부분들

---

18 위의 책, p. 496.
19 위의 책, p. 497.

을 도끼머리들로 지각할 것이다. 이처럼 지각이라는 것은 **미리 존재하고 있는** 요인에 달린 것이다. 그렇다면, 미리 존재하고 있는 요인이란 무엇인가? 그것은 그 정원사의 경우 자신이 정원사로서 행한 행위와 경험이다. 그 군인의 경우 역시 자신이 군인으로서 행한 행위와 경험이다. 그러므로 객관성이란 존재하지 않는다.[20]

사르트르에 의하면, 그 그림이 꽃인 이유는 그것이 원래 꽃 그림이기 때문이 아니다. 그것이 꽃인 이유는 내가 꽃과 함께한 행위와 경험 때문이다. 그 그림이 도끼인 이유도 이와 마찬가지이다. 무엇을 말해주는가? 그 자체로서 본래적 의미를 가진 유의미한 대상이란 실재하지 않는다는 것이다. 유의미한 대상은 지향적 의식(intentional consciousness)에 의해서 구성된다는 것이다. 앞서 언급했듯이, 의식은 원래 순수하고 자유로운 것 그래서 마치 투명한 유리창과 같은 것이다. 지향적 의식이란, 투명한 유리창에 '미리 존재하고 있는 요인'에 의해 어떤 색깔이 칠해진 의식이다.

그렇다면 미리 존재하고 있는 요인이란 무엇인가? 그것은 상기 예증이 말해주는 것처럼 우리가 보고, 듣고, 행하고 등 경험하는 것의 총체이다. 즉, 한 개인의 경험 총체가 그 개인의 의식에 칠해진 지향적 색깔이라는 것이다. 사르트르에 의하면, 세상 자체는 그 어떤 본래적 의미도 가지고 있지 않다. 지향적 색깔이 칠해진 의식을 통해 세상을 보는 것이 우리가 보는 전부이다. 경험 총체가 서로 다르고 이에 따라 서로

---

20 J-P. Sartre, 1970, *Existentialism and Humanism*, P. Mairet (trans.), London: Methuen & Co Ltd, p. 13. (각괄호, 굵은체 필자)

다른 지향적 색깔이 칠해진 의식을 가진 우리들 각자는 인식론적으로 서로 다른 세상에 살고 있다.

따라서 사르트르에서 철학이란 우리 모두에게 획일적으로 적용될 수 있는, 즉 인간 일반을 설명할 수 있는 객관적 법칙 혹은 보편적 진리를 찾고 이를 토대로 이론을 구성하는 것이 결코 먼저일 수 없다. 그것은 무엇보다 먼저 실존(existence), 즉 구체적 장소와 시간에 처해서 일상을 살아가는 경험인 인간을 기술하는 것으로부터 시작하는 것이어야 했다. 이에 그는 구토, 불안, 무(nothingness) 등과 같은 테마를 일상생활이라는 맥락에서 독창적으로 다루어 철학적인 문학작품을 썼다. 당시 기성의 철학에서 볼 때, 그러한 테마는 이상한 것이었다. 하지만 그는 그러한 작품에서, 사람마다 다른 지향적 색깔이 칠해진 의식으로써 일상을 살아가는 삶에 대해 [현상학]그 어떤 법칙이나 원리에 기반한 판단도 중지하고 그 삶의 '상태 자체'만을 기술해 보여줌으로써, 데카르트 이래의 코기토적 휴머니즘과 구별되는 실존주의적 휴머니즘(existential humanism)을 제시한다.

실존주의적 휴머니즘, 그리고 역사

사르트르에서 인간이 다른 종種과 구별되는 결정적인 것은, 데카르트에서와 마찬가지로, 저마다 스스로 생각하고, 분별하고, 자각하는 (self-awareness) 능력을 가지고 있다는 것이다. 여기서 사르트르는 하이데거의 『존재에 대하여(The Question of Being)』를 통해 한 가지를 더 깊이 인식하게 된다. 우리에게 아무리 그러한 능력이 있다고 해도, 그 능력은 근본적으로 우리의 일상성(everydayness)이라는 맥락에 기반되어 있다는 것이다. 다시 말해 우리는 세상을 혼·령으로서가 아니라, 시간-공간적 위치를 점占하는 몸으로 살아가는 존재이므로 항상 어떤 구체적인 상황에 처해있는(embedded) 그래서 그 상황 전체와 한 세트가 된 존재(being-in-a-whole)라는 것이다. 하이데거가 말하는 상황 내적 존재(being-in-a-situation), 나아가 세계 내적 존재(being-in-the-world)라는 것이다. 하이데거는 이러한 인간의 존재양식을 다자인(Dasein: being *there*)적 존재라고 했다. 즉, 우리는 일상생활에 있어서 우리의 견해를 조건 지우고, 세상을 대하는 기본 방향을 결정 지우는 문화·역사적 환경 곧 밀리우(milieu) 속에서 살아갈 수밖에 없는 존재라는 것이다. 그러므로 누구도 자신이 처한 밀리우 그리고 이에 따른 일상성과 전혀 무관한, 순수한 자기 자신일 수가 없다는 것이다. 하이데거는 이 개념을 타자성(theyness)이라고 했다. 모두들 나, 나 하면서 독립적인 코기토적 자아성을 생각하고 있지만, 나라는 자아성의 토대는 실은 내 일상의 환경세트 내에 있는 모든 것(they) 전체라는 것이다. 이 타자성 개념은 후일 라캉이 인간(humanity)을 'RSI'라는 실증적 논리체계로 설명함에 있어서 특히 영상국면-모방(mirror phase-mimicry)론에도 큰 영향을 준다.

'나'에게 독립적인 자아라는 것이 없다면 휴머니즘이란 도대체 무엇인가? 사르트르에서 그것은, 한마디로, 실존주의적 휴머니즘이다.

그의 실존주의적 휴머니즘에 의하면, 내가 세상에 존재하게 된 것은 전적으로 우연한 사건에 불과하다. 나라는 인간은 세상에 그냥 피투被投(thrownness) 즉 내던져진, 그래서 그 어떤 의미나 의무도 지워져 있지 않은, 그러므로 '절대적 자유를 이미 선고받은' 존재이다[그러므로 절대적 휴머니즘]. 만약 신이 인간을 만들었다면, 인간은 신의 어떤 뜻이 실현된 것이기 때문에 그 어떤 본질이 실존에 우선할 수밖에 없다. 그렇지 않고 아무 의미 없이 그냥 내던져진 인간이라면, 당연히 내던져진 시공간에 처해있는[being there] 구체적 실존實存이 먼저이고 본질은 그다음이다: "실존이 본질에 우선한다(existence is prior to essence)."**21**

사르트르에 의하면, 우연히 세상에 내던져진 나라는 존재 자체는 본질에 있어서 무(nothingness) 즉 아무것도 아니다. 따라서 나의 삶 역시 그어떤 미리 정해져 있는 아프리오리(a priori)적 의미도 없다. 아무것도 아닌 한 존재(a being)인 내가 유의미한 한 실존(an existence)이 되는 것은 서로 밀접하게 관련된 두 계기에 의해서이다. 첫째, 스스로의 생각, 분별, 자각에 의한 기투企投(projection)에 의해서다. 우리는 기투에 의해서, 개나돼지와 같이 아무런 프로젝트도 없이 그저 감각에 대해 반응하면서 살아기는 존재를 넘어서 실존하게 된다. 둘째, 자유로운 선택행위에 의해서이다. 어떤 프로젝트를 어떻게 수행해 나갈 것인지는 선택의 연속인데, 이 선택행위는 전적으로 개인의 자유이다. 이 두 계기가 실존주의적휴머니즘의 토대원리인 주체성(subjectivity)이다.

앞서 코기토적 휴머니즘에서 주체적 인간은 외친다: '나는 사유한다, 고로 존재한다.' 반면에 실존주의적 휴머니즘에서 주체적 인간은 이렇게 외친다: '나는 나 스스로의 생각, 분별, 자각에 의한 프로젝트를 가지고 자유롭게 행위한다[企投], 고로 실존한다.' 1945년 10월 29일 저녁 사르트르는 파리의 멩뜨낭 클럽에서 당시 지배적인 코기토적 휴머니즘과 구별되는 이러한 '새로운' 휴머니즘을 강연했다. 그 내용이『실존주의와 휴머니즘(*Existentialism and humanism*)』이라는 제목으로 출판되어 베

---

21 위의 책, pp. 28-29.

스트셀러가 된다.

실존주의적 휴머니즘에 의하면, 인생과 삶에 의미를 만드는 것은 바로 당신 자신이다. 당신 삶의 가치는 당신의 자유로운 선택에 달렸고, 선택한 대로 행위하기에 달렸다. 세상이란 각자가 이렇게 창조해 나가는 것이다. 그 창조의 궁극적 방향이나 도착점이 정해져 있지 않다. 그렇다면, 우리는 애초부터 무엇을 보고, 듣고, 경험해야 하는가? 여기에 대한 그 어떤 원리도, 정답도, 안내도 없다. **이미 자유롭도록 선고된** 개인의 전적으로 자유로운 선택과 그에 따른 책임만 있을 뿐이다[과연 섬뜩할 만큼 절대적 휴머니즘].

따라서 각 개인의 일거수일투족은 매 순간 백척간두에서 진일보하는 그러한 불안한 상황일 수밖에 없다. 이것이 소위 실존적 불안이다. 어떤 대상이 있어서 그 대상에 대해 불안을 느끼는 것이 아니라, 실존 자체가 불안인 것이다. 사르트르에 의하면, 바로 이 실존적 불안이 서구인에게 내재된 이유 없는 불안, 죽음, 허무의 원인이다. 그렇다. 서구인의 얼굴과 눈에는 백척간두에서 진일보하는 용기, 자신감, 의지가 들어 있다. 그러나 한편으로는 불안과 불신과 공허와 죽음의 싸늘함이 들어 있다. 이에 반해, 동양인에게는 생각과 행위에 대한 방향이나 정답이 아프리오리적으로 미리 제시되어 있다. 유교문명에서 그것은, 한마디로, 천명지성(天命之性) 곧 인(仁)에 입각해서 생각하고 행하고 나아가는 것이다. 어떻게 그렇게 할 수 있는가? 간단하다. 성현의 가르침과 모범을 따라가는 것이다. 편안하고도 아주 확실한 방법이다. 우리 동양인의 눈에는 무덤덤함과 편안함이 들어 있다. 글이 잠시 문명비평으로 흘렀다.

'나는 자유롭게 행위[기투]한다, 고로 실존한다.' 사르트르의 이러한 주체적 인간은 앞서 언급했듯이 '세계 내적 존재'이기 때문에 [맞물려 있음]이라는 의미앙가제(engage)적으로 실존한다. 즉, 개인의 자유롭고 주체적인 생각, 계획, 행위는 결국 전체 인간세계에 관여(commitment)한다는 것이다. 이는 스스로 생각하고 분별하고 자각하는 개인의 전적으로 자유롭고 주체적인 행위가 한편으로는, 개인의 의도와 무관하게, 조직된 전체 속에 있는 모든 개인에게 관여하기 때문이다. 어떤 한 개인이 나는 이러이러한 사람이 되어야겠다고 자유롭게 설정해서 주체적으로 자신을 만들어나가지만 이와 관련된 모든 행위는 결국 자신이 포함된 조직의 모든 사람에게, 나아가 자신의 조직이 포함된 이 세상 모든 것에 총체적으로 앙가제하게 된다는 것이다[being-in-a-whole].

사르트르의 이러한 주체성 개념에는, 요컨대, 두 가지 의미가 내포되어 있다. 첫째, 그 어떤 의미나 의무도 지워짐이 없이 세상에 내던져진 인간은 전적으로 스스로의 생각과 계획과 선택에 따라 행위함으로써 자신의 개별성(individuality)을 만들어나간다. 둘째, 이러한 개별성을 지닌 주체적 인간은, 한편으로 세계 내적 존재이므로, 개인의 어떠한 사소한 기투행위도 전체 인간사회를 만들어나가는 데 앙가제하기 때문에 총체적 세계를 창조하는 데 관여한다.[22] 즉, 자유롭고 주체적인 인간의 개별성이 결국은 총체성으로서의 세계를 창조해 나가는 작인(agent)이라는 것이다. 과연 그의 철학은 '심각한 철학'이다.

사르트르는 자신의 이러한 주체주의 개념에 한 가지 철학적 계기를

---

22 위의 책, pp. 40~42, 48.

더 추가한다. 나의 주체적 기투에 따른 앙가제가 인류 전체의 세상을 만들어나가는 것처럼, 남도 또한 나와 같은 방식으로 인류 전체의 세상을 만들어나간다. 그러므로 모든 인류가 살아가는 이 세상은 당연히 상호주체성(inter-subjectivity)이 만들어낸 세상이다. 상호주체성의 세상. 바로 이것이 사르트르가 꿈꾸는 이상적 세상의 기본이념이다. 이 이념을 구현하기 위해 그는 평생토록 열렬히 기투했다. 그는, 앞서 본 것처럼, 인류 보편의 본성이라는 것을 부정한다. 인간의 본성을 설계해 놓은 신이 존재하지 않기 때문이다. 그러나 상호주체성은 그가 철학적으로 주장하는 단 하나의, 인간의 보편조건이다.[23] 그 어떤 아프리오리적 의무도 원리도 의미도 인간의 보편조건일 수 없다. 하지만 인간이라면, 그가 누구이든 간에, 모름지기 상호주체성으로써 [상호주체성이므로 당연히] **모두와 함께** 살아가야 한다는 것이다(사르트르가 열렬한 공산주의자인 이유이다. 그는 자신의 그 이념이 구현될 수 있는 사회체제가 공산주의체제라고 믿었기 때문에 한국전쟁 당시 북한을 지지했다).

그렇다면 사르트르에서 도덕이란 무엇인가? 실존주의적 휴머니즘이 이상과 같을 진데, 그 철학의 궁극은 이 세상의 모든 아프리오리적 전제, 원리, 도덕에 대항해서 인간 개별의 자유로운 실존을 주장하는 것이다. 이것뿐이다. 이 세상 자체는 어떠한 의미도 없다. 단지 그냥 존재들(beings)로 가득 차 있다. 인간만이 주체적 기투로써 단순한 존재를 탈피해 실존이 될 수 있고 또한 앙가제적 관계함을 통해 상호주체성의 세상을 만들어나갈 수 있다.

---

23 위의 책, pp. 45-46.

그럼에도 불구하고, 기성의 아프리오리적 전제나 원리나 도덕 따위를 인정한다는 것은 자신 스스로가 진정한 인간, 즉 **주체적으로 실존하는** 인간이기를 거부하는 것이다. 이것은 바로 자신을 무화無化시키는 것, 즉 자신을 개, 닭, 브로콜리, 조개 등과 같은 존재로 만드는 것이다. 그것은 또한 자칫 그 무엇에 의지하고, 핑계를 대고자 하는 비겁함일 수도 있다. 유일하게 주체적 실존인 우리 인간은 모름지기 일체의 아프리오리를 끊임없이 결단하고 기투해 나아가야 한다. 이것만이 도덕의 유일한 기반이다. 만약 우리가 의미의 **일관성**, **목적론적** 역사, 문화적 가치의 **영원성** 등을 생각한다면 그것은 한낱 환상적 생각에 불과하다.

이러한 실존주의적 절대자유를 추구한다는 것은 결국 자신의 생각, 자신의 판단, 자신의 행동이면 무엇이든지 다 '오케이'라는 식의 삶을 절대적으로 추구하는 것이다. 이것은 결국 그 어떠한 잣대도, 기준도, 안내도, 결과에 대한 믿음도, 그 믿음에 따르는 희망이나 기쁨 등도 있을 수 없는 삶이다. 그러므로 한편으로는 '실존적 불안'과 자칫 허무함이 서린 삶이다. 실제로 그의 실존주의철학은 당시 이미 서구사회에 들어와 있던, 일찍이 니체가 예언한 니힐리즘을 부채질했다. 그의 철학이 크게 풍미하던 20세기 중반에는, 주지하다시피, 세계적으로 자살이 증가했다. 사르트르 자신도 종국은, 사람은 그 누구도 상기 타자성(theyness)과 이에 따른 비진정성(inauthenticity)을 극복할 수 없다는 염세주의 혹은 허무주의였다.[24]

---

24   P. Thody and H. Read, 1998, *Sartre*, Cambridge: Icon Books, p. 61.

그 어떤 아프리오리도 부정하는 사르트르의 철학에서 단 하나의 윤리가 있다. 프랙시스(praxis) 곧 실천이라는 윤리이다. 각자가 주체적으로 자유롭게 삶의 목표를 설정해서(목표는 무엇이라도 좋다) 그 구현을 위해 행동으로 실천하느냐 않느냐, 이것만이 윤리의 유일한 기준이다. 달리 말해, 인간은 행동으로 실천함으로써 자신을 실현하는 한에서만 실존한다는 것이다. 이에 사르트르는 실존주의의 독트린을 선포한다: "[기투]행동 속에서가 아니면 어떠한 실재도 없다(There is no reality except in action)."[25] 그러므로 우리가 역사에 관해 말할 수 있는 것은 프랙시스 하나뿐이라는 것이다.

> 나[사르트르]는 내가 생각하는 이상사회를 설정해서 그 구현을 위해 애쓰고 있다. 그 이상사회가 현실로 구현될 것인지 어떨지 나는 모른다. 내가 아는 것은 그 이상사회를 구현하기 위해서 내가 가진 모든 능력과 노력을 다 기울인다는 것[끊임없이 기투하는 프랙시스], 바로 이것뿐이다. 그 이상은 나는 모른다.[26]

이것은 당시 지배적인 (제5장에서 취급할) 헤겔 류의 목적론적 역사주의(teleological historicism)를 정면으로 부정하는 것이다. 전적으로 자유로운 실존적 인간의 프랙시스가 만들어나가는 역사인데 거기에 이미 정해져 있는 어떤 목적, 기계론적 운동원리 따위가 있을 리가 없다는 것이다. 역사라는 것은, 요컨대, 시대를 살아가는 실존적 인간 각자가 자유롭

---

25 J-P. Sartre, 1970, 앞의 책, p. 41. (각괄호 필자)

26 위의 책, p. 41. (각괄호 필자)

게 기투하는 실천 곧 프랙시스의 총합에 다름없다는 것이다.

사르트르가 제시한 이러한 '프랙시스의 역사'는 (제5장에서 논의하게 될) 레비-스트로스의 '구조의 역사'에 의해 도전을 받게 되었으며, 1970년 대에 들어와 레비-스트로스를 필두로 하는 구조주의가 지배적 사조로 됨으로써 이른바 구조주의 시대가 시작된다.

4. '슬픈 열대': 철학에서 인류학으로

레비-스트로스는 소르본(Sorbonne)의 촉망받는 철학도였다. 1931년 그는 23세 최연소 나이로 철학교수 자격시험에 합격했다. 그러나 인류 학으로 돌아서서 '구조주의의 아버지'가 된다.

레비-스트로스는 어떻게 해서 인류학자가 되었을까? "내가 인류학 자가 된 이유는 인류학에 큰 흥미가 있어서가 아니라, 실은 철학으로 부터 탈출하기 위해서였다."[27] 철학은 그에게 만족을 주지 못했다. 철 학 공부, 철학교수 자격시험 등 모든 것을 꼭두각시처럼 수동적으로 했다고 그는 술회했다.

앞서 보았듯이, 당시 프랑스사회를 거의 절대적으로 지배했던 뒤르 켐, 베르그송의 철학은 (제5장에서 취급할) 헤겔 류의 역사주의철학이었다. 전자에서 집합의식, 후자에서 정신(élan vital)은 또 다른 유형의 헤겔의 이 성이었다. 그들의 철학은 시간의 흐름 곧 역사 속에서 스스로 진보적

---

27 C. Lévi-Strauss, 1978, *Myth and Meaning*, London: Routledge & Kegan Paul, p. 11.

으로 진화해 나아가는 사회구조를 제시했다. 사변思辨에 의해 구성된 그들의 철학이 반세기에 걸쳐 프랑스사회를 지배해온 결과, 프랑스는 총체적으로 지적인 큰 혼란에 빠졌고 사회는 더욱 극심한 분열과 파열의 길로 치달았다. 이에 기성의 철학을 철저히 거부하고 새로운 문화를 재건하고자 하는 다양한 흐름의 사조가 일어났다. 그중 가장 래디컬한, 새로운 두 사조가 바로 사르트르의 현상학적 실존주의와 레비-스트로스의 구조주의였다.

사르트르의 철학이 먼저 지배적으로 되었으며 전 세계적으로도 크게 풍미해서 사르트르는 플라톤, 데카르트, 스피노자, 칸트, 헤겔, 러셀과 같은 최고 철학자들 반열에 들게 된다.[28] 하지만 레비-스트로스가 볼 때 경험(현상)과 실재를 동일한 것으로 가정하는 후설의 현상학과 이에 기반한 사르트르의 실존주의는 '개인의 주관적 경험과 생각을 철학의 지위로까지 올린 것'이었다. 또한 그것은 일체의 현실을 '이성이 구현되어 있는 현장'으로 간주하는 헤겔 류의 형이상학을 거부하는 것이 아니라, 오히려 그것을 수용하기 위해 뒷문을 열어주는 것에 불과했다.

현상학이 경험과 실재 간의 연속성을 가정하는 한[경험된 것이 실재라고 주장하는 한] 나는 그것을 절대 받아들일 수 없다는 것을 알게 되었다. (…) 내가 [제3장에서 취급할] 지질학, 정신분석학, 마르크시즘으로부터 배운 바에 의하면 경험과 실재 간의 통로에는 연속성이 없다. (…) 실재에 도달하기 위해 우리는 경험한 것이 바로 실재라는 생각을 먼저 거부해야 한다. (…) 현상학은 [그 무엇에 의해서도 제약되지 않

---

28   A. C. Danto, 1975, *Sartre*, Glasgow: William Collins Sons and Co Ltd, p. 9.

는 자유로운 의식에 의한]주체성이라는 환영에 빠져있기 때문에 참된 사고의 꼭 반대편에 서있는 것 같다. (…) 개인의 주관적 생각을 철학의 지위로까지 올린다는 것은 위험하다. 그것은 결국 여점원의 철학과도 같은 것일 수 있다. 철학의 사명은 (…) 존재(Being)**를 존재 그 자체와 관련해서** 이해하는 것이지 [존재에 관해 운운하고 있는 철학자] 자기 자신과 관련해서 이해하는 것이 아니다.[29]

존재를 철학자 자신과 관련해서 이해한 것을 철학이라고 한다면, 그 철학의 수준은 마치 백화점 점원이 어떤 물건을 자신의 경험이나 자신의 처지와 관련해 이해해서 손님에게 말하는 것과 같다는 것이다. 사실 모든 점원이 다 그렇게 하면 결코 손님은 물건 그 자체에 관한 참다운 앎에 이를 수 없다. 마찬가지로, 모든 철학자가 다 그런 식으로 존재를 이해해서 말하면 결코 우리는 존재 그 자체에 관한 참다운 앎에 이를 수 없다. 이렇게 되면 결국 우리는 다시 사변에 의한 형이상학에 의존할 수밖에 없다.

과연 영웅의 본성은 대담성인가, '영웅' 레비-스트로스는 당시 전 세계적으로 명성을 떨치고 있는 사르트르의 철학에 정면으로 도전한다: "현상학과 실존주의는 [앞서 보았듯이 사르트르, 레비-스트로스, 니장 등이 그토록 거부했던] 형이상학을 폐한 것이 아니라, 오히려 형이상학을 위한 알리바이를 찾는 새로운 방법을 도입했을 뿐이다."[30]

---

29 C. Lévi-Strauss, 1971, *Tristes Tropiques* (1955), J. Russell (trans.), New York: Atheneum, pp. 61-62. (각괄호, 굵은체 필자)

30 위의 책, p. 62. (각괄호 필자)

레비-스트로스가 소르본의 사변철학을 박차고 나와 실증주의인 인류학의 길로 들어선 근본 동기는 당시 지배적 형이상학인 (제5장에서 취급할) 헤겔의 변증법과 역사주의에 대한 거부였다. 그가 볼 때, 변증법은 학생들 사고의 틀을 한정시키고 고정시키는 것이었다. 변증법이라는 "아주 형편없는 지적 산물이 어떻게 그렇게도 천진하게 확신을 얻고 있는지 도무지 이해가 가지 않았다"[31]고 그는 술회했다.

헤겔에 의하면, 이 세상은 인간과 무관하게—즉, 우리 인간의 의지나 의향이나 행위 등과 무관하게—역사 자체의 발전법칙에 의해 반드시 진보적으로 움직여 나가게 되어있다. 역사는 세계에 충일充溢한 이성이, 변증법이라는 역사운동법칙에 의해, 자유와 합리라는 이성 자신의 목적을 시간의 흐름 속에서 스스로 구현해가는 과정이다. 그러므로 눈앞에 전개되고 있는 일체의 사태와 현상은 시시각각 진보를 향해 변증법적으로 나아가는 이성이 구현되어 있는 현장이다. 이런 까닭에, 레비-스트로스의 비판에 의하면, 헤겔철학에서 사물을 두고 '왜', '어떻게' 따위는 생각할 필요가 없다. 중요한 것은 사물 자체가 아니라, 사물을 헤겔의 역사주의에 맞도록 의미화하는 것이다. 진리를 추구한다는 것이 고작 의미화 기교를 훈련하는 것이므로, 당연히 정신은 막히고 그래서 시대에 뒤떨어질 수밖에 없다.

헤겔의 변증법과 역사주의에 대해 혁명적 반기를 든 레비-스트로스는 실증과학인 인류학의 길을 굳게 다짐하고 열대 파라과이 중부에 있는 카두베오(Caduveo)족, 거기서 숲속으로 더 들어가 있는 보로로(Bororo)

---

31 위의 책, p. 54.

족, 또 더 들어가 남비콰라(Nambikwara)족, 그리고 볼리비아의 국경 가까이 있는 투피-카와히브(Tupi-Kawahib)족을 현지 조사했다. 그가 현지를 조사할 당시 이미 서구문명이 그들을 완전히 덮쳐버렸다. 그들이 어느 정도 서구문명에 길들자, 서구인은 그들에게 더 이상 관심을 두지 않았다. 그들은 결국 이것도 저것도 아닌 오직 '슬픈 열대'로 전락해 버렸다.

『슬픈 열대』에 의하면, 서구인은 오직 자신들의 이익과 목적을 위해 아름다운 열대인의 생활터전을 파괴해 버렸고 악독한 질병을 들여왔다.[32] 그래서 열대인 인구는 급격히 감소했다. 남비콰라족의 경우, 사바네(Saban) 그룹의 인구는 원래 1천 명이 넘었다. 그러나 1928년에는 남자 127명과 거기 딸린 여자와 아이가 전부였다. 이듬해에 인플루엔자가 돌아 폐부종으로 진전되어 48시간 만에 3백 명이 죽었다. 10년 후, 1938년에는 19명의 남자와 그 식구들이 겨우 생존해 있었다. 또 다른 큰 그룹은 1927년에 발생한 인플루엔자로 인해 없어져 버리고, 겨우 6명만 생존해 있었다. 10년 뒤에는 그나마도 3명만 살아 있었다. 한 때는 가장 큰 그룹 중에 하나였던 타룬데(Tarund) 그룹은 1936년에 고작 남자 12명과 그 식구들이 생존했었고, 3년 후인 1939년에는 그 12

---

32 스페인의 피사로 곤잘레스(1471~1541)가 168명 병력으로 8만 대군의 잉카제국을 쉽게 정복할 수 있었던 한 요인은 그에 앞서 남미로 건너온 백인들이 퍼뜨린 천연두, 홍역, 흑사병, 발진티푸스, 독감 등이 원주민들을 죽음으로 몰아넣었기 때문이다. 미국의 백인들은 아메리카 원주민을 몰살시키기 위해 천연두 환자가 쓰던 담요를 선물하기도 했다. 1713년에는 천연두에 의해 남아프리카 최대 부족인 산족이 전멸했다. 총칼과, 총칼보다 훨씬 간단하면서도 위력적인 전염병으로 인해 죽은 아메리카 원주민의 수는, 2000만 명에 달했던 콜럼버스 이전 인구의 약 95%인 것으로 추정되고 있다. (J. Diamond, 1997, *GUNS, GERMS, and STEEL*: 김진준 옮김, 2015, 『총 균 쇠』, 문학사상사, 288, 291, 309, 312-313쪽)

명 중에 겨우 4명만 생존하고 있었다.[33]

'슬픈 열대'를 목격한 레비-스트로스는, 헤겔이 말하는 이성을 떠올리면서, 양심의 비통을 금치 못한다. 이것이 바로 이성이 자유와 합리라는 이성 자신의 목적을 변증법적으로 스스로 구현해 나가는 현장이란 말인가! 그가 쓴 남비콰라족에 관한 기록이다.

> (원주민 무리는 18명밖에 남지 않았는데, 그중에서) 남자는 여덟 명이었다. 이들 중 한 명은 매독에 걸렸고, 한 명은 허리가 곪아 악취를 풍기고 있으며, 한 명은 발에 상처를 입고 있었고, 한 명은 비늘이 생기는 피부병이 온몸에 퍼져있었다. 또 한 명은 벙어리에 귀까지 멀어 있었다. (…) 그들의 마음속에 깊이 사무쳐 있는 증오와 불신 그리고 절망감을 알려면, 그들과 함께 오랫동안 지내볼 필요도 없다. 잠시 동안만 같이 있어 보아도 그들에게 공감하게 되어 우울한 마음을 떨칠 수 없게 된다.[34]

오만하고 이기적인 서구문명에 의해 자신들의 삶터가 완전히 붕괴되고, 육체마저 처참하게 망가지고 황폐되어 버린 '슬픈 열대'에 직면했을 때, 레비-스트로스의 마음속에 가책과 고뇌가 깊이 저며 들어왔다. 그가 쓴 투피-카와히브족에 관한 기록이다.

> 젊은 처녀와 젊은 남자는 하반신이 마비되어 있었다. 여자는 지팡이

---

33   C. Lévi-Strauss, 1971, 앞의 책, p. 286.

34   위의 책, pp. 284-285. (괄호 필자)

두 개로 몸을 지탱하고 있었고, 남자는 앉은뱅이처럼 자신의 몸을 땅바닥에 질질 끌고 다녔다. 그의 다리는 살점이 거의 없어 무릎만 불쑥했다. 무릎 안쪽이 부어올라서 혈장증(serosity)에 걸린 것처럼 보였다. 왼발 발가락들은 마비되었고 오른발 발가락은 아직도 조금 움직일 수가 있었다. 그런데도, 이 둘은 별 애로가 없는 것처럼 숲속에서 먼 거리를 돌아다녔다.

문명과의 실질적 접촉 이전에 도대체 어떻게 척수소아마비(poliomyelitis) 또는 다른 어떤 바이러스가 이들에게 갈 수 있었겠는가? [문명과의 접촉으로 인해 척수소아마비 등 바이러스에 감염되어 불구가 되었기 때문에, 보금자리였던 자연이 오히려 자신들을 힘들게 하는] 적대적 자연 속에서 처참하게 살아가도록 방치된 이 불행한 사람들을 내가 보았을 때, 16세기에 투피족을 방문하고는 이들을 그토록 찬탄했던 테베(Thevet)의 글이 떠올라서 내 가슴은 찢어지는 듯했다: '[테베의 글]그들 역시 우리와 꼭 같이 만들어진 사람임에도 그들은 문둥병, 중풍, 혼수상태, 연성하감(軟性下疳), 그 밖의 어떤 다른 질병에도 감염된 적이 없었다.' 테베와 그의 동료들은 바로 자신들이 그런 악질적 질병을 그들에게 전염시키는 전위부대였다는 사실을 몰랐다.[35]

'슬픈 열대'인은, 대 지각변동처럼 무자비하게 모든 것을 휩쓸어 버린 서구문명으로 인해 자신들의 생명이 이처럼 비참하게 꺼져 가고 있었다. 그럼에도 서구인으로서는 상상도 할 수 없는 지고한 아름다움의

---

35 위의 책, pp. 340–341. (각괄호 필자)

휴머니즘을 지니고 있었다. 레비-스트로스는 어느 날 밤 포켓용 작은 전등을 비추어 휘갈겨 써 놓았던 자신의 노트 한 페이지를 보여준다.

어둠이 깃든 열대초원 [남비콰라족의] 숙영지에 모닥불이 타올랐다. 추위를 막는 유일한 수단인 그 모닥불 주변에, 비바람을 막기 위해 나뭇가지와 종려 잎으로 만든 허술한 가리개 뒤에서, 형편없는 잡동 사니 일용품들을 담아 놓은 광주리 옆에 이들은 맨땅바닥에 누워있 다. (…) 부부끼리 서로 꼭 껴안고 있을 때 서로가 서로에게 유일한 버팀목, 유일한 안식처로 보인다. 서로가 서로에게서 일상의 간난고 초를 잊게 해주는 유일한 안식을 발견하고는 때때로 자신들의 뇌리 에 엄습해 오는 우울함과 서글픔을 떨칠 수 있는 유일한 보루를 발견 하는 것처럼 보인다. (…)

　이들을 처음 대하는 사람은 (…) 고뇌스럽고 애처로운 생각을 금 할 수 없다. 이들은 마치 어떤 무자비한 대변동에 의해 짓밟혀서, 꺼 져가는 불 옆에 벌거벗은 채 떨고 있는 것처럼 보인다. (…) [이러한 참 담함에도 불구하고] 이들의 웃음소리와 속삭임으로 인해 이 부족의 비 참함이 그래도 조금은 덜해 보이기도 한다. 이들 부부는 마치 잊어버 린 한 몸(a lost oneness)을 그리워하는 생각에 잠긴 사람처럼, 남들이 곁을 지나가도 그대로 애무를 계속한다. 그들에게는 자연의 큰 신선 함이, 깊은 태평함이, 그리고 우리의 마음을 끄는 천진한 동물적 만 족이 엿보인다. 이 모든 것의 근저에는 인간이 인간을 서로 극진하게 사랑하는 마음을 가장 감동적이고도 가장 진정하게 보여주는 그 무 엇이 있는 것 같다.[36]

'슬픈 열대'의 이 참담한 현실. 이것 역시 인류에게 보다 큰 반성과 깨달음을 주기 위한, 그래서 세계사를 보다 큰 자유와 합리라는 목적을 향해 진보적으로 발전시키기 위한, 그 누구도 알지 못했던 그러나 헤겔 자신이 최초로 간파해 낸 교묘한 (제5장에서 볼) 이성의 간지奸智에 의한 작전이란 말인가. 그러므로 서구 제국주의열강은 이들에게 저지른 무참한 만행에 대해 면죄부를 받을 수 있고 그래서 전 인류 앞에 떳떳할 수 있다는 것인가.

　'슬픈 열대'의 이 참담한 현실. 이것 역시, 앞서 뒤르켐의 주장처럼, 시간의 흐름 속에서 발전적으로 진화하는 열대인인 그들의 집합의식이 표출된 집합표상이란 말인가. 또한 그것 역시, 앞서 베르그송의 주장처럼, 열대인 그들의 이성(실천이성)과 정신(엘랑 비탈)에 의해 그들 사회가 발전으로 나아가는 과정 중에 있는 한 현실이란 말인가. 또한 그것 역시, 앞서 사르트르의 주장처럼, 열대인 그들의 전적으로 자유로운 선택에 기반한 기투企投의 결과이기 때문에 이에 따른 책임만 그들에게 있을 뿐이란 말인가. 그래서 서구 제국주의열강은 '슬픈 열대'의 그 참담한 현실에 대해 아무런 책임도, 양심적 가책도 없다는 말인가.

　유럽의 소위 위대한 사상가들이 주장하는 천부인권사상은 유럽인만의 것이었다. 그것은 결코 비유럽인에게는 해당되지 않았다. 유럽인 (특히 포르투갈, 스페인, 영국, 프랑스, 벨기에 등 서유럽인)과 (영국, 프랑스 등 서유럽인이 대부분인)미국인은 비유럽 원주민을 마치 짐승처럼 사냥하고, 사고팔

36　위의 책, p. 285. (각괄호 필자)

고, 도륙屠戮하고, 말살하는 만행을 필요하면 서슴지 않았다. 그들은 비유럽 원주민의 땅을 경쟁적으로 차지했으며 또한 차지한 것을 거래해서 교환하고, 넘겨주고, 지배권을 나누어 가졌다. 이런 과정에서 아프리카 대륙을, 말 그대로, 땅따먹기하듯 분할했다. 아프리카 국가들의 국경선이 자로 잰 듯 각지게 그어진 일직선이 많은 이유이다. 태평양에서도 마찬가지이다. 16세기에 폴란드와 스페인이 광활한 태평양의 섬들을 거의 양분해서 지배했다. 이후 제국주의 세력판도가 바뀌어 크리스마스섬, 사모아, 통가, 피지, 바누아투, 나우루, 솔로몬 등 태평양 여러 섬나라와 제도의 바다국경이 영국, 프랑스, 미국 등에 의해 직사각형으로 그어진다.

이러한 제국주의적 만행을, 18세기 루소 당시 유럽의 '위대한' 사상가들은 (제7장에서 보듯이) 앞다투어 당연한 것으로 부추겼다. 그러나 루소는 『인간불평등기원론』을 통해 미지의 비서구사회를 찾아 탐험하는 것은 결코 그러한 제국주의적 목적을 위해서가 아니라 [제3장에서 취급할 루소의 인류학적 견해]문명인 자신의 삶의 방식을 비추어 보기 위한 **거울로서의 다른 삶의 방식을** 발견하기 위한 것이어야 한다고 설파했다. 슬픈 열대를 목격한 레비-스트로스는 루소의 그 가르침을 되새기면서 서구문명 참회록이기도 한 『슬픈 열대』를 썼다. 인류의 소중한 문명적 자산인 문화다양성이 서구 제국주의에 의해 초토화되어버린 그 현실을 누구도 레비-스트로스처럼, 현지조사에 기반해서, 설득력 있고 강력하게 서구의 양심에 각인시킨 사람이 없다.[37]

슬픈 열대에 대해 '찢어지는 듯한' 양심의 비통을 금치 못한 레비-스트로스는 스승들의 소위 정통철학과 영영 결별한다. 그는 그들이 특정한 시대[근대], 특정한 사회[유럽]의 경험을 토대로 하는 철학적 사고의 결과를 가지고 영원한 진리라고 선포하는 일에 결코 동의할 수 없었다. 그는 어느 시대, 어느 사회에서건 인간이면 누구나 타고나는 지성의 일반문법에 관심을 집중했다. 그는 그것을 올바로 탐구할 수 있는 학문이 실증주의 인류학이라고 믿었다.

야생인 세계에 들어가서 사르트르처럼 '직접 의식에 맞닥뜨려지는 현상' 그대로를 보면 서구인의 눈에는—즉, 근대 서구문명으로 색칠해진 의식이라는 유리창을 통해 보면—야생인과 그 사회가 이상해 보인다. 이런 까닭에 사르트르는 (제5장에서 다룰) 그들의 문명을 열등하다고 규정한다. 그러나, 레비-스트로스가 젊은 시절에 (제3장에서 다룰) 루소와 세 명의 선생님—지질학, 정신분석학, 마르크시즘—으로부터 배운 바에 의하면, 그들을 보다 깊은 수준 곧 마음(mind)이라는 수준에서 보면 우리와 다를 것이 없다. 그들의 마음을 아는 것은 추상적이고 일반적인 그래서 공식화할 수 있는 지성의 일반문법, 즉 인류 일반의 인식론적 구조를 발견함으로써 가능하다.

그는 그 구조를 탐구하기 위해 당시 프랑스에 비해 문화인류학 연구가 활발한 미국으로 건너갔다. 거기서 그는 제1장에서 논의했던 보아스, 로위, 크로버 등과 조우하게 되었고 이들을 통해 (제3장에서 논의할) 구조언어학의 야콥슨을 만나게 된다. 그리고 야콥슨을 통해 바로 언어에 그 일반구조가 담겨있다는 것을 알게 된다. 그는 『슬픈 열대』를 이렇게 문학적 글로 끝맺는다.

---

37 D. Pace, 1983, *Claude Lévi-Strauss, the bearer of ashes*, London: Routledge & Kegan Paul, pp. 16–17.

이제 야생인들과도 작별이고! [야생인들 세계에 직접 들어가는] 여행도 그만이다! 대신에 (…) 사고(thought)를 초월하면서도 사회의 근저에 있는, 인간 종種에 있어서 [인식론적] 본질을 파악해보자: 이 본질은 [현상계의 모든 사상事象, 이를테면] 인간의 어떤 작품보다도 아름다운 어떤 한 광물 속에서 드러날 수도 있고; 백합꽃 속에 감도는 혹은 우리의 책에서 미묘하게 방출되는 향기 속에서 드러날 수도 있으며; 눈에 순함과 조용함이 가득한 한 마리의 고양이와 무심결에 교환하는 윙크 속에서도 드러날 수 있다.[38]

---

38 C. Lévi-Strauss, 1971, 앞의 책, p. 398. (각괄호 필자)

제3장 레비-스트로스의 인식론적, 방법론적 기반

1. 지질학-프로이트-마르크시즘:
수퍼합리주의(super-rationalism)

레비-스트로스가 사변思辨에 의한 소위 정통·철학과 결별하고 실증과학인 인류학의 길로 들어선 것은 그에게 과학주의적 사고가 이미 자리 잡고 있었기 때문이기도 하다. 그 사고의 토대는 일찍이 그가 접한 지질학, 정신분석학, 마르크시즘이다.

소년시절 레비-스트로스는 다양한 식물이 제각기 그 이면의 토양을 반영하는 것을 눈여겨 보면서 또한 지질운동과 풍화작용에 의해 드러나 있는 암석이나 지층에는 그 이면의 서로 다른 지질시대가 반영되어 여러 가지가 섞여 있는 것에 주목하면서 잡다한 현상의 심층에는 보이지 않는 어떤 구조가 있다는 생각이 싹트게 된다.[1]

레비-스트로스는 17세 즈음에 마르크스를 읽고는 그의 과학주의 사고에 큰 영향을 받는다. 마르크스에 의하면, 사회학의 방법론은 물리학의 방법론과 같아야 한다. 물리학은 먼저 물리적 현상을 관찰한

---

1   C. Lévi-Strauss, 1971, *Tristes Tropiques* (1955), J. Russell (trans.), New York: Atheneum, pp. 59-60.

다. 이 관찰을 토대로 가설적 모델을 구성한다. 그 모델의 특성(proper-ties)이 실험실테스트에 어떻게 반응하는지를 조사한다. 이 조사의 결과가 모델(가설)과 일치하면 그 모델을 눈앞의 물리적 사태를 해명하는 데 적용한다. 이와 마찬가지로, 마르크스에서 사회학은 먼저 사회에서 일어나는 현상을 관찰한다. 그 관찰을 토대로 가설적 모델을 구성한다. 구성된 모델의 특성을 사회에서 실제로 일어나는 일과 사건을 통해 테스트한다(물론 이 테스트는, 실험실테스트를 사회현상에 대한 테스트적 조사로써 대체한 것이다). 이 테스트적 조사의 결과가 모델(가설)과 일치하면 그 모델을 눈앞에 실제로 일어나는 일(empirical happenings)을 해명(interpretations)하는 데 적용한다.[2]

또한 레비-스트로스는, 한편으로, 정신분석학의 영향을 받았다(이후 그의 구조주의는 다시 정신분석학, 특히 라캉의 정신분석학에 큰 영향을 주게 된다). 그는 프로이트를 읽고 그가 기존의 데카르트 합리주의의 틀을 넓히고 있음을 알게 된다. 데카르트는, 제2장에서 보았듯이, 인간의 의식을 철학의 토대원리로 삼았다. 그런데 프로이트는 인간에게는 의식 뿐만 아니라 무의식이 있다는 것을 보여 주었기 때문이다. 레비-스트로스는 정신분석학을 통해 의미라는 것이 사물과 현상 자체에 본래적으로 있는 것이 아니고, 어떤 형이상학적 또는 신학적 전제에 의해 초월적으로 규정되는 것도 아니며, 무의식을 가진 인간 자신에게 있다는 것을 알게 되었다. 이에 그는 인간에 관한 참다운 지식이 가능하다고 믿게 된다. 무의식이야말로 인간에 관한 객관적 지식을 가능하게 하는 토대라는

---

2 위의 책, p. 61. (마르크시즘, 특히 알튀세르에서 그 모델은 생산양식이다. 이에 관한 구체적 설명: 제7장의 징후적 독해 편).

것, 그러므로 인류학도인 자신이 탐구해야 할 대상은 바로 인간의 무의식이라는 것을 확신하게 된다.[3]

인간의 무의식을 같은 인간끼리 어떻게 탐구할 것인가? 그는 그 탐구방식이 인간이 인간의 두뇌를 해부해서 뇌신경 기능을 연구하는 그러한 방식이라고 생각하지 않았다. 그는, 인간은 이 세상적 존재이므로 인간의 무의식 역시 이 세상의 본성과 동일하다고 생각했다.[4] 그래서 그 방식은 다름 아닌 이 세상 사물과 현상의 본성을 탐구하는 것이었다. 이에 그는, 자신의 표현으로, 수퍼합리주의(super-rationalism)라는 방법론을 제시한다.

수퍼합리주의는 (내용구성 상, 제4장 「신화학」 편에서 리/기론과 함께 구체적으로 논의할) 유학의 격물치지(格物致知: investigation of things and perfection of knowledge)라는 방법론과 흡사하다. 즉, 오관으로 감각–지각(sense-perception)해서 경험하는 모든 사물과 현상—이를테면, 캥거루, 말, 밀물과 썰물, 태양의 움직임, 달의 변화, 사람들의 대화, 혼인, 상거래 등 모든 것—을 관찰해서(格物) 그 이면에 있는 참 실재의 본성에 관한 앎에 이르는(致知) 방법론이다. 또한 그것은 가스통 바슐라르(G. Bachelard)로 대표되는 현대 합리주의의 흐름 속에 있는 신실증주의(neo-positivism)에 비견할 수 있다. 신실증주의—맥락에 따라서는 논리실증주의(logical positivism) 혹은 과학적 경험주의(scientific empiricism)—는 먼저 가설을 구성하고 현실의 경험 세계에서 그 가설을 입증한다는 두 계기를 통합하는 방법론이다. 과학

---

3   위의 책, pp. 60-61.
4   위의 책, p. 59.

의 목적은 새로운 앎을 발견하는 것이지만, 발견은 먼저 가설을 구성함으로써 가능하다는 것이다. 다시 말해, 발견하고자 하는 것을 먼저 정해서 염두에 두고 찾아 나서야만 발견할 수 있다는 것이다(물론 발견하지 못할 수도 있지만).

요컨대, 사회현상을 관찰하고 분석해서 그 이면에 보이지 않는 '이데올로기적으로 날조되어 연대된 관념들'을 파헤쳐 드러내는 마르크시즘, 지표현상을 관찰하고 분석해서 그 이면에 보이지 않는 지질운동의 원리를 탐구하는 지질학, 사람의 말과 행위를 관찰해서 그 이면에 보이지 않는 무의식을 탐지하는 정신분석학. 이 세 학문을 레비-스트로스는 자신에게 수퍼합리주의를 가르쳐 준 세 명의 여선생님이라고 했다.

> 세 명의 여선생님(three mistress)이 공히 보여준 것이 있다. (…) 참 실재는 오관에 의해서 감각-지각되는 사물과 현상 자체가 아니라는 것; [그렇지만] 참 실재의 본성은 사물과 현상에 이미 드러나 있다는 것이다. (…) 이 모든 경우에서 문제로 삼는 것이 동일한데, 그것은 이성과 감각-지각 간의 관련성이다. 추구하는 목표도 동일한데, 그것은 감각-지각된 것이 이성에 통합되면서도 한편으로는 감각-지각적 특성을 하나도 잃어버리지 않는 수퍼합리주의(super-rationalism)이다.[5]

---

5 위의 책, p. 61. (각괄호 필자)
super-rationalism을 초합리주의, 극합리주의라고 번역해서 통용하고 있다. 데카르트적 고전합리주의를 넘어서는 고도의 또는 최고의 합리주의라는 뜻이다. 본서는 구태여 번역하지 않고 그냥 수퍼합리주의라고 한다.
왜 '여선생님'인가? 그 표현을 두고 레비-스트로스에 대해 페미니즘과 관련된 비판적 시각이 있다. 전적으로 오류이다. 그 오류는 두 가지를 고려하지 않았기 때문이

2. 모스(M. Mauss): 집합무의식/사회무의식

정신분석학을 통해 무의식에 관해 눈을 뜬 레비-스트로스가 볼 때, 문화를 이해함에 있어서 제2장에서 논의한 뒤르켐학파인 [뒤르켐의 조카] 모스가 처음으로 구조주의적 관점의 토대를 마련했다. 뒤르켐의 중심 개념은, 제2장에서 논의했던 집합의식과 집합표상이다. 집합의식은 한 사회 구성원들의 공통된 믿음과 감정의 세트이다. 이 집합의식이 사회적 현상으로 표출된 것이 집합표상이다. 그러므로 집합표상이란 한 사회의 집합의식이 산출한 문화적 사상事象이다. 따라서 어떤 한 사회의 혼인의례, 장례의식, 친족체계, 상행위, 놀이, 언어행위 등 문화적 사상을 관찰하면 그 사회성원成員이 공통으로 가지고 있는 집합의식을 탐지할 수 있다. 이 집합의식은 개개인의 의식을 초월하는 것이기 때문에 개인차원에서 볼 때는 집합무의식(collective unconscious) 혹은 사회무의식(social unconscious)이다.

모스는 에스키모사회의 혼인의례라는 문화현상[집합표상]을 관찰해서 집합무의식이 혼인의례를 통해 상징적으로 나타나 있음을 탐지해 냄으로써 레비-스트로스의 구조주의에 직접적 토대를 제공하게 된

다. mistress라는 어휘에는 연인, 애인에서 느끼는 그러한 애정의 감정이 스며있다는 것이다. 『슬픈 열대』에는, 그의 다른 작품들과 달리, 문학적 표현이 많이 들어있는데 이유는 다음과 같다. 당시 사르트르는 자신의 실존주의철학을 『구토』, 『파리떼』 등 문학작품으로 써서 큰 성공을 거두고 있었다. 이에 레비-스트로스도 『슬픈 열대』를, 슬픈 열대라는 다분히 레토릭적 제목부터 해서, 상당히 문학적으로 썼다. 그의 작품들 중에 특히 『슬픈 열대』가 대중에게 가장 많이 읽히는 이유이다. 요컨대, '여선생님'은 그 세 학문의 공통된 방법론에 대한 자신의 소년시절부터의 애정을 문학적으로 표현한 것이다.

다. 모스의『선물(*The Gift*)』에 의하면, 혼인의례에서 상호 간에 (주고받는 물건인 선물이 아니라) 선물을 주고받는 행위가 바로 호혜적 교환(reciprocal exchange)이라는 집합무의식이 드러난 상징적 행위이다. 도로 옆 표지판에 그려져 있는 해골 그림을 보면서 해골이 있는 지역이라고 생각하지 않는다. 다만 '아, 위험지역이구나'라고 생각해서 각별히 조심한다. 실재하는 것은 위험이지만, 보이는 것이 아니므로 보이는 해골 그림으로써 그것을 상징했음을 우리가 알기 때문이다. 이와 마찬가지로, 보이는 재산이나 물건 등을 호혜적으로 교환하는 행위 자체가 실재하지만 보이지는 않는 집합무의식의 현현顯現임을『선물』이 보여준 것이다.

요컨대, 모스는 보이는 문화현상을 관찰해서[감각-지각을 통한 경험] 그 이면의 보이지 않는 무의식적인 호혜적 교환이라는 법칙을 발견했다(달리 말해, 앞서 언급한 것처럼, 감각-지각된 것이 이성에 통합되면서도 한편으로는 감각-지각적 특성을 하나도 잃어버리지 않는 수퍼합리주의로써 그 법칙을 발견했다). 레비-스트로스는 모스를 경험적 관찰을 통해 경험을 초월해 있는 문화의 일반법칙에 접근하고자 한 최초의 인류학자라고 했다. 그는 모스의『선물』로부터 직접적인 영향을 받아, 자신의 첫 주저『친족의 기본구조(*The Elementary Structure of Kinship*)』에서 각기 다른 문화를 향유하는 많은 부족사회의 다양한 혼인양식(결연結緣양식)을 호혜적 교환이라는 분석틀로써 접근했다.

레비-스트로스가 모스의 집합무의식/사회무의식이라는 개념으로부터 영감을 받아 제시한 무의식은 (프로이트가 말하는 '의식과 연관된 무의식'과 달리) 의식과 전혀 무관한 의식 초월적인 [말하자면]인식틀이다.

프로이트의 초기 이론에서는 이론체계가 의식, 전前의식 그리고 무의식이라는 세 영역으로 구성된다. 그중 무의식 영역이 인간 정신에 있어서 가장 지배적 영역이다. 1920년경부터 그의 후기 이론에서는 무의식에 해당하는 대부분이 이드(id)로 옮겨진다. 그리고 의식과 무의식 간의 구별은 이드(id), 이고(ego), 수퍼이고(superego)라는 한 세트의 상관적 개념들로 대치된다.

이드는 가장 기본적인 본능적 충동, 즉 에로스(eros: 성 충동, 생명 충동)와 타나스(thanaos: 죽음 충동, 공격 충동)를 담고 있는 저장소이다. 이드는 쾌락원리(pleasure principle)에 의해 작동하는 무의식 영역이며 보통은 의식 영역으로 연결되지 않는다. 그래서 무의식에 접근할 수 있는 방법으로 꿈해석, 최면, 자유연상이 대표적으로 사용된다. 이고는 현실원리(reality principle)에 의해 작동하는 의식적인 자아이다. 이고는 이드에 의한 본능적 충동 행위를 현실의 제반 상황에 맞도록 의식적으로 변경 또는 제약한다. 목구멍에 가래가 있으면 시원해지고 싶어서(pleasure) 때와 장소를 아랑곳하지 않고 가래를 내뱉는다. 바로 이드의 작용이다. 이에 반해, 이고는 당시의 제반 현실적 상황을 고려해서(reality) 이드로 하여금 휴지에 조용히 뱉도록 하거나 좀 참도록 한다. 물론 성 충동을 예로 들어도 이와 마찬가지이다. 수퍼이고는 그러한 이고를 형성시킨 상위의 이고라고 할 수 있다. 프로이트에 의하면, 수퍼이고는 기본적으로 부모가 하는 것을 보고 부모의 가치관과 기대를 내면화해서 발달한다.

반면에 레비-스트로스에서 무의식은, 개인적인 어떤 욕망이나 경험이나 기억을 저장해 두고 있는 저장소이어서 우리가 그 속의 내용을 알 수 없지만 어떤 특별한 방법을 통해 의식의 영역으로 불러들일 수 있는 그러한 프로이트적 무의식이 아니다. 그것은 (제7장에서 취급할) 칸트가 자신의 인식론과 관련해서 역점적으로 다루고 있는 선험先驗성(a priori)

인 무의식이다.

칸트에 의하면, '1+2=3'이라는 수학적 진리는 아프리오리적 진리, 즉 우리의 경험 이전에 이미 존재해 있는 선험적 진리이다. 이에 반해, 물리학적 지식은 우리가 자연현상을 감각-지각을 통해 경험해서 얻어지는 아포스테리오리(a posteriori)적 지식이다. 아프리오리적인 수학적 진리가 없다면 자연현상에 대한 체계적 앎인 물리학적 지식이 있을 수 없다. 마찬가지로, 레비-스트로스에 의하면, 만약 우리에게 아프리오리적 인식틀 즉 선험성인 무의식이 없으면 우리가 오관을 통해 감각해서 지각하는 것이 무엇인지를 알 수 없고 따라서 궁극적으로 세상을 알 수가 없다. 우리의 오관을 통해 감각-지각된 것은 무의식 곧 아프리오리적 인식틀을 통과해야만 비로소 우리가 그것이 무엇인지를 안다.[6] 이 무의식은 전적으로 의식 초월적인 무의식(transcendental unconscious)이다.

그렇다면, 초월적 무의식이 어떻게 사람에게 있게 되었는가? 레비-스트로스에 의하면, 그것은 인간 두뇌의 작용과 그가 말하는 구조 간의 관계를 밝혀야 하는 문제로서 궁극적으로 심리학적, 해부학적, 생리학적 분야의 문제이다. 결국 그 물음은 근본적으로 인류학적 문제로는 삼을 수 없다는 것이다.[7] 그에 의하면, 무의식과 관련해서 인류학자가 진정 문제 삼아야 하는 것은 말(언어)이다. 말의 기원과 본질이 밝

6　이것은 (제7장에서 논의할) 칸트의 인식론과 **유형적으로** 똑같다. 칸트에 의하면, 우리가 사물 자체는 알 수 없다. 오관을 통해 감각-지각된 사물이 아프리오리, 즉 우리의 이성에 선험적으로 내재되어 있는 시간/공간 그리고 인/과라는 인식틀을 통과해야만 비로소 우리는 그것이 무엇인지를 안다. 이에 레비-스트로스는 자신의 구조주의를 '주체가 없는 칸트주의'라고 하는 데 동의한다. 칸트주의는, 레비-스트로스와 반대로, 주체주의 범주에 속한다.

혀지면 무의식과 관련된 문제들을 다 설명할 수 있기 때문이라는 것이다. 그런데 무의식과 관련해서 인류가 지금까지 확실하게 알고 있는 것은 모든 인류가 말을 무의식적으로 구사할 수 있도록 타고난다는 것이다.[8] 이에 문화를 연구하는 인류학의 궁극적 연구대상이 무의식이라고 생각하는 레비-스트로스는 (제4절 「구조인류학」 편에서 취급할) 무의식적인 말을 문화탐구의 출발점으로 하게 된다.

3. 루소: 다원주의, 과학주의 인류학

레비-스트로스에게 큰 스승(guru)은 모스도 아니고, 마르크스도 아니며, 뒤이어 나오는 언어학의 소쉬르도 아니다. 그의 정말 큰 스승은 루소(J. Rousseau, 1712~1778)이다.[9] 레비-스트로스는 인류학자라면 누구나 다 가지고 있는 생각, 그러나 인류학자이기 때문에 또한 절대로 가져서는 안 되는 생각이 있는데 바로 문명과 야만을 구별하는 것이라고

---

7 이것은 레비-스트로스의 구조주의가 결국 생물학적 자연주의에 기반을 하고 있다는 것이다. 그가 자신의 구조인류학을 과학주의 문화학이라고 언명하면서도 그 이론적 토대인 무의식을 생물학적 결정론으로 돌린다는 것은 이론의 공백(theoretical lacuna)이다. (다음 기회에 보게 될) 구조주의정신분석학의 라캉은 무의식을 'RSI'라는 실증적 논리체계로 설명해서 그 공백을 메운다.

8 C. Lévi-Strauss, 1969a, *Conversation with Claude Lévi-Strauss*, by G. Charbonnier (1961), John and Doreen Weightman (trans.), London: Jonathan Cape, pp. 154-155.

9 C. Geertz, 1973, "The Cerebral Savage: On the Work of Lévi-Strauss". In C. Geertz (ed.), *The Interpretation of Culture: Selected Essays by C. Geertz*, New York: Basic Books Inc., p. 356.

했다. 그런데 루소는 그 구별적 생각을 없앨 수 있는 방법을 자기에게 확실하게 가르쳐 주었고, 나아가 진정한 과학주의 인류학의 길을 열어 주었다고 했다.

　루소의 『인간불평등 기원론(*Discourse on the Origin of Inequality*)』에 의하면, 인간의 죄악은 법과 제도로 체계 잡힌 사회로부터 기인한다. 자연상태에서 인간의 생활은 자유롭고, 독립적이고, 건강하고, 행복하고, 천진했다. 루소는 이러한 자연상태의 인간을 'noble savage'라고 했다. 즉, 그들을 서구문명중심주의에서 생각하면 savage이지만 일반휴머니즘(general humanism) ― 레비-스트로스로 말하면, 모든 다름과 다양성을 상호존중하는 (제6장에서 볼) 민주적 휴머니즘(democratic humanism) ― 에서 생각하면 진정 noble한 사람이라는 것이다. 이것은 서구인의 뿌리 깊은 서구문명중심주의가 근본적으로 난센스임을 루소가 레비-스트로스에게 분명하게 가르치는 것이었다. 또한 그것은 루소가 자연, 인간, 문화 간의 관련성 문제를 제기함으로써 일반인류학(general anthropology)을 다룬 최초의 인류학자라고 했다.[10] 이에 레비-스트로스는 자신의 최초 주저 『친족의 기본구조』를 시작하는 **첫머리에** 자연, 인간, 문화 간의 관련성을 다룸으로써 (제4장에서 볼) 일반구조의 존재론적 시발에 관해 논했다.

　루소에 의하면, 자연목가적 생활에서부터 법과 제도로 체계 잡힌 사

10　C. Lévi-Strauss, 1977, *Structural Anthropology*, Volume II (1973), M. Layton (trans.), Harmondsworth: Penguin, p. 35. (각괄호 필자)

회적 생활로 들어서면서 인간은 불행과 사악으로 향하게 되었다. 사회적 생활을 가능하게 하는 것은 법체계이지만 법이라는 것은 [그 제정 및 집행 과정을 볼 때, 비근하게 우리 한국사회의 현실이 보여주듯이] 정의와 객관성과는 거리가 멀다. 사회적 생활로 들어선 인류는 법과 제도에 의존하는 생활이 날로 심화됨으로써 자연상태의 참 자유와 평등과 행복이 소멸되고 있다. 방법이 무엇인가? 그는 『사회 계약론(*The Social Contract*)』을 통해 여기에 답하고 있다. 일반의지(general will)를 기반으로 하는 민주정치제도로써 자연목가적 생활에서와 같은 이상적인 사회적 생활을 영위할 수 있다. 레비-스트로스가 볼 때, 이러한 루소의 방법론에는 다원주의(pluralism), 문화상대주의(cultural relativism)가 함의含意되어 있었다.

다원주의는 오늘날 문화인류학, 문화지리학, 정치학, (후기)구조주의 등 다양한 사회과학 분야에서 매우 중요한 철학적 용어이다. 그 가장 포괄적 개념은 다음과 같다.

> 다름을 인정하는 것이다. 구체적으로 말해, 다원주의는 세계를 다르게 설명하는 것, 동일하지 않은 잣대로 설명하는 것을 인정하는 것이다. 그러므로 세계에 관한 어떠한 설명도 그와 다른 설명보다 더 옳다거나 혹은 더 근본적이라고 여기지 않는다.[11]

루소에 의하면, 자연목가적 생활에서 인간이 누렸던 진정한 자유는 그 어떤 다름도 인정하는 그래서 그 어떤 일방적 이데올로기도 존재하지 않는 바로 다원주의적 자유이다. 하지만 다원주의적 자유는 결국 각자 각자의 방종적 자유가 아닌가? 각자의 방종적 자유 속에서 어떻게 진정한 평등과 평화를 누리는 **사회적** 생활이 가능한가? 루소에 의하면, 그러한 회의적 물음은 이미 법과 제도에 길들여진 우리의 공통된 생각의 소산이다. 그의 『사회계약론』에 의하면, 다원주의를 기반으로 하는 참된 자유와 평등이 가능하다. 바로 상기 일반의지에 의해서이다.

한 인간사회(문화집단)를 하나의 단일한 의지가 관통하는 문화유기체적 단위라고 본 루소는 그 단일한 의지를 일반의지라고 했다.[12] 그에 의하면, 자연상태의 사회에서는 일반의지가 충만하기 때문에 저절로 다원주의적 참 자유와 평등이 구현된다. 그러나, 자연상태의 사회를 떠난 이후 우리는 '원래 자유로운 인간으로 태어났음에도 도처에서 사슬에 묶여 있다'. 어떻게 해야 할 것인가? 그에 의하면, 이미 법과 제도에 의존하는 사회적 생활로 들어선 인간으로서는 유일 최선의 방법이 가장 자연적인 국가양식을 택하는 것이다. 즉, 국가는 타고난 **그러므로 원천적으로** 양도 불가능한 자유와 평등이라는 권리를 가진 시민들 간에 자유롭고 평등하게 맺은 계약에 기반한 정치조직체 곧 명실상부한 시민국가라야 한다는 것이다(이에 그는 고대 그리스의 도시국가[13] 규모의 민주공

11 S. Blackburn, 1994, *The Oxford Dictionary of Philosophy*, Oxford University Press, pp. 290-291.

12 (제5장에서 취급할) 헤겔은 루소의 일반의지 개념에 당시 쉘링으로 대표되는 낭만주의 사조를 결합해서 절대정신 혹은 세계정신이라는 개념을 제시했다. 제2장에서 취급한 뒤르켐의 집합의식 개념 역시 루소의 일반의지라는 아이디어를 발전시킨 것이다.

13 기원전 425년 도시국가 아테네의 인구는 시민 11만6천 명, 거류민 2만1천 명, 노예 8만 명, 도합 약 21만7천 명이었다. 플라톤이 만년에 구상했던 이상국의 인구가 5,040세대, 2만 명이 조금 넘는다. (박종현 역주, 1997, 『플라톤의 국가·정체』, 서광사, 41쪽)

화주의국가와 그 이상을 옹호한다). 바로 이것이 오늘날 국민주권주의의 원형이다.

당연히 주권은 국민에게 있기 때문에 정치적, 제도적 의사결정은 국민투표에 의해 민주적으로 이루어져야 한다. 이때 이기적인 개개인의 투표 총합이 과반수 이상이 됨으로써 '만인의 의지'로 명명되는 것을 루소는 경계한다. 만인의 의지로 가장된 이기적 혹은 이데올로기적 의지가 아니라, 진정 일반의지가 지배적이어야만 다원주의적 자유와 평등에 기반한 이상적 국가를 이룩할 수 있다는 것을 『사회계약론』은 역점적으로 설파한다.

일반의지가 지배적일 수 있는 방법이 무엇인가? 루소에 의하면, 한마디로, 교육에 의해서이다. 그는 『에밀(*Emile*)』을 통해 자연주의에 기반한 자신의 성선설 철학과 일관되게 자연주의 교육을 주장한다. 인간은 원래 자연성을 가지고 선하게 태어났기 때문에, 자연주의 교육을 통해 타고난 인간성의 선함이 유지 혹은 회복 혹은 함양되면 개개인의 정치참여행위(투표)의 결과가 바로 일반의지의 현현顯現이라는 것이다.

이 대목에서 매우 인상적이었던 한 TV 장면이 떠오른다. 일반의지 개념을 명확히 하기 위해 그것을 소개한다. 2018년경이다. 대학교수 출신인 영향력 크다고들 하는 한 중진 국회의원이 어느 분과위원회에서 옥신각신 열띤 논쟁 중에 "(…) 일반의지이다. (…) 일반의지를 묵살하고 (…)" 하면서 호통을 쳤다. 놀랍게도, 그 무식한 한마디에 모두가 묵묵했다. 일반의지란 자연목가적 생활에서 **드러나는**, 자연목가적 생활에서부터 사회적 생활로 들어선 이후로는 자연주의교육에 의해 함양된 선한 인간성에 기반한 사회적 생활에서 **드러나는** 집합적 의지이다. 과연 지금 우리가 자연목가적 생활을 하고 있는가? 과연 너도 나도 자연주의교육으로 함양된 선한 인간성에 의한 사회적 생활을 하고 있는 가? 그 의원은 그냥 '국민적 컨센서스' 또는 '대다수 여론'이라고 했어야 했다.

　루소에 의하면, 일반의지가 지배적인 국가에서는 '국민의 소리가 곧 신의 음성'이다. 투표의 결과로 누가 통치자로 선택되든, 어떤 법과 제도가 만들어지든(즉, 그 어떤 국민의 소리도) 그것은 일반의지(즉, 신의 음성)에 의한 선택이고, 만들어짐이므로 그 국가사회는 자연목가적 사회에서처럼 다원주의를 기반으로 하는 자유와 평등을 향유하는 사회라는 것이다. 정연한 철학적 논리이다.

　루소의 일반의지는 유학의 천(天) 혹은 천명(天命)에 비견될 수 있다. 일찍이 맹자는, 비록 하늘[天]은 말하지 않고 인간사회에 대해 이래라저래라(intervene)하는 어떠한 표시도 없지만 하늘은 의지(will)를 가지고 있다고 했다. 그 의지는 오직 백성이 좋아함, 싫어함을 통해서 드러난다고 했다. 그러므로 '백성이 좋아하면 하늘이 좋아한다는 것이고, 백성이 싫어하면 하늘이 싫어한다는 것'이라고 했다. 바로 유학적 국민주권주의이다. 자연주의에 기반한 성선설인 루소의 정치사상, 교육사상은 자연[天]주의에 기반한 성선설인 맹자의 정치사상, 교육사상과 매우 흡사하다.[14]

　레비-스트로스에 의하면, 루소의 일반의지는 두 측면에서 인류학적으로 매우 의미심장한 개념이다. 첫째, 인간 **본래의 선함을** 기반으로 하는 일반의지의 구현인 사회계약은 **당연히** 사사로운 이기심이나 이데올로기가 배제되어 있기 때문에 인간사회마다 다른 법적, 정치적, 사회적, 전통-관습적 여건에 부응하기 마련이다. 그는 바로 이점이 문화적으로 다양하게 서로 다른 인간사회에 대한 인류학적 비교연구에 신기원을 연 것이며, 또한 동시에 인류학적 연구에 있어서 문화상대주의적 접근의 필요성을 분명하게 함의하고 있다고 했다. 제1장에서 논의했듯이, 보아스에 의해 주창되고 말리노브스키에 의해 발전된 문화상대주의에 의하면, 모든 문화집단은 동일한 잣대로 잴 수 없는 각기 고유한 내재적 합리성과 정합성을 가진 문화를 향유한다. 그러므로 '야만적 사고가 문명적 사고로 진화한다'는 주장은 완전히 틀린 것이다. 레비-스트로스는 루소의 다원주의사상과 이에 기반한 문화상대주의에 깊이 공감해서[15] 야만과 문명을 이분법적으로 구별하는 완전히 틀린 서구문명중심주의적 사고를 불식하게 된다. 이에 그는 '야생인'의 삶과 사고를 남달리 깊은 관심과 애정으로 보면서 『슬픈 열대』와 『야생적 사유』를 썼으며 이를 통해 (제6장에서 논의할) 자신의 문명관을 피력했다. 데리다(J. Derrida)는 레비-스트로스를 투철한 루소주의자라고 했다.

둘째, 일반의지라는 형이상학적 실체를 인식한 루소는 과학주의 인류학의 토대가 되는 방법론적 원리를 최초로 발견한 사람이다.

---

14 황태연은 구하기 힘든 마버릭의 *China—A Model for Europe* (1946), 게를라하의 *Wu-wei*[無爲] *in Europe* (2004), 라이히바인의 *China and Europe* (1925), 볼테르의 『철학사전』(1764)의 영역본인 *Philosophical Dictionary* (1843)를 자신이 직접 구해서 10여 년에 걸쳐 연구해 루소가 공자로부터 배웠거나 공자의 사상에 편승했다는 사실을 밝혔다. 그 구체적 내용: 황태연, 2011, 『공자와 세계』 2, 청계, 776-793쪽.

15 제1장에서 언급했듯이 문화상대주의에 대한 비판이 상징인류학, 윤리학, 기독교, 마르크스인류학, 종속이론 등 여러 분야에서 제기된다. 그러나 레비-스트로스는 자민족중심주의, 인종주의를 강력히 반대하기 위해 문화상대주의를 적극 주장한다.

나를 통해서 '생각(think)'하는 '누군가(he)'가 있다. 나는 지금까지 내가 생각한다고 생각해 왔다. 그런데 이 누군가 때문에 생각하는 것이 진정 나인지를 나는 처음으로 의심하게 되었다. (…) 루소는 누군가가 있음을 발견했을 뿐만 아니라 누군가가 누구인지 알아내는 일을 분명히 착수했다.[16]

여기서 '누군가'는 물론 일반의지이다. 또는 제2장에서 논의한 뒤르켐-모스의 집합의식(사회무의식)이다. 또한 레비-스트로스가 제시한 무의식(의식 초월적인 아프리오리적 인식틀)이기도 하다. 레비-스트로스가 볼 때, 이것은 '나'라는 자아가 모든 것의 출발점이 되고 중심이 되는, 제2장의 사르트르 편에서 취급한, 데카르트 코기토철학이 지배적인 당시로서는 놀라우리만큼 독창적이었다. '누군가가 누구인지를 알아내기 위한 일'에 있어서 루소의 방법론을 레비-스트로스는 이렇게 요약하고 있다.

인간을 연구하기 위해서는 **가까이서** 볼 필요가 있다; 그러나 **멀리서** 보는 것도 배워야 한다; 참 속성을 발견하기 위해서는 먼저 **다름을** 관찰해야 한다.[17]

레비-스트로스에 의하면, 첫 문장의 의미는 다음과 같다. 인간이 무

---

16 C. Lévi-Strauss, 1977, 앞의 책, pp. 36-37.

17 C. Lévi-Strauss, 1969b, *The Savage Mind* (1962), George Weidenfeld and Nicolson Ltd. (trans.), The University of Chicago Press, p. 247. (굵은체 필자)

엇인지 알기 위해서는, 사회학자가 실증주의라는 이름으로 행하는 통계학적 방법과 달리 또는 역사학자나 철학자가 책상머리에 앉아 역사적 문헌이나 사유에만 의존하는 방법과도 달리, 연구대상이 되는 사람들에게 직접 가까이 가서 보아야 한다는 것이다. 바로 참여관찰(participant observation)이라는 방법론을 제시한 것이다. 제1장에서 취급한 말리노브스키의 참여관찰은 오늘날 문화인류학, 나아가 사회과학 전반에 걸쳐 필수적 방법론이다.

그다음 문장의 의미는 참여관찰로만 다 되는 것도 아니라는 것이다. 때로는 어떤 일반적, 추상적 법칙을 염두에 두고 멀리서 볼 줄도 알아야 한다는 것이다. 이것은 앞서 논의한 신실증주의(neo-positivism) 방법론 바로 그것이다. 그리고 끝 문장에서는 가까이서 든, 멀리서 든 먼저 다름을 보아야 한다는 것이다. 이것은 상기 다원주의에 기반한 문화상대주의적 접근을 제시한 것이다. 레비-스트로스가 볼 때, 이처럼 루소는 현대 인류학의 3대 핵심적 방법론을 약 200년 전에 이미 제시했다. 그는 루소를 과학주의 인류학의 창시자(the founder of the science of man)라고 했다.[18]

4. 구조언어학

'슬픈 열대'를 목도하고 미국으로 건너간 레비-스트로스는 제1장에

---

18   C. Lévi-Strauss, 1977, 앞의 책, p. 34.

서 취급한 보아스, 로우위, 크로버 등 문화인류학자들과 조우하면서 보아스의 언어관념론으로부터 구조주의의 싹이 되는 아이디어를 보았다.

관념론이란 마음/정신(mind)이 세상에서 일어나는 모든 문화적 현상의 본원本源이라는 철학적 견해이다. 언어관념론에 의하면, 우리는 마음/정신의 산물인 언어의 범주로써[언어적 범주 내에서 언어적 범주껏] 우리가 살고 있는 문화의 세계를 '창조'한다.[19] 이러한 언어관념론자 보아스는 언어문법을, 인간의 의식과 무관하게, 언어 자체에 내재된 구조라고 개념화했다. 그는 언어의 구조(언어문법)와 문화의 구조(문화문법)가 동일하기 때문에 우리는 무의식적으로 말을 하고, 말을 알아들으면서 문화적 의미로 가득한 세상을 향유한다고 했다. 이에 레비-스트로스는 언어구조가 문화구조의 모델이 된다는 확신을 갖게 된다. 그래서 언어구조를 연구하는 것이 언어학자의 일이라면, 문화구조를 연구하는 것이 인류학자의 일이라고 생각했다. 때마침 그가 구조언어학자 야콥슨(R. Jakobson)을 만나게 되면서 보아스의 언어관이 **새로운** 결실을 맺는다: 소쉬르-야콥슨의 언어학이론이 보아스의 언어관을 매개로 레비-스트로스의 인류학으로 들어옴으로써[20] 문화에 관한 일반이론인 구조주의가 탄생하게 된다.

---

19 S. Blackburn, 1994, 앞의 책, p. 184.

20 F. Dosse, 1997, *History of Structuralism*, Volume I: *The Rising Sign, 1945-1966*, D. Glassman (trans.), Minneapolis: University of Minnesota Press, p. 16.

1) 소쉬르: 언어학 혁명

레비-스트로스의 구조주의 성공은 무엇보다도 1942년 뉴욕에서 그
와 야콥슨 간의 만남의 산물이다.[21] 레비-스트로스의 술회에 의하면,
당시 자신은 구조주의가 무엇인지도 모르면서 구조주의를 하고 있었
다. 이러한 그에게 야콥슨은 (뒤이어 볼) 트루베츠코이(N. Trubetzkoy)에 의
해 수립된 음운체계를 제시한다. 그것은 레비-스트로스에게 어떤 '계
시'와도 같은 것이었다: "음운론이 사회과학에서 혁명적인 역할을 한
것은 [제8장에서 취급할 미시의]핵물리학이 자연과학에서 혁명적인 역할을
한 것과 같다."[22]

레비-스트로스가 볼 때, 언어학자가 복잡한 음성으로 구성되는 말
을 한정된 숫자의 음소音素(phoneme)—말에서 의미를 구별시키는, 더 이
상 나눌 수 없는 최소의 음성 단위—로 나누는 것은 인류학자가 사회
를 연구하는 방법론적 모델이 되는 것이었다. 즉 인류학자 역시 복잡
한 문화현상으로 구성되는 사회를, 있을 수 있는 변수를 염두에 두면
서, 더 이상 나눌 수 없는 몇 개의 현상적 요소로 나누어서 그 현상 이
면의 보이지 않는 구조를 탐구할 수 있다는 것이다. 이에 그는 자신의
친족연구, 토템연구, 신화연구 등에서 소위 (제4장에서 취급할) 음운론적
인류학(phonological anthropology)을 디자인하게 된다. 음운론은 스위스 언
어학자 소쉬르(F. Saussure, 1857~1913)의 '언어학 혁명'에 뿌리가 닿아 있다.

---

21 위의 책, p. 52.

22 C. Lévi-Strauss, 1968, *Structural Anthropology* (1958), C. Jacobson and B. G.
Schoepf (trans.), London: The Penguin Press, p. 33. (각괄호 필자)

이 혁명은 그가 제시한 랑그(langue)와 파롤(parole), 공시적(synchronic)과 통시적(diachronic)이라는 개념으로부터 시발始發된다.

랑그/파롤, 공시태/통시태

근대에 들어와 언어학은 크게 두 종류로 구분된다. 비교언어학과 구조언어학이다. 비교언어학은 루소의 『언어의 기원』에서부터 시작된다. 그것은 인도-유럽어를 관련 언어들의 초기 공통 언어로 보고 이로부터 진행된 언어의 진화와, 지역에 따른 그 진화양상을 비교론적으로 다룬다. 이것은 언어를 통시通時적 측면에서 연구하는 것이다. 그리고, 한편으로는, 언어의 공시共時적 측면을 간과하는 연구이기도 하다.[23]

소쉬르는, 제2장에서 취급한, 뒤르켐과 동시대인이다. 그는 뒤르켐의 집합의식 개념으로부터 영향을 받아 만년에 파리와 제네바에서 행한 강의를 통해 언어의 공시적 측면을 제시했다. 이것은 언어체계가 시간의 경과에 따라—즉, 통시적으로—진화 발전해 나간다는 비교언어학을 정면으로 부정하는 것이었다. 그리고 동시에 언어체계란 그 어떤 순간에도—즉, 공시적으로—갖출 것을 다 갖추어 스스로 작동하는[무의식적] 하나의 완전한 폐쇄체계라는 획기적인 언어관을 공표한 것이었다. 그는 구조라는 용어를 사용하지는 않았지만, 언어체계의 구조성을 밝히고 서술하는 데 전념했다.

---

23 하나의 체계 속에서 모든 요소가 어느 한순간에 공존해 있는 상태가 공시적 상태이다. 그 공시적 상태가 시간의 흐름 속에서 전개되어 나가는 상태가 통시적 상태이다. 공시적 연구는 시간이라는 차원과 무관한 연구인 반면, 통시적 연구는 시간이라는 차원을 고려하는 연구이다.

소쉬르가 밝힌 언어체계의 한 핵심적 구조성은 랑그(langue)와 파롤(parol) 간의 관련성이다. 그는, 인간이면 누구나 타고나는 무의식적 언어능력을 랑가쥬(langage)라고 했다. 그리고 랑그와 파롤은 각각 랑가쥬의 특정한 경우라고 했다. 그에 의하면, 파롤은 인간 고유의 언어능력 곧 랑가쥬가 실현된 것 즉 발화發話(utterance)이다(촘스키에서 performance). 발화는, [랑그가 전제되지 않으면 무의미한 소리이기 때문에] 꼭 들어맞는 것은 아니지만, 말(speech)이라고 할 수 있다. 말은 무의식적으로 발화되어 의사소통이 이루어진다. 이 의사소통을 가능하게 하는 것이 바로 랑그이다 (촘스키에서 competence). 랑그란 구체적으로 어휘, 구문構文, 문법, 음운 등 언어를 구성하는 모든 요소의 총합적 체계이다.[24] 이 총합적 체계는 개인과 무관하며 [집합적]사회·문화적 공동체에 존재한다. 만약 그 총체적 체계 곧 랑그가 없다면 우리는 그 무엇에 대해 개념 지을 수 없고 따라서 유의미한 발화 즉 말이 있을 수 없기 때문에 사회·문화적 공동체가 존재할 수 없다.[25] 이에 소쉬르는 랑그의 개념을 "우리의 '두뇌에 자리 잡고 있는' 특정 현실(a specific reality which has it's 'seat in the brain')"[26]이라고 정의했다. 여기서 특정 현실 곧 랑그는, 특정 지역의 특정 시점[공시태] 사람들[공동체]의 '두뇌에 자리 잡고 있는' 사회·문화적 (의미)체계이다.

이를테면, 어떤 사람이 농노(serf)인 것은 [특정 지역의 특정 시대]유럽지역

---

24 J. A. Cuddon, 1998, *Literary Terms and Literary Theory*, London: Blackwell Publishers, p. 449.

25 R. H. Robins, 박수영 옮김, 2004, 『언어학의 사상사』, 도서출판 역락, 88쪽; J. A. Cuddon, 위의 책, p. 449.

26 F. Saussure, 1974, *Course in General Linguistics* (1916), C. Bally and A. Sechehaye (eds) & W. Baskin (trans.), Glasgow: Fontana, p. 15, 66.

의 중세시대 사람들의 '두뇌에 공통으로 자리 잡고 있는' 공시태로서의 사회·문화적 (의미)체계 곧 랑그에 의한 것이다. [səːrf]라고 발화해서 그 것이 농노라는 한 사회인을 지칭하는 말인 것은 중세 유럽인의 사회· 문화적 (의미)체계에 이미 농노라는 개념과 함께 농노 관련 개념이 들 어있었기 때문이다. 그렇지 않았다면, 이 사람 저 사람을 만나 [səːrf]라 고 발화해도 그것은 무의미한 소리(sound)일 뿐이다.[27]

비근하게 지금 우리나라의 경우를 예로 들어보자. 공들여서 잔뜩 바르고 꾸며서 나온 사람에게 '예쁘다'고 하면 표정이 별로이다. '섹시 (sexy)'라고 해야 좋아한다. 바로 랑그에 의해, 즉 지금 한국인의 두뇌에 자리 잡고 있는 특정 현실, 다시 말해, 지금[공시태] 한국의 사회·문화적 (의미)체계에 의해서 [séksi]라는 발화가 '최고로 아름답다' 또는 '최고로 멋있다'는 의미를 가진 말이 된 것이다. 예전[그때의 공시태] 한국의 사회· 문화적 (의미)체계라면 공공연하게 [séksi]라고 발화했다가는 크게 봉변 당했을 것이고, 은밀하게 그랬다가는 뺨 맞았을 것이다. 오늘날 한국 사회에서 아저씨, 가게 주인이라는 말이 사라지고 있다. 리어카로 장사 를 해도 '사장님'이다. '사랑'이라는 말이 지나치게 흔해서 별 감동이 없 어지고 있다. 냉면 나오셨습니다, 환자분 들어오실께요, 이 카드 수수

---

27 이 대목에서 우리는 오래전의 미국영화 〈부시맨〉을 떠올리게 된다. 비행기에서 떨 어진 물건 하나를 두고 아프리카 부시맨 집단에서 왜 그토록 큰 소동이 났는가? 그 것은 콜라병이다. 하지만 그것은 거기 그 당시 [공동체]그들의 '두뇌에 자리 잡고 있는' 공시태로서의 사회·문화적 (의미)체계 곧 랑그와 무관한 것 그래서 그것에 대해 어떤 개념도 있을 수 없는 희한한 것이다. 하지만 시간의 흐름 속에서 그들이 그것을 자신들의 용도에 맞게 사용함에 따라 그것이 그들의 사회·문화적 (의미)체 계에 포함됨으로써 그것을 지칭하는 새로운 말이 있게 된다. 이로 인해 당시의 그 공시태적 체계에 통시적 변화가 있게 된다.

료 안 나오시거든요, 강아지 이제 식사 드셔도 됩니다 등등 뒤죽박죽 존댓말이 보통이다. 예전에는 상상도 못했던 그런 희한한 존댓말을 주고받으면서 스스로들 품격 있다고 생각하는 모양이다. 지금 우리 한국인의 '두뇌에 자리 잡고 있는' 사회·문화적 (의미)체계에 의해 어휘의 쓰임이 그렇게 된 것이다.

어휘 뿐만 아니라, 구문에서도 마찬가지이다. 매우 포스트모던한 뉴질랜드사회에서는 일상의 말이 마치 공문서 같다. 간략하고 짧게, 뼈대만 말한다. 대답도 마찬가지이다. 예스(yes)면 예스이고, 노(no)면 노이다. 'Yes, but (…)' 하면서 길게 나온다 싶으면 즉각 지겨워하는 눈빛을 보이는 경우가 많다. 예스도 길다. 짧고 날카롭게 '얍' 해야만 '쿨'하다는 소리를 듣는다. 불가피한 사정, 어려운 처지를 늘어놓으면서 양해를 구하기보다는 차라리 감수해 버린다. 그리고는 독한 알코올에 대마초 한 대로 속앓이를 날려 버리는 편을 택한다. 인간적 정서를 포기하고, 건강까지 희생하는 한이 있더라도 결코 쿨하고 스마트한 사람으로 인정받아야 하기 때문이다. 바로 랑그에 의해, 즉 현재 뉴질랜드인의 '두뇌에 자리 잡고 있는' 사회·문화적 (의미·가치·풍조)체계에 의해 말의 구문적 형식이 그렇게 된 것이다.

이상에서 랑그는 제2장에서 취급한 뒤르켐의 사회학적 개념인 집합의식이 소쉬르에 의해 언어학적 개념으로 변환된 것이라 할 수 있다.[28]

---

28 S. Clarke, 1981, *The Foundations of Structuralism: A critique of Lévi-Strauss and the structuralist movement*, Sussex: The Harvester Press, p. 120; J. A. Cuddon, 1998, 앞의 책, p. 449.

이에 바로 뒤따르는 의문이 있다. 집합의식의 반영인 랑그가 먼저인가, 아니면 개개인의 발화 곧 파롤이 먼저인가?

소쉬르에 의하면, 랑그와 파롤은 상호 피드백하면서 한순간도 정태靜態가 없는 동적 관계이다. 그 둘은 인식론적으로 혹은 분석적으로는 [지금 여기서 하는 것처럼] 분리해서 취급할 수 있지만, 존재론적으로 혹은 본질적으로는 분리될 수 없다. 랑그가 없으면 파롤은 말이 되지 못하고 일련의 무의미한 발화에 불과하다. 반면에, 파롤이 없으면 랑그는 텅 빈 추상적 체계에 불과하다.

파롤이라는 구두행위, 즉 의미를 가진 발화(말)가 없는 세상을 상상해보자. 랑그 곧 사회·문화적 (의미)체계에 [중세의 serf]농노가 있다 하더라도 매일의 일상생활에서 농노를 지칭하는 [sɔːrf]라는 발화가 없다면, 그 (의미)체계에 농노라는 개념의 자리가 시간의 흐름[역사] 속에서 결국은 비게 되고 또한 농노와 관련된 의미들의 자리 역시 비게 되거나 불안정하게 된다. 다른 모든 어휘와 개념도 이와 마찬가지이다. 의미를 가진 발화 곧 말이 존재하지 않는 세상은 그 어떤 경험도, 역사적 실재도 우리의 인식에 없는 그러한 텅 빈 것이다. 파롤이라는 구두행위가 시간의 흐름[통시] 곧 어제도, 오늘도, 내일도 날마다 일어난다. 이 통시적 사태가 공시태인 랑그에게 경험적, 역사적 리얼리티를 부여해서 랑그로 하여금 통시적 변화가 있도록 하는 매개이다. 이렇게 통시적으로 변화된 랑그에 의해 파롤이 의미를 가진 말이 될 때, 이 파롤 역시 통시적으로 변화된 것이다.[29] 랑그와 파롤은 이처럼 상호 피드백해서 한순

---

29 P. Rubel and A. Rosman, 1996, "Structuralism and Poststructuralism," In D. Lévinson and M. Ember (eds), *Encyclopedia of Cultural Anthropology*, New York:

간도 정태靜態가 없는 동적 관계이다.

이와 관련해서 소쉬르 언어학에서 가장 큰 특징 중의 하나이며 또한 레비-스트로스 구조주의에서도 핵심 명제가 '통시태에 대한 공시태 우선'이다. 소쉬르는 이것을 다음과 같이 체스 게임에 비유해서 예증하고 있다.

시간의 흐름 속에서 이루어지는 체스 게임. 여기서 판 위의 말을 어느 길을 따라 옮겨 놓느냐 하는 것 자체는 중요하지 않다(통시태에 대한 비유). 중요한 것은 현재 말이 놓여 있는 상황, 그리고 이 말들 간의 결합이 어떤 식으로 가능하냐 하는 것이다(공시태에 대한 비유). 지금 이 순간의 공시태 상황을 면밀히 살펴서 피차 말을 한 번씩 움직이고 나면, 다음 순간에는 지금과 다른 어떤 공시태상황으로 넘어간다. 이런 식으로 시간의 흐름 속에서 지금의 공시태적 언어에서 다음의 공시태적 언어로 끊임없이 이어지고 있는 것이 바로 언어의 통시태적 변화(과정)이다. 바로 이점이 소쉬르가, 언어에는 통시태적 측면이 전부라고 생각해서 역사적 접근 속에 가두어졌던 언어를 해방시킴으로써, 언어학에 과학주의 지평을 연 것이다.

이 새로운 과학주의 언어학에서는 탐구대상이 랑그이다. 우리들 개개인의 생각, 감정, 의도, 목소리 등을 통해서 발화되는 파롤은 탐구대상이 아니다. 파롤을 과학적으로 접근한다고 해서, 개개인이 지각知覺하는 말의 의미, 말에 대한 태도, 말에 대한 인지와 반응 등을 과학적으로 접근하면 이것은 심리학 분야이다. 심리학에 추가해서 생리학, 해부

Henry Holt and Company, pp. 323-324.

학 분야일 수도 있다. 반면에 언어를 과학적으로 접근한다는 것은, 그러한 일체의 인간 관련 요소를 배제하고, 어느 [공시태]한 시점(혹은 시대)의 사회·문화적 (의미)체계에 의해 산출된 어휘, 구문, 문법, 음운체계 등을 취급하는 것이다. 이것은, 한편으로, 지구상의 다양한 언어는 다양한 인종적 특수성의 반영이 **아니라는 것을** 주장하는 것이다. 소쉬르 언어학이 전 인류에 통하는 일반언어학(general linguistics)인 소이가 바로 여기에 있다.

언어기호의 임의성, 의미화 메커니즘

언어에 관한 소쉬르 이전의 생각과 소쉬르가 새롭게 제시한 생각 사이에는 이상과 같이 명백한 단절이 있다. 이 단절로 인해 그는 과학주의 근대언어학을 탄생시켰으며[30] 또한 인식론에 있어서 혁명적 변화를 가져온 것으로 평가되고 있다. 이러한 평가는 그가 보여준 기호의 임의성에서 그 진수를 드러낸다.

소쉬르 이전까지 언어에 관한 생각은 기독교 성서의 창조론과 (제7장에서 논의할) 플라톤의 이데아론을 기반으로 하는 표상론적 견해(representationist view)—말과 사물이 일대일로 존재한다는 생각—가 전부였다. 저것을 말로 '개'라고 지칭하는 것은 저것이 정말로 개이기 때문이고, 이것을 말로 '토끼'라고 지칭하는 것은 이것이 정말로 토끼이기 때문이라는 것이다. 또한, 그러므로, 말이 없다는 것은 말에 의해 지칭되는 사물도 없다는 것이다.

---

30 S. Clarke, 1981, 앞의 책, p. 119.

반면에, 소쉬르가 『일반언어학 강좌』에서 보여준 언어관의 핵심은 언어기호의 임의성이다. 그에 의하면, 파롤은 말이라는 음성기호와 글이라는 문자기호를 포괄한다. 집에서 기르는 그 동물, 때때로 짖기도 하고, 꼬리를 살래살래 흔들기도 하며, 반려동물이기도 한 그것을 우리는 두 가지 방법으로 지칭한다. 하나는 음성기호인 [gæ]라는 말(일차적 파롤)로, 또 하나는 문자기호인 '개'라는 글(이차적 파롤)로 지칭한다. 언어기호의 임의성이란, [gæ]라는 음성기호든 '개'라는 문자기호든 기호 자체에는 아무런 의미가價가 없으며 따라서 상기 그 동물과는 아무런 상관이 없다는 것이다. 그럼에도 이들 기호가 그 동물을 지칭할 수 있는 것은, 이들 기호와 다른 기호들과의 **다름 혹은 차이에** 의해서라는 것이다. 후일 데리다는 이 아이디어를 발전시켜 자신이 만든 차연差延(différance: 차이+끝없는 지연)이라는 망치로 모든 고정된 의미를 해체해 버린다.

　　소쉬르에 의하면, 파롤이 랑그에 의해 의미를 가진 말이 되는 것 즉 의미화(signification)는 기호를 통해서 이루어진다. 이 기호에는 두 가지 측면이 있다. 하나는 지칭하는 도구로서의 기호인 기표記標(signifier)이다. 또 하나는 기표에 의해서 지칭된 기호인 기의記意(signified)이다. 기표는 기본적으로 말이라는 소리 이미지이고, 파생적으로는 글이라는 시각 이미지이다. 기의는, 말이라는 소리 이미지 또는 글이라는 시각 이미지에 의해서 의식에 떠오르는 개념과 아이디어이다.

　　우리가 [gæ]라는 소리기표를 들으면(물론 '개'라는 글기표를 보아도) 집에서 기르는 그 동물, 때때로 짖기도 하고, 꼬리를 살래살래 흔들기도 하는 그 동물이 의식에 떠오른다(즉, 지칭된다). 이 떠오르는 것이 바로 기의이다. 그 동물 자체에는 어떠한 본래적 의미도, 이름도 없다. 그것은 의미가意味價 영零인 지칭대상일 뿐이다.[31] 그러면 수많은 소리 중에 왜 하필

[gæ]라는 소리를 기표로 해서 그 동물을 지칭하는가. 이유는 두 가지이다. 첫째, 그 소리가 [go-yang-i], [tok-gi], [mal] 등 그 어떤 소리와도 **다르기 때문이다**. 둘째, 그 소리를 듣고 우리 의식에 떠오르는 것(지칭되는 것)이 [go-yang-i], [tok-gi], [mal] 등의 소리를 듣고 우리 의식에 떠오르는 그 어떤 것과도 **다르기 때문이다**.

여기서 놓쳐서 안 될 끈이 있다. 일반적으로 '다름' 혹은 '차이'는 포지티브한 용어이다. 즉 무엇이, 어떻게, 얼마나 다르냐 혹은 차이 나느냐 하는 것이다. 이에 반해, 소쉬르 언어학에서 그것은 차이 혹은 다름 자체이다(only differences without positive terms).[32] 의미라는 것은 소리기표든 글기표든 기표들 간의 차이/다름에 의한 관련성에 의해, 달리 말해, 차이작용에 의해 네거티브하게 드러난다. 이렇게 드러난 의미는 잠정적일 수밖에 없다. 차이/다름이 소멸되면 그것에 의해 생성된 관련성이 소멸되고, 관련성에 의해 드러난 의미 역시 소멸되기 때문이다. 차이 혹은 다름이 없으면 관련성이라는 개념 자체가 있을 수 없다.

소쉬르의 일반언어학이 제시하는 의미화 메커니즘—모든 인류가 동일하게 타고나는 무의식적 언어능력(랑가쥬)에 의한 언어체계작동원리—은 매우 정연하다. 언어라는 것은 순전히 형식(a form, not a substance)이기 때문이다.[33] 다시 말해, 언어에 있어서 의미화는 사람의 의식과 무관하게 오직 언어체계 내에 있는 모든 요소의 배열형식에 의해서 이루

---

31 이것을 일찍이 김춘수는, 제1장의 「언어인류학」 편에서 보았던 것처럼, 「꽃」이라는 시를 통해 말했다.

32 P. Rubel and A. Rosman, 1996, 앞의 책, p. 324.

어지기 때문이다. 그 배열형식은 **무의식적인** 두 가지 결합방식으로 이루어진다. 하나는 통어적(syntagmatic) 방식이고, 또 하나는 연합적(associative) 방식이다.

예를 들어, I am hungry라는 말을 구성하는 어휘, 즉 [아이], [엠], [헝그리(편의상 발화를 한글로 기재함)] 이 세 단어는 서로 간에 통시적인 통어적 결합을 갖는다. 그리고 **동시에** 이들 하나하나는 제각기 다양한 단어와 공시적인 연합적 결합을 갖는다.

먼저, 통시적인 통어적 결합방식을 보도록 하자. 제일 먼저 [아이(I)]라는 발화發話가 있으면, 시간적으로 그다음 순서에 나오는 통시적 발화는 (발화하는 사람의 의식적 조종에 의해서가 아니라) 영어라는 한 언어체계의 내부적 원리—이것을 분석해서 체계적으로 정리한 것이 영문법—에 의해서 자동적으로 정해진다. 즉, 타고난 무의식적 언어능력 곧 랑가쥬에 의해 저절로 [엠(am)] 혹은 [워즈(was)]가 발화된다. 그래서 일단 [아이 엠(I am)] 하고 발화하고 나면, 통시적으로 그다음에 올 수 있는 발화 역시 발화자의 의식과는 무관하게 [헝그리(hungry)], [해피(happy)], [어(a)] 혹은 [에이(a)], [유어(your)], [테러블리(terribly)] 등으로 한정된다. [보이즈(boys)], [데스크스(desks)], [토일렛(toilet)], [해피니스(happiness)] 등이 발화될 리가 없다. 랑가쥬가 정상인 사람이라면 문법에 맞지 않는 통어적 결합이 이루어질 리가 없기 때문이다. 즉, 랑가쥬가 정상인 사람은 누구나 무의식적으로 문법에 맞게 발화한다는 것이다.

다음으로, 통시적인 통어적 결합방식과 공시적인 연합적 결합방식

---

33 F. Saussure, 1974, 앞의 책, p. 122.

을 동시에 보도록 하자. 이번에는 말 대신에 글로 해보면, I am hungry 에서 'I'가 있는 자리에 You, He, They 등을 대체해 넣을 수 있다. 이것들은 글쓰기에 있어서 'I'와 동일한 자리, 동일한 시간순의 자리에 대체되기 때문에 공시적으로 이루어지는 연합적 결합이다. 일단 You로 대체하면, 다음으로(통시적으로) 'am' 자리에 공시적으로 are 혹은 were 라는 단어가 연합적으로 대체되어 들어가게 된다. 그리고 다음으로 'hungry' 자리에 공시적으로 happy, the, terribly 등이 연합적으로 대체되어 들어가게 된다. desk, sleep, eat 등이 연합적으로 대체되어 들어갈 리가 없다. 랑가쥬가 정상인 사람은 누구나 무의식적으로 문법에 맞는 연합적 결합이 이루어지기 때문이다.

이처럼, 배열형식을 분석적 측면에서는 통시적인 통어적 결합과 공시적인 연합적 결합을 분리해서 생각할 수 있다. 그러나 실제로 의사를 소통시키는 매 순간의 발화에서는 그 두 형식의 결합이, 발화자의 의식과 무관하게, 자동유기적으로 통합되어 **동시에** 이루어짐으로써 온전하게 의미화가 이루어진 발화, 즉 문법에 맞는 말이 된다.

언어기호학, 일반기호학

소쉬르에 의하면, 일체의 의미는 이상에서처럼 전적으로 언어기호들 간의 '차이작용'에 의해 생성된다. 그런데 우리가 발을 딛고 살아가는 이 세상은, 다름 아닌 언어기호에 의한 의미로 가득 찬 세상이므로, 인식론적으로 말해 인간의 세계가 아니라 기호의 세계이다. 이러한 혁명적 인식론은 언어를 대상으로 하는 언어기호학, 나아가 언어를 포함한 모든 문화적 사상事象을 대상으로 하는 일반기호학(general semiology)이라는 새로운 학문적 지평을 열었다(제4장의 제2절 「인간의 죽음」편, 제3절 「문화의 다양성」편에서 이에 관해 구체적으로 논의하게 된다).

2) 트루베츠코이-마르티네: 음운론, 이중절합

음운론(音韻論, phonology)은, 언어학에서 음소音素(phoneme) — 의미를 구별하는 최소 음성단위 — 들 간에 어떤 원리가 작동해서 의미가價 영零인 음성이 의미가를 가진 음성 곧 말이 되는지를 밝힌 이론이다. 러시아의 공작 트루베츠코이는 소쉬르의 체계라는 개념을 실제 음운분석에 적용해서 『음운론 원리(*Principles of Phonology*)』를 썼다. 여기에서 그는 음운의 체계적 작동원리가 [대립은 대립인데]관여關與적 대립(pertinent opposition)임을 상세히 보여주었다. 그는 (뒤이어 야콥슨 편에서 석명함) 변별특질이라는 개념을 제시해서 이를 토대로 비음鼻音성, 조음造音점, 순음脣音화, 구강口腔개폐 이들 네 가지 영역의 구별에 유념하면서, 의미를 구별시키는 최소 음성단위 곧 음소를 음운체계 내의 위치에 따라서 정의했다. 예를 들어, [e]라고 발화되는 음성은 추상적인[즉, 음성이 없는] 일반화된 음소 /e/로 표시된다. 음소 /e/의 음가音價는, 상기 네 영역에서 서로 다른 위치에 있는 음소 /a/, /o/, /i/ 등과의 관여적 대립에 의해 규정된다. 물론 /a/, /o/, /i/ 각각의 경우도 이와 마찬가지이다(구체적 설명은, 내용구성 상, 제4장 제8절의 「모음·자음삼각형에서 요리삼각형」편에서 하도록 한다). 이 방법은 일체의 언어 외적인 현실을, 달리 말해, 일체의 인간적 요소 — 말하는 사람이 자신의 말이 지칭하는 대상에 대해 가지는 일체의 의식과 감정 — 를 배제하고 목청, 구강, 입술을 통해서 나오는 음성만을 기술하는 것이다. 이것은 앞서 소쉬르가 오직 언어기호들 간의 내적 법칙(무의식적인 통어적/연합적 결합법칙)만을 탐구하는 방법론과 동일선상이다. 트루베츠코이의 음운론은 관여적 대립 쌍에 기반한 음운의 형식체계를 명확히 제시함으로써 구조주의의 토대가 된다.[34]

이후 프랑스의 마르티네(A. Martinet, 1908~1999)가 트루베츠코이의 음운론을 토대로 소쉬르의 절합節合(articulation) 개념을 발전시켜서 이중절합(double articulation)이라는 개념을 제시한다.

절합이란 한 체계를 구성하고 있는 모든 요소는 각기 다른[節] 고유한 기능을 수행하고 있지만, 그 체계 전체로 볼 때는 그것들이 상호 유기적 기능으로 결합[合]되어 있다는 개념이다. 마르티네는 말에 있어서 최소 의미단위인 기호소들(monemes) 간의 절합을 1차 절합, 최소 음성단위인 음소들(phonemes) 간의 절합을 2차 절합이라고 규정했다. 그에 의하면, 대부분의 언어는 30개 안팎의 음소를 가지고 있는데, 이것들이 먼저 음소절합을 해서 수십만 개의 기호소를 생성해낸다. 그리고 다음으로 이들 기호소가 기호소 절합을 해서 거의 무한정한 말을 가능하게 한다. 1966년 그는 이러한 이중의 절합규칙을 체계화해서 *Elements of General Linguistics*를 통해 제시해 세계적인 지지를 얻는다.

당시 이미 구조주의를 발표한 레비-스트로스가 볼 때, 마르티네의 이중절합론은 다양한 성질과 상태로 존재하는 일체의 물질을 화학에서는 백여 개 원소의 체계로 설명하고, 물리학에서는 분자결합[기호소절합인 셈] 차원과 원자결합[음소절합인 셈] 차원으로 설명하는 것과 매우 유사했다. 이러한 음운론의 발전을 레비-스트로스는 물리학의 '뉴턴 혁명'에 비유했다. 이것은 언어학의 음운원리를 적용해서 그 어떤 사회·

---

34 A. Barnard, 2000, *History and Theory in Anthropology*, Cambridge University Press, p. 124.

문화현상도 체계적으로, 과학적으로 분석할 수 있다는 그의 확신을 재천명하는 것이었다. 실제로 그는 음운모델을 자신의 친족연구에 이미 도입했었다: "마치 음소처럼, 개개의 친족용어는 의미의 요소다. 마치 음소처럼, 개개의 친족용어는 하나의 친족체계 속으로 통합되어야만 의미를 갖게 된다."[35]

부연하면, 개별의 음소 자체는 음가가 영이다. 이와 마찬가지로 개별의 친족용어 자체는 의의소意義素(sememe)일 뿐 의미가는 영이다. 개개의 음소는, 한 음운체계 속으로 통합되어 서로 간에 관여關與적 대립에 의한 관련성을 가질 때 그 관련성에 의해 음가가 생성된다. 마찬가지로 개개의 친족용어는, 한 친족체계 속으로 통합되어 서로 간에 관여적 대립에 의한 관련성을 가질 때 그 관련성에 의해 의미가 생성된다. 이에 그는 친족연구를 비롯해 토템연구, 신화연구 등에서, 앞서 언급했던 것처럼, 이른바 음운론적 인류학을 디자인했다.

3) 야콥슨: 구조언어학

러시아 출신의 미국 언어학자 야콥슨(R. Jakobson, 1896~1982)은 『말과 언어(*Word and Language*)』에서 상기 트루베츠코이의 음운론에서 제시된 변별특질론을 더욱 발전시켜 언어음(의미를 가진 소리: 말)은 모음성과 비모음성, 억제성(checked)과 비억제성(unchecked), 유성有聲과 무성無聲, 비음성鼻音聲과 구음성口音聲, 저음조성(grave)과 고음조성(acute) 등 12쌍 변별辨

35　C. Lévi-Strauss, 1968, 앞의 책, p. 34.

別특질에 의한 것임을 표로 작성해서 정식화했다.

두 대상이 어떤 특질에 의해 구별되는 경우, 그 특질이 변별특질(distinctive feature)이다. 언어의 경우, 예를 들어, 프랑스어에서 'pain'은 빵이고 'bain'은 목욕이다. 이 두 말이 서로 다른 의미를 가지는 것은 [p]와 [b]의 발화음 특질 때문이다. 양자 공히 조음調音점은 양순음兩脣音이지만, 전자는 무성이고 후자는 유성이다. 이 경우 변별특질은 유성/무성이라는 관여적 대립이다. 우리말의 경우를 보자. '물'과 '불', 양자의 의미를 구별해주는 것은 'ㅁ' 발화음과 'ㅂ' 발화음의 특질 때문이다. 조음점으로 보면 둘 다 양순음이지만, 전자는 공기가 비강을 통과하는 비음성이고 후자는 공기가 구강을 통과하는 구음성이다. 이 경우 변별특질은 비음성/구음성이라는 관여적 대립이다. 특기할 것은 언어에 따라 음운체계는 얼마든지 다르지만, 변별특질의 **타입은** 동일하게 관여적 대립이라는 점이다.

따라서 야콥슨의 상기 그 정식화는 언어가 가지고 있는 의사소통기능이 순전히 발화음들 간의 관여적 대립성에 의한 것임을 분명하게 입증한 것이며 이에 구조주의가 지향하는 일반성(universality) 성취라는 꿈을 크게 고무시켰다.

또한 그는 소쉬르-트루베츠코이가 제시한 언어의 무의식적 수준, 의식적 수준이라는 구별을 발전시켜서 언어를 내적 언어(internal language), 외적 언어(manifest language)라는 두 가지 측면으로 구분했다. 전자는 특별한 시詩적 기능을 가지며, 의식과 무관한 기표에만 관련된다. 후자는 일반적인 커뮤니케이션 기능을 가지며, 의식에 떠오르는 기의에만 관련된다. 야콥슨은 전자 곧 시적 언어의 측면을 연구하는 데 전념했다. 그 연구에 의하면, 시적 언어에서는 사람이 말하는 것이 아니라 기표가 스스로 말한다(autotelic). 이것을 이어령(李御寧)의 논문 한 편[36]을 통해서 이해해보자.

갑이 묻는다: 저 중이 지금 무엇을 하고 있느냐? 을이 대답한다: 막대기로 흰 구름을 가리키고 있다. 이 서로 간의 말은 의사를 소통하는 커뮤니케이션 기능을 하고 있다. 또 갑이 묻는다: 무엇 때문에 막대기로 구름을 가리키느냐? 을이 답한다: 앞서가는 저 중이 도대체 어디로 가고 있을까 하는 생각이 문득 들어서, 그에게 '잠깐 거기 있어 보시오' 하고는 어디를 가는지 물어보았기 때문이다. 이 말들도 커뮤니케이션 기능을 하고 있다. 갑이 또 묻는다: 물어보니, 어디를 간다고 하더냐? 을이 대답한다: 뒤도 안 돌아보고 그냥 냅다 가더라. 역시 커뮤니케이션 기능이다. 이상에서 갑과 을의 관심은 기의에 있다. 즉, 기표를 서로 간에 발화해서(서로 말을 주고받아서) 어떤 구체적인 개념이나 아이디어를 각자의 의식에 떠올림으로써(기의) 커뮤니케이션을 하는 데 있다. 당연히 커뮤니케이션에서는 말하는 행위를 사람이 한다.

이제 을의 말만 가지고 운율을 다듬어 연결해 본다. **저 중아 게 있거라, 너 가는데 물어보자. 막대로 흰 구름 가리키고, 도라 아니 보고 가는구나.** 굵은체로 된 이 부분을 소리 내어 다시 한 번 읽어보자. 이 부분은 단순한 커뮤니케이션 차원의 말이 아님을 즉각 느낄 수 있다. 커뮤니케이션 차원을 넘어 어떤 감동을 주고 있다. 바로 시적 언어의 기능을 하고 있는 것이다.

여기서 논점은 누가 감동을 주고 있느냐 하는 것이다. 감동을 주는

---

36 이어령, 1988, 「문학작품의 공간기호론적 독해」(이승훈 역음, 『한국문학과 구조주의』, 문학과 비평사).

주체는 분명히 을이라는 사람이 아니다. 그 주체는 기표(언어)이다. 기표 스스로가 말하고 있는 것이다(autotelic). 도대체 어떻게 기표 스스로가 말을 할 수 있는가? 여기에 답하기 위해, 상기 굵은체 글 앞에 아래와 같이 한 줄을 추가해 본다. 그러면 정철(鄭澈)의 시조 한 편이 된다.

> 물아래 그림자 지니, 다리 위에 중이 간다.
> 저 중아 게 있거라, 너 가는데 물어보자.
> 막대로 흰 구름 가리키고, 도라 아니 보고 가노매라.

이 시조에서 정철은 공간을 여러 이항二項으로 분절하고 있다. 그리고는 각 분절된 공간을 기호로 사용함으로써 이 시조 전체의 공간을 하나의 기호체계로 만들고 있다. 이 시조를 좀 더 살펴보면, 전체의 공간이 상하, 내외, 수평과 수직 등의 이항적 분절로, 달리 말해, 관여적 대립쌍으로 구성되어 있다. 중은 묻는 말에 대답하지 않고, 대신에 막대로 하늘을 가리켜 공간을 관여적 대립쌍으로 분절함으로써 공간 스스로가 말하도록 한 것이다. 여기서 공간은, 기호학적 구조주의(semiological structuralism)자 주네트(G. Genette)에 의하면, 말해지는 공간이 아니라 '말하는 공간'이다. "상승과 지평의 끝인 구름너머의 공간을 가리키는 중의 지팡이는 도저히 말로는 답변할 수 없는 의미의 세계이다."[37] 그 의미는 커뮤니케이션 언어로는 결코 다 나타낼 수 없다. 시적 언어는 커뮤니케이션 언어보다 의미가 훨씬 다의多意적(polysemous)[38]이기 때

---

37 위의 책, 38쪽.

문이다.

1926년 야콥슨은 트루베츠코이 등과 함께 프라하언어학회를 창립했다. 그리고 1928년에는 그 제1회 학회에서 구조주의라는 명칭을 처음으로 사용한다. 거기서 그는 "구조를 다루지 않는다면, 언어학에서 취급할 수 있는 것은 아무것도 없다"[39]고 천명했다.

4) 구조언어학에서 꿈 해석―라캉: 소쉬르, 프로이트를 넘어

야콥슨이 제시한 언어체계의 구조적 작동 메커니즘의 핵심은 소쉬르의 생각에 기초를 둔 이원일자적 이원주의(dualism)이다. 언어가 실제로 수행될 때(말이 입에서 나올 때), 언어체계의 작동은 매 순간 수평적 유형으로 작동하고 **동시에** 수직적 유형으로도 작동한다. 이것은, 앞서 본 소쉬르의 의미화 메커니즘에서 통어적/연합적 작동원리를 발전적으로 정식화한 것이다. 단어[언어기호]를 통어적으로 결합하는 수평운동, 단어를 연합적으로 선택하는 수직운동 이 양자가 무의식적으로 이원일자적 통합이 이루어짐으로써 의사소통이 가능한 발화 곧 말이 순간순간 입에서 나온다는 것이다. 그는 *Child Language, Aphasia and Phonological Universals*에서 그러한 순간순간의 의미화가 제대로 이루어지지 않는 발화, 불완전한 발화를 하는 실어증失語症에서 실제로 수평적인 통

---

38 일찍이 동양에서도 시어詩語를 특별한 것으로 생각했다. 고대로부터 인간은 사원(寺)을 통해 신, 우주와 교감하고 소통한다. 시詩는 言+寺. 즉, 신이나 우주와 교감─소통하는 사원의 언어가 바로 시라는 것이다. 과연 시어에 담긴 다의적 뜻과 그 감동은, 경험하다시피, 커뮤니케이션 언어로는 형언해내기 어려운 차원이다.

39 F. Dosse, 1997, 앞의 책, p. 56.

어기능장애와 수직적인 연합기능장애를 구별해서 보여줌으로써 역으로 언어습득기능에 있어서 전 인류 공통의 구조적 메커니즘을 밝혔으며, 또한 이를 토대로 임상에서 그 두 유형의 기능장애를 교정하는 방법을 제시했다.

야콥슨의 구조언어학은 라캉(J. Lacan)의 정신분석학에도 큰 영향을 준다. 야콥슨은 상기 두 유형의 의미화 메커니즘을 각각 비유比喩와 환유換喩라는 두 가지 수사학적 방식과 연관 지운다. '내 마음은 호수다'에서 마음이 호수에 비유되었다. 이러한 비유는 수직적 유형인 연합기능장애(유사성 장애)를 가진 사람에게는 불가능하다. '벤치에서 스트라이크 사인이 들어왔다'. 이것은 코치나 감독이 벤치로 환유된 것이다. '별이 나타나자 모두들 조용해졌다'. 이것 역시 장군이 별로 환유되었다. 이러한 환유는 수평적 유형인 통어기능장애(인접성 혹은 연속성 장애)를 가진 사람에게는 불가능하다.[40] 라캉은 *The Four Fundamental Concepts of Psychoanalysis*에서 야콥슨의 상기 두 언어장애유형을 수용해 프로이트가 말하는 무의식의 메커니즘인 압축(condensation)과 전치(displacement)라는 개념으로 전환시킴으로써 꿈 해석에 새로운 지평을 열었다.

라캉에 의하면, 압축이 비유라는 수사학적 방식을 닮았다. 비유는 기표를 대체하는 작용을 한다. '내 마음은 호수다'에서, '호수다'라는 기표를 가지고 '조용하고 평온하다'라는 기표를 대체하고 있다. 그러므로 호수라는 기표가 지형적으로 물이 담겨있는 어떤 곳만을 유일하게 기의하는 것이 아니라는 것이다. 즉, 그 기표에는 그것 이외의 다양

---

40 J. A. Cuddon, 1998, 앞의 책, p. 507.

한 기의가 누구나 타고나는 비유라는 수사적 능력에 의해 압축되어 있다는 것이다. 이것은, 기표와 기의가 일대일의 관계라는 소쉬르의 주장과 달리 '기의에 대한 기표의 우위'를 보여주는 것이다. 따라서 프로이트의 방식으로—즉, 무의식에는 직접으로든 간접으로든 경험된 것만 압축되어 있다는 전제하에—호수 꿈을 꾸었다고 해서 호수와 직·간접으로 관련된 사상事象들, 이를테면, 배, 낚시, 하이킹, 데이트 등만 연관해서(즉 기표와 기의가 일대일이라는 패러다임에서) 꿈을 해석하면 오류를 범할 수 있다는 것이다. 또한 라캉은 전치가 환유라는 수사학적 방식을 닮았다고 보았다. '벤치에서 스트라이크 사인이 들어왔다'에서, 코치나 감독이 코치나 감독과 관련이 깊은 물건(벤치)으로 전치되어 있다는 것이다. '우리 한잔하러 가자'에서, 내용물(술, 커피 등)이 그것을 담은 용기로 전치되어 있다는 것이다. 이것은 라캉이 꿈 해석에 있어서, 프로이트를 넘어서는, 새로운 차원의 지평을 연 것으로 평가되고 있다.

레비-스트로스는 소쉬르-야콥슨의 구조언어학을 통해 인류학에서 성취하고자 하는 꿈인 일반구조에 대한 존재론적 확신을 갖게 된다. 그는, 소쉬르의 이원성적 이론(랑그/파롤, 공시태/통시태, 통어/연합)과 결부된 야콥슨의 수평/수직이라는 이원성 모델이 자신에게는 계시와 같았다고 술회했다. 이제 레비-스트로스에게 "언어를 만드는 재료와 문화를 만드는 재료는 꼭 같은 타입이다. 그것은 양자 공히 논리적인 관련(relations), 대립(oppositions), 상관(correlations)"[41], 한마디로, 관여關與적 대립이다.

---

41 C. Lévi-Strauss, 1968, 앞의 책, pp. 68-69.

마침내 레비-스트로스는 인류학에 언어학을 도입하게 되고, 야콥슨은 언어학에 인류학을 수용하게 된다. 이것은 언어 자체에 내재해 있는 (그러므로 언어를 구사하는 사람의 의식과는 무관한) 무의식적 구조와 문화 자체에 내재해 있는 (그러므로 문화적 삶을 영위하는 사람의 의식과는 무관한) 무의식적 구조가 **모델적으로** 상동相同하다는 것을 확신하는 것이다.[42] 이에 그들은 1962년 공동으로 보들레르(C. Baudelaire, 1821~1867)의 시「고양이(Le Chat)」를 분석해서 어휘적, 음운적, 구문적, 운율적, 시각적 배열 등 다양한 측면의 관여적 대립성이 (사람 보들레르가 아니라) 기표 스스로가 시적 의미를 산출하도록 한다는 것을 보여주었다. 이를 통해 그들은 엄연히 저자의 창작물이면서도 한편으로는 저자(인간)의 의식과 무관한 autotelic적 과학으로서의 문학, 즉 문학과학이 가능하다는 것을 분명히 했다.

이제 레비-스트로스는 일체의 문화적 사상事象은, 언어학에서 하는 것과 동일한 방법으로 분석될 수 있는 순전한 의사소통체계(communicative system)라고 확신한다. 즉, 관여적 대립이라는 무의식적 음운규칙이 언어에 내재해 있기 때문에 말하기와 글쓰기로써 의사가 모두에게 서로 소통되는 것처럼, 음운규칙과 동일한 **타입의** 무의식적 문화규칙이 문화에 내재해 있기 때문에 문화적 사상이 모두에게 서로 실천-소통된다는 결론에 이른 것이다. 이에 그는 다양한 문화적 사상을 언어학의 음운모델[관여적 대립]로 접근해서 모든 인류문화에 동일하게 내재해 있는 무의식적인 문화규칙, 즉 문화의 일반구조를 본격적으로 탐구하게 된다.

---

42 F. Dosse, 1997, 앞의 책, p. 52.

제4장 레비-스트로스의 구조주의문화이론

1. 자연, 문화, 그리고 구조

1949년, 인류 지성사에서 최초로 구조주의(structuralism)가 레비-스트로스에 의해 주창되었다. 그는 친족親族을 연구해서 이항대대二項對待(binary opposition)라는 구조가 친족이라는 문화적 사상事象에 내재해 있다는 것을 실증적으로 밝혀『친족의 기본구조(The Elementary Structures of Kinship)』를 발표했다. 『친족의 기본구조』가 출판되자, 생각을 많이 해야 하는 딱딱한 내용 임에도 '이른 아침 빵집에서 바게트빵이 팔리듯' 서점에서 팔려나갔다고 한다.

곧바로 떠오르는 의문이 있다. 애초에 어떻게 이항대대라는 구조가 있게 되었을까? 레비-스트로스는『친족의 기본구조』를 시작하면서[1] 무엇보다 먼저 자연, 문화, 구조 간의 관계를 논구해서 구조의 존재를 근친혼금지(incest prohibition)라는 전 인류 공통의 절대적 터부로부터 탐색해 넘으로써 토템, 신화 등 전혀 논리성이라고는 보이지 않을 것 같은

---

1 그 시작: C. Lévi-Strauss, 1969a, *The Elementary Structures of Kinship* (1949), J. H. Bell and J. R. Sturmer (trans.), Eyre & Spottiswoode, pp. 3–11(CHAPTER I, Nature and Culture), pp. 12–25(CHAPTER II, The Problem of Incest).

문화적 사상들에 분명한 논리적 질서를 부여했고, 그 영향이 여러 학문 영역에 걸쳐 매우 크다.

인문사회과학의 경우, 그 영향은 다음과 같이 세 범주로 대별된다. 한 범주는 기호언어학의 그레마스(A. J. Greimas), 정신분석학의 라캉(J. Lacan)으로 대표되는 과학적 구조주의(scientific structuralism)이다. 또 다른 범주는 바르트(R. Barthes), 주네트(G. Genette), 토도로프(T. Todorov), 세르(M. Serres)로 대표되는 기호학적 구조주의(semiological structuralism)이다. 그리고 세 번째 범주는 알튀세르(L. Althusser), 부르디외(P. Bourdieu), 푸코(M. Foucault), 데리다(J. Derrida), 브로델(F. Braudel)로 대표되는 역사구조주의 혹은 지식구조주의(historicized or epistemic structuralism)이다. 이들의 학문영역이 각기 구별됨에도 불구하고 구조주의가 그들 모두의 표준 언어(koine)가 되었다.[2]

제3장에서 논의한 소쉬르-야콥슨의 언어학에서 이미 구조주의가 제시되었다. 그러나 그것이 인문사회과학 전반에 확고한 방법론으로 자리 잡게 되는 것은 레비-스트로스에 의해서다. 구조주의의 발전(elaboration)은 사회과학 이론의 발전(development)에 있어서 이례적일 정도로 단 한 사람, 레비-스트로스라는 프랑스 인류학자와 주로 관련되어 왔다.[3] 이에 구조주의는 레비-스트로스라는 한 인물과 동일시되고 있다.[4] 학

---

2 F. Dosse, 1997, *History of Structuralism*, Vol. 1: *The Rising Sign, 1945–1966*, D. Glassman (trans.), University of Minnesota Press, pp. xxxiii–xxiv.

3 R. H. Winthrop, 1991, "Semiotics; Structuralism; Symbolism; Totemism," In R. H. Winthrop (ed.), *Dictionary of Concepts in Cultural Anthropology*, New York: Greenwood Press, p. 275.

4 이광규, 1997, 『한국문화의 구조인류학』, 집문당, 3쪽.

계에서는 구조주의가 우리의 세계관에 진정한 혁명(veritable revolution)을 일으켰다고 한다.[5]

레비-스트로스는 수많은 문화적 사상 중에 왜 하필 친족을 연구해서 구조를 발견하고자 했을까. 그의 대답을 직접 들어본다.

> 내가 철학을 떠난 후 바로 한 문제에 부닥쳤다. 전혀 의미가 없어 보이는 많은 혼인규칙이 전 세계적으로 존재한다는 점이다. 만약 그것들이 정말로 별 의미가 없다면, 수많은 민족마다 제각기 다른 혼인규칙이 중구난방 식으로 있을 것임이 틀림없다. 그런데 실은 그 규칙의 수가 다소 한정되어 있다는 점이 아주 궁금했다. 또 만약 무의미한 혼인규칙들이 끝없이 반복되는 어처구니없는 일이 계속된다면, 그것을 꼭 어처구니없는 일로만 볼 수 없는 것 아닌가? 정말로 어처구니없는 일이라면 그렇게 끝없이 반복되지 않을 것 아닌가? 내가 제일 먼저 마음먹은 것은 아무런 질서도 없는 것 같이 보이는 문화현상의 이면에 존재하는 어떤 질서를 발견하는 것이었다.[6]

레비-스트로스는 친족이라는 문화현상 이면의 보이지 않는 질서를 탐구하기 위해, 제3장에서 취급한, 구조언어학(이하 언어학)의 음운모델을 방법론적 모델로 삼는다. 관여關與적 대립이라는 음운모델을 친족연

---

5   F. Dosse, 1997, 앞의 책, p. xxv.

6   C. Lévi-Strauss, 1978a, *Myth and Meaning*, London: Routledge & Kegan Paul, p. 11.

구에 도입해서 언어학에서 이룬 것과 꼭 같은 성과를 인류학에서도 이룰 수 있다는 것이다.[7] 그의 친족연구를 관통하는 기반 아이디어는 제3장에서 논의한 모스가 제시한 집합무의식/사회무의식과 이것에 의한 호혜적 교환이다. 그 연구의 핵심적 전제는 다음과 같다.

첫째, 인류는 모든 다양한 사회적 집단—친족집단, 직업집단, 취미집단, 정치집단, 종교집단, 민족집단 등—의 총체이다. 그중에 가장 근본적이고, 보편적이고, 일차적인 집단이 친족이다. 그러므로 '친족의 성립·유지에 토대가 되는 혼인'의 결연結緣규칙이 바로 전 인류 일반의 문화적 규칙 곧 구조이다. 둘째, '사회의 토대조직(social tissue)인 친족'은 혼인, 즉 서로 다른 두 집단[對적인 二項] 간 여자의 호혜적 교환[待적인 二項]을 통해 성립되고 유지된다. 셋째, 그 어떤 사회에서도—혼인이 전적으로 개인의 결정에 의해 이루어지는 것처럼 보이는 사회에서도—혼인에는 제도화되어 반복되는 어떤 분명한 규칙이 있고, 분명한 혼인규칙이 반복되는 사회에서는 불변의 구조가 반드시 존재한다.[8]

레비-스트로스가 수행한 구체적 방법론은, 제3장에서 논의한, 신실증주의의 가설-연역적 접근(hypothetico-deductivist approach)이다. 가설은, 친족과 언어는 엄연히 서로 다른 범주의 문화현상이지만 **동일한 타입의** 구조가 표출(혹은 현현顯現 혹은 구현)된 것이다. 이제 그가 해야 할 일은 전 인류적으로 가장 근본적이고 보편적이며 일차적인 사회적 집단인, 다

---

7 C. Lévi-Strauss, 1968, *Structural Anthropology* (1958), C. Jacobson and B. G. Schoepf (trans.), London: The Penguin Press, p. 33.

8 P. Rubel and A. Rosman, 1996, "Structuralism and Poststructuralism," In D. Levinson and M. Ember (eds.), *Encyclopedia of Cultural Anthropology*, New York: Henry Holt and Company, p. 304, 1265.

시 말해, 인간사회(이하 사회)의 토대조직인 친족을 음운모델로 접근해서 그 가설의 타당성을 연역적으로 입증하는 것이다. 이에 그는 호주, 폴리네시아, 버마, 시베리아, 타이, 캄보디아, 중국, 인도, 월남 등에서 먼긴(Murngin)족, 카리에라(Kariera)족, 아란다(Aranda)족, 길리악(Gilyak)족, 통가(Tonga)족, 시우아이(Siuai)족, 여러 반족半族(moiety)들, 문드(Mund)족, 카친(Kachin)족 등의 다양한 결연結緣양식에 관한 7000건에 달하는 광범한 자료를 섭렵하는 연구를 통해 친족을 성립·유지시키는 기본구조가, 언어학의 음운구조 즉 [대립은 대립인데 어디까지나]관여적 대립과 동일한 타입인 이항대대二項對待(binary opposition)라는 것을 밝혀 상기 가설을 입증했다.

레비-스트로스의 그 방대한 친족연구에 의하면, 세계적으로 수없이 많은 결연양식이 아무런 질서없이 존재하는 것 같지만 궁극적으로는 한정교환(restricted exchange), 일반교환(generalized exchange)이라는 두 결연양식이 존재한다. 그 외의 양식은 이 두 양식의 복합 또는 변형이다.

한정교환은, 모방母方부방父方쌍방교차 4촌혼처럼, 두 집단(clan) 간에 여자를 직접 교환하는 결연양식이다. 이 양식에는 2분족分族 체계인 반족半族체계를 기본으로 해서[9] 4분족 체계인 카리에라체계, 8분족 체계인 아란다체계 그리고 이 두 체계 중간에 6분족 체계인 먼긴체계가 있다. 이들 체계 각각은 자신의 분족체계 내에서만 여자를 교환하는 양

---

9 레비-스트로스에 의하면, 모든 혼인에 있어서 기본양식은 반족半族 간의 결연結緣이다. 반족은 다른 반족이 있어야만 존재할 수 있다. 이것은 한 집단 내의 혼인은 절대 있을 수 없다는 것, 즉 근친혼금지원리가 스스로 구현된 것이다.

식이므로 비순환체계이다. 이 양식에서는 여자를 되받는 보증이 확실하다. 그러나 교환의 범위는 한정적이다. 시카고대학의 수학자 웨일[10]은 먼긴체계를 수학적 공식으로 나타내어 한정교환이 엄격한 규칙의 결연양식임을 입증했다. 신라 왕실, 고려 왕실 경우는 한정교환의 4분족 또는 6분족 체계에 가까울 것으로 추측된다.

일반교환은, 여자교환이 적어도 세 개 이상의 집단 간에 이루어지는 결연양식이다. 이 양식에는 모방母方교차 4촌혼인 카친체계, 부방父方교차 4촌혼인 길랴크체계가 있다. 이들 체계는 비교적 개방적인 순환체계의 교환양식이다. 여자를 되받는다는 보증이 확실하지 않은 대신에 교환체계가 확대될 수 있고, 그래서 더 유익한 여자 되받음이 있을 수도 있는 양식이다. 카친체계는, 자신의 어머니와 동 항렬인 여자와의 혼인이 배제되기 위한 장기 순환체계이다. 반면에 길랴크체계는 카친체계에 비해 단기 순환체계이다. 일례로 한국의 전통적인 '동성동본 혼인금지' 규칙에 따른 혼인체계는 일반교환양식의 확대변형인 셈이다.

부연하면, 레비-스트로스 당시 주류인 영·미식 친족연구에서는, 제1장에서 취급한 레드클리프-브라운에서처럼, 구조를 관찰가능한 사회조직이라는 차원에서 파악했다. 그래서 친족연구라고 하면 되도록 많은 사회에서 친족현상을 관찰하고, 관찰한 것을 비교분석해서 A형체계 사회, B형체계 사회, C형체계 사회 식으로 정리해서 목록화하는 것이다. 이에 그는 자신의 구조-기능주의인류학을 비교사회학이라고도 했다. 이와 달리, 레비-스트로스가 음운모델로 접근한 친족연구는 무

---

10 W. Weil, "On the Algebraic Study of Certain Types of Marriage Laws (Murngin System)", In C. Lévi-Strauss, 1969a, 앞의 책, pp. 221-227.

의식적 차원인 [이항대대]한정교환/비한정교환 체계, [이항대대]순환/비순환 체계, 순환 체계인 경우는 [이항대대]장기순환/단기순환 체계, 여자를 되돌려 받는 보증이 [이항대대]확실한/불확실한 체계 등 이항대대라는 —음운론으로 말하면 관여적 대립이라는— 보이지 않는 정형定形구조가 친족이라는 문화현상에 내재해 있다는 것을 실증했다.

레비-스트로스는 친족용어도 당연히 음운모델로 접근한다. 제3장에서 논의한 것처럼, 음운론에서 음소音素 자체는 음가音價가 영零이다. 개별 음소가 하나의 음운체계 내에서 서로 간에 관여關與적 대립이라는 관련을 가질 때 그 관련성에 의해 음가가 생성된다. 이와 마찬가지로, 친족용어 자체는 의의소意義素일 뿐 의미가意味價가 영이다. 개별 친족용어가 하나의 친족용어체계 내에서 서로 간에 이항대대적 관련을 가질 때 비로소 그 관련성에 의해 의미가를 가진 친족용어가 된다.

그뿐만 아니다. 하나의 친족체계 내에 있는 개별 구성원 역시 하나의 기호체계 내에 있는 개별 기호와 같다. 친족 구성원들 각각의 인간가人間價와 역할은 자신이 속한 친족용어체계에 의해 규정되기 때문이다. 개별 친족용어는 지칭도구인 기표記標이다. 개별 구성원은 그 기표에 의해 지칭되는 대상이다. 이 대상 곧 개별 구성원의 인간가와 역할 즉 기의記意는 전적으로 친족용어체계로 환원된다. 예를 들어, 한 남자가 나에게 숙부가 될 때 그 남자와 '숙부'라는 친족용어는 의미론적으로 아무런 본래적 관련성이 없다. 그는, 그와 내가 속해 있는 친족체계 내에 있는 다른 구성원들 각각을 지칭하는 친족용어와 이항대대적 관련을 가질 때 그 관련성에 의해 비로소 [기의]나의 숙부가 되며 숙부로서의 인간가를 가진다. 그는, 나 말고, 다른 구성원에게는 달리 기표되어 다른 역할이 부여되며 이에 따르는 다른 인간가를 가지게 된다. 그러므로 자신만의 고정된 아이덴티티, 인간가라는 것은 환상에 불과하다.

요컨대, 이항대대는 인간이면 누구나 타고나는 무의식적―즉, 인간의 의식과 무관한 의식 초월적―구조이다. 이러한 구조가 친족이라는 문화현상에서는 친족의 구조이고, 언어라는 문화현상에서는 언어의 구조이고, 토템이라는 문화현상에서는 토템의 구조이고, 신화라는 문화현상에서는 신화의 구조이며, 음악이라는 문화현상에서는 음악의 구조이다[촘스키(N. Chomsky)의 용어를 빌리면, 보이지 않는 이항대대라는 구조는 '심층구조(deep structure)'이고, 보이는 문화현상의 범주별 구조는 그 심층구조가 현상으로 드러난 '표층구조(surface structure)'이다].

그러면 구조의 동학(dynamics)은 무엇인가? 다시 말해, 어떻게 이항대대라는 이원성 구조가 영속적으로 작동해서 인간의 사회와 문화가 영속될 수 있는가? 부연하면, 이항대대구조에서 이항은 서로 대對(against)적이고 동시에 대待(for)적이다(음양대대구조에서 음과 양이 서로 그런 것처럼). 문제는 어떻게 이 **동시적** 대對와 대待를 영속시킴으로써 이항이 서로를 영속적으로 구성해 줄 수 있느냐 하는 것이다. 레비-스트로스에 의하면, 구조에 내재된 삼중적 특질(ternary nature)에 의해서이다.[11]

이항대대구조에서 이항 간의 불후不朽적 영속성은 자가모순적 동학이다. 서로 다른[對] 두 집단[二項] 간에 일대일의 호혜적인[待] 대칭적 여자교환이 계속되면 이들 사회와 문화가 영속될 수 없다. 언젠가는 그 두집단이 하나의 집단으로 되어버리기 때문이다. 레비-스트로스에 의하

---

11 C. Lévi-Strauss, 1968, 앞의 책, pp. 159-161.

면, 사회의 토대조직인 친족이 성립·유지될 수 있는 근본 원리는 앞서 언급했듯이 근친혼금지에 의해서이다. 그런데 근친혼을 금지함으로써 서로 다른 두 집단 간에 호혜적 여자교환이 지속적으로 이루어지면 결국은 두 집단이 한 집단으로 되어 버린다. 이것은 근친혼금지로 인해 모두가 근친혼을 하게 되는 자가모순성의 결과가 되는 것이다. 모두가 근친혼을 한다는 것은 일체의 사회적 관계의 종말을 의미하는 것이며 나아가 문명의 종말을 의미한다.

레비-스트로스에 의하면, 이항대대라는 추상적 구조가 구체적인 제도와 문화현상으로 현현顯現되어 영속될 수 있기 위해 구조에는 '제3의 요소에 의한 삼원적 특질(triadic nature)'이 어떤 식으로든 반드시 있다. 그래서 구조는 자가모순성이 없고 동태動態적인 것이다. 그는 논문 「Do Dual Organizations Exist?」(1956)[12]에서 동태적 구조를 역점적으로 논한다. 구조의 삼중적 특질이 구조에 동력을 부여해서 구조로 하여금 끊임없이 스스로 작동하게 한다는 것이다.

전형적으로 아메리카, 아시아, 오세아니아에서 흔히 보는 반족半族의 경우이다. 어느 한 반족과 상대방 반족 간에는 상호 친밀한 협동관계이기도 하고 동시에 잠재적인 적대관계이기도 하다. 이들 반족에서는 족외혼인가, 족내혼인가, 추장을 세습하는가, 선출하는가. 모계상속인가, 부계상속인가 등에 있어서 어떤 체계적 질서를 찾기가 대단히 어렵다. 거의 평생을 두고 콰키우틀 반족을 연구했던, 제1장에서 취급한, 보아스(F. Boas)도 그들의 사회조직을 당시 인류학에서 알고 있던 그 어

---

12 이 논문이 실려 있는 문헌: 위의 책, pp. 132-162.

떤 사회조직 범주에도 넣을 수 없어서 예외적인 특수한 경우라고 규정했다.

그러나 레비-스트로스는 막대한 양의 민족지 자료를 조사해서 그들의 사회조직이 아무리 다양해도 결국 세 종류 모형 중에 하나라는 것을 밝혔다. 이에 의하면, 사회적 조직은 공동생활장場의 지리공간 패턴으로 나타나는데, 반족의 경우 그 한 패턴은 원을 반으로 갈라 서로 대치해 있는 모형인 맞대치형 이원구조이다. 또 한 패턴은 하나의 중심을 공유하는 두 개의 원 모형인 공심共心형 이원구조이다. 그리고 또 한 패턴은 이들 이원구조 근저에 있는 삼원적 구조(triadic structure)이다. 이 삼원적 구조에 맞대치형 이원구조 또는 공심형 이원구조가 내포되어 있다. 즉, 제3의 요소가 포함된 삼원적 구조가 이들 이원구조를 생성해낸다는 것이다. 그런데 삼원적 구조는, 맞대치형이나 공심형 구조처럼 그렇게 도식적 다이아그램으로 표현할 수 있는 것이 아니다. 다만, 맞대치형 또는 공심형 이원구조의 현현顯現인 문화적 사상事象을 **통해서** 그 근저에 제3의 요소가 포함된 삼원적 구조가 있음을 알 수 있다.[13] 이것은 유학에서 기氣만 따로 도식적 다이아그램으로 나타낼 수 없는 것과 유사하다. 기는 (제8장에서 논의할) 주돈이(周敦頤)의 태극도太極圖에서처럼, 음과 양의 상호 역동적 운동양상을 **통해서** 그 존재를 알 수 있다.

레비-스트로스에 의하면, 구조에 동력을 불어넣는 제3의 요소에는 —그것이 실재적인 것이든 또는 상징적인 것이든 간에—그 자체에 어떤 실질적 값(value)이 들어 있는 것이 아니다. 그것은 구조에 동력을 불

---

13 C. Lévi-Strauss, 1968, 앞의 책, pp. 159-161, p. 146, 152.

어넣는 역할, 즉 이항 간의 대대對待적 작동이 영속되게 함으로써 인류의 문화와 사회가 존속되도록 하는 역할 외에는 어떠한 자질도 가지고 있지 않다(비근하게 상기 주돈이의 태극도에서 상징적인 음과 양 간의 경계인 곡선 자체에 어떤 실질적 값이 들어 있는 것이 아닌 것처럼. 그 곡선은, 음과 양 간의 영속적인 조화롭게 동태적인 운동이 시간의 흐름 속에서 천지만물의 영속적인 생성·변환을 있게 한다는 것을 상징하는 역할 외에는 어떠한 자질도 가지고 있지 않은 것처럼).

그에 의하면, 인도네시아의 어떤 반족에서 볼 수 있는 비대칭의 외혼제, 카두베오 원주민의 얼굴에 그려져 있는 비대칭의 아라베스크 문양 등은 제3의 요소에 의한 삼원적 특질이 내재된 구조를 예증한다. 전자 곧 제도에 있어서 제3의 요소인 **비대칭 자체**, 후자 곧 사물에 있어서 제3의 요소인 **비대칭 자체는** 아무런 고유한 속성 혹은 자질을 가지고 있지 않다. 그것은 다만 시간의 경과에 따라 더욱 다양한 제도나 문양을 생성해내는 데 연동되는 매개일 따름이다. 이러한 매개(제3의 요소) 기능에 의해, 모든 문화적 사상은 시간의 흐름[역사] 속에서 통시적 변형 (transformation, not change)이 있게 됨으로써 역사성을 가지게 된다.[14]

---

14 상기 태극도에서 음(파란색)과 양(빨간색)의 경계가 되는 선을 주목해보자. 어느 한 부분도 직선이라고는 없는 역동적인 둥근 곡선이다. 기는 음/양으로서의 기인 바, 그 운동은 어느 한순간도 동태動態적이라는 것이다. 다음으로, 음과 양의 경계를 이루는 역동적 곡선상의 어느 한 점에서 원둘레와 만나도록 상하 수직으로 선을 그어 보자. 정 중앙을 제외하고는 그 어느 수직선도 음을 관통하는 길이와 양을 관통하는 길이가 같지 않다. 무엇을 말해주는가? 음양운동은 어느 한순간도 비대칭적인 그러나 정 중앙이 고정됨으로 인해 역동적인 대대對待운동이라는 것이다. 그 **비대칭(제3의 요소)이 산출하는** 음양간의 조화롭게 역동적인 운동이 시간의 흐름 속에서 천지만물을 이루어 나간다는 것이다.
노자의 도(道) 체계에도 그 제3요소가 있다. 『도덕경』 제42장을, 표층적 독해가 아

만약 구조에 제3의 요소에 의한 삼원적 특질이 없고 그래서 변형이라고는 없는 정확히 대칭적인 이항대대 본성만 있다면 그런 정태靜態적 구조는 아무리 시간이 흘러도 역사성이 있을 수 없다. 아니, 애초에 그런 구조는 시공간 상에 문화적 사상으로 현현될 수가 없다. 설령 그런 구조가 문화적 사상들로 현현되어있다 하더라도 그 세상은, 말하자면, 죽은 화석이나 생명 없는 기계의 세상과도 같은 것이다(비근하게 상기 태극도에서 보는 음양대대구조에서 만약 음과 양이 각각 원을 반으로 가른 대칭적 반달모양이어서 그 가른 경계가 일직선이라면 그런 음/양구조의 태극에는, [음/양으로 꽉 차 있는]기의 조화로운 역동적 운동이 있을 수 없기 때문에, 만물을 생성·변환시키는 동력이 없는 것처럼).

요컨대, 레비-스트로스에 의하면, 콰키우틀족을 비롯한 반족들이 혼인제도를 포함한 다양한 사회제도나 조각이나 그림이나 탈이나 문신 등을 오랜 세월 동안 변형에 의해 역사성을 누적시키면서 전승해오고 있는 것은 구조에 삼중적 특질이 있기 때문이다. 하지만, 그러한 모든 문화적 사상事象에 있어서 기본구조(the elementary structure)는 이원성의 이항대대이다: "이원성(a dualism)은 각양各樣하게 인지되어 다양하게 인식되는 것들의 참다운 공통분모이다."**15** 그리고 "호혜성 이론은 의심의

나라, 관련선先이해에 기반해서 징후적으로 독해하면 그것은 충기(沖氣)이다: 道生一 一生二 二生三 三生萬物 萬物負陰而抱陽 沖氣以爲和(도는 하나를 낳고, 하나는 음과 양을 낳고, 음과 양은 셋을 낳고, 셋[음·양·충기]은 만물을 낳는다. 만물은 이원일자적 음양[陰而抱陽]을 받아[負] 충기로써 화육한다).

15 위의 책, p. 261.
여기서 dualism은 이분법적 이원성(dichotomous polarity of dualism)이 아니다. 그것은 음/양의 경우와 마찬가지로(음/양은 둘도 아니고 하나도 아니다) 본질적이 아니라 개념적(또는 분석적) 이원성(conceptual, not essential, polarity of dual-

202 레비-스트로스의 구조주의문화이론과 사상

여지가 없다. 인류학에서 호혜성 이론은 천문학에서 중력 이론처럼 계속해서 유효할 것이다."[16]

그렇다면, 이항대대와 호혜성은 어떤 관계인가? 레비-스트로스는 유교사상의 전통 속에서 자란 동양인은 구조의 개념을 쉽게 파악할 수 있다고 했다.[17] 유학으로부터 체(體, substance)/용(用, function) 개념을 빌리면, 이항대대는 구조의 본체라는 측면이고 호혜성은 구조의 용이라는 측면이며 체와 용은 일원이다(體用一源). 요컨대, 보이지 않는 이항대대구조의 현현이 바로 이항 간의 보이는 호혜적 교환이다.

대대적 이항 간의 호혜적 교환. 구조주의의 이 궁극적 명제 앞에서 우리는 구조주의에 있어서 가장 근본적 물음, 즉 본 절의 그 첫 질문으로 되돌아가게 된다: 애초에 어떻게 이항대대라는 구조가 있게 되었는가? 이 물음과 관련해서 레비-스트로스는 구조주의가 다루어야 할 가장 본질적 테마가 자연, 문화, 구조 이들 삼자 간의 관계라고 생각했다. 그래서 『친족의 기본구조』를 시작하는 제1장 「Nature and Culture」와 제2장 「The Problem of Incest」를 통해 무엇보다 먼저 그 삼자 간의 관계를 논구해서 구조의 존재를 근친혼금지(incest prohibition)라는 전 인류 공통의 절대적 터부로부터 탐색해 냈다.

근친혼금지 문제는 오래전부터 모건, 프로이트, 타일러, 뒤르켐, 말

---

ism)이므로 의역하면 이원일자적 이원성이다.

16 위의 책, p. 162.

17 C. Lévi-Strauss, 1983b, 『레비-스트로스의 人類學과 韓國學』, 강신표(대표 역·편), 韓國精神文化研究院, 13쪽.

리노브스키 등등 여러 인류학자들의 큰 관심이었다. 레비-스트로스 당시 그 문제에 관해 크게 두 종류의 견해가 지배적이었는데 하나는 유전적 피해를 방지하기 위한 것이라는 생물학적 견해였고, 또 하나는 가족과 사회의 질서를 유지하기 위한 것이라는 도덕적 견해였다. 그러나 레비-스트로스는 그러한 견해와 관련된 종래의 모든 이론[18]을 정면으로 부정했다.

레비-스트로스에 의하면, 여자는 '인간사회의 토대조직인 친족'의 성립과 유지에 절대조건인 인간을 생산하는 유일한 존재이다. 따라서, 호혜적 선물 중에 인간을 생산하는 여자가 전 인류적으로 최고의 선물이다. 이런 까닭에 [對적 二項]서로 다른 두 집단 간에 여자를 [待적 二項]호혜적으로 교환하는 혼인은 이항대대二項對待구조가 문화현상으로 현현된 **가장** 근본적이고 **가장** 대표적인 문화현상, 즉 모든 문화현상의 원형이다. 만약 여자가 그러한 절대최고의 선물이 아니라면, 다른 두 집단 간에 여자를 호혜적으로 교환하는 현상 이것 하나로부터 탐구된 구조를 전 인류 일반의 문화구조라고 할 수 없다.

> 근친혼을 금지한다는 것은 자신의 어머니, 자신의 여형제, 자신의 딸과 혼인하는 것을 금하는 규칙이기도 하지만, 그것보다는 근본적으로 여자란 반드시 남에게 주어야 한다는 규칙인 것이다. 근친혼 금지야말로 [인간사회를 성립·유지시키는] 최상의 선물 규칙이다.[19]

---

18 이것을 요약 정리해 놓은 문헌: C. Seymour-Smith, 1996, *Macmillan Dictionary of Anthropology*, London: The Macmillan Press, pp. 147-148.

레비-스트로스에 의하면, 남편과 아내, 아버지와 아들, 외삼촌과 생질, 형제와 자매 이 4가지 유형의 관계체계가 전 인류 일반의 친족체계이다. 다시 말해, 그 4가지가 전 세계에 (항상 존재한다는 것이 아니라) 존재할 수 있는 친족체계의 공시태적 원형이다. 이 원형이 시간의 흐름 속에서 출계관계, 혈연관계, 동맹관계 등에 의해 통시적으로 변형해서 실제로는 더욱 다양한 친족체계가 전 세계에 존재한다. 하지만 그 공시태적 원형에는 변함이 없다. 여기서 핵심은 어떻게 해서 그 원형, 즉 친족의 일반체계가 전 세계적으로 성립되었으며 또한 장구한 세월 동안 유지되어 왔는가 하는 것이다. 그것은 바로 근친혼금지에 의해서이다. 근친혼금지란, 달리 말해, 여자는 반드시 교환해야 한다는 것이며 "혼인은 교환의 원형(the archetype)이다."[20]

그의 부연에 의하면, 근친혼금지로 인해 자연이 문화로 넘어오게 되었다. 근친혼을 금하는 것은 인류 일반의 성벽 혹은 본능이기도 하지만, 한편으로는 법과 제도로 강제하는 성격을 가지고 있다. 그러므로 근친혼금지를 전자에서 볼 때는 자연에 닿아 있고, 후자에서 볼 때는 사회현상이기 때문에 문화에 속한다. 따라서, 근친혼금지원리에 입각한 "혼인은 자연과 문화의 극적인 만남이다."[21]

> 근친혼금지는 그 기원에 있어서 순전히 문화적인 것도 아니고, 순전

---

19 C. Lévi-Strauss, 1969a, *The Elementary Structures of Kinship* (1949), London: Eyre & Spottiswoode, p. 481. (각괄호 필자)

20 위의 책, p. 483.

21 위의 책, p. 489.

히 자연적인 것도 아니며, 이 둘을 섞은 것도 아니다. 근친혼금지 때문에, 근친혼금지에 의해서, 무엇보다도 근친혼금지 내에서[즉, 근친혼금지원리에 입각해 혼인을 함으로써] 자연으로부터 문화로 변환이 이루어졌다. 근친혼금지는 자연으로부터 문화로 변환이 이루어진 유일하고도 근본적인 단계이다.[22]

이에 그는 근친혼금지를 "자연이 문화로 넘어온 문지방(threshold)"[23]이라고 했다. 그리고 이 문지방(근친혼금지)의 출현(emergence)은 언어의 출현과 정확히 일치한다고 했다.[24] 문지방의 이쪽과 저쪽은, 하나임과 동시에 둘이기도 한, 이원일자적 이원성의 공간이다. 따라서 그 비유의 뜻은 첫째, 근친혼금지 단계를 지난 인간은 자연적 본성과 문화적 본성을 **동시에** 지닌 이원성의 존재라는 것이다. 둘째, 따라서 자연/문화는 이원성인 이항대대구조의 원모델이라는 것이다. 셋째, 그러므로 자연과 문화는 이분법적으로 분리될 수 없는 호혜적 관계라는 것이다. 넷째, 따라서 문화 곧 인간 삶의 양식은 근본에 있어서 자연과 **더불어** 사는 양식이어야 한다는 것, 나아가 인류의 문명 역시 자연인간합일적이어야 한다는 것이다(이 명제는 제6장에서 구체적으로 논의하게 된다).

그러나, 백인들의 자칭 문명적 사유思惟는 자연과 문화를 이분법적

---

22   위의 책, p. 24. (각괄호 필자)

23   위의 책, p. 12.

24   C. Lévi-Strauss, 1969c, *Conversation with Claude Lévi-Strauss*, by G. Charbonnier, John and Doreen Weightman (trans.), London: Jonathan Cape, p. 155.

으로 구분했다. 자기들은 문화적 인간이므로 '문명인'이다. 비유럽 원주민들은 자연적 인간이므로 '야만인'이다. 그러므로 자기들이 그들을 문명인으로 개명(civilization)시켜야 한다. 개명, 즉 자신들과 동일한 문화(삶의 양식)을 갖도록 해야 한다는 것이다. 이항대대라는 구조의 존재론적 전제가, 앞서 보았듯이, 차이 혹은 다름이다. 개명이란 다름을 없애서 이항대대구조를 소멸시켜야 한다는 것이다. 키플링(J. R. Kipling)—주로 영국제국주의 찬양을 내용으로 문학작품을 써서 1907년 노벨문학상을 받은 사상가—은 그 개명을 백인이 짊어 져야할 짐(white man's burden)이라고 했다. 이러한 태도는 백인이 자신들의 길에 방해가 되는 비유럽인을 무참히 쓸어버리는 것을 쉽게 정당화했다.

엘리스(J. Ellis)가 쓴 기관총의 역사에 의하면, 19세기에 완성된 기관총이 맨 처음 **체계적으로** 사용된 것은 비서구의 원주민을 쉽게 대량으로 죽이기 위한 것이었다. 백인들은, 아무리 전쟁이라 하더라도, 대등한 문명인인 백인을 그 치명적 무기로 죽이는 것은 '스포츠맨십'에 어긋난다고 생각했다. 반면에, 비서구 원주민을 사살하는 것은 사냥과 같은 것이라고 생각했다. 1898년 하르툼(Khartoum)의 나일강 건너편에서 벌어진 전투에서 맥심기관총 6정으로 무장한 영국군은 회교도 전사 1만1천 명을 죽였다[기관총으로써 이항대대구조의 존재론적 기반인 다름을 효과적으로 소멸시켰다]. 이것을 두고[구조에 역행한 만행을 두고] 엘리스는 영국정신의 승리, 백인의 우월성을 보여준 또 하나의 쾌거라고 썼다.[25]

『친족의 기본구조』를 통해 자연과 문화가 호혜互惠에 기반한 이항대

---

25   A. Toffler, 1980, *The Third Wave*, New York: Morrow, pp. 101-102.

대관계임을 실증적으로 밝힌 레비-스트로스는 백인들의 그러한 뿌리 깊은 서구문명중심주의를 통렬히 비판한다. 특히 그의 『슬픈 열대』는, 제2장에서 보았듯이, 서구문명이 비서구문명에게 저지른 악행을 전 세계에 알리고 반성한 참회록이기도 하다.

이제 정리해보자. 애초에 어떻게 이항대대라는 구조가 있게 되었는가? 레비-스트로스에 의하면 "근친혼금지 이전에는 문화가 없었다. 근친혼금지로 인해 인간에 대한 자연의 통치와 지배는 끝났다. (…) 근친혼금지가 새로운 **복합적 타입의** 구조 생성을 점화시켰다."[26]

레비-스트로스 이전 서양에서는 상상도 못했던, 자연/문화를 원모델로 하는 '새로운 복합적 타입의 구조'. 이 구조는 일찍이 죽림칠현(竹林七賢)이 청담(淸談) 중에 염화시중적 미소—석가께서 당신의 중도(中道)를 깨달은 가섭(迦葉)과 나눈 그 미소—를 나누었던 이른바 'the not-not'적인 복합적 타입의 구조이다: 자연과 문화는 하나도 아니고, 둘도 아니다; 하나가 아님도 아니고, 둘이 아님도 아니다. 이처럼 미묘한 복합적 타입의 이원성 구조는, 의미심장하게도, 동양에서는 친숙한 음양구조와 판박이다: 음과 양은 하나도 아니고, 둘도 아니다; 하나가 아님도 아니고, 둘이 아님도 아니다.

이와 관련해서 레비-스트로스는 "유학사상의 전통 속에서 자란 동아시아인들은 구조의 개념을 쉽게 파악할 수 있다"[27]고 했다. 중국 고대로부터의 음양사상이 주(周)를 지나 춘추전국시대를 거쳐 한(漢)의 초

---

26 C. Lévi-Strauss, 1969a, 앞의 책, p. 25. (이탤릭체 필자)

기에 텍스트로 된 것이『역경(易經)』이다.『역경』은 천지만물 이전에 근본적인 이항대대적 에너지가 있음을 말하고 있고, 그 에너지를 상징적으로 표현해서 음(陰)과 양(陽)이라고 했다. 음양 간의 이항대대적 작용에 의해 오행(목화토금수木火土金水)이 생성되고, 오행 간의 상호대대적 작용에 의해 우주만물의 생성변환이 이루어진다. 결국 오행 간의 대대작용은 음양 간 대대작용의, 레비-스트로스의 개념을 빌리면, 변형(transformation, not change)이다. 이에 주돈이는 '오행은 하나의 음양이고, 음양은 하나의 태극(太極)'이라고 했다. 태극 곧 우주만물생성변환을 있게 하는 형이상학자의 기본구조가 바로 이항대대적 음양이라는 것이다. 요컨대, 이항대대구조가 레비-스트로스에 대한 관계는 음양구조가 유학에 대한 관계와 같다. 단 이항대대구조는 인식론적 구조인 반면, 음양구조는 (제8장에서 보게 될 것인 바) 우주론적 구조이다.

2. 인식론의 혁명: '인간의 죽음'과 기호의 세계

레비-스트로스의 이른바 구조주의 혁명은, 한마디로, 인식론의 혁명(epistemological revolution)이다. 그의 구조주의인식론과 이전의 인식론 간에는 근본적인 획이 그어진다. 이전의 인식론은 리얼리즘(realism) — 맥락에 따라서는 실증주의(positivism) 혹은 자연주의(naturalism) — 과 휴머니즘(humanism)으로 대별된다. 전자는 우리 인간의 인식과 무관한 실재가 있

---

27 C. Lévi-Strauss, 1983b, 앞의 책, 13쪽.

다는 믿음이다. 즉, 일체의 사물과 현상은 우리가 그것을 어떠한 것이라고 이해하고 있느냐와는 무관하게 본래의 객관적 의미를 가지고 존재한다는 것이다. 반면에 휴머니즘은, 제2장에서 논의한, 코기토로서의 인간 즉 인식의 주체(생각과 말의 주인)인 인간 스스로가 일체의 사물과 현상을 인식해서 인식한 그대로의 의미를 가지고 세상을 살아간다는 믿음이다.

레비-스트로스의 '혁명적' 인식론에 의하면, 그 둘은 똑같은 오류(twin fallacy)이다. 일체의 사물이나 현상에는 고정된 본래의 의미란 없다. 그 어떤 사물이나 현상도 그것이 속해 있는 체계 내에 있는 모든 다른 사물이나 현상과의 관련성에 의해 비로소 그 의미가 생성된다(리얼리즘 부정). 물론 그 관련성이 달라지면 의미도 달리 생성된다. 이에 레비-스트로스는 서구 근대철학의 토대인 실체론과, 실체론에 기반한 단자론적 접근을 부정하고 관계론과, 관계론에 기반한 전체론적 접근을 제시했다. 그뿐만 아니다. 그에 의하면, 이항대대라는 무의식적 사유思惟구조를 가진 우리는 엄밀한 의미에서 무엇 하나도 주체적으로 인식하고 창조할 수 있는 존재가 아니다. 다만 감각-지각된 사물이나 현상을 우리 인간의 의식과 무관한 이항대대적 사유구조에 의해 인식할 수 있을 뿐이고, 이 인식으로써 무엇을 만들거나 창조할 수 있을 뿐이다(휴머니즘 부정). 따라서 우리가 발을 딛고 살아가고 있는 이 세상은, 인식론에서 볼 때, 인간의 세상이 아니라 구조의 세상인 것이다.

그렇다면, 도대체 인간을 인간이게끔 하는 것이 무엇인가? 레비-스트로스에 의하면, 그것은 인간이면 누구나 본래적으로 타고나는 무의식이다. 이 무의식은 프로이트가 말하는 무의식, 즉 개인적인 어떤 욕망이나 경험의 기억을 저장해 두고 있는 무의식, 그래서 우리가 어떤 특별한 방법을 통해 그 기억을 의식의 영역으로 불러들일 수 있는 그러한 무의식이 아니다. 레비-스트로스에서 무의식은, 제3장에서 논의했듯이, 무의식이 있는 곳인 사람과는 아무런 상관이 없다. 그것은 우리가 오관을 통해 감각-지각된 모든 것을 무의식적으로 이항대대적 관련해서 사유하게 함으로써 의미를 생성시키는(engender) 선험先驗적인, 말하자면, 인식틀이다. 누구나 다 생물학적으로 타고나는 그러한 인식틀로써 사물과 현상을 인식하는 인간을 두고 주체성을 가진 존재라고 생각한다면 그것은 완전히 환영幻影이다. 그러므로 구조인류학의 임무는 주체적 존재인 인간을 탐구해서 그 무엇을 제시하는 것이 아니라, 오히려 주체적 인간을 해체(dissolution)하는 것이다(이에 대한 심층적 구체적 논의는 내용구성 상, 뒤이어 제3절의 무의식 편에서 하기로 한다).

그렇다면, 무의식이 어떻게 해서 인간의 몸에 자리 잡게 되었는가? 레비-스트로스에게 그 물음은, 어떻게 해서 인간의 두뇌가 자동적인(무의식적인) 이항대대적 작동메커니즘을 가지게 되었는가라는 물음이 된다. 그에 의하면, 이 물음은 인류학적으로 접근할 수 있는 문제가 아니라 근본적으로 심리학적, 해부학적, 생리학적인 문제이다. 그는 구조의 존재론적 키를 궁극적으로 뇌신경 체계에 넘긴다. 뇌신경의 작동체계가 구조성(structurality)의 최종 토대라는 것이다.[28]

---

28 Shin-Pyo Kang (ed. in chief), 1983a, *Lévi-Strauss's Anthropology & Korean Studies* (Lévi-Strauss' Lectures in Korea, Oct/1981), The Academy of Korean Studies, p. 96.
레비-스트로스는 자신의 구조인류학을 과학주의 문화학이라고 한다. 그러면서도 구조인류학의 토대가 되는 무의식을 자연주의 혹은 생물학적 결정론으로 돌린다는 것은 이론적 공백(theoretical lacuna)이다. 다음 기회에 논의할 것인 바, 라캉이

우리 인간은 직접적이든 간접적이든 사회적 삶을 살고 있다. 사회적 삶이란 우리가 의미의 **체계 속에서** 살아간다는 것이다. 소쉬르에 의하면, 언어에 있어 일체의 의미는 제3장에서 논의했던 것처럼 기호들 간의 '차이작용'에 의한 의미화(signification)에 의해 생성된다. 그러므로 언어에 의한 의미의 체계로 이루어져 있는 인간사회는 결국 기호의 세계인 것이다. 레비-스트로스는 콜레주 드 프랑스(Collge de France) 교수취임 강연에서 자신의 학문이 소쉬르의 기호학 계보 내에 있음을 분명히 했다. 이것은 한편으로 자신의 구조주의가 데카르트 이래의 코기토적 인간을 **인식론적으로** 완전히 해체했다는 것이다. 이에 따라 구조주의는 인간이 주체가 되는 실체로서의 사회(social substantialism)를 부정한다.[29] 인간의 죽음(주체의 죽음)과 기호의 세계. 바로 이 인식론적 명제가 소위 구조주의 혁명의 요체이다. 푸코는 이렇게 말한다.

> 장담하건대, 인간은 바닷가 모래 위에 그려 놓은 얼굴처럼 사라진다.[30] 레비-스트로스의 구조주의인류학과 라캉의 구조주의정신분석학은 기존 과학에 대응하는 새로운 과학이다(counter-sciences). 우리는 그렇게도 오랫동안 깊게 잠들어 있었던 인류학의 몽상[인류학은 인

레비-스트로스의 무의식을 RSI—the Real, the Symbolic, the Imaginary—라는 실증적 논리체계로 설명해서 그 공백을 메운다.

29 이점을 언어학적으로 실증해서 이론화한 것이 데리다의 해체주의(deconstruction-ism)이다. 해체주의는 실체론을 부정하는 불교와 상통한다. 레비-스트로스는 다시 태어나 종교를 택한다면 불교를 택하겠다고 했다.

30 M. Foucault, 1970, *The Order of Things: An Archaeology of the Human Sciences* (1966), London: Tavistock, p. 387.

식주체인 인간을 탐구하는 학문이라는 잠꼬대 같은 생각]에서 깨어나야 한다.[31]

레비-스트로스의 구조주의는 데카르트, 칸트, 헤겔, 후설, 사르트르를 중추로 해서 이어져 온 서구 주체주의 철학의 토대를 완전히 허물어 버렸다. 이것은 데카르트 이후 400년을 지배해온 서구 근대철학의 주류를 떠받치고 있는 거대한 기둥인 실체론과, 이것에 기반한 단자론 및 환원주의적 접근방법을 전적으로 부정하는 것이다. 이에 실체론과 '인간의 시대'는 끝나고, 관계론과 '구조의 시대'가 열린 것이다[관계론에 기반한 전체론적 접근(A:B::C:D)은 뒤의 『신화학』 편에서 구체적으로 논의하게 된다].

1960년대부터 본격적으로 전개된 레비-스트로스의 구조주의인식론과 이에 따른 방법론은 리치, 니담, 살린스 등의 인류학은 물론이고, 브로델을 선두로 하는 아날학파의 구조주의역사학, 푸코의 역사학 방법론과 사회-역사사상, 알튀세르를 필두로 하는 구조주의마르크시즘, 바르트를 중심으로 하는 구조주의 문학비평, 사이드의 후기식민주의 비평과 스피박의 현대사회 비평, 라캉을 필두로 하는 구조주의정신분석학, 데리다를 필두로 하는 해체주의 이론과 사상 등에 큰 영향을 주고 있다. 특히 "푸코, 알튀세르, 바르트, 라캉을 구조주의 4인방(the four muske-teers)이라고 부르고 있는데, 레비-스트로스는 이들의 아버지 격이다."[32]

"전대미문의 성공을 거둔 구조주의"[33]는 "우리의 세계관 형성에 진정

---

31 위의 책, p. 381, 341. (각괄호 필자)

32 F. Dosse, 1997, 앞의 책, p. xxi.

33 임봉길·윤소영·송기형·김성도·정재곤, 2001, 『구조주의 혁명』, 서울대학교출판

한 혁명(veritable revolution)을 일으켰다."[34] 이제 인류는 구조주의 혁명이 없었던 것처럼 세상을 살 수 없게 되었다.[35]

3. 무의식, 세상, 그리고 문화의 다양성

우리는 어떻게 해서 세상을 알게 되는가? 갑자기 막막해지는 물음이다. 레비-스트로스의 답변은 간단하다: 인간이면 누구나 타고나는 무의식에 의해서이다.

무의식의 기능은, 앞서 언급했듯이, 오관을 통해 감각-지각한 것을 즉각 이항대대적 구조화를 통해 인식하게끔 하는 자동적인 두뇌의 기능이다. 갓난아기 두뇌에서는 아직 그 기능이 작동하지 않기 때문에 오관을 통해 감각된 사물을 지각은 하지만, 지각된 그것이 무엇인지를 알 수 없다(제7장에서 취급할 칸트로 말하면 불가지론不可知論). 그러므로 갓난아기에게 세상은, 말 그대로, 환영의 세계이다.

레비-스트로스에 의하면, 무의식은 언어능력의 발현과 더불어 기능하기 시작한다. 아기가 말을 시작하면 타고난 무의식이 작동하기 시작함으로써 오관에 의해 감각-지각된 사물이 이항대대적으로 구조화되기 시작하고 이로 인해 사물에 대한 앎, 나아가 세상에 대한 앎이 시작된다. 다시 말해, 언어능력 발현과 더불어 세상의 구조화(structuring of the

---

부, 표지글.

34 F. Dosse, 1997, 앞의 책, p. xxv.

35 위의 책, p. xxxiii.

world)가 이루어짐으로써 점차로 아기에게 세상이 생긴다(engendering of the world).

세상의 구조화, 즉 우리가 세상을 (있는 그대로가 아니라) 구조화해서 아는 것은 무의식에 의한(또는, 맥락에 따라, 무의식적인) 아마추어-변형(armature -transformation)이라는 구조구현양식에 의해 이루어진다['아마추어'는 구조의 불변적 패턴 곧 이항대대를 지칭하는 레비-스트로스의 용어]. 이와 관련된 라캉의 실증에 의하면 "무의식은 언어처럼 구조화된다."[36] 그러므로 언어를 갓 습득하기 시작한 아기의 경우는 무의식적인 아마추어-변형에서 변형이 거의 없는 단순한 이항대대적 사유에 의해 세상의 구조화가 이루어진다. 그러므로 아기의 세상은 매우 단순한 세상이다. 시간이 흐름에 따라 아기의 활동범위가 넓어지면서 주변에 감각-지각 대상이 많아지고 그 종류도 다양해진다. 이와 더불어 아기의 언어능력도 점차 증대하면서 무의식적인 세상의 구조화 역시 점차 증대하고 복잡해진다[무의식은 언어처럼 구조화된다]. 아기의 이항대대적 사유구조가 무의식적 변형 메커니즘인 도치(inversion), 대체(substitution) 또는 환치(permutation)에 의해 변형되기 때문이다. 그 결과 아이는 점점 더 복잡하고 확대된 개념체계를 가지게 되고, 이에 따라 아이에게 점점 더 복잡하고 확대된 개념체계의 세상이 생긴다. 이러한 'structuring-engendering'을 통해 아이는 세상에 관한 앎을 평생토록 확대하고 심화화해 간다. 따라서 누구에게나 세상은 매 순간 생성(becoming)의 과정에 있다.

---

36 J. Lacan, 1979, *The Four Fundamental Concepts of Psychoanalysis*, A. Sheridan (trans.), Harmondsworth: Penguin, p. 20.

개인의 차원에서 세상에 대한 앎이 그렇게 이루어진다면, 개인으로 구성된 사회의 차원인 문화다양성의 인식론적 의미는 무엇인가?

아프리카 원주민사회의 소위 야생적 삶과 백인사회의 소위 문명적 삶을 비교해보자. 두 사회의 문화가 질적으로 달라 보인다. 그러나, 레비-스트로스에 의하면, 인류의 삶은 모두 동질의 문화적 삶이다. 사람은 누구나—아이건 어른이건, 어느 사회에 속하건—동일한 아마추어-변형이라는 무의식적 구조구현양식에 의한 세상의 구조화를 통해 생긴(structuring-engendering) 세상에서 삶을 영위하기 때문이다. 그 두 사회의 문화가 질적으로 다른 것처럼 보이는 것은 결코 인종에 따라 향유하는 문화의 구조적 본성이 달라서, 즉 문화가 질적으로 다르기 때문이 아니다. 그것은 두 사회가 처한 제반 환경, 역사적 배경에 따라 무의식에 의한 세상의 구조화 **정도와 양상이** 서로 다르기 때문이다.[37] 바로 이 점이 레비-스트로스가 서구인의 뿌리 깊은 서구문명우월주의를 부정하는 근본적 이유이다.

레비-스트로스에 의하면, 인간의 정신(mind)과 그 능력은 전 인류적으로 동일하다. 지금도 야생인은 그들의 환경과 자원에 관해 놀라울 만큼 정확한 지식을 가지고 있다. 문명인은 그런 지식을 많이 잃어버렸다. 대신에 그들은 자동차를 시시각각 정확하게 조종해서 빠르게 몰 수 있다. 야생인이 자동차를 문명인처럼 그렇게 몰 수 없는 것은, 자연과 더불어 살아가는 그들의 문화 곧 삶의 양식이 그럴 필요가 없기 때

---

37 R. H. Winthrop, 1991, "Semiotics; Structuralism; Symbolism; Totemism," In R. H. Winthrop (ed.), *Dictionary of Concepts in Cultural Anthropology*, New York: Greenwood Press, p. 277.

문에, 그들에게 잠재된 그럴 정신능력(mental capacity)을 훈련하지 않기 때문이다. 그 누구도 인류에게 부여된 모든 능력을 다 발달시킬 수는 없다. 당신은 인류에게 부여된 능력의 작은 일부(sector)만 사용하고 있을 뿐이다. 이 일부는 삶의 양식에 따라 다르다.[38] 레비-스트로스로부터 직접 들어본다.

> 나는 각 인간집단 스스로가 자신을 조직적으로, 방법론적으로 서로 차별화하고자 해왔다고 생각하지 않는다. 수십만 년 동안 지구상에서 인류는 인구수가 그리 많지 않았다. 작은 집단들이 여기저기에 따로 살고 있었기 때문에, 각 집단은 자신만의 특징을 가지게 됨으로써 [삶의 양식이] 서로 달라지게 된 것은 지극히 자연스러운 것이다. 그 어떤 목적으로 인해 문화가 달라진 것이 아니다. 달라지게 된 것은 단순히 장구한 세월에 걸친 다양한 여건의 결과이다.[39]

요컨대, 문화다양성 즉 인간집단마다 문화가 다른 것은, 공시적 측면에서 보면, 각 인간집단이 처한 다양한 환경적 여건 때문이고; 통시적 측면에서 보면, 각 인간집단이 처한 다양한 환경적 여건에서 오랜 세월 동안 삶을 영위해온 결과라는 것이다. 그렇다면, 기본적으로 레비-스트로스는 환경결정론을 부활시키고 있는 것인가? 아니다. 그에 의하면, 결코 인간은 환경적 조건을 수동적으로 받아들이지 않는다. 동

---

38 C. Lévi-Strauss, 1978a, 앞의 책, p. 19.

39 위의 책, pp. 19-20. (각괄호 필자)

일한 환경이라도 인간의 기술-문화적 토대에 따라 다르게 기능한다.[40] 이것을 그는 비유적으로 설명했다.

> 우리들 각자는 화투를 치는 사람과 같다. 매 판마다 화투장이 전혀 우연하게 손에 들어온다. 우리는 주어지는 화투장을 수동적으로 받을 수밖에 없다. 그러나, 화투를 치는 사람은 각자가 손에 들어온 화투장을 보고는 분석해서 [손에 든 패에 자신의 역량을 보태서, 이를테면, '청단' 또는 '칠띠'가 가능하겠다는] 전략을 세운다. 그러므로 각자는 손에 든 것이 동일해도 화투를 동일하게 치지 않는다.[41]

이것은 뿌리 깊은 환경결정론을 부정하는 것이다. 또한 당시 지배적인, 제1장에서 논의한, 보아스 유의 문화결정론도 부정하는 것이다. 문화다양성 즉 사회마다 자신만의 고유한 문화를 향유하는 것은 각 사회가, 마치 화투장을 수동적으로 받아 쥔 사람 각각의 화투전략과 유사하게, 자신이 처해있는 환경과의 관계를 언제나 자신의 기술-문화적 토대를 고려해서 사유한 문명적 전략의 결과라는 것이다.

이와 관련해서, 오랜 세월 동안 지리적으로 멀리 떨어져 서로 간에 교류 없이 매우 고립되고 그래서 매우 안정적 환경에 처해있는 A라는 사회를 생각해보자. 사람들의 사유思惟와 말이 어린애처럼 단순하고 직선적이다. 이유가 무엇인가? 레비-스트로스에 의하면, 그들의 인식에

---

40 C. Lévi-Strauss, 1969b, *The Savage Mind* (1962), The University of Chicago Press, pp. 94-95.

41 위의 책, p. 95. (각괄호 필자)

있는 세상 역시 무의식에 의한 세상의 구조화를 통해 생긴 것(structuring
-engendering)이다. 또한 그들 역시 자신이 처해 있는 환경과의 관계를 자
신의 기술-문화적 토대를 고려해서 사유한다. 하지만 그들에게는 세
상의 구조화 과정이 복잡해야 할 이유가 거의 없다. 그래서 무의식적인
도치, 대체 또는 환치에 의한 변형이 거의 없는 이항대대적 사유를 하기
때문에 세상의 구조화가 복잡·확대·심화되지 않는다. 따라서 그들 사
회에는 (제6장에서 취급할) 사회적 엔트로피가 거의 없고, 시간의 흐름 곧
역사 속에서 세상이 별로 달라지지도 않는다.

반면에, 외부적으로 다른 집단과의 접촉과 투쟁이 많고, 내부적으로
도 자체 내 집단 간에 여러 영역에서 차등(differentiation)에 의한 알력과 갈
등이 많은 B라는 사회의 사람들을 생각해보자. 레비-스트로스에 의하
면, 그런 사회는 생존환경이 끊임없이 그리고 급격히 변한다. 사람들
은 그러한 변화에 뒤처지지 않고 삶을 영위하기 위해 무의식적인 세상
의 구조화 과정에서 도치, 대체 또는 환치에 의한 변형이 끊임없이 이
루어지기 때문에, 세상의 구조화 정도가 심화되고 복잡해진다. 복잡해
진 변형은 더욱 진전된 변형을 요구하는 일과 사건을 초래한다. 이에
따라 그들은 보다 크고 강력한 새로운 운동과 혁신을 끊임없이 만들어
간다. 따라서 사회가 나날이 달라지는데 이것을 그들은 '발전'이라고
한다. 이렇게 발전하고 있는 사회는 날로 사회적 엔트로피가 증대한다
[비근하게 지금 우리 한국사회의 발전 모습을 생각해 보자].

레비-스트로스에 의하면, 실제에 있어서 지구상의 모든 사회는 자신
이 처한 제반 환경, 역사적 배경에 따라 상기 두 극단적인 A사회, B사
회의 중간 어디에 각각 위치하고 있다. 무엇을 말해주는가? 문화다양
성, 즉 문화가 사회마다 다른 것은 사회마다 질적으로 다른 종류의 문

화를 향유해서가 아니라는 것이다. 이를테면, 어떤 사회는 이항대대구조의 문화를, 다른 어떤 사회는 삼항대대구조의 문화를 향유해서가 아니라는 것이다. 문화다양성이란, 그 어떤 사회의 문화도 이항대대라는 기본구조는 아마추어(armature)로서 불변인데 다만 각 사회가 처한 제반 여건에 의해 세상의 구조화에 있어 도치, 대체 또는 환치에 의한 **변형의 정도와 양상이** 다양하다는 것이다.

그러므로, 레비-스트로스에 의하면, 당연히 지구상에 존재하는 다양한 언어, 음악, 미술, 기술, 지식 등 모든 문화물은 **전 인류적으로** 소통 즉 상호 이해될 수 있고, 상호 수용될 수 있다(가령 영어의 기본구조는 이항대대인데 한국어의 기본구조가 삼항대대라면 영어와 한국어 간에 상호 통역이나 번역이 불가능하다). 그리고 당연히 그 이해와 수용은 구조원리에 맞게 호혜성에 기반해서—즉, 앞서 언급했듯이, 이항대대는 구조의 체(體)이고 호혜성은 구조의 용(用)이며 체와 용은 일원(體用一源)이라는 원리에 입각해서—이루어져야 한다. 이에 레비-스트로스는 (제6장에서 볼) 호혜성에 기반한 문화다양성이 인류문명의 전제가 되어야 한다고 주장한다. 호혜성이 없으면 애초에 문화다양성이 있을 수 없다. 그는 '**의미심장하게도** 구조원리에 역행해서 호혜성과 문화다양성을 짓밟는 제국주의문명은 예외 없이 모두 멸망했다'고 했다.

4. 야생적 사유, 문명적 사유

레비-스트로스의 『토테미즘(*Totemism*)』과 『야생적 사유思惟[42](*La Pensée Sauvage*)』는 구조주의를 본격적으로 확장시키는 계기가 된다.

특히 『토테미즘』은 그의 이후 작업과, 그의 구조주의를 따르는 연구자들에게 (뒤이어「토테미즘과 구조」편에서 볼) 방법론적 청사진이다."[43]

레비-스트로스는 이 두 저서를 통해 원시인(primitive), 야생인(savage)이라고 불리는 사람의 지知적 체계에 관해 완전히 새로운 이론적 토대를 제공했다. 그것은, 한마디로, 야생적 사유야말로 인간의 정신활동(human mentality)에 있어서 **근원적이며** 우리 모두는 그것을 공통적으로 가지고 있다는 것이다. 이것은 그가 야생인에 관한 유럽인의 기존 관점을 완전히 뒤엎은 것이며, 인간에 대한 이해와 세계관에 혁명적으로 새로운 지평을 연 것이다.

레비-스트로스 이전까지는 원시인 혹은 야생인(이하 야생인으로 통칭)은 추상적, 과학적 사유가 근본적으로 불가능하다고 간주되었다. 그들의 사유로는 추상적 범주화를 할 수 없기 때문이라는 것이다. 사실 그들에게는 화재, 홍수, 싸움 등을 추상적으로 범주화하는 사건이라는 어휘가 없다. 또한 냉이, 쑥, 민들레 등을 개별로, 개, 고양이, 토끼, 너구리 등을 개별로 지칭하는 말은 있지만, 그것들을 한 묶음으로 범주화하는 식물, 동물이라는 어휘가 없다. '식물' 하면 추상적인 범주적 개념일 뿐, 그것을 실제로 보거나, 만지거나, 떠 옮기거나 등을 할 수 있는 구체적 사물이 아니다.

---

42 김형효의 번역이다. The University of Chicago Press(1969) 판은 'The Savage Mind'라고 번역했다.

43 C. Lévi-Strauss, 1973, *Totemism* (1962), R. Needham (trans.), Harmondsworth: Penguin Books, pp. 9-10. (괄호 필자)

추상적인 범주적 사유를 하지 않는 야생인의 사유는 문명인의 사유와 질적으로 다르다는 주장이 레비-스트로스 당시 거의 절대적이었다. 정서·감정 개념(emotional or affective conception)에서 야생인을 연구한 레비-브륄(L. Lévi-Bruhl)은 추상적인 범주 개념이 없는 그들의 사유는 전논리적(pre-logical)이어서 인과론적으로 사유하지 않기 때문에 때에 따른 기분의 지배를 받고 있다. 그러므로 그들의 사유는, 인과론적 논리로 사유하는 문명인의 눈에 때로 이해할 수 없는 신비적 언행으로 나타난다고 했다. 또한 말리노브스키는, 제1장에서 취급한, 기능주의의 유용 개념(utilitarian conception)에서 그들의 사유가 유기체적, 경제적 욕구(needs)에 의해 지배된다고 주장했다.

그러나 레비-스트로스는 야생인의 사유와 관련된 많은 민족지 자료를 조사해서 추상적 범주적 사유의 유무는 사유 수준의 지적 우열을 나타내는 것이 아니라, 사물에 대한 앎을 탐구함에 있어서 문화집단들이 가지고 있는 서로 다른 전략적 방식의 차이에 기인한 것임을 실증해서 상기 지배적 견해를 모두 정면으로 부정했다.

그의 조사에 의하면, 필리핀 하누노족은 거의 모든 일과가 공부하는 것이다. 즉, 그 지역에 있는 식물 하나하나를 면밀하게 관찰해서, 각각의 구체적 모양과 특성에 따라 정확하게 분류해 질서 짓는 것이다. 이렇게 해서 그들은 약 2천 개에 달하는 식물에 관한 지식을 가지고 있는데 그 수는 그 지역 식물의 93퍼센트에 해당한다. 이 사실은, 그들이 자기 지역에 있는 식물군의 극히 일부만을 이용할 뿐이라는 당시 백인의 오만스러운 가설을 완전히 뒤엎는 것이다. 또 아프리카 니그리토족은 그들 주위의 모든 것에 관해 끊임없이 연구하는데, 무슨 식물인지 정확히 알 수 없을 때에는 그 열매의 맛을 보고, 잎의 냄새를 맡아보고,

줄기를 잘라서 관찰하고, 그 서식 장소를 검토한다. 그러고 나서야 비로소 그 식물에 관해서 '안다' 혹은 '모른다'고 말한다. 또 남부 캘리포니아의 코아휠라 인디언이 사는 지역은 흔히 서부영화에서 보는 것처럼 거의 불모지에 가까운 지역이지만, 그들은 그 지역에 있는 거의 모든 식물에 관한 구체적 지식을 바탕으로 60종의 식용식물, 28종의 약용식물을 이용해 건강하고 풍요롭게 살고 있다. 또 아프리카 가봉에 있는 13개 부족의 언어와 방언에는 약 8천 종의 식물 이름이 들어있다. 그들은 자연환경에 대해 아주 정통해 있고, 그들이 거기에 기울이는 주의력이 너무도 정열적이고 정확하기 때문에, 자연에 관한 구체적 지식과 감각에 관한 한, 외부에서 온 그 어떤 백인방문자도 그곳의 원주민과는 비교될 수 없다.[44]

요컨대, 레비-스트로스에 의하면, 동물은 단지 본능적으로 유용한 것을 취한다. 인간은, 이와 달리, 공부를 해서 먼저 지식이 있어야만 어떤 무엇이 유용하거나 흥미로울 수가 있다. 그렇지 않으면, 그 무엇도 무의미하거나 그저 이상할 뿐이다. 사물에 관한 야생인의 지식습득활동 즉 공부의 주된 관심은 실용적 쓰임에 있는 것이 아니다. 유기체적 욕구, 경제적 욕구를 충족시키기 위한 것도 아니다. 그들 공부의 기본적 관심은 모든 것에 앞서 먼저 알고자 하는 지적 욕구를 충족시키는 것, 달리 말하면, 분류하기를 통해 어떤 질서(order)를 자신들의 우주 곧 자신들의 지식체계에 도입하는 것이다.[45]

---

44 C. Lévi-Strauss, 1969b, 앞의 책, pp. 3-5.

45 위의 책, p. 9.

레비-스트로스에 의하면, 이론과학 역시 기본적으로 질서를 짓는 것(ordering)이다. 우리가 어떤 사물이나 현상을 '안다'고 하는 것은 그것이 우리의 지식체계 속에 이미 분류되어 질서 지어져 있어서 가능하다는 것이다. 그는 "원시적이라고 간주되는 야생인의 사유가 질서 짓기에 기초되어 있기 때문에 그들의 분류학(systematics)은 근대 이론과학과 동의어다"[46]라고 했다. 그는 야생인의 과학을 구체의 과학(science of the concrete), 근대 이론과학을 추상의 과학(science of the abstract)이라고 명명한다.

왜 '구체'인가? 레비-스트로스에 의하면, 야생인의 과학에서 모델은 자연세계에 **있는 그대로의** 사상事象이기 때문이다. 근대 이론과학에서 모델은 어떤 개념체계의 설명력의 일반화를 제고提高하기 위한 것이다. 그러므로 모델은, 실제로 인지되는 개별 사상의 생생한 구체적 특색을 희생시키면서—즉, 개별 사상을 직접 관찰해서 얻는 생생하고 구체적인 지식보다는 식물, 동물, 액체, 운동 등 추상적 범주적 개념을 기반으로 하는 지식을 가지고—어떤 명제가 공식적 이론이 되도록 하는, 말하자면, 이론틀이다. 이에 반해, 구체의 과학은 그러한 모델화 과정을 거치지 않고 직접 오관에 의해 감각-지각된 사상 그 자체를 취급한다. 이를테면, 캥거루와 닭의 활동, 홍수가 계절적으로 들고 나는 것, 태양이 뜨고 지는 것, 민들레와 장미의 모양, 고대의 벽화, 마오리족의 문양, 달이 차고 기우는 것 등등 오관을 통해 생생하고 완연하게 감각-지각되는 그대로의 사상을 취급한다. 이런 까닭에 야생인에게는 생생하고 완연하게 감각-지각되는 사상을 개별로 지칭하는 말이 전부이다. 그

---

46 위의 책, p. 10.

것들을 몇 개의 묶음으로 범주화하기 위한 추상적 어휘 따위는 그들의 생각 밖이다.

따라서 상기 '감각-지각된 사상 그 자체를 취급한다' 함은, 제3장에서 논의한, 수퍼합리주의적 접근의 다른 말이다. 레비-스트로스에 의하면, 앞서 보았듯이, 근친혼금지는 자연에서 문화로 넘어오는 문지방이다. 이 문지방을 넘어온 우리 인간은 영속적인 자연적 본성 위에 문화적 본성을 동시에 지닌 이원적 본성의 존재이다. 바꾸어 말하면, 자연의 구조와 문화의 구조와 인간의 사유구조가 동일하다는 것이다. 이런 까닭에, 구조가 오관에 의해 감각-지각되는 사상事象 자체는 아니지만 구조의 본성은 거기에 이미 드러나 있다는 것; **그러므로** (제8절의 '요리, 불, 꿀, 담배' 편에서 구체적으로 다룰 것인 바) 보이는 사상을 관찰하면 보이지 않는 무의식적 구조(이항대대)를 유추해서 파악할 수 있다는 것이다.[47] 바로 이것이 수퍼합리주의방법론이며 또한 유학 격물치지(格物致知)론의 원리적 기반이다.

레비-스트로스에 의하면, 야생인의 격물치지에 기반한 '구체의 과학'이 신석기시대에 농업, 가축 길들이기, 도기, 직조, 음식의 보존과 요리 등 지금 우리 인류가 이렇게 존재할 수 있는 문명의 토대를 만들었다. 신석기시대 문명은, 실용적 쓰임 또는 유기체적 요구나 경제적 욕구를 충족시키기 위함에 앞서, 무엇보다 먼저 알고자 하는 지식 자체를 위한 열망에서 오랜 세월에 걸쳐 사물에 대해 지속적인 세심한 관심과 관찰을 기울이는 진정한 과학적 태도의 산물이다. 신석기시대 과

---

47 C. Lévi-Strauss, 1971, *Tristes Tropiques* (1955), J. Russell (trans.), New York: Atheneum, p. 61.

학, 근대과학은 동일한 과학적 사유에 의한 것이다. 다만 사유의 양식이 상기 구체의 과학, 추상의 과학 논의에서 본 것처럼 서로 다를 뿐이다. 이 다름은 결코 인간의 정신활동에 있어 질적 수준의 차이, 이로 인한 인간정신의 발달 단계의 차이에 의한 것이 아니다. 그 다름은 사물을 과학적으로 탐구하는 서로 다른 전략적 방식의 사유에 기인한 것이다. 구체의 과학은 감각-지각에 기반한 직관에 가까운 방식에 의한 것이고, 근대 이론과학은 직관으로부터 먼 방식에 의한 것이다. 전자가 후자에 비해 조금도 덜 과학적이지도, 덜 정확하지도 않다. 전자의 결과는 이미 만 년 전에 확보되었으며(신석기 혁명) 지금도 우리 문명의 토대가 되고 있다.[48]

요컨대, 레비-스트로스에 의하면, 근대과학과 학문을 연구하는 문명화된 사유는 근대 서구사회의 특수한 산물이다. 근대의 산업기술사회에서 교육받고, 경험하고, 생활하는 문명인의 삶은 자연적 조건보다는 인위적 조건에 의해 광범하게 지배된다. 이에 따라 그들의 인위적인 개별의 특수논리가, 야생인들 사유의 특징인 자연지식을 기반으로 하는 보편논리를 덮고 있다. 그러므로 문명인의 사유[정신활동]는 어디까지나 이차적이고 파생적이며, 인공적이고 길들여진 것이다.[49] 따라서 그들의 과학은, 엄밀히 말해, 유사과학정신(pseudo-scientific minds)에 의한

---

48 C. Lévi-Strauss, 1969b, 앞의 책, p. 15, 269.

49 C. Geertz, 1973b, "The Cerebral Savage: On the Work of Lévi-Strauss", In C. Geertz (ed.), *The Interpretation of Culture: Selected Essays by C. Geertz*, New York: Basic Books Inc. p. 357.

것이다.[50] 반면에, 야생인의 사유는 일차적이고 자연적인 것이다. 그것은 서구문명에 의해 길들여지지 않은 것일 뿐, 본질적으로 지적이고 합리적이며 논리적인 것이다. 또한 그것은 결코 기분적인 것이 아니고, 본능적인 것도 아니며, 흔히들 생각하는 그러한 신화적인 것도 아니다.[51] 레비-스트로스에 의하면, 의미심장하게도 현대의 과학이 야생적 사유로부터 떨어져 나가려고 하는 것이 아니라 오히려 그것을 더욱 과학적인 설명 속으로 재통합하고자 한다. 자연에서 문화로 향했던 예술 역시 오늘날 오히려 문화에서 자연으로 회귀하는 길을 암시하고 있다.[52]

레비-스트로스가 『야생적 사유』에서 제시한 야생적 사유에 관한 결론이다: 인류의 전 지식과정은—근대의 과학적 사유에 의한 것과 야생적 사유에 의한 것 전부를 포함해서—**하나의** 폐쇄체계이다; **그러므로** 야생적 사유는 근대의 과학적 사유와 동등하게 정당한(legitimate) 사유다; 모름지기 인류는 일차적이고 자연적이면서도 지적, 합리적, 논리적인 야생인의 사유에 내재된 영감(inspiration)을 충실히 지켜나가야 한다.[53]

---

50 C. Lévi-Strauss, 1983b, 앞의 책, 14쪽.

51 C. Geertz, 1973b, 앞의 책, p. 357.

52 C. Lévi-Strauss, 1978a, 앞의 책, p. 5.

53 C. Lévi-Strauss, 1969b, 앞의 책, p. 269.
  재레드 다이아몬드가 야생인인 뉴기니아인 사회에서 33년 동안 그들과 함께 일하면서 얻은 결론: 그들과 **처음으로 일을 시작할 때부터** 나는 그들이 평균적으로 유럽인이나 미국인보다 지능도 높고, 빈틈없고, 표현력도 풍부하고, 주변의 사물이나 사람들에게 더 많은 관심을 갖는다고 느꼈다. 두뇌의 기능을 나타낸다고 판단되는 일, 이를테면, 낯선 곳에 가서도 그곳의 전체 모습을 금방 파악하는 능력[직관적이

5. 토테미즘과 구조

토테미즘(totemism)이란 무엇인가? 프랑스 민족학자(인류학자) 게네프
(V. Van Gennep)에 의하면, 레비-스트로스 당시까지 토테미즘에 관한 학
설이 무려 41개나 된다. 이것을 크게 두 종류로 나누면, 하나는 진화주
의적 접근에 의한 학설이고, 또 하나는 유용주의적 접근에 의한 학설이
다. 전자에서는 토테미즘을 한 인간집단이 한 자연물을 자신의 집단과
동일시해서 양자 간에 어떤 특수한 관계가 있다고 믿는 원시종교의 최
초 형태라고 간주한다. 후자에서는 어떤 특정한 자연종種이 토템으로
선택되는 이유를 그 종이 희귀해서, 또는 그 종을 의례공물로 사용할
목적으로 보존하기 위해서라고 생각한다. 토템이 된 특정 종을 잡거나
해치는 것을 대부분 금기하기 때문이다.

그러나 레비-스트로스는 호주, 북아메리카, 멜라네시아, 폴리네시
아, 아프리카 등지에 산재해 있는 토테미즘에 관한 많은 민족지적 자료
를 조사해서 뿌리 깊은 진화주의 류의 접근, 당시 지배적인 제1장에서
취급한 말리노브스키 류의 유용주의적 접근 모두를 실증적으로 비판
했다.

그에 실증에 의하면, 자연세계의 동물은 능동적으로 범주를 짓지는
못하지만 자연적 본성에 의해 어느 정도는 범주를 인식한다. 예를 들면
포유류나 조류는 종의 범주를 인식해서 자신의 종과 다른 종을 구별할

고 일차적인 자연지혜에 기반한 능력] 등이 서구인보다 우수했다. (J. Diamond,
1997, *GUNS, GERMS, and STEEL*: 김진준 옮김, 2015, 『총 균 쇠』, 문학사상사,
26-27쪽)

수 있고, 성性의 범주를 인식해서 암컷과 수컷을 구별할 수 있고, 음식의 범주를 인식해서 먹을 수 있는 것과 먹을 수 없는 것을 구별할 줄 안다. 이와 달리, 근친혼금지라는 '문지방'을 넘어선 이후 자연적 본성을 지니면서 동시에 문화를 지닌 우리 인간은 주변 사람을 각종의 범주로 구별해야만 그 구별된 범주적 질서(문화) 속에서 **사회적 생활을** 영위할 수 있다. 그런데 야생인에게는 문자도 없고, 앞서 보았듯이, 사물을 범주화할 수 있는 추상적 개념도 없다. 그들에게 방법이 무엇인가? 바로 토테미즘이다.

부연하면, 인간의 삶은 누구에게나(물론 야생인에게도) 사회적 삶이다. 레비-스트로스에 의하면 인간의 사회적 삶을 가능하게 하는 토대조직이, 앞서 논의했던 것처럼, 친족이다. 친족의 성립과 유지에 있어서 절대적 전제는 근친혼금지이다. 근친혼금지가 절대규칙이기 위해서는 인간집단들 간에 혈연관계를 분명히 함으로써 그 규칙이 신앙처럼 지켜지는 사회적 생활이어야 한다. 그러므로 야생인 사회에서는 누구나 출신혈연에 의해 토템소속이 된다. 그리고 같은 토템소속의 개인들 간, 집단들 간에는 혼인이 엄격히 금지된다. 이것은 토테미즘이 자녀와 혈족 간의 사회적 범주관계를 규정하고, 출산을 위한 배우자 선정까지도 그 범주관계에 기반해서 엄격히 규제한다는 것을 의미한다(이와 관련해서, 토템이 북아메리카 오지브와족의 '오토테만[그는 나의 일족이다]'이라는 말에서 유래했다는 사실은 시사하는 바가 크다).

토테미즘이 어떻게 그러한 기능을 할 수 있는가? 레비-스트로스에 의하면, 앞서 언급했듯이, 근친혼금지로 인해 자연/문화는 무의식적인 이항대대구조의 원元모델이다. 토테미즘에는 이 원모델의 한 항項인 자연적 집단(자연)과 다른 한 항項인 사회적 집단(문화) 간에 이항대대적 상응이 이루어져 있다. 이 상응은 인간 본래의 사유능력인, 제3장에서 논의한, 환유와 비유를 통해 상징적으로 이루어진다. 결정적 문제는 대부분의 경우 토테미즘에서 그러한 상징적 상응이 없어 보인다는 것이다. 이점에 대해 레비-스트로스는 명확하게 말한다: 그 상응은 "인간집단에 대한 민족지적 탐사를 통해 사후적으로 발견될 수 있다."[54]

민족지, 신민족지는 제1장에서 취급했다. 간략히 부언하면, 민족지란 연구대상인 원주민의 생활 전모를 세밀하고 정확하게 기록한 것이다. 인류학 초기에는 식민지 관리, 선교사, 상인, 군인, 여행가 등이 기록한 것을 민족지로 사용했다. 점차 훈련된 인류학자가 원주민의 언어를 습득해서 '참여관찰'을 통해 정확하고 충실한 민족지를 작성하게 된다. 여기서 문제는 누구나 자신의 문화적 필터를 통해서 다른 문화를 보기 때문에, 민족지 기술記述에 있어서 다른 문화를 있는 그대로 기술하고 이해하기가 어렵다는 것이다. 이러한 문제의식에서 에틱(etic), 에믹(emic)이라는 개념이 주조되어 신민족지 이론이 대두되는데 이들 이론은 기본적으로 레비-스트로스의 구조주의방법론을 수용해서 성립되었다.[55]

레비-스트로스의 구조주의방법론은, 누차 언급했듯이, 언어학적 접근이다. 언어학에서 발화發話 곧 파롤은, 제3장에서 논의한 것처럼, 한 인간집단의 사회·문화적 (의미)체계 곧 랑그에 의해 유의미한 말이 될

---

54 위의 책, p. 58.

55 C. Seymour-Smith, 1996, *Macmillan Dictionary of Anthropology*, London: The Macmillan Press, pp. 98–99.

수 있다. 이와 마찬가지로, 한 인간집단과 한 자연집단 간에 어떤 유의미한 상징적 상응관계가 있음을 알 수 있기 위해서는 먼저 민족지적 탐사를 통해 랑그, 즉 당해 인간집단의 고유한 사회·문화적 (의미)체계를 이해해야 한다[에믹적]. 그리고 그 이해에 비추어 그 집단에서 통용되고 있는 환유와 비유를 알아야 한다[에믹적]. 그렇게 하지 않으면, 유의미한 상징적 상응은커녕 전혀 무의미하게 보이거나 괴상한 일로 보인다.

그런데 레비-스트로스 이전까지는 민족지적 탐사의 중요성이 제대로 인식되지 않았다. 서구인은 대부분 자신들의 합리주의, 과학주의에서 비서구문명을 보는 것을 당연한 것으로 생각했다[에틱적]. 그래서 야생인을 비과학적인 터무니없는 미신적 사유와 행위를 하는 사람이라고 간주했다[에틱적]. 레비-스트로스가 볼 때, 이것이야말로 서구인의 터무니없이 오만한 자민족중심주의인 '문화적 폭력'이었다.

이러한 문화적 폭력을 레비-스트로스는 민족지적 탐사를 통해 실증적으로 적나라하게 보여준다. 이에 의하면 어떤 부족에서는 비유나 환유에 의한 상징에 있어서 서구인에게는 중요하지 않다고 생각되는 동물이 오히려 더 중요한, 더 큰 역할을 한다. 늑대를 곰의 백부로 삼는다든지, 산고양이가 표범의 백부가 되는 경우이다. '그 집단은 늑대와 산고양이가 대단히 주의력 깊은 동물이기 때문에 평화를 위한 일에 도움을 준다고 믿고 있다'는 민족지적 지식이 없는 서구인의 에틱적 눈에는 동물들 간의 그러한 상징적 상응관계가 비합리적, 비과학적, 미신적으로 보인다.

다른 어떤 부족은 세 씨족으로 구성되어 있는데, 비, 철鐵, 표범을 각각의 토템으로 하고 있다. 그들의 비유나 환유에 의한 상징적 상응관계를 모르는 서구인의 생각으로는 거기서 아무런 유의미한 질서도 발견할 수 없다. 그러나, 엄연한 그 씨족들 간의 위계에서는 비를 토템으로 하는 씨족이 가장 상위이고, 철 토템 씨족이 다음이고, 표범 토템 씨족이 하위이다. 레비-스트로스의 민족지적 탐사에 의하면 그들에게 표범은 산양보다 높고, 철은 표범을 죽일 수 있기 때문에 표범보다 높으며, 비는 철을 녹슬게 하므로 철보다 높다. 그래서 비를 토템으로 하는 씨족이 최상위이다. 비가 오지 않으면 동물은 모두 굶어 죽고, 옥수수 죽도 만들 수 없으며, 진흙도 빚을 수가 없다.[56]

레비-스트로스의 민족지적 탐사에 의하면, 각 인간집단이 처해있는 환경에 따라 토템이 되는 자연물이 다양하다. 아프리카 어떤 부족의 씨족들은 붉은 소, 검은 소, 젖소 등 소의 종류와 색에 따라 소만을 각각의 토템으로 한다. 또 어떤 경우는 소 몸의 부분인 혀, 창자, 심장 등을 토템으로 한다. 멜라네시아에서는 새, 나무, 물고기, 짐승 등을 토템으로 하기도 하고, 또 어떤 경우는 눈, 비, 바람, 구름, 물, 불, 해, 달, 계절 등 자연물이나 자연현상을 토템으로 한다.

이제 직접 우리가, 야생인의 '구체의 과학'적 방법으로써, 우리의 환경 내에 있는 곰, 독수리, 상어라는 자연물을 가지고 A, B, C 세 씨족집단 간의 사회적 범주관계를 상징적으로 나타내는 토템체계를 구성해 보자.

먼저, 왜 하필 곰, 독수리, 상어인가? 곰, 독수리, 상어가 감각-지각에 있어서 **대대적 다름 혹은 차이가** 서로 간에 뚜렷하기 때문이다. 더

---

56 C. Lévi-Strauss, 1969b, 앞의 책, p. 62.

욱 좋은 것은 [한 가지 범주여도 되는데] 두 가지 범주에서 그것들 각각의 존재를 구성하는 소성素性—제1장의 인지인류학 편에서 친족용어를 소성분석(component analysis)한 그 소성—이 서로 뚜렷하게 다르기 때문이다. 한 범주는 그것들이 동물에 속하기 때문에 **움직임이라는 소성이다**: 곰(긴다)≠독수리(난다)≠상어(헤엄친다). 또 한 범주는 그것들이 살고 있는 **환경이라는 소성이다**: 곰(땅)≠독수리(하늘)≠상어(물). 소성의 대대對待적 다름이 이처럼 이중 범주에서 뚜렷하기 때문에—그래서 [자세히 보는 것이 아니라 그냥] 척 보면 곰은 땅에서 기고, 독수리는 하늘에서 날고, 상어는 물에서 헤엄치기 때문에—이들 삼자 간의 감각-지각적인 대대적 다름이 생생하고 뚜렷하다.[57]

그들 소성의 이러한 대대적 다름이 A, B, C 세 씨족집단 간의 사회적 범주관계—부족외혼 씨족이냐/부족내혼 씨족이냐, 부계 씨족이냐/모계 씨족이냐, 동맹 관계냐/적대 관계냐, 어느 씨족이 혈연 위계적으로 더 상위이냐/하위이냐 등—와 상징적으로 상응되도록 한다. 이때 그들 자연종은 기표記標이다. 이들 기표가 그 세 집단 간의 사회적 범주관계를 기의記意한다.

---

[57] 비근하게 교통신호체계를 생각해보자. 빨강 자체, 파랑 자체는 아무런 메시지가 없다. 양자 간의 감각-지각적인 **대대對待적 다름에 의해** 전자는 '멈추시오', 후자는 '(계속)가시오'라는 메시지를 담고 있다. 이때 빨강과 파랑은 기호이고, 그러한 메시지는 이들 기호가 산출한 기의이다. 왜 하필 빨강, 파랑인가? 그 둘 간의 감각-지각적 다름이 대대적으로 가장 뚜렷하기 때문이다. 그래서, 자세히 보는 것이 아니라, 그냥 척 보면 상기 메시지를 즉각 알 수 있기 때문이다.
특기할 것은 빨강과 파랑이 하나의 교통신호체계 내에 있다는 것이다. 양자가 각각 따로 떨어진 곳에 있다면, 양자 간의 다름은 그냥 다름일 뿐이다. 그래서 양자는 서로 무無대대적, 음운론으로 말하면 무無관여적이기 때문에 아무런 메시지도 없는 그냥 색일 뿐이다.

이를테면, 혈연위계적으로 A씨족이 B씨족보다 상위 집단임을 나타내고자 할 때(메시지), 야생인은 앞서 언급했듯이 상/하, 고/저라는 추상적 개념으로 말하지 않는다. A씨족은 [척 볼 때] 하늘을 나르는 독수리를, B씨족은 [척 볼 때] 땅에서 기는 곰을 각각 조상으로 숭배하는, 혹은 신성시하는, 혹은 수호신으로 삼는, 혹은 금기하는 등의 토템행위 자체에 'A씨족은 B씨족보다 상위 집단이다' 혹은 'B씨족은 A씨족보다 하위 집단이다'라는 메시지가 상징적으로 담겨 있다. 추상적 범주적 사유를 하지 않는 야생인은 그러한 구체적인 눈에 보이는 토템행위들에 담겨있는 상징적 메시지를 통해 혈연관계, 동맹관계 등 사회적 범주관계를 자신과 남에게 지적으로, 논리적으로 알 수 있도록 해서 사회적 생활을 영위한다.

곰, 독수리, 상어 대신에 늑대, 여우, 족제비라면 어떠할까? 이것들은 모두 땅에서, 모두 네 발로, 그리고 모두 잽싸게 움직인다. 이들 간의 감각-지각적인 대대적 다름은 상기 이중의 범주에서 볼 때 뚜렷하지 않다. 그러므로 한 세트의 토템체계(기표체계)를 구성하기에 적절하지 못하다. 무엇을 말해주는가? 어떤 자연종이 토템으로 선택되는 이유는 그것이 먹기에 좋아서도 아니고, 신성해서도 아니며, 보존이 필요해서도 아니라는 것이다. 그것은 단지 감각-지각적으로 **대대적 다름이라는 측면에서** 생각하기에 좋은(good to think) 것이기 때문이다.

여기서 놓치지 말아야 할 이론적 끈이 있다. 대대적 다름이라는 측면에서 '생각하기에 좋은 것'을 토템으로 선정하는 것은 누가 시켜서가 아니다. 그런 규칙을 누가 인위적으로 만들어 놓아서도 아니다. 그것은 무의식적인 이항대대구조가 구현 혹은 현현된 것이다. 다시 말해, 인간이면 누구나 타고나는 무의식—인간의 의식과 무관하게 작동하는, 말하자면, 이항대대인식틀—이 야생인으로 하여금 이항대대적 다름이라는 측면에서 생각하기에 좋은 것을 토템으로 선정하도록 한 것이다.

요컨대, 레비-스트로스에 의하면, 토테미즘에서 한 자연집단(이를테면, 독수리/곰)과 한 인간집단(이를테면, A집단/B집단) 간에 이루어진 상징적 상응은 무의식적인 것이며 근본적으로 논리적이다. 만약 논리적이지 않게 보인다면, 민족지적 탐구가 되어있지 않아서 그 집단 특유의 환유나 비유에 기반한 상징적 상응관계를 몰랐기 때문이다. A집단과 B집단 간의 사회적 범주관계를 독수리와 곰 간의 상기 이승적 범주관계로써 상징적으로 나타내는 것은 결코 때에 따른 기분이나 기호嗜好에 의한 것이 아니다[레비-브륄의 견해 부정]. 시간의 흐름 속에서 일어나는 어떤 인과관계에 의한 것도 아니다[뿌리 깊은 진화론적 견해 부정]. 기능주의적 유용성에 의한 것도 아니다[당시 지배적인 말리노브스키의 견해 부정]. 터무니없거나, 미신적인 것은 더욱 아니다[서구인 일반의 오만한 문화폭력적 견해 부정]. 그것은 무의식적인 이항대대라는 구조의 한 전형적 현현 혹은 산물이다.

6. 신화와 구조

신화에 대한 레비-스트로스 당시 지배적 생각은, 신화에는 어떤 부호화된 의미가 상징적으로 담겨있다는 것이다. 프로이트(S. Freud, 1856~1939)는 신화에 인간보편의 성 심리가 부호화되어 숨겨져 있다고 생각했다. 융(C. G. Jung, 1875~1961)은 신화에 인간정신의 원형, 즉 인간집단 저마다의 우주관(집단무의식)이 상징에 의해 부호화되어 담겨있다고 보았다. 특히 융의 견해는, 뿌리 깊은 해석학적 전통과 연결됨으로써, 각 인간집단은 자신의 신화 속에서 '자신이 발견하고자 원하는 것' 또는 '처음에 자신의 신화 속에 두었던 것'을 발견하고자 한다―우리가 보통 단군신화에서 그렇게 하는 것처럼―는 생각이 지배적이었다.

레비-스트로스의 신화관은 이들과 정면으로 다르다. 그에 의하면, 신화가 조합해내는 이미지는 단지 상징적 유효성(symbolic efficacy)에 좋은 것(토테미즘으로 말하면 단지 대대對待적 다름이라는 측면에서 '생각하기에 좋은' 것), 즉 한 세트의 **대대적인** 어떤 근본적 문제나 의문을 상징적으로 나타내는 데 유효할 뿐이다. 그러므로 그 이미지 속에 우리가, 부호를 해독하듯이, 해독해야 할 어떤 정해진 내용―어떤 성심리, 어떤 인간정신의 원형, 어떤 우주관 등―이 들어있다는 견해는 뿌리 깊은 오류이다.

레비-스트로스에 의하면, 토테미즘이 보여주는 야생인의 사유는 한편으로 신화적 사유이다. 토테미즘은, 앞서 보았듯이, 무의식적인 이항대대구조가 토템의 재료가 되는 자연물을 매개로 스스로를 상징적 이미지로 드러낸 것이다. 이와 마찬가지로, 신화는 무의식적인 이항대대구조가 신화의 재료가 되는 여러 가지 사건과 현상을 매개로 스스로를 상징적 이미지로 드러낸 것이다. 그러므로 만하르트(W. Mannhardt, 1831~1880)를 비롯한 자연주의학파의 근본적 오류는, 신화가 알기 어려운 어떤 자연현상―예를 들어, 별은 왜 반짝일까, 바람은 왜 불까, 바닷물은 왜 짤까 등―을 설명하고자 한다는 것이다. 레비-스트로스에 의하면, 오히려 신화는 그러한 자연현상을[설명하고자 하는 것이 아니라] 매개로 해서 인간 사유의 구조적 질서가 표출된 것이다. 따라서 신화에서 우리가 탐구해야 할 것은 신화 속의 인간이 무엇을 생각하느냐가 아니라, 신화에 담겨있는 인간의 사유구조이다.[58]

어떻게 탐구할 것인가? 당연히 레비-스트로스는 신화를 구조주의방법론 즉 이항대대라는 모델로 접근해서 신화에 담겨있는 인간의 사유구조를 탐구한다. 그 탐구에 의하면, 신화는 신화를 실제로 만드는 실천이라는 측면에서 생각하면 브리콜라즈(bricolage)와 상동相同관계이고, 작동원리라는 측면에서 생각하면 만화경과 상동관계이다.[59]

브리콜라즈는 미술 용어이다. 그것은 미술용으로 마련되어 있는 미술재료를 구해서 작업하는 것이 아니라 손에 닿는 아무것이나 이용해서 만든 미술작품, 또는 그렇게 만드는 작업을 뜻하며, 이런 작업을 하는 사람을 브리컬러(bricoleur)라고 한다. 먼저, 브리컬러의 실천을 보자. 그의 작업은 원료와 도구의 구득 여부에 의해 좌우되지 않는다. 그는 주변에 있는 잡다한, 서로 이질적 원료와 도구를 가지고 작업해서 브리콜라즈를 만든다. 다음으로, 만화경의 작동원리를 보자. 만화경을 눈에 대고 계속 돌리면, 그 속에 들어있는 조각들이 계속해서 떨어져 내리면서 다양한 패턴(모양)을 계속해서 만든다. 이 다양한 패턴은 만화경 내에 있는 조각 개개의 형태, 질, 색깔 등의 속성에 의해서가 아니라 근본적으로 조각들 조합의 변형에 의해 이루어진다. 이 변형 범위는 만화경의 물리적 구조, 즉 만화경의 지름이 얼마이며 또 그것이 몇 개의 각으로 되어 있는가에 따라 결정된다.

이제 아득한 고대의 사람을 생각해보자. 그들 주변에 무엇이 있었겠는가? 레비-스트로스에 의하면, 그들은 마치 브리컬러가 브리콜라즈를 만드는 것처럼 당시 주변에 있는 자연물, 기존의 신화, 의례, 구전 지

---

58 위의 책, p. 95.
59 위의 책, pp. 21-22.

식, 주술, 토템 등으로부터 가져온 잡동사니를 재료로 해서 신화를 만든다. 그들은 대대적 구별이 뚜렷한 구체적 이미지를 가진 것 그래서 '상징적 유효성'에 좋은 것이라면, 토템동물, 신화에 나오는 성스러운 색깔, 생활용품, 자연의 천체물, 바람의 방향, 태양 등 무엇이든지 섞어서 신화를 만든다(마치 만화경 속에서 잡다한 조각들이 섞여서 패턴이 만들어지는 것처럼). 이런 까닭에 신화는 지금 우리가 볼 때 터무니없고, 우스꽝스럽고, 신비스럽기조차 한 것이다.

이렇게 해서 만들어진 신화는, 신화가 만들어지던 당시의 공시태 속에서 신화의 공시적 측면과 통시적 측면이 섞이면서, 시간의 흐름 속에 끊임없이 변형된다(마치 만화경 속의 패턴이, 패턴이 만들어지는 순간의 공시태 속에서 패턴의 공시적 측면과 통시적 측면이 섞이면서, 시간의 흐름 속에 끊임없이 변형되는 것처럼). 그러므로 레비-스트로스는 신화에 한 개의 원본이 있고, 시간이 흐름에 따라 그 원본에서 파생된 또는 왜곡된 일련의 신화가 있다는 기존의 관점을 부정한다. 당시까지 존재해 온 모든 신화 그리고 앞으로 존재하게 될 모든 신화 각각은 변형으로 인해 서로 다르게 보일 뿐, 그 자체로 정본이다. 레비-스트로스에 의하면, 고대 그리스신화 전체가 변형본의 거대한 시리즈 덩어리이다. 다음은 그 시리즈 중 하나인 『라이오스 이야기』의 간략한 줄거리이다.

암피온과 제토스의 통치 기간 동안 라이오스는 추방당해서 펠롭스의 도움을 받는다. 라이오스는 펠롭스의 아들인 크리시포스에게 사랑을 느껴 그에게 전차 타는 법을 가르쳐 준다. 라이오스는 테베로 돌아와 왕위에 올라 요카스테와 결혼한다. 하지만 그녀가 낳은 아들이 자신을 죽일 것이라는 소문을 듣고 그녀와 동침하지는 않는다. 종교축제에 참석했다가 술에 취한 라이오스는 자제하지 못하고, 딱 한 번 요카스테와 동침해서 오이디푸스를 낳는다. 라이오스가 교차로에서 오이디푸스를 만났을 때, 오이디푸스는 전차를 모는 젊은이였다.[60]

그 시리즈 중 다른 하나인『오이디푸스 이야기』의 간략한 줄거리:

> 라이오스 왕과 요카스테 왕비가 테베를 통치하고 있다. 이들의 아들 오이디푸스는 말뚝에 발목이 묶여 땅에 붙박인 채로 산속에 내버려졌다. 그러나 아들은 살아난다. 아들은 아버지인 왕을 교차로에서 만나 그를 죽인다. 왕비의 오빠 크레온이 부왕으로서 나라를 다스린다. 테베는 괴물 스핑크스에 의해 곤란을 겪는다. 왕비는 그 괴물의 수수께끼를 풀어내어 괴물을 제거하는 사람과 결혼하겠다고 공언한다. 오이디푸스가 수수께끼를 풀자 괴물은 자살한다. 오이디푸스는 왕이 되고, 어머니 요카스테와 결혼한다. 오이디푸스의 신분이 밝혀지자 요카스테는 자살하고, 오이디푸스는 자기 눈을 찔러 초자연적인 시력을 획득한 사람이 된다.[61]

그 시리즈 중 또 다른 하나인『테세우스 이야기』의 간략한 줄거리:

> 테세우스는 바다의 신 포세이돈과 인간인 어머니 사이에서 태어났다. 히폴리토스는 테세우스와 아마존의 여왕 히폴리테 사이에서 태

---

60 E. Leach, 1976, *Claude Lévi-Strauss*, New York: Penguin Books, pp. 85-86.
61 위의 책, p. 86.

어난 아들이다. 미노스는 하늘의 신 제우스와 인간인 어머니 사이에서 태어났다. 미노스의 딸인 파이드라는 테세우스의 아내이며 히폴리토스의 계모이다. 파이드라는 히폴리토스에게 사랑을 느껴 유혹하지만 거절당한다. 그러자 파이드라는 오히려 히폴리토스가 자기를 강간하려 했다며 거짓으로 고발한다. 이에 테세우스는 히폴리토스를 죽여달라고 포세이돈에게 호소해서 히폴리토스는 죽고, 파이드라는 자살한다. 테세우스는 자신의 잘못을 깨닫고 죄책감을 느낀다.[62]

과연 어느 이야기가 정본인가? 레비-스트로스에 의하면, 정본이 따로 있는 것이 아니다. 각 변형본 모두가 정본이다. 그러므로 신화분석을 어디서부터 시작하더라도 변형의 한 체인(chain)에서 시작하는 것이고, 어디에서 그 분석을 마치더라도 항상 어딘가에 이르지를 못한다. 신화는 시간의 흐름(역사) 속에서 지역·문화적 특성에 의해 항상 변형되고 있는 과정 중에 있기 때문에 그 어떤 신화도 이야기의 최종일 수 없다.

이러한 변형과 관련해서, 앞의 『오이디푸스 이야기』와 『테세우스 이야기』를 비교해보자. 전자에서는 아들(오이디푸스)이 아버지(라이오스)를 죽인다. 후자에서는, 그 반대로, 아버지(테세우스)가 아들(히폴리토스)을 죽인다. 양자는 도치(inversion)에 의한 변형관계이다. 또 전자에서는 아들(오이디푸스)이 어머니와 동침한다. 후자에서는, 그 반대로, 아들(히폴리토스)이 어머니(파이드라)와 동침하지 않는다. 역시 도치에 의한 변형관계이

---

[62] 위의 책, p. 84.

다. 또 전자에서 어머니(요카스테)와 후자에서 어머니(파이드라)가 모두 자살하는데, 이것은 환치(permutation)에 의한—둘 다 어머니인데 요카스테 자리에 파이드라를, 파이드라 자리에 요카스테를 둔—변형관계이다. 또한 전자에서 왕의 아들(오이디푸스)과 후자에서 신의 아들(테세우스)은 모두 죄책감을 느끼는데, 역시 환치에 의한—둘 다 아들인데 왕의 아들 자리에 신의 아들을, 신의 아들 자리에 왕의 아들을 둔—변형관계이다.

　신화연구에 있어서 레비-스트로스 이전에는 하나의 원본으로부터 시간의 흐름 곧 역사 속에서 파생된 또는 왜곡된 일련의 판본이 있다고 보고 그중에서 원본을 찾는 일, 그리고 어느 판본이 원본과 어떤 관계에 있는지를 알고자 하는 비교역사학적 연구가 지배적이었다. 레비-스트로스가 볼 때, 그러한 연구는 의미가 없다. 어느 한 문화지역 내에 있는 모든 신화는 동일한 모티프(세상과 인간의 삶에 있어서 근본적인 불가사의나 모순에 대한 의문), 동일한 구조(이항대대)에 의해 만들어지므로 상호원본관계에 있고 그래서 결국 하나의 이야기이기 때문이다.
　그렇다면, 그러한 신화를 어떻게 해석할 것인가? 레비-스트로스는 『구조인류학(*Structural Anthropology*)』에서 오이디푸스신화를 직접 분석해 보여주면서 여기에 답하고 있다. 오이디푸스신화는 고대로부터 희랍지역 일대에서 구전되어 온 전설로서, 소포클레스(Sophocles, B.C. 496~406)가 기록한 판본이 가장 잘 알려져 있다. 그것을 간략하게 정리한다.

　　길들여진 야생 황소인 하늘의 신 제우스가 인간의 딸인 에우로페를
　　범하고나서 납치한다. 에우로페의 오빠 카드모스와 어머니 텔레파

사는 그녀를 찾는다. 그러던 중에 어머니가 죽자 카드모스는 어머니를 매장한다. 그리고는 전쟁 신의 아들인 용을 죽여 물리치고 그 용의 이빨을 땅에 뿌린다. 그 뿌려진 이빨에서 어미 없는 인간 형제들인 스파르토이가 나온다. 이들은 서로 죽이는 싸움을 하는데, 살아남은 자가 카드모스에게 협력해서 테베(Thebe) 왕조를 세운다

오이디푸스는 테베 왕조의 라이오스왕과 요카스테왕비의 아들이다. 라이오스는 자기 아들이 언젠가는 자기를 죽이고 요카스테와 결혼할 것이라는 예언을 신탁神託으로부터 들었다. 그는 부하에게 명해서, 오이디푸스의 발을 창으로 찌르고는 말뚝에 발목을 묶어 땅에 붙박이가 되도록 해서 죽게 했다. 그러나 오이디푸스는 한 양치는 목자에 의해 구조되어 자신의 친부모가 누군지도 모르는 채 어른으로 성장했다. 전차를 모는 젊은이가 된 오이디푸스는 어느 날 교차로에서 한 오만한 사람을 만나 다투다가 그를 죽이는데, 바로 그의 아버지인 라이오스다.

오이디푸스는 괴물 스핑크스에 의해 고통 당하고 있는 테베국으로 간다. 스핑크스는 길가는 사람에게 '하나의 목소리를 가지고 있고 4개의 다리, 2개의 다리, 3개의 다리가 되는 생물이 무엇이냐'는 수수께끼를 내어 알아맞히지 못하면 잡아먹고 있었다. 오이디푸스는 그 수수께끼를 풀어서 '사람이 어릴 때는 네 발로 기고, 자라서는 두 발로 걸으며, 늙으면 지팡이를 짚는다'고 하자, 스핑크스는 스스로 죽었다. 이 공로로 그는 테베국의 왕관과, 라이오스의 미망인이자 자기의 친 어머니인 요카스테를 물려 받는다.

이후 테베국은 무서운 역병으로 처참하게 된다. 델포이에 있는 신탁은 이러한 사태를 종식시키려면 라이오스를 살해한 자를 찾아 내야

한다고 명한다. 오이디푸스가 그 임무를 맡았고, 결국은 자기가 찾고 있는 자가 바로 자기임을 알게 된다. 모든 것이 밝혀지자, 요카스테는 목을 매어 자살한다. 그리고 오이디푸스는 그녀의 뾰족한 장신구로 자신의 눈을 찔러 맹인이 된다. 그 후 그는 다시 초자연적인 시력을 얻는다.

오이디푸스에게 두 아들 에테오클래스와 폴리네이케스가 있다. 오이디푸스와 요카스테가 이들을 낳았다. 그러므로 이들은 오이디푸스의 아들이면서, 한편으로는 오이디푸스와 형제이다. 맹인이 된 오이디푸스가 왕좌를 포기했기 때문에 그들은 왕위쟁탈전을 벌이다가 서로를 죽인다. 반역자는 매장을 할 수 없다는 외삼촌 크레온의 명령을 어기고 안티고네는 폴리네이케스를 매장해 준다. 안티고네는 그 매장에 대한 형벌로 무덤 속에 갇히고 거기서 자살한다.[63]

황당무계하다. 이야기의 흐름에 논리성은 있지만, 도대체 이 이야기에 무슨 의미(메시지)가 담겨있다는 것인가? 어떤 느낌은 있다. 근친상간, 근친살인, 자살, 어머니면서 아내 또는 아들이면서 형제라는 다중적 신분, 애매하고 갈등적인 신과 인간의 관계 등의 테마가 변형적으로 계속되고 있다. 바로 이 점에서 우리는 앞서 본 레비-스트로스의 신화

---

63 B. Wiseman and J. Groves, 1997b, *Lévi-Strauss*, London: Penguin Books Ltd., pp. 156-158의 내용과, E. Leach, 1976, 앞의 책, pp. 86-87의 내용을 종합해서 구성한 것임(레비-스트로스는 『구조인류학』에서 오이디푸스신화 자체는 기술하지 않았음). Leach, 1976, 앞의 책, pp. 68-69에 있는 오이디푸스의 할아버지 라브라스코는 절름발이, 오이디푸스의 아버지 라이오스는 왼손잡이, 오이디푸스 자신은 부은 발이라는 이야기는 생략함.

이론 핵심을 다시 한번 다잡아야 한다: 우리는 신화 속의 인간들이 무엇을 생각하느냐가 아니라, 신화에 내재된 인간사유의 무의식적 논리질서를 탐구해야 한다.

레비-스트로스는 오이디푸스신화를 해석하기 위해, 제3장에서 취급한, 랑그/파롤, 공시태/통시태를 분석에 있어서 중심 개념으로 삼는다. 그리고 음소(phoneme) 개념을 원용해서 신화소神話素(mytheme)라는 개념을 자신이 직접 만든다. 신화소는 관련을 가진 상징들의 묶음이다(의미들의 묶음이 아니다. 의미는 모든 분석절차가 끝난 후에 드러난다). 먼저, 그는 상기 오이디푸스 이야기를 통시적으로 분해한다. 이것은 이야기 줄거리를 시간의 흐름에 따른 순서대로 짧은 문단으로 나누는 것이다. 나누어진 각 문단의 요지는 다음과 같다.

a. 카드모스는 제우스에게 유괴당한 여동생 에우로페를 찾는다.

b. 카드모스는 용을 쳐 물리친다.

c. 스파르토이 형제는 서로를 죽인다.

d. 오이디푸스는 자기 아버지 라이오스를 살해한다.

e. 오이디푸스는 스핑크스를 죽인다.

f. 오이디푸스는 어머니 요카스테와 결혼한다.

g. 에테오클래스는 형 포류네이케스를 살해한다.

h. 안티고네는 금기를 깨고 오빠 포류네이케스를 매장한다.

i. 라브라스코(오이디푸스의 할아버지)는 절름발이다.

j. 라이오스(오이디푸스의 아버지)는 왼손잡이다.

k. 오이디푸스는 부은 발이다['오이디푸스'는 부은 발이라는 뜻].

이상을 a에서 k까지 통시적으로, 즉 순서대로 차례로 읽어보면 그저 황당할 따름이다. 레비-스트로스는 이것의 의미를 나타내기 위해 상징적 관련을 가진 것들끼리 묶었는데 다음과 같이 4개의 '신화소'가 만들어진다.

(1) a   f h
(2)   c d g
(3)   b   e
(4)   i j k

a, f, h의 묶음인 신화소 (1)은 과대평가된 친족관계라는 이미지가 상징되어 있다(신보다 여동생을 더 소중히 여기고, 어머니와 근친상간을 하고, 역적인 오빠를 법을 어기면서까지 매장하므로). c, d, g의 묶음인 신화소 (2)는 과소평가된 친족관계라는 이미지가 상징되어 있다(부친을 살해하고, 형제를 살해하므로). b, e의 묶음인 신화소 (3)은 인간이 결코 흙에서 생겨난 존재가 아니라는 이미지가 상징되어 있다(인간이 대지의 괴물들을 격퇴하므로). i, j, k의 묶음인 신화소 (4)는 인간이 흙에서 생겨난 존재라는 이미지가 상징되어 있다(삼대에 걸쳐 불구이므로).[64]

다음은 레비-스트로스가 이들 4개 신화소 간의 관련성을 공시태적 총체성 속에서 분석한 것이다. 신화소 (1)이 이미지적으로 상징하는 것(과대평가된 친족관계)과 신화소 (2)가 이미지적으로 상징하는 것(과소평가된

64 C. Lévi-Strauss, 1968, 앞의 책, pp. 214-216.

친족관계)은 서로 이항대대적이다. 신화소 (3)이 이미지적으로 상징하는 것(인간은 흙에서 생긴 존재가 아님)과 신화소 (4)가 이미지적으로 상징하는 것(인간은 흙에서 생긴 존재임) 역시 서로 이항대대적이다. 이것은 [결론]인간 사유의 무의식적 논리질서 곧 이항대대구조가 오이디푸스신화를 통해 드러난 것, 표출된 것이다.

그런데 이상은 신화분석에서 한 핵심적 과정을 간과하고 결론만 먼저 제시한 것이다. 즉, 신화를 분석함에 있어서 파롤 측면만 다루고 랑그 측면은 취급하지 않은 것이다. 이제 우리가, 레비-스트로스를 대신해서, 직접 랑그적 측면을 분석해서 해석의 완전성을 기하기로 한다.

상기 4개 신화소는 아직 어떠한 의미도 갖지 않은 발화 곧 파롤에 불과하다. 파롤은 랑그에 의해 비로소 의미를 가진 말이 된다. 랑그는 누차 언급했듯이 어떤 한 인간집단에 있어서 공시태적인 당시 당시의 사회·문화적 (의미)체계이다. 이 체계는, 앞서 토테미즘에서 언급했듯이, 민족지적 탐구를 통해서 알 수 있다. 민족지적 지식이 없으면, 랑그를 알 수 없기 때문에 파롤은 의미(메시지)를 담은 말이 될 수 없다.

그러면 오이디푸스신화에서 랑그적 측면이란 무엇인가? 그것은 그 신화가 만들어질 당시 고대 그리스지역의 사회·문화적 (의미)체계이다. 그렇다면 고대 그리스지역의 사회·문화적 (의미)체계에서 그 신화가 만들어지게 된 모티프, 즉 세상과 인간의 삶에 있어서 근본적인 의문이나 불가사의란 무엇인가? 레비-스트로스의 민족지 조사에 의하면, 그것은 한결같이 수수께끼 같은 인간 탄생의 기원, 그렇게 탄생된 인간들 간에 벌어지는 다양한 희비애락적 삶의 원인, 그리고 이 원인과 관련된 인간과 신의 관계 등에 관한 근본적 의문이고 사유思惟이다. 또한 그 조사에 의하면, 최초의 인간은 반이 사람이고 반은 뱀이었는데 식물처럼 땅에서 자랐기 때문에 우리는 누구나 태어나 처음에는 잘 걷지도, 정상적으로 걷지도 못한다. 이것은 인간이 원래 흙에서 태어났다는 고대 그리스인의 우주관적 믿음이다. 하지만 실제로는 인간이, 흙에서가 아니라, 남자와 여자의 결합에 의해 태어난다는 것을 그들은 알고 있다.

인간탄생에 관한 우주관적 믿음과 실제의 경험적 지식이 이처럼 정면으로 상충된다는 것은 고대 그리스인에게 근본적인 불가사의가 아닐 수 없다. 이러한 랑그에 상기 4개의 파롤, 즉 상기 4개 신화소(상징의 묶음)를 비추어 보면, 신화소 (1)과 (2)는 아무런 메시지도 드러나지 않는다. 그러나 신화소 (3)과 (4)에는 어떤 메시지가 다음과 같이 드러난다.

신화소 (3)에 나오는 사상事象은 실제로 존재하는 것이 아니다. 그것은 다만 '상징적 유효성'에 적합한 이미지들이다. 스핑크스는 반이 사람이고 반은 동물이라는 것(상기 민족지 조사에서 최초의 인간은 반이 사람이고 반은 뱀이라는 것)과, 괴물 용의 이빨이 땅에 뿌려졌고 거기서 인간이 나왔다는 것(상기 민족지조사에서 인간은 원래 흙에서 태어났다는 것)은 인간의 토착성을 상징하는 이미지이다. 흙에서 나와 제대로 걷지도 못하는 이 토착성의 인간이 불가항력적인 괴물을 물리친다는 것은 불가능하다. 그러므로 신화소 (3)은 괴물을 물리친 인간이 결코 흙에서 생긴 존재가 아니라는 의미를 상징적 이미지로 보여주고 있다. 다시 말해, 파롤 (3)이 상기 랑그에 의해 의미를 담은(메시지를 담은) 말이 된 것이다: **인간은 흙에서 생긴 존재가 아니다.**

신화소 (4)에 나오는 사상 역시 상징적 유효성에 적합한 이미지들이다. 오이디푸스는 창에 찔린 발이 말뚝에 묶여 땅에 붙박이가 된 채로 버려졌고, 그래서 부은 발이 되었다. 이것은 인간이 남자와 여자에 의해 태어나는 존재이긴 하지만, 근본적으로는 (상기 민족지 조사에서처럼) 흙에 토착된 존재라는 운명을 벗어날 수 없다는 것을 상징하는 이미지이다. 게다가, 오이디푸스가 3대에 걸친 불구라는 것은 그의 불구가 본래적인 것임을 상징하는 이미지이다. 그러므로 신화소 (4)는 인간이 흙에서 생긴 존재라는 것을 상징적 이미지로 보여주고 있다. 다시 말해, 파롤 (4)가 상기 랑그에 의해 메시지를 담은 말이 된 것이다: **인간은 흙에서 생긴 존재이다.**

핵심 포인트는, 이상이 분석한 결과의 전부라는 것이다. 그 이상은 아무것도 없다. 이러한 분석결과는 고대 그리스인이 가지고 있던 불가사의한 인간탄생기원에 관한 한 세트의 이항대대적 물음—인간은 원래 흙에서 생긴 존재인가/아닌가—에 대한 답을 제시한 것이 아니라, 그 물음을 상징적 이미지를 매개로 해서(이용해서) 다시 한 세트의 이항대대적 물음으로 제시한 것일 뿐이다.

그렇다면, 수수께끼 같은 탄생기원을 가진 인간의 삶이 왜 그렇게도 다사다난하고 희비점철적인가? 레비-스트로스의 민족지 조사에 의하면, 고대 그리스인의 삶에서 인간관계의 대부분은 그 어떤 관계보다도 가장 친밀한 1차적 관계인 혈연관계에 기반을 두고 있다. 정치와 권력의 장에서 더욱 그러했다. 그럼에도 불구하고, 한편으로는 혈육 간의 살인과 음모와 투쟁으로 인해 그들의 삶은 언제나 희비 속에서 다사다난했다. 참으로 불가사의이고, 모순이 아닐 수 없다. 이러한 랑그에 상기 4개의 파롤(상기 4개의 신화소)을 비추어 보면, 신화소 (3)과 (4)는 아무런 의미도 드러나지 않는다. 그러나 신화소 (1)과 (2)에는 어떤 의미가 드러난다. 신화소 (1)은 과다한 혈연관계를 상징적 이미지로 보여주고 있고, 신화소 (2)는 과소한 혈연관계를 상징적 이미지로 보여주고 있다.

다시 말해, 그러한 랑그에 의해 파롤 ⑴은 **과다한 혈연관계**라는 메시지를 담은 말이 되었고, 파롤 ⑵는 **과소한 혈연관계**라는 메시지를 담은 말이 된 것이다.

이것 역시 분석한 결과의 전부이다. 이 분석결과는 고대 그리스인이 가지고 있었던 한 세트의 이항대대적인 불가사의한 물음—희비점철적 인간 삶의 원인이 과다한 혈연관계에 있는가/과소한 혈연관계에 있는가—에 대한 답을 제시한 것이 아니라, 그 물음을 상징적 이미지를 매개로 해서 다시 한 세트의 이항대대적 물음으로 제시한 것일 뿐이다.

레비-스트로스에 의하면, 오이디푸스신화에 담겨있는 그 이항대대적 물음은 누구도 답을 제시할 수 없는 '답이 없는 물음'이다. 그럼에도 고대 그리스인으로서는 그 물음을 생각에서 지울 수가 없다. 그래서 그 물음은 새로운 신화이야기로 변형되어 계속 이어진다. 세상과 인간의 삶에 관한 **근본적인 그러나 답이 없는** 물음, 불가사의한 물음이 신화적 사유를 끊임없이 작동하게 하는 모티프이다.

비근하게 『흥부와 놀부』, 『콩쥐와 팥쥐』, 『심청전』, 『춘향전』을 생각해보자. 레비-스트로스의 신화론에 의하면, 이들 이야기 역시 유교문화[랑그]가 지배적인 한반도에 존재하는 한 덩어리의 이야기 시리즈이다. 이들 각각은 (제7장에서 논의할) 유학의 도덕우주관을 기반으로 하는 권선징악勸善懲惡이라는 동일한 모티프, 이항대대라는 동일한 구조를 가진 상호원본이다. 다만, 시간의 흐름과 지역에 따라 '상징적 유효성'에 좋은 이야기 재료—유교적 삶에 있어서 (이를테면, 효도, 정절貞節, 정직 등과 관련된) 근본적 문제나 의문을 한 세트의 대대적 상징으로 나타내기에 유효한 이야기 재료—가 되는 사물, 지식, 개념과 어휘 등이 증가하고 다양해지면서, 이에 따라 한편으로는 이항대대적 도치, 환치 등에 의한 변형을 통해 이야기 내용이 복잡 다양하게 전개되면서 각기 별개의 이야기처럼 생각될 뿐이다.

고병익의 민족지적 조사에 의하면, 한국인 중에 가톨릭 신자의 90%, 개신교 신자의 76.4%, 불교 신자의 100%가 유교적 도덕에 대한 확신과 실천으로 일상을 살아간다; 저명한 신학자인 어느 목사는 우리 기독교인은 기독교 복장을 한 유학인이라고 했다; 결론적으로 "한국에 사는 한국인은 모두가 유학인이다". [65] 그뿐만 아니다. 한국인은 사후에도 대부분 유학인이다. 그래서 지방(紙榜)에 남자는 유학생(儒學生)이라는 의미로 '學生'이라 쓰고, 여자는 유학인(儒學人)이라는 의미로 '孺人'이라고 쓴다. [66]

이처럼 한국인의 삶은 전통적으로 유교적 도덕에 기반을 두고 있지만 실제로는 그것에 반하는 모순적인, 불가사의한 현실이 얼마든지 있다. 그럼에도 우리 한국인은 그것에 대한 확신과 실천을 버릴 수가 없

---

65 Koh, Byong-ik, 1996, "Confucianism in Contemporary in Korea", In Wei-ming Tu (ed.), *Confucian Traditions in East Asian Modernity: Moral Education and Economic Culture in Japan and the Four Mini-Dragons*, Harvard University Press, p. 196.

66 유학에서는 하늘이 내린 인간의 도리(天理之節文 人事之儀則) 곧 예(禮)를 배워 몸에 익히는 것을 무엇보다 중시한다. '못 배운 놈'이라고 하면 다름 아닌 예를 못 배운 사람을 매우 하대하는 말이다. 유학 외에는 다른 학문이 없을 때 학생이란 당연히 유학생이었다. 그러므로 '學生'은, 꼭 학생이라는 신분과 관련해서가 아니라, 일정한 관직이 없는 누구에게나 무난한 존칭어인 셈이었다. 유교사회에서 여자는 학생신분이 따로 없었다. 여자는 어릴 때 부모로부터, 결혼하면 시댁생활에서 자연스럽게 예를 배워 익혔다. 그래서 여자의 경우 남편 벼슬에 의해 주어지는 일정한 작위爵位가 없으면 그냥 '孺人'이라고 지방에 썼다.

고, 그 전승을 포기하지 않는다. 바로 이러한 모티프에서 새로운 판본의 이야기가 이항대대적 구조—한 예로, 심성-행위적 측면에서 이항대대: 흥부/놀부, 콩쥐/팥쥐, 심청/뺑덕어멈, 춘향/변 사또—로 계속해서 만들어진 것이 상기 이야기들이다. 현실이라는 것이 원래 권선징악적으로 착착 되어 나가는 것이라면 그래서 유교적 도덕에 대한 확신·실천과 현실 간이 서로 모순적이지도 불가사의하지도 않다면, 그것은 애당초 그러한 이야기가 만들어질 모티프 자체가 없다는 것이다. 모티프가 없으니 이야기가 만들어질 리가 없고, 새로운 이야기가 계속해서 변형적으로 만들어질 리는 더욱 없다.

그렇다면, 고대로부터 유구한 세월이 흘러 중세 유럽인에게 신화적 사유를 작동하게 한 모티프는 무엇인가? 레비-스트로스에서 대답은 동일하다. 세상과 인간의 삶에 관한 근본적인 그러나 답이 없는 불가사의한 물음이 신화적 사유를 끊임없이 작동하게 하는 모티프이다. 이것을 그는 중세의 『퍼시발(Percival) 이야기』를 고대 『오이디푸스 이야기』에 병치시켜서 분명하게 보여준다.

'최후의 만찬'에서 예수가 사용했다고 믿는 경이로운 성배(Holy Grail)에 관한 이야기가 『퍼시발 이야기』의 중심이다. 알려진 그 최초 판본은 아서(Arthur)왕—6세기 무렵에 실재했던 켈트인 무장武將—이야기의 한 저자 트로이즈(Troyes, 1160-1190)가 쓴 것인데, 미완성본이다. 가장 유명한 완성본은 그 후 약 700년이 지나 에셴바흐(Eschenbach, 1813-1883)가 쓴 것이다. 그것을 가지고 바그너가 오페라 『퍼시발』을 작곡했는데, 줄거리를 요약하면 다음과 같다.

퍼시발은 숲에서 살았다. 순수한 그는 격식과 예절을 잘 몰랐다. 어처구니없는 실수도 많이 저질렀지만, 그는 드디어 아서왕의 원탁기사가 된다. 성배가 있는 성의 어부왕(Fisher-King)은 다리의 상처 때문에 움직이지 못하는 이상한 인물이다. 그는 퍼시발을 자기 성으로 초대한다. 거기서 퍼시발은 호사스러운 음식을 거부한다. 그러자 피가 묻어 흐르는 창을 잡은 한 젊은이가 나타나고, 뒤이어 두 명의 젊은 여자가 나타나는데, 한 명은 보석으로 장식된 성배를 들고 있고 또 한 명은 음식이 담긴 은 쟁반을 들고 있다.

퍼시발은 몹시 기이하다고 생각했지만 그 창에 관해서도, 그런 식으로 누구를 대접하는지에 관해서도 묻지 않는다. 그런데, 이처럼 잠자코 있기로 한 그의 결심은 엄청난 실수였다. 사실 어부왕은 퍼시발이 그 질문을 해주길 바랐다. 만약 그가 그 질문을 했더라면 어부왕은 완쾌될 수 있었고, 또 그 성배의 땅에 든 흉년도 종식될 수 있었다.[67]

이『퍼시발 이야기』와 앞서 본『오이디푸스 이야기』는 전혀 다른 이야기다. 하지만, 레비-스트로스에 의하면, 양자는 다음과 같이 변형에 의한 상호원본이다.

퍼시발은 원래 숲에서 지냈고 과묵하며 소극적이다. 반면에, 오이디푸스는 원래 왕의 아들이고 적극적으로 행동하고 말한다. 이러한 양자

---

67 B. Wiseman and J. Groves, 1997b, 앞의 책, pp. 160-161.

의 신분과 성격은 서로 도치에 의한 변형이다. 또 적극적으로 질문을 했더라면 불행이 종식되었을 터인데 소극적으로 질문을 하지 않았기 때문에 불행을 지속시킨 사태가 퍼시발의 경우이다. 반면에, 소극적으로 그냥 지냈더라면 불행이 없었을 터인데 적극적으로 알아내서 말해 버렸기 때문에 불행을 자초한 사태가 오이디푸스의 경우다. 이러한 두 경우 역시 도치에 의한 변형이다. 또한 퍼시발의 그러한 성격과 행위가 초래한 어부왕의 지속적 불구, 흉년, 영원한 겨울이라는 불행은 오이디푸스의 그러한 성격과 행위가 초래한 역병, 어머니의 자살, 자신이 장님 됨이라는 불행과 서로 환치에 의한 변형이다.[68]

그뿐만 아니다. 신화가 만들어지게 된 모티프에서 볼 때, 두 이야기가 상징적으로 담고 있는 메시지는 공히 세상과 인간의 삶에 관한 근본적인 불가사의, 수수께끼 같은 모순에 대한 의문이다. 고대『오이디푸스 이야기』의 경우 그 의문은, 앞서 보았듯이, 불가사의한 인간탄생의 기원과 희비점철적 인간 삶의 원인에 관한 것이다. 중세『퍼시발 이야기』의 경우, 그 의문은 도대체 왜 성배의 땅과 왕에게 신의 축복이 아니라 오히려 불행이 계속되느냐 하는 것이다. 이것이야말로 [랑그]중세 신본주의의 사회·문화적 (의미)체계에서 살고 있는 유럽인에게 불가사의한 수수께끼가 아닐 수 없다. 전자에서 수수께끼 같은 '답이 없는 물음'과 후자에서 수수께끼 같은 '답이 없는 물음'은 대체에 의한 변형관계이다.[69]

요컨대, 그 두 이야기가 만들어진 시대 간에는 장구한 시간의 차이

---

68 위의 책, pp. 162-163.

69 위의 책, pp. 161-163.

가 있다. 그 긴 역사의 흐름 속에서 사물, 지식, 개념이 증가하고 새롭게 됨에 따라 상징적 이미지를 만들 수 있는 재료가 증가하고 다양해졌다. 또한 랑그로서의 사회·문화적 (의미)체계도 달라졌다. 이런 까닭에 두 이야기가 별개의 이야기처럼 보인다. 하지만 두 이야기는 상기와 같이 변형관계일 뿐, 동일한 모티프와 동일한 구조를 가진 상호원본이며 결국 하나의 이야기이다. 레비-스트로스에 의하면, 세상과 인간의 삶에 관한 수수께끼 같은 근본적인 불가사의가 그 누구에 의해서도, 그 무엇으로도 해결될 수 없는 한, 그리고 이에 따른 무의식적인 이항대대적 사유구조에 기반한 지적 충동이 계속되는 한 신화는 사슬처럼 이어져(spiral-wise) 계속해서 자란다.[70]

7. 기독교 성서의 이야기들 역사인가, 신화인가

리치(E. Leach)가 *Structuralist Interpretations of Biblical Myth*에서 레비-스트로스의 구조주의를 수용해 기독교 성서(이하 성서)를 분석한 바에 의하면, 성서 이야기는 모티프와 구조에 있어서 신화와 동일하다. 성서 이야기 역시, 그리스신화처럼, 인간의 존재론적 기원, 인간의 도덕적 본성, 인간과 신의 관계, 성聖과 속俗의 관계, 죽음과 삶의 관계 등에 관한 근본적인 그러나 답이 없는[근본적임에도 답이 없으니] 끊임없이 계속되는 물음을 이항대대적 구조로 담고 있다.

70　C. Lévi-Strauss, 1968, 앞의 책, p. 229.

리치에 의하면, 인간창조 자체가 근친혼금지/근친혼이라는 이항대대적 구조로 이루어졌다. 물론 성서의 도덕적 원칙은 근친혼금지이다. 인류 최초의 아버지 아담이 자신의 여동생을 아내로 삼은 것이 아님을 성서는 분명히 하고 있기 때문이다. 그러나 이브는 아담의 몸 일부분으로 만들어졌기 때문에, 그 둘은 피와 살을 나누어 가진 남매간이다. 그러므로 이들의 부부관계는 근친적이다. 따라서 우리는 모두 성서의 도덕적 원칙과는 정반대로 근친혼의 후예이다. 창세기는 결국 무엇을 말하고 있는가? 우리 인간은 원천적으로 근친혼금지에 의한 존재임과 **동시에** 원천적으로 근친혼에 의한 존재라는 것이다. 이것이야말로 인간의 존재론적 기원에 있어서 근본적인 이항대대적 모순이며 불가사의가 아닐 수 없다.

리치에 의하면, 인간존재의 그러한 원천적인 구조적 모순은 기독교의 토대가 되는 본질적 본성이다. 그는 이와 관련해서 근본적 물음을 묻는다. 창세기에 '신은 한 날, 한 시에 최초의 남자와 최초의 여자를 따로 만들었다.' 왜 이렇게 되어있지 않느냐 하는 것이다. 만약 인간 탄생의 기원이 그렇게 되어 있다면, 그래서 인간의 존재론적 기원에 있어 원천적으로 아무런 불가사의한 모순이 없다면, 애초에 인간에게 인간존재와 관련된 **종교적 믿음이나 신앙 자체가** 있을 리가 없다는 것이다. 인간은 오직 자신의 과학과 합리로만 살면 된다는 것이다. 바꾸어 말하면, 성서에 그러한 이항대대적 구조의 원천적 모순이 있기 때문에 [토대] 기독교가 존재한다는 것이다.

따라서 성서에는 그러한 구조적 모순의 불가사의가 전편을 통해 계속된다는 것이다. 리치의 분석에 의하면, 천지창조 이야기와 노아의 홍수 이야기를 종래의 논리, 즉 구조주의 이전의 통시적 인과논리에서 보면 매우 황당하다. 천지창조 때 만들어진 사람과, 노아가 겪은 대홍수에서 살아남은 사람은 모두 현존인류의 조상이다. 포인트는 전자의 사람과 후자의 사람은 근본적으로 종류가 다르다는 것이다. 전자는 초자연적으로, 흙에서 태어난 사람이다. 후자는 남자와 여자에 의해 자연적으로, 정상적으로 태어난 사람들이다. 그러면 지금의 우리 인류는 태생적으로 초자연적 존재인가/자연적 존재인가? 이것 또한 기독교의 토대가 되는 이항대대적 구조의 '답이 없는 물음'이다. 뿐만 아니다. 아담과 이브의 자손은 금단의 열매를 따먹은 원죄로 태어난 사람이다. 반면에, 노아의 대홍수에서 살아남은 사람의 자손은 의로움으로 태어난 사람이다. 그렇다면 지금의 우리 인류는 원죄로 태어난 사람인가/의로움으로 태어난 사람인가? 이것 역시 인간의 본성에 관한 이항대대적 구조의 답이 없는 물음이다.

레비-스트로스에 의하면, 앞서 언급했듯이, 세상과 인간의 삶에 관한 근본적인 불가사의가 그 누구에 의해서도 그 무엇으로도 해결될 수 없는 한 '신화는 사슬처럼 이어져 계속해서 자란다'. 마찬가지로 리치에 의하면, 구약성서의 그러한 이항대대적 구조의 불가사의적 모순이 [기독교의 토대적 본성인지라] 신약성서에서도 계속 이어진다. 성모 마리아는 세속의 기혼이면서 동시에 원죄 없는 미혼이다(기혼/미혼). 예수는 여자에게서 태어난 사람의 아들이지만 동시에 신의 아들이다(사람의 아들/신의 아들). 예수의 죽음은 동시에 영생의 삶으로 들어서는 문이다(죽음/영생). 이렇게 감당할 수 없는 이항대대구조의 불가사의적 모순을 추호의 의심도 없이 믿는 것이 또한 기독교신앙의 토대이다. 사소한 모순, 일상의 모순은 바로잡아야 하지만, 성서의 그러한 원천적 모순은 '아멘'으로써 긍정해야 한다면, 이것이야말로 기독교의 본질적 모순 중의 모순이다.

그러나, 리치에 의하면, 상기와 같은 그러한 본질적 모순을 담고 있는 성서 이야기가 장구한 세월 반복되면서 오히려 당연한 것으로 받아들여지기도 하는데 이는 오직 신앙(믿음)에 의해서이다. 구약성서에 나오는 롯의 삶처럼, 자신의 삶을 통째로 붕괴시키는 불가사의한 큰 불행에 직면해서도 오로지 신앙으로 극복해 나가는 그러한 '성서신화적 삶'을 두고 기독교는 참 신앙인의 삶이라고 설파한다는 것이다.

성서신화적 삶과 관련해서 리치는, 신화는 정의가 애매한 데가 있다고 했다. 성서 이야기를 '신화적'이라고 하면 그것은 허위의 역사, 즉 어떤 사건이 실제로는 일어나지 않았다는 것 혹은 그 사건은 원래 없었던 것이라는 말과 동일하다. 그러나 성서의 신화적 이야기를 신학적으로 보면 종교적 신비, 즉 신앙심에 의한 신비한 역사役事가 구체적으로 나타난 것이어서 그것을 믿는 사람에게는 거룩할 정도로 진실이다. 그러므로 역사는 '있는 그대로의 사실'이고, 성서의 신화적 이야기는 '꾸며낸 거짓'이라는 구분은 믿지 않는 이들에 의한 임의적 단정이라고 했다. 그의 결론이다.

> 진지하게 제의하건대, 성서에 나오는 이야기를 의도적으로 역사의 틀에 짜맞추고자 하는 생각만 버린다면 (예를 들어, 베냐민[히브리민족 12지파 중 한 지파]을 학살한 이야기[71]처럼) 이해가 되지 않는 많은 것이 종교적 의미를 가지게 될 것이다. 중세 때는 기독교가 성서의 어떤 한 이야기를 성서의 다른 어떤 이야기와 관련해서 이해했을 뿐 [마치 그것

이 세속학문인 역사인 것처럼, 역사이어야 하는 것처럼] 연대나 사실여부에 관해서는 관심을 두지 않았다. 우리도 그렇게 해야 한다고 나는 믿는다.[72]

성서에 나오는 이야기들 역사인가, 신화인가. 이것은 요컨대 신앙의 문제라는 것이다. 하지만 그 이야기들의 구조는, 신앙여부와 무관하게, 앞서 본 친족이나 토템이나 신화의 구조와 동일한 이항대대라는 것이다. 이에 레비-스트로스는 "우리의 마음속에 가지고 있는 성서 이야기와 역사 간의 간극(gap)이 불식되어야 한다. 그 간극은 [제5장에서 논의할] 역사를 신화학의 연속이라고 생각해서 연구하면 불식시킬 수 있다"[73]고 했다.

8. 『신화학』

1) 왜 또 『신화학』인가

레비-스트로스의 『신화학(*Mythologiques*)』은 제1권 『날 것과 익힌 것(*The Raw and the Cooked*)』, 제2권 『꿀에서 재까지(*From Honey to Ashes*)』, 제3권

---

71 구약성서, 사사기 20-21장에 있는 이야기. (각괄호 필자)

72 E. Leach and D. A. Aycock, 1983, *Structuralist Interpretations of Biblical Myth*, Cambridge University Press, p. 29. (괄호 속의 각주번호, 각괄호 필자)

73 C. Lévi-Strauss, 1978a, 앞의 책, p. 43. (각괄호 필자)

『식사예절의 기원(*The Origin of Table Manners*)』, 제4권 『벌거벗은 인간(*The Naked Man*)』으로 구성되어 있다.

『신화학』과 관련해서 두 가지 의문이 앞설 수 있다. 첫째, 이미 그는 앞서 보았듯이 『구조인류학』과 『야생의 사유』에서 신화를 충분히 취급했다. 그런데 왜 또 『신화학』인가? 둘째, 그는 『신화학』에서 이전의 저서와 달리 주로 아메리카의 신화를 다루었다. 이유가 무엇인가?

첫 번째 의문에 대한 레비-스트로스의 대답은 이러하다. 이미 그는 '사회의 토대조직(social tissue)인 친족'의 기본구조를 밝혀서 구조주의를 선포했다. 하지만 한편으로는 그 구조가 무의식적인 것이 아니라, 실은 혼인제도라는 절대적인 사회적 요구가 의식에 반영되어 오랜 세월에 걸쳐 인간정신에 고착된 것일 수 있다는 반론이 제기될 수도 있다는 생각에서 『신화학』에 착수했다. 신화는, 혼인제도와 같은 그러한 실용적 기능을 갖고 있지 않기 때문에, 인간정신의 무의식적 작용을 보다 깊은 수준에서 드러낼 수 있는 연구대상이라고 생각했기 때문이다. 그는 무의식적인 이항대대구조가 전 세계의 모든 신화에서도 밝혀진다면 자신의 구조주의가 완벽한 정당성을 확보하게 된다고 생각했다. 이에 그는 2000페이지에 달하는, 아메리카신화의 대관(grand-scale survey)인 『신화학』을 완성해서 남북아메리카에 산재해 있는 813개의 신화가 모두 이항대대라는 무의식적 구조의 산물이라는 것을 보여주었다.

두 번째 의문. 왜 아메리카의 신화인가? 그의 대답에 의하면, 원래 신화는 구전되는 긴 이야기(narrations)인데 유럽의 신화는 오랜 세월을 지나면서 많이 단축되었기 때문이다. 다시 말해, 나타나 있는 문화현상과 그 이면의 구조를 매개시킬 수 있는 요소 즉 '신화를 구성하는 상징적 이미지'를 산출하는 이야기가 많이 줄었다는 것이다. 그래서 아메리카, 특히 남아메리카의 신화를 집중적으로 다루었다고 했다. 아직까지도 그들 본래의 삶을 상당히 유지하고 있는 남아메리카 원주민에게 남아 있는 신화가, 소위 문명적 삶으로 갱신을 거듭해 온 유럽인에게 남아 있는 신화에 비해 덜 단축되고 덜 압축되었기 때문에 그 매개요소를 보다 많이 가지고 있다는 것은 당연하다. 분석대상이 유럽신화에서 아메리카신화로 바뀌었을 뿐 분석방법론은 당연히 이전의 저서와 마찬가지로, 제3장에서 취급했던, 자신의 수퍼합리주의(super-rationalism)이다.

2) 수퍼합리주의: 격물치지(格物致知)

레비-스트로스의 수퍼합리주의는, 신유학으로 말하면, 격물치지(格物致知: investigation of things and perfection of knowledge)라는 방법론과 흡사하다. 격물치지 방법론은 논리가 매우 정치精緻해서 그것을 아는 것이 수퍼합리주의를 보다 명료하게 이해하는 지름길이다. 형이상학체계인 신유학의 궁극적 목적은 (제7장, 제8장에서 논의할) 공자의 인(仁)을 인간사회에 실제로 구현하기 위한 방법론을 제시하는 것이다. 그 제시된 방법론의 핵심적 토대가 바로 격물치지론이다.

주희(朱熹, 1130~1200)로 대표되는 신유학은 인을 구현하는 구체적 방법론을 다음과 같이 체계적으로 제시한다. 우주적 보편원리 곧 리(理) ─ (제8장에서 논의할) 주돈이의 태극도에 그려져 있는 것처럼, 음기(陰氣)와 양기(陽氣) 간의 **조화롭게 역동적인** 대대待對운동에 의해 천지만물의 생성변환이 이루어진다는 원리[理]─를 인간은 조금도 어떻게 할 수가 없다(뉴턴의 만유인력 원리를 누구도 어떻게 할 수 없는 것처럼).

방법이 무엇인가? 주희에 의하면, 리의 구현은 리와 불상리불상잡(不相離不相雜)인 물성의 기(氣)를 닦음으로써 가능하다. 정원의 연못 물이 혼탁하면 거기에는 하늘의 달이 불완전하게 또는 미미하게 현현될 수밖에 없다. 그러나 그 물을 깨끗하게 하면 거기에 하늘의 달이 온전하게 현현되는 이치와 같다. 기가 혼탁해지고 막혀서 제대로 운동하지 못한다는 것은, 기와 불상리인 리가 제대로 현현 혹은 구현되고 있지 않다는 것이다. 혼탁해지고 막힌 기가 닦여져서 기가 본래의 맑음과 원활한 운동을 회복했다면—즉, 음기(陰氣)와 양기(陽氣) 간의 대대운동이 조화롭게 역동적으로 되었다면—그것은 기와 불상리인 리가 온전하게 현현 혹은 구현되었다는 것이다(퇴계의 사단칠정四端七情론에서 말하는 기발리승氣發理乘, 즉 기가 발하면 리가 기를 탄다는 논리를 떠올리게 된다. 당시의 기대승 그리고 후일 율곡은 '기발리승'이라고 잘라 말하면 리기불상리理氣不相離라는 원리가 묽어진다고 비판했다). 그러면 기를 어떻게 닦는가? 신유학의 대답은 간단명료하다. 마음을 닦는 것이다. 공자는『논어』전편을 통해[74] 인 구현에 있어서 자기수양(self-cultivation)이 최선의 궁극적 방법이라고 설파했다. 이 자기수양이 신유학에 와서는 마음 닦는 일이 된다.

문제는 도대체 보이지도, 만져지지도 않는 사람의 마음을 어떻게 닦느냐 하는 것이다. 도통(道通)인 주희의 형이상학은 근본에 있어 공자로

---

[74] 『논어』 1:6, 4:14, 4:22, 5:26, 7:3, 8:11, 8:16, 9:23, 12:4, 13:20, 14:32, 15:18, 17:26 등에서.
『논어』각 장章의 절節번호가 한국학자가 쓴 책 간에도, 외국학자가 쓴 책 간에도 조금 다른 경우가 있다. 예를 들어, 이우재(2000)『논어』15장 28절이 류종목 (2010)『논어』에는 15장의 29절이다. 본서는, 어느 한『논어』에만 의존하지 않고, 복수의 국내외『논어』를 참고했으며 참고한 절번호를 제시했다. 이에 본서의 그 절번호가 독자가 가지고 있는『논어』의 것과 약간의 차이가 있을 수 있다.

부터 조금도 벗어나지 않는다. 그 핵심적 방법은 공자가 제시한 극기복례(克己復禮)이다. 공자에 의하면, 욕망은 사람에게 자연스러운 감정이다. 신유학에서는 희노애구애오욕(喜怒哀懼愛惡欲)을 사람에 있어 자연스러운 일곱 가지 감정(七情)이라고 정리했다. 그런데 욕망이 중용적 적당함을 어기는 것은 욕심 때문이다. 주희에 의하면, 사람은 본연지심(천지지심) 즉 '인으로서의 마음'을 육신 속에 타고 난다. 그러나, 육신 속에 타고난 마음은 인욕人慾에 의해 무너지기 쉽다. 그러므로 마음 닦음이란 극기, 즉 (자연스러운 욕망을 버리는 것이 아니라) 이기적 욕심을 극복하는 것이다. 이기적 욕심으로 인해 기가 혼탁해지고, 치우치고, 막히기 때문에 무엇보다 먼저 이기적 욕심을 씻어 버려야 한다는 것이다. 이에 주희는 극기복례란 막힌 물 도랑을 티우는 것과 같고, 인은 물이 흐르는 것과 같다(克己復禮 如通溝渠壅塞 仁乃水流也)고 했다. 물 도랑을 티우면 물은 즉시 흐르는 법이다. 과연 훌륭한 격물치지(格物致知)이다.

이제 궁극적 문제는 극기, 즉 어떻게 해야 이기적 욕심을 극복할 수 있는가 하는 것이다. 일찍이 공자는 욕심으로 인해 눈이 있어도 보지 못하고, 귀가 있어도 듣지 못한다고 했다. 보지도 듣지도 못하면 파멸은 시간문제인 것이다. 불경에 의하면, 인간과 세상을 파멸로 이끄는 근본 원인이 탐진치(貪嗔痴)인데 탐 곧 욕심이 그 첫 번째이다. 기독교 성경은 욕심이 죄를 낳고, 죄의 값은 사망이라고 설파하고 있다. 기독교, 불교, 유학 공히 궁극적 문제는 어떻게 해야 이기적 욕심을 씻어 버릴 수 있는가 하는 것이다. 그러나 방법론에서 유학은 불교나 기독교와 근본적으로 다르다. 유학의 방법론은, 한마디로, 주지주의(intellectualism)이다.[75]

『논어』첫 장, 첫 절은 공자의 주지주의적 낙을 말함으로써 시작된다: "배우고 때때로 익히니 이 얼마나 즐거운가." 공자의 소위 인생삼락 중에서도 배움(學)의 낙이 으뜸이었다. 그는 '내가 한 번은 먹지도 자지도 않고 하루 밤낮을 보내 보았으나, 아무것도 얻은 것이 없었다. 공부하는 것(學)만 못했다'고 했다. 또한 그는 '충성과 신의는 나만 한 이가 분명히 있을 것이지만, 나만큼 배움을 좋아하는(好學) 이는 없을 것이다'라고도 했다. 그는 자신을 두고 '나는 배움에 분발할 때면 음식도 잊고, 배움의 기쁨에 근심도 잊으며, 심지어 늙어가는 것조차 모르는 사람이다'라고 말하기도 했다.

공자의 주지주의를 수용한 주희 신유학[76]에서 마음을 닦는 방법, 즉 이기적 욕심을 씻어내는 방법은 결코 기도나 명상을 한다든가, 절대자에게 귀의한다든가, 현실을 초탈한다든가 등의 방법에 의존하지 않는다. 마음을 닦는 방법은 무엇보다도 먼저 천지만물생성변환의 원리 곧 리가 있음을 확실하게 아는 것이다. 이 주지주의主知主義는 필연적으로 지知와 행行 간의 관련성을 논한다: 실질적인 면에서는 행동 혹은 실천이 아는 것보다 더 중요하다; 그러나 알지 못하면 행동이 나올 수 없고,

---

75 『논어』에 보면, 공자는 『역경(易經)』에서 말하는 음/양에 관해 언급한 적이 없다. 그는 역(易)을 공부했고, 천(天)이 여생을 더 허락한다면 역을 더욱 공부하고 싶어 했다. 그런데도 그가 음/양을 말하지 않은 이유가 무엇이겠는가? 『논어』 5:12, 6:20, 7:20, 7:34, 11:11, 2:8 등을 볼 때 공자는, 석가의 소위 무기無記주의(형이상학 배제)처럼, 볼 수도 없고 공부로도 실증할 수도 없는 것에 관해서는 말하지 않는 것이 좋다고 믿었기 때문이다. 이처럼 공자는 철저히 주지주의였다.

76 지금까지 본 것처럼, 도통 신유학은 근본에 있어서 공자로부터 조금도 일탈하지 않는다. 그래서 중국에서는 구태여 신유학(Neo-Confucianism)이라는 부적절한 외래의 개념을 쓰지 말고 그냥 유학이라고 해야 한다고 일각에서는 주장하고 있다.

나온다 하더라도 그 행동이 올바르지 않을 수 있다; 그러므로 행동하기 전에 먼저 알아야 한다. 이러한 주지주의가 유학의 주류를 관통하는 분명한 입장이다.

그러면 어떻게 해야 리가 있다는 것을 알 수 있는가? 주희는 그 구체적 방법으로『대학』의 격물치지(格物致知: investigation of things and perfection of knowledge)론을 제시한다. 정호(程顥), 정이(程頤) 등 앞서간 신유학자들은 거경(居敬)해서 궁리(窮理)하는 방법론을 중시했다: 리는 만물에 내재해 있다; 하지만 그것이 (형이상학자인 까닭에 보거나 만질 수 없음으로) 있다는 단서가 없다; 그러나, 마음을 경건하게 해서 리를 궁구하면 (마음이 바로 리인지라[心卽理]) 그것은 분명히 있고 또한 불변하는 것임을 알게 된다.[77] 이에 반해, 공자의 주지주의를 충실하게 따르는 주희는 직접 사물에 나아가 사물의 이치를 궁리하는 격물格物 공부를 중시했다.

『대학』은 군상(君上)의 수기치인지술(修己治人之術)을 팔조목(八條目)으로 밝혔는데 원래는 치지(致知) 격물(格物) 성의(誠意) 정심(正心) 수신(修身) 제가(齊家) 치국(治國) 평천하(平天下)의 순서로 되어 있었다. 그러나 주희는, 당시의 거센 비판과 그에 따른 불이익을 감내하면서, 그 순서를 '격물 치지 성의 정심'으로 바꾸었다. 정호·정이의 체계에서는, 맹자에서처럼, 심학心學 측면이 강하다. 그 심학적 측면을 강조적으로 수용해서 심즉리(心卽理)임을 주장하는 육·왕(陸王)학파는 주희를 강력히 비판했다. 다산 정약용도『대학공강(大學公講)』을 지어 그 원본 순서의 타당성을 주장했다. 치지(致知)는 치양지(致良知)라는 것이다. 모든 생각을 내려놓고 마

---

77 W. Chan, 1963, *A Source Book in Chinese Philosophy*, Princeton University Press, p. 620.

음을 경건하게 해서 누구나 타고나는 직관적 양지(the innate intuitive knowl-edge of good) — 이와 관련해서 누구나 타고나는 양심(良心)이라는 것을 생각해 본다 — 에 이르면[치양지] 옳은 것은 옳고, 그른 것은 그르고, 중요한 것은 중요하고, 못한 것은 못하고 등등 환한 앎에 이른다는 것이다 (자신이 했던 언행이나 판단에 대해, 기존의 도덕이나 철학이나 종교적 원리나 사회적 관습 따위를 모두 떠나, **양심에** 손을 얹고 조용히 생각해볼 때면 과연 그렇지 않은가). 여기에 조금이라도 가감을 하면 그것은 어떤 이기적 욕심이나 타산이고 기껏해야 얄팍한 합리주의(a petty kind of rationalism)라고 했다.

이에 반해, 주희가 제시하는 격물치지는 리가 실재한다는 것을 알기 위해 보이지 않는 리 자체를 탐구하는 것이 아니다. 보이지 않는 마음을 두고 궁리하는 것도 아니다. 그것은 있는 그대로의 개별 사물을 관찰해서 사람을 포함한 모든 사물에 동일한 본성[인물성동(人物性同)] 곧 리가 실재한다는 것, 즉 성즉리(性卽理)임을 깨닫는 것이다[그래서 성리학(性理學)]. 주희는 마음과 관련해서는 주로 '性'이라 쓰고, 사태와 관련해서는 주로 '理'라고 썼다.

놀랍게도 이러한 주희의 방법론은, 제3장에서 논의한, 바슐라르(G. Bachelard)로 대표되는 현대합리주의인 신실증주의(neo-positivism)를 선구先驅한 것이었다: 이지지리(已知之理[이미 알고 있는 리]), 즉 유학에 관한 전통적 가르침이나 공부를 통해 사람을 포함한 모든 사물에는 보이지 않는 동일한 리가 품부되어 있다는 것을 먼저 가정한다; 이 가정 하에서, 우리는 모든 사물을 탐구할 수 있다(만약 사람에게 품부된 리와 사물에 품부된 리가 다르다면 우리는 사물을 탐구할 수 없다); 모든 사물에 동일한 리가 품부되어 있기 때문에 우리는 사물을 하나도 남김없이 탐구할 수 있다[格物]; 또한 그렇기 때문에, 우리는 모든 사물을 다 탐구하지 않고 일부만 탐구하고도 만유보편의 리가 존재한다는 것을 연역적으로 깨달을 수 있다[致知]. 요컨대, 신실증주의의 가설-연역적 방법론(hypothetico-deductivist approach)이다. 뉴턴이 보이지 않는 만유인력을 발견한 것도 바로 이러한 신실증주의적 접근에 의한 것이다.

레비-스트로스가 보이지 않는 구조를 발견한 방법론도 역시 신실증주의적인 격물치지론에 다름 아니다. 그것은 우리가 오관을 통해서 경험하는(actually existent) 모든 사물과 현상—예를 들어, 캥거루, 말, 밀물과 썰물, 태양의 움직임, 달의 변화, 사람들의 대화, 혼인, 상거래 등등—을 관찰해서[格物] 그 이면의 보이지 않는 참 실재(ontological reality)에 이르는[致知] 방법론이다. 레비-스트로스는 자신의 격물치지적 방법론을, 콩트 류의 실증주의인 고전합리주의를 넘어서는 최고 합리주의라는 의미에서, 수퍼합리주의(super-rationalism)라고 했다.

3) 모음·자음삼각형에서 요리삼각형: 관여關與적 대립에서 이항대대二項對待

『신화학』의 제1권 『날 것과 익힌 것』에서 레비-스트로스는 브라질 원주민의 신화 187개를 수퍼합리주의인 격물치지방법론으로 접근해서 분석했다. 대표적인 예로, 요리, 불의 발견과 관련된 신화를 분석해서 무의식적인 이항대대구조가 음식문화(요리체계, 요리법)에도 구현되어 있다는 것을 실증했다. 그리고 이를 통해 『친족의 기본구조』에서 논의했던 자연, 문화, 구조 이들 삼자 간의 관계에 있어서 핵심적 명제인 '자연과 문화의 대칭적 균형성', '자연에서부터 문화로에 전이'를 실증을 통해 구체적으로 보여준다.

언어에, 제3장에서 취급한, 음소音素가 있다. 신화에도 앞서 레비-스트로스가 명명한 신화소神話素가 있다. 요리 역시 감각적 질이라는 측면에서 날 것, 익힌 것, 신선한 것, 썩힌 것, 마른 것, 추진 것 등이 있어서 레비-스트로스는 그것들을 요리소料理素라고 명명했다.

제3장의 「구조언어학」 편에서 취급한 야콥슨은, 음운체계를 [a][u][i]로 구성되는 모음삼각형—위 꼭지점에는 [a] 그리고 수평으로 대등한 관계에 있는 아래의 두 꼭지점에는 각각 [u]와 [i]가 위치되는—과 [k][p][t]로 구성되는 자음삼각형—위 꼭지점에는 [k] 그리고 수평으로 대등한 관계에 있는 아래의 두 꼭지점에는 각각 [p]와 [t]가 위치되는—으로 제시해서 음소들 간에 **관여적 대립이라는 구조적 상관성이 있다는 것을** 보여주었다.

모음[a][e][i][o][u] 중에 [a]는 개구도(開口度, aperture)가 가장 큼으로 인해 가청도(可聽度, sonority)가 가장 큰 반면, [u]와 [i]는 공히 개구도가 가장 작음으로 인해 가청도가 가장 작다(**관여적 대립**: 개구도 가장 큼/가장 작음, 가청도 가장 큼/가장 작음). 또 [u]는 혀가 목구멍 쪽으로 들어가므로 인해 구강이 둥글고 크게 되어 둔음鈍音인 반면, [i]는 혀가 이빨들 가까이 나옴으로 인해 구강이 얇고 작게 되어 예음銳音이다(**관여적 대립**: 혀가 뒤쪽으로 들어감/앞쪽으로 나옴, 구강이 커짐/작아짐, 둔음이 나옴/예음이 나옴). 개구도, 가청도, 혀의 위치, 구강의 모양에 있어서 [o]는 [a]와 [u]의 중간, [e]는 [a]와 [i]의 중간에 위치해서 양단을 매개하는 항이다. 물론 자음삼각형에 대한 설명도 이와 동일선상이다(물론 매개항의 수는 모음삼각형보다 훨씬 더 많다).

이와 마찬가지로 레비-스트로스는, 요리체계를 요리삼각형으로 제시해서 요리소料理素들 간에 이항대대[음운론으로 말하면 관여적 대립]라는 구조적 상관성이 있다는 것을 다음과 같이 보여준다.

요리삼각형에는 요리체계에 있어서 가장 기본적 요리소인 날 것, 익힌 것, 썩힌 것이 삼각형의 세 꼭지점에 각각 위치되어 있다. 위에 있는 꼭지점에 날 것, 수평으로 대등한 관계에 있는 아래의 두 꼭지점에는 익힌 것과 썩힌 것이 각각 위치된다. 날 것은 자연적인 것이다. 익힌 것과 썩힌 것은 문화적인 것이다. 그러므로 이 삼각형은 날 것과 익힌 것 간의 관계, 날 것과 썩힌 것 간의 관계가 모두 자연/문화라는 이항대대적 관계임을 보여준다. 또한 요리법에서 볼 때는 익힌 요리가 문화적인 것이고, 썩힌 요리는 자연적인 것이다. 그러므로 이 삼각형은 익힌 요리가 날 요리의 문화적 변형인 반면, 썩힌 요리는 날 요리의 자연적 변형이라는 것도 보여준다. 이처럼 요리삼각형은 요리의 기본구조가 이항대대라는 것을 명료하게 보여준다.

부연하면, 요리에는 익힌 것도 있고 날 것도 있다. 이것은 우리가 별 생각 없이 그냥 지나치는 사실이다. 그러나 레비-스트로스는 날 요리를 자연적인 것으로, 익힌 요리는 문화적인 것으로 생각해서 날 것과 익힌 것 간의 관계가 자연과 문화 간의 관계에 상응한다는 것, 더 나아가 날 것을 썩혀서 만든 요리와 날 것을 익혀서 만든 요리 간의 관계 역시, 가공하는 방법(요리법)이라는 측면에서, 자연과 문화 간의 관계에 상응한다는 것을 간파했다. 요리의 기본구조가, 『친족의 기본구조』에서 제시했던, 자연/문화를 원모델로 하는 이항대대라는 것을 상기 격물치지로써 간파한 것이다. 그의 격물치지 능력은 이처럼 범상치 않다.

그의 격물은 더욱 깊이 들어간다. 그는 불로써 익힌 것(문화적인 것)을 다시 세밀히 격물해서 삶아서 익힌 것, 구워서 익힌 것, 그을려서 익힌 것으로 구분해 요리삼각형의 세 꼭지점에 각각 위치시킨다. 이 삼각형 모델에 의하면, 구운 요리는 불에 직접 닿는다. 반면에 삶은 요리는 물과 그릇이라는 매개체가 있어야만 한다. 그러므로 삶은 요리는 구운 요리에 비해 문화적 요리이다. 다시 말해, 요리재료를 불에 닿지 않게 해서 만든 요리는 요리재료를 불에 닿게 해서 만든 요리의 문화적 변형이다(역사적으로도 구운 요리보다 삶은 요리가 나중에 등장한다).

그의 격물은 여기서 더욱 세밀하다. 삶은 요리는 그릇 안에서 익힌 것이고, 구운 요리는 그냥 밖에서 익힌 것이다. 전자와 후자는 요리를 익히는 장소라는 측면에서 각각 요(凹)형과 철(凸)형 이미지의 이항대대이다. 또한 요리를 즐기는 장소라는 측면에서도 삶은 요리는 주로 가까운 사람끼리 실내에서(凹) 즐기는 족내 요리인 반면, 구운 요리는 주로 초대된 손님과 실외에서(凸) 즐기는 족외 요리라는 점에서 이항대대이다.

더 나아가, 그는 삶아서 익히는 것과 그을려서 익히는 것을 다시 세밀히 격물한다. 이 두 요리방식 모두 인위적으로 익힌다는 점, 도구가 필요하다는 점에서 문화적 요리법이다. 그러나 전자에 쓰이는 도구는 보존되고, 후자에 쓰이는 도구는 버려지거나 파기된다. 이것은 요리도구라는 측면에서 지속적/일시적이라는 이항대대성을 보여주는 것이다. 뿐만 아니라 후자의 음식은 전자의 음식에 비해 오래 보관할 수 있다. 이것은, 요리보관 측면에서는 요리도구 측면과 역逆이 되는 이항대대성—도치에 의한 변형적 이항대대성—을 보여주는 것이다. 더 나아가 그는 그을린 것과 구운 것을 다시 격물한다. 두 경우 모두 인위적으로 익힌다는 점에서 문화적이며 공기라는 매개체를 이용해서 익힌다. 하지만 전자는 불에서 멀고, 후자는 불과 가깝다. 이것은 거리 측면에서 멀다/가깝다라는 이항대대성을 보여주는 것이다. 또한 전자는 요리가 늦게 되고, 후자는 요리가 빨리 된다. 시간 측면에서도 늦다/빠르다라는 이항대대성을 보여주는 것이다.

요컨대, 『신화학』 제1권이 보여주는 핵심적 포인트는 두 가지이다. 첫째, 인류생존에 있어서 **가장 근본적 토대인** 요리는 그 자체가—즉, 음식재료를 굽고, 그을리고, 삭히고, 삶고, 어떤 도구를 이용하고, 누구와 어디서 먹고 등 음식문화 자체가—이상과 같이 모두 자연과 문화의 대칭적 균형성을 보여준다는 것이다. 다분히 심미적審美的이다. 사르트르는 레비-스트로스를 심미주의자라고 했다. 둘째, 요리법의 제반 측면이 이상과 같이 모두 이항대대성인 것은 누가 시켜서도 아니고, 사람들이 의식적으로 그렇게 하려고 해서도 아니며, 어떤 인위적 원칙이 관습화된 것도 아니다. 그것은 요리 역시, 친족이나 토템이나 신화 등과 마찬가지로, 무의식적인 이항대대구조의 표출 혹은 현현이라는 것이다.

『신화학』 제2권에서도 과연 레비-스트로스는 심미주의자라고 할 만하다. 거기서 그는 꿀과 담배의 기원에 관한 남아메리카의 신화를 분석해서 자연과 문화의 대칭적 균형성에 기반한 '자연으로부터 문화로에 전이'를 역점적으로 보여준다. 이에 의하면, 꿀은 자연이 문화 속으로 확장되어 들어온 것인 반면에 담배는 자연 속에 있는 문화이다. 또한 종교와 주술 간의 관계도 이와 마찬가지이다: "종교는 자연의 법칙을 인간화해서 이루어진 것, 즉 자연의 인간화(the anthropomorphism of nature)이고; 주술은 그 반대로 인간의 행위를 자연화해서 이루어진 것, 즉 인간의 자연화(the physiomorphism of man)이다."[78] 레비-스트로스 당시까지 지배적 생각에 의하면, 종교와 주술은 진화에 있어서 서로 다른 단계이

다: 종교는 문명적인 것, 주술은 원시적인 것. 레비-스트로스는 이러한 기존의 견해를 전적으로 부정한다: "주술 없는 종교가 없는 것처럼, 종교적 흔적이 없는 주술은 없다. (…) 종교, 주술의 성격은 둘 다 종교적 측면과 주술적 측면 간의 구성비율에 의해서 다양하다."[79]

이제 레비-스트로스는 문화의 구조, 자연의 구조 공히 이항대대라는 것을 재차 천명한다: "문화를 포함에서 모든 자연현상을 설명함에 있어서 똑같은 **타입의** 설명을 이용할 수 있는 날이 언젠가는 올 것이다."[80] 나아가 그는 문화의 구조가, 자연의 구조와 동일할 뿐만 아니

---

78 C. Lévi-Strauss, 1969b, 앞의 책, p. 221.

79 위의 책, p. 221.
　　이 대목에서 우리는 제1장에서 취급한 말리노브스키의 참여관찰 기록을 생각에 떠올리게 된다. '야만인' 트로브리안드 제도諸島 원주민의 쿨라 행사에는 과정 과정에 주문呪文이 있다. 주문의 힘에 의한 주술呪術은 그들의 심성을 지배하는 기능을 해서 그 행사의 모든 활동에 의미, 절차, 질서를 부여하고 공동작업을 위한 협조와 조직을 이끌어낸다. 주술과 의례가 개개인의 협동을 확실하게 하는 기능을 해서 그 지역의 모든 사람을 둘씩 결합시키고 이를 토대로 전체적 공동관계를 맺도록 하는 사회통합 기능을 한다.
　　'문명인'의 종교, 예컨대, 기독교에서 기도祈禱의 기능은 어떠한 것인가? 기독교의 모든 행사에는 과정 과정에 기도가 있다. 기도에 의해 강림하는 성령聖靈이 기독교인의 심성을 지배하는 기능을 해서 행사의 모든 활동에 의미, 절차, 질서를 부여하고 공동작업을 위한 협조와 조직을 이끌어 낸다. 성령과 의례가 개개인의 협동을 확실하게 하는 기능을 해서 기독교관련행사에 참여하는 모든 이에게 전체적인 정신적 통합을 이루도록 하는 기능을 한다. 이것을 그들은 신비한 성령의 힘—그들이 상기 원주민에 대한 표현으로는 '주술의 마술적 힘'—이라고 믿는다. 그 힘으로써 그들은 모든 것을 다 이룰 수 있다고 믿는다.
　　과연 야만인의 주술과 문명인의 종교가 별개의 것인가? 레비-스트로스는, 제6장에서 논의할 것인 바, '야만인의 존재를 믿는 사람이야말로 야만인'이라고 했다.

80 C. Lévi-Strauss, Shin-Pyo Kang (ed. in chief), 1983a, 앞의 책, p. 47. (굵은체 필자)

라, 마음의 구조와도 같다는 생각을 분명히 밝힌다:

> 내가 결코 문화를 (…) 자연으로 환원시키려는 것이 아니다; (…) 문
> 화라는 수준에서 우리가 목도하는 것은 (실질적으로 그렇다는 것이 아니
> 라) 형식(*formal*)[상기 타입]이라는 관점에서 볼 때 모든 것은 동일한
> 유의 현상이다. 우리는 자연이라는 수준에서 관찰할 수 있는 것과 동
> 일한 문제를 우리의 마음속에서도 추적해서 찾아낼 수 있다. 비록 문
> 화적인 것이 물론 훨씬 더 복잡하고, 훨씬 더 많은 수의 변수를 요구
> 하지만.[81]

더 나아가 그는 "우주가 혼돈상태로 있는 것이 아니다. 우주에는 질
서가 있고, 인간의 마음은 이 우주의 일부"[82]라고 했다. 그는, 제2장에
서 보았듯이, 형이상학적인 철학을 반대해서 실증과학인 인류학의 길
로 들어섰다. 그래서 자신의 구조주의가 형이상학이 되는 것을 경계한
다. 그러나 이 대목에서 그는, 심미주의를 넘어, 형이상학으로 들어섰
다: 우주의 구조, 자연의 구조, 문화의 구조(인간두뇌의 무의식적 사유구조)
공히 이항대대라는 확신이 그의 마음에 자리 잡고 있는 것이다.

4) 음악과 신화: 언어가 낳은 두 자매

자신의 구조주의에 대한 레비-스트로스의 확신에 찬 열정은 그칠

---

81 C. Lévi-Strauss, 1978a, 앞의 책, p. 10. (괄호와 이탤릭체 원본, 각괄호 필자)
82 위의 책, p. 13.

줄 모른다. 그는『신화학』제1권에서 음악의 구조와 신화의 구조가 동일하다는 것—포괄적으로 말하면, 앞서 본 것처럼 '문화라는 수준에서 우리가 목도하는 것은 (실질적으로 그렇다는 것이 아니라) 형식(*formal*)이라는 관점에서 볼 때 모든 것은 동일한 유의 현상이라는 것'—을 역점적으로 보여준다. 이를 통해 그는 먹는 요리 뿐만 아니라, 듣는 음악 역시 무의식적인 이항대대구조의 현현 혹은 표출임을 보여줌으로써 구조주의의 타당성을 재삼 공고히 한다.

『신화학』출판을 모두 끝낸 후, 레비-스트로스는 한 공개 대담에서 자기는 어린 시절부터 작곡가나 지휘자가 되는 것이 꿈이었다고 했다. 자신이 직접 오페라를 작곡하고, 거기에 가사를 쓰고 또 무대장식까지 꾸몄다고 했다. 하지만 자신의 재능으로는 그 꿈의 실현이 불가능하다는 것을 깨닫고 결국 포기했다고 술회했다. 이처럼 음악에도 조예가 깊은 그는『신화학』제1권의 구성을 교향곡의 구성과 형식적으로 흡사하게 함으로써 신화와 음악 간의 구조적 상동성相同性을 상징적으로 제시했다. 다음은 그 제1편 제1장, 제1절의 목차이다.

제1편: 주제곡과 변주곡들(Theme and Variations)

1. 보로로족 노래(Bororo Song)

   a. 새둥지 터는 사람의 아리아(The Bird-Nester's Aria)

   b. 서창敍唱(Recitative)

   c. 제1변주(First Variation)

   d. 불연속 모드의 간주間奏(Interlude in a Discrete Mode)

   e. 제1변주의 계속(Continuation of the First Variation)

   f. 제2변주(Second Variation)

g. 종결(Coda)

레비-스트로스는 신화와 음악 간의 구조적 상동성을 유사성(similar-ity)과 인접성(contiguity)이라는 두 측면에서 설명한다. 음악에 있어서 유사성은, 제3장에서 취급한 소쉬르의 연합성 개념 또는 야콥슨에서 수직 측면인 선택(selection) 개념과 연결되는 것으로서, 언어의 공시적 측면에 해당한다. 인접성은, 소쉬르의 통합성 개념 또는 야콥슨에서 수평 측면인 결합(combination) 개념과 연결되는 것으로서, 언어의 통시적 측면에 해당한다.

음악에서 공시적인 유사성과 통시적인 인접성은, 위의 연합성과 통합성 간의 관계처럼 또는 위의 선택과 결합 간의 관계처럼, 분석상으로는 [지금 여기서 하는 것처럼] 서로 분리해서 논의할 수 있는 관계이지만 실제로는 통합되어 있다. 연주되고 있는 실제 음악에서 그 두 측면은 동일한 순간에 존재해서 하나의 통합체가 되기 때문이다(바꾸어 말하면, 음악가가 오선지에 음표를 통시적으로 적어 나갈 때, 한편으로는 그러한 통합체가 될 수 있도록 공시적인 화음이라는 측면을 **동시에** 생각하면서 적어 나가기 때문이다. 그렇게 하지 않으면 음악이라는 것이 되지 않는다).

부연하면, 앞서 오이디푸스신화 분석에서 경험했듯이, 신화를 통시적으로만—마치 신문 읽듯이 좌에서 우로 차례차례—읽어 나가면 아무런 유의미한 의미(메시지)도 나타나지 않는다. 음악의 경우도 마찬가지이다. 음악에서 음 하나하나를 1분 간격으로 해서 통시적으로, 즉 악보에 적힌 순서대로 듣는다면 그 음 하나하나의 음악적 값(flavor)은 영零이다. 그래서 그 어떤 음악적 정취情趣도 느낄 수 없다. 우리가 음악을 들을 때, 매 순간 이전에 들었던 모든 음과 지금 듣고 있는 음이 우리의 마음(mind) 속에서 무의식적으로 통합되어 음이 음악적 값을 가진다. 앞서 예로 든 시간의 흐름 속에서 돌아가고 있는 만화경에서도 그런 것처럼, 시간의 흐름 속에서 음들이 매 순간의 공시태마다 통시태가 공시태 속에서 통합됨으로써 이루어지는 그러한 연속적 총체성(contiguous totality) 속에서 우리는 어떤 한 음에 대해 음악적 정취를 느낄 수 있다는 것이다.

개개 음의 경우만 그런 것이 아니다. 교향곡에서 음의 묶음인 경우도 마찬가지이다. 교향곡은 몇 개의 악장으로 구성된다. 각 악장은 테마곡(한 묶음의 음)과, 테마곡을 변주한 곡들(여러 묶음의 음)로 이루어진다. 변주곡에서 변주곡으로 넘어갈 때마다, 이전의 테마곡 및 변주곡 모두가 우리의 마음속에서 무의식적으로 상기 연속적 총체성을 이루기 때문에 유의미한 음악적 값, 이를테면, 어떤 유의 즐거움, 슬픔, 행복감, 활력감 등을 느낄 수 있다. 시간의 흐름 속에서 통시적 인접성과 공시적 유사성이 매 순간의 공시태 속에서 통합된 결과인 연속적 총체성 속에서 각각의 변주곡은(각각의 음 묶음은) 각기 나름의 음악적 값을 가지기 때문이다. 이것은, 음악을 듣는 이의 마음속에서 끊임없는 무의식적 재구성—지금 듣고 있는 변주곡이 이미 들었던 테마곡 및 변주곡에 의해 매 순간 포개지는 그러한 통합적 재구성—이 일어난다는 것을 의미한다. 물론 이러한 통합적 재구성은 인간이면 누구나 타고나는 무의식적인 언어능력 즉, 제3장의 「구조언어학」 편에서 논의한, 랑가쥬에 의한 것이다.

이와 관련해서 레비-스트로스는 『신화학』 제1권을 **시작하면서** 신화를 구조주의적으로 분석한 한 선구자는 자신이 아니라 음악가 바그너

(W. R. Wagner)라고 했다(물론 프레스코발디, 바흐, 모차르트, 베토벤 등도 구조주의적으로 작곡했다[83]). 160여 년 전에 이미 바그너가 신화이야기를 구조주의적으로 분석해서 오페라 음악으로 훌륭하게 표현했다는 것이다. 구체적으로 어떻게 했다는 것인가? 마침 우리는 바그너의 한 대표적 오페라 퍼시발(Percival)의 대본가사가 된 『퍼시발 이야기』를 알고 있다. 그것으로 교향곡을 직접 만들어 보면서 레비-스트로스의 그 언명을 구체적으로 이해해보자.

『퍼시발 이야기』를 자세히 살펴보면 크게 4개 '신화소'로 나눌 수 있다. 제1신화소에서 중심이 되는 이미지는 자연 속에서 조용하고 천진하게 살고 있는 퍼시발이다. 제2신화소의 중심적 이미지는 어처구니없는 많은 실수에도 불구하고 드디어 원탁기사가 된 퍼시발이다. 제3신화소에서 그것은 성배聖杯가 있는 성에서 아주 기이한 대접을 받고도 그것에 관해 묻지 않는 퍼시발이다. 그리고 제4신화소에서 그것은 퍼시발이 묻지 않았기 때문에 다른 땅에 비해 더 큰 축복이 있어야 할 성배의 땅에 초래된 영원한 자연의 재앙이다.

그러므로 제1악장의 테마곡과 변주곡들은 당연히 상기 제1신화소의 이미지를 표현해야 한다. 이에 제1악장은 틀림없이 아름답고 목가적이며 평화로운 청각 이미지가 산출되도록 작곡된다. 제2악장, 제3악장, 제4악장 역시 각각 상기 해당 신화소의 이미지에 맞는 청각 이미지가 산출되도록 작곡된다.

한 핵심적 포인트는, 이렇게 작곡된 각 악장의 배열이 청각 이미지적

---

83 B. Wiseman and J. Groves, 1997b, 앞의 책, p. 167.

으로 기승전결起承轉結의 플롯이 되도록 해야만 비로소 총체성의 어떤 메시지를 산출하는 교향곡이 된다는 것이다. 이를테면 '숲속에서 평화롭고 조용하게 살고 있는 퍼시발'이라는 청각 이미지의 음악을 기起로 하고, '아름다운 해변에서 조용하게 살고 있는 퍼시발'이라는 청각 이미지의 음악을 승承으로 해서, 이 둘을 인접 병치하는 교향곡 작법은 없다(꼭 후자를 넣고 싶다면, 후자를 승으로 할 것이 아니라 기의 한 변주로 넣어야 한다). 만약 그러한 병치로 된 교향곡 악보가 있다면 그것은 곧 쓰레기 통으로 들어가게 된다. 청각적 이미지에 의한 메시지가 산출되지 않았기 때문이다.

이제 레비-스트로스가 바그너를 두고 신화를 구조주의적으로 분석한 선구자라고 말한 이유가 분명해졌다. 바그너가 『퍼시발 이야기』를 교향곡으로 만들었다면, 첫째, 그 이야기를 이항대대라는 관점으로 접근했고(즉, 구조주의적으로 접근했고), 둘째, 그러한 접근으로 분석된 이야기에 상응하는 청각 이미지가 되도록 악장들을 작곡해서 전체적으로는 이들 악장의 배열이 기승전결의 청각 이미지가 되도록 교향곡을 만들었으며(즉, 구조주의적으로 작곡했으며), 셋째, 그 교향곡의 청각 이미지가 산출한 총체성의 메시지가 신화 『퍼시발 이야기』에 상징적으로 담겨있는 총체성의 메시지—즉, 세상에 하나뿐인 성배가 있을 정도로 돈독한 기독교신앙의 땅과 사람들에게 어째서 신의 축복이 아니라 오히려 불행이 계속되느냐 하는, 그 누구도 답을 제시할 수 없는 '답이 없는 물음'—를 훌륭하게 재현했다는 것이다.

요컨대, 레비-스트로스에 의하면, 음악의 구조는 소나타 형식이든, 교향곡 형식이든, 론도 형식이든, 토카타 형식이든, 그 어떤 형식이든 간에 신화의 구조로부터 빌린 것이다.[84] 그런데 신화의 구조는, 앞서 논의했던 것처럼, 언어의 구조와 동일하다. 따라서 음악과 신화는 언어에서 나온 것인데 각각 다른 방향에서 서로 떨어져 성장해 왔다. 음악은 언어에 있는(embedded) 소리(sound) 측면이 강조된 것이고, 신화는 언어에 있는 뜻(sense) 측면이 강조된 것이다.[85] 음악과 신화는 언어가 낳은 두 자매이다.[86]

여기서 구조주의의 핵심을 다시 한번 다잡도록 하자. 이항대대라는 구조적 패턴에 기반한 음악작법을 레비-스트로스가 처음으로 제시한 것이 아니다. 그것은 레비-스트로스 이전이나 지금이나 그리고 미래에도 인간의 의식과 무관하게 **그냥 있는 것이다.** 또한 시, 소설, 드라마, 효과적인 연설, 영화 등에 있어서도 구조주의를 알든 모르든 누구나(예술가 혹은 작가라면 더욱 능숙하게) 공시적 내용구성을 이항대대라는 구조적 패턴이 되도록 한다. 그리고 **동시에** 그 구성된 내용의 통시적 전개도 이항대대라는 구조적 패턴이 되도록—즉, 기와 승 간의, 승과 전 간의, 전과 결 간의 내용 역시 이항대대라는 구조적 패턴이 되도록—한다. 이러한 사실 자체가, 다시 말해, 그래야만 소위 작품이 된다는 사실이 바로 이항대대라는 문화의 일반구조가 실재하고 있음을 입증하는 것이다.

---

84 C. Lévi-Strauss, 1978a, 앞의 책, pp. 50-51.

85 위의 책, p. 53.

86 위의 책, p. 54.

5) 하나(oneness)의 신화

『신화학』에서 레비-스트로스는 추상적인 이항대대구조가 구체적인 문화현상으로 표출, 구현되는 무의식적 메커니즘을 재삼 명확하게 제시한다: 아마추어-변형(armature-transformation). 그리고 이를 통해 전체론에 기반한 방법론을 제시했다. '아마추어(armature)'는 구조의 불변적 패턴 곧 이항대대를 지칭하는 레비-스트로스의 용어이다.

다시 『신화학』 제1권으로 돌아가자. 여기서 레비-스트로스는 브라질 중부의 보로로족이 가지고 있는 다양하게 '변형(transformation)'된 신화를 분석한 후, 그것에 대조해서 게족이 가지고 있는 다양하게 변형된 신화를 검토한다. 그리고 이를 통해 그들의 신화가 불과 요리에 관해 어떻게 변형적으로 이야기하는지를 밝혀서 A:B::C:D라는 공식을 제시한다: A가 B에 대해 이항대대적 관계인 것은 C가 D에 대해 이항대대적 관계인 것과 같다; C는 A의 변형이고, D는 B의 변형이다. 무엇을 말해주는가? 이항대대라는 추상적 구조 자체는 아마추어로서 불변이다. 하지만 그것이 구체적인 문화현상으로 표출 혹은 구현될 때는, 누차 언급했듯이, 언제나 도치(inversion), 대체(substitution) 또는 환치(permutation)에 의해 변형된 것임을 말하는 것이다.

구체적으로, 보로로족과 게족의 신화가 공통으로 가지고 있는 아마추어는 자연(A)/문화(B)라는 이항대대이다. 이것은 그들 신화에서, 앞서 보았던 바, 날 것(C)/익힌 것(D)이라는 이항대대와 상응한다. 날 것이 자연적인 것인 반면, 익힌 것은 문화적인 것이기 때문이다. 날 것에서 보면, 익힌 것과 썩힌 것은 공히 문화적인 것이다. 그러므로 상기 D항에서 익힌 것을 썩힌 것으로 대체할 수 있다. 여기서 한 단계 더 들어가면, 익힌 것은 날 것의 문화적 변형인 반면에 썩힌 것은 날 것의 자연적 변형이다. 이것은 그들의 신화가 보여주는 다양한 요리법이 모두 추상적인 이항대대구조가 상기 무의식적인 아마추어-변형이라는 구조구현메커니즘에 의해 구체적인 문화현상으로 표출, 구현된 것임을 보여주는 것이다.

『신화학』마지막 권인 제4권『벌거벗은 인간』에서 특히 그 종결에 이르는 부분은 남북아메리카에 산재해 있는 813개의 신화가 모두 이항대대구조가 아마추어-변형이라는 메커니즘에 의해 문화현상으로 표출된 것임을 역점적으로 보여준다. 예를 들어, 남아메리카신화의 한 테마가 날 음식인 반면, 북아메리카신화의 한 테마는 벌거벗음이다. 날 음식과 벌거벗음은 둘 다 자연에 속하며 환치에 의한 변형관계이다(자연: 날 음식↔벌거벗음). 또 전자의 한 테마가 요리의 기원에 관한 이야기인 반면, 후자의 한 테마는 옷을 입는 것의 기원에 관한 이야기이다. 요리, 복식 둘 다 문화에 속하며 역시 환치에 의한 변형관계이다(문화: 요리↔복식). 또한 전자에서 일반적 테마가 하늘의 사람, 대지의 사람이라는 다른 민족 간의 전쟁인 반면에 후자에서 그것은 아버지와 아들 간, 처남 간이라는 같은 혈족 내의 갈등이다. 여기서 전자의 다른 민족과 후자의 같은 혈족은 환치에 의한 변형관계이며(다름/같음: 민족↔혈통), 전자에 있어 외부적 전쟁과 후자에 있어 내부적 갈등 역시 환치에 의한 변형관계이다(외부/내부: 전쟁↔갈등). 그뿐만 아니다. 이들 신화는, 앞서 본 고대 그리스의 신화처럼, 변형의 시리즈를 형성해서 한 지역 내에서 그룹으로 존재한다. 한 지역의 그룹에 속해 있는 어떤 신화의 모티프는 다른 한 지역의 그룹에 속해 있는 어떤 신화의 모티프와 지리-문화적 요인에 따른 변형관계에 있다. 그러므로 결국 이들 두 지역 각각에 그룹으

로 존재하는 모든 신화는 변형으로 인해 다른 것처럼 보일 뿐 구조적
으로—달리 말해, 아마추어-변형이라는 구조구현메커니즘에 의해—
모두 친연親緣(affiliation)관계이다.

레비-스트로스는 아마추어-변형이라는 구조주의의 [말하자면]문화분
석틀을 가지고 남아메리카의 중부 브라질에 있는 신화그룹에서 시작
해 북서 아메리카 해안지역에 있는 신화그룹에 이르기까지 다양한 신
화그룹의 신화를 분석해서 그것들이 모두 연결·통합되어 있다[친연]는
결론에 이른다. 이에 그는 모든 신화가 결국 하나(oneness)의 신화, 즉 하
나의 거대한 시리즈 신화라는 가설을 제시했다.

레비-스트로스의 구조주의를 비평적으로 수용한 (앞서 성서 이야기를 분
석했던) 리치는 자신이 직접 아마추어-변형이라는 문화분석틀로써 고대
그리스지역의 신화를 분석했다. 그 결과, 그 분석틀이 원칙적으로 아
무런 문제점이 없다는 사실을 알게 된다. 또한 잘 알려진 유럽신화 중
에는 아메리카신화 뿐만 아니라 인도신화와도 놀랍도록 유사한 신화
가 많다는 것도 알게 된다(주지하다시피, 인도신화, 중국신화, 그리스신화, 중동신
화에도 인간탄생 이야기, 홍수 이야기 등 놀랍도록 서로 유사한 신화가 많다).[87] 이에 그
는 중동지방의 신화로 연구의 시선을 넓힌다. 그 연구에 의하면, 중동
지방의 신화그룹 중에서 이스라엘의 아브라함-요셉-모세-예수 이야기
는, 앞서 본 오이디푸스-퍼시발 이야기처럼, 장구한 세월 속에서 도치,
환치 또는 대체에 의한 변형으로 이루어진 한 그룹의 시리즈 이야기이

---

87 E. Leach, 1976, 앞의 책, pp. 73-75.

다. 또, 이집트의 오시리스-이시스-호루스 이야기도 장구한 세월 속에서 그러한 변형으로 이루어진 한 그룹의 시리즈 이야기이다. 그리고 전자 그룹의 이야기와 후자 그룹의 이야기는, 지리-문화적 요인에 따른 변형에 의해 다른 이야기처럼 보일 뿐, 구조적 친연관계이다. 나아가 그는 유럽의 신화그룹, 아메리카의 신화그룹, 중동의 신화그룹의 이야기 역시, 그러한 변형에 의해 다른 이야기처럼 보일 뿐, 구조적 친연그룹 관계라는 것을 보여줌으로써 레비-스트로스가 제시한 상기 하나의 신화라는 가설을 지지했다.

6) 구조주의 방법론: 전체론(A:B::C:D)

레비-스트로스는 '하나의 신화' 가설과 동일한 이론적 맥락에서 전체론적 접근법(holistic approach)을 제시한다. 앞서 그는 아마추어-변형이라는 무의식적인 구조구현 메커니즘을 A:B::C:D라고 공식화했다. 이 공식은 신화라는 문화적 현상 뿐만 아니라 모든 문화적 현상을 접근하는 분석틀이다

부연하면, 레비-스트로스에서 정본 신화가 따로 있는 것이 아니다. 모든 신화 각각은 상호정본이다. 이와 동일선상에서 모든 문화현상 각각은, 영역의 유類를 불문하고, 동일한 구조의 표출이다. 구조란 본질적으로 "변형들의 계통적 배열(a syntax of transformations)"[88]이기 때문이다. 즉 'A:B::C:D' 자체가 구조라는 것이다. 바로 이것이 구조주의의 본질

---

88   M. Lane, 1970, *Introduction to Structuralism*, New York: Basic Books, Inc., p. 35.

적 특징인, 관계론에 기반한 전체론적 접근이다.

이를테면, 한 문화현상에 있어서 다음과 같은 세 가지 유형의 변형이 있다고 하자.

(i) a:b::c:d

(ii) a:x::c:d

(iii) a:b::c:y

종래의 단자론적 접근에서는, a와 c라는 요소가 상기 세 유형 모두에서 계속 반복되고 있기 때문에—즉, a와 c는 빈도율이 각각 100%이기 때문에—기본유형은 a와 c 두 요소만으로 구성되어 있다고 간주한다. 이때 b와 d, x와 y는 단지 통계학적 확률을 다르게 하는 변인變因이라고 간주한다. 혹은, 이와 달리, 빈도율이 상대적으로 높은 a, b, c, d로 기본유형이 구성되어 있다고 보기도 한다. 이때 빈도율 최하인 x와 y는 그 빈도율이 통계학적 신뢰도의 최소요구치 이하인 경우 분석에서 제외되거나, 일탈적인 것으로 간주되기도 한다. 이렇게 해서 하나의 기본유형 즉 모델을 만든다. 이 모델을 일반화해서 여타 문화현상을 분석하고 설명하는 데 이용한다.

이에 반해, 구조주의의 전체론적 접근에서는 기본유형이라는 생각(notion)이 없다. 구조는 '변형의 계통적 배열'이기 때문에 모든 변형을 포함한 것이다. 이에 구조주의방법론에서는 상기 세 가지 변형 내에 있는 모든 요소, 즉 a, b, c, d, x, y 모두를 분석에 포함시킨다. 다시 말해, 기본유형이라는 생각 대신에 아마추어-변형이라는 문화분석틀로써 그 모든 요소들을 동등하게 분석해서 요소들 간의 [체(substance)로서의 구조이항대대적 관련성 및 변형성을 검토한다. 이 검토 결과를 토대로 대대적 이항 간에 호혜성이 성립 또는 회복 또는 강화 또는 확대되도록 일을 처리하거나 대책을 강구한다. 물론 이 과정에 법적, 제도적, 사법적 등의 과정이 포함될 수 있다. 이 모든 과정의 **궁극적 결과는**, 한마디로 [용(function)으로서의 구조]호혜적 교환에 기반한 문명의 진전이다. 인간과 인간 간, 인간과 자연 간에 이루어지는 모든 일에 호혜적 교환이 이루어지는 문명이야말로 레비-스트로스에게 있어 최고 수준의 문명이다.[89] 그는 구조인류학에서 호혜성 이론은 천문학에서 중력 이론처럼 계속해서 확실하게 유효하다고 했다.[90]

레비-스트로스가 『신화학』을 통해 역점적으로 제시한 관계론과, 이에 기반한 전체론적 접근은 근대 이후 서양의 철학과 과학을 떠받쳐 온 거대한 두 기둥인 실체론과, 이에 기반한 단자론적 환원주의(reductionism)—전체는 부분의 총합이다. 그러므로 아무리 복잡한 전체라도 단순한 부분들로 환원될 수 있다는 과학적, 철학적 패러다임—를 정면으로 부정하는 것이다. 레비-스트로스는 실체론 패러다임의 환원주의적 접근인 서구과학을 유사과학(pseudo-science)이라고 했다.[91]

그렇다. 고인석의 연구에 의하면, 제8장에서 구체적으로 보겠지만, 물리학은 모든 과학분야 중에서 가장 넓은 범위의 일반성을 다룬다.

---

89 M. Hénaff, 1998, *Claude Lévi-Strauss and the Making of STRUCTURAL AN-THROPOLOGY* (1991), M. Baker (trans.), University of Minnesota Press, p. 243.

90 C. Lévi-Strauss, 1968, 앞의 책, p. 162.

91 C. Lévi-Strauss, 1983b, 앞의 책, 14쪽.

일반성이란 시공간적 제약을 받지 않는다는 의미를 내포한다. 이러한 물리주의(physicalism)에 의하면 '모든 물리적인 것'은 '모든 것'과 동의어이다. 그런데 실제에 있어서 물리학법칙은, 물리주의라는 개념이 무색하게, 예외 없이 소위 ceteris paribus법칙 즉 '모든 다른 조건이 동일하다'는 단서 하에서만 유효한 법칙이다. 예를 들면, 기체의 압력-부피-온도 간 상관관계에 대한 보일-샤를(Boyle-Charles)의 법칙이 사실은 **존재하지도 않는** 이상화(idealization)된 기체에 대해서만 들어맞는다. 즉, 과학법칙은 언제나 일종의 추상화와 이상화를 토대로 구성된다는 것이다. 그러므로 과학법칙과 실재 사이의 간극은 법칙이 확보되는 단계는 물론, 그것이 적용되는 단계에도 존재한다. 따라서 과학이론이 실재를 다룰 때에는 언제나 근사近似와 보정補正이 요구된다.[92] (제7장, 제8장에서 취급할) 현대 수학과 양자물리학은 수학과, 수학을 기반으로 하는 서구과학이 결코 완전한 것일 수 없음을 입증했다.

요컨대, 서구과학이 밝힌 모든 것은 기껏 유사과학 수준에서 밝힌 것이다. 그러므로 이미 밝힌 것의 [말하자면] 시체를—즉 유사과학으로 인한 오류, 불완전, 불확실, 부작용을—넘고 넘어 계속 새롭게 밝히고 있다. 하나를 새롭게 밝혀서 적용하면, 비근하게 코로나19 백신의 경우처럼, 그 적용이 한편으로 [유사과학이므로]반드시 산출하기 마련인 불완전이나 부작용을 해결하기 위해 또 무엇을 새롭게 밝혀야만 한다[그럼에도 새롭게 밝히는 일을 그냥 얼버무리고 넘어가는 경우가 많다. 새롭게 밝혀 본들, 그 밝혀진 것 역시 불완전하거나 오히려 더 큰 부작용을 불러온다는 것을 이미 알고 있기 때

---

92 과학사상연구회, 2001, 『한계의 과학, 한계의 형이상학』, 통나무, 9-13쪽.

문이다. 설상가상으로, 과학이론은 때로 이데올로기나 권력에 의해, 또는 많은 다른 이론과의 상호 맥락성이나 결합성이나 효용성 등을 도모해서, 게다가 오늘날은 자본주의적 상업성까지 관여해서 이루어진다. 이런 식으로 계속 새롭게 밝혀 나가는 것을 두고 과학의 '눈부신 발전'이라고들 한다. 이 눈부신 발전으로 인해 오늘날 한편으로는 (제5장 「차가운 사회, 뜨거운 사회」 편에서 볼) 문명적 엔트로피가 속수무책으로 증대하고 있다.

원래 전체론(holism)은 20세기 초 독일에서 드리슈(H. Driesch, 1867~1941)가 생명현상을, 상기 환원주의적 접근으로는 도저히 설명할 수 없어서, 생기론(vitalism)적으로 설명하기 위해 주창한 것이다.[93] 이처럼 자연 영역에서 대두된 전체론인데 그것의 타당성은 오히려 문화 영역에서 레비-스트로스가 밝힘으로써 그의 구조주의방법론은 오늘날 인문·사회과학 영역은 물론, 의학을 포함한 자연과학 영역 모두에서 거의 절대적 지지를 받고 있다.

이제 인류는, 도스의 언명처럼, 구조주의 혁명이 없었던 것처럼 세상을 생각(consider)할 수 없게 되었다.[94]

---

93 그가 당시 과학자들의 거센 비난을 받으면서도 텔레파시, 염동(念動, telekinesis), 투시안(clairvoyance) 등을 주창한 대표적 두 문헌: "The Justification of Vitalism" (1912), *Cambridge Magazine* 제1권 15호; *The History and Theory of Vitalism* (1914), London: Macmillan.

94 F. Dosse, 1997, 앞의 책, xxiii.

7) 되찾아야 할 신화적 사유思惟와 도덕

레비-스트로스 당시까지 지배적이던 막스 뮐러(M. Mller, 1823~1900)의 신화관에 의하면, 신화에 나오는 신이나 영웅의 행위는 [말하자면]천상에 있는 그 무엇을 상징하거나, 우주에 관한 어떤 메시지를 일대일로 담고 있는 일종의 부호이다. 레비-스트로스의 견해는 이와 전혀 다르다. 그에 의하면, 신화의 한 본질적 특성은 부호의 다원성이다. 신화는 하나의 이야기, 즉 '상징적 유효성'이 좋은 하나의 부호를 가지고 여러 개의 메시지를 상징적으로 나타낸다.

부연하면, 레비-스트로스가 오이디푸스신화 해석을 통해 보여준 것처럼, 어떤 신의 행위에 관한 이야기 자체(한 예로 "길들여진 야생 황소인 제우스 신이 인간의 딸인 에우로페를 범하고 납치한다") 또는 어떤 영웅의 행위에 관한 이야기 자체(한 예로 "카드모스는 전쟁의 신 아레스의 아들인 용을 죽이고 테베 국을 건립한다")는 어떤 정해져 있는 메시지가 담겨있는 부호가 아니다. 그들의 행위는 그 신화 내에 있는 다른 영웅, 다른 신, 다른 인간 등의 행위와 이항대대적 관련에 의해 비로소 어떤 상징적 메시지를 담은 부호가된다.

그러므로 영웅의 어떤 거룩한, 위대한 행위에 관한 신화 속의 이야기는 그 이야기에 걸맞은 천상의 어떤 거룩한, 위대한 메시지를 일대일로 담고 있는 부호가 아니라는 것이다. 만약 신화 속의 이야기가 '상징적 유효성'이 좋다면 그것이 식물학적 메시지를 상징적으로 나타내는 부호일 수도 있고, 천체현상에 관한 메시지를 상징적으로 나타내는 부호일 수도 있다는 것이다.

예를 들면,『신화학』제3권『식사예절의 기원』에 '태양과 지구가 **너**

무 가까워서 우주에 대화재가 터졌다'라는 이야기가 있다. 어떤 메시지를 담은 부호인가? 레비-스트로스에 의하면, 그 이야기는 한편으로 '태양과 지구가 **너무 멀면** 영원한 밤과 추위가 닥친다'는 이항대대적 메시지를 상징적으로 나타내는 부호이기도 하다. 따라서 결국 그 이야기는 태양과 지구 간의 거리가, 양자 간에 호혜적 상호작용이 이루어질 수 있도록, 적당해야 한다는 메시지를 담은 부호이다(천체현상 영역에서 호혜적 이항대대). 그뿐만 아니라 그 이야기는 다른 어떤 경우에는 다른 어떤 메시지를 상징적으로 나태내는 다원성의 부호이다. 이를테면, 동물과 인간 간의 거리 또는 동물 종들 간의 거리가, 너무 멀면 어떠하고 반대로 너무 가까우면 어떠하기 때문에, 호혜적 상호작용이 이루어질 수 있도록 적당해야 한다는 메시지를 상징적으로 담은 부호이기도 하다 (생물현상 영역에서 호혜적 이항대대). 또는 남녀 간의 혼인에 있어서 양가兩家 간의 거리가, 너무 멀면 어떠하고 반대로 너무 가까우면 어떠하기 때문에, 호혜적 상호작용이 이루어질 수 있도록 적당해야 한다는 메시지를 상징적으로 담은 부호이기도 하다(사회·문화현상 영역에서 호혜적 이항대대).

그렇다면 신화적 사유와 과학적 사유는 질적으로 서로 다른가? 레비-스트로스에 의하면, 오늘날 인간의 지식과 관심은 거의 무한정으로 많고, 그 영역도 매우 다양하다. 그러므로 우리는 각자의 정신능력(mental capacities)을 한정된 분야에 집중적으로 쏟아서 발달시킬 수밖에 없게 되었다. 이런 까닭에 우리의 과학적 사유는 고대인의 그러한 신화적 사유에 배치된다. 오늘날 과학적 사유로는, 예컨대, 천체현상은 이해하지 못해도 사회현상은 설명할 수 있다. 바꾸어 말해, 천체이야기로는 천체현상만 설명할 수 있다. 이처럼 과학적 사유는 개별의 현상을 사유해서 그다음 단계로 사유를 진척해 나아간다. 단일한 현상도 필요한 만큼 부분으로 나누어 사유해서 문제를 해결하고자 한다. 이러한 과학적 사유 덕분에 우리는 자연을 잘 제어해서 이용하고 있다.

이에 반해, 신화적 사유에는 천체 현상, 계절-기후 현상, 생물학적 현상, 동·식물학적 현상, 사회학적 현상, 윤리학적 현상 등에 관한 메시지(지식)가 상기와 같이 포괄되어 있다. 이것은 분과적 학문, 분과적 지식이 없는 세상에서 살고 있는 고대인이 무의식적인 이항대대적 사유를 [무의식적이므로]자신도 모르게 다원적으로 구사해서 삶을 영위한다는 것이다. 그런데, 근대에 들어와 신화가 폭발적으로 분해되었다. 이에 따라 고대인의 신화에는 하나로 되어 있었던(united) 여러 학문분과의 기능이 종교, 법, 과학, 철학 등으로 발전해 왔다. 그러므로 신화와 과학 간에는 진정한 격리(divorce)가 없다. "[하나의 이야기로 여러 영역의 현상을 사유하는]신화적 사유와 [하나의 이야기로 한 영역의 현상을 사유하는]과학적 사유는 지식이 발전해 온 두 개의 단계(stages) 혹은 국면(phases)이다. 양자의 접근은 동등하게 타당하다."[95]

레비-스트로스에 의하면, 그러나 신화적 사유는 과학적 사유에 비해 환경을 이용할 수 있는 지식과 기술에 있어서 그다지 성공적이지 못하다. 하지만 신화적 사유 속에 우리가 꼭 되찾아야 할 것이 있다. 그것은 우리 인간이 본래적으로 타고난 감각능력, 자연지혜 그리고 도덕심이다.

17세기와 18세기에 걸쳐 베이컨, 데카르트, 뉴턴 등의 영향에 의해

---

95 C. Lévi-Strauss, 1969b, 앞의 책, p. 22. (각괄호 필자)

신화의 폭발적 분해, 즉 신화적 사유와 과학적 사유 간의 분리가 본격적으로 일어났다. 그들에게 신화적 사유, 야생인의 사유는 인류문명의 진보를 위해 하루빨리 폐기되어야 했다. 그들에게는 우리가 눈으로 보고, 손으로 만져보고, 코로 냄새 맡아보고, 혀로 맛보고 등 오관의 감각으로써 직접 인지된 세계는 있는 그대로의 세계가 아니라, 착각의 세계이다. 그들에게 있는 그대로의 세계는 '감각의 허위증언'에 대해 끊임없이 대항하는 수학적 관련성의 세계이다.

레비-스트로스의 생각은 이와 정반대이다. 그에 의하면, 근대의 산업기술사회에서 교육받고, 경험하고, 생활하는 문명인의 삶은 자연적 조건보다는 인위적 조건에 의해 광범하게 지배된다. 이에 따라 그들이 함양한 인위적인 개별의 특수논리가, 고대인들 사유의 특징인 자연지식을 기반으로 하는 보편논리를 덮고 있다. 그러므로 문명인의 사유는 어디까지나 이차적인 것, 파생적인 것, 인공적인 것이며 길들여진 것이다. 따라서 그들의 과학은, 엄밀히 말해, 유사과학정신(pseudo-scientific minds)에 의한 것이다.[96]

레비-스트로스에 의하면, 오늘날 유사과학 정신의 문명인은 인간 본래의 귀중한 감각능력과 자연지혜를 잃어버렸다. 아주 옛날은 물론이고 근대문명시기에도 옛 항해사들은 한낮에 금성을 뚜렷이 볼 수 있었다. 옛날이나 지금[97]이나 야생인은 인간 본래의 감각능력으로써, 제

---

96 C. Lévi-Strauss, 1983b, 앞의 책, 14쪽.

97 다음은 생리학자이자 생물지리학자 다이아몬드(J. Diamond)가 33년 동안 뉴기니에서 현장연구 후 기록한 한 사태이다. [레비-스트로스에 의하면 인간 본래의 감각능력과 자연지혜를 가진] 수렵·채집 민족인 야생인은 걸어 다니는 자연사 백과사전이라 할 정도로 1000여 종이 넘는 동식물의 이름을 자신의 언어로 알고 있으며,

4절의 야생적 사유 편에서 본 것처럼, 자신들의 환경과 삶의 모든 자원에 관해 아주 정확한 지식을 가지고 있다. 인간 본래의 감각능력과 자연지혜에 기반해서 이루어진 만 년 전의 신석기시대 지식은 지금 우리가 가지고 있는 동물과 식물에 관한 지식에 비해, 근본에 있어서, 조금도 뒤지지 않는다.

레비-스트로스에 의하면, 유사과학 정신의 문명인은 도덕심마저 잃어버렸다. 특히 서구문명은 자연에 대해서는 인간 중심의 이기심을, 타인에 대해서는 나 중심의 이기심을 심화시켜 왔으며 나아가 비유럽문명에 대해서는 유럽중심주의의 이기적 폭력을 자행해왔다. 또한 유럽의 신화는 (제6절에 나오는 여러 신화에서 본 것처럼) 모두가 인간에 의한 피할 수 없는 재난으로 점철되어 있는데 그 원인은 한결같이 인간이 신이나 친족에 대한 마땅한 도덕적 의무를 수행하지 않기 때문이다. 도덕적 의무를 저버리는 근본적 이유가 바로 이기심이다. 이에 그는 유럽인을 향해 준엄하게 호소한다: 우리는 이기심을 버리고 자연지혜에 기반한 도덕심을 회복해서 "자신보다 세상을 먼저 생각해야 하고, 사람보다 모

각종 생태학적 특성, 분포, 쓰임새 등에 관해서도 해박한 지식을 갖고 있다. 내개[다이아몬드개] 포레족 동료들이 따온 버섯을 구워 먹을 때 위험한 독버섯일 수도 있다고 하자, 그들은 화를 내면서 당신은 어떻게 우리에게 그런 소리로 우리를 모욕할 수 있느냐? 독버섯과 안전한 버섯도 구별하지 못할 만큼 멍청한 놈들은 [레비-스트로스에 의하면 이차적, 파생적, 인공적, 길들여진 사유에 의한 유사과학정신을 가진] 미국인 뿐이라고 하면서 식용 버섯을 스물아홉 가지나 말해주었고, 각각의 종에 대해서 그들 언어로 된 이름은 물론 그것들을 찾을 수 있는 장소까지 상세히 설명했다. (J. Diamond, 1997, *GUNS, GERMS, and STEEL*: 김진준 옮김, 2015, 『총 균 쇠』, 문학사상사, 214-215쪽. 각괄호 필자)

든 생명을 먼저 생각해야 하며, 이기심에 앞서 남을 존경해야 한다."[98]

98 C. Lévi-Strauss, 1978b, *The Origin of Table Manners*, Vol. 3 of *Mythologiques* (1968), John and Doreen Weightman (trans.), New York: Harper and Row, p. 508.

제5장 레비-스트로스의 구조주의 역사관

1. 헤겔: 이성의 역사 — 절대관념론에 짜맞춘 '기만적인' 철학적 역사

헤겔(G. W. F. Hegel, 1770~1831)의 역사관이 근대 서구문명에 미친 영향은 지대하다. 근대 서구문명이 비유럽문명을 압도해왔기 때문에 결국 그의 역사관은 지난 3세기에 걸쳐 전 인류에 큰 영향을 미쳤다. 그러나 레비-스트로스는 헤겔의 역사주의철학에 '혁명적' 반기를 들고 소르본(Sorbonne)을 박차고 나왔다. 헤겔에게 역사란 무엇인가?

헤겔철학에는 당시까지 서구의 모든 주류적 사상이 종합되어 있다. (제7장 제3절에서 논의할) 고대 희랍의 로고스(logos) 우주관, 감각-지각에 기반한 경험주의의 리얼리즘, 선험적先驗的 이성을 전제로 하는 합리주의의 관념론, 뿌리 깊은 기독교의 목적론(teleology), 우주에 충일한 정신(Geist: Mind)을 직관했다면서 '자연은 정신의 가시可視적 양태이고, 정신은 자연의 비가시적 양태'라고 하는 낭만주의의 관념론 등이 모두 헤겔에 의해 통합되어 절대관념론(absolute idealism)으로 발전하게 된다.

관념론이란 일체의 현실은 근본적으로 마음 혹은 정신에 의한 것이라는 철학적 주장(doctrine)이다. 정신(마음) 영역인 이념, 자아, 사상 등 비물질적 관념이 감각-지각에 현시顯示되는 일체의 물질적 현상의 본원本源이라는 것이다. 비근하게 지금 한국사회의 심각한 출산 관련 현상, 아파트·부동산 관련 현상의 본원은 자본주의 지향적 이념·사상·가치관이라는 것이다. 만약 지금 한국인의 전반적 이념·사상·가치관이 대동(大同)사회 지향적이라면 그런 것과 관련된 제반 현상이 지금과는 판이하게 다르다는 것이다.

왜 절대관념론인가? 정신이 현상의 본원임을 논한 헤겔의『정신 현상학(The Phenomenology of Mind)』에 의하면 우주는 단일한 정신(the singular mind: Mind) 그 자체이다.[1] 다시 말해, 그에게 우주는 정신일원론의 우주이다. 그러므로 그가 말하는 정신, 절대정신, 세계정신, 이성, 절대이성, 세계이성, 절대자, 신, 인간, 실재, 현실, 현실의 총합 등은 동의어이다 (다만 맥락에 따라 선택적으로 쓰일 따름이다).[2] 정신은 말할 것도 없이 관념적이다. 게다가 우주는 단일한 정신 그 자체이므로 그의 철학은, 말 그대로, 절대관념론에 기반한 것이다.

헤겔철학은 정신일원론 — 레비-스트로스에 의하면 이성주의적 일

---

1   S. Blackburn, 1994, *The Oxford Dictionary of Philosophy*, Oxford University Press, pp. 168-169.

2   이런 까닭에 헤겔이 유신론자로 생각되기도 하고 무신론자로 생각되기도 해서 매우 혼란스럽다. 세계적인 철학자도 헤겔을 유물론자로 보기도 하고(포이에르바하, 마르크스 등 헤겔 좌파), 유신론자로 보기도 한다(에르트만, I. H. 피히테 — J. G. Fichte의 아들 — 등 헤겔 우파). 그리고 이 두 입장 간의 논쟁이 계속되고 있다. 하지만 헤겔의 사상을 유신론과 무신론, 절대자와 인간, 이성과 경험, 실재와 현실 등 이분법적 패러다임으로 접근하는 것은 근본적 오류이다.

원론(rationalistic monism)의 한 형태[3]—이므로 당연히 (제7장에서 논의할) 플라톤의 이분법적 세계관에서 보는 그러한 관념적 실재(이데아)와 눈앞에 보이는 현실 간의 구분이 없다. 눈앞의 현상과 관념적 실재가 일자─者이고, 인간과 신 역시 일자이다. 현실 자체가 바로 실재이고, 지금 이 순간의 세계가 실재의 세계라는 것이다. 다시 말해, 우리가 발을 딛고 있는 이 현실의 세계가 이성 혹은 절대이성 혹은 세계이성 혹은 정신 혹은 절대정신 혹은 세계정신이 구현된 것이다. 이성 혹은 정신이란 다름 아닌 인간의 이성이고, 인간의 정신이다. 인간의 이성과 분리되어 따로 초월적으로 존재하는 이성이란 없다. 인간의 이성이 절대적인 것, 절대이성이다.[4] 이성의 본질은 자유와 합리이다. 이성이 자신의 그 본질을 시간의 흐름 속에서 **스스로 구현하는** 과정이 바로 역사이다. 그러므로 역사는, 말 그대로, 이성의 역사이다. 따라서 역사는 이성의 본질인 자유와 합리라는 목적을 향해 진보해 나가게 되어 있다는 것이다. 절대

---

3 C. Lévi-Strauss, 1971, *Tristes Tropiques* (1955), J. Russell (trans.), New York: Atheneum, p. 54.

4 절대관념론에 기반한 헤겔철학에서 우주는 단일한 절대자(the absolute) 곧 마음(Mind)이다. 일찍이 유학(특히 육구연-왕양명의 신유학) 역시 심(心)일원론: 우주의 마음이 사람의 마음이고, 사람의 마음이 곧 우주의 마음이다. 이러한 마음이 바로 리(理) 따라서 심즉리(心卽理)이다. 그러므로 헤겔이 말하는 마음을 신유학에서 말하는 마음에 견주어 볼 수 있다.

그러나 헤겔과 신유학은 방법론에서 확연히 갈라진다. 헤겔에서는 사람이 마음 가는 대로 살면 시간의 흐름 곧 역사 속에서 저절로 이성이 구현된다. 반면에 육-왕에서는 거경궁리(居敬窮理)를 통해 인간 본래의 직관적 양지(the innate intuitive knowledge of good)에 이르러야만 마음 가는 대로 사는 삶이 리가 구현되는 삶이다. 공자가 나이 70에 이룬 경지가 바로 심즉리이다: 일흔이 되어서는 마음 가는 대로 행하여도 법도에 어긋나지 않았다(七十而從心所欲不踰矩).

관념론에 기반한 헤겔철학은 이처럼 목적론적 역사주의(teleological histori-cism)이다.

헤겔의 목적론적 역사주의에 의하면, 이성이란 인간에 의해 현실에서 이루어진 모든 것의 총합 즉 인류의 실제 생활, 실제 사유思惟, 실제 문화의 총합이다. 그는 시간이 흐를수록 인류의 총합적 실제 삶이—천 년 전보다는 백 년 전, 백 년 전보다는 지금의 삶이—보다 더 큰 자유와 합리성 속에서 영위되고 있다고 생각했다. 그는 바로 이것이, 이성이 수많은 일과 사태를 품은 시간의 흐름 곧 역사 속에서 자신의 목적을 스스로 구현하고 있다는 명백한 증거라고 했다.

그의 부연에 의하면, 강에서 한 특정 지점의 사태는 그 상류에 있는 모든 사태가 총합되어 그 지점의 정황과 결부된 결과이다. 마찬가지로, 지금 이 순간에도 어떤 일이나 사태를 두고 누구나 이성적 사유를 하는데 이 현재의 사유에는 이전 세대의 모든 사유, 모든 물질적 조건이 총합적으로 반영되어 있다. 이런 까닭에 어떤 특정 사태가 지금 우리가 서 있는 현재의 것이라면 그것은 현재에서 옳은 것이다. 오늘의 현실은 통시적 총체(diachronic totality)로서의 현실, 즉 이성이 현재까지 스스로를 구현해서 누적시켜온 실제이기 때문이다. 이와 동일한 논리로, 어떤 특정 사태가 과거의 어느 시점의 것이라면 그것은 과거의 그 시점에서 옳았던 것이다. 우리가 발을 딛고 있는 일체의 현실은 과거에서건, 현재에서건, 미래에서건 시간의 흐름 속에서 이성이 자신의 목적을 스스로 구현해서 드러난 현장이기 때문이다. 이처럼 역사는 어디까지나 '이성의 역사'이기 때문에, 어떤 한 시점의 사태만을 따로 보면 그렇지 않은 것처럼 보이는 경우도 얼마든지 있지만, 세계사 전체를 통시적으로 관통해서 보면 반드시 진보적으로 발전해 나가는 과정 중에 있다. 헤겔사관은 이처럼 기계론적인 진보주의사관이다.

역사가 반드시—기계론적이라고 표현될 정도로 백 퍼센트 반드시—진보로 나아가는 것은 어떤 원리에 의해서인가? 헤겔에 의하면, 그것은 정반합正反合 패턴인 변증법[5]에 의해서이다. [상기 일원론이므로] 변증법은 인간의 외부에 있는 어떤 초월적 원리가 아니다. 그것은 이성 곧 인간의 이성에 의한 역사발전원리이다. 어떤 한 사상事象이 대두되면 이성은, 스스로 진보해 나아가는 본질적 속성에 따라, 그것을 검토하고 비판하게 **마련이다**. 그래서 새로운 사상이 대두되어 전자와 대립을 이루게 **마련이다**. 그러나, 시간의 흐름 속에서 이성은 스스로 진보해 나아가는 본질적 속성으로 인해 이들 각각에서 최선의 것을 취함으로써 대립적인 두 사상은 제3의 사상으로 지양止揚하기 **마련이다**.

헤겔에 의하면, 이 변증법적 운동은 어느 한순간도 동적이기 때문에, 즉 그 운동의 어느 한순간도 되어감(becoming)의 과정 중이기 때문에 정태적 시점을 포착捕觸하는 우리의 인식에 감지되지 않는다. 하지만 이성에 의한 상기 변증법적 운동이 시간의 흐름 속에서 필연적으로 반복되면서 인류는 보다 큰 자유와 합리성이 구현되는 삶을 영위하게 된다. 이성은 수많은 일과 사태를 품은 시간의 흐름 곧 역사 속에서 자유와

---

5 변증법에는 여러 가지가 있다. 그리스어 dialektik는 대화나 토론하는 기술을 의미한다. 그래서 원래는 어떤 토픽이든 간에 진리와 지식을 얻기 위해 이치를 논하는 (reasoning) 과정이라는 뜻이다. 그 과정에 대한 견해 차이로 인해, 소크라테스, 플라톤, 아리스토텔레스, 칸트, 헤겔 등에서 그 개념이 서로 상당히 다르다. 그 다른 개념들을 간명하게 정리해 놓은 문헌: S. Blackburn, 1994, *The Oxford Dictionary of Philosophy*, Oxford University Press, p. 104.

합리라는 자신의 목적을 **반드시** 달성하기 때문이다(기계론적인 목적론적 역사주의).

헤겔은 인류 전체의 역사를 자신이 직접 고찰해서 역사를 관통하는 변증법적인 이성의 발전법칙, 달리 말해, 세계정신의 진행법칙을 발견했다고 주장했다. 이 주장에 의하면, 역사는 인류 역사의 전체적 흐름 곧 세계사라는 차원에서 기술되어야 한다. 인류가 살아가는 지구상의 어느 순간, 어느 시대, 어느 곳을 막론하고 시간의 흐름 속에 있는 일체의 현실, 즉 세계사적 현실은 이성이 다양한 일과 사태를 통해 변증법적으로 자신을 드러내는 현장이기 때문이다. 어떤 한 국가, 어떤 한 시대만을 따로 보면 그렇지 않은 것처럼 보이지만 세계사 전체를 통시적으로 관통해서 보면 역사는 반드시 진보적 발전과정 중에 있기 때문이다. 세계사가 아무리 비합리적인 희비쌍곡선을 그리며 진행되는 것처럼 보이더라도 결국은 이성에 의해 보다 큰 자유와 합리를 향해 변증법적으로 진행되어 나가도록 되어있다는 것이다.

헤겔에 의하면, 세계사가 반드시 그렇게 진보해 나가도록 하는 실제 행위자는 일상의 개인이 아니라 민족국가 또는 영웅적인 세계사적 개인(world-historical individuals)이다. 민족국가에서 민족정신이란 한 민족의 역사 속에서 형성되어온 민족 고유의 언어, 종교, 예술, 음악, 철학, 건축, 도덕, 법, 과학, 정치 등 모든 문화에 구현되어 있는 정신의 총체이다. 이들 문화 각각에는 그러한 총체성의 민족정신이 반영되어 있으며 **또한 동시에** 그것들 각각은 민족정신에 유기적으로 기여한다. 그런데 그 각 문화의 실제 담당자는 개인이다. 따라서 개인은 자신이 속한 민족정신에 문화적으로 유기적 통합을 이루고 있다는 것이다. 그러므로 결국 세계사를 움직이는 행위자는 민족정신의 현현顯現인 민족국가라는 것이다.

그러면 실제로 어떤 방법으로 민족국가가 세계사를 움직여 나가는 가? 한마디로, 이성의 간지奸智(List der Vernunft)에 의해서다. 이성은, 스스로 간교한 속임수를 써서, 민족국가로 하여금 세계사라는 거대한 역사의 현장에서 자유 의식을 진보시키는 역할을 수행하도록 한다는 것이다. 이성의 간교한 속임수란, 소위 영웅이라고 하는 '세계사적 개인'의 욕망과 열정을 전략적으로 교묘하게 이용한다는 것이다. 세계사적 개인이란, 헤겔이 든 예에 의하면, 알렉산더나 카이사르나 나폴레옹 등과 같은 인물이다. 나폴레옹의 경우, 그는 정복욕에 기반한 개인적 야망에 사로잡혀 유럽을 피비린내 나는 전란의 도가니 속으로 몰아넣었지만, 한편으로는 정복을 통해 프랑스가 이루어 낸 계몽주의적 자유와 합리를 여러 나라에 심어 주었기 때문에 결과적으로 이성의 자기실현에 봉사했다는 것이다.

그렇다면, 히틀러가 저지른 유대인 600만 명 대학살도 긍정적으로 볼 수 있다는 말인가? 당연히 그렇다. 인류 역사에서 일어난 그 어떤 사건, 그 어떤 유의 사태도 자유와 합리를 본질로 하는 이성의 변증법적 자기구현 과정이기 때문이라는 것이다. 그러므로 유럽세계를 전란으로 뒤흔든 히틀러의 행적 역시 결코 개인 차원의 도덕성에 의해 평가될 수 없다는 것이다. 세계사적 차원에서 '간지'를 구사하는 이성이 지향하는 목표를 구현하는 데 히틀러가 봉사했기 때문에 그의 모든 행적은 정당화된다는 것이다. 물론 헤겔도 세계사가 한편으로는 대학살의 역사, 공포와 억압의 역사라는 사실을 인정한다. 하지만 그 어떤 부정적인 역사적 사건, 사태도 결국은 진보적 발전을 위한 계기가 된다는 것이다. 이성이 어떤 민족국가, 어떤 세계사적 개인의 욕망을 자극해서 큰 악을 저지르게 하면, 인류는 그만큼 큰 반성과 깨달음을 얻을 수 있기 때문에 결국 인류의 역사는 보다 큰 정반합적 진보로 나아가게 된다는 것이다.

이처럼 기계론적 진보주의인 헤겔의 역사주의철학은 여기서 더 극단으로 나아간다: 세계사적 개인이 당하는 비참한 최후 역시 이성의 간지에 의한 것이다. 즉, 세계사적 개인이 자신에게 부여된 이성의 임무를 완수했기 때문에 이성은 그를 여지없이 토사구팽兎死狗烹식으로 없애 버린다는 것이다. 뿐만 아니라, 이성이 부여한 임무를 완수한 민족국가 역시 같은 이유로 그렇게 팽烹시켜 버린다는 것이다. 그 결과, 세계사에 어떠한 대학살과 공포와 억압이 자행되더라도, 또한 아무리 덧없이 민족국가의 흥망성쇠가 점철된다 하더라도 결국 역사는 보다 큰 자유와 합리를 향해 진보하고야 만다는 것이다.

헤겔이 어떤 방식으로 인류 전체의 역사를 고찰해서 그처럼 철두철미 기계론적인 이성의 발전법칙을 발견했는가? 그는 역사를 원본적 역사(original history), 반성적 역사(reflective history) 그리고 철학적 역사(philosophical history)로 구분했다. 원본적 역사란 헤로도토스, 투키디데스, 카이사르 등이 주장하는 역사로서 과거의 일, 사건을 사실 그대로 기술하는 것이다. 그는, 그러한 역사를 기술한다는 것이 실제로는 불가능하기 때문에 무의미한 노력이라고 비판했다. 반성적 역사는 랑케, 니부어(B. G. Niebuhr) 등이 주장하는 역사로서 과거의 일이나 사태를 현재를 위한 거울로 삼고자 하는 것이다. 그는, 뜻은 좋지만 그것 역시 현실성 없는 일이라고 비판했다. 그는, 역사란 모름지기 자신의 절대관념론에 기반한 철학에 입각해서 기술한 역사 곧 철학적 역사가 진정한 역사라고 주장했다.

헤겔이 직접 쓴 철학적 역사를 한번 보자. 다음 인용문은 그가 생을 마감하기 직전(1830~1831?)에 쓴 『역사에 있어서 이성(*Die Vernunft in der Geschichte*)』에 기술되어 있는 세계사(Weltgeschichte)를, 래빈(T. Z. Lavine)이 영역해서 요약한 것[6]이다.

> 중국이라는 동양세계에서 개별의 인간은 물질과 별로 다를 바 없다. 개별의 인간은 정신적 측면에서 개성을 가지고 있지 않다. 엄격한 신분제도 속에서 [자신과 동일한 신분에 속해 있는] 타인과 구별되지 않은 채로 존재한다. 그 사회는 종교, 관습, 법이 분리되지 않는다. 무엇보다 주목해야 할 것은, 그 사회에서 오직 군주 한 사람만이 자유롭다는 것이다. 이것은 자유라는 의식이 발전하기 시작하는 초기에 [즉, 이성이 자신의 목적 곧 자유와 합리를 세상에 구현하는 초기단계에] 해당된다. 중국에서는 이 초기의 자유의식이 그 이상은 발전되지 못했기 때문에 중국민족은 침체 속에서 생명만 부지하게 된다. 반면에 이성은, 인도와 페르시아에서 과도기적 단계를 거쳐 고대 그리스로 옮겨 가서 그 흥기를 보게 된다. 이 새롭게 발전된 자유의식은 아테네 사람으로 하여금 시민이라는 일부의 사람은 자유롭다는 자각을 일깨웠다. 로마는 아테네 인의 그 자유의식을 계승했다. 그러나 역시 노예와 피정복민에게는 자유를 부여하지 않았기 때문에 자유의식이 불

---

6 전체가 기술되어있는 문헌: 임석진 역, 1980, 『歷史에 있어서의 理性』, 志學社, 305-323쪽.

완전하기는 여전했다.

이성은, 봉건주의와 계몽주의라는 과도기적 단계를 거쳐, 마침내 근대의 기독교적 게르만 세계에서 완전한 자유의식으로 발전한다. 기독교적인 게르만 국가는, 수장인 군주의 중요성에 기반을 둔 동양세계의 일면을 보존했다. 그리고, 한편으로는, 모든 자유로운 시민에게 허용한 헌법에 기반을 둔 그리스·로마 세계의 측면도 보존했다. 17세기와 18세기 전반의 계몽주의가 그러한 헌법을 영국과 프랑스에서 발전시킨다. [19세기에 들어와] 독일은 완전히 통일된 민족국가를 이루지는 못했지만 가장 완전한 자유의식을 실현하는 역할을 담당하게 된다. 독일에서는 자유로서의 동양군주라는 테제, 헌법으로 보장된 만인의 자유로서의 계몽주의라는 반테제 이 양자가 '모든 인간 영혼의 자유'라는 루터적 기독교 사상으로 지양[Aufheben]되어 새로운 융합을 이루었다. 이것은 바로 [이성의 본질인] 자유의식이 변증법적으로 진보해서 기독교에 기반을 둔 게르만 민족의 입헌군주제에서 그 완성에 이른 것이다. 이로써 게르만 민족은 자유의식의 정점으로, 세계사의 정점으로 등장한다.[7]

헤겔이 쓴 이 철학적 역사, 과연 어떤가?

헤겔에게는, 제2장의 「슬픈 열대」: 철학에서 인류학으로」 편에서 레비-스트로스가 지적한 것처럼, 사물이나 현상을 두고 '왜', '어떻게' 따

---

[7] T. Z. Lavine, 1984, *From Socrates to Sartre*, New York: Bantam Books, pp. 236-237. (각괄호 필자)

위는 생각할 필요가 없다. 중요한 것은 사물이나 현상 자체가 아니라, 그것을 자신의 절대관념론에 기반한 역사주의철학에 맞도록 의미화하는 것이다. 그렇다. 헤겔이 인류 전체의 역사, 즉 세계사를 쓴다고 하면서 실제로 했던 작업은 이성의 간지, 세계사적 개인 등과 같은 궤변적 수준의 개념을 독단적으로 가정하고, 그 개념들을 가지고 세상에서 일어난 일과 현상을 독일민족중심주의적, 넓게는 유럽민족중심주의적으로 왜곡해 의미화함으로써 이성의 변증법적 발전법칙이 역사 속에서 실제로 작동하고 있는 것처럼 기술한 것이다.

레비-스트로스는 헤겔의 변증법과 역사주의철학에 대해 "아주 형편없는 지적 산물이 어떻게 그렇게도 천진하게 확신을 얻고 있는지 도무지 이해가 가지 않았다"[8]고 했다. 그는 소르본에서의 철학강의에 관해 이렇게 술회하고 있다.

> [어떤 물음이나 테마가 제기되었을 때] 먼저 당신은 늘 해 오는 전통대로 그것에 대해 두 견해를 마음에 작정한다. 그리고는 그중 하나를 상식적 견지에서 정당화시켜 내세운다. 다음은 다른 하나를 가지고 그것을 반박한다. 마지막으로 제3의 해설을 사용해 앞의 두 견해를 조작해서 둘 다 불만족스러운 것으로 판명되게끔 한다. [이런 방식으로] 당신은 말재주로써 '반 테제'를 하나의 현실이 갖는 두 보완적 측면인 것으로 결속시킬 수 있다: 형식과 실질, 내용물과 용기, 외양과 실재, 본질과 실존, 연속과 불연속 등. 이것은 사고를 하는 것이 아니라, 일종의 고급 말장난(superior punning)을 하는 것이다. (…) 소르본에서

---

8   C. Lévi-Strauss, 1971, 앞의 책, p. 54.

의 5년은 결국 이런 유의 두뇌훈련을 하는 세월이었다. (…) 이 방법
은 어디에나 보편적으로 다 적용되었기 때문에 학생들로 하여금 그
이외에도 얼마든지 많이 있을 수 있는 다양한 사고를 불가능하게끔
했다. (…) 소르본에서 가르치는 철학은 지성은 훈련시켰지만 정신
은 막히고 시대에 뒤떨어진 채 그대로였다.[9]

그로서는 변증법보다 오히려 더 위험한 것이 있었다. 그것은 맹신적
으로 만연되어 있는 역사주의(historicism)이었다.

적합성이 가장 뒤떨어지는 철학적 체계들로 시작해서 그중 가장 정
묘한 체계를 칭송함으로써 끝마치도록 하는, 그런 식의 역동적 종합
이 이루어질 수 있도록 우리는 배웠다. 우리의 선생님은 모두 '역사
적 발전'이라는 사고에 사로잡혀 있었기 때문에, 우리는 어떻게 해서
후자가[가장 정묘한 체계가] 전자[가장 뒤떨어지는 체계]로부터 점차 발전
해서 그렇게[칭송 받는 체계로] 되었는지를 설명해야 했다. 고딕 양식
은 필연적으로 로마네스크 양식보다 더 발전한 것이고, 고딕 양식 범
주에서는 플랑브와양 양식이 프리미티브 양식보다 더 완전한 것이
라고 주장하지만 [그것을 시간의 흐름에 따른 필연적 발전의 결과로만 생각
할 뿐] 무엇이, 어떤 이유에서 더 아름답고 덜 아름다운지에 관해서는
아무도 의심을 품지 않는다. 철학은 의식을 가지고 [어떤 사물이나 현상
에 관해서 사고하는 것이 아니라] 의식 자체를 심미적으로 관조하는 일이
었다. [그런 까닭에] 중요한 것은 사물 자체가 아니라, 사물을 어떻게

---

9   위의 책, pp. 54-55. (각괄호 필자)

의미화(signification)하느냐 하는 것이었다. 아무도 사물 그 자체에서 [이를테면 격물치지(格物致知)적으로] 의미를 구하지 않았다. 진리를 추구하는 열정의 자리는 비어 버렸고, 의미화하는 기교만이 그 자리를 대신했다.[10]

당시 거의 절대적이던 헤겔의 이러한 역사주의철학에 혁명적 반기를 들고 소르본을 박차고 나온 레비-스트로스. 그는 실증주의 인류학도가 되었고 마침내 혁명적으로 새로운 지평의 구조주의 역사관을 제시한다.

2. 레비-스트로스: 구조의 역사

1) 역사는 오늘날의 신화

레비-스트로스에 의하면 "현대사회에도 신화가 있다. [우리가 지금] 고대인이 설정했던 그 [신화] 장소에 있지 않다는 것뿐이다. 현대인에게 있어 신화란 역사이다."[11] 우리 마음속에 가지고 있는 신화와 역사 간의 간극(gap)은 "역사를 [구조주의] 신화학의 연속이라는 관점으로 접근해서

---

10 위의 책, p. 55. (각괄호 필자)
11 C. Lévi-Strauss, 1983, 『레비-스트로스의 人類學과 韓國學』, 강신표(대표 역·편), 韓國精神文化硏究院, p. 246. (각괄호 필자)

불식시킬 수 있다."[12] 요컨대, 레비-스트로스에서 역사는 오늘날의 신화에 다름 아니다.

역사란 과거에 일어났던 사건이나 일이다. 또한 그 기록도 역사다. 인류가 살아가는 세상에서 사건, 일은 끊임없이 일어난다. 원인은 인간의 생존본능, 사랑, 욕심, 새로운 기술의 보급 등 인간과 관련된 것일 수도 있고, 자연재해처럼 인간과 무관한 것일 수도 있다. 이들 다양한 원인에 의해 일어났던 일과 사건이 기록으로, 구전으로 여기저기 산발적으로 존재하고 있다. 역사가는 이들 사료史料를 수집해서 전말顚末이 있는 하나의 이야기(narration)로 기술한다. 기술된 내용이 사료에 의해 실증되고 논리적으로 정합整合하면 역사적 사실, 즉 역사가 된다.

레비-스트로스에 의하면, **그러므로** 역사는 결코 있었던 그대로의 사실일 수 없다. 물론 역사가는 자신의 주관을 배제하고 엄정하게 있는 그대로의 사실만을 기술하고자 한다. 하지만 과거의 사실을 있었던 그대로 모두 기술해서 제시한다는 것은 불가능하다. 36년간 일제강점 하의 한국에 관한 역사를 쓴다고 해서, 그 36년 동안에 있었던 사건과 일을 빠짐없이 모두 기술해서 복원하면 그것은 36년에 걸친 기나긴 이야기가 되기 때문이다. 불가불 역사가는 의미가 있다고 생각하는 사료만을 수집하고, 골라서 역사를 기술한다. 레비-스트로스에 의하면, 이 모든 작업은 역사가의 무의식적인 이항대대 패턴의 구조적 사유思惟에 의해 이루어진다.

---

12 C. Lévi-Strauss, 1978, *Myth and Meaning*, London: Routledge & Kegan Paul, p. 43.

예를 들어, 우리가 선이라는 개념을 사유하는 것은 선이라는 개념과 악이라는 개념을, 우리 자신은 의식하지 못하지만[무의식적] 이항대대적으로 사유하기 때문에 가능하다. 달리 말해, 선과 악은 인식론적으로는 [지금 여기서 하고 있는 것처럼] 분리해서 생각할 수 있지만 존재론적으로 분리될 수 없다. 즉, 악이라는 개념이 없으면 선이라는 개념도 있을 수 없다. 이렇게 되면 도덕영역에서는 무개념의 세상이다(이런 세상이 바로 아담과 하와가 '선악과'를 따먹기 이전에 거닐던 소위 에덴 동산이다). 동일한 원리로, 전/후, 인/과, 이득/손해, 네 편/내 편, 진보/보수, 애국/매국, 자유/압박, 평등/착취 등 다양한 이항대대적 개념을 기반으로 하는 다양한 의미영역이 존재하지 않는다면 지금 우리가 알고 있는 그러한 삼일독립운동사는 존재하지 않는다.

그렇다면 어떻게 해서 다양한 의미영역이 총합되어 삼일독립운동사, 임진왜란사 등의 역사가 되는가? 레비-스트로스에 의하면, 역사가 만들어지는 원리는 제4장에서 본 신화가 만들어지는 원리와 동일하다.

예를 들면, 임진왜란은 1592년부터 1598년까지 2차에 걸쳐 실제로 일어났던 일련의 사건이다. 그 하나하나의 사건은 한 묶음의 이야기로 구성된다. 그런데 그 한 묶음의 이야기 자체에는 어떤 고정된 의미가 없다. 그 이야기와 **관련된** 당사자들 간에 다양한 의미가 있을 뿐이다. 이런 맥락에서 데리다는 '진실은 없다. 입장과 입장만 있을 뿐'이라고 했다. 한 묶음의 이야기 자체는, 제4장에서 논의한 신화의 경우로 말하면, 의미가 정해지지 않은 개별 신화소神話素에 불과하다. 한 묶음의 이야기로 구성되는 하나의 사건은, 역사가의 무의식적인 이항대대적 사유에 의해, 다른 어떤 한 묶음의 이야기로 구성되는 사건과 이항대대적 관련성을 가지게 됨으로써 비로소 어떤 의미가 생기고(engender), 이렇게 의미가 생긴 일련의 사건이 총합되어 임진왜란사가 된다.

또한 역사가 이용되는 방식 역시 신화와 동일하다. 둘 다 초시간적으로 이용된다. 제4장에서 논의했듯이, 시간의 흐름 속에서 계속해서 만들어지는 모든 신화는 원본이 따로 없는 상호원본이다. 이것은 신화의 한 본질적 속성이 초시간성 혹은 무시간성(timelessness, a-temporality)이라는 것이다. 즉, 신화의 한 본질적 속성은 과거, 현재, 미래 간에 분리가 없다는 것이다. 역사도 이용이라는 측면에서 이와 마찬가지이다.

> 신화 특유의 패턴은 초시간성에 있다. (…) [예를 들어] 프랑스의 정치가에게는 프랑스혁명이 과거에 속하는 일련의 사건이기도 하고 동시에 프랑스의 사회구조 속에서 탐지할 수 있는 초시간성의 패턴이기도 하다. 이 패턴은 [초시간성인지라 과거, 현재, 미래 어느 시점에서 건 언제나 동일하게 때문에] 매 시대, 매 당시 프랑스사회의 구조를 해설하기 위한 [이를테면, 프랑스사회의 구조적 토대는 언제나 민주주의이어야 한다는 패턴적] 단서를 제공하고, 또한 이 [패턴적] 단서로부터 미래가 어떻게 되어 나갈지를 추론하거나 비추어볼 수 있다. 그래서 정치사상가이면서 역사가였던 미슐레(J. Michelet)는 다음과 같이 말했다: "그날 [프랑스혁명이 성공을 거둔 날] (…) 모든 것이 가능했다. (…) 미래가 현재가 되었다. (…) 그것[그날]은, 시간이 아니라, 영원의 섬광이다."[13]

부연하면, 시간의 흐름 속에서 현재가 어떻게 지금과 같이 되었는지

---

13 C. Lévi-Strauss, 1968, *Structural Anthropology* (1958), C. Jacobson and B. G. Schoepf (trans.), London: The Penguin Press, pp. 209-210. (각괄호 필자)

를 설명하기 위해 항상 과거의 역사가 조회된다. 그렇게 함으로써 현재를 위해, 현재에 유리하도록 과거의 역사가 현재에 섞인다. 그리고 이 현재는 미래의 역사로 연결되어 나아가는 통로로 간주됨으로써 과거의 역사는 결국 미래와도 섞이게 된다. 이처럼 역사는 이용이라는 측면에서 초시간성 혹은 무시간성이다. 비근한 예로, 2020년 3월 1일 삼일독립운동 100주년 기념식에서 100년 전의 삼일독립운동정신이 조회되었다. 그렇게 함으로써 현재를 위해 과거의 독립운동정신이 현재에 섞였다. 즉, 현재 당면한 코로나19 위기를 과거의 그 독립운동정신으로 극복하자, 극복해 낼 수 있다는 것이었다. 물론 미래에도, 심각한 국가적 위기 앞에서 그 독립운동정신이 계속 조회될 것이다. 이처럼 삼일독립운동은 이용이라는 측면에서 과거의 역사가 아니다. 그것은 우리에게 말 그대로 '영원의 섬광'이다.

요컨대, 레비-스트로스에 의하면, 역사의 주체, 신화의 주체는 인식론적으로 말해 공히 무의식적인[의식 초월적인] 이항대대구조이다. 신화는, 인간사유의 무의식적 논리질서 곧 이항대대라는 구조가 신화의 재료가 되는 여러 가지 사건과 현상을 매개로 해서 스스로를 상징적 이미지로 드러낸 것이다. 역사는, 그 이항대대라는 구조가 시간의 흐름 속에서 사건과 일을 통해 스스로를 반복적으로 드러낸 것이다. 그뿐만 아니라 역사가 이용되는 방식 역시, 위와 같이, 신화가 이용되는 방식과 같다. 그러므로 역사는 '오늘날의 신화'에 다름 아니라는 것이다.

따라서 레비-스트로스에게 역사는 결코 데카르트가 생각하는 그러한 코기토적 '인간의 역사'가 아니다. 사르트르가 제시하는 그러한 실존적 인간에 의한 '실천(praxis)의 역사'도 아니다. 헤겔이 주장하는 그러한 '이성의 역사'도 아니다. 레비-스트로스에서 역사는 이상에서처럼 무의식적 '구조의 역사'이다. 무의식적인 구조적 사유의 인간이 존재하는 한, 다시 말해, 이항대대라는 자동적[무의식적] 인식메커니즘을 가진 인간두뇌의 기능이 변하거나 멈추지 않는 한 "역사는 어디까지나 신화로서의 역사이다: 둘 다 영원하다(Myths resist history: they are eternal)."[14]

2) '프랑스대혁명'은 없다

레비-스트로스에 의하면, 우리가 지금 알고 있는 그러한 프랑스대혁명이라는 역사가 실제로는 존재하지 않는다. 어떤 신화이야기도 그것에 상응하는 실제로서의 현실이 없는 것처럼, 역사라고 제시한 어떤 사실도 그것에 상응하는 실제로서의 현실이 없다. 역사가가 그 혁명 중에 일어난 하나의 에피소드 즉 한 묶음의 이야기를 '역사적 사실'이라고 할 때, 이미 그 에피소드는 있었던 그대로의 실제가 아니라는 것이다. 근본적 이유는 두뇌현상의 물질성 때문이다.

> 어떤 혁명이나 전쟁 중에 실제로 일어나는 각 에피소드는 수많은 개개인의 심리적 움직임들(psychological movements)로 바뀐다. 그리고 이 움직임들은 대뇌현상, 호르몬현상, 신경현상으로 바뀐다. 이 현상들은 물리적·화학적[물질성] 질서와 관계가 있다. 그러므로 역사적 사실(historical facts)은 있었던 그대로의 것이 아니다.[15]

---

14 J. Lechte, 1995, *Fifty Key Contemporary Thinkers: From structuralism to postmodernity*, London and New York: Routledge, p. 74.

이것을 바르트(R. Barthes)의 구조주의 문학이론을 원용해서 설명하면 이러하다. 바르트는 고정된 객관적 의미를 부정하는 구조주의의 아이디어를, 프로이트가 주장하는 무의식의 물질성과 결합해서 '저자의 죽음' 그리고 그 이면인 '독자의 자유'라는 의미론적 명제를 제시했다. 그의 『S/Z』— 발자크의 단편 「사라진(Sarrasine)」을 분석한 책 — 에 의하면, 저자는 마음먹고 어떤 의미를 실어서 글을 쓰지만 그 쓴 글의 의미는 저자와 상관이 없어진다(저자의 죽음). 일단 저자의 손을 떠난 글의 의미는 당연히 쓰여진 글 자체에 있다. 그러므로 그 글의 의미는 글을 읽는 독자의 읽기를 통해서 재생산·재창조된다(독자의 자유). 글을 읽는 동안 독자는 매 순간 독자 자신의 생리-심리학적 영향 하에 있기 때문이다. 사실 이것은 누구의 무슨 이론이라 할 것도 없다. 동일한 말이나 글이나 음악도 내 몸의 생리-심리학적 상태에 따라 그것의 의미, 난이도, 감동, 가치 등이 달라진다는 것은 우리 모두의 경험이다. 결국 글의 의미는 글이 독자의 신체—즉, 생리-심리학적 움직임이 일어나는 장소—를 통과함으로써 의미가 재생산되는 활동 속에서 이해된다. 그러므로 독자의 머리에 들어있는 글의 의미가 저자의 머리에 들어있는 글의 의미와 얼마든지 다를 수 있다.

역사적 사실도 이와 마찬가지라는 것이다. 있었던 그대로의 사실이 엄연히 있다(저자가 쓴 글이 엄연히 있는 것처럼). 하지만 그것이 역사가에 의해 역사적 사실 곧 역사로 되면, 그 역사는 사실 그대로를 담은 것일 수 없다. 현장에 있었던 사람이 남긴 현장과 관련된 글, 사물 등 사료史料

---

15 C. Lévi-Strauss, 1969, *The Savage Mind* (1962), The University of Chicago Press, p. 257. (각괄호 필자)

는 현장에 있었던 당시 그 사람 두뇌의 물리적·화학적 현상 즉 물질성
이 반영된 것이기 때문이다(글을 읽는 동안의 독자의 경우처럼).

그뿐만 아니다. 레비-스트로스에 의하면, 역사적 사실은 현실적으
로도 문화적 인공물(cultural artifact)이다. 구조주의에서는, 누차 언급했듯
이, 그 어떤 사상事象도 고정된 단자론적 의미가 없다. 그 어떤 사건이
나 현상도 역사가가 그것을 다른 사건, 다른 현상과 어떻게 관련 지어
기술하는가에 따라 다양한 관계론적 의미를 가지게 된다. 마르크스가
역사가에게 특권적 지위를 부여하는 이유이다. 특권적 지위가 부여된
역사가는, 말할 것도 없이, 유물변증법적 사관을 함양한 역사가이므로
그 어떤 사건이나 현상도 유물변증사관으로써 다른 사건, 다른 현상
과 관련을 지어 의미를 부여해 기술한다.[16] 비근하게 대한對韓식민사관
을 함양한 역사가의 경우도 물론 마찬가지이다. 이와 관련해서 월러스
틴(뉴욕주립대학, 브로델[F. Braudel] 센터 소장)은 이렇게 주장한다.

> 사건은 [의미라는 관점에서] 먼지에 불과하다. 사건은 언제나 어디서나
> 일어나게 마련이다. 그런데 어떤 사건은 바로 당시에 기록되고, 어떤
> 사건은 기록되지 않는다. 또 어떤 일은 후일 역사가가 사건으로 취급
> 하는 반면, 어떤 일은 사건으로 취급하지 않는다. 그뿐만 아니라 진
> 리라는 측면에서 볼 때도 기록된 것, 사건으로 취급된 것이 그렇게

---

16 강신표는, 이와 동일 맥락에서 사실(fact)은 과학적 이론에 매우 중요한 이론을 뒷
받침하는 기본자료이다. 그런데 역설적으로 사실은 오직 이론적 틀에 의해서만 선
택되어 의미가 부여된다고 했다(강신표, 1995, "동아시아 '역사세계'와 '소분지우주'
그리고 현대인류학," 『한국문화인류학』, 제28집, 58쪽).

되지 않은 것보다 더 중요하다고 간주할 수 있는 미리 정해진 어떤 이유가 없다. 따라서, 의미가 덜한 것은 버리고 의미심장한 것을 사건으로 기록한다고 해도 그것은 진실과는 아무런 상관이 없다. 역사가가 바로 자기의 코앞에서 벌어지고 있는 일을 있는 그대로 기록한다고 하더라도, 그것은 결국 [전지전능한 신이 아닌] 역사가가 자신의 판단 또는 관심으로 만들어낸 것(self-interested inventions)에 불과하다. 그러므로 [이것을 확대해서 생각하면] 국가, 민족, 사회적 이익집단 등 어떤 차원에서든지 정략적 불화가 존재하는 한, 그 기록은 결코 동의에 이를 수 없다.[17]

레비-스트로스에 의하면, 국가, 민족, 사회적 이익집단 등 어떤 차원에서든지 정략적 불화가 항존恒存하는 현실에서 역사가가 초점을 두는 수준은 언제나 합의(consensus)의 문제이다. 그러므로 "역사는 결코 역사가 아니다, 오직 무엇을 위한 역사일 뿐이다(history is therefore never history, but history-for)."[18]

요컨대, 역사적 사실이라는 것은 현실적으로도 일종의 문화적 인공물일 수밖에 없다는 것이다. 그것은 결코 경험한 것의 원본, 있었던 그대로의 것일 수 없다는 것이다. 역사는 결국 합의권이 큰, 합의권을 쥔 '승자의 기록'이라는 것이다. 승자가 바뀌면 동일한 사건이나 사태가 달리 해석되는 현실을 우리는 목도해 오고 있다. 그래서 역사를 왜 쓰

---

17 I. Wallerstein, 1991, *Unthinking Social Science*, Cambridge: Polity Press, pp. 136-138의 내용 요약. (각괄호 필자)

18 C. Lévi-Strauss, 1969, 앞의 책, p. 257.

느냐고 물으면 '다시 쓰기 위해서'라는 자조自嘲적 답변을 제시하는 역사철학이 있다.

또한, 레비-스트로스에 의하면, 프랑스대혁명사가 앞서 본 헤겔 사관처럼 그렇게 총체화하는 연속(totalizing continuity)에 의해 이루어진 역사라고 생각하는 것은 난센스다. 그러한 역사는 사회적 생활의 요구나 필요에 부응해서 우리의 문화가 만들어낸 환상에 불과하다. 이것을 그는 세 가지로 설명한다.

첫째, 총체성의 역사를 쓴다는 것은 그 누구도 불가능하다. 프랑스대혁명이 일어난 각 장소는 수많은 개인이 참여했던 현장이다. 그들 누구에게도 거기 참여 당시의 매 순간은 육체적으로나 정신적(psychical)으로 사건들로 꽉 차 있다. 그들은 제각기 그 꽉 차 있는 사건들을 통해 나름대로 역사의 추세를 생각한다. 그러나 역사가는, 역사에 어떤 의미를 담고자 하기(aspire) 때문에, 역사를 쓰면서 그 꽉 차 있는 사건들을 불가불 카테고리별로―예를 들어 지역을, 기간을, 인간집단을, 인간집단 중에 개인을―선정하고, 선택하고, 분할하고, 잘라낸다.[19]

그러므로 보편의 역사(universal history), 즉 모두에게 타당한 프랑스대혁명사를 한 개인 역사가가 쓸 수 있다는 것은 어불성설이다. 한 개인이 보편역사를 쓰기 위해 아무리 노력해도 그가 쓴 역사는 결국 그에 의해 선별된 한 시리즈의 한정된 국지적 설명일 수밖에 없다. 여러 명의 역사가가 쓸 경우에도 마찬가지이다. 역사기술에 있어서 그들 간의 합

---

19 위의 책, p. 257.

의에 작용하는 변수와 방법이 다양하고 복잡하기 때문에 오히려 보편역사와 더욱 멀어질 수 있다.

둘째, 진정 총체성의 역사를 쓰기 위해 영역을 불문하고 일체의 사건, 일체의 견해, 일체의 논쟁에서 모든 이종異種과 상충을 전부 다 기술한다면, 모든 다양한 이종과 상충이 서로 상쇄되어 그것들의 총합은 영零이 된다. 다시 말해, 그것들의 총합은 결국 아무런 사건도, 견해도, 의미도, 방향도 없는 것이 되어버린다. 가령 혁명의 자코뱅당과 보수의 귀족당의 모든 것을 동시에 인정해서 기술한 프랑스대혁명사라면, 그 역사는 지금 우리가 알고 있는 그러한 프랑스대혁명은 결코 일어나지 않았음을 보여주는 것이 된다.[20]

셋째, 역사학에서 시간의 흐름을 등질적等質的 순간의 연속적 진전으로 보는 것은 환상이고 모순이다. 역사학 고유의 특성은 사상事象을 시간적 전후관계를 토대로 해서 이해하는 것이다. 그러므로 연대가 역사학의 필수조건이다. 사건이 일단 구성되면 그것을 날짜라는 시간의 그물망에 투사시켜야 한다. 즉, 사건에 연대를 매겨 부호화해야 한다 (chronological coding). 어떤 사건에 연대라는 부호가 없다면, 그 사건의 역사적 의미를 해독할 길이 없다. 동일한 사건이라도 연대 매기기에 따라 그 사건의 역사적 의미가 달라진다.

레비-스트로스의 부연에 의하면, 역사학에서 사건마다 통시적通時的 연대를 매기는 것은 시간의 흐름을 등질적 순간의 연속적 진전이라고 전제하기 때문이다. 우리는 저마다 자신의 삶이 등질적 순간의 연속적

---

20 위의 책, pp. 257-258.

변화 속에 있다고 보기 때문에 역사학의 그 전제를 당연한 것으로 간주한다. 그러나, 시간의 흐름이 결코 등질적 순간의 연속일 수 없다. 시간은 이질적인 다양한 시간의 클래스로 중층重層을 구성하여 흐르고 있으며 장기적으로는 순환하고 있다. 또, 어느 한 클래스에 속해 있는 어느 한 날짜 그 자체는 결코 부호가 될 수 없다. 그것은 다른 클래스에 속해 있는 날짜와의 상관성 속에서 비로소 부호가 된다. 이것을 그는 다음과 같이 역점적으로 논증한다.

시간의 클래스에는 일 단위, 년 단위, 세기 단위, 천년 단위처럼 단순히 사건의 전후, 순서를 나타내는 기수적, 서수적 클래스가 있다. 또 고대, 중세, 근대라는 인류의 문명사적 클래스도 있다. 또 시생대, 고생대, 중생대 등 자연의 지질학적 클래스도 있다. 또한 개인의 한평생을 단위로 하는 개인 역사적, 자서전적 클래스도 있다.

온도계에 적혀 있는 숫자는 부호가 아니다. 그 숫자를 해독할 이유가 없고, 해독할 수도 없다. 숫자 자체가 온도를 나타내기 때문이다. 수은주가 섭씨 0도라는 숫자를 가리키면 우리는 얼 수 있는 물건에 유념하고, 두꺼운 옷을 입는다. 이와 달리, 개인 역사적인 시간클래스에서 1654년이라는 날짜(연도)는 부호이다. 그러나 그것 자체만으로는 개인에 관한 그 어떤 역사적 의미도 해독할 수 없다. 한 개인이 수행한 어떤 일에 1654년이라는 날짜가 매겨져 있더라도 그 날짜가 인류의 문명사적 시간클래스인 근대에 속해 있는 날짜와 연관되지 않으면 그 날짜는 부호역할을 할 수 없다. 이를테면, 갑이라는 사람이 쓴 유물변증법적 사관에 입각한 공산주의사상에 관한 책이 사료로서 발견되었다 치자. 하지만 그 책에 집필일이나 출판일이 없다면 거기 내용이 아무리 훌륭해도 역사적 의미가 없다. 이에 역사가는, 갑이 그 책을 얼마든지 1700년대에 집필했을 수 있음에도 불구하고, 그 책에 역사적 의미를 부과하기 위해 그 출판날짜를 **으레** 1800년 이후나 1850년 이후로 매긴다. 헤겔이 1770년에, 마르크스가 1818년에 태어났기 때문이다.

만약 상기 1654년이라는 날짜를 인류의 문명사적 시간클래스와 이종異種인 자연의 지질학적 시간클래스 속에 있는 날짜와 결부시키면, 그 날짜는 의미가 없어져 버리므로 아무런 역사적 의미가 없다. 만약 1654년이 증기기관이나 전기나 원자력이 발명된 날짜라면 그래서 자연자원, 자연현상에 영향을 조금이라도 미칠 수 있는 날짜라면, 그 날짜는 지질학적 시간클래스 속에서 어떤 역사적 의미를 가질 수 있다.

요컨대, 시간에는 여러 이질異質적 클래스가 있다. 역사적 시간은 이질적 시간클래스 층들이 불연속적 집합을 이루고 있다.[21] 이 불연속적 층에는, 푸코가 예로 든, 상대적으로 변화가 빠른 정치적 정권의 역사, 전쟁의 역사, 기근의 역사 등의 층들도 있고, 상대적으로 변화가 느린 해도海圖의 역사, 금광의 역사, 한발이나 관개灌漑의 역사, 인간에 의해 이루어진 기근과 풍요 간의 균형의 역사 등의 층[켜켜이 다른 색깔, 다른 질감, 다른 맛으로 층을 이루고 있는 시루떡을 연상]도 있으며 이들 층[22]은 각기 고

---

21 위의 책, p. 260.

22 브로델(F. Braudel)에 의하면 세 가지 범주의 시간 층이 있다: 사건의 역사인 단기시간 층, 순환의 역사인 중기시간 층, 순환-구조의 역사인 장기시간 층. 우리는 궁극적으로 순환-구조적 시간 속에 있다. 이것을 쉽게 설명한 문헌: I. Wallerstein, 1991, 앞의 책, pp. 136-137, p. 139, pp. 144-145.
플라톤에 의하면, 회전하는 모든 천체가 상대적인 원래 위치로 돌아가는 일수가 12,960,000일인데 1년을 360일로 치면 36,000년이다. 이 36,000년을 중세에서는 흔히 플라톤년(annus Platonicus) 또는 대년(大年, magnus annus)라고 했다. 동양에서도 六十甲子, 즉 60년 一周의 순환-구조적 시간이다. 갑자를 세 번 돌아 180

유한 운동법칙과 주기를 가지고 있다.[23] 그럼에도 시간의 흐름을 등질적 순간의 연속적 진전으로 간주해서, 날짜를 가지고 한 필의 직조물을 짜는 방식으로 천년 단위의 날짜에 세기 단위의 날짜를, 세기 단위의 날짜에 년 단위의 날짜를, 년 단위의 날짜에 월 단위의 날짜를 끼워 넣어서, 앞서 본 헤겔의 세계사처럼, 통시적 총체성(diachronic totality)의 단일한 보편역사를 구성한다는 것은 모순이고 기만이다.[24]

3) 구조의 역사: 역사 밖으로

이상에서 레비-스트로스가 역사를 논박하는 것은 결코 전문적인 역사가를 겨냥한 것이 아니다. 그것은 역사를 철학적으로 취급하는 (역사)철학자를 겨냥한 것이다. 그들은 역사과정, 즉 시간의 흐름 속에 일어나는 사건과 현상에 어떤 체계와 이데올로기를 만들어 넣기 때문이다.

물론 개별의 현상, 일, 물건 등에 관해서는 얼마든지 역사를 작성할 수 있다. 그러나 역사과정에 특정 의미나 이데올로기 그리고 이에 따른 체계를 심어 넣기 위해 통시적 총체성에 기반한 연속성의 보편역사를 쓴다는 것은 당치도 않은 픽션이다. 게다가, 레비-스트로스에 의하면, 이 픽션은 날짜 매기기와 관련해서 '가르치는 것은 많은 반면에 설명이 적은 역사'와 '가르치는 것은 적은 반면에 설명이 많은 역사' 이 양

년, 갑자를 여섯 번 돌아 360년 일주의 순환-구조적 시간이기도 하다. 이 360년과 플라톤의 36,000년에서 공히 36이라는 점이 매우 의미롭게 느껴진다.

23 M. Foucault, 1972, *The Archaeology of Knowledge* (1969), A. M. Sheridan-Smith (trans.), London: Tavistock, p. 3.

24 C. Lévi-Strauss, 1969, 앞의 책, p. 260.

자 중에서 어느 것을 선택해야 하는 딜레마에 항상 봉착하게 된다. 날짜라는 코드가 촘촘한 역사는 정보는 많이 제공하지만 폭넓은 견해를 제공할 수 없는 반면, 그 코드의 간격이 넓은 역사는 전반적 견해는 제공하지만 자세한 정보는 무시하기 때문이다. 그가 볼 때, 이러한 딜레마와 상기 픽션적 난센스를 모두 얼버무리면서 특정 목적을 향해—이성이 자유와 합리라는 목적을 향해 변증법으로 진보해 나가는 헤겔에서처럼, 생산양식이 공산共産사회라는 목적을 향해 변증법적으로 진보해 나가는 마르크스에서처럼—필연적으로 진보해 나가는 통시적 총체성의 단일한 보편역사를 기술한다는 것은 사람을 현혹시키는 기만이다.[25]

그러면 어떻게 해야 하는가? 레비-스트로스의 답변은 명료하다. 바로 역사로부터 나오는 것이다.

> 역사는 전적으로 그 방법론에 있다[헤겔, 푸코, 브로델 등에서 보는 것처럼]. (⋯) 우리가 역사 속에서 최종적으로 무엇을 알 수 있는 것이 결코 아니다. 오히려 역사는 우리가 무엇을 알 수 있는 출발점이 된다. (⋯) 역사로부터 나오기만 하면, 역사는 어느 것으로도 통할 수 있다.[26]

요컨대, 올바른 방법론으로 접근되지 않은 역사로부터 나와야 한다

---

25 위의 책, pp. 260-262.
26 위의 책, p. 262. (각괄호 필자)

는 것이다. 역사는, 코기토로서의 인간에 의해 움직여 나간다는 그러한 뿌리 깊은 주체주의 유의 철학으로 접근된 역사로부터 나와야 하고; 역사는, 이성이 이성 자신의 목적을 스스로 구현해나가는 과정이라고 보는 그러한 이성주의 유의 역사철학으로 접근된 역사로부터도 나와야 하며; 역사는, 인간의 오직 실천(praxis)의 역사라는 사르트르의 실존주의 유의 철학으로 접근된 역사로부터도 나와야 한다는 것이다.

역사로부터 나온다면, 도대체 역사를 어떻게 접근해야 한다는 것인가? 당연히 레비-스트로스로서는 역사를 구조주의로써 접근해야 한다. 역사는, 무의식적인 이항대대구조가 시간의 흐름 속에서 일어나는 여러 가지 일과 사태를 매개로 해서 스스로를 드러낸 것 그러므로 인식론적으로 '구조의 역사'이기 때문이다. 따라서 역사 역시, 제4장 제8절에서 논의했듯이, 신화나 토템의 경우와 마찬가지로 아마추어[이항대대]
-변형[도치, 대체 또는 환치]이라는 문화분석틀로써 접근해야 한다.

이상 레비-스트로스의 구조주의 역사관은 결코 역사를 부정하는 것이 아니다. 진보 자체를 부정하는 것도 아니다. 그가 부정하는 것은 통시적 총체성 속에서 움직여 나가는 단일한 보편역사라는 생각(notion)이며 이에 따른 총체성의 단일한 진보가 있다는 주장이다. 그에 의하면, 이와 반대로, "많은 역사가, 수많은 역사가, 먼지처럼 무수한 역사가 있다. 한 가지가 아니라, 여러 가지 진보적 발전이 있다."[27]

그렇다. 비근하게 인공위성의 역사, 컴퓨터의 역사, 기관총의 역사,

---

27 D. Pace, 1983a, *Claude Lévi-Strauss, the bearer of ashes*, London: Routledge & Kegan Paul, p. 109.

바이러스백신의 역사, 김치의 역사 등이 있다. 예를 들어, 컴퓨터의 경우 성능과 효용에 있어서, 김치의 경우는 맛과 영양에 있어서 엄연히 진보적 발전이 있다. 또한 푸코가 역사를 권력-지식이라는 분석틀로 접근해서 고고학적/계보학적으로[28] 투명하게 기술한 광기의 역사, 인문과학의 역사, 병원의 역사 등도 있다. 예를 들어, 광기의 경우 그것을 치유하는 지식과 기술에 있어서, 인문과학의 경우는 인간의 삶에 대한 전반적 통찰에 있어서 엄연한 진보적 발전이 있다. 또한 브로델이 특정 지역의 특정 시대 일상생활을 기록한 지리-역사로서의 역사(geohistorical history)[29]도 있다.[30]

---

28 [세워 놓은 원통은 수직적 길이를 가짐과 **동시에** 그 매 단면은 수평적 넓이를 가진다는 점을 먼저 생각에 둠] 일과 사건은 시공간적 현상이다. 그것을 있는 그대로 투명하게 기록한 것 즉 역사는 시간적으로 수직적 기록이며(계보학적) **동시에** 매 순간 공간적으로는 수평적 기록이다(고고학적). 요컨대 계보학적 기록은 고고학적 기록을 일자로 내포한다(계보학적/고고학적).

29 어째서 지리-역사로서의 역사인가? 일과 사건은 시공간적 현상이며 공간은 지리공간이다. 지리에서 지地는 땅, 강, 호수, 바다, 산맥, 사막, 습지, 초원 등이 총합된 것이다. 그리고 리理는 이치 또는 원리이다. 인류의 삶은 지구(geo)상의 그 모든 것들의 이치(원리)와 밀접한 관계를 가지고 있다. 그 이치를, 그리고 그 이치와 관련된 인간의 제반 삶을 기술(graph)하는 학문이 바로 지리학(geography)이다. 요컨대 '땅, 강, 호수, 바다, 산맥, 사막, 초원, 습지 등과 관련해서 살아가는 인간'의 세상인 지라 역사는 당연히 지리-역사로서의 역사이다. (이러한 관점에서 세계사를 재조명한 훌륭한 저서: 이동민, 2023, 『발밑[地]의 세계사』, 위즈덤하우스. [地] 필자).

30 F. Braudel, 1979, *Civilisation matrielle, conomie et capitalism* (주경철 옮김, 1995, 『물질문명과 자본주의 일상생활의 구조』 上·下, 까치). 이 책은 역사학, 지리학, 인류학, 사회학, 철학 등 인문학 전반에서 귀중한 저서이다. 옮긴이의 번역도 뛰어나게 훌륭하다. 후학들에게 일독을 권한다. 그 머리말과 서론만 찬찬히 읽어보아도 지리-역사적 역사 속에서 '있는 그대로의 생생한 과거'를 만날 수 있다는 확신에서 무릎을 칠 것이다.

그러한 모든 역사는, 주지하다시피, 과학, 권력, 법, 정치, 인간, 사회과학 방법론, 심리학, 행동과학 등 광범한 분야에서 지적 탐구의 출발점이 되고 있으며 또한 그러한 광범한 분야 어느 것으로도 통하고 있다.

3. 사르트르와 '세기의 역사논쟁': 거함 사르트르호 침몰

그럼에도 불구하고, 헤겔의 막대한 영향력으로 인해 19세기와 20세기 초반에 걸쳐 유럽의 '위대한' 사상가들 대부분은 직선적으로 진보해 나가는 통시적 총체성의 보편역사라는 역사의식을 가지고 있었다. 19세기 중엽부터 비유럽문명에 관한 많은 양의 정보가 수집되고 축적되자 그들은 그 자료를 으레 통시적 시간순으로 정리했다. 그리고는 문화다양성을 전적으로 역사의 통시적 발전이라는 견지에서 개념화했다. 즉, 지역에 따라 문화가 다양하게 다른 것은 시간의 흐름에 따른 일직선적 역사발전에 있어서 **속도의 차이에** 의한 것이라고 생각했다. 그래서 더 최근의 것, 더 복잡한 것을 더 발전한 것 그러므로 더 좋은 것이라고 간주했다. 당시 인류학적 연구는 문화다양성을 이처럼 통시적인 진화론적 도식으로 설명하는 일이었다.

진보적으로 진화해 나가는 인류 보편의 단일한 역사. 이 생각은 헤겔 류의 역사철학자 뿐만 아니라, 헤겔의 영향을 직간접적으로 받은 콩트, 마르크스, 스펜서, 프로이트를 위시한 많은 사상가에게 공통된 것이었다. 헤겔은, 앞서 보았듯이, 다양한 문화 각각을 역사 속에서 이성이 스스로 진보적으로 발현해 나가는 단계라고 주장했다. 마르크스는 그 각각을 생산양식의 역사적 진보단계라고 간주했다. 콩트는 모든 인간사회가 형이상학적 단계를 지나, 초기 이론적 단계를 거쳐, 실증주의적 단계에 이른다고 보았으며 각 사회는 이러한 통시적 발전의 어느 한 단계에 있다고 주장했다. 스펜서는 사회적 이질異質성 증대에 따른, 프로이트는 성심리 발달(psychosexual development)에 따른 사회의 진화적 발전단계를 각각 제시했다. 이들은 모두 역사는 경과되는 시간에 의해 누적[통시적 총체성]된다고 보았다. 그래서 발전이 늦은 단계에 있는 사회는 앞서 발전해 나간 사회의 발자취를 따른다고 간주했다. 이에 당연히 그들은 인류 전체가 세계사(World History)라는 단일한 도식 내에 포함된다고 생각했다.

이처럼 시간성에 기초를 둔 헤겔 류의 진화론적 발전사관史觀으로 인해 '원시적'이라는 개념이 생겨났다.[31] 그 개념을 수용한 사르트르는 인류에게 분석적 이성(analytical reason), 변증법적 이성(dialectical reason)이라는 두 종류의 이성적 사유思惟가 있다고 주장했다. 그는 분석적 이성에 의한 사유를 원시적인 비문명적 사유로, 변증법적 이성에 의한 사유를 문명적 사유로 간주했다. 그리고는 전자를 후자에 비해 열등한 사유라고 규정했다. 나아가 그는 인간사회를 역사가 없는 사회, 역사가 있는 사회로 구분해서 전자를 비문명사회, 후자를 문명사회로 규정했다. 그는 변증법적 이성을 가진 문명사회 사람은 자신의 주체적 생각을 내면화해서 역사를 만들어간다고 했다. 반면에, 분석적 이성을 가진 비문명사회 사람에게는 그러한 내면화 능력이 없기 때문에 역사가 없다고 했다.

---

31 D. Pace, 1983a, 앞의 책, p. 101.

이러한 주장은 당시 유럽인, 특히 서구인에게 너무나 당연한 것이었다. 그러나, 레비-스트로스는 『야생적 사유』 마지막 장 「역사와 변증법」을 통해 그 주장을 정면으로 공박한다. 레비-스트로스와 사르트르 간의 이른바 세기의 역사논쟁이다.

레비-스트로스에 의하면, 제4장에서 논의했듯이, 인간에게 주체성이 있다는 것은 환상이다. 의미라는 것은 인간의 주체적인 내면화 사고과정을 통해 생성되는 것이 결코 아니다. 그 무엇의 의미도 그것이 속한 체계 내에 있는 다른 모든 것과의 이항대대적 관련성에 의해 생성된다. 이에 그는 분석적 이성, 변증법적 이성 둘 다 인류공통의 무의식적인 이항대대적 패턴의 사유를 하는 이성이므로 근본에 있어서 동일하다고 했다. 변증법적 이성이란 상대적으로 활발·맹렬하게 활동하고 있는 분석적 이성이라고 했다. 양자는, 제4장에서 논의한, 아마추어-변형이라는 구조구현메커니즘에 있어서 '변형'의 상호보완적 두 측면이라고 했다. 현실에서 백 퍼센트 분석적 이성만을 가진 인간(집단)도 없고, 백 퍼센트 변증법적 이성만을 가진 인간(집단)도 없으며 양자는 각 인간(집단)이 처한 상황에 따라 상호보완적으로 작동한다고 했다.[32]

이처럼 인간사회를 문명사회, 비문명사회로 구분할 수 없다고 주장하는 레비-스트로스는 상기 변형이 거의 없는 저低엔트로피 유형의 사회를, 온도의 차등 없이 작동하는 시계에 비유해서[33], 차가운 사회(cold

---

32 C. Lévi-Strauss, 1969, 앞의 책, p. 251.

33 엄밀히 말해, 움직이는 한 그 무엇도 에너지의 차등에 의해서다. 아무리 작은 태엽 시계라 하더라도 감겨진 태엽에는 에너지로 차 있다. 그 태엽과 시계 침 간에는 에

society)라고 했다. 반면에 변형이 왕성한 고高엔트로피 유형의 사회를, 온도의 차등에 의해 움직여 나아가는 증기기관에 비유해서, 뜨거운 사회(hot society)라고 했다.

물리학 용어인 엔트로피(entropy)가 레비-스트로스의 인류학에서 중요한 용어로 사용되고 있다. 에딩턴(Arthur Eddington)과 소디(Frederick Soddy)에 의하면, 엔트로피 법칙을 포함한 열역학 법칙은 물리학 영역의 법칙일 뿐만 아니라 우주 전체의 숭고한 형이상학적 법칙이다.[34] 아인슈타인은 엔트로피 법칙을 모든 과학에 있어서 절대법칙이라고 했다.

우주를 하나의 폐쇄체계로 전제하는 열역학 법칙은 크게 두 개로 구성된다. 제1법칙은 에너지 보존 법칙이다: 우주에 있는 에너지의 총량은 결코 증가하거나 감소되지 않고 일정하다. 제2법칙은 엔트로피 법칙이다: 우주에서 에너지는 사용할 수 있는(일을 할 수 있는) 형태에서 사용할 수 없는(일을 할 수 없는) 형태로, 질서의 상태로부터 무질서 혹은 혼돈의 상태로 끊임없이 불가역不可逆적으로 변환한다. 이 변환과정에서 소모된 에너지 곧 에너지의 쓰레기가 바로 엔트로피이다.

에너지 흐름이 영霽인 상태, 즉 에너지의 수준 차이가 없는 상태를 평

너지의 차등이 있다(물론 그 에너지는 사람의 에너지가 흘러 들어간 것이고, 사람의 에너지는 궁극적으로 자연의 에너지가 흘러 들어온 것이다). 그러므로 레비-스트로스가 시계를 예로 든 것은 아주 정확한 것은 아니다. 하지만 움직이는 것/일하는 것 중에서는 누구나 일상에서 거의 필수적으로 들여다보는 시계가 적절한 예라고 볼 수 있다.

34 이에 관한 구체적 논의: J. Rifkin, 1980, *Entropy: A New World View* (김용정 역, 1994, 『엔트로피 I』, 안산미디어, 15-19쪽).

형(equilibrium)이라고 한다. 평형상태는 정지해 있는 물의 상태와 같다. 정지해 있는 물, 식어 있는 인두, 식어 있는 증기기관은 일을 할 수 없다. 방법이 무엇인가? 인두의 경우, **인위적으로** 인두를 달구어 인두와 주변 공기 간에 온도의 차등(differential)을 만들어 주어야 한다. 물의 경우, 인위적으로 물을 댐으로 끌어올려 흐르거나 떨어질 수 있도록 낙차를 만들어 주어야 한다. 증기기관의 경우 역시 인위적으로 불을 때어 기관 속에 열을 공급해서 기관 내부와 외부 간의 온도 차등을 만들어 주어야 한다. 기관 내부와 외부 간의 온도 차등이 클수록 그래서 에너지의 흐름과 소모가 클수록, 이에 따라 한편으로 에너지의 쓰레기인 엔트로피가 대량으로 급격히 증대할수록 기관은 더욱 힘차게 운동한다.

레비-스트로스는 서구사회처럼 제반 영역이 사회적 차등(social differentials)에 의해 기능하는 사회를 고엔트로피적 사회라고 했다. 반면에, 무문자사회처럼 사회적 차등이 거의 없이 기능하는 사회를 저엔트로피적 사회라고 했다. 그에 의하면, 고엔트로피의 뜨거운 사회와 저엔트로피의 차가운 사회는 양극단인 경우이다. 현실에서 대부분의 사회는 이 양극단 사이 어디에 해당한다(자살율 세계 1위에, 인구절벽에, 정치-경제적 양극화가 심각한 우리 한국사회는 그 양극단 사이의 어디쯤일까. 열흘이 멀다 하고 '묻지마' 총격에 의한 대량살상이 벌어지는 미국사회는 또 그 어디쯤일까).

당연히 역사는 인간의 탄생과 더불어 시작되는 것이고, 모든 인간사회는 그래서 처음부터 각각 자신의 역사를 가지고 있다. 레비-스트로스에 의하면, 물론 차가운 사회도 이와 마찬가지이다. 그러나 사르트르는 차가운 사회 사람에게는 역사를 내면화할 능력이 없기 때문에 역사가 없다고 했다. 이에 대해 레비-스트로스는 다음과 같이 논박한다.

차가운 사회 사람은, 역사를 내면화할 능력이 없어서가 아니라, 의도적으로 역사를 내면화하지 않으려고 한다. 즉, 그들은 시간의 흐름 속에서 일과 사건이 인과적으로 꼬리를 물고 날로 복잡하게 전개되므로 인해 자신들 사회가 고엔트로피적 사회가 되는 것을 막으려고 한다. 그들은 지금 있는 그대로의 사회를 여일하게 보전해서, 자신들의 선조가 수립해 놓은 것을 그대로 수행하고 지켜나간다. 그들의 사회는, 사회적 조화(social harmony)를 기반으로 해서 [오래전 영화 〈늑대와 춤을〉에서 보는 그러한] 만장일치적 민주주의에 의해 움직여 나가기 때문에 새로운 문명적 질서를 거의 만들어내지 않는다. 이런 까닭에 그들의 사회는 역사가 없는 정체된 사회로 보이는 것이다. 그들의 차가운 사회는 결코 비문명사회가 아니다. 그들 사회는 예나 지금이나 사회적 조화를 도모해서 균형적 정지상태(homeostasis)를 유지하는 사회이다. 그러므로 역사적 의미에서 [바르트(R. Barthes)의 표현] 영도零度에서 기능하는 저엔트로피적 사회이다.

반면에, 뜨거운 사회인 소위 문명사회는 역사를 내면화해서 문명발전의 원동력으로 삼는다. 그들은 과거에 일어났던 일과 사태[역사]를 현재의 시각에서, 현재에 유리하게끔 이해득실적으로 치밀하게 반성하고 해석해서[내면화] 이를 토대로 미래의 일을 보다 발전적으로, 즉 보다 효율적이고 이익적으로 도모해 나간다. 그들은 중요한 결정을 이익집단 간에 벌이는 사회적, 정치적 논쟁과 투쟁을 통해 도출한다. 이 과정에 항상 소수집단, 소외집단이 존재하지만 그들은 [푸코가 실증적으로 밝힌 것처럼, 권력-지식이 만들어내는 질서에 의해] 은폐 또는 억압된다. 뜨거운 사회는 이러한 과정이 반복되어 확대되면서 제반 문명적 질서가, 날로 갈등적이고 복잡해지는 가운데, 고도화된다. 그러므로 역사적 의미에서 고온에서 기능하는 고엔트로피적 사회이다.

고엔트로피적인 뜨거운 사회에 있어서 본질적 문제는 여하히 사회적 차등을 유지 혹은 강화 혹은 확대하는가 하는 것이다. 레비-스트로스에 의하면, 그 방법은 (상기 인두나 증기기관의 경우처럼) **인위적으로** 불평등을 내부화하는 것, 즉 제도화하는 것이다. 프롤레타리아의 이른바 계급투쟁을 통해 불평등 제도화가 한계에 이르자, 그들은 새로운 전략으로 해외로 눈을 돌려 제국주의를 확대해 왔다. 그들은 교묘하고도 가혹한 방법으로 제국주의적 불평등을 공고히 해서 저엔트로피적인 차가운 사회를 착취해왔다.[35]

요컨대, 레비-스트로스에 의하면, 역사를 가진 민족과 그렇지 않은 민족의 차이는 역사적 과정을 취급하는 방식의 차이일 따름이다. 차가운 사회는, 상기 그 취급방식에서 보듯이, 역사를 반대하는(anti-historical) 사회일 뿐 결코 역사가 없는(a-historical) 사회가 아니다. 그럼에도 사르트르가 역사를 가진 민족과 가지지 않은 민족으로 구분하는 것 자체, 그리고 전자를 문명사회로, 후자를 열등한 비문명사회로 규정하는 것 자체가 바로 사르트르 자신이 이미 유럽중심주의(Eurocentrism) 사고를 하고 있다는 것을 입증하는 것이다.

역사를 반대하는 반역사적 사회. 어떻게 그것이 가능한가? 레비-스트로스에 의하면, 반역사적 사회 사람은 거의 변함없이 유지되어온 자신들 삶의 양식에 영향이나 변화를 줄 수 있는 요인을 그들 나름의 문

---

35 C. Lévi-Strauss, 1969a, *Conversation with Claude Lévi-Strauss*, by G. Charbonnier (ed.), John and Doreen Weightman (trans.), London: Jonathan Cape, p. 41.

화적 방법으로 정기적 또는 부정기적으로 무화無化, 소멸시킨다. 예를 들어, 혼인 연령을 규제하거나 일정 기준을 정해 영아嬰兒를 살해해서 그러한 요인의 발생을 억제함으로써; 또는 다양한 나눔의 축제를 통해, 혹은 긴 시간 속에서 깊이 있는 민주적 토론을 통해 만장일치 동의에 이르도록 해서 그룹 내에서나 그룹들 간에 드러나는 적개심을 완화시킴으로써; 또는 여러 형태의 포틀래취[36] 문화행사를 통해 경제적 사회적 격변을 야기시킬 수 있는 요인의 토대가 형성되면 곧바로 허물어버림으로써 그렇게 한다. 시간의 흐름 속에서 사회적 엔트로피를 발생·증대시킬 수 있는 일과 사태를 이처럼 미리 제거하는 모든 행위는 그들이 저엔트로피적인 반역사적 삶을 살아가기 위해 창안한 근본적인 문화적 전략이다.

레비-스트로스에 의하면, 반역사적 삶을 살아가는 사람은 당연히 무시간모델(timeless model)의 문명을 향유한다. 그렇다. EBS1 〈세계테마기행〉, KBS1의 〈걸어서 세계 속으로〉는 지금도 변함없이 그들 본래의

---

36 포틀래취(potlatch)라는 말에는 가진 자가 주고, 못 가진 자가 받는다는 의미가 들어있다. 그것은 주로 캐나다 북서부 해안의 원주민, 특히 콰키우틀 부족사회에서 행해졌던 기록이 많다. 자발적, 경쟁적으로 음식이나 재물을 나누어 주는 형태도 있다. 많은 양의 가재, 심지어 집까지도 경쟁적으로 불태우거나 부수어 버리는 형태도 있다. 그러한 경쟁을 통해 리더의 자리나 어떤 지위를 유지하고, 새로 얻기도 한다.
인류학에서는 포틀래취를 자본주의 식민치하에서 원주민 간에 사회적, 경제적 격차와 불만이 생겨 누적되는 것을 막기 위해 지위와 재화를 재분배하는 문화적 장치라고 본다. 한 부족 전체의 부락들은 하나의 공동체로서 지위, 위신, 재물이 포틀래취라는 문화행사를 통해 이 부락에서 저 부락으로 끊임없이 흘러 들어가고 흘러나오기를 되풀이한다. 특기할 것은 그것이 **경쟁적으로** 행해지기 때문에 그러한 이동, 즉 재분배가 확실히 이루어진다는 것이다.

원시적 삶을 영위하고 있는 부족사회들을 방영하면서 "시간이 멈추어 있는 사회", "시간이 멈추어 있는 곳"이라고 했는데 적절한 표현이다. 그들의 그러한 무시간모델의 문명을 두고, 시간의 흐름 속에서 진화적으로 발전하는 과정 중에 있는 그들 문명의 현재 단계라고 생각할 사람은 아무도 없을 것이다.

레비-스트로스에 의하면, 그들이 향유하는 반역사적인 무시간모델의 문명은 그들 스스로가 의식적, 무의식적으로 채택한 것이다. 그것은 결코 그들의 지적, 도덕적 능력이 부족해서가 아니다. 일찍이 무시간모델의 문명을 채택한 현자들(sages)—주지하다시피, 어느 문명에서건 고대로부터 문명적 현자들이 있다. 그럼에도 서양인, 특히 서구인은 비서구문명의 현자를 폄하하는 뿌리 깊은 (제7장 제2절에서 볼) 오리엔탈리즘적 편견이 저의식에 깔려 있다—은 **자연이라는 무시간적 범주로써** 우주를 해석했다. 그들은 상기 엔트로피 법칙을 우주적 차원에서 깨달아 실천한, 지금으로 말하면, 과학철학(philosophy of science)의 현자들이다. 시간이라는 개념은, 제2장의 베르그송 편에서도 본 것처럼, 인간이 만들어낸 것이며 장기적으로 보면 자연에는 끊임없는 순환운동만 있을 뿐이다. 일찍이 우주적 차원에서 엔트로피 법칙을 깨달은 현자들로서는, 일직선으로 진행하는 시간이라는 인위적 개념을 가지고 일직선적 발전을 도모해 나가는 역사적 삶과 이에 따른 고엔트로피적 문명을 추구한다는 것은 결코 지혜롭지 못한 일이었다. 이에 그들은 항구적으로 추구해온 자신들의 삶, 즉 자연과 더불은 조화로운 균형적 정지상태의 저엔트로피적 삶에 영향을 줄 수 있는 요인을 제도적으로 소멸시키는 상기와 같은 다양한 문화적 전략을 창안했던 것이다.

사르트르는 이에 대해 다음과 같이 직격탄적으로 대응한다. 차가운 사회 사람이 역사세계의 문명생활을 거부하고 반역사적 정지상태의 사회를 유지하려는 이유는, 그들이 문명의 주류에서 이미 낙오되었기 때문이다. 그들은 사고思考가 열등해서 문명적으로 세계사의 주류에 뒤처져 버렸기 때문에, 역사라는 사고의 범주를 아예 거부한다. 그들의 반역사 곧 역사거부는 그들의 사고와 문명이 열등하다는 것을 나타내는 징표이다.

이러한 사르트르의 (사람을 인종에 따라 우열의 품급을 매기는) 인종주의적 역사관에 대해 레비-스트로스는 그의 그러한 역사관과 관련된 근본적, 본질적 문제점을 짚어내어 다음과 같이 맹공한다. 차가운 사회의 사람도 엄연히 무시간모델의 문명을 **그들 나름으로** 향유한다. 그럼에도 그들의 역사 회피, 거부가 그들의 사고와 문명이 열등하기 때문이라는 사르트르의 주장은 [제2장 제3절에서 보았던 바] 그가 [레비-스트로스와 함께] 그토록 반대했던 헤겔의 기계론적 진화패러다임의 역사주의에 오히려 자신이 고착되어 있다는 징표이다. 또한 그 주장은 그가, 앞서 헤겔이 쓴 세계사에서 본 것처럼, 문명은 오직 유럽이라는 역사세계의 문명 뿐이라는 생각으로부터 벗어나지를 못하고 있다는 것을 고백하는 것이다. 그의 생각에 있는 역사는, [제2장 제3절에서 취급한 그의 **현상학적** 실존주의가 말해주듯이] 자신이 발 딛고 살아가는 서구의 역사세계에 한정된 경험의 산물이기 때문에, **그가 경험한 현상** 밖(달리 말해, 자신의 실존적인 문화적 경험 밖)에서는 결코 타당한 것일 수 없다. 그럼에도 그가 자신의 경험 밖의 차가운 사회의 사람이 그들 나름으로 향유하는 문명에 대해 인종주의적, 유럽중심주의적 역사관을 주장한다는 것은 바로 그 자신이 자아주의에 갇혀서(the prisoner of his Cogito) 자신의 서구중심주의적 편

견을 영원한 진리라고 믿고 있음을 입증하는 것이다.[37]

레비-스트로스가 『야생적 사유(*La Penseé Sauvage*)』를 통해 사르트르와 이른바 세기의 역사논쟁을 벌인 이후 일세를 풍미하던 거대한 사르트르호가 침몰하기 시작한다.[38]

---

37 C. Lévi-Strauss, 1969, 앞의 책, p. 249.

38 그 침몰의 구체적 과정: F. Dosse, 1997, "The Eclipse of a Star: Jean-Paul Sartre," *History of Structuralism*, Volume I: *The Rising Sign, 1945-1966*, D. Glassman (trans.), University of Minnesota Press, pp. 3-5.

제6장 레비-스트로스의 구조주의 문명관

구조인류학에서 호혜성(reciprocity) 이론은, 천문학에서 중력 이론처럼 확실하게, 계속 유효하다.[1]

1. 문명의 전제: 다름

문명이 어떻게 이루어지는가? 레비-스트로스는, 제4장 제3절에서 논의한, 그의 문화다양성 철학으로 답변한다. "어떤 문화가 모든 종류의 발명을 하나의 복합체로 만들어내는(uniting) 기회는 그 문화 이외 다른 문화의 수와 다양성에 의존한다."[2]

아메리카의 감자, 담배, [마취제 원료]코카, 탄성고무가 지금 서양 농작물의 4대 기둥이 되어있다. 또한 아프리카의 옥수수, 땅콩, 코코아, 바닐라, 토마토, 파인애플, 고추, 제비콩, 목화, 박하가 아프리카 경제에 혁명을 일으킨 후에 유럽 식탁에 일반화되었다. 또한 산술의 기초인 영

---

1   C. Lévi-Strauss, 1968, *Structural Anthropology* (1958), C. Jacobson and B. G. Schoepf (trans.), London: The Penguin Press, p. 162.

2   C. Lévi-Strauss, 1952, *Race and History*, Paris, UNESCO, p. 42.

(0)은 인도의 학자가 최초로 발견하기 최소한 500년 전에 이미 마야인이 사용했고, 유럽에서는 그것을 아랍인을 통해 인도로부터 받아들였다.[3] 『문화의 계통(The Tree of Culture)』을 쓴 린튼(R. Linton)이 어느 미국인의 일상생활을 조사한 결과를 두 페이지로 요약한 것[4]에 의하면, 그 미국인이 향유하는 문화의 요소(culture element)—인간에 의해 만들어진 일체의 유형무형의 산물—의 발생지나 발상지가 전부 미국 밖인데도 불구하고 자신은 미국문화를 향유하는 백 퍼센트 미국인이라고 생각하고 있었다. 모두 무엇을 의미하는가? "서유럽에 뿌리를 둔 민족들의 문명을 구성하고 있는 기본요소들의 대부분이 다른 지역의 다른 민족에 의해 먼저 개발되었으며 나중에 비로소 서유럽으로 도입되었다. 인류는 서유럽 및 유럽화된 아메리카의 우수성에 대한 망상을 버려야 한다."는 것이다.[5]

레비-스트로스에 의하면, 영국의 산업혁명이 큰 성취를 이룬 것 역시 영국문화가 단독으로 다른 나라들의 문화에 앞서서 진화적으로 진보한 결과가 아니라는 것이다. 지구상에 오직 영국문화만 존재했다면, 또는 영국과 동일한 문화를 가진 인간집단만 존재했다면 산업혁명은 결코 있을 수 없었다는 것이다. 그 성취는 수많은 다양한 문화집단이 이룩한 모든 종류의 발견이 하나의 복합체로 된 결과, 즉 각기 다른 문화를 가진 지구상에 있는 모든 사회가 수천 년에 걸쳐 경주해온 노력

---

3   위의 책, p. 22.

4   R. Linton, 1937, "One Hundred Percent American", *The American Mercury* 40, pp. 427-429.

5   J. Diamond, 김진준 옮김, 2015, 앞의 책, 23쪽.

의 총합으로 이루어진 결과라는 것이다.

이에 당연히 레비-스트로스는 서양인의 오만에 찬 자민족중심주의적 사고와 태도를 강력히 비판한다. '야만적인 습관이야', '우리가 하는 것이 아니야', '허락해서는 안되' 등은 서구인의 아주 조야粗野한 반응이다. 그러한 반응은 결국 문명을 소멸시키는 일이다, 왜냐하면 문명은 다양성이 확보된 문화공존으로 이루어지기 때문이다.[6] 그렇다면 어떻게 해야 문화다양성이 확보될 수 있는가? 그의 대답이다.

> 어떤 문화가 문명의 진보에 기여하는 것은 그 문화가 개별적으로 얼마나 많은 발명을 하는가에 있는 것이 아니다. 그 기여는 그 문화가 다른 문화들과 **다르다는 것에** 있다. 그러므로 한 문화에 속한 개인 모두는 마땅히 다른 문화에 속한 모든 사람을 향해 감사와 존경의 마음을 가져야 한다. 이 감사와 존경의 마음은, 다른 문화가 자신의 문화와 **무수한 방식으로** 서로 다르다는 확신에 토대를 두어야 한다.[7]

요컨대, 문명은 다양성이 확보된 문화공존으로 이루어진다는 것이다. 하지만 다름에 대한 감사와 존경 없이는 문화다양성 자체가 불가능하다는 것이다. 그러므로 문명의 궁극적 전제는 다름에 대한 감사와 존경이라는 것이다.

---

6   C. Lévi-Strauss, 1952, 앞의 책, p. 11, 45.

7   위의 책, p. 45. (굵은체 필자)

2. 문명의 진보: 노동의 문화적 분업 진전

그렇다면 문명에 있어서 진보란 무엇인가? 레비-스트로스에 의하면, 인류는 어떤 하나의 목표를 향해 나아가는 것이 결코 아니다. 서로 다른 지리적, 역사적 처지에 따라 인간의 실존양식이 다양하기 때문에 모든 문화집단(인간집단)은 각기 다른 목표를 실현하기 위해 정진한다. 이에 따라 모든 문화집단 각각은 자신의 고유한 문명적 프로젝트를 가지고 있다. 그런데도 서로 다른 관습이나 문화적 행위에 대해, 각자 자기중심(egocentricity)의 문화적 잣대를 가지고 가치판단 하는 것은 무의미할 뿐만 아니라 자칫 파괴적인 오만이다.[8]

파괴적 오만의 한 예이다. 아메리카 대륙을 발견하고 몇 년 뒤에 스페인이 유색 토착인에게도 영혼이 있는지 알아보기 위해 조사단을 파견했다. 가서 보니, 그들은 백인 포로를 수장水葬해서 그 시체가 부패하는지 않는지를 오랫동안 관찰하고 있었다. 무엇을 말해주는가? 소위 원시인이든 소위 문명인이든 간에 사람은 누구나 자신의 관습을 생각할 때 자기중심의 가치체계, 참조체계를 가지고 생각한다는 것이다. 그런데도 우리와 다른 가치체계, 참조체계로써 삶을 영위하는 사람을 두고 야만인(barbarian)이라고 한다면 우리 역시 야만인이라는 것이다. 이에 레비-스트로스는 "야만인의 존재를 믿는 사람이야말로 진정한 야만인"[9]이라고 했다.

---

8 C. Lévi-Strauss, 1969, *The Savage Mind* (1962), The University of Chicago Press, pp. 248-249.

9 C. Lévi-Strauss, 1952, 앞의 책, p. 12.

모든 문화를 하나의 동일한 기준을 가지고 평가하는 통通문화적 (cross-cultural) 잣대가 불가능하다면, 수많은 다양한 문화로 이루어지는 인류문명에서 진보의 의미에 어떻게 접근해야 하는가?

레비-스트로스에 의하면, 당연히 구조주의로써 접근해야 한다. 구조주의에서 의미는, 누차 언급했듯이, 포지티브한 단자론적 의미가 아니라 네거티브한 관계론적 의미이다. 다시 말해, 의미라는 것은 한 체계 내에 있는 모든 요소 간의 공시태적 차이(혹은 다름)가 만들어내는 관련성[차이 혹은 다름이 없다면 애초에 관련성이라는 개념이 있을 수 없다] 즉 '차이작용'에 의해서 그러므로 네거티브하게 생성된다. 다양한 문화집단 하나하나의 문명사적 의미도 이와 마찬가지이다. 구체적인 지리-역사적 정황에 있는 어떤 한 문화집단은 역시 그러한 구체적 정황에 있는 다른 어떤 문화집단과 공시태적으로 대조될 때 그 대조에 의해 드러나는 차이/다름에 의해서 비로소 자신의 신념과 그에 따른 실천에 대해 어떤 정체성을, 포괄적으로 말해, 어떤 의미를 가질 수 있게 된다.[10] 이렇게 나름의 의미와 가치를 지닌 개별 문화집단이 자신의 문화를, 다름과 다양성을 존중하는 다원주의(pluralism) 견지에서, 호혜적으로 서로 교환함으로써 문명적 질서가 진보로 나아간다. 교환이 호혜적이 아니면 문명적 질서가 퇴보로 나아간다. 소위 세계문명이라는 것은 지구상의 모든 문화가, 각각 자신의 고유한 독창성(originality)을 보전하면서 호혜성을 바탕으로 전 세계적으로 연합(coalition)된 것이다.[11]

부연하면 레비-스트로스에서 구조는, 제4장 제1절에서 논의했듯이,

---

10 C. Lévi-Strauss, 1969, 앞의 책, p. 249.

11 C. Lévi-Strauss, 1952, 앞의 책, p. 45.

체용일원(體用一源)적 구조이다. 이항대대는 체(體, substance)로서의 구조, 호혜성은 용(用, function)으로서의 구조이다. 그에 의하면, 용으로서의 구조 곧 호혜성은 종種다양성이라는 양식으로 이미 자연에 구현되어 있으며 또한 문화다양성이라는 양식으로 이미 문화에 표출되어 있다[호혜성이 없다면 애초에 종다양성, 문화다양성이라는 개념이 있을 수 없다]. 언제나 한 문화는 이러한 만유보편의 호혜성 원리에 입각해 이루어진 전 지구적 문화연합체의 일부로서의 문화이다. 이 문화가 시간의 흐름 속에서, 지구상의 다른 모든 문화와 더불어, 호혜성에 입각한 누적적 문명시리즈를 구성하는 데 참여함으로써 어떤 타입의 문명사적 진보에 기여한다. 그러므로 문명의 진보란, 요컨대, 호혜성이라는 [용으로서의] 구조 원리에 입각한 노동의 문화적 분업의 진전이다.

그렇다면 인류의 문명을 진보로 나아가게 하는 것(agent), 다시 말해, 전 지구적 규모에서 노동의 문화적 분업이 호혜성에 입각하도록 하는 것이 무엇인가? 이미 우리는 답을 알고 있다. 다름에 대한 감사와 존경이다. 레비-스트로스는, **의미심장하게도** 다름에 대한 감사와 존경에 기반한 호혜성을 짓밟아버리는 제국주의문명은 예외 없이 모두 멸망했다고 했다.

3. 제국주의 원죄와 '오늘날의 신화'

레비-스트로스는 오늘날의 문명을 진보라는 차원에서 어떻게 생각하고 있는가? 그는 서구의 산업주의문명에 대해서 매우 부정적 견해를 가지고 있다. 한마디로, 그들의 문명이 '호혜성이라는 [용用으로서의]구조'의 원리에 부합하지 않기 때문이라는 것이다. 즉, 그들은 다른 문화에 대한 감사와 존경은 커녕 인간이 인간을 착취하기 위해 지식과 과학을 이용해 왔기 때문이다.[12] 이에 그는 "과학의 학문으로서의 발전으로 말하면 좋은 방향으로 나아가고 있지만 과학의 이용으로 말하면 나쁜 방향으로 가고 있다"[13]고 했다.

레비-스트로스의 부연에 의하면, 서구 산업주의사회는 앞장에서 논의했듯이 고高엔트로피적 사회이다. 그 사회의 내부는 여러 분야에서 불균형(disequilibrium)을 만들어냄으로써 사회적 차등이 크다. 불균형에 의한 이 차등은 인간관계 수준에서 점점 더 많은 인위적 질서를 만들고, 한편으로는 그 질서가 산출하는 역기능으로 인해 점점 더 큰 무질서를 만든다. 그럼에도 불구하고, 그들 사회의 문제는 [고엔트로피적 사회이므로] 여하히 사회적 차등을 유지 혹은 강화 혹은 확대하는가 하는 것이다. 그 방법은 불평등을 내부화하는 것, 즉 제도화하는 것이다. 그들은 불평등을 제도화함으로써 축적의 역사를 이루어 왔다. 글이 없고, 불평등이 없으면 축적의 역사가 불가능하다. 노예, 농노, 그리고 다음으로 프롤레타리아가 사회적 차등을 제공했다. 이후 프롤레타리아가 소위 계급투쟁을 통해 사회적 차등을 줄이기 시작함에 따라 증기기관과 유사한 고엔트로피적 사회는, 새로운 전략으로, 해외로 눈을 돌려 제국주의를 확대해 왔다. 제국주의는 교묘하고도 가혹한 방법으로 저

---

12 C. Lévi-Strauss, 1969a, *Conversation with Claude Lévi-Strauss*, by G. Charbonnier (1961), John and Doreen Weightman (trans.), London: Jonathan Cape, p. 30.

13 C. Lévi-Strauss, 1983b, 『레비-스트로스의 人類學과 韓國學』, 강신표(대표 역·편), 韓國精神文化研究院, 245쪽. (각괄호 필자)

엔트로피적 사회를 지배하고 착취해왔다.[14]

제국주의는, 주지하다시피, 사람과 무력을 식민지에 들여보내서 직접 지배하고 착취한다. 2차세계대전 종결로 식민지가 독립한 후에는 다양한 종속의 끈, 의존의 끈을 이용해 신생 독립국을 계속 지배, 착취해왔다. 이른바 신제국주의(neo-imperialism), 맥락에 따라서는 신식민주의(neo-colonialism)이다. 더욱 교묘해진 신제국주의가 활용하는 종속·의존의 끈은 신생 독립국이 겪는 만성적 식량 부족, 극심한 빈곤, 민족분단의 고통, [제국주의가 지배·착취를 용이하게 하기 위해 씨를 뿌리고 조장한] 종족·인종·종교 간의 반목과 갈등, 정치권력의 비정통성, 부패한 독재권력에 의한 경제지상주의가 대표적이다. 프랑스의 신제국주의를 직접 한 번 보자. 드골 전 대통령의 비서실장과 아프리카담당 보좌관을 역임했던 자크 포카르는 자신의 회고록에서 다음과 같이 털어놓았다.

> 프랑스는 식민통치가 끝난 후에도 자국의 이해관계에 따라 독립 아프리카공화국들의 대통령들을 옹립하거나 '파면'시켰다. 프랑스의 꼭두각시정부에 대항하다가 1960년 제네바에서 암살당한 카메룬의 반체제 인사 펠릭스 무이에의 죽음도 프랑스 정보요원들의 공작에 의한 것이었다. 중앙아프리카의 독재자로 자신을 황제로 자칭했던 보카사는 드골에 의해 대통령에 '임명'됐다. 드골은 말 잘 듣는 그를 '훌륭한 바보'라고 했다. 가봉공화국의 대통령 봉고는 프랑스의 '오디션'을 거쳐 대통령에 선발된 전형적인 경우이다. 드골 정부는 당

---

14 C. Lévi-Strauss, 1969a, 앞의 책, p. 41.

시 젊은 정치인들 중 가장 협조적이었던 그를 차기 대통령후보로 점
찍고 본격적인 무대에 올리기 전까지 철저한 '연기 지도'를 했다. 이
들은 정치위기 발생시에는 프랑스의 개입을 무조건 허용한다는 백
지 위임장을 맡겨 놓았다.[15]

프랑스 식민지국 중 일부인 차드, 수단, 말리, 기니, 니제르, 가봉에
서 2019년 이후로만 해도 2023년 현재 군사쿠데타가 한 번 또는 두 번
씩 일어났다. 그들이 독립한 후에도 그곳에 막대한 지하자원(석유, 철광
석, 금, 다이아몬드, 희토류 등)에 대한 독점적 이권을 유지·강화하고자 하는
프랑스는, '통치행위'라는 장막 뒤에서 비선실세를 활용하는 권력 핵심
부와 누이 좋고 매부 좋고 식의 전략적 관계를 맺어 치안유지 명목으로
군사력을 파견하고 있다. 2023년 8월 쿠데타에 의해 축출된 가봉의 봉
고 대통령(2대에 걸쳐 56년간 집권)은 그러한 관계를 통해 파리에만 30채의
호화 주택을 소유하고 있다. 국제투명성기구(IT)에 의하면, 콩고, 적도
기니, 가봉의 대통령이 프랑스에 가지고 있는 동산과 부동산 총액이 무
려 1억6000만 유로(2,293억 원)에 달한다.

권력을 탐하는 군부세력이, 친프랑스 성향 정부에 염증을 느끼는 국
민들의 동요를 틈타 쿠데타를 일으키고 있다. 한편 서아시아에서 밀려
난 알카에다, IS는 프랑스의 신제국주의적 영향력에 대해 반감이 큰 지
역에서 테러와 국가전복을 기도해 왔다. 반면에 러시아는 그러한 분위
기와 사태를 이용해서 시민들에게 해가 되는 모든 세력에 대해, 국가

---

15 尹熙榮, 뉴욕 특파원, 《조선일보》(1995. 3. 2).

의 이름으로는 차마 할 수 없는, 야만적이고 무자비한 공격을 감행해 그들의 마음을 얻고 있으며 그 대가로 자원채굴 등 비공식적인 막대한 부를 챙기고 있다. 바로 러시아 용병기업인 바그너 그룹이 '러시아를 더욱 위대하게, 아프리카를 자유롭게'라는 명분으로 아프리카지역 임무를 수행하고 있는 사태이다.

신제국주의 실상을 좀 더 깊이 들여다보자. 오늘날 미국을 중심으로 한 신제국주의 부국은 자신을 모델로 해서 만든 신고전경제론을 내세워, 이른바 지구문화(global culture)에 의해 지구촌이 황금빛 미래가 될 것이라고 주장하면서 빈국들 고유의 문화, 생산양식, 지역경제의 토착적 유기성을 해체해왔으며 또한 전 지구적 차원에서 자연자원을 고갈시키고, 자연환경을 파괴하고, 기후적 재난을 증가시켜 왔다. 이로 인해 거의 자연에 의존해 살아가고 있는 빈국들은 완전히 날벼락을 맞고 있다. 설상가상으로, 이들은 신제국주의 부국들이 유발하는 그러한 재난에 대해 거의 무방비 상태에 있다. 그들은 자신들의 수요를 충족시키기 위해 (신)고전경제론의 비교우위론을 내세워 자연생태에도, 문화생태에도 맞지 않는 단일작물 농업체계[16]를 비유럽 빈국들에게 남겨 줌

---

16 이에 관해 부연이 좀 필요할 것 같다. '총 균 쇠'를 먼저 가진 유럽인은 아메리카, 아프리카로 건너가 원주민을 잔혹한 방법으로 간단하게 몰아내고는 플랜테이션 (plantation)—자국에 필요한 또는 유럽시장에 내다팔기에 비교우위가 되는 대규모 단일작물농원—을 경영했다.
식민시대에 종주국에 봉사해서 권력과 부를 누리던 식민지엘리트는, 독립 후에도 구 종주국의 눈치를 살피면서 그들과 이해관계를 공유해서 계속 떵떵거리고 잘 산다. 소위 매판엘리트이다. 매판권력이 지배하는 세네갈 정부에서는 구 종주국 프랑스의 요구에 응해서 지금까지도 플랜테이션 식의 땅콩농사에만 집중하고 있다.

으로써 그러한 재난이 더욱 직격탄이 되도록 하고 있다.

여기서 우리는 (신)고전경제론이 금과옥조로 내세우는 비교우위론을 다시 한번 생각해보지 않을 수 없다.

알프레드 마셜(A. Marshal, 1842~1924)이 효시인 신고전파 경제론은 애덤 스미스(A. Smith, 1723~1790)에서 비롯된 고전파 경제론과 동일한 자유주의이다. 결정적 차이는 후자에서 상품가치가 상품에 투하된 생산요소에 의해 결정되는 데 반해, 전자에서는 상품가치가 수요자의 효용에 의해 결정된다. 비근한 예로, 한국의 반도체 칩 한 개의 상품가치는 그것을 제작하는 데 투입된 노동, 자연(원료), 자본에 의해 결정되는 것이 아니라 세계시장에서의 수요, 즉 세계의 사람들이 한국의 반도체 칩을 얼마나 필요로 하고 선호하는가에 달려있다. 그러므로 신고전경제론은 고전경제론보다 더 강력한 자유주의 곧 신자유주의이다. 그리고 시장은 비교우위론에 기반한 완전한 자유무역에 의해 전 지구적으로 확

농민은 방대한 양의 땅콩을 생산하고, 정부는 그것을 헐값에 사들여 프랑스의 초국적 곡물 메이저에게 팔아 넘긴다. 이 과정에서 얻은 차액으로 매판엘리트는 호화로운 생활을 누린다. 세네갈 정부는 이런 식으로 벌어드린 돈으로 태국, 캄보디아 등에서 세네갈의 주식인 쌀을 수입한다. 이에 따라 식량 외국의존도가 점점 높아지고 있다. 세네갈은 농민이 매우 근면하고, 식량을 자급자족할 수 있기에 충분한 비옥한 땅을 가진 나라인데도 식량을 수입해야만 하는 시스템이 된 것이다. 게다가, 식량 수입은 반드시 정부의 허가가 필요한데 고위 관리는 식량수입독점권을 가지고 막대한 재산을 모으고 있다. 그들은 자국의 식량증진에는 별로 관심이 없다. 설상가상으로, 자국의 땅콩 수출가격을 결정하는 세계시장에 대해 세네갈 자신은 아무런 영향력을 갖고 있지 않다. 이러한 국내외 시스템으로 인해 근면한 농민, 비옥한 땅을 가진 다른 나라에서도 식량부족사태가 확산되고 있다. (J. Ziegler, 유영미 역, 2016, 『왜 세계의 절반은 굶주리는가』, 갈라파고스, 148-150쪽)

대되는 모형이다.

1960년대 미국에서 시카고학파라고 일컫는 프리드만(M. Friedman), 스티글러(G. Stigler) 등 일단의 경제학자가 그 모형을 1880년부터 1960년까지 미국 여러 주州의 경제성장을 설명하는 데 적용했다. 그 결과, 개별 경제행위자의 자유로운 이익추구가 최대한 허용되는 경제체제가 미국을 전체적으로 최대의 복지를 누릴 수 있게 해주며 또한 주들 간의 소득 균형화(convergence)가 달성된다는 것을 보여주었다.[17] 이후 신고전경제론은 미국 주도의 신자유주의를 전 지구적으로 확대·심화시키는 강력한 이론적 대변세력이 된다.

신고전경제모델은 미국 주들 간 또는 서구의 자본주의 중심국들 간에는 서로 이념, 문화, 가치관, 행복관, 생활양식이 유사해서 모든 경제적 변인變因과 운동을 동일한 잣대로 개량화해 함수적으로 나타낼 수 있기 때문에, 적용될 수 있었다고 볼 수도 있다. 하지만 그러한 것들이 판이하게 다른 비서구 제3세계 국가에게도 그 모델이 동일하게 적용될 수 있다는 것은 어린애도 웃을 일이다. 그럼에도 불구하고, 신고전경제론은 신자유주의의 장미빛 미래를 제시한다. 즉, 나라마다 모두 비교우위론에 입각해서 완전 자유주의개방경제를 하면 지구상의 모든 나라가 결국은 거의 대등한 수준으로 풍족한 물질생활을 누리고, 다 같이 보편의 지구문화를 향유하게 된다는 것이다. 이것은 '능력에 따라 일하고 필요에 따라 가지고 간다'는 꿈 같은 공산주의경제를 [일정 규모의 지역단위에서는 일정 기간 실현될 수 있을지는 모르지만] 전 지구적으로 실현하

---

17 이에 관한 문헌: D. M. Smith, 1975, "Neoclassical Growth Model and Regional Growth in U.S.," *Journal of Regional Science* 15(2): pp. 165-182.

자는 것보다도 더 터무니없다.

그뿐만 아니라 신제국주의 부국이 오늘날에도 빈국에게 비교우위
론을 제시한다는 것은 아예 양심을 묻은 것이다. 그들의 초국적(transna-
tional) 자본은 비교우위론의 지나친 단순성, 몰시대성을 자신들의 이익
을 위해 **의식적으로** 간과하고 있다.

물론 자유시장주의는 리카도의 비교우위론이 제시하는 호혜성을
전제로 한다. 하지만 그것은 경쟁력이 있는 상품생산에서, 그것도 생산
과 교역이 한두 단계로 간단히 연결되는 단순경제에서 유효한 것이지
오늘날처럼 초국적, 다국적 자본에 의한 국제분업 및 교역체계가 복잡
한 경우는 낡은 명제가 된다.

국제분업을 규제하는 규칙이 복잡하게 전개될수록, 글로벌 수준에
서 볼 때, 자유시장이 효율적으로 기능하지 못하는 영역이 많아진다.
국가 간에 정글법칙적 경쟁, 집적集積의 관성, 물이나 공기와 같은 전 인
류적 공공재의 무임승차, 이에 따른 고갈과 오염의 문제, 특히 '지식경
제'로 인한 구조적인 인센티브의 불균등과 이에 따른 부富의 편중 등
현대의 자본주의가 안고 있는 문제가 심각하다(이에 1960년대 이후 탈자본
주의론, 후기자본주의론이 강력히 대두되었지만 지금 신자유주의 바람 앞에 숨을 죽이고
있다). 이런 상황에서, 어떻게 고전적 비교우위론이 교과서처럼 통할 수
있다는 말인가. 그럼에도 불구하고, 미국 주도의 WTO체제는 비교우
위론을 내세워 오히려 무한경쟁의 전횡專橫적 자유시장을 지향함으로
써 그러한 문제점을 더욱 증폭시켜서, 주지하다시피, **반복되는** 자유주
의시장의 실패를 확대재생산하고 있다.

더욱이, 신자유주의체제의 중심국은 국제경제의 구조적 틀을 직·간

접적으로 조직하고 구성할 뿐만 아니라, 자유무역에서 파생되는 다양한 위협에 효과적으로 대응할 수 있는 능력과 자원을 구비하고 있다. 이들은 외부로부터의 충격을 다시 외부로 전이시킬 수 있으며 내부로부터의 문제점 역시 외부로 전이시킬 수 있다. 이에 반해 신자유주의체제에 통합된 주변국은 외부로부터의 충격을 고스란히 내부적으로 수용할 수밖에 없고, 그 수용능력에도 한계가 있다. 이들은, 소위 나비 효과로 비유되는 것처럼, 중심국의 사정변화나 국제경기 부침에 크게 좌우되기 때문에 능률적이고 일관성 있는 경제정책운용이 사실상 어렵다. 이들은 결국 중심국이 키워 가면서 먹는 '밥'이 되는 위치에 고정되는 위험에 처하게 된다. 그리고 이 밥이라는 부정적 정체성은, 푸코가 실증적으로 밝힌 것처럼, 권력과 지식 간의 상호이익적 메커니즘에 의해 은폐된다.

그뿐만 아니다. 세계경제사의 궤적을 추적해 볼 때, 신자유주의는 결코 단선적 진화의 최종 국면이 아니다. 산업주의 발흥 이후 그 중심국은 다양한 양식의 자유주의 개방무역, 폐쇄적인 블록무역, 관리무역 등을 각기 자국의 이익에 따라 임의로 구사해 왔고 이를 위해 때로는 (세계)전쟁도 불사했다. 이들은 올챙이에 비유될 수 있는 약소 주변국에게 저지른 제국주의 시대의 죄과는 그들을 개구리가 되도록 '근대화' 시켜 주었다는 견강부회로써 덮어버렸다. 그리고는 개구리가 되지 못한 대부분의 바글거리는 올챙이에게 다양한 종속의 끈, 의존의 끈을 구사해서 신자유주의경제가 가져다줄 [이번에는] '지구화'의 황금빛 미래를 강력히 제시한다. 이것은 도덕성과 공정성의 결여 정도가 아니라, 아예 양심을 묻어버린 것이다.

특히 비교우위론과 관련해서 더욱 심각한 문제는, 오늘날의 경제가 소위 지식경제로 특징지어진다는 것이다. 지식경제에서는 고전적인 생산의 3요소에 지식이 추가되고, 지식이 생산수단과 이익창출의 핵심이 된다. (신)자유주의의 중심 동력은 완전경쟁이다. 그런데, 지식경제 시대에서 모든 국가가 글로벌 시장에서 완전경쟁을 한다는 것은 애초부터 어불성설이다. 냉혈적 자본의 이익창출 극대화를 두고, 이를테면, 초등학생 지식과 대학생 지식 간에 완전경쟁을 한다는 것이기 때문이다. 뒤집어 말하면, 불완전경쟁이 지식경제 그 자체에 이미 내재해 있기 때문이다. 그런 데도 초등학생 지식이든 대학생 지식이든 모두가 완전경쟁을 하면 결국은 전 지구적으로 소득이 균형화(convergence)되어 인류 공동의 번영을 이루게 된다는 것이다.

요컨대, 신고전경제론이 제시하는 신자유주의 이념은 일찍이 석학 박이문이 갈파했듯이 "인류의 번영이라는 이름의 제국주의 이데올로기이다."[18] 세계적 문명사가 슈팽글러에 의하면 그 이념은 세계를 오직 "먹이로서의 세계"[19]로 보는 제국주의 이데올로기 바로 그것이다.

더욱 심각하고 안타까운 문제는, 산업부국의 그러한 (신)제국주의 이데올로기가 빚어낸 빈국의 불행과 암울한 전망이 대중매체에 의해 가려지고 있다는 사실이다. 구조주의 문학비평의 바르트가 『신화(My-thologies)』에서 오늘날의 신화(myths today)라는 테마를 통해 정곡으로 갈파하고 있듯이, 산업부국의 고도기술이 만든 대중전달매체가 오늘날의 신화를 양산하고 있다.

---

18 박이문, 2001, 『더불어 사는 인간과 자연』, 미다스북스, 99쪽.

19 O. A. G. Spengler, 양해림 옮김, 2008, 『서구의 몰락』, 책세상, 131쪽.

산업부국의 자선단체가 만드는 광고와 홍보물에서, 자선단체에서 일하는 산업부국 사람과 병들고 굶주린 빈국 아이들 간에 주고받는 표정, 태도를 보자. 사랑과 감사와 인간미가 넘치는 감동 그 자체이다. 바로 오늘날의 신화인 것이다.

눈을 더 크게 뜨고 보면, 이 정도의 신화는 약과이다. 빈국을 위한 원조와 개발을 위해 산업부국이 중심이 되어 이끌고 있는 유엔 산하의 다양한 기구가 즐비하다. 국제연합식량회의(UNWFC)를 통해 구성된 세계식량회의(WFC), 국제농업개발기금(IFAD)이 있다. 또 국제식량농업기구(FAO)도 있다. 또 특별히 어린이를 위한 유엔아동기구(UNICEF)도 있다. 또 2000년에는 189개국 대표가 유엔에 모여, OECD국가가 각기 자국의 국민총소득의 0.7%를 부담해서 개발도상국의 빈곤을 해결하자는 새천년개발목표(MDGs)를 만장일치로 정했다. 그런데 이러한 기구들의 기금운용의 40% 내지 50%는 주로 산업부국 사람에게 지불되는 인건비, 관련 부서의 관리·운영비 및 부대경비로 지출된다. 산업부국을 위한 고용증대에 기여하고 있는 것이다.[20] 그러나, 산업부국의 대중전달매체가 전 세계인에게 보여주고 있는 빈국을 위한 국제기구의 눈부신 활동상을 보면 산업부국이 그저 고맙기만 할 뿐이다. 바로 오늘날의 신화인 것이다.

그 감동적 신화의 [바르트의 표현]이데올로기적 가면을 벗기면 빈국 사

---

20 영국의 세계적 구호단체 옥스팸(Oxfam)이 2017년 아이티(Haiti) 태풍사태를 지원할 때 저지른 섹스 스캔들이 불거져 옥스팸 내부가 드러나게 된다. 2018년 2월 15일자 Euro News에 의하면, 옥스팸에 모이는 총구호금 중 직접 구호로 나가는 돈이 48%이다. 나머지는 직원 인건비, 의회 로비비(Brussel에 있는 유럽의회에 12명의 의회로비스트 고용), 매스컴 선전비, 자기 PR비 등이다.

람은 굶어 죽어 가고 있다. 반면에 산업부국 사람은 개, 고양이에게 고기를 배불리 먹이고 간식까지 먹인다. 토플러(E. Toffler)에 의하면, 미국에서 소비되는 1년 치 펫푸드(pet food)를 아프리카로 보낸다면 아프리카 전체 인구가 당뇨병이 걸리도록 먹고도 남는다. 한쪽은 사람도 개도 너무 먹어서 병이 나고, 다른 한 쪽은 사람이 굶어서 죽는다. 2008년 오클랜드대학(환경지리학교실)의 발표에 의하면, 유전자변형(GM) 식품이 대두되어 상업화된 것은 GM식품이 필요해서, 즉 생산되고 있는 식량의 절대량이 부족해서가 아니라 산업부국 기업의 자본주의적 이윤 추구를 극대화하기 위해서이다. 2000년부터 2008년까지 유엔 식량특별조사관으로 활동한 장 지글러(소르본대학 사회학 교수)의 기록에 의하면, 2011년 현재 10세 미만의 어린이가 5초마다 1명씩, 1시간마다 720명씩 기아로 사망한다.[21] 2022년 한비야(월드비전 세계시민학교 교장)는 연합뉴스와 인터뷰에서 "얘네들이 죽어야 할 목숨이 아니잖아요. (…) 링거 한 병 천 원이면 한 생명을 살리는데 너무 분했다"고 했다. 당장 굶주리는 목숨마저도 강대국의 경제적 정치적 이익에 좌지우지되는, 정의가 사라진 지구촌인 것이다.

그럼에도 오늘날 사람들은 산업부국의 첨단 지식과 과학이 만들어낸 고도의 영상매체를 통해서 빈국을 위한 국제기구들의 다양한 활동 양상, 전 지구적 스펙타클―월드컵 경기, 세계적인 팝 콘서트, 화성 등 우주 탐사, 올림픽 경기, 화려하고 웃음 가득한 오스카상 시상식 등―을 실시간으로 보면서 전 세계인이 실제로 (제7장 제2절에서 논의할) 지구문

---

21   J. Ziegler, 유영미 옮김, 2016, 『왜 세계의 절반은 굶주리는가』, 갈라파고스, 30쪽.

화(global culture)를 향유한다고 착각한다. 이윤을 위해서는 전쟁도 불사하는 산업주의 부국들의 교묘한 신제국주의적 착취는 그러한 착각 곧 '오늘날의 신화'에 의해 대부분 가려지고 있다.

4. 서구문명의 속성: 바이러스

레비-스트로스는 서구 산업부국의 문명적 속성에 대해 매우 부정적 견해를 가지고 있다. 그에 의하면, 서구사회가 향유하는 부富는 어떤 문명의 인간이 다른 문명의 인간을 전적으로 물리적 힘을 배경으로 지배해서 이루진 것이다. 서구사회는 전 세계에 군인, 무역 기지, 대농장, 선교사를 주둔시켜서 그들의 전통적 생활양식을 완전히 뒤집어버렸다. 엄청난 물리적 힘에 의해 굴복되고 해체된 그들은 서구사회가 대체시켜준 문명을 받아들이는 수밖에 없었다.[22] 이러한 일면을 적나라하게 보여주는 다이아몬드(J. Diamond, UCLA 교수)의 한 기록이다.

> 1532년 11월 15일, 스페인의 피사로 곤잘레스가 보병 106명, 기병 62명을 이끌고 잉카제국에 도착해서 절대군주 아타우알파가 있는 카하마르카로 갔다. 거기에는 8만 병력의 방대한 숙영지가 정연하게 펼쳐져 있었다. 피사로는 병력을 매복시킨 뒤 아타우알파를 친구이며 형제로서 삼가 맞이하겠다는 전갈을 보냈다. 그 전갈을 믿고 아타우알파의 행렬이 약속장소인 광장의 중앙에 이르자, 피사로는 선

---

22 C. Lévi-Strauss, 1952, 앞의 책, p. 31.

교사를 앞세워 성서를 그에게 건내준다. 그것이 무엇인지 알 리 없는 아타우알파가 그것을 팽개치자, 피사로의 신호에 따라 스페인 병사들이 뛰쳐나와 무장하지 않은 인디언 전사들을 마음껏 쏘고 베었다. 그들은 인디언 전사를 종횡무진으로 살해, 단 몇 시간 만에 7000명 이상을 죽였다. 이 잔인한 학살을 기록으로 남긴 피사로의 동생과 그 동료들은 한결같이 그것을 하느님의 성스러운 인도하심 덕분으로 돌리고 있다.

피사로는 8개월 동안 아타우알파를 인질로 잡아 두고 몸값으로 가로 6.7m, 세로 5.2m, 높이 2.4m의 큰 창고를 가득 채우는 막대한 양의 황금을 받았다. 그리고는 약속을 저버리고 그를 죽여버렸다. 엄청난 물리적 힘에 의해 굴복되고 해체된 그들은 스페인이 대체시켜준 문명을 받아들이는 수밖에 없었다. 지금 페루의 수도 리마에는 피사로의 기마동상이 드높이 서 있다.[23]

레비-스트로스는 이처럼 철저하게 휩쓸어버리는 특징을 가진 서구 문명에 대해 큰 분노를 가지고 있다. 그가 카루소(P. Caruso)와 가진 대담에서 우리는 그 뜨거운 분노를 본다.

서구사회와 소위 '원시'사회 간의 차이는 바이러스와 고등동물 간의 차이와 상당히 유사하다는 점이 나[레비-스트로스]를 놀라게 한다. 근본적으로 바이러스는 어떤 형태의 제법製法의 프로세서에 불과하다. 바이러스는 어떤 제법을 살아있는 고등동물의 세포에 주사해서 그

---

23 J. Diamond, 김진준 옮김, 2015, 『총 균 쇠』, 문학사상사, 93-102쪽 축약.

세포가 특정 모델을 따라 스스로를 재생산하도록 한다. (…) 서구문명은 이러한 바이러스에 불과하다. 우리 서구문명은 비서구문화에게 바이러스가 하는 그런 식의 제법을 주사해서 그 문화가 [자신의 문화를 영속하도록 하는 것이 아니라] 주사된 것과 동일한 제법을 재생산하고, 그 재생산 방법을 복사하고, 그 복사된 방법의 적용 범위를 확대해 나가도록 강요한다.[24]

레비-스트로스에 의하면, 서구문명의 이러한 바이러스적 속성이 무력을 배경으로 적극적으로 발휘된 것이 바로 제국주의이다. 결국 19세기 제국주의와 오늘날의 신자유주의는 변치 않는 서구문명의 바이러스적 속성으로 인해 서로 밀접하게 연결되어 있다. 이것을 두고 스피박(G. C. Spivak)은 "오늘날에도 제국주의가 이데올로기적 시치미를 떼면서 계속되고 있다"[25]고 했다.

석학 황태연이 수십 년에 걸쳐 연구한 바에 의하면, 제국주의, 군국주의, 파시즘, 집단학살, 묻지마식 집단살상 등 나쁜 요소들은 모두 서양의 호전적 히브리즘과 헬레니즘 전통에서 유래한 것들이다. 세기의 역사학자로 불리우는, 프린스턴 명예교수 버나드 루이스(B. Lewis)는 자신이 거의 100년을 살아오면서 깨달은 바를 쓴 기록에서 과거 서구의 역사학자들은 다른 문명을 부정적으로 보았고 서구문명만 좋다고 생

---

24 P. Caruso, 1966, "Exploring Lévi-Strauss: Interview," *Atlas*, Vol. XI (April), p. 245. (각괄호 필자)

25 R. Young, 1996, *White Mythologies: Writing History and the West*, London: Routledge, p. 158.

각했는데 그것을 큰 잘못이라고 역설하면서 지금 "우리는 거대한 힘들이 역사를 위조하는 시대에 살고 있다. 이 힘들은 아첨하고, 속이고, 특정 집단의 목적을 달성하는 데 골몰한다"[26]고 했다.

요컨대, 레비-스트로스에 의하면, 서구 산업주의문명에서 정의로운 사회란 결코 존재한 적이 없다. 물론 모든 사회는 좋은 면도 있고 나쁜 면도 있다. 그러나 좋은 면이라는 것이, 인간적인 정의로움이라는 관점에서 볼 때, 한편으로는 근본적으로 나쁜 면을 만들어 왔기 때문에 애초부터 그 좋은 면이라는 것이 없었던 것보다 못했다.[27]

5. 서구문명의 미래: 담담한 비관주의

방법이 무엇인가? 레비-스트로스가 볼 때, 이제 때가 너무 늦었다. 서구사회는 너무 비대하고 복잡해졌기 때문에 이제 구제 불능이다. 우리가 서구사회의 문제점을 진정 속속들이 이해한다고 해도 우리는 서구사회를 절대로 변경시킬 수 없게 되었고 서구의 인간성이 구제될 수 있기에는 이제 때가 너무 늦었다.[28] 서구문명에 대한 그의 입장은, 한마디로, 담담한 비관주의(serene pessimism)이다.[29] 서구문명은 이제 구제불능

26 B. Lewis & B. E. Churchill, 서정민 옮김, 2015, 『100년의 기록』, 시공사, 8쪽.

27 C. Lévi-Strauss, 1983b, 앞의 책, 244쪽.

28 S. Clarke, 1981, *The Foundations of Structuralism: A critique of Lévi-Strauss and the structuralist movement*, Sussex: The Harvester Press, p. 220.

29 D. Pace, 1983, *Claude Lévi-Strauss—The Bearer of Ashes —*, London: Routledge & Kegan Paul, p. 199.

이기 때문에, 서구문명의 쇠락을 숙명처럼 담담하게 받아들이는 것 외에는 달리 어떤 방법도 없다는 것이다.

서구문명이, 인간적 정의로움이라는 측면에서, 구제불능이 된 이유가 도대체 무엇인가? 레비-스트로스의 대답은 간단하다. 서구인에서 인정人情(pitié, compassion)이 증발해버렸기 때문이다. 그리고 인정이 증발된 자리에 이기적 자아自我가 들어차 있기 때문이다.[30]

레비-스트로스에 의하면, 우리 인간에게 코기토적 자아가 있다는 생각은 몽상이다. 그 무엇도 다른 것과 **스스로 구별되는** 그러한 포지티브한 의미를 가진 것은 없다. 일체의 의미는 '차이작용' 즉 차이 혹은 다름이 만든 관련성에 의해 생성된다. 자아라는 것도 마찬가지이다. 그것은 개별 아我 간의 차이(다름)가 만들어내는 관련성에 의해 그러므로 네거티브하게 생성된다. 이른바 타자철학(the Other philosophy)의 출발점인 것이다. 나의 아가 어떤 의미를 가질 수 있기 위해서는 나의 타자, 즉 상대방의 아가 전제되어야 한다. 주물주 신이라 하더라도 그의 타자 곧 피조물 인간이 없다면 그의 의미가는 영零일 수밖에 없다. 요컨대, 자아라는 것은 타아他我와의 관련성 총합이다.[31]

그렇다면 그 관련성의 존재론적 기반이 무엇인가? 레비-스트로스가 제시하는 답은 여일하게 구조주의에 있다. 그 기반은, 누차 언급했듯이, 용(function)으로서의 구조 곧 호혜성이다. 호혜성에 기반하지 않은 관련성은 반드시 소멸한다. 소멸이 늦을수록 억압, 폭력, 불화, 불행

---

30 S. Clarke, 1981, 앞의 책, p. 217, 219.

31 위의 책, p. 217.

이 길어지고 커진다. 호혜성의 궁극적 전제는, 앞서 논의했듯이, 다름에 대한 감사와 존경이다.

다름에 대한 감사와 존경. 말로는 쉽지만 실천하기가 쉽지 않다. 방법이 무엇인가? 제3장 제3절에서 보았듯이 '투철한 루소주의자' 레비-스트로스는 이번에도 스승(guru) 루소로부터 답을 얻는다. 루소에 의하면, 그 실천은 인정(pitié)에 의해서 가능하다. 인정이 있어야만 기쁨, 괴로움 등의 감정을 진정으로 서로 나눌 수 있게 됨으로써 타인이, 나와 다르기 때문에 나와 무관하게 동떨어진 남이 아니라, 또 하나의 나 자신으로 인식될 수 있다는 것이다. 이에 레비-스트로스는 "인정이 인간을 동물성 수준으로부터 인간성 수준으로 변환시켰다"[32]고 했다.

이 대목에서 레비-스트로스는 유학과 깊이 통하고 있다. 그가 말하는 인정이란 유학에서 말하는 인(仁)의 다른 말이다. 『중용』은 인한 자가 사람(仁者人也)이라고 했다. 인하지 않으면 사람이 아니라는 것이다. 이것을 달리 말하면, 인하지 않은 사람은 동물성 수준의 사람이라는 것이다. 유학에서 인이란 천명지성(天命之性)으로서의 인간성, 즉 하늘로부터 타고난 인간 본래의 인정이고, 사랑이며, 상대를 [나의 입장이 아니라] 상대의 입장에서 따뜻하게 배려하는 측은지심(惻隱之心)이다.

『논어』에 보면 공자가 애(愛), 의(義), 경(敬), 공(恭), 관(寬), 신(信), 충(忠), 서(恕), 민(敏), 혜(惠) 등 사회적 인간이 함양해야 할 여러 가지 덕목을 **통해서** 인을 설하고 있다. 즉, 인에는 그러한 덕목들이 모두 포괄되어 있다는 것이다. 후대의 정이(程頤)는 그래서 인을 '모든 덕목을 꽃피울 수

---

32 위의 책, p. 217.

있는 생명력을 지니고 있는 씨앗'이라고 했다. 맹자는 인이라는 씨앗[體로서의 仁]에서 잉태될 수 있는 모든 덕목을 분석해서 인의예지(仁義禮智)라는 사덕(四德)[用으로서의 仁]으로 범주 지어 제시했다. 그리고 사람에게는 누구나 사덕의 발단發端이 되는 사단지심(四端之心)—인의 발단이 되는 측은지심(남을 따뜻하게 이해하고 동정할 줄 아는[愛] 마음), 의의 발단이 되는 수오지심(잘못을 부끄러워할 줄 아는[宜] 마음), 예의 발단이 되는 겸양·사양지심(겸손하고 양보할 줄 아는[恭] 마음) 그리고 지의 발단이 되는 시비분별지심(바르게 분별할 줄 아는[別] 마음)—이 천으로부터 부여되어 있다고 했다. 이에 주희는 인이 발동하면 애공의별지정(愛恭宜別之情)이 되고 측은지심은 이 모든 것을 관통한다고 했다. '관통' 바로 여기에 주희가 이해한 공·맹 유학의 정수가 함의되어 있다: 인의 발단 곧 측은지심으로부터 우러나와야만 사랑이 참된 사랑(愛)일 수 있고, 측은지심으로부터 우러나와야만 공손함이 참된 공손함(恭)일 수 있고, 측은지심으로부터 우러나와야만 마땅함이 참된 마땅함(宜)일 수 있고, 측은지심으로부터 우러나와야만 분별함이 참된 분별(別)일 수 있다는 것이다.

레비-스트로스는 상기 인정에—유학으로 말하면, 인의 발단이 되는 측은지심에—기반한 참다운 인간성이라는 수준에서 서구 산업문명사회에 대해 매우 비관적이다. 그에 의하면, 인류가 아무런 매개 없이 직접 상면해서 어울려 사는 작은 집단 속에서 참다운 인간성으로 생활을 영위했다. 루소가 천진한 사회(société naissante)라고 했던 약 만 년 전의 신석기시대 사회가 바로 그 전형적 사회이다. 글이라는 소통 매개체는 한편으로 인간이 인간을 착취하는 데 기반이 되는 도구인데[33] 글이 없는 그 천진한 초기 사회에서는 모두가 **무심결에** 인정에 기반한 삶을 살았고, 그래서 이기심에 앞서 남을 먼저 존경했으며 이에 따라 자연스럽게 구조주의의 호혜성 원리가 구현되었다[루소 성선설의 핵심].[34]

레비-스트로스에 의하면, 오늘날 서구 산업주의문명은 호혜성 원리에 정반대로 나아가고 있다. 사회생활에서 호혜성이 교묘한 착취로 대체되고, 인간관계의 동기는 이익에 기초를 둔다. 그러므로 '인정'이란 수사학적 언사일 뿐 사람 간의 사회적 관계는 날로 비진정성의 관계로 되어간다.[35] 이에 미국의 문호 마크 트웨인은 "사람을 볼수록 개와 고양이를 더욱 좋아하게 된다"[36]고 했다. 요컨대, 서구 산업주의문명은 [용으로서의 구조 곧] 호혜성을 버렸으며 [존재론적으로 문화와 이항대대 관계인] 자연에 등을 돌렸기 때문에 쇠락할 수밖에 없는 운명이라는 것이다.[37]

6. 인류가 지향해야 할 문명: 자연인간합일 문명

그렇다면 서구 산업주의문명에서 휴머니즘이란 도대체 무엇인가? 레비-스트로스에 의하면, 그것은 인류를 자연으로부터 분리해서 인

---

33 위의 책, p. 219.

34 C. Lévi-Strauss, 1978a, *The Origin of Table Manners*, Vol. 3 of *Mythologiques* (1968), John and Doreen Weightman (trans.), New York: Harper and Row, p. 508.

35 S. Clarke, 1981, 앞의 책, p. 219.

36 F. L. K. Hsu, 1971, "Psychological Homeostasis and Jen: Conceptual Tools for Advancing Psychological Anthropology," *American Anthropologists* 73(1), p. 33.

37 S. Clarke, 1981, 앞의 책, p. 211.

간의 이기적 자연지배권을 확립하고, 나아가 착취를 통해 인간과 인간을 서로 분리하는 서구문명 특유의 이데올로기적 표현이다.[38] 그것은 르네상스사조思潮의 귀족주의적이고, 제국주의에 봉사하는 부르주아적이며,[39] 근본에 있어서 인간중심주의적(anthropocentric)[40] 휴머니즘이다. 따라서 그것은, 포괄적으로 말해, 특수주의적 휴머니즘(particularistic humanism)이다.[41] 이 특수주의적 전통은 크게 억측臆測된 휴머니즘 사조로서 인간 이외의 사물과 존재는 인간을 위한 도구에 지나지 않는다는 사고가 내포되어 있다. 바로 이것이 오늘날 서양의 몰락과 황폐를 가져왔다.[42]

---

38 위의 책, p. 219.

39 약간의 부연이 필요할 것 같다. 휴머니즘은 인간성이라는 뜻인 라틴어 휴마니타스(humanitas)에서 유래했다. 그것이 역사성을 갖는 용어로 대두된 것은, 주지하다시피, 14~15세기 르네상스 시대이다. 그때의 휴머니즘운동은 부유하고 교육받은 계층에 국한되었다. 그들에게 휴머니즘이란 인간은 마땅히 인간다운 삶을 영위해야 한다는 주의였지만, 그러한 삶은 노예제도를 토대로 이루어진 고대 그리스-로마 시대의 교양을 전범으로 하는 것이어서 그 외의 문화를 야만적으로 보는 일방적이고 귀족주의적인 것이었다. 그때의 휴머니즘운동은 그러므로 대 토지를 소유한 젠트리(gentry) 중심의 초기 부르주아운동이기도 하다.

40 『햄릿(*Hamlet*)』에 인간중심주의가 이렇게 표현되어 있다. "인간이란 얼마나 위대한 작품인가! 인간의 이성이 얼마나 고상하고, 능력(faculty)이 얼마나 무한한가. 인간의 행동이 형태와 움직임에 있어서 얼마나 정확하고(express) 훌륭한가. 인간의 이해력(apprehension)이 어떻게 그렇게 천사와 같고, 신과 같은가. 인간은 세상의 아름다움을 한 몸에 지녔다. 인간은 가장 빼어난(paragon) 동물이다." (J. A. Cuddon, 1998, *Literary Terms and Literary Theory*, London: Blackwell Publishers, pp. 402-403)

41 M. Hénaff, 1998, *Claude Lévi-Strauss and the Making of STRUCTURAL ANTHROPOLOGY* (1991), M. Baker (trans.), University of Minnesota Press, pp. 241-242; S. Clarke, 1981, 앞의 책, p. 218.

또한 그 특수주의적 전통은 서구문명이 다른 문명에게 개명(civiliza-tion)이라는 미명으로 자행해 온 폭력의 **문화적** 근원(the *cultural* source of Western violence)이기도 하다. 이것을 그는 스승 루소에게 바치는 글을 통해 전 인류에게 준엄하게 고발한다.

> 서구문명은 인간을 자연으로부터 단절시킴으로써 인간이 자연을 절대적으로 지배하는 위치를 확립했다[인간중심주의적]. 서구문명은 추호의 논쟁 여지도 없는 인간의 가장 근본적 특성을 지워버렸다. 그 특성은, 인간은 무엇보다도 먼저 **자연과 더불어** 살아 있는 존재라는 것이다. 이점을 계속 눈감아 버린 채, 서구문명은 인간으로 하여금 모든 것을 마음 내키는 대로 과도하게 할 수 있도록 했다[인간중심주의적]. 인간성과 자연성을 철저히 분리하는 생각을 당연시하면서, 그리고 어느 한 편이 다른 한 편을 부인할 수 있다는 것을 용인하면서 인간은 악순환의 바퀴를 돌리기 시작했다. 사람과 사람 마저도 분리하는 경계를 설정하고는 심지어 아주 소수 사람의 이익을 위해서도 휴머니즘이라는 특권을 주장했다[귀족주의적, 부르주아적]. 이러한 특수주의적 휴머니즘의 원동력(principle)과 의향意向(notion)은 이기심이다. 오늘날 서구의 휴머니즘은 [그러므로] 태생부터 오염된(corrupt-ed) 것이다.[43]

---

42 C. Lévi-Strauss, 1983b, 앞의 책, 237쪽.

43 C. Lévi-Strauss, 1976, *Structural Anthropology*, Vol. II (1973), M. Layton (trans.), New York: Basic Books, p. 41. (굵은체, 각괄호 필자)

레비-스트로스가 볼 때, 특수주의적 휴머니즘이 이기심을 원동력으로 해서 만들어낸 서구문명은 호혜성이라는 구조의 원리에 반反하기 때문에 쇠락할 수밖에 없는 운명이다.[44]

그러나 오늘날 서구 산업문명사회는 인간의 이기심을 옹호해서 '보이지 않는 손'과 함께 자유주의경제의 양대 축으로 하고 있다. 원래 애덤 스미스의 경제론(고전경제론)에는 인간에 대한 일종의 성선설적 믿음이 전제되어 있다. 그가 제시한 자유주의는 냉혈적 자본에 의해 추동되는 신자유주의의 약육강식적 시장원리주의가 결코 아니다.

부연하면, 서구의 주류 경제학은 경제주체인 인간을 수학적 적확성으로 자신의 이익을 최적화하는 합리적 존재, 즉 호모 이코노미쿠스로 가정한다. 그런데 스미스는 가정적 호모 이코노미쿠스와 실제 인간 사이의 간극을 애초부터 갈파했다. 원래 인간에게는, 가정적 호모 이코노미쿠스와 달리, 도덕적 감정인 동정심이 있다는 것이다. 이와 관련해서 그는 『국부론(The Wealth of Nations)』보다 약 20년 앞선, 국부론의 전제라고 할 수 있는 1759년 『도덕 감정론(The Theory of the Moral Sentiments)』에서 경제주체로서의 개인을 완전한 인격자로 규정하고 있다. 완전한 인격자란 자신이 원래 가지고 있는 남에 대한 동정심(sympathetic feelings)을 이기심(selfish feelings) — 스미스에 의하면, 인간의 내면에는 한편으로 다른 사람의 재산을 내가 갖고 싶어 하고 다른 사람의 행복을 탐내는 이기적 마음이 있다 — 에 완벽하게 결합(join)시키는 사람이다.

이러한 사람이 일체의 외적 규제나 제약 없이 — 완전한 인격자이므

---

44 S. Clarke, 1981, 앞의 책, p. 211.

로 경제행위에 따로 외적 규제가 필요 없다는 것, 국가는 그러므로 '야경국가'로서의 역할만 하면 된다는 것—경제행위를 하면 자연스럽게 저절로 [이 저절로적 기제의 은유적 표현]보이지 않는 손(invisible hand)에 의해 수요와 공급의 균형점에서 가격 곧 자유경쟁가격이 형성되는데, 이 가격이 모두가 다 만족할 수 있는 가격이라는 것이다. 모두가 다 만족하는 자유경쟁가격에서 생산하고, 팔고 사고, 소비하는 경제체제가 가장 이상적이라는 것이다. 뒤집어 말하면, 이상적인 경제체제를 향유하기 위해서는 결코 이기심을 무한정으로 허락해서는 안된다는 것이다. 그러므로 스미스의 철학은, 크게 말해, 어디까지나 인간적 도덕의 범위 내에서 자유주의인 것이다. 그렇지 않으면, 자유주의는 결국 돈과 물질이 본위本位가 되는 세상을 만든다는 것이다.

마르크스가 젊었을 때 영국은 자유주의경제에 기반해서 산업혁명이 한창 성공을 거두고 있었다. 그러나, 자유주의라는 미명하에 스미스의 『도덕감정론』적 철학은 증발해버리고 오직 이윤추구에 올인하는 냉혈적 자본에 짓밟힌 인간의 삶은 비참했다. 그런데도 국가는 자유방임적인 경찰국가 역할만 했다. 그 당시를 산 시인 블레이크(W. Blake)는 '유아노동에 동원된 어린 굴뚝청소부들의 울음에, 타락한 교회가 섬찟해하는 것을 보았다. 젊은 창녀의 저주가, 결혼마차를 영구차로 만드는 것을 보았다'고 했다. 영국이 그토록 돈과 물질 본위의 사회로 된 것을 뜨거운 마음으로 목도한 마르크스는 영국을 자본주의資本主義 사회로 규정했다.

'자본주의'는 마르크스가 제시한 매우 어둡고 비판적인 정치경제학적 용어이다. 정작 자유주의 입장에서는 자본주의경제라는 말을 기피해서 그냥 자유경제라고 하는 경우가 많다. 주지하다시피, 자기를 보고 자본주의적 인간이라고 하면 분개한다. 저급한 인간이라는 평가로 들리기 때문이다.

예술인의 가장 두드러진 특질은 창의성이다. 특히 영화예술인의 창의성에는 현실에 대한 남달리 깊은 통찰과 철학이 내재해 있다. 2020년 신자유주의의 선봉인 미국의 아카데미상 시상식에서 미국의 영화예술인 8300명이 한국사회의 신자유주의적 현실의 어두운 이면을 한국적 감정과 정서로써 담아낸 봉준호 감독의 〈기생충〉을 최우수 작품상, 최우수 감독상, 최우수 각본상, 최우수 국제 장편영화상으로 선정해서 오스카트로피를 안긴 이유가 무엇인가? 또한 그 영화가 전 세계적으로 놀라운 흥행기록을 세운 것은 무슨 이유인가? 비근하게 한국사회에서 지식인들이 매스컴에 나와, 주지하다시피, 자신은 신자유주의를 옹호하지 않는 것처럼 어정쩡하게 말한다. 신자유주의를 당당하게 주장하는 사람을 우리는 본 적이 없다. 그 이유는 또 무엇인가? 우리 모두는 이유를 **내심 알고 있다.**

이런 가운데 오늘날 실질적으로 확고히 자리 잡은 신자유주의에서 스미스가 제시한 도덕감정론의 철학은 이미 안중에 없다. 인간적 사랑이니, 동정심이니 하는 따위는 자본의 효율성을 저하시키고 자칫 부패의 온상이라는 것이다. 신자유주의는 자유라는 미명하에 인간의 이기심을 무한한 성장동력으로 삼고 있다. 일찍이 영국의 대 철학자 러셀(B. Russell)은 소유, 자기주장, 지배 즉, 한마디로, **이기심은** 서양인이 개인적으로나 국가적으로나 열렬히 추구하는 가치의 전범이라고 했다(제7장의 제2절은 이 점을 명명백백하게 보여준다)[45].

고대 그리스신화에서도 다양한 신화이야기의 개요는 한결같이 동일한데 그것은, 제4장 제6절에서 본 것처럼, 반복되는 근친상간과 성적

부도덕, 반복되는 부모에 대한 딸들의 불충, 반복되는 형제 간의 반목과 죽임, 반복되는 아들에 의한 아버지의 죽임 등 끊임없는 인간비극의 서사시이다.[46] 레비-스트로스에 의하면, 이러한 피할 수 없는 서양비극은 근본적으로 이기심으로 인해 인간이 신, 친족, 이웃, 자연에 대한 도덕적 의무를 져버렸기 때문이다. 그는 『신화학』의 제3권을 마무리 지으면서 고백한다: 유럽인은 어릴 적부터 개인주의적 인간, 이기적 인간이 되라는 가르침을 받는다; 또한 비유럽문명의 불결함을 두려워하라고 배운다; 그러나, 그리스신화는 지옥이 [별다른 곳이 아니라 이기심으로 인해 신, 친족, 이웃, 자연에 대한 도덕적 의무를 져버린] 바로 우리 자신이다(hell is ourselves)는 윤리적 가르침을 준다[47].

요컨대, 레비-스트로스에 의하면, 서구문명에서 휴머니즘의 원동력과 의향은 고대로부터 변치 않는 그들의 이기심[48]이다. 바로 그 이기심으로 인해 서구 산업주의문명은, 앞서 언급한 것처럼, 호혜互惠성을 버렸고 자연에 등을 돌렸기 때문에 쇠락할 수밖에 없는 운명이라는 것이다.

---

45 김용옥, 2000, 『노자와 21세기』 [1], 통나무, 135쪽.

46 이와 관련해서 참고: 클러크혼(C. Kluckhohn)은 여러 유럽민족의 다양한 신화적 설화를 비교연구해서 5개의 중심테마별 범주를 밝혔는데 재앙(catastrophe), 거대 괴물 살해, 근친상간, 형제상쟁相爭, 생식기 거세이다.

47 C. Lévi-Strauss, 1978a, 앞의 책, p. 507. (각괄호 필자)

48 기독교 성서에서도 인간과 세상을 파멸로 이끄는 근본 원인을 이기심이라고 한다. 이기적 욕심이 잉태하여 죄를 낳고 죄가 자라 죽음에 이른다는 것이다. 불경도 그 근본 원인을 탐진치(貪瞋痴)라 하고 그 중에 이기적 욕심[貪]을 첫째로 꼽는다. 『논어』 역시 그 근본 원인을 이기적 욕심이라고 한다. 이에 유학의 방법론은 한마디로 극기복례(克己復禮), 즉 이기적 욕심을 극복해서 예를 회복하고 회복된 예를 실천하는 것이 바로 인(仁)의 현현顯現이라고 한다.

그렇다면, 레비-스트로스에서 휴머니즘(humanism)이란 무엇인가? 휴머니즘은 인간성이라는 뜻인 라틴어 humanitas에서 유래했다. 고대 로마의 키케로(M. T. Cicero, B.C. 106~43)가 그 용어를 처음으로 사용한 이래 거기에 담긴 뜻이 역사적, 시대적 배경에 따른 사조의 변천으로 인해 여러 가지[49]이지만 그 뜻의 본질은, 인종, 민족, 문화, 종교 따위를 초월해서, 인간성에 대한 존중과 인간다운 삶의 실현이다.

레비-스트로스의 휴머니즘이야말로 그러한 본질적 뜻의, 따라서 전 인류적 차원의 민주적 휴머니즘(democratic humanism)이다. 그는 특히 『슬픈 열대』와 『야생적 사유』에서 감동적인 민주적 휴머니즘을 보여주고 있다. 그는 야생인의 생활과 문화에서 나타나는 우리와의 아주 미세한 다름 혹은 차이까지도 포착해서 그것에 대한 올바른 가치부여(appreciation)를 하고자 하기 때문에 **가장 열려 있는** 민주적 휴머니스트이다. 그의 구조인류학은 모든 인류에 대해 열려 있는 민주적 이해를 목적으로 하기 때문에 진정한 휴머니스트 프로젝트이다.[50]

레비-스트로스의 그러한 민주적 휴머니즘은 궁극적으로 만물과 내가 실존적 의미에서 하나임을 인식하는 휴머니즘이다. 그에 의하면, 제4장에서 논의했듯이, 인류가 근친혼금지라는 문지방을 넘어선 이후 인간은 누구나 자연성, 문화성 둘 다를 동시에 가지고 있다. 즉, 모든 인류는 본질적으로 (신)유학의 인간관인 자연인간합일적 사람(anthropo-

---

49 여러 가지 개념의 휴머니즘을 간명하게 정리해 놓은 문헌: S. Blackburn, 1994, *The Oxford Dictionary of Philosophy*, Oxford University Press, p. 178.

50 M. Hénaff, 1998, *Claude Lévi-Strauss and the Making of STRUCTURAL AN-THROPOLOGY* (1991), M. Baker (trans.), University of Minnesota Press, p. 241.

cosmic man)이라는 것이다. 이에 장재(張載)는 우주에 있는 모든 것과 하나가 되는 것이 인(仁)이라고 했다. 레비-스트로스 역시 같은 맥락에서 모름지기 인류는 주어진 이 세상 전체를 존경해야 한다고 했다[51].

레비-스트로스에 의하면, 야생인은 이 세상 전체를 존경하기 때문에 그들 사회에는 자연성과 문화성이 통합되어 있어서 구조주의의 호혜성 원리가 두루 구현되어 그들의 세상은 조화롭게 질서 지어 있다. 그들의 모든 생활과 의례는 **자연과 공유된** 인간의 본성[자연도 'nature' 인간의 본성도 'nature']에 무심결에 부응하는 것이다. 이 무심결의 부응에 기반한 그들의 생활과 의례를 서구인이 표층적 현상 그대로를 보면 비합리적으로, 때로 미신적으로 보이기도 한다. 그러나 그것은 그들이 이 세상 전체를 존경해서 호혜성이라는 [용(function)으로서의] 구조 원리를 자신들도 모르게―즉, 그런 원리 따위는 의식에 없이―실천하는 삶이기 때문에 인간과 자연을 [노자의 표현]무위(無爲)로써 조화롭게 통합시키고 있다: 그들의 생활 속에서 인간과 동물과 식물이 생명공동체라는 아이디어를 발견할 수 있고, 이들 모두는 현실의 실존적 의미에서 하나이다[52].

놀랍다. 이것은 유학, 특히 (공·맹의 가르침과 사상을 형이상학적으로 체계화한) 신유학의 자연인간합일(the unity of man, Heaven and all things)사상 바로 그것이다. 레비-스트로스는 자신이 스스로 "유학은 바로 구조주의 자

---

51 C. Lévi-Strauss, 1978a. 앞의 책, p. 508.

52 C. Lévi-Strauss, 1985, *The View from Afar* (1983), J. Neugroschel and P. Hoss (trans.), New York: Basic Books, p. 14.

체라고도 볼 수 있다"[53]고 했다. 그는 『신화학』 제3권 『식사예법의 기원』 ─ 식사예법은 올바른 행위규칙의 한 대표적 예이다. 그 제목에는 '인간과 동물과 식물이 생명공동체'라는 아이디어에 기반한 올바른 행위규칙의 기원을 야생인의 신화에서 찾을 수 있다는 의미를 함의하고 있다 ─ 의 말미에서, 인류가 함양해야 할 참된 휴머니즘을 역점적으로 피력했는데 그 결론이다: "건전한 휴머니즘(sound humanism)은 [전체로서의] 세상을 [개별의] 생명보다 먼저 생각하고, 인간보다는 [모든 생명체의] 생명을 먼저 생각하며, 상대방에 대한 존경을 자신의 이기심보다 먼저 생각하는 것이다."[54]

요컨대 레비-스트로스에서 휴머니즘이란, 상기 서구의 특수주의적 휴머니즘과 반대로, 자연인간합일적 휴머니즘이며 이 휴머니즘이 만들어낸 문명이야말로 최고 수준의 인류문명이다.[55] 그는 이러한 자신의 문명관을 『신화학』 마지막 권인 『벌거벗은 인간』의 말미에서 ─ 즉, 10년에 걸친 대작 『신화학』을 마무리하면서 ─ 다시 역점적으로 제시했다. 그것을 요약하면, **호혜성에 기반한 나눔과 교환이** 인간 삶의 토대가 되어야 한다는 것; 그럴 수 있기 위해서는 인간을, 칭송(eulogize)할 것이 아니라, 모든 사물 중의 하나로 해체해서 자연으로 되돌려(restore) 인간성을 자연 속에 통합해야 한다는 것이다[56].

---

53   C. Lévi-Strauss, 1983b, 앞의 책, p. 278.

54   C. Lévi-Strauss, 1978a. 앞의 책, p. 508. (각괄호 필자)

55   M. Hénaff, 1998, 앞의 책, p. 243.

56   S. Clarke, 1981, 앞의 책, p. 220.

7. 이동하는 인류문화 중심: 다시 동양으로

레비-스트로스는 이러한 자신의 문명관과 관련해서 관용(tolerance)에 대해 새로운 차원의 의미를 부여한다. 그에 의하면, 문명은 앞서 논의했듯이 '다양성이 확보된 문화공존'으로 이루어진다. 따라서 문명에 있어서 보존되어야 할 것은 다양성 그 자체이지, 각 시대가 다양성에 옷을 입힌 외관적 형태가 아니다. 그러한 외관적 형태는 시대를 넘어 영속할 수 없다. 다양성을 보존하기 위해 인류는 새로운 생명의 작은 움직임(the stirrings of new life)에 귀 기울여야 하고, 표면화되지 않는 잠재성을 육성해야 하며, 미래의 세계역사가 보유할 수 있는 '협동을 위한 모든 자연스러운 성향'을 북돋우어야 한다. 관용이란 존재해왔던 것, 아직도 존재하고 있는 것에 대해 너그러움을 베풀며 그냥 관조하는 자세가 아니다. 그것은 존재하고자 하는 것(struggling into being)을 예견하고, 이해하며, 촉진하는 역동적 자세여야 한다.[57] 기어쯔(C. Geertz)의 부연에 의하면, 그럴 수 있기 위해 우리는 모름지기

> 내가 나를 인정하듯이 나와 다른 상대방도 상대방의 입장에서 인정
> [관용] 해야 하며 나아가 인간 역시 우주의 모든 사물 중에 하나라는
> 것을 인식[관용의 궁극] 해야 한다[윤리]. 그러기 위해 우리의 정신은
> 만물과의 동일성을 확대해 나가야 하고, 우주에 대해 열린 마음을 가
> 져야 하며, 모든 **다름에** 대한 깊고도 영속적인 관용으로써 나와 상대

---

57 Lévi-Strauss, 1952, 앞의 책, p. 49.

를 구별하는 데서 오는 오만한 폭력을 물리쳐야 한다[윤리].[58]

감동적이다. 레비-스트로스의 이러한 관용윤리(ethics of tolerance)에 내재된 사상은 상기 장재의 인(仁)사상—우주에 있는 모든 것과 하나가 되는 것이 인—바로 그것이다. 레비-스트로스는 자신의 관용윤리에 기반한 휴머니즘을, 서구의 오만한 특수주의적 휴머니즘과 달리, 겸허하고 중용적인 휴머니즘(humble and moderate humanism)이라고 했다.

레비-스트로스가 인류학자로서 함양한 중용사상은, 아리스토텔레스 이래 서양의 중용사상[59]과 차원이 다른, 유학의 중용사상과 흡사하다.

『중용』이 제시하는 중용의 중(中)은 천하의 근본이고 화(和)는 천하가 달성해야 할 도이다(中也者 天下之大本也 和也者 天下之達道也). 여기서 중은 천하의 근본이 되는 중심(centrality) 곧 [가운데가 아니라] 알맞음이다. 그러므로

---

58 C. Geertz, 1973, "The Cerebral Savage: On the Work of Lévi-Strauss," In C. Geertz (ed.), *The Interpretation of Culture: Selected Essays by C. Geertz*, New York: Basic Books Inc., p. 358. (굵은체, 각괄호 필자)

59 아리스토텔레스에 의하면, 중용(moderation)이란 양 극단의 중간(mean)이다. 용기라는 덕은 비겁과 만용의 중간이고, 후함이라는 덕은 인색과 낭비의 중간이며, 장엄이라는 덕은 모자람과 방탕의 중간이다 [만약 용기가 만용으로 나간다면 만용보다는 덜 나쁜 비겁을 택할 것, 후함이 낭비로 나간다면 낭비보다는 덜 나쁜 인색을 택할 것, 장엄이 방탕으로 된다면 방탕보다는 덜 나쁜 모자람을 택할 것을 그는 권했다]. (W. S. Sahakian, 1968, *Outline-History of Philosophy*, New York: Barnes & Noble Inc., pp. 74-75)
이처럼 서양에서 중용은 가운데를 잡는 것이다. 반면에 유학에서 중용은 시중(時中)적 알맞음을 잡는 것, 그러므로 결국 다 잡는 것이다(다 잡은 군자의 한 전형적 모습:『중용』14장 전반부).

중은 체(體)이고 화는 그것의 용(用)이다. 달리 말해, 알맞음[體]은 조화[用]의 미발未發이며 조화는 알맞음의 이발已發이다[體用一源].

그리고 용(庸)은 평상/평범(commonality)이다. 천하가 달성해야 할 도 곧 화(和)가 어떤 특별한 장소, 특별한 생활이 아니라 평범한 일상에 있다는 것이다. 이를테면, 멀리 가려면 가까운 데부터 가는 것이 도이다. 높은 데 오르려면 낮은 데부터 오르는 것이 도이다. 동일한 원리로, 가장 근본이 되는 도는 바로 효제(孝悌) 즉 가까이 있는 부모님과 형제부터 사랑하는 것이다. 제(齊)나라 왕이 재상을 시켜 맹자가 무엇이 다른지 엿보게 했다. 그 말을 듣자, 맹자는 '내가 다른 사람과 다를 것이 무엇이 있겠소. 요순(堯舜)도 보통사람과 같은데[평범]' 하면서 크게 웃었다.

중용의 도[中(알맞음)/和(조화)]를 성취한 군자의 마음이라고 해서 그 마음으로 살아가는 삶이 남과 특별하게 다를 것이 없다[평범]. 그는 인간 본연의 감정과 (이기적 욕심이 아닌) 자연스러운 욕망을 따라 기쁘면 웃고 화나면 성도 내며 평범한 일상을 살아간다. 하지만 그 삶의 토대는 알맞음(中)/조화(和)이기 때문에 그의 언행은 부지불식간에 남에게 감화를 주고 동시에 개인과 개인, 개인과 사회, 나아가 인간과 자연을 조화롭게 하나로 아우른다. 『중용』의 총장總章이라 할 수 있는 제1장의 끝 절은 중용철학을 한마디로 요약하고 있다: 중/화에 이르면 천지가 제자리를 편안히 하고 만물이 육성한다(致中和 天地位焉 萬物育焉).

요컨대, 레비-스트로스가 제시하는 '겸허하고 중용적인 휴머니즘'은 천지만물 범사凡事에 알맞은[中: 상기 天下之大本] 휴머니즘이며 이 휴머니즘이 이룩한 문명이 자연과 인간의 조화로운 합일을 달성한[和: 상기 天下之達道] '최고 수준의 인류문명'이다. 자연에 대한 균형과 외경畏敬의 마음을 가지고 **자연과 조화롭게 더불어 사는 삶이** 이룩한 문명, 바로 이 문

명이 최고의 인류문명이라는 것이다.[60]

그런데 구조주의의 핵심 독트린은 제4장 제2절에서 논의했듯이 '인간의 죽음'과 '기호의 세계'이다. 이와 관련해서 레비-스트로스는 휴머니스트가 아니라 오히려 인간을 비인간화하는 과학자(inhuman scientist)라는 비판을 받는다. 이 비판은 그의 구조주의가, 어떤 철학이 아니라, 어디까지나 과학적 인식론임을 간과한 소이이다. 인간과 세상을 구조주의인식론으로 보면 그렇다는 것이다. 그 비판에 대한 레비-스트로스의 응답이다.

> [인종, 피부색, 문화 등을 가리지 않고 오직] 인간을 사랑하여 [달리 말해, 상기 민주적 휴머니즘으로써] 일평생을 인간연구에 [즉, 진정한 휴머니스트 프로젝트에] 바친 나를 어떻게 反人間主義라고 부를 수 있겠습니까? 나로서는 오늘날 서양에서 사용되는, 지나치게 이상스럽고 지나치게 남용되는 의미로서의 인간주의를 반대하고 있는 것은 사실입니다. 西洋의 知性史에서, 특히 유대-기독교의 영향으로 사람을 하느님에 의해서 창조된 유일한 가치 있는 存在라는 사고가 있는데 이것을 나는 반대하는 것입니다. 그러한 사고방식은 人間 이외의 사물들과 存在들은 인간만을 위한 道具에 지나지 않다는 것인데, 이것이 바로 오늘날 서양의 몰락과 황폐를 가져오는 유대·기독교적[61] 전통이라고 생각합니다. 나는 [상기 관용윤리와 정반대로] 지나치게 인간중심주

---

60 C. Lévi-Strauss, 1983b, 앞의 책, 225-226쪽.

61 참고로 레비-스트로스는 유태계 프랑스인.

의적인 서양의 휴머니즘을 경계하며, 모든 대우주 가운데 하나의 존
재로서 人間을 보기 때문에 나의 휴머니즘은 매우 완곡하고 **중용적
인 휴머니즘이라** 말할 수 있겠습니다. 따라서 오만한 휴머니즘이 아
니라 매우 겸손한 휴머니즘입니다.[62]

『중용』은 천인합일이 인이라고 했다(仁, 天人合一也). (제7장, 제8장에서 논의
할) 신유학으로 말하면 우주에 있는 모든 것과 하나가 되는 것, 즉 자연
인간합일이 곧 인이라는 것이다. 자연인간합일적 문명을 지향하는 중
용적 휴머니스트 레비-스트로스가 볼 때 사회적인 것은 불평등과 착
취와 관련되어, 제5장 제2절에서 논의했듯이, 사회적 엔트로피를 증대
시킨다.[63] 저低엔트로피의 자연인간합일적 문명이 최고 수준의 문명인
레비-스트로스에게 "인간사회의 확고한 토대는 결코 [법, 제도, 격식적 에티
켓 따위의] 사회적인 것이 아니다. 그것은 보편적이고 영원한 덕심(virtuous
mind)"[64]이다. 이 덕심德心은 그의 스승 루소가 제시한 상기 인정(pitié) —
유학으로 말하면, 인간이면 누구나 천으로부터 타고 나는 측은지심(인
의 발단) — 이다. 그는 '이기심을 원동력과 의향意向으로 하는' 상기 특수
주의적 휴머니즘이 이룩한 고高엔트로피의 "서양 문명은 병들었다. 병
이 들어도 아주 깊이 들었다"[65]고 단언했다.

---

62   위의 책, p. 237. (각괄호, 각주번호, 굵은체 필자)

63   C. Lévi-Strauss, 1969, 앞의 책, pp. 40-41.

64   C. Geertz, 1973, 앞의 책, p. 357. (각괄호 필자)

65   C. Lévi-Strauss, 1983b, 앞의 책, 263쪽.

레비-스트로스에 의하면, 근대에 들어와 인류에게 두 개의 큰 문명사적 계기가 있었다. 하나는 미국이라는 신대륙을 발견한 것이다. 또 하나는 아시아인의 마음에서 자연성에 닿아 있는 순수한 인간성(virgin humanity)을 발견한 것이다.[66] 전자의 의미는 인류가 막대한 자연자원을 가진 거대한 대륙을 발견함으로써 획기적으로 새로운 국면의 물질문명이 세계적으로 전개되는 계기가 되었다는 것이다. 후자의 의미는 인류가 상기 인정이 살아 숨쉬는 동아시아의 자연인간합일적 인간성[67]을 발견함으로써 자신의 구조주의 문명관에 대한 확신이 공고해지는 계

---

66 Shin-Pyo Kang (ed.), 1983a, *Lévi-Strauss's Anthropology & Korean Studies* (Lévi-Strauss's Lectures in Korea, Oct/1981), The Academy of Korean Studies, pp. 184-185.

67 이와 관련된 한 귀중한 실화實話가 있다. 『대지(*The Good Earth*)』 3부작으로 노벨문학상을 받은 미국의 대문호 펄 벅(P. S. Buck, 1892~1973) 여사가 1960년 10월 한국을 처음 방문했을 때 한국인의 마음에서 '자연성에 닿아 있는 순수한 인간성'을 발견했다. 당시 조선일보 명칼럼니스트 이규태(李圭泰, 1933~2006)가 여사와 동행취재를 한 내용이다. 경주를 여행하는 차에서 바깥을 내다보던 여사가 시골집 마당의 감나무 끝에 달린 감 여남은 개를 보고 저 감들은 따기 힘들어 그냥 두는 것입니까? 물었다. 그가 저건 까치밥이라 해서 겨울새들을 위해 남겨둔 것이라고 설명하자 여사는 아아 그거예요. 그걸 안 것만으로도 나는 한국에 잘 왔다고 생각합니다라고 탄성을 냈다. 또 한번은 가을 들녘에서 온종일 밭일을 한 농부가 소와 함께 집으로 돌아가는데 소가 힘들까 봐 달구지를 타지 않고 지게에 볏단을 짊어진 농부가 소 곁에서 걸어가는 모습을 보고 우리 미국 같으면 볏단도, 지게도 달구지에 올려놓고 농부도 달구지에 타고갈 텐데 하면서 여사는 전율을 느끼듯 농부의 배려에 감동했다.
여사는 1963년 『살아있는 갈대(*The Living Reed*)』 첫머리에 한국은 고상한 사람들이 사는 보석 같은 나라라고 극찬했다. 그 작품은 출간되자 바로 뉴욕타임즈의 베스트셀러가 되었고, 『대지』이래 최고의 작품이라는 평가를 받았다. 여사는 당시 올해의 여성상을 수상하는 수상연설을 통해 『살아있는 갈대』는 자신의 가장 소중한 애장서라고 밝혔다. 여사는 생전에 무려 8번이나 한국을 방문하면서 한국인의 순수한 자연인간합일적 심성에 큰 애정을 품고 작고했다.

기가 되었다는 것이다.

인류 문명사에서 가장 설득력 있고 강력하게 태생 때부터 부패한 서구 휴머니즘의 본질을 파헤친 레비-스트로스.[68] 근대 서구문명이 저지른 '바이러스 속성'의 제국주의 원죄를 적나라하게 폭로하고 속죄한 레비-스트로스. 야생인의 사유는 서구문명에 의해 길들여지지 않은 것일 뿐, 본질적으로 지적이고, 합리적이고, 논리적임을 과학적으로 밝혀서 서구인의 뿌리 깊은 인종주의—인간을 피부색에 따라 동물처럼 우열의 품을 매기고 그 품에 따라 차별하는 것이 당연하다는 주장—는 서구열강의 제국주의가 주조한 터무니없는 '문화적 폭력'이라는 것을 만천하에 밝힌 레비-스트로스. [인(仁)의 발단인 측은지심]인정에 기반한 동아시아인의 순수한 인간성에서 구조주의 문명관에 대해 더욱 큰 확신을 가진 레비-스트로스. 유학사상보다 더 훌륭한 구조주의 사상의 예를 어디에서도 발견한 적이 없다고 토로한 레비-스트로스.[69] 그는 인류문화의 중심이 서양에서 동아시아 유교문명권으로 옮겨지고 있다고 했다.

> 人類文化 中心地라는 것은 여기저기 옮겨질 수 있다는 것입니다. 지난 세기에는 문화의 중심지가 서양으로 옮겨온 감이 있습니다만, 다음 세기에서는 아니 이미 어떤 점에서는 문화의 큰 무게 중심이 극동으로 옮아오는 것을 느낄 수가 있습니다. 극동인들은 어떤 점에서 토인비가 말한 바와 같이 서양사람들에게 중요한 도전적 측면을 가지

---

68 D. Pace, 1983, 앞의 책, pp. 16-17.

69 C. Lévi-Strauss, 1983b, 앞의 책, 13쪽.

고 있다고 보아집니다.[70]

70 위의 책, 228쪽.

제7장 레비-스트로스: 동양이 동양으로서 말한다

서양은 동양을 해석하는 행위를 거침없이 자행해

왔다. 이십세기 한국의 지성인의 지적 행위는 대체적으로 서양이 동양

을 해석하는 그러한 틀 속에서 이루어졌다. 동양이 왜 동양인지, 왜 동

양이 되어야만 하는지 아무도 대답을 할 수 없었다. 동양은 버려야 할

그 무엇으로서만 존재의미를 지녔다. 서양의 해석이 부재한 것이 아니

라 서양을 해석할 동양이 부재했다.[1]

1. 들어가면서

1) 동양이 왜 동양인지: 유학과 휴머니즘

"중국철학의 전 역사를 단 한마디로 특징지으면 휴머니즘이다. 이

휴머니즘은, [서양의 휴머니즘처럼 단순히 초인적 힘을 거부하거나 폄하하

는 것이 아니라, 천인합일(the unity of man and Heaven)을 믿는 것(profess)이

---

1   김용옥, 2000, 『절차탁마대기만성』, 통나무, 155-156쪽.

다."[2]

동양이 왜 동양인지. 이 논제는 그러므로 우리를 『중용』의 맨 첫 마디 천명지위성(天命之謂性)이라는 명제로 이끈다. 이 명제는 유학 최대의 형이상학적 전제로서 사람은 누구나 천(天)―생명과 도덕의 형이상학적 근원자―으로부터 부여된 본성을 자신의 본성으로 가지고 있다는 것이다.[3] 따라서 그 명제는 우리 모두가 본성적으로 천인합일(天人合一)적 인간임을 선포한 것이다.

이 선포와 동시에 공은 인간에게 넘어온다: "인간이 능히 도를 넓힌다. 도가 인간을 넓히는 것이 아니다"(『논어』15:28). 사람이 하늘과 땅과 더불어 삼재(三才)를 이루어 영위하는 천인합일적 삶은, 어떤 초인간적 존재에 의지해서 또는 무슨 현실초탈적 행위에 의해서가 아니라, 인간의 주체적 노력에 의해 달성된다는 것이다.

부연하면, 우리들 각자의 주체적 노력에 의해 주희가 『인설(仁說)』에서 설파했던 "천으로부터 부여된 사람 마음의 본성 즉 인"[4]이라는 전덕(全德)이 인·의·예·지(仁義禮智)라는 4가지 도덕적 품성 곧 사덕(四德)으로 실천되는 삶이 바로 천인합일적 삶이라는 것이다. 그리고 이 천인합일적 삶이 바로 상기 형이상학적 전제를 인간사회에 실제로 구현한 삶이라는 것이다. 이에 맹자는 우리 모두가 본성적으로 하늘의 시민 곧 천민(天民)

2   W. Chan (trans. & compile), 1963, "The Growth of Humanism," *A Source Book in Chinese Philosophy*, Princeton University Press, p. 3. (각괄호 필자)

3   W. Tu, 1979, *Humanity and Self-Cultivation: Essays in Confucian Thought*, Berkeley: Asian Humanities Press, p. 7.

4   W. Chan (trans. & compile), 1963, "The Great Synthesis in CHU HSI," 앞의 책, pp. 593-594.

이며 **동시에** 인간사회의 시민이라고 했다. 또한 후대의 장재(張載)는 그 유명한 서명(西銘)에서—장재가 초학자를 위한 길잡이로 쓴『정명(正名)』 제7장[그가 공부하고 강의하던 방의 서편 벽에 새겨져 있어서 서명(Western Inscription) 이라고 이름 붙였다]—참 유학인은 이승(this-worldliness)과 저승(other-worldliness)을 **동시에** 영위하고 죽음이 오면 편히 쉰다고 했다.

천인합일적 삶을 살았음에도, 다시 말해, 주체적 노력으로써 상기 사덕을 실천하는 삶을 살았음에도 또한 그러한 삶을 살기 위해 때로는 어려움과 손해를 감수했음에도 불구하고 '죽음이 오면 편히 쉰다'. 그럼 죽으면 그뿐이란 말인가? 그렇다, 그뿐이다. 살아서 이승과 저승을 동시에 영위했는데—대승불교로 말하면 이승과 저승이 따로 없는 생사즉열반(生死卽涅槃)의 삶을 영위했는데—죽는다고 해서 다시 저승이 따로 있을 리 없다는 것이다. 바로 이것이 (제8장에서 논의할) 공자의 인(仁)-도덕우주관(이하 도덕우주관)을 기반으로 하는 유학휴머니즘(Confucian humanism)의 진면목이다. 요컨대, 유학에서 휴머니즘은 천인합일적 휴머니즘(anthropo-cosmic humanism), 달리 말해, 인에 기반한 도덕휴머니즘(moral humanism)이다.

도덕우주관인 공자에 의하면, 세상은 순자(荀子)가 말하는[5] 또는 순

---

5 한비자의 법가를 잉태시킨 순자는 천이란 단순한 자연으로서의 하늘에 불과하다 고 주장했다. 그가 볼 때 결코 인간이 선한 것도 아니고, 천이 생명과 도덕의 형이 상학적 근원자도 아니다. 그는 앞서간 공맹에 반대해서 천은 현실에서 자연세계이 고, 천명은 객관적 자연법칙이라고 했다. 자연법칙으로서의 천명은 운동주기가 있 을 뿐, 선한 왕을 세우고 혹은 나쁜 왕을 폐하는 형이상의 어떤 절대존재 혹은 절대 원리가 아니라고 주장했다. 그는 백성을 이롭게 하기 위해 자연법칙으로서의 천명

자와 같은 맥락인 오늘날의 과학이 말하는 것처럼 그렇게 단순히 자연과학적 원리로만 되어 있는 것이 아니다. 세상은 근본적으로 그리고 본질적으로 인이라는 도덕의 원리로 되어 있다. 그러므로 사람이 가져야 할 최고의 목적, 사람이 추구해야 할 궁극의 가치는 도덕적으로 훌륭한 사람 즉 천명지성(天命之性)인 인을 실제로 구현하는 사람이 되는 것이다.

그런데 『논어』에 보면 공자가 굳게 믿는 생명과 도덕의 형이상학적 근원자 천은 사후의 징벌 또는 보상을 전혀 약속하지 않는다. 상기 사덕을 실천함으로써 인을 인간사회에 구현하는 도덕적으로 훌륭한 사람이 된다고 해서 어떤 보상이나 보장된 성공을 확신할 수 없다. 하지만 인이라는 도덕은 '천명으로서의 도덕'이라는 그 이유만으로 반드시 추구되어야 한다. 바로 이것이 공자의 가르침 속에 함의된 가장 근본적 메시지이다. 그 어떤 초인간적 존재나 힘, 그리고 이것에 의한 징벌이나 보상에 의존하지 않는 그야말로 백 퍼센트 주체적[6] 휴머니즘인 유학휴

을 이해하고 적용해야 한다고 했다.

천을 위대하다고 간주해서 칭송하는 대신에
왜 그것을 하나의 사물로 돌보고, 규율하지 않느냐?
천에 복종해서 노래 불러 칭송하는 대신에
왜 천명을 컨트롤해서, 사용하지 않느냐?
계절들을 바라만 보고 기다리는 대신에
왜 그것들에 대응해서, 활용하지 않느냐? (W. Chan, trans. & compile, 1963, "The HSN TSU," 위의 책, p. 122)

6   그래서, 신에 전적으로 의지하는 서양종교가 중국문명에 발붙이기 어려웠다. 이에 서양의 저명한 학자나 사상가는 거의 예외없이 유학을 폄하했다. 예컨대, 뒤이어 보게 될, 베버(M. Weber)는 중국이 유학 때문에 자본주의적 국가발전을 하지 못한

머니즘으로 인해 유가는 고대 중국의 그 어떤 학파와도 구별된다.[7]

공자 이후 묵가는 유가의 (제2절에서 논의할) 특수주의적 예(禮)를 반대하고 무차별적 사랑을 제시하는 겸애설(兼愛說)을 주장해 크게 세력을 얻는다. 상기 순자의 사상에 기반한 법가는 유가가 효율적인 법치주의를 반대하고 비효율적인 덕치주의니, 차별적인 예니 하면서 무익한 공론으로 세상을 어지럽힌다고 공격했다. 법가에 의해 강성해진 진(秦)이 중국을 통일함으로써 공자 이후 약 3백 년에 걸친 제가諸家들 간의 각축은 법가의 승리로 끝나게 된다. 법가는 묵가와 내부적으로 손잡고 진시황을 움직여 기원전 212년 유가를 절멸하고자 분서갱유(焚書坑儒)를 단행했다. 그러나 얼마 지나지 않아 기원전 138년 공자의 천사상과 유학휴머니즘에 기반한 유가가 중국인의 마음을 움직여 한(漢)의 국가이념이 됨으로써 제자백가 중에서 "최후의 영원한 승자"가 된다.[8]

유학휴머니즘에서 볼 때, 그 어떤 초인간적 존재나 힘에 의해 천당이나 극락에 가기 위해서, 또는 지옥이나 연옥에 가는 것이 두려워서 선행을 하고 나쁜 일을 삼간다면 그것은 진정한 휴머니즘의 주체적 삶일 수 없다.

칸트의 윤리체계는 (제3절에서 다룰) 신, 불멸의 영혼, 자유의지라는 3

다고 했다. 또 로즈만(G. Rozman)은 '유학이 온순해지지 않으면' 미국이 주도하는 글로벌 국제환경에서 살아남지 못할 것이라고 단언했다. 소가 웃을 일들이다.

7 D. C. Lau (trans.), 1983, *The Analects(Lun yü)*, Hong Kong: The Chinese University Press, pp. x–xi.

8 A. C. Graham, 1989, *Disputers of Tao: Philosophical Argument in Ancient China*, Illinois: Open Court, p. 31.

가지 실천가정으로 떠받쳐져 있다. 자유의지에 의한—즉, 백 퍼센트 주체적인—도덕의 실천은 불멸인 우리의 영혼이 궁극의 세계 곧 '천국'에서 영생한다는 것을 신이 보장한다는 것을 믿음으로써 가능하다는 것이다. 이러한 기독교신앙을 전제로 하는 철학적 윤리체계를 세운 칸트는, 세속의 도덕을 종교적 차원의 절대도덕 수준으로 끌어올림으로써 서양문명 최고의 도덕률을 세웠다고 서양철학사에서 드높이 받들어지고 있다.

그러나, 유학휴머니즘이 내면화된 참 유학인에서 볼 때, 서양문명 최고의 도덕률이 내면화된 서양인의 삶은 근본에 있어서 주체적 삶과 거리가 멀다. 당연히 참 유학인에게는 자신의 도덕적 행위에 대한 어떤 보답, 보장 따위의 생각이 없다. 그는 천으로부터 부여된 자신의 도덕적 본성 곧 인의 길을 온전히 주체적으로 살아간다. 이것이, 사람이 진정 사람답게 사는 것이다. 만약 개가 사람다운 삶을 살았다면 특별한 상찬賞讚을 받을 만하다. 하지만 사람이 사람다운 삶을 살았을 뿐인데 죽음 이후에 그 삶에 대해 무슨 상찬을 바란단 말인가.

이처럼 진정 백 퍼센트 주체적인 유학휴머니즘에서 공자는 전통적으로 내려오는 군자(君子)의 의미를 새롭게 제시한다. 원래 군자는 통치자의 아들이고, 그 신분은 세습된 것이다. 하지만 공자에서 군자는 도덕적으로 훌륭한 사람이나 통치자를 말한다. 그래서 때로는 성왕聖王(sage-emperor)이라는 의미가 내포된다. 군자라는 말이 『논어』에 107번이나 나온다. 이것은 공자가 자신의 도덕우주관에 따라 도덕주의 인간사회를 만들기 위해 어떤 초자연적 존재나 힘에 의존하는 것이 아니라 얼마나 사람 자체에 집중했는지, 즉 '도가 인간을 넓히는 것이 아니라 인간이 능히 도를 넓힌다'는 주체주의 휴머니즘이 그에게 얼마나 확고했는지를 말해준다.

　그뿐만 아니다. 유학휴머니즘이 내면화된 유학인의 삶은 서양문명 최고의 도덕률이 내면화된 서양인의 삶과 **차원이 다르다**. 참 유학인의 삶은 상기 그 '동시적' 삶이라는 전혀 새로운 삶의 의미(significance)가 구체적으로 구현된 삶이기 때문이다. 그 삶의 의미는 중용(中庸)의 용, 즉 형이하의 평범/일상의 삶 자체가 형이상의 인이 구현된 삶이라는 것이다. 대승의 선(禪)불교 역시 일상에서 '장작 패고, 물 긷는 데에 도가 있다'는 전혀 새로운 삶의 의미를 역점적으로 설하고 있다. 그러므로 (뒤편에서 취급할) 플라토니즘과, 플라토니즘과 결부된 기독교에서처럼 이 세상과 저세상을 이분법적으로 분리해서 후자를 잡기 위해 전자를 놓을 이유가 없다는 것이다. 이에 당시 유학자들은 전자를 위해 후자를 놓아야만 한다는 소승의 불교, 소승적 도교를 비판했다.

　상기 장재의 기(氣)론에 의하면, 태허(太虛)는 동정취산(動靜聚散) 이전의 기이다. 이 기가 응축되어 만물이 된다. 이 만물은 흐트러져서 다시 태허가 된다. 이러한 기 운동 사이클은 불가피하고도 자연스러운 것이다. 참 유학인은 이것을 깨달은 사람, 즉 생生이라고 해서 더 얻는 것도 없고 사死라고 해서 더 잃는 것도 없음을 깨달은 사람이다. 그래서 그 사이클을 벗어나려고 하지도 않으며 육신의 생명을 연장하려고 애쓰지도 않는다. 이러한 깨달음이 가져다주는 삶이 바로 인간사회의 구성원이면서 동시에 하늘의 천민으로서 살다가 죽음이 오면, 그의 서명(西銘)에서처럼, 편히 쉬는 삶이다.

　요컨대, 유학에서 휴머니즘은 천인합일적 휴머니즘이다. 천인합일적 휴머니즘이 산출한 문명은 당연히 서양종교에서처럼 신중심주의적

이 아니다. 근대 서구문명에서처럼 인간중심주의적도 아니다. 공자 이전 고대 중국문명에서 보는 그러한 천중심주의적도 아니다. 그것은 공자가 독창적으로 제시한 천인합일적(anthropo-cosmic) 문명이고, 신유학으로 말하면 자연인간합일(man and Nature forming one body)적 문명이다. 레비-스트로스가 제시하는 휴머니즘 역시, 제6장에서 논의한 것처럼, 만물과 내가 실존적 의미에서 하나임을 인식하는 휴머니즘이다. 레비-스트로스는 그러한 휴머니즘이 산출한 자연인간합일적 문명이야말로 최고의 인류문명이라고 했다.

2) 서양으로서 동양을 말하는 우리 지식인들

서양인에게는 플라토니즘 이래 뿌리 깊은 이분법적 인식과, 이에 기반한 철학, 종교, 세계관이 거의 절대적이다. 그래서 이른바 구조주의시대 이전까지 그들 눈에는 (제8장에서 논의할) 유학의 음양대대적[비이분법적], 불교의 불일불이(不-不二)적[비이분법적], 도가의 천균양행(天均兩行)적[비이분법적] 인식과 이에 기반한 세계관은 비논리적인 것, 심지어 미신적인 것, 그래서 반드시 개명되어야 하는 것, 기껏 좋게 말해 '신비한' 것이었다.

그러므로 그들의 이분법적 사고와 논리를 가지고 동아시아의 유·불·도 철학(이하 동양철학), 유·불·도 사상(이하 동양사상)에 접근한다는 것은 애초부터 어불성설이다. 유학에는 천(자연)과 인간이, 개인과 사회가, (뒤에서 논의할 '일일극기복례위인-日克己復禮爲仁'론처럼) 궁극적인 목적과 방법이, 나아가 세속의 도덕과 초월적 윤리가 이원일자적으로 통합되어 있다. 그래서 유학은 세속학문이면서도 종교적 함의가 있다. 불교 역시 현세와 내세, 나와 부처가 이원일자적으로 통합되는 교리체계임으로 종교가 아니기도 하다. 이것은 서양종교, 서양철학, 서양학문에서 보면 도무지 말이 되지 않는다. 이분법 패러다임의 이성적 언어와 논리만이 철학을 할 수 있는 방법이라고 믿는 영미철학자들은 하이데거와 니체를 동양의 언어관과 사상에 심취 동조했다는 죄목으로 아예 서양철학사 계보에서 추방하는 사태도 있었다[후일 프랑스의 메를로-퐁티(M. Merleau-Ponty) 등에 의해 복권된다][9].

서양학문에 젖은 연구자가 동양철학, 동양사상을 말하면 필경 이분법 패러다임의 논리가 되도록 짜집기를 하게 된다. 당연히 이에 수반되는 오류, 임의적 가정이나 추측 등이 불가피해지므로 담론이 난삽해진다. 이러한 연구물이 많이 있다. 논의가 여기까지 왔으므로 부득이 대표적 예를 하나 들지 않을 수 없다.

모 유명 대학의 모 동양철학 교수는 **유학을 현대적으로 해석한다면서** 푸코의 지식-권력이라는 구조, 일명 권력의 미시물리학을 원용해서 유학의 『소학(小學)』에 접근했다. 말할 것도 없이 푸코에서 마음은 실증과학인 심리학적 개념이다. 반면에 유학에서 마음은 형이상학적인 우주-인성론적 개념이다. 이 근본적 차이를 간과하는 그 글은 불가불 난삽한 짜집기를 하게 되어 '의심스럽고' '~라면' 등 회피성의 모호한 글귀를 동원함으로써 공자의 사상을 크게 왜곡하고 있다.

(1) [주희는 『인설(仁說)』에서 인의예지라는 본성이, 자연의 본성 즉 춘하추동과 일대일 대비인 원형이정(元亨利貞)과 일치한다고 했다.] **세상에 불효불충**

---

9   G. Parkes, 1990, "Introduction," In G. Parkes (ed.), *Heidegger and Asian Thought*, University of Hawaii Press, p. 5.

한 인간이 많은 현실을 보면 인간의 자연적 본성이 과연 인의예지인
지 매우 의심스럽고, (2) [때로는 몹시 변덕스럽고 횡포하기도 한] 자연세
계의 운행을 살펴보면 천지는 불인不仁이라는 노자의 말대로 인의예
지의 본성이 과연 원형이정의 천도와 일치하는지도 의심스럽다. (3)
또한 예가 사회성 내지 작위성에서 벗어날 수 없다는 점을 고려해보
면 소학이 과연 자연의 천도 혹은 마음의 본성을 회복하는 데 효과적
인 기초 훈련인지도 의심스럽다. (4) 더욱이 예가 몸의 본능적 욕망인
성색취미의 물욕을 규제하는 질서라면 욕망과 예 사이에는 괴리가
없을 수 없고, 예가 욕망과 괴리되어 있다면 (…). (숫자괄호, 각괄호 필
자)

어떤가? 과연 그는 유학을 현대적으로 해석하고 있는가? 첫 절 시작
부터 우리의 눈마저 의심하게 하는 엉터리이다.

그 글은 애초부터 방법론적 발상이 잘못된 것이다. 주희에 의하면[즉,
유학의 믿음에 의하면], 예는 누가 인위적으로 만든 것이 아니라 천리(혹은 자
연의 질서)가 인간사회에 문화적 질서로 나타난 것이다(禮者, 天理之節文 人事
之則也). 그러므로 예 교육은 천리지절문인 예를 익히고 실천해서 천으
로부터 타고난 인간의 도덕적 본성 곧 인을 세상에 구현하는 일이다.
이에 반해, 푸코에서 인간의 몸은 지식-권력이라는 구조에 의해 길들여
지는 유순한 몸(domesticated docile body)이다. 그러므로 푸코의 그 구조로
써 유학의 예에 접근하면 당연히 예 교육이란, 그 교수의 주장처럼, 동
양봉건주의 이데올로기에 부합하는 혹은 봉사하는 정형화된 인간성을
만드는 것이다. 이것은, 이를테면, 자신이 믿는 이슬람교의 교리로써
불교를 비판하는 것과 같다.

바다의 물고기와 하늘의 새를 두고 각각의 생물학적 특징을 비교적으로 담론하는 것은 가치 있는 일이 될 수 있다. 하지만 근본적인 생태 범주와 본성이 다른 그 둘을 놓고 어떤 가치적 비교담론을 한다면 도대체 무슨 의미가 있는가. 그의 그 테마는 동양의 법가나 서양의 법치주의와 더불어 담론될 수 있는 것이다.

그뿐만 아니다. 유학에서 예와 인은 (뒤에서 논의할 것인 바) 동전의 양면과 같은 이원일자적 관계이다. 그런데도 그는 '의심스럽고' '의심스럽고' 계속 말꼬리를 빼는 서술로써 동아시아의 문명적 토대, 유학의 근간인 예/인을 '물'로 만들어버렸다. 이것은, 한편으로, 유학인을 두고 유학의 근간이 그렇게 의심스러운데도 의심스러운 줄도 모르는[반면에 자신은 남다른 실력으로 유학의 예를 **현대적으로 해석해서** 의심스러워 하는데] 한심한 사람이라고 힐난하는 함의가 내포된 것이다.

⑴을 보자. [불효불충한 인간이 많은 현실이기 때문에 천리지절문이요 인사지칙인 예 교육을 한다는 것인데] 도대체 무슨 소리인가? 학술적 논의라고는 단 한 마디도 없이, 대폿집 넋두리 같은 소리로 수천 년 유학의 근본을 확 그어버린 것이다. [불효불충한 인간들이 많은 현실이기 때문에 사랑이신 하느님을 믿자는 것인데] 세상에 불효불충한 인간들이 많은 현실을 보면 과연 인간이 하느님의 모상대로 만들어져 그 본성이 사랑인지 매우 의심스럽고. 만약 그가 이렇게 썼더라면, 기독교인의 반응이 어떻겠는가?

⑵는 완전히 엉터리이다. 노자는 『도덕경』 제5장에서 "천지불인(天地不仁) 이만물위추구(以萬物爲芻狗) 성인불인(聖人不仁) 이백성위추구(以百姓爲芻狗)", 즉 천지는 인하지 않아서 만물을 추구처럼 다루고 성인은 인하지 않아서 백성을 추구처럼 다룬다고 했다.

유학에서, 또는 우리가 보통 생각하기에 하늘과 땅은 인자하며 성인도 인자하다. 그런데 노자는 하늘과 땅은 인자하지 않으며 성인도 인자하지 않다고 언명했다는 것이다. 노자의 그 언명에 비추어 볼 때, 인의예지라는 본성이 원형이정이라는 천도 곧 대자연의 원리와 일치하는지 의심스럽다는 것이다. 이것은 그 교수가 푸코 이론을 가지고 공자를 현대적으로 해석하기 위해 노자도 실언할 때가 있는 사람으로 만들어 버린 것이다. 왕필(王弼)의 해석은 다음과 같다.

> 천지는 스스로 그러함에 자신을 맡길 뿐이다. 그래서 함이 없고 조직함이 없다. 그래서 만물은 스스로 그러함으로써 질서를 유지한다. 그렇기 때문에 인자하지 않다고 한 것이다. 사람도 인자하게 되면 반드시 조작하고 편들어 세우고 베풀고 변화시키고 하는 따위의 일이 개입된다. 은혜를 베풀고 유위의 함이 있게 되면, 사물은 온전하게 존속될 수가 없다.[10]

요컨대, 무위자연 즉 유위 없이 스스로[自] 그러함[然]이 만물생성변환의 우주적 원리[道]이므로 우리 인간의 삶도 그 원리를 따라야 한다[道法自然]는 것이다. 이것은, 『도덕경』 제19장과 제38장 그리고 『장자』 천운(天運) 편 제2장에서 보듯이, 성심成心의 문화세계 — 요순(堯舜)으로부터의 도, 즉 역사적 현실이 반드시 진리와 선에 입각해야 한다는 생각과 그 생각이 만들어낸 문화 — 를 대체하는 노자의 역문화주의(counter-culturalism) 사상이다. "천지불인 성인불인" 이것은 노자가 자신의 역문화주

---

10   김용옥, 2000, 『노자와 21세기』 [1], 통나무, 243-244쪽.

의를 『도덕경』 전 편을 통해 가장 강력하게(impressive) 그리고 가장 단호하게, 가장 결정적으로 표현한 것이다. ⑵를 다시 한 번 찬찬히 읽어 보자. 그 엉터리에 노자, 공자가 땅을 치고 있는 모습이 보인다.

⑶은 지맹(知盲)[11] 수준이다. 장자는 욕심으로 인해 의식이 사물화되어 의식에서 도가 사라져버린 것을 지맹적 사태라고 했다. 그 교수의 욕심, 무엇이겠는가. 설상가상으로 그의 머릿속에 있는 예는, 상기 그의 글에서처럼, 서양의 예 곧 사회성 내지 작위성 내에 있는 절(節)과 의(儀)로서의 예뿐인 것이다. 유학의 예는 (뒤에서 구체적으로 논의할) 인을 구현하는 방법인 **동시에** 인이 구현된 사태—그러므로 예와 인은, 앞서 언급했듯이, 한 개 동전의 양면과 같은 관계—이다. 이처럼 서양의 예, 유학의 예는 질적으로 서로 다른 차원이다. 그럼에도 서양의 예 개념을 가지고 유학의 근간인 예(예/인)를 또다시 확 그어버렸다. 자신이 지맹임을 스스로 고백하고 있는 것이다.

⑷는 표층적 독해(surface reading)에 의한 근본적 오류이다. 공자가 말하는 예는, 상기 그의 글처럼 단순하게 몸의 본능적 욕망인 성색취미의 물욕을 규제하는 질서이어서 사회성 내지 작위성에서 벗어날 수 없는 그런 차원이 결코 아니다. 공자는 몸의 자연스러운 본능적 욕망을 긍정한다. 다만 이기적 욕심을 부정한다. 극기복례, 즉 이기적 욕심을 극복함으로써 천리지절문인 예를 회복해 인간사회에서 시중(時中)적으로 실천하면 그 실천이 바로 인이 구현되고 있는 사태인 것이다.

---

11 지맹: 장님은 아름다운 무늬를 보는 데에 참여할 수 없다. 귀머거리는 종과 북소리를 듣는 데에 참여할 수 없다. 어찌 몸에만 장님과 귀머거리가 있겠는가. 아는 것에도 또한 그러함이 있다. (『장자』 인간세人間世 편)

유학의 예 개념과, 그것에 함의된 의미는 이처럼 심오하다. 그런데 정작 '유명한' 학자들 중에 예에 대한 무지, 오해, 또는 왜곡성 비판이 많다. 이에 따라 일반인 역시, 수천 년에 걸쳐 온고지신적으로 발전해 온(elaboration) 유학을 단 한 달도 열심히 공부한 적 없으면서도, 유학의 예라고 하면 부정적으로 보는 경향이 농후하다. 그 근본적 이유가 있다. 우리의 초기 근대화시기에는 유학의 예를 봉건적이고 고루하다고 배척하는 기독교가 강력한 힘을 가지고 있었기 때문이다. 이후 서구문 명을 여과 없이 이식하는 근대화가 심화되자 우리 지식인들이, 본인의 의도와 무관하게, 서구의 지식과 사상에 젖어버렸기 때문이다. 이러한 현실을 본서는 양심상 그냥 지나칠 수 없다.

『논어』에 보면, 예는 때로 절(節)로서의 예(propriety), 때로 의(儀)로서의 예(rite, ceremony), 그리고 의로서의 예는 통상 음악과 함께 행해지므로 때로는 예악(禮樂)을 의미한다[이에 『예경(禮經)』과 『악경(樂經)』을 하나로 해서 『예악 경(禮樂經)』]. 나아가 학예, 교양, 문학 등을 두루 이르는 문文(culture, accom- plishment)을 의미하기도 한다. 요컨대, 절·의·악·문(節儀樂文)으로서의 예 인 것이다. 예가 없는 공손함은 수고로움이고, 예가 없는 신중함은 소 심함이고, 예가 없는 용감함은 난폭함이고, 예가 없는 정직함은 가혹 함이다(『논어』 8:2). 여기서 행간은, 예란 그 교수의 머리 속에 있는 그러 한 단순한 절과 의가 아니라 절의악문으로서의 예임을 말하고 있다. 절과 의만으로써 공손한 행위를 하면 결국 수고로움이 되고, 절과 의 만으로써 신중한 행위를 하면 결국 소심함이 되며, 절과 의만으로써 용 감한 행위를 하면 자칫 난폭함이 된다는 것이다[무릎을 치지 않을 수 없다].

여기 더해 공자는 사람으로서 인하지 않으면 예는 해서 무엇 하며, 사람으로서 인하지 않으면 악(樂)은 해서 무엇 하느냐고 했다(『논어』 3:3).

그러면서 예가 아니면 보지도, 듣지도, 말하지도, 움직이지도 말라고 했다[옳다구나 하고, 뒤이어 나오는 다른 모 교수처럼, 유학의 예가 구속적, 교조적, 형식적이라고 비판한다](『논어』12:1). 이것은 (인과 예는 한 개 동전의 양면과 같으므로) 인으로서의 예이어야만 예 행위가 진정 인의 현현이라는 것이다. 그러므로, 인으로서의 예가 아닌 예 따위는 아예 듣지도 말하지도 말라는 것이다. 서양인에서 보는 단순한 절(節)과 의(儀)로서의 예는 '인으로서의 예'가 아니기 때문에—그래서 그 교수의 글처럼 욕망과 예 사이에 괴리가 있어서—공손한 예 행위를 하고도 수고로워하고, 정직함이라는 것이 자칫 가혹함이 되기도 한다는 것이다. 이에 저들은, 예 따위에 신경 쓸 일 없도록, 이웃 간에도 되도록이면 상종을 피한다[그러나 상종했다 하면 절·의적 예가 철저해서 동양인들이 대번에 혹한다]. 그리고 가능하면 서로 멀리 떨어져서 한적하게 살고 싶어 하고, 사람 대신에 개나 고양이를 극진히 사랑한다. 이것을 그네들은 문명적 삶이라고 여긴다[이젠 우리도 그래서 그런지 심지어 대통령들도 기회만 되면 자신의 개·고양이 사랑을 자랑한다].

부연하면, 물론 예란 기본적으로 일정하게 꾸며서 나타내는 절(節)로서의 행위양식이다. 그래서 『시경(詩經)』은 예를 끊는 것 같고 다듬는 것 같으며 또한 쪼는 것 같고 가는 것 같다고 했다[또 옳다구나 하고 유학이 형식적, 교조적이라고 비판한다](『논어』1:15). 공자에서는, 여기에 자신의 온고지신적 깨달음을 더해, 절은 절이되 예악(禮樂) 혹은 문(文)이 조화롭게 녹아 들어있는 절이어야만 진정한 예로서의 절 곧 예절(禮節)이다. 그렇지 않으면 예가 문서를 다루는 사관(史)의 몸짓 같다는 것이다 (『논어』6:16). 또한 문이 조화롭게 녹아 들어있는 의라야만 전정한 예로서의 의 곧 예의(禮儀)이다: "예다 예다 하지만 어찌 [의(儀) 행사에 쓰이는] 옥이나 비단만을 말하는 것이겠는가. 악이라 하지만 어찌 [의(儀) 행사에 쓰이는] 종이나 북만을 말하는 것이겠는가"(『논어』 17:11, 각괄호 필자). 요컨대, 성인成人(all-rounded man) 곧 군자(君子)의 예를 말하고 있는 것이다.

이에 공자는 "무욕(無慾), 용기, 재주(藝)를 다 갖추어도 예악(禮樂)으로 꾸밈 없이는 [완성된 사람]성인(成人)이라고 할 수 없다"고 했다(『논어』 14:13, 각괄호 필자). 또 "예악이 흥하지 않으면 형벌이 맞지 않게 되고 백성이 손발을 둘 곳 없이 된다"고 했다(『논어』 13:3). 또 "시(詩)에서 일어나 예(禮)에서 서며 음악(樂)에서 완성한다[후일 주희는 이것을 학문하는 순서라고까지 했다]"고 했다(『논어』 8:8, 각괄호 필자). 공자는 특히 음악과 시(odes) 공부를 강조했다: "시를 공부해야만 감흥이 있고, 사물을 살펴볼 수 있고, 무리와 어울릴 수 있고, 원망을 할 수 있다. 또한, 가까이는 부모를 섬길 수 있고 멀리는 임금을 섬길 수 있다. 또한 새, 짐승, 풀, 나무의 이름을 알 수 있다[무릎을 치지 않을 수 없다]"(『논어』 17:9). 공자 역시 자신의 외동아들 백어(伯魚)가 성인(all-rounded man)으로 자라길 바랐을 것임은 말할 것도 없다. 그가 백어에게 교육하는 장면이 『논어』에 단 두 번 나온다. 한 번은 "시를 공부해라. 시를 공부하지 않으면 말을 제대로 할 수 없다(不學詩 無以言)"(『논어』 16:13). 또 한 번은 "사람이 주남(周南)과 소남(召南)[이라는 국풍(國風): 주로 남녀 간의 사랑을 노래하는 민요들)]을 공부하지 않으면 마치 담장을 마주하고 서 있는 것과 같이 된다[무릎을 치지 않을 수 없다]"(『논어』 17:10, 각괄호 필자).

유학은 전통적으로 그리고 기본적으로 시, 문장, 풍류(風流)[12]를 중시

---

12 장자 이후 3~4세기경에 이르러 장자의 절대자연주의와 유가의 성심(成心)문화주의가 통합된다. 이 통합운동이 소위 현학(玄學)운동, 즉 신도교운동인데 그 중심에

하는데 그 이면에는 일찍이 공자의 그러한 악(樂)과 문(文)이 조화롭게

—

왕필(王弼)과 곽상(郭象)이 있다. 왕필은『역경』과『도덕경』의 주해를 통해 중국사상을 명실상부한 철학의 수준으로 발전시킨다. 특히 그로 인해 도가의 성격이 형이상학적으로는 도교라고 할 수 있지만 사회적, 정치적 철학에서 보면 유학에 가깝게 된다.

곽상은,『장자』특히 천도(天道)·천운(天運) 편에 나오는 천(天) 곧 대자연에 주목해서 독화獨化(self-transformation)론을 제시한다. 노자에 의하면, 도란 스스로 그러함을 본받는 것(道法自然), 다시 말해, 스스로 그러한 것을 스스로 그러한 상태로 두는 것이다. 대자연이야말로 스스로 그러함으로써 모든 것을 조화로움 속에서 이룬다. 도라는 것은 이러한 대자연의 원리를 그대로 따르는 것이므로 도는 정말로 아무것도 아닌 것이다(Tao is really nothing). (Y. Fung, 1976, *A Short History of Chinese Philosophy*, D. Bodde, ed., New York: The Free Press, p. 221)

이에 독화론에 의하면 우주에 있는 모든 것은, 창조주가 만들어서 또는 리(理)에 의해서 또는 어떤 포지티브한 개념을 가진 도에 의해서가 아니라, 스스로 존재하기 위해서 총체로서의 우주를 필요로 한다. 그 어떤 것이라도 생성 또는 변환되어야 할 우주적 조건이나 상황이 되면 독자적으로 생성하고 변환한다. 그러므로 지금 세상에 있는 모든 것은 그 자체로 완전한 것이다. 따라서 모든 것을 지금 있는 그대로 있게 두면, 있는 그대로의 세상이 바로 질서 있고 평화로운 세상이라는 것이다.

그래서 독화론의 현학자들은 이전의 도가에서 말하는 자연스러운 것과 인위적인 것, 무위와 유위에 관해 새로운 해석을 제시하게 된다. 독화, 즉 모든 것은 끊임없이 독자적으로 스스로 변환한다. 물론 사회도 끊임없이 독자적으로 스스로 변환한다. 어떤 새로운 총체적 조건 혹은 상황이 되면 새로운 제도와 윤리가 생겨나게 마련이기 때문이다. 이를테면, 사회주의는 당시 총체적인 경제-사회적 조건의 산물이다. 마르크스-앵겔스가 그것을 만들고 싶다고 해서 그들에 의해 만들어진 것이 결코 아니다. 이에 후기 도가의 실천론은, 유학의 성심세계를 해체하고자 하는 노·장과 다르다. 그들은 사회의 제도나 윤리도덕을 반대하지 않는다. 사회적 정황의 총체적 변환으로 인해 새로운 제도나 윤리가 생겼을 때, 그것을 있는 그대로 긍정하면 무위이다. 반면에 시대에 맞지 않는 것 그래서 자연스럽지 못한 것을—즉, 스스로 그러함이라는 원리에 어긋나는 것을—만드는 것 또는 고집하는 것이 유위인 것이다.

개인 차원에서도 마찬가지이다. 각자가 자신이 타고난 있는 그대로의 능력을 개발해서 발휘하는 것이 무위이고, 그렇지 않으면 유위이다. 이런 까닭에 사람들이 현인(賢人)을 닮고자 하는 노력을 반대한다. 내가 아닌 것을 나인 것으로 닮고자 하는 노력은 유위이기 때문이다. 플라톤은 당시 우주총체적 조건에 의해 플라톤으로

녹아 들어있는 예 사상이 있기 때문이다.

그럼에도 불구하고 그 교수는, 법가를 잉태시킨 순자의 사상까지 원용해서, 상기 그의 글 (1), (2), (3), (4)에서처럼 천부당만부당하게 유학의 예를 왜곡하고 있다. 설상가상으로, 그러한 왜곡 위에 모호한 회피성 말꼬리를 계속 달면서 텍스트의미론적 글쓰기를 오용해 논리적 담론을 구성해 나간다. 당연히 이에 따라 글이 난삽해지면서 오류가 계속되고, 때로 증폭되고 있다. 그가 정말 몰라서 왜곡했다면 동양철학 교수일 수 없다. 욕심적 의도를 가지고 왜곡했다면 하늘에 용서를 빌어야 한다.

그뿐만 아니다. 한 유수한 대학의 또 다른 모 동양철학 교수가 내심 유학의 예를 겨냥해서 쓴 글이 이러하다.

> 중국 고대사회에서 유가(儒家)는 정치제도, 사회규범 등의 외적인 틀을 규정했을 뿐만 아니라 사고방식, 가치판단 등의 내적인 마음까지 통제했다. 그 자유롭지 못한 구속을 깨 준 것이 노장사상(老莊思想)이다. 즉 교조적(敎條的)이고 형식적(形式的)인 유가의 한계와 폐단을 타파하여 현상과 사물을 새롭게 보는 눈을 뜨게 해준 것이 『장자』이다.

태어났다. 장자나 곽상이나 당신이 태어난 것도 역시 마찬가지이다. 그러므로 당신이 플라톤이나 장자처럼 되고자 하는 노력은 소용이 없을 뿐만 아니라 오히려 해로울 수 있다. 누구를 막론하고 삶을 살아가는 최선의 방식은 스스로 그러함 대로 사는 삶, 즉 무위의 삶이어야 하기 때문이다. 그들은 이처럼 '저절로'라는 대자연의 원리에 맡기는 삶을 풍류(風流)적 삶이라고 해서 이상적 삶으로 추구했다. 풍류는 신유학에서도 공유된다.

유학에 관한 이런 유의 비판은 우리들 귀에 매우 익숙하다. 이 글은 그의 모 번역서 머리말에 실려 있다. 머리말만으로는 성이 차지 않았던지, 이 글을 그 번역서의 뒤 표지 글에도 넣었다. 왜 그렇게까지 했을까?

그 글이 머리글 중에서도 백미白眉라고 생각해서일까? 아니면, 그렇게 두드러지도록 유학을 '까야만' 장자라는 인물이 상대적으로 더욱 돋보이게 되고 그래서 그 책이 더욱 많이 팔릴 것이라는 생각에서일까? 이유가 전자라면(공자사상을 진정 그렇게 이해하고 있다면) 그는 학문적으로 유학을 말할 자격이 없는 교수이다. 이유가 후자라면 그는 공자를 '밥'으로 삼았다. 그는 『공자가 죽어야 나라가 산다』라는 천벌 받을 제목을 붙여서 돈을 번 어느 교수와 같은 부류일 것이다.

선과 악을 예로 들어 좀 깊이 생각해보자. 공자에서 선과 악은 실체론적 개념이 아니라 관계론적 개념이다. 선 혹은 악의 의미는, 레비-스트로스에서처럼, 당시 주어진 상황(레비-스트로스로 말하면 어떤 주어진 체계) 내에서 그 상황(또는 그 체계)을 구성하고 있는 다른 모든 요소와의 관련에 의해서 잠정적으로 생성된다. 이렇게 잠정적으로 생성된 선의 대개념은 악이 아니라 불선(不善)일 뿐이다. 이에 도올은 중국 문화사에서 '성악설'이라는 것은 없다고 단언한다. 뚜웨이밍에 의하면 전통적으로 중국인의 유학적 심성에 서구인의 이분법적인 사고—정신과 물질, 마음과 육체, 선과 악, 신성한 것과 세속적인 것, 창조주와 피조물, 신과 인간, 주체와 객체 등등—는 정면으로 대치된다[13]. 『중용』에서 말하는

---

13 W. Tu, 1997, "Chinese Philosophy: a synoptic view", In E. Deutsch and R. Bontekoe (eds), *A Companion to World Philosophies*, Oxford: Blackwell Publishers, p.

군자의 모습은 이러하다.

> 군자는 자신이 처한 위치에 알맞게 행할 뿐, 결코 그 알맞음을 벗어
> 나지 않는다. 만약 그가 고귀한 자리에 있으면 그 부유하고 명예스러
> 운 위치에 맞게 행한다. 만약 그가 비천한 자리에 있으면 그 가난하
> 고 비천한 위치에 맞게 행한다. 만약 그가 야만족들 가운데 있으면
> 그 처지에 맞게 행한다. 어렵고 위험한 처지에 있으면, 그 처지에 맞
> 게 행한다. 그래서 그는 언제 어디서나 항상 스스로가 편안하다. (『중
> 용』14:1-2)

공자 자신부터, 말하자면, 상당히 포스트모던한 사람(character)이다.
그는 개인의 행위가 사회문화적 맥락에서 상호인간관계 기준에 맞으
면 인이고, 맞지 않으면 인이 아니다. 또 맞지 않는다고 해서 크게 다룰
일도 아니다. 언젠가 맞으면 좋고, 끝내 안 맞으면 [지옥 간다, 천벌 받는다
가 아니라] 애석한 일일 뿐이다. 다음은 고정된 어떤 절대기준에서 옳고
그름을 이분법적으로 가르지 않는 그의 한 면모이다.

> 재야가 묻는다: '삼년상은 만 일 년이면 충분할 것 같습니다.' (…) 공
> 자가 답한다: '[일 년만 지나면] 즐겁게 쌀밥을 먹고, 비단옷을 입을 수
> 있겠느냐?'. 재야: '예, 그렇습니다'. [당시 중국 전통에서 삼년상을 일년상
> 으로 한다는 것은 상상도 못할 일이다. 그런데] 공자: '그럴 수 있겠거든 그
> 렇게 해라. 군자가 상중에는 좋은 음식을 먹어도 맛을 못 느끼고, 음

22.

악을 들어도 즐겁지 않고 또 집에 머물러도 편안하지 않다. [전통을 변함없이 지키기 위해서가 아니라 바로] 그 때문에 군자는 상중에 쌀밥을 먹지 않고, 좋은 옷을 입지도 않는다. 너가 편안하다면 그렇게 해라'. (『논어』 17:21. 각괄호 필자)

이러한 공자는 옳고 그름 대신에 좋고 싫음이라는 감정을 존중한다. 그리고 좋고 싫음이라는 감정은 시간의 흐름 속에서 배움이 진행됨에 따라 자연스럽게 바뀐다고 본다. 그러므로 그에게 논쟁이라는 것은 별 의미가 없다.[14] 이런 까닭에 인 구현에 있어『중용』이 제시하는 핵심적 실천원리가 시중(時中) 즉 때에 알맞음이다. 군자는 때에 맞으면 나아가 행하고, 때에 맞지 않으면 나아가지 않는다. 인위적인 어떤 절대 원칙에 입각해서, 세상없어도 나아가 행해야만 한다든가 혹은 물러나야만 한다든가 하는 이분법적 가름이 없다.[15] 요컨대 "자절사(子絶四): 무의(毋意) 무필(毋必) 무고(毋固) 무아(毋我)" 즉 공자에게는 임의적인 억측, 독단, 완고함, 자아 집착이 절대 없었다(『논어』 9:4).

'절사'의 공자는 제자들에게 군자는 세상을 살아감에 있어서 꼭 해야 하는 것도 없고, 꼭 하지 말아야 하는 것도 없다. 오직 의(義)에 비추어 할 따름이라고 가르친다(『논어』 4:10). 그런데 어느 날 공자는 바로 그 의를 위해 수양산에 들어가 굶어 죽은 백이와 숙제 등 성현들을 열거하고는 "나는 그러나 이러한 사람들과는 다르다. 나는 꼭 해야 하는 것도 없고, 꼭 하지 말아야 하는 것도 없다"고 한다(『논어』 18:8). 제자들의 얼

---

14 이에 관해 다음을 참조. 『논어』 8:10, 12:23, 11:13, 4:26.
15 이에 관해 다음을 참조. 『논어』 8:13, 7:12, 15:8.

굴에 의아스러운 표정이 역력했던 모양이다. 공자는 너희는 내가 무엇을 숨기고 있다고 생각하느냐? 나는 숨기는 것이 아무것도 없다. 내가 너희들 모르게 하는 것이라고는 없으니, 이것이 바로 나라고 했다(『논어』7:24). 절사의 공자는 "온화하면서도 점잖으셨고, 위엄이 있으면서도 심하지 않으셨고, 공손하면서도 항상 편안하셨다"(『논어』7:38). 그에게 있어 최고로 좋은 것은 즐기는 것이었다: "아는 것은 좋아하는 것만 못하고 좋아하는 것은 즐기는 것만 못하다"(『논어』6:18).

자! 과연 유가가, 그 모 교수의 주장처럼, 그렇게도 구속적이고 형식적이며 교조적이란 말인가. 유가가 진정 그러해서 "중국 문화사상 유가의 폐단"이란 말인가? 전문 유학도는 그런 줄도 모르고 평생을 유학 공부에 매진하는 한심한 사람들이란 말인가?

그의 그 번역서는 필자가 많이 참고하는 책이다. 그래서 더욱 유감스럽다는 것이다. 그는 평생토록 동양사상을 연구하는 저명 학자인지라 언젠가는 지하에서 공자를 만나게 될 것이다. 지금이라도 그는 그 머리말, 뒤표지 글을 다시 고쳐 써야 한다. 양적인 유가의 성심成心문화주의와 음적인 도가의 그 역문화주의가 **음/양적 조화를 이루어**[16] 문명적으로 기독교 기

---

16 이에 관한 도올의 연구에 의하면, 『논어』 속에 『도덕경』과 사상적 맥락을 같이하는 언급이 무수하다. 또한 양자 간에, 문자적 동일성은 아니더라도, 사상적 동일성이 현저하다. 이것은 동시대 사유패러다임의 동시적 표현이다(김용옥, 1998, 『老子哲學 이것이다』[上], 통나무, 149-150쪽). 신도교(현학)와 신유학 역시, 앞서 왕필과 곽상의 학문에서 보듯이, 서로 크게 다르지 않다고 볼 수도 있다. 또한 신유학은 중국식 불교라고 할 수 있는 선禪불교를 이론적으로 발전 혹은 정련시킨 측면이 있다. 이에 동아시아의 사상을, 한마디로, 유불도(儒佛道)사상이라고도 한다. 한학에 조예가 깊고 중국어에 능통한 철학수필가 최현득은 유교의 대표적 유적이 많은 중

반인 미국, 캐나다, 유럽국가들; 힌두교 기반인 인도; 회교 기반인 중동 국가들과 아프리카 중·북부 국가들; 불교 기반인 태국, 미얀마, 부탄, 스리랑카 등의 역사와 오늘과 구별되는 **동아시아의 중국, 한국, 대만, 일본의 역사와 오늘을 이룩한 것이다.**

레비-스트로스는 어떤 점에서 이미 문화의 큰 무게 중심이, 토인비가 예견한 것처럼, 서양에서 동아시아로 옮아오는 것을 느낄 수 있다고 했다.[17]

유학을 글쓰기 작업을 통해 현대적으로 해석한다 함은 독자들이 그 글을 읽고 유학을 오늘에 온고지신(溫故知新)적으로 이해하도록 하는 작업에 다름 아니다. 당연히 그러한 작업에 의해 이해된 공자의 모습은 예나제나 근본에 있어서 변치 않는 모습, 아니 오늘에 그 근본이 더욱 뚜렷해지는 모습이어야 한다.

그럼에도, 현대적 해석 류의 공자 연구물을 읽고 나면 많은 경우 오히려 공자의 모습이 흔들리는 물결에 비치는 그림자처럼 희미해지고 혼란스럽다. 이에 대한 보답으로 연구자는 실력 있다는 평가를 얻는다. 결국 공자는 그들의 '밥'이 되었고 대중과는 멀어지고 있다. 작금의 한 주목받는 연구풍토는, 현대적 해석이라는 솔깃한 미명하에, 유학의 어떤 부분적(파편적) 명제를 이분법 패러다임인 서양학문 하는 식으로

국의 호남성, 하남성, 산서성 등을 장기간 수학여행해 몸소 경험한 바를 기록한 글에서 중국에는 우리와 달리 유불도의 경계가 명확하지 않다는 것을 느꼈다고 했다. (이후문학회, 2021, 『以後文學』, 도서출판 그루, 213쪽)

17 C. Lévi-Strauss, 1983b, 『레비-스트로스의 人類學과 韓國學』, 강신표(대표 역·편), 韓國精神文化研究院, 228쪽.

어떻게 잘 접근했는가 또는 서양의 어떤 철학과 결부시켜서 어떻게 비판적으로 해석하고 있는가—직설적으로 말해, 지금까지 아무도 건드리지 못한 것을 서양철학의 어떤 아이디어로써 어떻게 잘 '깠는가'—하는 것을 높게 평가하고 있다. 그들은 유학이, 본질적 성격상, 기독교나 불교와 같은 그러한 강력한 교단을 만들지 않는다고 해서, 또 우리 한국 학계에서는 출간된 저서에 대해 서로 공개적인 비판을 하지 않는 것이 묵계처럼 되어 있다고 해서 **마음 놓고** 공자를 자신의 '밥'으로 삼고 있다.

2. 서양은 동양을 이렇게 말했다[18]

1) 니체·푸코·사이드의 손바닥 위에서

서구인의 한 본질적 속성은 사고의 극단성이다. 사고가 극단으로 가고야 마는 그들은 인간과 신을 번갈아 가며 죽이고, 살리고 했다. 문

---

18 이 편은 필자가 M. Goldsmith 명예교수(The University of Waikato)와 공동으로 쓴 "A Dialectical Paradox of Civilization: Toward mutual understanding of & tolerance for *difference*"라는 제목의 대형 논문 약 70%(프린스턴대 석좌교수 G. Rozman의 유학비판에 대한 비판의 경우는 약 90%)를 번역해서 본서 내용에 맞게 첨삭 게재한 것이다. 논문은 2005년 2월 북경대학에서(원래는 2004년 평양에서) 열린 The 2nd World Congress of Korean Studies(한국정신문화연구원, 북한사회과학원 공동 주최)에서 발표될 예정이었다. 필자의 사정으로 인해 북경에 갈 수 없어서 발표되지 못했다. 2002년부터 2년마다 열리고 있는 세계적 학술대회에서 인증한 논문이므로 자가표절이 되지 않기 위해 이상을 미리 밝힌다.

명적으로 극단에서 극단으로 계속 헤매고 있다는 것이다.

고대 그리스문명에서는, 그리스신화에서 보는 것처럼, 인간과 다양한 신들이 같이 살았다. 고대 로마인의 마음에도 많은 신이 살고 있었다. 시오노 나나미의 『로마인 이야기』에 의하면, 그들과 함께 하는 신의 수가 무려 30만을 헤아릴 때도 있었다.[19] 4세기에 들어와 콘스탄티누스 1세가 헤브라이즘문명의 야훼 신을 수용함으로써 로마문명에서 유일신이 자리 잡기 시작했고, 중세에 이르러서는 철두철미 신본주의 문명이 되어 인간을 아주 죽여 버렸다. 신이 만수무강하기 위해, 브루노(G. Bruno)를 화형해서 태양으로 하여금 지구를 돌게 했다. 플라톤적 이성주의와 아리스토텔레스적 자연주의의 모범인 갈릴레오도 끝내 죽여버렸다. 극단이다.

이런 와중에 갈릴레오의 과학과 철학을 이어받은 데카르트에서 코기토(cogito) ─ Cogito, ergo sum(나는 사유한다, 고로 존재한다)[20] ─ 로서의 인간(즉, 생각과 말의 주체인 이성적 인간)과 신이 공존한다. 뒤이어 스피노자가 갈릴레오에서 발아되었던 자연신관인 이신론理神論(deism) ─ 신은 세상을, 말하자면, 턴키(turn-key) 베이스로 완전하게 창조해서 더 이상 인간을 포함해 세상에 관여하지 않는다는 이성주의 종교관 ─ 을 완성함으로써 무신론으로 가는 길목에 서게 된다. 이후 코기토적 이성과 그 철

---

19 원래 우리 한국인의 마음에도 다양한 신이 살고 있었다. 출산이나 갓난아기를 돌보아주는 삼신할머니, 부엌에는 조왕신 혹은 부뚜막신, 문에는 집을 지키는 문신, 장독대에는 터주신, 심지어 변소에도 측간신이 있었다. 당시 우리의 생각과 일상생활은, 사람에 따라 차이는 있지만, 그런 신들과 상당히 밀접한 관계를 가지고 있었다.

20 cogito는 생각하다는 의미인 라틴어 cogitare의 일인칭 동사, 그러므로 '나는 사유한다'라는 뜻.

학이 본격적으로 신을 대신하기 시작했다.

19세기에 이르자, 니체가 볼 때 물질과 과학으로 오만해진 인간이 이번에는 신을 죽여버렸다. 유럽인의 정신에는 이미 신에 대한 의식이 사라졌다는 것이다. 그래서 개인 간의 관계, 가족 간의 유대, 이웃이나 지역공동체의 결속 등이 모두 상업적 이기심에 물들어 유럽문명의 타락이 심각했다는 것이다. 모든 가치와 의미의 절대적 기준이던 신이 죽은 그 자리에 이미 니힐리즘이 들어와 있음을 니체는 직시했다. 그가 볼 때, 니힐리즘의 원천은 합리주의로 인한 타산(calculation)이 심화되어 인간이 원래 타고나는 무심결의 자연스러움(unreflective spontaneity)이 파괴되었기 때문이다. 그의 철학은 신이 죽어버린 공백의 자리를 메워 유럽사회를 구하기 위해 시작된다. 이미 신은 죽었으니 더 이상 뒤를 돌아볼 필요가 없다는 것이다. 아니 [자신이 제시하는 초인의 철학적 가치를 부각시키기 위해]그 따위 신은 오히려 잘 죽었다는 쪽으로 철학을 세웠다. 역시 극단이다.

20세기 중엽에 들어서자, 세기의 철학자로 불리는 사르트르가 신을 완전히 매장해버렸다. 그리고는 유아독존적 인간을 만들어냈다. 역시 극단이다. 이제 인간 홀로 남게 된 것이다. '실존적 불안'이 엄습해 온다. 과연 니체는 위대한 예지자인가. 모든 의미, 모든 가치의 절대적 원천인 신이 죽어버린 그래서 지푸라기 하나 잡을 데 없이 홀로 백척간두에서 진일보해야 하는 인간을 위해 그는 미리 초인超人(Übermensch)을 제시했다. 또한, 좀 알아듣기 쉽게, 타산이나 '통박' 따위를 코웃음치는 디오니소스적 인간상을 말해 두었다. 그러나 자아중심주의, 물질주의, 소유욕으로 이미 찌들어버린 서구인에게 초인이란 오직 책 속의 철학적 픽션일 뿐이었다. 디오니소스는 오히려 그들을 이른바 포스트모던 위기로 몰아가는 데 일조하는 신화에 불과했다.

　20세기 후반에 들어서자 이번에는 소쉬르-레비-스트로스가 '인간의 죽음'을 선포했다. 결코 인간이 코기토, 즉 생각과 말의 주인(인식의 주체)일 수 없다는 것이다. 구조주의를 더욱 밀고 나간 (후기)구조주의 이론가들 역시 언어(말), 문학작품, 역사, 다양한 문화적 현상을 분석해서 코기토로서의 인간을 거듭 장사 지냈다. 그리고는 (제3절에서 논의할) 플라톤 이래 서구의 형이상학인 이성주의(logocentrism)를, 부정 또는 비판이 아니라, 해체해버렸다. 극단의 극단이다.

　해체주의(deconstructionism)에서는 해체가 전부이다. 해체 후에 무엇을 제시한다면, 오직 한 가지가 있을 뿐이다. 인간은 누구나 정신적으로 (psychically) ISR(the Imaginary, the Symbolic, the Real)에 의한 구조적 존재임을 실증한 라캉(J. Lacan)에 의하면, 그것은 문화적 거세(cultural castration)를 통해 서구문명의 판 자체를 새로 까는 것이다.

　과연 가능한가? 무엇을 가지고, 어떻게 서구문명의 판을 새로 깐다는 말인가? 참으로 아득하다. 다니엘 벨(D. Bell)에 의하면, 서구의 자본주의문화, 민주주의문화, 과학주의문화는 서구합리주의의 3대 꽃이다. 유기적으로 연대된 이 3대 문화세력의 선택은 이렇다. 겉보기에는 아직 서구의 합리주의문명이 '비까번쩍'하다. 그러니 골치 아픈 문명비평 따위는 한 귀로 흘려버리고, 모두가 비까번쩍한 데에 정신이 쏠리도록 선전(propaganda)하면서 가는 데까지 가 본다는 것이다. 자본주의 국가에서 자본이 무너지면 국가가 무너진다. 국가권력은 우선적으로 자본과 자본세력을 키워나가지 않을 수 없다. 또한 그 키워나감이 가져온 결실, 포괄적으로 말해, 국가발전을 [선거민주주의인지라] 선전하지 않을 수 없다. 미국의 오바마도, 트럼프도 정도의 차이는 있지만 그런 식으로 가는 데까지 기를 쓰고 갔다. 지금 바이든도, 이 다음도, 그 누구도 마찬가지일 수밖에 없다.

그 결과, 오늘날 미국을 비롯한 서구합리주의 국가들의 문명적 이면은 주지하다시피 대책 없이 암울해지고 있다. 불특정 다수를 향한, 날로 증대하는 '묻지마' 총격과 테러가 그것을 대변하고 있다. 하지만 판에 박힌 뻔한 언사, 가다듬은 엄숙한 표정만 되풀이될 뿐이다. 어느 누구도 그것에 대해 근본적이고 확실한 그래서 일관성 있는 대책을 제시할 수가 없다. 그런데도, 아니 그렇기 때문에 모두들 반성할 것이 없는 것처럼 아주 의연하게 나온다. 바로 니힐리즘인 것이다. 이미 니체가 120년 전에 예언했던 '반성하기를 두려워하는 니힐리즘'이 오늘날 서구사회에 만연하고 있다[21].

인간과 신을 번갈아 가며 죽였다, 살렸다 하는 극단적 속성의 서양인은 공자에 대한 평가에 있어서도 예외가 아니다. 공자 역시 그들의 손에 의해 죽었다, 살았다 하는 식으로 극단에서 극단으로 평가되어왔다.

한때 공자가 유럽에서 아주 큰 대접을 받은 때가 있었다. 중국의 문물과 더불어 유학을 서양세계에 처음으로 소개한 사람은 예수회 신부인 마테오 리치(1552~1610)이다. 그는 공자의 이름인 K'ung Fu-Tzu(孔夫子)를 라틴어로 Confutius라고 명명했다. 그리고는 스스로 유학자의 옷을 입고(처음에는 당시 명 왕조에서 불교가 지배적인 줄 알고 승복을 입었다) 『천주실의』를 지어 기독교의 신은 유학의 천(天)과 별로 다른 것이 없다는 식으

21 D. Bell, 1976, *The Cultural Contradictions of Capitalism*, London: Heinemann, pp. 3-4.

로 해서 포교했다. 이후 인토르세타(1625~1696) 신부가 그 명명을 지금의 Confucius라고 바꾸었다. 그리고 사서(四書: 논어, 중용, 대학, 맹자)[22]의 라틴어 번역을 시작했다. 그 작업이 쿠폐 신부, 노엘 신부 등에 의해 계속되어 1711년까지 유럽에서 사서가 라틴어와 불어로 모두 번역되었다.

18세기 중엽 계몽주의시대에는 신이 이성에 의해 대체되고, 종교가 철학에 의해 대체되는 시대였다. 계몽주의 리더들은 자연, 이성, 진보라는 이름으로 교회, 왕, 귀족계급을 타파하고자 했다. 그들은 번역된 사서 속에서 공자를 발견했다. 시험을 통해 관료가 된 지식인이 정치를 이끌고, 법이 신분과 관계없이 모두에게 적용되는 중국의 유교문명은 당시 그들로서는 상상도 못한 선진문물이었다.[23] 그들은 유학을, 기적과 비교祕敎주의에 의존하는 계시종교인 기독교와 반대인, 이상적인 자연주의종교로 보았다. 특히 볼테르는 유학에서 제시하는 군자(君子)야말로 계몽주의적 리더라고 찬양하면서 공자의 초상화를 자기 서재에 걸어 두고 경외해 마지않았다. 범신汎神론적—유학의 이(理), 불교의 불

---

22 더 정확히 말하면, 사자서(四子書, 네 선생님의 책): 공자의 『논어(論語)』, (자사의 제자)맹자의 『맹자(孟子)』, (공자의 손자)자사의 『중용(中庸)』, (공자의 46세 연하 제자이며 자사의 스승)증자의 『효경(孝經)』과 『대학(大學)』. 『대학』은 13경(十三經)의 하나인 『예경(禮經)』 49편 중에 42번째로, 『중용』은 31번째로 들어있었다. 후일 주희가 『대학』과 『중용』을 장구(章句) 편집해서 『논어』, 『맹자』와 함께 사자서라고 명명했다.

23 이에 관해 베네치아인 마르코 폴로(Marco Polo, 1254~1324)가 쓴 『동방견문록(*Description of the World* [Divisament dou Monde, 1299?])』은 당대 유럽에서 베스트셀러였다. 거기 쓰여 있는 중국 원(쿠빌라이 시대)의 문물과 풍요는 당시 유럽인에게 너무나 놀라운 수준이어서 대부분의 독자는 그 내용이 사실을 담은 것이라고 생각하지 못했다. 이에 그 책을 일명 *Il Milione*라고 했는데 '100만 가지의 끝없는 허풍'이라는 뜻으로 통했다.

(佛), 도가의 도(道)를 서양 종교에서 보면 모두 범신론적 개념—자연신 관인 이신론理神論을 주장하는 라이프니츠, 백과사전 학파의 리더인 디드로는 유학의 이(理) 우주관에 큰 감동을 받았다. 중농주의 리더 케네는 유학에서 자연과 인간이 조화롭게 통합되어 있음을 깨닫고 공자를 깊이 신봉해서 유럽의 공자라고 불리우기까지 했다. 라이프니츠의 이신론에 영향을 받은 볼프는 공자의 가르침이 인간의 자연스러운 감정과 욕망에 기반이 있음을 발견했다. 이에 그는, 당시 독일의 대학이 절대적 기독교주의임에도 불구하고 목숨을 걸고, 유학의 교육이야말로 이상적 교육의 모범이라고 주장했다. 한편으로는 이러한 사조가 반영되어 중국으로부터 들어온 그림, 가구, 도자기, 꽃그림의 벽지 등이 대단한 인기를 끌게 되었다. 또한 중국풍의 복장, 가구, 건축, 취미 등도 크게 유행했다. 당시 유럽의 이러한 풍조가 용어화된 것이 쉰와저리 (chinoiserie)이다. 유럽 계몽주의시대에 공자가 받은 대접은 이처럼 여간 큰 것이 아니었다.

그러나, 산업혁명의 진전과 그에 따른 상업자본의 확장으로 인해 18세기 말경부터 중상주의가 지배적으로 되자 중국에 대한 유럽의 문화적 관심이 상업적 관심으로 바뀐다. 게다가, 프랑스혁명(1789) 성공의 영향으로 아시아국가는 후진적인 절대군주국이라고 간주되기 시작했다. 설상가상으로 중국이 영국의 영악한 제국주의침탈인 아편전쟁 (1839~1842)에 패배한 후 번번이 서양에 힘없이 밀리자, 중국은 종이호랑이로 인식된다. 마르코 폴로 이래 동아시아인의 피부색에 대한 서구인의 인식은 대체로 백색이었다. 시대적 상황이 그렇게 되자, 그들은 동아시아인에게 황색이라는 피부색을 부여했고 유교문명을 아주 형편없이 보기 시작했다. 그림(J. Grimm)은 '아시아국가는 민주적 절차를 보장하는 제도가 없는 미개한 나라'라고 단정했다. 인간정신의 진보를 굳게 믿은 콩도르세는 특히 유학을 혐오해서 '근본적으로 유학이 그토록 오랜 세월 동안 인간(humanity)을 욕보였고 유학으로 인해 아시아국가는 전제적 침체를 벗어나지 못했다'고 주장했다. 당시 역사철학, 문화비평의 대가인 헤르더는 '아시아인에게는 진보와 발전을 위한 내적 욕구 및 외부로부터의 자극이 결핍되었다'고 했다. 이것은, 콩도르세의 주장과 함께, 인간을 위한다는 미명(humanist tenets) 하에 제국주의적 폭력을 공공연하게 부추기는 것이었다. 근대역사학의 아버지라 불리는 랑케는 중국을 '영원히 정지해 있는 나라'라고 경멸했다. 헤겔은 중국을 두고 '변화라고는 모르는 왕국'이라고 폄하했으며 '역사도 없으면서 역사를 내세운다(unhistorical History)'고 힐난했다. 중국의 역사는 아예 인류 역사에 올릴 수도 없다는 극단적 주장인 것이다.

이처럼 소위 위대한 유럽의 사상가들은, 사이드(E. W. Said)가 『오리엔탈리즘(Orientalism)』에서 분석했듯이, 경쟁적으로 오리엔탈리즘을 주조했다. 그들은 동양에 대한 이미지를 서로 경쟁하듯이 유럽중심주의로써 왜곡되게 주조해서 '동양' 또는 '유학'이라고 하면 서양인은 누구나 동양에 대해서 즉각 상기 위대한 사상가들의 그러한 부정적 생각, 나쁜 이미지를 떠올리게 되었다. 푸코로 말하면, 당시 흥기하는 제국주의 파워와 상기 위대한 사상가들의 지식이 일자적으로 결합되어 오리엔탈리즘이 주조된 것이다. 그렇다. 그들은 당시 당시의 시대적 파워에 부합하게끔 또는 그것에 편승해서 공자와 유교문명에 관해 말했다. 그들은, 지금에서 보면, 이성적인 말을 한 것이 아니라 마구 헛소리들을 했다. 하지만 당시 유럽인에게는 그 헛소리가 이성적 참소리로 들려서 그들의 머리 속에 오리엔탈리즘이 박히게 된 것이다.

바로 이것이 저들이 말하는 '이성적 인간에 의한 이성적 현실'임을 직시한 구조주의 문학비평의 바르트(R. Barthes)는 이성이 도대체 뭐 말라비틀어진 것이냐는 식으로 통렬히 비판했다. 이건 그래도 약과이다. 만약 바르트가 레게(J. Legge)의 말을 들었더라면 졸도했을 것이다.

레게는 당시 최고의 서양인 유학자로 평가되고 있다. 중국인이 고대로부터 행해온 조상에 대한 제사를 두고, 1715년 클레멘스 11세의 교황청이 우상숭배라고 단정했다. 중국인의 조상에 대한 숭배와 제사를, 종교적 의미가 없는 문화적 전통으로 규정한 신부들이었지만 모두 본국으로 귀환되었다. 북경조약(1869)에 의해 중국이 서양세계에 개방되자, 그들이 다시 중국에 들어오게 된다. 물론 개신교 선교사들도 들어왔는데, 그중 영국의 장로회 소속인 레게는 6년에 걸쳐(1881~1886) 사서와 오경을 영어로 완역했다. 이 완역본이 영어권에서는 지금까지도 거의 표준본으로 되어 있다. 그는 유학과 도교를 공부하는 데 반평생을 보냈다고 술회하면서 결론적으로 '중국이 필요로 하는 것은 기독교인이다'고 했다. 데리다가 이성을 백인의 신화(white mythologies)라고 코웃음친 것은 진정 정곡을 찌른 것이다.

이 대목에서 우리는 반反이성주의인 니체를 떠올리게 된다. 니체는 생기生起존재론을 주장했다. (제3절에서 논의할) 플라톤의 이데아와 같은 그러한 형이상학자로서의 참 존재가 따로 있는 것이 아니라, 생명 있는 모든 것 그대로가 참 존재라는 것이다. 이것은 소크라테스-플라톤 이래 서구형이상학인 이성주의를 통째로 부정하는 것이다. 그러한 반이성주의는, 이성주의에 기반한 모더니즘문명의 벽을 넘어서거나 허무는 것이었다.

　대신에 니체는 포스트모더니즘의 선구가 되는 이른바 관점주의(per-spectivism)를 주장한다. 대상을 인식함에 있어서 그 누구도 있는 그대로를 인식할 수 없다는 것이다. 다만 각자 서 있는 역사적, 문화적 배경을 기반으로 특정 사태의 당시 목적성에 따라 대상을 인식할 뿐이라는 것이다. 그러므로 '있는 그대로의 사실이나 진리'라는 것은 환상이며 존재하는 것은 다만 각자의 관점에 입각한 해설에 의한 것뿐이라는 것이다. 철학이라는 것 역시 사실에 입각한 이성적 지식이나 참다운 앎을 알아내는 것이 아니라, 실은 어떤 사태를 두고 끊임없이 관점주의적 해설을 부과할 뿐이라는 것이다. 그렇다. 유럽의 그 기라성 같은 '위대한' 철학자들이 유학과 중국에 관해 있는 그대로의 사실을 말했고, 참다운 앎을 제시했는가? 아니면 시대의 변천에 따른 다양한 관점주의적 해설을 부과했을 뿐인가? 어린애도 대답할 수 있다.

　이쯤 되면, 니체의 수제자 격인 푸코를 다시 진지하게 생각해보지 않을 수 없다. 젊은 시절 푸코는 자신의 경험과 독서, 특히 바슐라르(G. Bachelard)와 캉길렘(G. Canguilhem)의 과학철학(philosophy of science) 그리고 쿤(T. Kuhn)의 패러다임(paradigm) 개념으로부터 영향을 받는다. 바슐라르에 의하면, 큰 역사적 틀에서 볼 때 과학의 발전이란 보통 생각하는 것처럼 그렇게 이전의 과학적 성과를 이어받아 그 연속선상에서 이루어지는 것이 아니다. 그것은 인식론적 단절(epistemological rupture)에 의해 비약적으로 이루어진다. 대표적으로 뉴턴 과학과 아인슈타인 과학 간의 단절에서 그러하다. 전자의 이론을 부정하고는 수정해서 어떻게 해보려는 것이 아니라 그것과 관련된 제반 인식을 아예 단절함으로써 후자가 대두되게 된 것이다. 특히 생명과학이 발전해온 역사를 탐구한 캉길렘에 의하면, 과학에 있어서 개념의 발전이 순수하게 학문적으로만 이루어지는 것이 아니다. 때로 어떤 이데올로기나 권력에 의해, 때로 많은 다른 이론과의 상호 맥락성이나 결합성이나 효용성 등을 도모해서[오늘날에는 자본주의적 상업성까지 도모해서] 이루어진다. 결국 과학적 지식이란 조작에 의해, 조직에 의해 변하도록 되어 있다는 것이다.

푸코는, 바슐라르와 캉길렘의 과학철학을 쿤의 패러다임 개념 그리고 니체의 상기 관점주의와도 결부해서, 에피스테메(epistm/episteme)의 뜻을 새롭게 주조한다. 원래 그리스어 에피스테메는 참된 지식이라는 뜻이다. 이에 (제3절에서 논의할) 플라톤-아리스토텔레스에서는 존재의 형상(eidos/form)에 관한 참된 지식을 뜻하는 말이다. 이것을 차용한 푸코에서 에피스테메는 어느 한 시대의 지식이 그 시대의 지식—즉, 그 시대로 봐서는 참된 지식—으로 될 수 있는 사람과 무관한 지식구조(impersonal structure of knowledge)이다. 따라서 그것은 다시 말해 '선험先驗적으로 이미 주어져 있는 시대적 지식구조'(이하, 한마디로, 시대적 지식구조)이다. 푸코는 당시 시대상에 대한 통찰을 통해, 특히 [마르크시즘이 진화주의이므로] 스탈린주의가 리센코(T. D. Lysenko)의 진화주의 생물학과 일자적으로 연계되는 것을 보면서 '권력의 현현顯現인 지배(domination)'가 학문(discipline)이라는 형태로 이루어진다는 것, 학문은 지식으로 조직된다는 것, 따라서 권력(혹은 권력에 의해 이루어지는 실천)과 지식(혹은 지식에 의해 이루어지는 담론)은 서로 맞물려 나간다는 것을 알았다. 즉, 지식-권력 혹은 담론(discourse)-실천(practice)이 에피스테메 곧 시대적 지식구조의 새로운 장(domain)을 통시적으로 열어나가는 작인(agent)임을 본 것이다.[24]

이제 푸코는 확신한다. 당시 지배적인 헤겔의 역사주의(historicism) —

제5장에서 논의했듯이, 역사란 우주에 충일한 이성 스스로가 시간의 흐름 속에서 자신의 본질인 자유와 합리를 변증법적으로 구현해 나가는 과정이라고 보는 역사관 — 는 터무니없는 형이상학적 환상이라는 것을. 역사는, 과거의 일과 사건을 지식-권력(혹은 담론-실천)이라는 분석틀로 접근해서 [그의 말로 '좀 임의적 표현이지만']고고학에서 하는 그런 방법으로 투명하게 기술해야 한다는 것을. 이에 그는 광기, 인문과학, 감옥, 성(sexuality) 등의 역사를 지식-권력이라는 분석틀로 접근해서 고고학적/[니체로부터 차용한]계보학적 방법으로 투명하게 기술했다. 제일 먼저 광기의 역사를 기술한 푸코는 대번에 '이성이 헛소리한다(rave)'면서 반反이성주의로 나아간다. 이성적 인간에 의한 이성적 지식, 이성적 제도로써 일직선적 진보의 역사를 이루어 나간다는 생각은 전적으로 환상이라는 것이다.

푸코의 이러한 반이성주의는 니체가 말하는 초인超人을 다시 소환하게끔 한다. 일찍이 니체는 심리-계보학적 방법, 즉 사람의 심리를 계보학적으로 기술해서 로마인에서 보는 주인도덕성, 유대인에서 보는 노예도덕성을 보여주었다. 이에 의하면, 전자는 자연성에 기반한 인간 본래의 직관적이고 창조적인 힘 의지(will to power) — 생명 있는 모든 것은 자신의 본성대로, 자신의 고유한 운동법칙/작용법칙대로 운동/작용하고자 하는 생기生起적 힘 의지를 가지고 있다. 따라서 인간을 포함한 일체의 생명세계 본질은, 한마디로, 힘 의지이다 — 가 충만한 인간 곧 초

---

24 푸코에 의하면, 신본주의시대 이후 크게 4개의 공시태적 에피스테메 층이 있다: the renaissance episteme, the classical episteme, the modern episteme, the post-modern episteme. (이에 관한 구체적 논의는 다음 기회에 하기로 한다.)

인의 도덕성이다. 반면에 후자는 합리주의와 기독교윤리에 젖어 힘 의지가 소멸해버리고, 그 소멸된 자리에 겸손이니 자애이니 하는 그러한 미덕을 권장하는 '건강하지 못한' 윤리체계가 들어서서 기껏해야 시기, 원한 등을 삭히고 순화하면서 초인성을 잃어버린 그래서 '인간적인, 너무나 인간적인' 당시 모더니즘 유럽인의 도덕성이다. 그는 초인의 주인도덕성을 통해 포스트모더니즘의 인간해방(postmodern human emancipation)을 선구했다.

푸코의 반이성주의에 의하면, 모더니즘의 이성적 인간에게는 비정상 (insanity)이 정상이고, 정상(sanity)이 비정상이다. 주위를 한 번 눈여겨보자. 포스트모던 주인도덕성에서 느낌대로, 생각대로 말하고 행동하는 이를 사람들은 상종하기 곤란해한다. 계속 그렇게 하면, 그를 정신 나간 사람 또는 비이성적 사람 또는 '또라이'라고 간주하거나 의심한다. 반면에 노예도덕성에서 상황을 살피며 싫어도 좋다 하고, 맛없어도 맛있다 하고, 별로인 데도 예쁘다 하고, 불의이지만 적당한 선에서 얼버무려야만 이성적이고 너그럽고 '인간적인' 사람 그래서 너도 나도 함께 하고 싶어 한다.

푸코는 자신의 반이성주의철학에 따라 진정 정상인으로 살다가 생을 마쳤다[이와 관련된 뒷이야기들이 있다]. 푸코의 남다른 위대함이다. 애석한 점은, 그가 가까운 길을 두고 그 힘든 개별 테마의 역사들을 탐구하느라 고생이 많았다는 것이다. 그가 상기 유럽 땅에서 벌어진 공자 이해의 역사 하나만 탐구했더라도 뿌리 깊은 서구의 이성주의(철학)를 단박에 제압했을 터인데 하는 애석함이다.

19세기 중반을 지나면서 서양에서는 물론 동양 스스로가 정치 분야,

사회 분야, 군사 분야, 과학 분야, 이념 분야, 심지어는 그냥 막연한 생각으로도 서구문명중심주의를 고착시키는 상기 오리엔탈리즘이 심화된다. 인간을 동물처럼 품종적 등급으로 나누고 그에 따라 차별하는 것이 당연하다고 생각하는 인종주의도 서슴지 않는[25] 심화된 오리엔탈리즘은, 당시 서양 사상가들로 하여금 제국주의적 정복과 착취를 더욱 당당하게 합리화하고 부추기도록 했다. 버나드 쇼는 만약 중국인이 스스로의 힘으로 평화로운 국제무역을 해서 자신의 문명발전을 도모할 수 있는 능력이 없다면, 서양인이 그렇게 할 수 있는 여건을 만들어 주어야 할 의무가 있다고 주장했다. 밀(J. S. Mill)은 근본적으로 중국인은 전제적 지배세력에 대항할 수 있는 조직적인 민주혁명세력을 형성할 수 있는 역량이 없기 때문에, 진보적 발전이 불가능하고 단지 정지와 와해만을 반복해 왔다고 했다. 심지어 당시 독일에서는 Konfuzius(공자)가 'Konfusions[confused man]'라고 조롱 조로 불리기도 했다. 또한 영국의 저명한 법학자 웨스트레이크(J. Westlake)는 지구상의 모든 비문명지역은 진보된 문명에 의해 합병 또는 점령되어야 한다고 거침없이 주장했다.

---

25 이와 관련된 이석호(카이스트 교수)의 조사에 의하면, 1889년 파리의 에펠탑 만국박람회장에 세계 곳곳의 비유럽원주민을 **사람 그대로** 전시해서 마치 동물 구경하듯 구경했다. 인종주의의 극치이다.

우리 국립중앙박물관이 소장하고 있는 사진을 보면, 1907년 도쿄박람회에서도 인종전시회를 했는데 조선인 남녀를 전시해서 "조선동물 두 마리가 있는데 아주 우습다"고 일본 신문에 쓰여 있다. 미국의 무력에 굴복해서 1868년 명치유신을 시작한 일본. 뒤이어 러시아, 네덜란드, 영국, 독일, 프랑스와도 불평등 통상조약을 맺어 서구제국주의를 뼈 속 깊이 배운 일본. 그들은 배운 그대로 조선인을 인종주의로써 능멸했다.

서구인이 믿어 마지않는 '이성적 인간에 의한 이성적 현실'이라는 것이 이쯤 되고 보니, 이성이라는 것을 코웃음 치면서 사회과학의 종말을 선포한 푸코를 다시 떠올리게 된다. 그에 의하면, 사회과학이라는 것이 원천적으로 아무런 의미가 없다. 그 어떤 분과의 사회과학이든 간에 아무리 무슨 법칙을 세우고, 무슨 주장을 하고, 무슨 이론을 정립하고 등 해봐야 에피스테메(시대적 지식구조)의 새로운 장을 열어나가는 그래서 모든 시대의 에피스테메를 관통하는 지식-권력이라는 역사구조 앞에서 결국은 무의미한 일이 되고 만다는 것이다.

푸코는 레비-스트로스의 구조주의인류학, 라캉의 구조주의정신분석학을 기존 과학에 대응하는 과학(counter-science)이라고 했다. 그리고 이 새로운 대응과학에 의해 포스트모던 지식구조(postmodern episteme)의 시대가 열리게 되자, 모던 지식구조(modern episteme)의 산물인 이성적 인간은 '마치 바닷가 모래 위에 그려진 사람의 얼굴처럼 씻겨 사라져갔다'고 했다. 인간이란 시대 시대마다의 지식구조(episteme)가 만들어낸 에피스테믹 맨(epistemic man)일 뿐이라는 것이다. 진정 그렇다. 상기 유럽의 '위대한' 사상가들 모두가, 이성적 인간이 아니라, 에피스테믹 맨에 불과했다.

20세기에 들어와 한 걸출한 '에피스테믹 맨'이 등장한다. 사회학 성립에 막대한 영향을 끼친 막스 베버(M. Weber)이다. 그는 상기 위대한 철학자들의 서구중심주의적 관점과 견해를 자신의 *The Religion of China*와 *The Protestant Ethic and the Spirit of Capitalism*에서 집약했다. 여기서 그는 합리주의에 입각한 부르주아 자본주의가 왜 유럽에서만 발달했는지를 논구論究했다. 결론은 그것이 유교문화 토양에서는 생길 수도, 발전할 수도 없다는 것이다. 가장 핵심적 이유는 유학이 제시하는 군자(君子)의 합리주의는 합리적으로 세상에 적응하는 것(rational *adjust-ment* to the world)이고, 프로테스탄트의 합리주의는 합리적으로 세상을 통어하는 것(rational *mastery* of the world)이기 때문이라는 것이다. 베버는 특히 신유학이 전통이라면 무조건 금과옥조로 여기기 때문에, 전통과 구태로부터 자유로운 그래서 오직 인간 내면의 힘에 의해 행위하는 프로테스탄트와 달리, 중국인의 행위에는 그 내면의 힘이라는 지렛대가 없다고 주장했다.

딜타이(W. Dilthey)의 이해사회학적 전통을 이어받은 베버의 방법론은 대별해서 두 가지이다. 하나는 가치판단이 전적으로 과학적, 기술적 기준(scientific and technological criteria)에 입각해야 한다는 것이다. 또 하나는 소위 딜타이적 이해, 즉 모름지기 사회학자는 자신을 자기가 연구하는 사람의 마음에 두어야 한다는 것이다. 다시 말해, 역지사지易地思之적 감정이입을 통해 상대를 이해해야 한다는 것이다. 그런데 정작 베버 자신은 과연 그러한 기준에 입각해서 유학과 유학문명에 대해 가치판단을 했단 말인가? 또한 과연 그 자신은 자신을, 역지사지적 감정이입을 통해, 중국인의 마음에 두는 방식으로 해서 유학과 유학문명을 접근했단 말인가? 또한 그렇게 해서 나온 결론이 바로 그것이란 말인가? 반평생을 유학과 도교를 공부해서 '중국이 필요로 하는 것은 기독교인이다'고 결론 내린 상기 레게를 떠올리지 않을 수 없다. 베버 역시 레게에 버금가는 에피스테믹 맨의 한 전형이다. 나아가 그는 당시의 시대적 에피스테메(시대적 지식구조)에 편승해 오리엔탈리즘을 **새롭게 되풀이해서** 에피스테믹 오리엔탈리즘(epistemic orientalism)을 확대재생산하고 심화시킨 일등 공신이다.

2차세계대전 후 냉전시대에 들어서자, 상기 베버의 '서구의 근대=부르주아자본주의=합리주의'라는 공식이 로스토우(W. Rostow)에 의해 미국 주도의 근대화발전론으로 전환된다. 그는 *The Stages of Economic Growth: A Non-Communist Manifesto*에서 통通문화적으로 즉 어느 문화, 어느 나라를 막론하고 서구식 자본주의를 하고 이에 맞게 모든 것을 서구화하면 반드시 발전한다고 주장했다. '발전(development)=자본주의화(capitalization)+서구화(Westernization)'라는 바로 이 공식을 제시한 공로로 로스토우는 노벨경제학상을 받는다.

지금에서 보면, 어처구니가 없다. 하지만 당시의 에피스테메(시대적 지식구조)로서는 그가 노벨상 받은 것은 마땅히 받아야 할 사람이 받은 것이다. 무엇을 말해주는가? 당시 그의 노벨상 수상 결정 역시, 이성적 인간에 의한 것이 아니라, 지식(담론)-권력(실천)이라는 역사구조가 구현된 것이다. 당시 절대적 지배자 미국이 행하는 담론-실천(discursive practice)에 의한 평화에 의존해서라도 살아남아야 하는 [팍스 로마나, 팍스 히스파니카, 팍스 브리타니카에 뒤이은]팍스 아메리카나 현실에서, 신생 제3세계 국가들에게 미국의 영향력은 정치, 경제, 문화 등 모든 분야에서 거의 절대적이었다. 그래서 발전이라고 하면 미국 주도의 통문화적인 근대화발전 패러다임이 전부였다.

이런 까닭에 미국의 쟁쟁한 에피스테믹 맨들이 밀어붙이는 근대화 이데올로기에 의해 유학은 거의 질식상태가 된다. 레벤슨(J. Levenson)은 8년에 걸쳐(1958~1965) 완성한 *Confucian China and Its Modern Fate*에서 중국의 발전을 가로막는 근본 이유가 '유학에 의한 전통주의 고수'라고 주장했다. 그 놈의 유학만 중국인으로부터 떼어내면 중국의 뿌리 깊은 전통중시사상이 희박해진다. 이렇게만 되면, 미국은 자본주의 경험과 기술을 활용해서 중국을 자신의 가까운 영향권 내에 둘 수 있다. 그러면 중국과 정치적 경제적으로 연대관계에 있는 소련 역시 결국 제압할 수 있다. 바로 이러한 속셈에서, 그의 저서는 '유학이 유학의 에센스인 유학적 전통을 지속하기 위해 의식적으로 자신의 비전을 좁히고자 한다'는 테마를 집중적으로 다루고 있다. 그는 특히 신유학을 두고 '권위주의적 체제를 유지하기 위한 엄격한 정통적, 이데올로기적 도구'라고 주장했다. 패어뱅크(J. K. Fairbank) 역시 이점을 자신의 *The United States and China*에서 역점적으로 조명했다. 그 책은 당시 중국을 서방세계에 소개하는 교재로서 널리 사용된다.

> 새로운 정통주의 유학[주희의 신유학]은, 사서(四書)의 공부를 국가 공무원임용시험에 필수로 함으로써 충(忠)과 사회적 책임 및 일치(conformity)라는 공자의 독트린을 실현시키는 데 갈수록 더욱 효과적인 메커니즘이 되었다. 몽고족에 의한 중국 지배를 종식시키고 명에서 중국인에 의한 중국 지배가 다시 확립되자, 송에서 시작된 신유학은 그 총괄성[신유학에는 불교, 특히 중국식 불교라고 할 수 있는 선불교사상과 중국의 전통적 도교사상이 혼입되어 있음으로 총괄성] 때문에 전체 중국인의 마음을 다시 꽉 사로잡게 된다. 명의 통치자는 이러한 신유학을 통치도구로 사용했다. 그래서 주희의 체계는 교조주의적 체계가 된다. 중국사회는 중국인들 자신이 만들어 온 문화적 유산으로 되돌아가 피난처를 찾을 수 있었고 그래서 이미 확립된 사고체계 내에 안주함으로써 중국사회를 지킬 수 있었다. 이러한 전통주의 사회에서 과학이 발달할 수 있는 인센티브가 거의 없었다. 정통주의(orthodoxy) 신유학시대 동안에 중국의 기술은 결정적으로 서구의 기술에 뒤떨

어져 버렸다.[26]

뒤이어 [지금도 우리의 귀에 익은] 라이샤워(E. O. Reischauer), 크레이그(A. M. Craig)가 상기 패어뱅크-레벤슨의 관점과 주장을 이어받아 중국의 서구식 근대화를 더욱 강력히 밀어붙인다. 중국이 발전하기 위해서는 '침체적인 유학적 전통주의'를 버리고 서구의 경험과 기술을 받아들여 근대화해야 한다는 이들의 오리엔탈리즘적 주장은, 주지하다시피, 미국 동아시아정책의 근간이었다.

이런 가운데 1970년대에 들어와 동아시아의 국가들이 괄목할 만한 경제발전을 이루자, 이번에는 유학이 근대화발전에 결정적 장애물이라는 종래의 지배적 인식이 쑥 들어갔다. 대신에 '아시아의 네 마리 용'—한국, 대만, 싱가포르, 홍콩—이 성취한 경제발전의 이면에는 유학이라는 정신적 유산이 살아있기 때문이라는 견해가 점증했다. 하지만 1990년대 후반 그 국가들이 금융위기에 처해지자, 그러한 견해가 자취를 감추었다. 가소롭다. 지하에 있는 푸코와 사이드가, 이 정도는 아직 약과라는 듯이, 시니컬한 웃음을 짓고 있는 듯하다.

2) 그 변치 않는 에피스테믹 오리엔탈리즘

1990년대에 들어와 미국 주도의 글로벌화가 심화되기 시작하자, 당시 지배적인 시대적 지식구조(에피스테메)가 만들어낸 또 한 명의 거물급

---

26 J. K. Fairbank, 1958, *The United States and China*, Cambridge University Press, pp. 63-64. (각괄호 필자)

에피스테믹 맨이 등장한다. 그는 오늘날 대세인 글로벌리즘을 등에 없고 야심 차게 오리엔탈리즘을 **새롭게** 주조했는데, 프린스턴대 석좌교수(사회학) 길버트 로즈만(G. Rozman)이다.

동아시아 전문가로 알려진 그는 2002년 「보편주의와 지구화 시대에 유학이 살아남을 수 있을 것인가(Can Confucianism Survive in an Age of Universalism and Globalization?)」에서 유학의 소위 특수주의(Confucian particularism)를 대대적으로 비판하고 나섰다. 한마디로, 특수주의를 버리지 못하는 유학은 새로운 지구촌 시대에 맞지 않다는 것이다. 그는 유학의 특수주의로 인해 유교문명국가가 자국보호주의, 남성중심주의, 연륜우대주의 그리고 시민사회기피주의라고 규정했다. 그리고는 이것들 모두가 글로벌리즘에 정면으로 배치된다고 비판했다. 도대체 이 무슨 되풀이되고 또 되풀이되는, 시대적 지식구조가 만들어낸 오리엔탈리즘(epistemic orientalism)이며 폭력(epistemic violence)이란 말인가.

먼저 유학의 이른바 특수주의를 보도록 하자. 서양이 서양으로서 유학을 보면 유학은 특수주의적이다. 그러나, 동양이 동양으로서 유학을 보면 유학은 그 고유의 특수주의 때문에 질적으로 참다운 보편주의이다. 로즈만이 서양의 보편주의라는 잣대를 가지고 유교문명국가를 그렇게 통通문화적으로 비판하는 것은 글로벌리즘에 기반한 이 시대의 시대적 지식구조에 편승해서 해묵은 오리엔탈리즘을 새롭게 되풀이하는, 전형적인 에피스테믹 오리엔탈리즘이다.

원래 공자에게는 보편주의니 특수주의니 하는 이분법적 생각(notion)이 없다. 유학을 특수주의라고 비판하는 것은 서양이 그러한 이분법적 개념을 가지고 유학을 분석하는 과정에서 생긴 것이다. 공자에게 중요한 것은 그러한 개념과 무관하게 어떻게 하면 인(仁)이 구현되어 좋은 세상이 되느냐 하는 것이다. 인 구현이란 극기복례(克己復禮), 즉 이기적 욕심을 극복함으로써(克己) 예가 회복되어 실천되고 있음(復禮)이다.

공자에서 예는 **사회적 인간관계에** 있어서 인간이 마땅히 지켜야 할 윤리적 질서이다. 맹자가 『논어』를 분석해서 그것을 대별해 제시한 것이 바로 오륜(五倫), 즉 다섯 가지 윤리이다. 맹자에 의하면, 사람은 태어나서 죽을 때까지 누구나 다섯 가지의 사회적 인간관계 속에서 살아간다. 그러므로 당연히 사람이라면 다음과 같이 그 각 관계에 맞는 다섯 가지의 윤리적 질서 곧 예를 실천하는 삶을 살아야 한다.

군신유의(君臣有義)[물론 군신 간을 오늘에 맞게 온고지신적으로 재해석한다]에서 임금과 신하 간의 관계는, 여타의 사회적 관계와 구별되는, 군신간이라는 특수한 사회적 관계이므로 양자는 그 특수성에 맞는 윤리적 질서 즉 그 무엇에 앞서 **의(義 *righteousness*)에 기반한 예를** 실천해야 한다. 부자유친(父子有親)에서 아버지와 자식 간의 관계는, 여타의 사회적 관계와 구별되는, 부자간이라는 특수한 사회적 관계이므로 양자는 그 특수성에 맞는 윤리적 질서 즉 그 무엇에 앞서 **친(親 *affection*)에 기반한 예를** 실천해야 한다. 부부유별(夫婦有別)에서 남편과 아내 간의 관계는, 여타의 사회적 관계와 구별되는, 부부간이라는 특수한 사회적 관계이므로 양자는 그 특수성에 맞는 윤리적 질서 즉 그 무엇에 앞서 **역할구별(別 *attention to their separate functions*)에 기반한 예를** 실천해야 한다. 장유유서(長幼有序)에서 어른과 아이 간의 관계는, 여타의 사회적 관계와 구별되는, 장유간이라는 특수한 관계이므로 양자는 그 특수성에 맞는 윤리적 질서 즉 그 무엇에 앞서 **서(序 *proper order*)에 기반한 예를** 실천해야 한다. 붕우유신(朋友有信)에서 친구와 친구 간의 관계는, 여타의 사회적 관계와 구별되는, 붕우간이라는 특수한 관계이므로 양자는 그 특수성에 맞는 윤리적 질서 즉 그 무엇에 앞서 **신**(信 *faithfulness*)**에 기반한 예를** 실천해야 한다.

이러한 다섯 가지 예가 시중(時中)적 알맞음으로써 실천되고 있는 사태가 바로 인이 구현되고 있는 현장이다.[27] 인과 예는 이처럼 동전의 양면과 같은 관계이다. 그런데도 로즈만이 서양의 보편주의 패러다임에서 유학의 예 특수주의를 비판하는 것은 유학의 핵심인 인/예를, 그러므로 결국 유교문명 자체를 폄하하는 오만한 자민족중심주의(ethnocentrism)이다.

유학이 특수주의, 구체적으로 '예 특수주의'라는 누명 아닌 누명을 쓰고 있는 근본 이유는 유학이 인간의 타고난 **자연스러운** 감정과, 이에 기반한 **솔직하고도 엄연한** 현실(hard reality)을 인 구현의 토대로 삼기 때문이다. 다음은 유학이 특수주의라고 공격받는 가장 대표적 장면이다.

---

27 이에 도올은, 인이란 한마디로 한정해서 정의할 수 없는 것이며 오직 삶의 유동적 현실 속에서 끊임없이 느껴질 수 있는 것이라고 했다.

『논어』에 '인'이 105번이나 나오지만 공자는 그것을 개념정의 한 적이 없다. 제자들이 각기 다양한 정황에서 공자에게 인을 묻고 있고, 그때마다 공자는 그 각각의 정황에 따라 다양하게 인에 관해 말해준다. 공자가 그렇게 한 것은 결코 그의 사고력이 모자라서가 아니다. 인이란, 도올의 언명처럼, 오직 **삶의 유동적 현실 속에서 느껴질 수 있는** 그러한 형이상학적 실재이기 때문이다.

그래서, 강신표의 조사에 의하면, 인이 30개 이상의 의미영역으로 번역되고 있으며 세계적인 유학자들 간에도 인을 상당히 서로 다른 의미 또는 의미영역으로 번역하고 있다. 영어의 경우, 레게(J. Legge)는 true virtue, 임어당은 the true man, 라우(D. C. Lau)는 benevolence, 풍유란(Yu-lan Fung)은 human-heartedness, 뚜웨이밍(Wei-ming Tu)과 류슈시엔(Shu-hsien Liu)은 humanity라고 번역하고 있다.

섭공이 공자에게 말했다: "우리 마을에 정직한 궁이라는 사람이 있다. 아버지가 양을 훔치자 궁은 자신의 아버지를 고발했다." 이에 공자가 말했다: "우리 마을의 정직한 자는 그와 다르다. 아버지는 자식을 위하여 숨기고, 자식은 아버지를 위하여 숨긴다. 여기에 정직함이 있다."(『논어』 13:18)

공자에게는 아비가 자식을 위해, 자식이 아비를 위해 서로 숨겨주는 것은 인류에 근본이 되는 자연스러운 감정으로서 국법이나 그 어떤 주의主義에도 앞선다. 이것은 보편주의 패러다임인 서양의 법치주의에서는 용납될 수 없는 일이다. 공·맹(孔孟) 당시에도 유가는 엄격한 법치를 주장하는 법가, 보편주의 사랑을 주장하는 겸애설(兼愛說)의 묵가로부터 맹공을 받는다. 묵자는 나와 타인의 구별 없이 모든 사람을 평등하게 사랑하는 것이 천(天)의 뜻이므로 겸애는 인류의 당위적 의무라고 주장해서 크게 어필했다. 이에 대해 맹자는 '부父도 군君도 없는 보편주의는 사람의 삶을 결국 짐승의 삶처럼 만들게 될 것'이라고 역공했다(『맹자』 6:9).

주의主義라는 것은 어떤 영역에서 일관되게 지켜지고 실천되어야 할 이념이다. 예컨대, 법치주의라 함은 공공의 질서와 안녕 그리고 정의라는 영역에서는 그 어떤 인습, 인정, 종교적 계율 등에 앞서 어디까지나 국법이 본위가 되어야 한다는 이념이다.

그렇다면 보편주의란 구체적으로 무슨 영역에서, 어떤 방식으로 일관되게 지켜지고 실천되어야 할 이념인가? 대답이 나올 수가 없다. '보편' '보편' 하지만 그것의 아이덴티티는 실체적 개념이 아니기 때문이다. 보편주의는 논리학적 도구로서의 의미 또는 술어일 뿐으로 단지 특수주의의 대개념이다. 이러한 순전히 형식으로서의 보편성 원리가 구체적인 모든 사회적 영역과 도덕적 입장에 대해 구속력을 가질 수 있기에는, 즉 그것이 그 모든 것에 대해 당위적 원리로서 강제될 수 있기에는 그 정의가 불확실하고 그 권위의 원천이 모호하다.[28] 보편적 기준이라는 것도 하늘에서 떨어지는 것이 아니라 토론과 대화를 통해 잠정적 합의에 도달한 결과일 뿐이다.[29] 그럼에도 불구하고 보편주의는 서양인에게 법, 윤리, 경제, 정치 등 모든 영역에서 근본적 가치로 간주되어 그 실현을 전 세계적으로, 통문화적으로 강제해 왔다. 문화의 그 어떤 다양성도 불문에 부치고, 전 인류에게 보편주의는 모든 사태와 국면에 획일적으로 적용되어야 한다는 것이다. 그 어떤 특수한 경우, 예외적 경우도 인정해서는 아니 된다는 것이다. 서양이 추구하는―그렇기 때문에 동양도 추구해야 한다고 서양이 강제해 온―보편주의 패러다임의 서양 법치주의는 남을 고발하듯이 자기 자식도 예외 없이 고발해야만 한다. 그것이 정의이고, 또한 그 정의에 의해서 질서와 안녕의 좋은 사회가 이루어진다는 것이다.

유학의 입장은 이와 정면으로 다르다. 정의에 기반한 질서와 안녕의 좋은 사회, 이것은 법이나 도덕률을 누구에게나 보편획일적으로 적용함으로써 달성되는 것이 결코 아니다. 그것은 어디까지나 인을 구현함

---

28 S. Blackburn, 1994, *The Oxford Dictionary of Philosophy*, The Oxford University Press, p. 386.

29 정수복, 2007, 『한국의 문화적 문법』, 생각의 나무, 65쪽.

으로써 달성될 수 있다. 유학에서는 아비와 자식 간의 관계를 인륜의 토대가 되는 특수한 관계로 본다. 그 특수한 관계를 도외시하는 보편주의 패러다임의 서구법치주의를 주장해서 아비가 자식을 고발하고, 자식이 아비를 고발해서는 결코 인이 구현될 수 없다는 것이다.

그렇다. 부모와 자식 간에 서로가 서로를 고발하면 우선은 즉효적으로 정의와 안녕이 달성되는 것 같지만, 결국은 세상이 완악해짐으로 인해 더욱 크고 복잡한 범죄가 일어난다. 공자에 의하면, 아비가 자식을 숨겨주고 싶고, 자식이 아비를 숨겨주고 싶은 것은 만인 공통의 감정이다. 그 누구도, 그 무엇으로도 없앨 수 없는 그러한 만인 공통의 솔직한 감정에 기반한 부자유친(父子有親)이라는 윤리를 실천하는 것이 진정 인이 실질적으로 구현될 수 있는 실효성 있는(practicability and workability) 길이다.[30] 빅토르 위고의 불후 명작 『레미제라블』도 바로 이와 같은 맥락이다. 장발장을 정직하고 의로운 사람으로 거듭나게 한 것은 자베르 경감의 법치에 의한 정의가 아니라, 미리엘 신부의 초법적 사랑임을 위고는 뜨겁게 설파하고 있다. 좀 많이 나간 것 같다.

요컨대, 로즈만이 서구의 보편주의 패러다임에서 유학을 유학이게 끔 하는 유학의 특수주의를 비판한 것은 그의 유학 이해 수준의 민낯을 드러낸 것이다. 설상가상으로, 그는 자신이 쓴 상기 논문 제목에 넣

---

30 이와 관련된 인조 때 일이다. 아들로 하여금 아버지의 죄를 고발하게 한 사건을 두고 조정에서 큰 논란이 벌어진다. 인조는 '벽을 뚫고 국고國庫의 은을 훔치는 일은 큰일이 아니오, 부자의 도리[父子有親]를 깨뜨리는 일은 작은 일이 아니다'고 해서 오히려 오륜(五倫)을 깨뜨린 포도청 우두머리에게 죄를 준다. 우리 전통사회에는 오륜을 본으로 하고, 법치로 보완하는 것이 원칙이었으므로 **법 없이도 치안이 유지되었던** 이 세상에서 유수한 나라로 손꼽히기도 한다. (李圭泰, 1995, 『뽐내고 싶은 韓國人』, 신원문화사, 67-68쪽)

은 '보편주의'도 제대로 이해하지 못했다. 프린스턴대학의 동아시아 전문 석좌교수라는 직함이 부끄럽다.

로즈만이 유학을 두고 연륜우대주의라고 비판하는 것은 또 어떤가? 이 비판은 상기 오륜(五倫)에서 장유유서(長幼有序)를 비판한 것에 다름 아니다. 서양의 보편주의 패러다임에서 장유 간의 사회적 관계 역시 예외 없이, 말하자면, 장유유법(長幼有法)이어야 한다는 것이다. 대꾸할 가치도 없다. 그런데도, 더 나아가 그는 유교문명국가들이 시민사회기피주의라고 비판한다. 이 해묵은 에피스테믹 오리엔탈리즘에 대꾸하자니 시간이 아깝다.

시민사회는 청교도혁명과 프랑스혁명으로 대표되는 시민혁명이 성취해낸 것이다. 그 오리지널한 개념의 시민사회는, 주지하다시피, 정치적으로는 의회주의에 기반한 법치민주주의 그리고 경제적으로는 사유재산 보장과 자유경제에 기반한 자본주의를 그 존립·발전에 있어 두 축으로 한다. 로즈만의 그 비판은, 되짚으면, 유교문명국이 서구식 법치민주주의, 서구식 자본주의를 기피한다는 비판이다.

문화제국주의도 유분수이어야 한다. 공정하고 정의롭고 행복한 삶을 향유할 수 있는 방식은 문화에 따라 다양하다. 도대체 왜 유교문명국이 그러한 행복한 삶을 향유하기 위해 경제원리, 절차주의를 금과옥조로 하는 서구식 법치주의를 해야만 하는가? 또한 일체의 가치가 이윤이라는 단 하나의 가치 속으로 녹아 버리는 서구식 자본주의를 해야만 한단 말인가? 정녕 그러한 통문화적 서구화로 이루어진 지구촌이어야만 한다는 말인가? 아니, 도대체 그러한 지구촌이 가능하기나 하단 말인가?

일찍이 루소는, 제3장에서 보았듯이, 자연목가적 생활에서부터 법과 제도로 체계 잡힌 사회적 생활로 들어서면서 인간은 불행과 사악으로 향하게 되었다고 했다. 사회적 생활을 가능하게 하는 것은 법체계이지만 법이라는 것은 정의와 객관성과는 거리가 멀기 때문이라고 했다. 그렇다. 미국의 저명한 정치평론가 타이비(M. Taibbi)에 의하면, 법치민주주의와 자본주의에 있어 1등국인 미국에서 오늘날 사람들은 법적 권리가 소득에 따라 차등적으로 향유할 수 있다는 것에 대해 분개하지 않고 있다. 그래서 약하고 가난한 사람에게는 증오심이 쌓이고 있고, 가진 사람에게는 오히려 두려움과 비굴함의 감정이 쌓이고 있다.

로즈만이 유학을 두고 남성중심주의라고 비판하는 것은 또 어떤가? 그 비판은, 주지하다시피, 서양이 그리고 서양사상에 경도된 동양의 지식인이 유학을 공격할 때 가장 애용하는 고전적 무기이다. 이들은 그 비판을 상기 오류의 부부유별과 연계해서, 마치 공자가 남녀 간 인간차별을 선포하기라도 했던 양, 신바람이 나서 유학을 비판해 왔다. 적어도 이것 하나만은 유학을 확실하게 제압할 수 있는 카드라는 것이다.

결론부터 말하면, 로즈만의 그 비판은 그의 뇌리에 박힌 문화제국주의의 표출이며 기껏 무지의 소치이다. 공자사상의 총체적 이해에서 보면, 부부유별이란 부부간에는 성의 다름에 따른 [인간차별이 아니라] 역할의 차이가 있어야 한다는 것이다. 부부간에 성이 다름에 따른 **자연스러운** 가정적, 사회적 역할의 차이를 인정하고 실천하는 것이야말로 질적 평등주의라는 것이다. 그 차이를 도외시하는 서양, 특히 서구 페미니즘이 주장하는 산술적 남녀평등주의는 양적 평등주의에 불과한 것이라는 것이다.

서양의 문명적 근본에서 볼 때, 도대체 어디에 그러한 산술획일적 남녀평등주의가 제시되어 있는가? 소크라테스-플라톤인가? 기독교 성경인가? 코란인가? 플라톤은, 남자와 여자는 성이 다름에 따른 성향과 체력이 서로 다르기 때문에 가정적 사회적 역할도 구별되어야 한다고 논리정연하게 역설했다.[31] 구약성경의 창세기는 인간 창조과정에서부터 남성중심주의이며 또한 남자와 여자 간에 성의 차이에 따른 역할의 차이를 분명하게 말하고 있다.[32] 신약성경(특히 「고린도전서」 11장 3절에서 12절까지) 역시 그러하다. 남자와 여자는 존재론적으로 이원일자적 관계라는 것, 남녀 다 같이 하나님의 자식이라는 의미에서 남녀평등주의라는 것, 결코 페미니즘이 주장하는 그러한 산술획일적 평등주의가 아니라는 것이다.

　그뿐만 아니라 희랍신화를 보면 완전 남성중심주의이다. 프로이트 심리학은 또 어떤가. 그의 후기 이론에서는 전기 이론에서 무의식에 해당하는 대부분이 이드(id)로 옮겨진다. 그리고 의식과 무의식 간의 구별은 이드, 이고(ego), 수퍼이고(superego)라는 한 세트의 상관적 개념들로 대치된다. 이드는 가장 기본적인 본능적 충동의 저장소이다. 이고, 즉 자아는 이드에 의한 본능적 충동행위를 현실의 제반 상황에 맞도록 의식적으로 변경 또는 제약한다. 수퍼이고는 그러한 자아를 형성시킨 초超자아이다. 이 초자아는 아버지(paternity)의 가치관과 기대를 내면화해서 발달한다. 무엇을 말해주는가? 인간의 자아 형성은 아버지에 달렸다는

31　그 구체적 내용: 플라톤, 박종현 역주, 1997, 『국가·政體』, 서광사, 321-331쪽.

32　이에 관해 다음을 볼 것: 김용옥, 1990, 『여자란 무엇인가: 동양사상입문 특강』, 통나무, 105-115쪽.

것이다. 과연 그들의 신화대로인지, 심리학대로인지 지금도 그들은 여자가 결혼하면 자신의 성을 버리고 남편의 성을 가진다. 결혼과 동시에 여자는 아예 족보를 남편의 족보로 옮긴다는 것이다. 이런 데도, 도대체 왜 로즈만은 유학에 대해서만 남성중심주의라고 그토록 집요하게 비판하는가?

주지하다시피, 오늘날 미국사회를 내부적으로 쇠락시키는 가장 근본 원인이면서도 속수무책인 것이 심리-사회적 문제들(psycho-social problems)이다. 그런데 이 문제들을 1차적으로 발아시키는 곳이 바로 가정, 즉 가정파탄이다.[33] 가정파탄의 근본적 원인은 크게 두 가지인 것으로 분석되고 있다. 하나는 개개인의 자아를 무한정으로 추구하는 개인주의 때문이고, 또 하나는 부부간에 산술획일적인 양적 평등주의를 국법으로 철저히 보장하고 있기 때문이다.

논점은, 국법의 철저한 보장에 의한 그들의 남녀평등주의 심화가 인간주의의 발전이기보다는 자본주의의 발전과 맞물려 있다는 것이다. 그들은 부부유별, 즉 부부간에는 생물학적 성이 다름에 따른 자연스러운 역할의 차이가 있어야 한다는 유학의 가르침을 두고 '인간성을 억압하는 봉건주의적 사고'라고 단죄하고 그 역할의 차이를 천부인권天賦人權이라는 거룩한 차원에서 단호하게 거부한다. 그리고 이를 통해, 일찍이 마르크스가 갈파했듯이, 자본주의의 안정적 지속적 발전을 위한 여

---

[33] William T. de Bary, 2003, "Why Confucius Now?" In Daniel A. Bell and Hahm Chaibong (eds), *Confucianism for the Modern World*, Cambridge University Press, p. 367.

성 '산업예비군'의 확보와 그 효율적 동원에 힘쓰고 있다. 그것이 잘 되고 있는 나라가 바로 자본주의 선진국이다. 지금 우리 대한민국도 여성 산업예비군의 효율적 동원을 위해 다각도로 노력해서 괄목할 만한 자본주의의 발전을 이룩해 나가고 있다. 하지만 우리 역시 그들과 마찬가지로 그 발전의 이면에는 인간성 증발, 물신주의 심화로 인해 가정 파탄이 늘어나고 있으며 또한 속수무책의 심리-사회적 문제가 야기하는 반인륜적 범죄가 증가하고 있다.

질적으로 참된 남녀평등주의의 길은 무엇인가? 맹자가 그 변치 않는 길을 간단명료하게 제시했다: 부부유별. 행복한 가정과 이에 기반한 건전한 사회가 되기 위해서는 무엇보다도 먼저 남녀간에 부부유별이라는 윤리가 지켜져야 한다는 것이다. 이에 유학은, 『주자가례(朱子家禮)』나 『소학(小學)』 등에서 보는 것처럼, 남녀간의 역할분별을 사회적 인간관계에서 가장 근본이 되는 윤리로 삼는다.

> 남녀간에 분별이 있어야 비로소 부자간에 친함이 있고, 부자간에 친함이 있어야 비로소 의가 있게 되고, 의가 있어야 비로소 예가 있게 되고, 예가 있어야 비로소 만물에 편안함이 있다. 남녀간에 분별도 없고 군신간에 의도 없으면 금수처럼 사는 삶이다(無別無義 禽獸之道也).
> (『소학』 내편: 명륜62, 155-156쪽)

부부유별에서 '유별'이란 어떤 유별인가? 유학에서 그것은 말할 것도 없이 남녀간의 **자연스러운** 음(陰)양(陽)적 유별이다. 이것을 오늘에 온고지신(溫故知新)적으로 이해하면 이러하다.

무릇 남자와 여자는 생물신체적으로도, 기질정서적으로도 서로 음양적으로 대조된다. 그러므로 예컨대 여자는 병역의무가 없고, 전투에 나가지 않고, 위급한 상황에서는 남자에 우선해서 보호를 받고, 가정에서는 여성에게 적절한 일을 분담하고, 직업에서는 여성에게 알맞은 직종, 조직에서는 여성에게 적절한 직책을 맡는 등 남자와의 가정적, 사회적 역할이 구별됨은 극히 자연스러운 것이다. 생물신체적으로 그래서 기질정서적으로도 서로 음양적으로 대조되는 여자와 남자가 결합해서 가정을 이루고, 가정과 가정이 모여 사회를 이룬다. 이런 까닭에 남녀간 성의 차이에 따른 자연스러운 가정적, 사회적 역할구별이 **사회적 인간관계에** 있어 토대가 되는 윤리이어야 한다는 것이다. 하지만 그 유별의 정도와 양상은 시중(時中)적 알맞음이 되게끔 적절해야―레비-스트로스의 용어로 말하면, 정도와 양상에 맞게 '변형(armature-transformation)'되어야―한다는 것이다.

이를테면, 고대 청동기시대에서는 그 청동기문화에 맞게, 지금의 전자컴퓨터시대에는 지금의 전자컴퓨터문화에 맞게 남녀간에 부부유별이라는 윤리를 실천해야 한다는 것이다. "그때는 그때에 맞게, 지금은 지금에 맞게 하는 것이다"(『맹자』 4:13). 부모님 앞에서, 손님을 맞을 때, 자녀를 교육할 때, 가정 살림을 의논할 때, 같이 잠잘 때, 같이 목욕할 때 등 다양한 경우와 사태에서 시중적으로 알맞아야 한다는 것이다. 만약 오늘의 현실이 부부유별이라는 윤리로 인해 진정 남녀인간차별적―즉, 음의 역할이 혹은 양의 역할이 더 중요하다는 식의―현실이 되어버렸다면, 그것은 개인적으로나 사회적으로 유학의 배움과 깨달음이 부족했기 때문이다. 그럼에도 동양이 **서양으로써** 동양을 꾸짖는 한심한 현실을 우리는 목도해오고 있다.

오늘날 서양, 특히 서구사회의 남녀간 평등은 말하자면 양양陽陽적인 산술적 평등이다. 남자 건, 여자 건 그들 개개인의 정신(psyche) 자체가 양陽적이다. 음양적 정신인 우리 동양인에게는 이유 없는 불안(para-noia), 정신분열(schizophrenia) 같은 것은 원래 생소하다[하지만 지금 한국사회에는 그것으로 인한 환자(psychopath)가 저지르는 끔찍한 범죄가 날로 늘어나고 있다. 그 이유를 모두가 알고 있다]. 라캉에 의하면, 오늘날 서양인의 정신은 도가 넘도록 양陽으로 꽉 차서, 정도의 차이일 뿐, 거의 모두가 이유 없는 불안, 정신분열, 주이상스(jouissance) — 인간유기체가 감당하기에 과도한 재미, 엔조이, 자극, 만족을 추구하는 무의식적 드라이브로 인해 기인된 무기력 같은 증세; 혹은 이웃 사람, 길에서 다가오는 사람, 심지어 TV 등과 같은 자신 이외의 모든 것에 대한 공포[스웨덴 에드바르 뭉크의 '절규 Screaming' 그림. 우리 같으면 꿈에라도 나올까 걱정되는 그 그림이 그들에게는 세계 최고가(2012년 경매에서 2천1백억 원)로 어필하는 이유를 생각해본다] — 를 잠재적으로 가지고 있다.

하지만 그들은 남녀간에 음양적 분별이 없어진 자신들의 사회를 근대적 혹은 선진적 혹은 민주적이라고 자랑한다. 반면에 자연스러운 그 분별이 있는 사회를 봉건적 혹은 후진적 혹은 비민주적이라고 업신여겨왔고, 지난 시대에는 그 분별을 없애고자 강제했다. 그들은 나(the I) 중심의 양陽적 자아(ego) 덩어리이다. 부부간에도 양양적 평등인지라 내심 항상 서로 조심한다. 별것 아닌 것을 두고도 서로가 예민하게 충돌한다. 그 충돌 자체와, 충돌의 결과가 법에 의해 항상 든든하게 보장된다. 그래서 이혼이 조금도 부끄럽지 않은 사회이다. 아니, 서로 그러면서 살 바에는 이혼하는 것이 합리적이라고 이혼을 권장하는 사회이다. 그들의 합리성[최소투입-최대산출] 수준은 이혼 권장 정도의 수준을 넘는다. 이혼을 위한 법적 절차가 번거롭고, 고비용이 들기 때문에 아예 부부관계를 피해서 파트너관계로 사는 것이 좋다는 것이다.

자식이 어릴 때부터 부모의 양양적 평등과 그러한 합리주의를 보고 들으면서 성장한다. 밖에 나가서도 역시 양양적 남녀평등주의, 합리주의적 타산, 법 만능주의를 보고 듣고 배운다(레비-스트로스는 제6장에서 언급했듯이 '유럽인은 어릴 때부터 개인주의적 인간, 이기적 인간이 되라고 배운다'고 토로했다). 결국 그들에게 예(禮)란, 앞서 본 것처럼, 격식적인 절(節)이나 에티켓 수준일 뿐 그 마음속에는 의(義) 대신에 법과 규정만 있게 된다. 사람들은 도덕 운운하면 별 느낌이 없다. '법' 혹은 '규정'이라고 해야만 정색을 하고 관심을 기울인다. 결정적 문제는 그들은, 그러한 삶이 보편적이기 때문에, 그렇지 않은 삶의 문명을 오히려 후진적으로 간주한다는 것이다.

요컨대, 유학에서는 남녀간에 성이 다름에 따른 부부간의 자연스러운 음양적 역할구별이야말로 행복한 가정, 건전한 사회를 이룩하기 위한 토대윤리이다. 그런데도 로즈만은 그러한 구별을 글로벌리즘, 글로벌시대에 역행하는 것이라고 세계적 학술지를 통해 대대적으로 비판하고 있다. 오늘날의 시대적 지식구조(episteme)에 편승해서 문화제국주의적 폭력을 마구 휘두르는 로즈만이다.

이쯤 되면 로즈만이, 회심의 미소를 지으며, 유학의 삼종지도(三從之道)를 비장의 카드로 꺼낼 것이다. 에피스테믹 맨 로즈만이여, 서양사상에 경도된 한국의 지식인이여, 다음을 똑똑히 보시라.

육경(六經)—예경(禮經)과 악경(樂經)을 합쳐 예낙경(禮樂經)으로 하면 오경(五經)—중 하나가 『예경(禮經)』이다. 『예경』은 삼례(三禮: 의례儀禮, 예기禮記,

주례周禮)로 되어 있고, 삼례 중 하나가 『의례』인데, 거기에 삼종지도가 있다. 여자는 부모님께 순종해야 한다. 출가하면 남편에게 순종해야 한다. 남편이 죽으면 아들에게 순종해야 한다. 이 세 가지 도는, 결론부터 말하면, 공자에 의해 온고지신적으로 재해석되어 그의 정명(正名)사상으로 흡수된다.

공자는 『논어』 그 어디에도 남녀 차별적 윤리를 말한 적 없다. 이렇게 말한 적이 있을 뿐이다. "소인과 함께하는 여자는 다루기 어렵다(唯女子與小人爲難養). 가까이하면 불손해지고 멀리하면 원망한다(近之則不孫遠之則怨)"(『논어』 17:25). 이것을 두고 '여자와[and] 소인은 다루기 어렵다'라고 해석들을 해서 공자가 공공연하게 여자를 소인 취급했다고 소리 높여 비판한다.

부디 징후적 독해(symptomatic reading)[34]를 하시라. 당시 귀족은 물론이

---

34 징후적 독해는, 표층적 독해(surface reading)와 더불어, 구조주의 마르크스주의자 알튀세르(L. Althusser)의 용어이다. 후자는 텍스트에 쓰여 있는 말을 쓰여 있는 그대로 해석하는 것이다. 전자는 텍스트가 함의하고 있는 참된 의미를 말해주는, 또는 그것을 좌우하는, 또는 그것과 관련 있는 여러 가지 것을 전부 종합하는 해석이다. 알튀세르 이전까지의 마르크시즘은 의심할 바 없이 경험주의이고, 휴머니즘이고, 역사주의이다. 그러나 알튀세르는 징후적 독해를 통해 마르크스의 전기 저작과 후기 저작 간에, 제2절에서 논의한, 바슐라르의 인식론적 단절이 있음을 알았다. 특히 『자본론』에서 알튀세르는 반反경험주의, 반反휴머니즘, 반反역사주의 그래서 한 유형의 구조주의자인 마르크스를 발견했다.
그가 마르크스에서 발견한 구조는 생산양식(mode of production)이다. 생산양식이 자신의 내재력(immanent, built-in capacity)으로써 자율적으로 자신을 재생산해 진화해 나간다는 것이다. 인간의 의식적 실천과는 전혀 무관한 그러한 생산양식이 철학, 정치, 법률, 윤리, 예술 등 모든 사회구성요소를 결합(articulation)하는 보이지 않는 무의식적 작인(agent)이라는 것이다. 따라서 [레비-스트로스에서처럼 '인간의 죽음'] 사회는 인간이 작인인 인간의 사회가 아니라는 것이다. 역사 역시 인간이 작인인 인간의 역사가 아니라는 것이다. 사회란 생산양식의 사회이며 역사도

고 부유한 집이나 대갓집은 첩, 여자 종, 남자 하인이 함께(與) 살았다. 공자는 한평생을 살면서 그런 집에 대해서도 한 말씀해야 할 경우도 분명 있었을 것이다. 또, 여(與)를 딱 부러지게 'and'라고 새길 한문의 근거가 없다. 그러나 중국어 특성상 문맥에 따라서는 그렇게 의역할 수도 있다. 하지만, 이 경우 왜 꼭 그런 의역으로 새겨야만 하는가? 우리는, 징후적으로 독해해서, 與를 그대로 'with'로 새긴다. 그래서 '여자여[with]소인'을 주로 소인(小人) 즉 종, 하인, 대문간 식객 등을 상종하는 (與) 여자[여자 종이나 멀리된 첩]로 해석한다. 그러면 해설이 이렇게 된다. 무릇 예(禮)란 사회생활에 있어서, 신분·역할에 따른 윤리도덕을 매개로 한, 사람과 사람 간의 미학적 거리이다. 그러므로 [唯의 의역]특히 여자 종이나 첩과는 그 거리를 적당하게 잘 지켜야 한다.

이 대목에서 로즈만과 그 아류는 드디어 비장의 최후 카드를 뽑을 것이다. 그것은 공자에 의해 온고지신적으로 재해석되지 않은, 상기 『예경』에 있는 그대로의 삼종지도이다. 주지하다시피, 특히 그 세 번째 도를 가장 결정적 카드로 뽑는다. 아들딸을 막론하고 부모님을 공경하는 것은 유학의 한 절대 근본이거늘, 여자라는 팔자는 단지 여자라는 이유만으로 남편이 죽고 나면 자식으로부터 공경받기는커녕 오히려 자식에게 순종해야 한다니! 이런 당치도 않은 모순적인 유학의 남녀차별주의에 묶여 제대로 말 한마디 못하고 평생을 살아야 한다니! 이 무슨 불행한 '여자의 운명'이고, 기구한 '여자의 일생'이란 말인가! 신파조의 눈물을 자아내기에 충분하다. 그것 하나만으로도 오늘날 이 자유

생산양식의 역사라는 것이다.

평등의 시대에 유학은 타파되어야 할 이유가 되고도 남는다는 것이다.

독자들도 보았으리라. 얄량하게 서양의 페미니즘 공부를 좀 했다고 해서, 부부유별이라는 윤리를 얇은 표층적 독해(surface reading)로써 질타한다. 특히 삼종지도의 타파를 전가의 보도처럼 휘두른다. 모든 것은 유학 탓, 세상 탓이라고 애정 깊게 위무하면서 신파조의 눈물과 감정을 부추기는 일을 전문으로 한다. 첨단의 선진적 지식을 함양한 똑똑한 여권운동가를 자처하면서, 노라를 해방시킨 한국판 입센이라도 된 양, 사명감에 불타 여기저기서 강연을 하고 책도 쓰고 인기를 얻어 급기야 한자리 얻기도 한다. 도대체 페미니즘이 무엇이기에 이 지경인가?

페미니즘. 이것은, 한마디로, 사회적 삶의 모든 영역에서 남녀간에 무차별적인 절대평등주의를 실현하자는 것이다.[35] 그것은, 그 시발적 성격에서부터 지금까지, 학문적 이론이기보다는 여성의 아이덴티티에 관한 이념적 주장이며 그에 따른 운동이다. 페미니즘 학회는 그 이념을 실현하고자 하는 정치적, 전략적 모임의 성격이 다분하다[그러므로 페미니즘을 '여성학', 페미니스트를 '여성학자'라고 번역하는 것은 적절하지 않다]. 그 운동의 핵심은 시대에 따라 변천해온 남녀간의 사회적 관계에 내재해 있다고 보는 불평등을 파헤쳐 드러내는 일, 그리고 드러난 불평등의 원인을 분석하고 대책을 제시하는 일이다. 하지만 그 어떤 접근의 페미니즘이라 하더라도 상기 공자사상에 입각한 '남녀간의 자연스러운 역할 차이'라는 명제 앞에서는 딱 멈추게 된다. 이렇게 되면, 급진적 페미니즘에서는

---

35 A. Giddens, 1989, *Sociology*, Cambridge: Polity Press, p. 727.

그 명제를 낳은 애초의 발상 자체가 성차별, 성불평등이라고 주장한다.

서양인의 사고는, 앞서 보았듯이, 극단으로 가고야 만다. 프랑스혁명의 인권선언에 함의된 페미니즘, 생시몽주의자의 페미니즘 등 초기의 페미니즘에는 많은 공감들이 있었다.[36] 1960년대 미국 문화인류학의, 제1장에서 논의했던, 미드(M. Mead)의 학문을 중심으로 비롯된 인종, 성별, 연령을 포괄하는 만인평등인권 운동이 세계적으로 큰 호응을 얻는다. 그 운동이 포스트모더니즘의 실천적 새벽을 연[니체는 철학적 새벽을 열었고] 프랑스의, 제2장 제3절에서 언급한, 68운동과 맞물려 페미니즘으로 발전했다. 그리고 이 발전이 날로 극단으로 나아가 현대의 급진적 페미니즘은 막무가내식의 초超이론적이다.

그런데 현대 페미니즘의 여러 갈래 중에 마르크스주의 페미니즘은 이론이 나름 타당하다는 견해가 있다. 마르크스주의 페미니즘 역시 남녀평등주의를 법제화한 장본은 서구 근대민주주의의 평등사상이라고 본다. 그러나, 남녀 간에 산술적인 양적 평등주의를 고취시키고 법제화한 진짜 숨은 장본은 마르크스가 말하는 산업예비군이 **절대적으로 필요한** 자본주의라고 주장한다. 남녀불평등의 근본적 원인이 자본주의 체제에 불가불 매몰되어 있다는 것이다.

부연하면, 완전고용은 산업사회의 목표이다. 하지만 여자는 가사와 육아에만 전념하고 오직 남자만 나가서 산업활동을 하는 경우, 완전고용이 달성되면 자본은 꼼짝없이 노동에게 발목 잡힌다. 지속적 확대재생산이 계속되어야만 하는—그렇지 않으면 결국 국가 자체가 무너지

---

[36] 위의 책, p. 178.

고 마는—자본주의 국가에서 자본은 노동에 대해 적어도 최소한의 힘 우위를 확보해야 한다. 그러기 위해서 자본주의는 여차하면 바로 산업 현장에 투입할 수 있는 적정 수준의 실업자 곧 '산업예비군'이 절대로 필요하다(중앙대 김누리 교수의 연구에 의하면 자본주의 국가에는 평균 5% 정도의 실업자가 있기 마련이다). 이에 자본주의 국가는, 남성과 구별되는 여성 본래의 생물·생리·정서적 측면을 도외시하는 그러한 절대평등주의를 법제화해서, 산업예비군으로서의 여자 실업자도 확보해 두어야 한다.

남자노동의 완전고용에 대비해서 산업예비군 성격의 여자 실업자가 확보되어 있어야만 하는 자본주의사회라면, 그 사회는 남성에 비해 여성이 차별받는 사회임이 분명하다. 여성 산업예비군 곧 여자 실업자가 자본(주의)의 안정적 확대발전을 담보해주는 불가결한 존재라면 마땅히 자본주의사회는 그들이, 여자 취업자와는 물론이고, 남자 취업자와도 평등하게 자본주의세상을 향유할 수 있게끔 해주어야 한다. 하지만 그들이 그러한 평등을 향유한다면 어느 누가 취업전선에 나가 노동하려 할 것이며, 노동을 한다 해도 노동의 질은 어떻게 되겠는가? 이처럼 자본주의체제와 조직에 남녀불평등이 구조적 모순으로 내재해 있기 때문에, 자본주의사회에서는 남녀불평등을 완전히 해소할 수 있는 대책이 있을 수 없다는 것이다. 그러므로 질적인 남녀평등사회를 구현하기 위해서라도 자본주의는 타파되어야 한다는 것이다.

과연 그러한가? 현대 페미니즘의 초이론성에 대해 문화인류학, 문화지리학에서 **마르크스주의 접근이 적용되지 않는** 자본주의 이전의 사회를 대상으로 많은 실증적 연구가 있다. 그 공통된 결론에 의하면, 그들 사회에서도 성에 따른 남녀 간의 차별은 보편적인 것(the universality of female subordination)이다. 이러한 결론은 남녀불평등의 근본 원인이 자본주의체제에 불가불 매몰되어 있다는 상기 마르크스주의 페미니즘의 주장을 뒤집는 것이다.

언어학, 특히 언어의 의미구조 영역에서도 페미니즘에 관한 연구에 나섰는데 역시 동일한 결론이다. 그 간단한 예로, man에는 '남자'라는 의미가 있다. 또한 남녀 통틀어 '사람'이라는 의미도 있다. 남자인류가 남녀인류를 대표한다는 함의라는 것이다. 비근하게는 남자고등학교의 경우 그냥 무슨 고등학교라고 이름을 짓는다. 무슨 남자고등학교라고 짓지 않는다. 반면에 여자고등학교는 반드시 무슨 여자고등학교라고 이름을 짓는다. 역시 동일한 함의이다. 또, 먹는다는 말의 의미에서도 그러하다. 먹는 데는 먹는 주체와 먹히는 대상이 있다. 연구대상이 된 모든 문화집단의 언어에서 먹는다는 말에 '성교한다'는 의미가 들어있다. 그런데 그들의 언어에서 남자가 여자를 먹는다는 말은 있지만, 여자가 남자를 먹는다는 말은 없다. 무엇을 의미하는가? **인간사회의 생성·유지에 토대가 되는** 행위인 성교에서도 성에 따른 남녀간의 차별, 즉 성차별은 자연스러운 것이며 그래서 보편적이라는 것이다. 하지만 현대의 극단적 페미니즘은 그런 언어적 의미구조가 있게 된 근본 이유가 애초에 남자에 의해 주도된 성차별, 성억압에 기인된 것이라고 막무가내식 주장을 한다.

이러한 초이론적인 극단의 페미니즘이, 놀랍게도, 젠더 아이덴티(gender identity)에 대해서는 유구무언이다. 성에는 섹스(sex)로서의 성이 있고 젠더로서의 성도 있다. 전자는 인간과 동물의 생물·생리학적 성을 지칭한다. 후자는 배, 국가, 자유, 해, 달, 의자, 신, 행복, 바다 등 인간의 인식에 있는 모든 사물에 대해, 제1장에서 취급한, 인지인류학적 혹은 민족의미론적으로—보통 용어로는 사회·문화적으로—부여된 성을 지칭한다. 어떤 사물이 남성적이면 남성(masculinity), 여성적이면 여성(femininity), 남성 혹은 여성 어느 쪽이라고 보기 어려운 경우에는 중성(neuter)이라는 젠더 아이덴티티가 부여된다. 동일한 사물이라도 젠더 아이덴티티는 문화집단이나 언어권에 따라 다르다. 흥미로운 논점은 오늘날 인류학 넓게는 사회과학에서는 섹스라는 용어를 가급적 피하고 대신에 젠더라는 용어를 쓴다는 것이다.

이유는 첫째, 페미니스트는 남성과 여성 간의 그 어떠한 사회적 문화적 역할구별도, 비록 그것이 아무리 자연스러운 것 그래서 당연한 것이라 하더라도, 성차별이라고 간주해서 공격하기 때문이라는 것이다. 둘째, 젠더는 남성과 여성 간의 행위와 역할이 사회·문화적 측면에서 본디 서로 다르다는 것을 이미 인정하는 용어—즉, 성차별이 이미 전제된 사회·문화적 용어—이기 때문이라는 것이다.[37] 이것이야말로, 초이론적임을 넘어, 그냥 '눈 감고 아옹' 아닌가. 바로 서양인들 사고의 '웃기는' 이면인 것이다[요즘 한국에서도 식자들이 성차별, 성불평등 대신에 젠더차별, 젠더갈등이라는 어폐語弊적 용어를 예사로 쓰고 있다].

무엇을 말해주는가? 서양인은 실질보다는 논리, 형식 그리고 절차가 언제나 우선된다는 것이다. 이것은, 제3절에서 서구합리주의와 관련해서 볼 것인데, 법치주의, 평등주의 등 그 어떤 주의를 실현함에 있어서도 마찬가지이다. 그들은 막스 베버가 간파했듯이 서구합리주의적 논리와 형식에 갇힌(imprisoned) 사고를 하기 때문이다. 그들의 갇힌 사고에 기반한 페미니즘 논리에서 보면, 오늘날에도 '부부유별' 같은

---

37 위의 책, p. 727, pp. 158-160.

소리를 한다는 것은 천부의 기본인권을 유린하는 시대착오적인 봉건적 생각을 드러내는 것이다. 더욱이 그것을 두고 '질적 평등주의'라고 한다면, 그것은 완전히 정신 나간 소리이다. 그러나, 자연주의적 음양사상에 기반한 유학에서 보면 사회적 삶의 모든 영역에서 남녀간에 산술획일적인 양적 평등주의를 실현하고자 하는 페미니즘이야말로 맹하게 '갇힌' 사고의 소산인 것이다.

진정 공자의 정명(正名)사상을 이해한다면, 설령 공자가 『예경』의 삼종지도를 직접 그대로 설파했다 해도 그것은 오늘날에도 **온고지신적으로** 실천되어야 할 도(道)이다. 그 도는 논리와 형식에 얽매이지 않는 실질적이고 명쾌한 길이다. 남편이 죽고 나면, 어머니는 아들에게 순종해야 한다. 표층적 독해로 볼 때, 이 세 번째 도와 첫 번째 도—자녀는 부모에게 순종해야 한다—는 서로 정면으로 상충되는 모순이다. 논리와 형식에 갇힌 서양인의 사고로서는 그러한 모순적인 도를 제시한다는 것은 상상도 못한다.

하지만 그 갇힘을 열고 나오면, 양자 간에 전혀 모순이 없을 뿐만 아니라 오히려 삼종지도 전체가 온고지신적으로 발전되어 정명(正名) — "임금은 임금답게, 신하는 신하답게, 아비는 아비답게, 자식은 자식답게 하는 것"(『논어』 12:11) — 의 도를 보게 된다. 남편이 죽고 아들이 남자로서의 가정적 사회적 역할을 맡게 되면, 어머니는 첫 번째 도인 부모공경을 내세워 아들이 맡은 역할에 간섭하려고 하지 말고, 남편이 있을 때와 다름없이 '여자 어른으로서' 자연스러운 가정적 사회적 역할을 맡아서 하라는 것이다(正名). 그렇게 하면, 아들은 '아들로서' 부모공경이라는 첫 번째 도를 변함없이 지킬 수 있게 된다는 것이다(正名). 그러면서 동시에 아들은 '남자 어른으로서' 자연스러운 가정적 사회적 역할을 자신의 결정과 책임하에 수행하게 된다는 것이다(正名). 삼종지도는 이처럼 공자의 정명사상 속에 발전적으로 살아 있다.『논어』의 정명사상은 공자의 천(天)사상, 인(仁)사상, 예(禮)사상, 중용(中庸)사상 등과 함께 육경(六經)의 상기 의례(儀禮)를 온고지신적으로 완성한 것이다. 논리와 형식에 '갇힌' 로즈만으로서는 유학의 그 깊은 가르침을 알 리가 없다.

로즈만이 유학을 두고 자국보호주의라고 특히 역점적으로 비판하는 것은 또 어떤가. 그 비판은 뜬금없는 '아닌 밤중에 홍두깨'이다.

오늘날 어느 나라를 막론하고 근본에 있어서 자국보호주의를 하지 않는 나라가 없다. 자유무역협정(FTA)에 의한 자유무역이라는 것도 어디까지나 자국보호주의 내에서 이루어진다. 다만 자국보호주의게임에서 손해를 보지 않으려고 안간힘을 쓰고들 있을 뿐이다. 자유주의무역을 강력히 추진하고 있는 미국 역시 마찬가지이다. 적은 것은 내주고, 많은 것을 얻는다는 기본전략으로 미국의 이익을 보다 크게 하기 위해 온갖 지식과 권력을 교묘하게 구사하고 있다. 그럼에도 유교문명국가를 별도로 싸잡아 자국보호주의라니, 이건 로즈만이 홍두깨 정도가 아니라 아예 양심을 내던져버린 것이다.

산업주의 발흥 이후 자본주의 중심국이 국제정치경제의 장에서 행해온 행적을 살펴보면 그들 모두가 자국보호주의이다. 있었던 일 그대로를 말하면, 강자의 논리로 합리화한 자국이익중심주의 또는 경쟁적인 약소국침탈주의이다. 그런데 저들은 모두 기독교 국가이다. 유교문명국이 힘이 있다고 해서 저들의 자국이익중심주의, 약소국침탈주의를 기독교 때문이라고 뒤집어씌운다면 과연 저들은 뭐라고 할 것인가?

로즈만의 그 뜬금없는 유학비판의 본질을 푸코의 계보학적 접근으로써 드러내 보도록 하자. 푸코에 의하면, 지식-권력이 역사의 새로운 판도(domain)를 열어나가는 작인作因이다. 따라서 지식-권력이 역사를 분석하는 틀이다. 푸코는 그 분석틀을 두고 분석 및 기술記述의 미세성이라는 측면에서, 또한 그 어떤 경우에도 인간이라는 작인을 완전히 배제한다[그러므로 물리학적는 측면에서 권력의 미시물리학(micro-physics of power)이라고도 했다. 이 미시물리학을 원용해서 그 비판의 본질적 민낯을 드러내 보도록 하자.

먼저 지금과는 **판이하게 다른** 과거 미국의 대외적 모습에로 단박에 역사를 거슬러 올라간다. 그리고는 그 모습이 지금의 모습으로 된 과정을 상기 분석틀로 접근해서 계보 적듯이 미세하고 상세하게 기술해 내려온다. 시간적으로 수직적인 계보학적 기술에는, 제5장에서 논의했듯이, 시간적으로 수평적인 고고학적 기술이 일자적으로 내포된다. 이 기술은, 그 어떤 인간작인도 배제된, 오직 '지식-권력으로서의 권력'의 미시물리학적 기술이어야 한다.

2차세계대전이 종결되자, 미국은 **지금 미국의 모습과 달리** 약소 식민지국가에게 대단한 온정으로 그들의 독립을 적극 주장했다. 거기에는 인도주의적인 이유보다 더 큰 근본적인 지식적 이유가 있었다.

그 지식은, 미국이 전후의 새로운 세계체제를 만드는 데 있어서 유럽 열강이 하는 식의 식민지경영을 답습해 원료공급원 및 제품시장으로서의 일정한 영토적 세력권을 형성하는 것에 관심이 없었다. 그 지식의 관심은 미국의 자본주의적 발전을 처음부터 농산물의 대량 수출로 이룩하는 것이었다. 그러므로 그 지식은 애초부터 전 세계를 하나의 단일시장으로 통합하는 자유경제체제에 관심이 있었다. 이런 까닭에, 미국은 약소 식민지국가의 독립을 적극 도와줌으로써 영국, 프랑스를 비롯한 유럽열강의 블록-폐쇄적 식민지체제를 오히려 해체하고 자유화하려고 했다. 이것이 엄청난 자원과 거대한 생산잠재력을 가진 미국의 이익에 맞기 때문이었다.

2차세계대전으로 인해, 단 한 나라, 미국만이 막대하게 경제력을 신장시켜서 세계통화용 금의 약 80%를 보유하게 된다. 미국은 이 엄청난 경제력(세계적 차원의 권력원)을 이용해 자신이 필요로 하는 지식을 자체적으로 계속 생산함과 동시에 전 세계적으로도 흡수함으로써 세계적 차원의 권력원이 세계적 차원의 권력으로 된다. 이에 인류는 지식-권력에 의한 세계사의 새로운 판도를 보게 된다. 미국달러가, 당시까지는 인류가 꿈도 꾸지 못했던, 기축통화(혹은 국제통화)로서의 지위를 가질 수 있게 됨으로써 미국이 미국주도의 단일한 자유주의 세계경제체제 곧 브레튼우즈체제를 탄생시킨다.

이 체제의 양대 중심축이 바로 국제통화기금(IMF)이고, 무역 및 관세에 관한 일반협정(GATT)이다. 미화 35달러를 금 1온스로 태환하는 금-달러 본위의 고정환율제도에 기반한 브레튼우즈체제에서 '보이지 않는 손'의 시장력이 그런대로 발휘된다. 그런데 이른바 오일 쇼크로 인한 세계경제폭발로 (…) 1971년 [닉슨]지식-권력에 의한 금태환 정지가 선포되었고, 1973년에는 그 후속조치로 고정환율제가 변동환율제로 이행된다. 이것은 자유주의 브레튼우즈체제가 미국의 처지와 이익에 맞지 않게 되자, 미국은 자신의 지식-권력이 만든 그 체제를 다시 자신의 지식-권력으로써 파괴한 것이다. 미국이 '황야의 무법자'가 된 셈이다.

이러한 미국은 자국보호주의적 환율변동을 통해서 일종의 관리무역을 해 나가겠다는 공식적 선언을 거리낌 없이 했고 또한 지금까지 그렇게 해오고 있다. 그러나 다른 나라의 환율변동 시도가 미국경제에 불리할 것 같으면, 특히 약소국의 자국생존적 환율변동정책이 그러할 경우는 종속 또는 의존의 끈을 교묘히 조종해서 강력히 간섭하고 있다. 그러면서도 한편으로 미국은 자신의 지식-권력이 만들어낸 신자유주의 이념의 세계무역기구(WTO)를 몰고 새로운 잉여원천, 축적기회를 찾아 전세계를 당당하게 누비고 있다. 지식-권력이 열어 나가는 또 하나의 새로운 판도의 역사, 즉 신제국주의적 역사 변환의 **잠정적** 완성을 이룬 것이다.

이 새로운 판도의 운용 역시 황야의 무법자 식이다. 신자유주의에 기반한 WTO체제가 오히려 미국 이익에 불리하게 되자 [트럼프]지식-권력은 "아메리카 퍼스트"를 외치며 노골적으로 보호주의무역으로 선회했다. 이것이 WTO에 반한다는 비판이 일자, 그 지식-권력은 "WTO와 NAFTA는 미국에 재앙"이라고 주장하면서 미국이 WTO체제를 탈퇴할 수도 있다고 으름장을 놓았다. 지금의 [바이든]지식-권력도 근본에 있어서 이와 크게 다를 수가 없다. 대중선동력이 뛰어난 [트럼프]지식-권력보다는 좀 덜 황야의 무법자 식으로 보일 뿐이다.

이상에서 '권력의 미시물리학'은 은폐된 진실을 투명하게 드러내 주고 있다. 미국이 보유한 막대한 권력과 막대한 지식 간의 일자-多적 상호작용이 오늘날 신자유주의의 그 당당함을 있게 했음이 드러났다. 신자유주의는 체계적이고 일관된 논리가 관통하는 과학적인 경제학이 아니라, 실제로는 강자의 신제국주의적인 이른바 경제통치학이라는 사실도 드러났다. 또한 신자유주의를 전 지구적으로 밀어붙이고 있는 미국은 결코 도덕적인 나라가 못 된다는 것도 드러났다. 또한 미국은 결코 자국보호주의라는 것도 드러났다. 보다 정곡으로 말하면, 미국은 다른 나라로부터, 특히 약소국가로부터 끊임없이 이익을 꾀하는 전형적인 후기제국주의라는 것이 드러났다.[38] 푸코의 분석틀로써 후기식민지론의 새로운 지평을 연 스피박(G. C. Spivak)이 갈파한 것처럼, 미국이 자행해온 에피스테믹 폭력(epistemic violence)—미국의 지식-권력이 주도적으로 생산한 **이 시대의 지식구조(에피스테메)에 의해 용인된 폭력**—이 드러난 것이다.

요컨대, 로즈만의 그 뜬금없는 유학 비판의 본질은 다름 아닌 그 용인된 에피스테믹 폭력을 마음껏 휘두른 것이다. 그 비판은 오늘날 미국이 밀어붙이는 신자유주의적 개방무역에 유교문명국가가 미국의 입맛에 맞게 호락호락 응하지 않는다는 비판이다. 이 비판은, 유학비판을 국제정치경제학의 장으로 끌어들여 지금의 시대적 대세인 글로벌리즘을 등에 업고 유학을 공격함으로써 서양문명중심주의적인 서양역사에 상기 베버, 로스토우, 패어뱅크, 레벤슨, 라이샤워, 크레이그 등 그 도통 道統라인에 '로즈만'이라는 이름 석 자를 크게 남겨보겠다는 야심의 발로인 것이다.

로즈만의 그러한 야심은 급기야 유학과 유교문명국을 향한 노골적, 공개적 협박으로 이어진다. 구체적으로 이렇다. 그는 앞으로 도래할

---

38 물론 미국만 그런 것이 아니다. 도덕적으로 완전한 나라는 없다. 하지만 미국이 신고전경제론에 기반한 신자유주의 이념의 선봉이기 때문에, 또한 로즈만이 그 이념을 등에 업고 문화제국주의적으로 유학을 터무니없이 비판하기 때문에 미국이 분석대상일 뿐이다. 본서의 목적은, 서문에서 밝혔듯이, 인간과 세상에 관해 보다 폭넓고 열린 지식과 깨달음을 함양하는 것이다.

10년은 미국의 압력이 지구촌을 지배할 것이다. 그러므로 유학은 앞서 본 그 특수주의(Confucian particularism) 때문에 살아남기 어렵다. 또한 미국 주도의 WTO 아래서 금융의 글로벌화로 인해, 그리고 한편으로는 테러와의 전쟁으로 인해 지구촌적 결속이 요구될 것이기 때문에 특수주의 유학은 살아남기 어렵다.[39]

'아닌 밤중에 홍두깨'도 유분수이다. 도대체 유학이 미국 주도의 금융 글로벌화와 무슨 관계가 있단 말인가? 주지하다시피, 종교적 교단 조직이 없는 유학은 그 본질적 성격상 금융의 글로벌화는커녕 금융의 '금' 자와도 관계가 없다. 또한 도대체 테러와의 전쟁이 누구와 누구와의 전쟁인데 그 전쟁을 위해 유교문명국이 미국의 압력에 따라 지구촌적 결속에 나서야만 한단 말인가? 게다가, 이건 실로 점입가경이다:

> 유학이 전통과 민족주의에 의존하지 않는다면 (…) 지역적 차원의 합의를 따르고 또한 지구촌 차원의 요구에 순응함으로써 온건해진다면, 그 특유의 사회적 실천성 그리고 [서양의 철학이나 종교와] 경합할 수 있는 독자성이 종합되어 있기 때문에 유학은 살아남을 여지가 있다.[40]

이것은 수천 년 역사의 유교문명국에게 대놓고 협박하는 노골적인 문화제국주의이다. 지금 세계가 어떻게 돌아가는지 똑바로 잘 보고, 살아남고 싶으면 '온건해지라'는 것이다.

---

39 G. Rozman, 2002, "Can Confucianism Survive in an Age of Universalism and Globalization?", *Pacific Affairs* 75 (1), p. 37.

40 위의 책, pp. 36-37. (각괄호 필자)

주시하다시피, 유학은 교단조직이 없다. 의무적인 정기적 모임, 포교활동, 유형무형의 헌납 등은 유학의 성격상 애초부터 있을 수 없다. 또한 다른 종교나 학문에 대해 배타적이지도 않다. '유학이 종교인가 세상 학문인가'라는 주제를 가지고 국제적인 워크샵이 미국에서 열렸다. 거기에 참석했던 유학자들 중에 유신론자들이 상당수 있었다. 그 상당수의 대부분은 자신이 신을 믿지만, 그것이 유학의 근본 가르침을 그르치는 바가 없다고 했다. 그들은 '신이 있다'는 믿음이 생활전통인 유학과 접목될 수 있어서 기꺼이 자신들이 이중적 신분임을 인정한다고 했다. 그들은 스스로를 기독교인이면서 동시에 유학인(Christian Confucians)이라고 생각했다.[41] 그런데 도대체 유학이 어떻게 더 이상 온건해지란 말인가?

설상가상으로, 로즈만은 "지구문화(global culture)에 의해 유학의 특수주의가 문화접변(acculturation) 됨으로써 유학은 불가피하게 쇠퇴할 것"[42]이라고 했다. 이게 도대체 프린스턴대학 석좌교수가 쓴 학술논문에 나올 수 있는 언명인가? 우리의 눈을 의심케 한다.

유학은, 로즈만 자신의 말처럼 '그 특유의 사회적 실천성'에 의해 특징지어진다. 그 실천성은, 앞서 논의했듯이, 유학의 특수주의가 자연스럽게 발휘하는 실질적 실효성(practicability and workability)에 기인한다. 그럼

---

41 Tu Wei-ming *et al.* (eds), 1992, *The Confucian World Observed: A Contemporary Discussion of Confucian Humanism in East Asia*, Honolulu: The East-West Center, p. 101.

42 G. Rozman, 2002, 앞의 책, pp. 36-37.

에도 유학이 특수주의를 버리고 서구의 보편주의를 통문화적으로 따라야 한다는 주장은 유학을 아예 해체하라는 것에 다름 아니다. 기독교가 기독교일 수 있는 것은 기독교가 사후세계와 기적을 믿기 때문이다. 유교문명국이 힘이 있다고 해서 그러한 비교秘敎주의를 황당하다고 비판하면서 기독교 교리에서 빼야 한다고 주장한다면 과연 저들은 뭐라고 할 것인가.

상기 그 언명은, 되짚어 보면, 유학의 특수주의가 '지구문화'에 의해 '문화접변'되지 않을 수 없을 정도로 지구문화라는 것이 인류에게 황금빛이라는 것이다. 사실 지금 세계는 날로 고도해지는 교통·통신·영상 매체에 의해 지구화가 급속히 추동推動되고 있다. 또한 동시에 그러한 매체를 이용하는 자본주의 중심국들의 신자유주의적 글로벌이데올로기에 의해 지구화가 심화되고 있다. 그렇다고 해서 과연 지구화가 산출한 지구문화가 황금빛으로 다가오고 있는지? 그래서 오늘날 과연 지구촌인류가 질적인 협동과 이해와 사랑과 평화로 나아가고 있는지? 아니면, 오히려 타산과 갈등과 테러와 무기경쟁과 불안이 증대하고 있는지? 물음 자체가 나이브하고 바보스럽다.

황금빛의 지구문화, 이것은 신자유주의의 글로벌이데올로기에 의해 주조된 "빛 좋은 개살구 같은 헛소리(devspeak)"[43]에 불과하다. 엄연한 현실을 보자. 오히려 지구화로 인해 문화적 힘, 인종적 힘에 의한 지역분규는 결코 고개를 숙이지 않고 있다. 그러한 지역분규와 더불어 자원

---

43 A. P. Cheater, 1995, "Globalization and the New Technologies of Knowing: Anthropological calculus or chaos?" In M. Sahlins (ed.), *Shifting Contexts: Transformation in Anthropological Knowledge*, London: Routledge, p. 95.

을 위한 투쟁이 격화되고 있으며 이에 따라, 지구촌인류라는 개념 자체가 무색하게, 민족국가와 군사력의 존재의미는 계속 증대하고 있다. 신자유주의의 금과옥조인 지구촌적 시장원리가 자국에 불리할 경우, 경제나 과학·기술을 시장원리에 따라 상호수용하기보다는, 군사력을 배경으로 상업적 충돌을 불사하는 현실을 전 인류가 목도하고 있다. 하지만, 앞서 언급했던 그 도통道統자리 야심에 마음이 뺏겨 이미 지맹에 든 로즈만인지라 아무것도 보이지 않는다. 유학이, 유학을 유학이게끔 하는 특수주의(Confucian particularism)를 버리고, 신자유주의적 글로벌리즘의 요구에 순응해서 온건해지지 않는다면 지구문화에 의해 '문화접변' 되어 불가피하게 쇠퇴할 것이라고 만천하에 공포하고 있다. 소가 웃을 일이다.

문화접변(acculturation). 이것은 서양 지식인이 무식하게 즐겨 쓰는 유식한 용어이다. 그것은 다른 두 문화가 접촉하면 응화應化적 변화를 통해 서로 비슷하게 된다는 개념의 용어로서 1880년대 서구 제국주의문명에서 생긴 뿌리 깊은 것이다.[44] 1930년대에 들어 다문화국가를 지향하면서도 내심 서구중심주의적 진화론을 **믿고 싶어하는** 미국이 아메리카 인디언, 호주 원주민, 아프리카 부족을 연구하는 허스코비츠, 레드필드, 린튼 등 인류학자에게 문화접변과 관련된 그들 연구의 총정리를 의뢰했다. 1936년 그들이 낸 문화접변 연구용 기록인 *Memorandum for the Study of Acculturation*에 의하면, 문화접변은 문화접촉에 따르

---

44 C. Seymour-Smith, 1996, *Macmillan Dictionary of Anthropology*, London: The Macmillan Press, p. 1.

는 새로운 문화요소의 사회적 수용, 사회적 실행 그리고 사회적 통합
이라는 과정을 통해 실제로 일어난다.[45] 어떤 새로운 문화요소가 사회
적으로 받아들여져서 실행되고 또한 다음 세대도 그것을 이어받아 실
행하면 그 문화요소가 사회적으로 통합된 것, 즉 원래의 문화에 변화
가 일어난다는 것이다.[46] 이러한 맥락에서 1960년대에 사회의 [서구문명
지향의] 구조적 변화가능성을 제시하고자 하는 일군의 미국 구조-기능
주의자들은, 제1장에서 취급한 레드클리프-브라운의 구조-기능주의
와 달리, 다시금 **진화라는 관점에서** 앞서 언급한 '발전=자본주의화+서
구화'라는 공식의 근대화발전론을 옹호한다.

  쟁점은, 원래의 고유문화가 새로운 문화요소와 접촉된다고 해서 실
재로 그 고유문화에 변화가 일어나느냐 하는 것이다. 레비-스트로스
에 의하면, 제4장에서 논의했듯이, 문화는 시간의 흐름 속에서 변화하
는 것이 아니라 변형(transformation: 보다 구체적으로, armature-transformation)한
다. 변형도 크게 보면 변화이다. 하지만 양자의 쓰임은 학술적 맥락에
서 구분되어야 한다. 비근하게 우리 한민족이 미국, 러시아, 중국, 일본
등지에서 소수민족으로 살고 있다. 과연 지금 그들의 문화가 문화접변
으로 인해 변화했는가? 아니다. 그들의 문화는, 주시하다시피, 다이에
스포라(Diaspora)─타국에 살면서도 자신들의 언어, 관습, 신앙을 지키
면서 살고 있는 유대인들 또는 그들의 지역─적 변형이 이루어진 문화

---

45 J. P. Spradley and D. W. McCurdy, 1975, *Anthropology: The Cultural Perspective*, New York: John Willey & Sons Inc., p. 569; M. S. Garbarino, 1983, *Socio-cultural Theory in Anthropology*, Illinois: Waveland Press, p. 72.

46 이에 대한 구체적 설명: J. P. Spradley and D. W. McCurdy, 1975, 위의 책, pp. 574-593.

일 뿐이다.

물론 이異문화와 접촉으로 인해 야기된 아노미(anomie) — 이異문화접촉으로 인한 사회적 규범과 가치의 혼란 — 를 극복하지 못하고 있는 사회도 있다. 그런 사회는, 제1장에서 취급한 레드클리프-브라운의 견해처럼, 잠정적으로 존속하는 상태일 뿐이다. 문화적 아노미를 극복하지 못하는 사회는, 극복하지 못함으로 인해 문화가 변화하는 것이 아니라, 결국은 사회 자체가 소멸한다. 뉴질랜드 인구의 8%는 원주민 마오리이다. 절대다수의 백인이 마오리문화를 백인문화(영국문화)로 접변시키고자 180년 동안 온갖 수단과 방법을 다 동원했다. 하지만 문화접변은 커녕 그들 문화의 정체성이 더욱 공고하게 되어 오늘날 정치, 경제, 관광, 체육, 예술 등 모든 면에서 마오리의 파워가 막강하다. 비근하게 한국이나 일본의 경우를 생각해보자. 한때 이들 나라에 서구의 새로운 문화요소가 거의 여과없이 홍수처럼 들어왔다. 그 결과, 그들 원래의 고유문화가 변화했는가? 주지하다시피, 상당한 아노미가 있었지만 그 유입은 결국 전통문화의 온고지신적 재발견을 촉진시켜서 오히려 그들 고유문화의 정체성이 내부적으로 공고하게 되었다.

이는 무엇을 말해주는가? 문화는, 레비-스트로스가 실증한 것처럼, 변하는 것이 아니라 변형될 뿐이다. 공자로 말하면, 온고지신(溫故知新 : originating the new through reviewing and transmitting the old)적으로 변형될 뿐이다. 지금의 중국문화는 태곳적의 요순(堯舜)문화[armature]가, 변해서 된 것이 아니라, 주(周)의 문왕-무왕-문공(文公)시대를 지나고, 춘추전국의 공·맹시대를 지나고, 송대의 정·주신유학을 지나 오늘에 이르면서 다양한 시대적 상황에 따라 온고지신적 변형을 거듭해서 이루어진 것이다. 다니엘 벨의 견해 역시 같은 맥락이다. 문화란 그 내부적 핵심[arma-ture]은 변하지 않고 외부로 드러나는 생활양식의 레퍼터리가 다양해질 뿐인데[armature-transformation] 이는 문화의 정문을 언제나 전통이나 혼합주의(syncretism)가 지키고 있기 때문이다[온고지신의 다른 표현]. 문화의 변화는, 기술-경제 영역의 변화와 달리, 진화적 대체代替라는 원리가 작동하지 않는다.[47]

그러나, 저명한 미국인 교수 로즈만은 자신의 이름 석 자 영달에 정신이 쏠려 이미 지맹知盲에 들었다. 그는 유교문명국을 향해 유학이 온건해지지 않으면 지구문화에 의해 **유학이 문화접변되어 불가피하게 쇠퇴할 것이라고** 만천하에 공언하고 있다.

돌이켜 볼 때, 서양이 동양에 대해 가지고 있는 기본적 인식과 태도는 중국이 유학과 함께 최초로 서양세계에 알려진 이후 지금까지 변함없이 줄곧 니체-푸코-사이드의 손바닥 위에서 그야말로 '놀고 있다'. 앞서 본 그 기라성 같은 서양의 '위대한' 사상가들은 모두 에피스테믹맨이다. 그들은 유학과 동양에 관해서 참다운 앎을 제시해온 것이 결코 아니다. 그들의 앎은 그들 당시의 시대적 지식구조 곧 에피스테메가 산출한 것이다. 그 결과로 서양인은 물론 동양인마저도 동양 혹은 유학이라고 하면 즉각 부정적 생각, 열등한 이미지를 떠올리게 하는 오리엔탈리즘을 주조했다. 서양은 그러한 오리엔탈리즘을 무력을 배경으로 교묘하게 이용해서 동양에 대한 정치적, 경제적, 문화적, 인종적 지

---

47 D. Bell, 1980, *The Winding Passage: Essays and Sociological Journeys 1960-1980*, Cambridge, MA: Abt Books, p. xiv.

배를 정당화했다.

미국의 한 최고 지성 로즈만 역시 오늘날에 오리엔탈리즘을 **새롭게 주조하고자 하는** 골수 에피스테믹 맨이다. 그는 오늘날 대세인 글로벌리즘을 등에 업고 신자유주의적 이데올로기에 의해 당의糖衣 입혀진 지구문화라는 개념을 동원하고, 또한 무식하게도 문화접변이라는 용어를 전가의 보도처럼 휘둘러 유교문명국에 대해 문화제국주의적 위협을 서슴없이 가하면서 뿌리 깊은 서구문명중심주의적 오리엔탈리즘을 강화하고자 했다.

영국의 대사상가 러셀(B. Russell, 1872~1970) 경은, 제6장에서 언급했듯이, 어떤 형태로든 공격해서 자기와 유사하게 만들고 그래서 지배하고자 하는 것은 서구문명에 있어 개인적으로나[로즈만의 경우처럼], 국가적으로나 변치 않는 속성이라고 했다. 레비-스트로스는 그러한 '바이러스적 속성의 서구문명'이 전 세계의 다양한 문명체에 침투해 들어가 자양분을 흡수함으로써 번영해 온 사실을 특히『야생의 사고』,『슬픈 열대』를 통해 만천하에 폭로하고 참회했다. 바이러스도 수명이 있는 법, 레비-스트로스를 위시해 많은 문명 관련 석학들은 서구사회가 지금 대책 없는 문명적 딜레마에 봉착해 있음을 우려하고 있다.

3. 동양이 동양으로서 말한다

1) 소크라테스의 죽음: 신화에서 이성(logos)으로

오늘날 서구문명에서는 존재론적으로 철석같이 믿어 온 '이성'이라는 것이 강력히 회의懷疑되고 있다. 또한, 이와 동일선상에서, 그 양양하던 서구의 합리주의가 결국 실패했다고 우려되고 있다. 서구문명이 지금 이대로 계속 나아가면 된다는 낙관적 문명비평을 우리는 보지 못했다. 서구문명에서 도대체 이성이란 무엇인가?

서구문명의 기반은 고대 희랍의 헤라클레이토스(Heraclitus, B.C. 544?~484) 이래 로고스(logos)우주관이다. 로고스는 원리(principle) 혹은 이법(law) 혹은 이성(reason) 혹은 수학적 비율(proportion) 혹은 말(statement)이라는 뜻이다.[48] 로고스우주관이란 로고스 일원론의 우주관, 즉 우주는 (로고스로 된 그 무엇이 아니라) 로고스 자체—원리/이법/이성/비율·비례/말 자체—라는 것이다. 다시 말해, 우주는 수학적인 비율·비례라는 원리/이법을 기반으로 하는 조화(cosmos)로서의 우주라는 것이다[이에 우주를 철학적 표현으로 'cosmos'라고 한다]. 로고스의 라틴어 번역이 라티오(ratio)인데, 라티오는 수학적 계산, 비례, 비율을 뜻한다. 이 라티오로부터 프랑스어 레종(raison), 영어 리즌(reason)이 되었으며 이것의 번역이 '이성'이다.[49] 그러므로 이성이란, 요컨대, 로고스적 이성이다[로고스=이성].

헤라클레이토스에 의하면, 실체(substance)란 본질적으로 변화하는 것이며 세계는 그래서 끊임없는 변화의 흐름(flux) 속에 있다. 이 흐름의 전 과정은 **그 자체로서** 만물을 지배하는 로고스에 의해 인도된다(이에 로고스는 후일 스콜라철학에서 말하는 자체원인causa sui, 즉 자기가 자기존재의 원인인 신과 관련되기도 한다).

이 우주적 전일자全一者 로고스가 품부稟賦(혹은 분유分有 혹은 분수

---

48 S. Blackburn, 1994, 앞의 책, pp. 224-225.
49 박이문, 2001, 『이성의 시련』, 문학과 지성사, 41쪽.

分殊)된 일체의 사물 역시 사물의 범주별로 로고스에 따른 조화로운 질서와 특징을 가짐으로써, 인간이 감각-지각할 수 있는 각각의 일정한 모양으로 존재하게 된다. 인간 역시 로고스를 부여받아 자신의 속성으로 가지고 있는데, 이 로고스가 말(statement)로 표현될 때 논리(logic)라고 한다[논리=이성적인 말]. 논리적인 말은 우주의 모든 것을 참되게 나타낼 수 있다는 것이다. 이에 로고스는 논리적인 말 또는 논리적인 말에 담겨있는 진리를 뜻하기도 한다(이와 관련해서 기독교에서는 하나님의 말씀을 로고스라고도 한다).[50]

　부연하면, 사람을 포함해서 만물에는 공히 우주적 전일자(the one and undifferentiated)인 로고스가 품부되어 있다. 이에 서양의 존재론은 로고스일분수—分殊이다(존재론적으로 유가도 리일분수理—分殊, 불가도 불일분수佛—分殊, 도가 역시 도일분수道—分殊인것처럼). 사물에 분수된(the differentiated and omnipresent) 로고스는, 인간이 감각-지각으로 포촉捕觸할 수 있는 범주별 사물의 조화로운 일정한 모양과 성질로 구현되어 있다. 즉, 사물 자체가 바로 로고스가 구현된 것이다. 반면에 인간에게 품부된 로고스 곧 이성은 말에 구현되어 있다. 그래서 말이 논리적일 때 '이성적'이라고 한다. 즉, 이성적인 말 자체가 바로 로고스가 구현된 것이다. 범주별로 제각기 조화로운 일정한 모양과 성질을 가지고 있는 사물도 로고스요, 논리적인 말도 로고스이다. 이 점이 핵심이다. 만약 사물에는 로고스가 품부되어 있지 않다면 또는 사람에게 품부된 것과 다른 어떤 로고스가

50　기독교 성경 『바이블(Bible)』의 요한복음 첫 절에 의하면 "태초에 말씀이 계셨고 말씀이 곧 하나님이시다." 여기서 말씀이 로고스이다. 말씀, 하나님, 로고스는 동의어로서 맥락에 따라 골라서 쓰인다.

품부되어 있다면, 아무리 논리적인 말이라 하더라도 말은 사물을 올바로 포착할 수 없다는 것이다. 그러므로 인간이 논리적인 말을 구사할 수 있는 언어능력을 타고났다고 간주함은, 인간이 명석하고 판명하게 사물을 올바로 인식할 수 있는 로고스적 이성을 타고났다고 간주하는 것이다. 명석판명한 생득적 이성, 이것을 후일 데카르트는 달리 표현할 수가 없어 자연의 빛(lūmen naturale)이라고 했다. 서구문명은 바로 이러한 로고스적 이성의 소산이다. 서구문명을 두고 포스트모더니즘에서 이성중심주의(logocentrism)문명이라고 하는 이유이다.

이처럼 형이상학적 이성에 기반한 이성주의 철학은 소크라테스(B.C. 470~399)로부터 시작된다. 그는 로고스로서의 이성(이하, 로고스적 이성 혹은 이성)이 자신은 물론이고 모든 사람에게 생득적으로 품부되어 있다고 믿었다. 그는 자신의 내면에서 늘 신의 목소리를 듣는다고 했다. 그에게 신은 우주적 보편이법으로서의 로고스이다. 이 로고스는 맥락에 따라 우주적 보편사유로서의 이성이기도 하고, 우주적 보편도덕으로서의 양심이기도 하며, 이데아 중에 지고至高의 이데아인 선善이데아이기도 하다.

소크라테스 당시, 희랍의 다양한 신들에 대한 믿음이 아테네인의 생각과 문화를 지배했다. 하지만 소크라테스는 상기 로고스우주관을 믿었다. 플라톤이 특히 『파이돈』에서 케베스와의 대화를 통해 역점적으로 증언하는 바에 의하면, 소크라테스가 생활문화적으로는 희랍신화에 나오는 신들을 수용했지만 그 개인의 정신세계에서 신은 로고스라는 우주에 충일한 형이상학자였다. 이것은 그가 [창세기신화를 기반으로 하는 고대 유대민족 또는, 비근하게, 단군신화를 기반으로 하는 고대 한민족에서 보는 그러한] 신화(mythos)를 기반으로 하는 문화를 지양止揚하고 사람의 형이상학적 사유思惟를 기반으로 하는 서구문명의 새벽을 연 것이었다. 이 점이 그가 희랍문명 최초로 형이상학을 다룬 철학자로 불리게 되었고, 스스로도 자신을 철학자[愛智者]라고 생각하는 근본적 이유이다. 또한 바로 그점 때문에 그가 희랍의 신들을 믿지 않는다, 혹은 다른 신을 아테네로 들여왔다는 죄목으로 법정에 서게 된다.

소크라테스 앞에 앉아있는 재판관은, 당시 아테네식 민주제도에 의해, 30세 이상의 성인 남자 중에서 추첨된 500명의 아테네 시민이었다. 이들 중에는 소크라테스를 따르는 사람도 많았다. 그가 자신의 철학적 신념을 조금이라도 굽히는 척했더라면 사형을 면할 수 있었다. 하지만 그는 늠름하게 죽음을 택했다. 그는 사후에 자신의 영혼이 원元로고스 [분수分殊 이전] 세계 — 플라톤으로 말하면 이데아(Idea) 세계 — 로 되돌아갈 것을 굳게 믿어 독배 앞에서도 놀랍도록 평온했다.

당시 아테네가 직면한 격동의 시대적 상황에서 대중선동적 웅변술이 정치가, 정치 지망가, 또는 남에게 뭔가를 내세워 두각을 나타내고자 하는 사람에게 가장 강력한 무기였다. 당시 프로타고라스는 웅변술, 수사학의 궁극적 목적은 무력한 이론을 유력한 이론으로 만드는 것이라고 했다. 이와 관련해서 그는 인간이 만물의 척도가 되어야 한다고 주장했다. 무엇이 옳은지 그른지, 무엇이 선인지 악인지는 언제나 인간의 필요와 관련해서 규정되어야 한다는 것이다. 이처럼 보편도덕, 보편선을 부정하는 극단적 주관주의와 이현령비현령식의 상황논리를 긍정하는 소피스트가 큰 인기를 얻고 있는 당시 아테네의 민주정치와 사회 분위기는 소크라테스의 눈에 다분히 중우衆愚적이었다. 그가 볼 때, 사람들은 인간으로서의 덕을 가벼이 여기고 소피스트적 주관주의와 상황논리를 동원해서 재물, 향락, 명예, 권력을 탐함으로써 자신에게 생득적으로 품부된 로고스적 이성이 무디어져 버렸다. 그는 저들의 이성을 일깨워 조국 아테네가 정의와 선을 기반으로 하는 아테네로 거듭나도록 하기 위해 나선다.

이에 '너 자신을 아는 것(gnothi seauton)'이 소크라테스가 제시하는 최대 화두가 된다. 자신의 내적 본성에 대한 앎(insight, arete), 즉 자신 속에 이미 로고스적 이성이 품부되어 있다는 것을 알아야만 사람들이 올바른 생각과 행위를 할 수 있다고 믿었기 때문이다.[51]

방법이 무엇이었는가? 이성을 믿는 소크라테스로서는 당연히 이성의 분유分有인 말을 활용하는 이성적 대화와 토론이었다. 우연인가, 섭리인가. 그의 어머니는 산파였다고 한다. 산파의 역할은 남의 출산을 돕는 것이다. 소크라테스는, 산파인 자기 어머니가 하는 것처럼, 사람들이 스스로의 힘으로 자신에게 내재된 이성을 일깨우도록 도와준다. 자신 스스로의 힘으로 이성을 일깨워야만 진정 이성이 일깨워질 수 있다고 믿었기 때문이다. 이에 그는 이른바 소크라테스적 반어법(Socratic irony)을 구사한다. 짐짓 소크라테스 자신은 모르는 것처럼 또는 대화상대보다 어리석은 것처럼 꾸미면서—『크리톤』에서 소크라테스와 크리톤 간 또는 『파이돈』에서 소크라테스와 심미아스, 케베스 간의 대화에서 보듯이—특히 귀납적 논리가 정연하도록 질문을 해 나감으로써 상대가 그의 질문에 말려들도록 한다(아리스토텔레스는 그를 귀납법의 창시자라

51 W. S. Sahakian, 1968, *Outline-History of Philosophy*, New York: Barnes & Noble Inc., p. 30-31.

고 했다). 그래서 상대가, 자신도 모르게, 자신에게 내재된 이성을 이용하도록 유도해서 스스로가 생득적 이성을 회복하도록, 다시 말해, 스스로가 [소크라테스의 성선설]인간이면 누구나 타고나는 선하고 정의로운 생각과 태도에 이르도록 했다[사실 우리는 누구나 마음속 깊은 곳에 선하게 정의롭게 살아야 한다는 생각이 있다]. 많은 사람들, 특히 학식 있고 가문 좋은 젊은이들이 소크라테스를 따르고 추종했다. 장소와 상대를 가리지 않고 '너 자신을 알라'고 하면서 대화와 토론을 일삼는 소크라테스는 당시 권력자를 포함한 많은 유력인사의 양심을 찌르는, 한편으로는 두렵기도 한 눈에 가시 같은 존재였다.

결국 그는 신을 믿지 않는다는 죄목에 아테네 청년들을 타락시킨다는 죄목이 추가되어 사형선고를 받는다. 로고스우주관에 대한 믿음이 굳건한 그로서는 조국 아테네도 로고스적 이성의 분유分有이고, 아테네의 법 역시 로고스적 이성의 분유이다. 그러므로 국법을 준수하는 것은 이성주의 철학자인 자신의 당연한 지행합일적 태도라고 믿었다. 그는 얼마든지 피할 수 있는 독배를 마시면서까지 국법을 준수함으로써[52] 자신의 로고스주의철학을 몸소 실천했다. 이때 소크라테스는 70세, 플

---

52 이 대목에서 꼭 짚고 넘어가야 할 것이 있다. 소크라테스는 '악법도 법이다'고 하면서 법이 내린 독배를 마셨다는 것이 정설처럼 되어있다는 점이다. 이것을 이용(exploitation)해 어떤 권력은 설령 악법이라도 법은 법이기 때문에 반드시 지켜져야 한다고 주장한다. 이러한 주장은 소크라테스의 철학과 인간적 가치를 크게 훼손하는 것이다.
독배를 앞에 둔 소크라테스는, 자신을 심판한 법 조항이 악법이어서 그 악법에 의해 독배를 마시는 것이 결코 아니라고 했다. 아테네의 법 역시 로고스가 구현된 것이기 때문에 그것을 마신다고 했다. 이에 관한 그의 **감동적인** 귀납적 논리: 플라톤, 황문수 옮김, 2015, 『소크라테스의 변명』, 문예출판사, 72-77쪽.

라톤은 29세였다.

2) 플라톤 이성주의(logocentrism)

이데아론, 그 이분법적 세계관의 태생적 한계

플라톤(B.C. 427~347)은, 로고스우주관에 대한 믿음을 자신의 목숨과
바꾸면서까지 지킨 스승 소크라테스로부터 충격적 감동을 받았을 것
이다. 그는 아테네에서 소크라테스와 동시대에 태어나 소크라테스의
제자가 된 것을 신에게 감사한다고 했다. 그는 정치가로 나가겠다는
원래의 꿈을 접고 이탈리아를 여행한다. 그는 여행 중에 접하게 된 (헤라
클레이토스와 더불어 엘리아 학파를 대립적으로 대표하는) 파르메니데스(Parmenides,
B.C. 515?~445?)의 항존恒存 개념으로부터 큰 영향을 받는다. 화이트헤드
(A. Whitehead, 1861~1947)는, 서양철학이 플라톤에 대한 각주의 시리즈인
것처럼 '플라톤철학은 파르메니데스에 대한 코멘트의 시리즈라고 종종
말해진다'고 했다.[53]

헤라클레이토스는 실재(reality)의 본질적 성격을, 앞서 보았듯이, 변화
성이라고 주장한다. 파르메니데스는 그것을 항구성이라고 주장한다.
과연 어느 주장이 참인가? 이 철학적 고민에 대해 당시 소피스트들이
플라톤에게 해결의 실마리를 제공한다. 그들은 여러 곳을 여행했고, 많
은 문물을 접했으며, 여러 지역의 서로 다른 관습, 도덕, 법률, 정부 등

---

[53] S. Blackburn, 1994, 앞의 책, p. 278.

에 관해 폭넓은 식견을 가진 지식인이었다. 그들은, 말하자면, 문화상 대주의자였다: 그들은 모든 도덕적, 정치적 원리는 문화집단에 따라 다 르다고 했다; 각 나라의 법은, 자연적인 것도 아니고 불변적인 것도 아 닌, 다양한 관습이나 전통의 산물이라고 했다; 어떤 경우도 절대적으로 참인 것, 옳은 것은 없다고 했다. 이에 영감을 얻은 플라톤은 상충하는 두 철학사상을 종합하게 된다.[54]

플라톤의 생각에 실재는 변화성 아니면 항구성이라는 일원론적인 것이 아니었다. 이에 그는 헤라클레이토스의 변화성 우주관과 파르 메니데스의 항구성 우주관을 종합해서 이데아론을 제시했다. 이데아 (Idea)는 '보는 것'이라는 뜻인 희랍어 이데인(idein)의 파생어로서 '보이는 것' 그래서 형상 혹은 모습이라는 의미이다.

플라톤이 특히 『티마이우스』와 『파이돈』에서 소크라테스의 입을 빌 려[55] 피력한 이데아론을 심층적으로 독해하면, 우주제작신(Originator, not Creator) 데미우르고스가 우주를 제작하기 전부터 영원불변의 항존인 이 데아, 아리스토텔레스로 말하면, 관념으로서의 형상(eidos/form)이 있다. 또한 그 어떤 형상에 의해서도 규정되지 않은 순수물질, 아리스토텔레 스로 말하면, 질료(hyle/matter)가 있다.[56]

---

54 T. Z. Lavine, 1984, *From Socrates to Sartre*, New York: Bantam Books, p. 26.

55 소크라테스는 한 줄의 글도 남기지 않았다. 플라톤은 28편(혹은 35편)의 대화집과 서간 13통을 남겼다. 『변명』, 『크리톤』, 『향연』, 『파이돈』, 『국가』, 『파이드로스』『티 마이우스』 등 그의 글은 대부분 소크라테스가 주인공이다. 그래서 어디까지가 소 크라테스의 학설이고 어디까지가 플라톤 자신의 학설인지 구별하기 힘들다.

56 약간의 첨언이 필요할 것 같다. 아리스토텔레스는, 스승 플라톤과 달리, 관념계의 닭이데아(닭형상)는 우리가 닭들을 오관을 통해 직접 감각-지각한 뒤에 생성된 개 념이라고 했다. 그 개념은 현상계의 닭을 경험하기 이전에는 존재하지 않는다고 했

관념으로서의 형상 곧 이데아가 존재론적으로 참 실재이다(ontologi-cally real). 이 이데아가 모든 사물에 품부되어 내재된 것이 사물의 범주별 이데아이다. 닭이라는 범주에 드는 모든 닭에는 참 실재인 닭이데아가 동일하게 내재해 있다. 물론 모든 사람 각각에도 동일한 사람이데아가, 모든 말 각각에도 동일한 말이데아가 내재해 있다. 모든 닭은 참 실재인 닭이데아가 상기 질료와 결합되어 세상에 현현顯現된 것이다. 현상계에서 질료는 물질이므로 시시각각으로 변한다. 그래서 이데아(형상)와 물질(질료)의 결합물인 현상계에 있는(actually existent) 닭은 변하고, 늙고, 결국은 죽는다. 그러나 우리의 관념(생각)에 있는 닭이라는 형상(닭형상) 곧 닭이데아는 영원히 항존한다. 사람의 경우, 말의 경우, 그 어떤 사물의 경우도 마찬가지이다. 이에 플라톤 이래 서구문명에서는 어떤 사물에 지어져 있는 이름을 그 사물 본래의 이름이라는 견해(represen-tationist view)를 믿어 의심치 않는다. 현상계에 '토끼'라는 이름이 있다는 것은 항존불변의 범주별 형상 곧 토끼이데아가 실재하기 때문이라는 것이다.

다. 우리의 생각이나 관념은 우리가 사물을 실제로 보고 들음으로써 우리의 의식에 있게 되기 때문이라고 했다. 그는, 닭이데아는 닭만이 가지는 특성들로 이루어진 관념적 형상인데 이것이 바로 종개념種槪念이라고 했다.
요컨대, 우리가 발을 딛고 살아가는 이 현상계가 바로 실재계라는 것이다. 이에 그는 플라톤이 보이는 현상계, 보이지 않는 관념계 이렇게 두 세계를 주장해서 사물의 수를 쓸데없이 두 배로 늘렸다고 했다. 그러나, 그는 플라톤이 말하는 선험적 이성을 부정하지 않는다. 인간에게는 모든 사물을 무리와 종류로 범주 지어서 추상적 개념으로도 인식할 수 있는 선천적 이성이 있다는 것이다. 하지만 그러한 이성도 우리가 아무것도 감각-지각하지 않으면(즉, 현상계가 없으면) 완전히 빈 채로 있을 수밖에 없으므로 우리에게 본유本有관념이라는 것이 있을 수 없다고 했다.

이것은 한편으로 플라토니즘에는 두 세계, 즉 시공간상의 현상계와 관념상의 이데아계가 있다는 것이다. 플라톤은 이러한 이분법적 세계관과 관련해서 자신의 아카데미아 입구에 '기하학을 모르는 사람은 들어오지 말라'고 썼다. 그런데 바로 여기에 서구문명의 본질적 문제가 배태되어 있다.

플라톤이 말하는 참 실재로서의 기하학—즉, 관념적 형상으로서의 기하학(이하 기하학이데아)—에는 근원적 3대 공리가 충족되어 있다. 점, 선 그리고 점과 선을 연결하는 연결사連結絲에 관한 공리이다: 선은 두 점 사이의 최단 거리이며 원은 한 점에서 동일한 거리에 있는 점들의 집합이다. 그러나 현상계에 존재하는 점에 질량이 없을 수 없고, 선에 두께가 없을 수 없으며, 두께가 있는 이상 선이 두 점 사이의 최단거리일 수가 없다. 그러므로 원이란 실은 100각형 또는 1000각형 등일 수밖에 없다. 게다가 3대 공리를 충족시킬 수 있는 완전한 평면이란 현상계에 존재하지 않는다. 따라서 아무리 좋은 도구를 가지고 정교하게 삼각형을 그린다 해도 그려진 삼각형에서 내각의 합이 180도일 수가 없다.

이것은 무엇을 말해주는가? '삼각형 내각의 합은 180도'라는 기하학의 공리는 경험적 진리로서의 자명한 공리가 아니라는 것이다. 기하학의 근원적 3대 공리가 충족되는 참 실재로서의 삼각형은 우리의 생각 곧 사유思惟 속에서만, 다시 말해, 관념적 형상으로만 존재한다는 것이다. 플라톤은 이러한 관념적 참 실재, 즉 현상계에는 실재하지 않는 내각의 합이 정확히 180도인 기하학이데아를 우리가 사유해서 기하학이라는 학문을 하는 것은 인간에게 품부된 이성의 작용이라고 했다.

'1+1=2'라는 수학적 진리도 마찬가지라는 것이다. 그것은 경험적 진리도 아니며 현상계의 절대법칙도 아니다. 이 세상에 완전히 똑같은 두

개는 존재하지 않는다. '똑같은 두 개'는 우리의 사유 속에만, 즉 관념으로만 존재한다. 모든 수식, 모든 공식의 값도 이와 마찬가지라는 것이다. 참 실재로서의 원주율 파이(π)의 값은 현상계에 존재하지 않는다. 현상계에는, 위에서 언급했듯이, 참 실재로서의 직선과 원이 존재하지 않기 때문이다. 그럼에도 우리가 파이 값을 포함한 모든 수학적 참 값, 즉 수학이데아를 사유해서 수학이라는 학문을 하는 것은 이성에 의해서이다. 이에 그는 자신의 아카데미아 입구에 '기하학을 모르는 사람은 들어오지 말라'고 썼다. 이성이 무엇인지를 아는 사람, 깨끗하고 맑은 이성을 갖고자 하는 사람, 나아가 현상계 너머의 참 실재인 이데아계를 깨닫고자 하는 사람만 들어오라는 것이다.

플라톤에 의하면, 사랑, 민주, 노랑, 토끼, 미美, 정의 등 모든 사상事象을 우리가 보고 듣고 느끼고 표현하는 것은 그 각각의 범주별 본체, 예를 들어, 사랑 그 자체(사랑이데아) 그래서 지고의 완전한 사랑, 민주 그 자체(민주이데아) 그래서 흠결 없는 완전한 민주, 미美 그 자체(미이데아) 그래서 티 하나 없이 완전한 미 등등 모든 완전한 사상이 애초부터 우리의 관념에 있기 때문이다. 미술가(예술가)는 관념상의 완전한 미, 즉 미이데아를 시공時空계에서 현상으로 나타내고자 하는 전문가에 다름 아니다. 우리가 지덕체智德體를 닦음은 관념상의 완전한 사람, 즉 사람이데아를 현상계에 구현하고자 함이다. 지고의 사랑을 추구하는 사람은 관념상의 완전한 사랑, 즉 사랑이데아를 현상계에서 실현하고자 하는 소위 플라토닉 러브(Platonic love)를 하는 사람이다.

그런데, 플라토니즘에 의하면, 우리가 발을 딛고 사는 현상계에서는 사랑, 민주, 미, 자유, 토끼 등등 그 어떤 것도, 상기 현상계의 삼각형 경우처럼, 완전성이란 근사치일 뿐 결코 완전한 것일 수 없다. 바로 이점이 서구문명에 있어 다음과 같은 본질적 문제의 단초이다.

우주제작신 데미우르고스의 우주 제작이, 우주 제작 전부터 항존하는 완전무결한 형상 곧 이데아에 의거해 이루어졌음에도 현상계가 불완전한 이유가 도대체 무엇인가? 불완전성은 애초에 우주제작재료인 질료에 문제가 있어서인가? 아니면 데미우르고스로부터 제작을 위임받은 희랍 신들의 솜씨가 모자라서인가? 만약 그렇다면, 우주제작신의 전지전능성에 문제가 있다는 것인가? 혹시 우주제작신은 불완전하나마 현상계가 없는 것보다는 있는 것이 더 좋다고 생각해서인가? 도대체 플라토니즘으로서는 그 어느 것도 대답할 수 없다. 요컨대, 세계를 관념계와 현상계로 이분二分하는 플라톤의 이데아론에서 우리는 이성주의문명의 태생적 한계를 이미 보고 있는 것이다. 그래서 플라톤 이후 서양철학의 과제는 모두 플라토니즘의 (변형적)계승 또는 극복 또는 해체를 지향하게 된다. 이에, 앞서 언급했듯이, 수학자이자 철학자인 화이트헤드는 서양철학을 두고 플라톤에 대한 각주의 시리즈라고 했다.

플라톤의 『티마이우스』에 의하면, 데미우르고스가 이데아라는 원상原象에 맞게 우주만물을 제작할 때 로고스 곧 수학적 비율/비례라는 이법理法에 따라 조화롭게 디자인해서 작업했다. 데미우르고스에 의해 탄생된 희랍신화에 나오는 다양한 신들은 그 디자인에 맞는 질료 — 플라톤 이전 밀레토스학파의 아낙시만드로스-아낙시메네스로 말하면 흙, 물, 불, 공기 — 를 가지고 우주의 모든 것을 제작했다. 이 과정에서 데미우르고스는 신들에게 인간의 신체를 만들도록 하고, 불멸의 영혼은 자신이 직접 만들었다. 그래서 인간은 불사不死의 영혼과 사멸死滅하는 육체의 결합으로 탄생된 존재이다. 이것이 플라톤 이래 서양인의 사유와 철학을 관통하는 인간관, 즉 인간을 육체와 영혼으로 이분하는 인간관이다.

플라톤이 『파이돈』 ― 일명 『영혼의 이야기』 ― 에서 소크라테스의 입을 빌려 말하는 바에 의하면, 데미우르고스가 직접 만든 불사의 영혼이란 이데아를 사유思惟할 수 있는 이성이다. 영혼(이성)의 본향은 [말하자면] 천상의 이데아계이다. 천상의 영혼이, 불교의 윤회와 유사한 과정을 거쳐, 인간의 탄생과 함께 인간에게 깃들게 된다. 인간의 육체는 물질과 욕망으로 유지되는 고기덩어리에 불과하다. 이러한 육체에 천상이 본향인 영혼이 갇혀 있다. 이 영혼은 육체에 갇히기 이전 천상의 지고한 선善이데아를 그리워하는 향수 곧 에로스(eros)를 가지고 있다[사실 우리는 누구나 선하게 살고 싶어 한다. 또는 선하게 살아야 한다는 생각이 마음속 깊은 곳에 자리 잡고 있다]. 에로스는 끊임없이 천상의 세계를 회상하면서 거기로 가고 싶어 한다. 그러나 영혼이 육체에 갇혀 있는 한, 현상계의 인간은 천상의 이데아계와 단절되어 있다. 방법이 무엇인가? 인간이 육체적 욕망을 거부 또는 극복함으로써 영혼(이성)이 맑게 유지된 상태에서 육체를 벗어나야만, 즉 맑고 깨끗한 영혼으로 죽어야만 영혼이 자신의 본향인 이데아세계로 돌아갈 수 있다[이에 플라톤은 육체적 욕망 일체를 억제하는 금욕의 삶을 살았다]. 플라톤에서 육체와 영혼 간, 현세와 내세 간의 관계는 이처럼 본질적으로 서로 분리되는 이분법적 관계이다. 그러므로 육체를 가진 인간은 죽음이라는 '요단강'을 건너지 않고는 결코 영혼(이성)의 본향이며 참 실재인 이데아계로 갈 수 없다.

플라톤의 『국가』에서 소크라테스가 글라우콘에게 말하는 동굴비유는 이데아론의 이분법적 세계관을 보여주는 결정판이다. 동굴 밖은 참 실재인 이데아의 세계로, 동굴 안은 참 실재의 그림자로 이루어진 허구의 세계로 비유되고 있다. 동굴 안에서 태어날 때부터 쇠사슬에 묶여 동굴 안 그림자세계만 알고 있는 죄수들이, 동굴 밖의 진짜 세계를 경험하고 다시 들어와 자신들의 쇠사슬을 풀어서 진짜 세계인 동굴 밖으로 데리고 나가려는 동료의 말을 믿지 않고 오히려 그를 쳐 죽여버리는 결말이다. 그의 죽음이 바로 소크라테스의 죽음이다. 소크라테스는 세속적 욕심, 육체적 향락 추구가 지나쳐 이성(영혼)이 흐려지고 마비된 당시 아테네 사람에게 이성을 회복시켜 그들을 이데아지향적 삶으로 인도하기 위해 구세주적 노력을 했다. 그런데 오히려 그들은, 상기 죄수들이 동료에게 한 것처럼, 소크라테스를 거짓으로써 혹세무민하는 사람으로 몰아서 죽여버린다[예수의 생애와 매우 유사하다]. 플라톤은, 이 알레고리를 통해, 스승 소크라테스야말로 영혼이 깨끗한 사람이며 그래서 참 실재인 이데아계를 깨달은 이성의 화신임을 말하고 있다. 또한 동시에 그 죄수들은 깨끗하지 못한 영혼이기 때문에 결코 천상의 이데아계와 단절되어 있다는 것을 역점적으로 보여주고 있다.

소크라테스의 육신은 죽었다. 그러나 플라톤은 그의 영혼이 지고의 선善이데아로 되돌아가서(혹은 그것과 하나가 되어) 서구문명의 보편적 질서 속에, 서구인의 이성적 사유 속에 영원히 살아있을 것임을 믿었다.[57]

57　이 믿음의 구체적 내용: 플라톤/황문수 옮김, 2015, 『소크라테스의 변명』, 문예출판사, 98-111, 125-128쪽.

설 자리 없어진 이성주의언어관

플라토니즘의 이분법적 세계관과 이성주의가 무르익는 17세기와 18세기에 걸쳐 베이컨, 데카르트, 뉴턴 등에게는 우리가 눈으로 보고, 손으로 만져보고, 코로 냄새 맡고, 혀로 맛보는 감각-지각의 세계는 착각에 의한 세계이다. 그들에게 실재 곧 있는 그대로의 세계는 '감각의 허위증언'에 대해 끊임없이 대항하는 이성적 언어의 세계, 수학이나 기하학에서 보는 그러한 정치精緻한 언어의 세계이다.

변증법인가? 소쉬르에 의하면 말이란, 이성[로고스]의 현현이기는커녕, 의미가意味價가 영零인 음성기호에 불과하다. 나아가 레비-스트로스는, 말(언어) 뿐만 아니라, 친족, 토템, 신화, 음악, 요리 등 일체의 문화현상은 이항대대二項對待라는 무의식적 구조의 소산임을 과학적으로 실증했다. 이것은 소크라테스-플라톤 이래 서구 이성중심주의(logocentrism)문명의 토대를 완전히 허물어버린 것이다. 데리다는 이성주의언어관을 자신의 차연差延[차이(差異)+끝없는 지연(遲延)]이라는 망치로 해체해버리고 이성을 '백인의 신화'라고 코웃음 쳤다.

그런데 동양에서는 이미 2천5백 년 전에 노자가 (제8장에서 취급할) 『도덕경』 제1장을 시작하는 첫머리에서 "도가도비상도(道可道非常道) 명가명비상명(名可名非常名)"이라고 천명함으로써 플라톤 이래 서구 이성주의언어관을 부정하고 소쉬르·레비-스트로스의 구조주의언어관의 단초를 열었다. 그 두 구句가 산출하는 통합적 뜻은, '도'라고 이름하는(可道) 도는 여일한 도 곧 상도(常道)가 아니라는 것이다. 또 (비단 '도'라는 이름의 경우만 그런 것이 아니라) 지어져 있는 이름(可名)은 여일한 이름 곧 상명(常名)이 아니라는 것이다. 이것은 오직 언어로써 인식하는 세계, 즉 이성의 현현인 말에 의해 뇌리에 떠올려지는 관념만이 참 실재라고 보는 플라톤의 언어관을 정면으로 거부하는 것이다.

　장자는 이러한 노자의 언어관을 발전시켜 『장자』 제물(齊物) 편에서
이렇게 말했다. 말은 단순히 불어내는 소리가 아니다. 말하는 자에게
는 말하는 내용이 있다. 그러나 그 말이란 것의 **문맥이 정해지지 않았
다면** 말을 했다고 할 수 없거나 혹은 말을 아니 한 것이라고 할 수 있
다. 혹은 그것은 새끼 새의 지저귐과 다름이 없을 것이다. 놀랍게도 이
것은 구조주의의미론을 더욱 밀고 나간 데리다 류의 텍스트의미론에
다름 아니다. 상기 차연差延이라는 망치로 모든 고정된 의미를 '해체'
해 버린 데리다에 의하면, 하나의 문장, 하나의 문단, 한 권의 책, 나아
가 하나의 문화집단, 더 나아가 하나의 전체로서의 인간세상이 각각
하나의 텍스트이다. 일체의 의미는 하나의 텍스트를 구성하고 있는 모
든 요소 간의 이항대대적 관련성에 의해 잠정적으로 드러나 진 의미일
뿐이다. 이에 그는 "텍스트 밖에는 아무것도 없다(there is nothing outside of
the text)"**58**고 했다. 즉 일체의 의미는 말을, 직조 짜나가듯이, 문맥에 맞
게 짜나감으로써 생성되는 의미(contextual meaning)일 뿐이라는 것이다.
이 텍스트의미론은 이제 누구도 부정할 수 없다. 이전에는 우리가 그런
줄 몰랐을 따름이다.

　언어의 의미란 오직 텍스트의미론적 의미일 뿐이라면, 언어를 통해
의미를 소통해서 살아갈 수밖에 없는 우리는 말에 대해서 어떤 태도를
가져야 하는가? 장자의 대답은 간단명료하다. 『장자』 지북유(知北遊) 편

58　J. Derrida, 1978, *Of Grammatology* (1967), G. C. Spivak (trans.), The Johns
　　Hopkins University Press, p. 158.

끝 절에서, 한마디로, 지언거언(至言去言). 참된 말은 말에 집착하지 않는 것이다.

지언거언에 함의된 언어철학적 의미를, 제3장 제4절에서 취급한, 구조언어학 용어를 빌려 이해하면 다음과 같다. 말이라는 기표記標는 어떤 사물이나 현상을 지칭해서 그것의 개념을 의식에 떠올리는 것 즉 기의記意를 목적으로 하는 도구이다. 그럼에도, 지칭도구에 불과한 말에 집착하면 사물과 현상의 참된 실상을 보지 못하거나 제대로 판단하지 못하게 된다. 이런 까닭에, 『장자』 제물 편에 의하면, 자신도 모르게 우리에 갇힌 원숭이처럼 조삼모사(朝三暮四)라는 사태 속에서 희비쌍곡선적 삶을 살게 된다. 지칭도구에 불과한 말에 집착하기 때문에 실상은 조금도 변함이 없는데도—즉, 내용(상수리)과 전체 숫자(일곱 개)는 변함이 없는 데도—단순한 눈앞의 숫자 놀음(말 노름)에 마음이 동요되어 오늘은 아침에 '삼'이라는 말에 울고 저녁에 '사'라는 말에 웃고, 내일은 반대로 아침에 '사'라는 말에 웃고 저녁에 '삼'이라는 말에 우는 그러한 삶이 된다는 것이다. 장자는 이것을 의식이 사물화됨으로 인해 마음에서 도가 사라져버린 지맹(知盲)적 사태라고 했다. 또, 몸은 여기 앉아 있는데 마음은 욕심으로 인해 '콩밭'으로 달리는 사태 곧 좌치(坐馳)[59]라고도 했다. 이에 장자는, 결론적으로, 말이란 물고기를 잡는 통발과 같은 것이라고 했다.

통발은 물고기를 잡는 수단이다. 물고기를 잡으면 통발을 잊는다. 올

---

59 저 비어 있는 것을 보라. 빈 곳에서 순수함이 나와 상서로움이 머문다. 저 멈추지 못하는 것, 이를 일러 좌치라고 한다. (『장자』 인간세人間世 편)

가미는 토끼를 잡는 도구다. 토끼를 잡으면 올가미는 잊는다. 말은 의미를 전달하는 수단이다. 의미를 전달하고 나면 말을 잊는다. 나는 어떻게 하면 말을 잊는 사람을 만나서 그와 말할 수 있을까. (《장자》잡편, 외물)

'나는 어떻게 하면 말을 잊는 사람을 만나서 그와 말할 수 있을까.' 여기에서 우리는 장자의 문학적 천재성에 감탄한다. 지언거언(至言去言)에 함의된 언어철학을 이처럼 비합리적이고 역설적인 시詩적 언어로써 말하고 있다. 그래서 논리정합성이 생명인 이성적 언어로는 형언해 낼 수 없는 어떤 큰 감동으로 우리를 이끌고 있다.

지언거언에 함의된 언어철학과 관련해서 일찍이 노자는 '말에 의존하면 이치가 막히게 된다'고 했다[至言去言]. 또한 '믿음성 있는 말은 아름답지 않고, 선한 사람은 변론에 능하지 않으며, 아는 사람은 박식하지 않다'고도 했다[至言去言]. 한대漢代 초기 도가의 《태평경(太平經)》은 지언거언을 이렇게 새기고 있다.

한마디로 된 것은 근본적인 글이다. 다시 한마디 덧붙이면 구절을 이루게 된다. 세 마디가 되면 오히려 난해하게 된다. 진리에서 멀어지기 때문에 난해한 것이다. 네 마디면 문장을 이루게 되고, 다섯 마디면 거짓을 짓게 되며, 여섯 마디면 속임수를 이루게 되고, 일곱 마디면 부서지게 되며, 여덟 마디면 흩어져 진리에서 훨씬 멀어지고, 아홉 마디면 크게 어지러워지며, 열 마디면 파멸하게 된다.[60]

공자는 사람을 평가할 때 먼저 말을 본다고 했으며 그 말이 질박하고 어눌하면 인에 가깝다고 했다[표를去름]. 불교 역시 수행의 기본이 묵언默言이다[표를去름]. 선(禪)불가에서도 손가락으로 달을 가리키면 달을 보아야지 손가락은 볼 필요가 없다고 한다(도가 달에, 말이 손가락에 비유되었다)[표를去름]. 뿐만 아니다. 라캉은 [이성의 현현]말을 하면 할수록 인간세상에 진정성을 감소시키지만[표를去름 함의] 이성중심주의인 서구문명으로서는 달리 방법이 없기 때문에 문화적 거세(cultural castration)를 통해 철학의 판을 새로 짜야 한다고 주장한다. 서양종교인 가톨릭의 어떤 수도원에서는 실제로 철학의 판을 새롭게 짜서 아예 침묵을 수도의 철칙으로 하고 있다[표를去름].

많은 사람이 장자를 '신비한' 인물이라고 본다. 그의 초월적 선인仙人경지에는 과장, 허풍, 심지어 주술적인 데가 있다고 보는 경향이 농후하다. 정말로 그런가? 장자의 『장자』에서 결코 주술적인 것, 신비적인 것이 없다. 그런데도 사람들이 그렇게 보는 이유가 무엇인가? 한마디로, 그들이 서구 이성주의언어관에 젖어 있기 때문이다.

『장자』를 이성주의언어관으로 접근해서 서양의 철학적 작품처럼 분석하면 거기에는 상당한 상충, 모호성, 엉터리가 들어 있다. 이것이 우리에게 익숙한 동양고전만고진리주의와 결부되면 신비성을 생성시키게 된다. 『장자』에서 보는 그러한 상충이나 엉터리나 허풍 등은 장자의 분석력, 논리력이 서양의 철학자보다 못해서가 결코 아니다. 또한 그가 어떤 신비한 인물이라서 그런 것은 더욱 아니다. 그것은 장자가 깨달

---

60 정재서, 2000, 『도교와 문학 그리고 상상력』, 푸른숲, 75쪽.

은 (제8장에서 논의할) 도(道)일원론적 세계관을 플라톤 이래 서구의 이성주의 언어로는 도저히 표현할 수 없기 때문이다. 하지만 장자는 그 세계관을 비유(은유, 풍유諷喩, 의인 등)와 상징을 이용하는 시詩적 언어, 역설, 우화 등을 통해서 표현했다.

이 대목에서 우리는, 놀랍게도, (후기)구조주의의 동태적 기호학 이론의 단초를 본다. 제3장 제4정에서 논의했던, 소쉬르와 트루베츠코이는 언어에 무의식적 수준, 의식적 수준이라는 두 측면이 있음을 밝혔다. 이를 토대로 야콥슨은 언어의 무의식적 수준을 내적 언어(internal language), 의식적 수준을 외적 언어(manifest language)라고 규정했다. 전자는 시詩적 기능을 가지며 기표記標, 즉 지칭하는 도구로서의 기호에만 관련된다. 후자는 일반적인 의사소통 기능을 가지며 기의記意, 즉 기표에 의해 의식에 떠올려지는 개념이나 아이디어에만 관련된다. 여기서 핵심은 시적 언어에서는, 의식을 가진 사람이 말하는 것이 아니라, 의식이 없는 기표가 스스로 말한다(autotelic)는 것, 그리고 이러한 시적 언어가 우리에게 주는 의미는 의사소통언어로는 결코 나타낼 수 없는 차원이라는 것이다. 시적 언어에는 우리가 의사소통을 위해 늘 쓰는 고착적 의미를 전복시키고 새로운 의미의 생성을 가능하게 하는, 크리스테바(J. Kristeva)가 *Revolution in Poetic Language*에서 말하는, 지노텍스트(genotext) 측면이 있기 때문이다.

'나는 어떻게 하면 말을 잊는 사람을 만나서 그와 말할 수 있을까'. 상기『장자』의 이 구절은 의사소통 기능이 없는 언어이다. 이것만 따로 떼 내어 이성적 논리로 보면 도무지 말이 되지 않는다. 혹은 말장난 같은 말이다. 하지만 그 앞에 '통발은'으로부터 시작되는 말들이 있음으로 인해 그 말들과의 맥락, 즉 문맥에서 그 구절이 우리에게 주는 의미와 감동은 의사소통언어로는 이루 다 표현할 수 없다. 왜 그런가? 역설을 이용한 시적 언어이기 때문이다. 거기에는 그 앞의 모든 말들이 기표이고 이들 기표 간의 이항대대적 관련에 의해, 제3장 제4절에서 정철의 시 한 수 분석을 통해 본 것처럼, 기표 스스로가 말하는(autotelic) 즉 기표 스스로가 의미를 생성하는 지노텍스트이기 때문이다.

비근하게 다시 한번 보자. 예전에 "앞마을 냇가에 빨래하는 순이, 뒷마을 목동들 피리소리, 그리운 고향 그리운 친구 정든 내 고향집이 그리워지네"라는 노랫말이 있었다. 그것은 보통의 의사소통언어로 쓴, 크리스테바가 말하는 피노텍스트(phenotext)이다. 그래서 쓰여진 그대로 옛 고향의 풍경과 추억을 떠올리게 함으로써 잠시 어떤 정서를 불러일으킨다. 이것이 전부이다. 이와 대조적으로, 조지훈은 「승무(僧舞)」에서 "오동잎 잎새마다 달이 지는데"라고 했다. 치강(癡岡) 오귀진은 「밤차」에서 "향수는 하얀 밤이 되어"라고 했다. 오동잎 잎새마다 달이 지고, 향수鄕愁가 하얀 밤이 되다니! 이런 비논리적이고 터무니없는 말이 어디 있는가! 하지만 그 시들을 처음부터 읽어 나가면, 아니 그 바로 앞의 한 줄만 먼저 읽어도 — 「승무」에서 "빈 대에 황촉불이 말없이 녹는 밤에", 「밤차」에서 "추억은 먼 기적처럼 아련한데" — 그 구절이 주는 느낌과 감동은 의사소통언어로는 이루 다 표현할 수 없다. 그 시들은 지노텍스트이기 때문이다.

요컨대, 『장자』는 시적 기능을 가진 '내적 언어'로 가득한 지노텍스트 곧 뛰어난 문학작품이다. 장자는 『장자』를 시작하면서 무엇보다 먼저 참 실재인 도일원론적 세상을 향유하는 이상적 삶을 언어로 표현하고 싶었다. 그 삶은, 한마디로, 이원일자적 인식과 이에 따른 일자(oneness)사상이 내면화된 삶이다. 이러한 삶은,『장자』제물 편의 호접몽(胡蝶夢) 또는 지락(至樂) 편의 장자처사(莊子妻死) 사태에서 보듯이, 이승(삶)과 저승(죽음)마저도 이원일자적으로 통합된 삶이다. 하지만 그것을 당시의 어휘로는[당시 어휘의 수, 개념의 종류를 상상해 본다] 도저히 표현할 수 없는 것이다.

그러나 천재적 문학재능을 가진 장자는 그것을 시적 언어로, 즉 얼마든지 비이성적이고 비논리적일 수 있는 비유나 상징이나 우화나 역설 등을 동원해서 훌륭하게 표현해냈다.

『장자』를 시작하는 첫 편인 소요유(逍遙遊) 편은 대뜸 상상을 초월하는 황당한 우화로부터 시작된다. 크기가 수천 리나 되는 곤(鯤)이라는 물고기, 수천 리나 되는 등을 가진 거대한 붕(鵬)이라는 새의 행태와 삶을 통해 이원일자적 인식과 그 일자사상에 백 퍼센트 입각해서 사는 사람의 완전 자유롭고 초탈적인 삶[니체가 말하는 초인의 삶을 떠올리게 한다]을 비유적으로 말하고 있다. 또한 작은 매미, 비둘기, 메추리, 미세한 곰팡이 등의 행태와 삶은, 이분법적 인식으로써 희비쌍곡선적 삶을 살아가는 사람의 제한된 사고[니체는 '인간이란 극복되어야 할 존재'라고 언명했음을 떠올리게 한다]를 은유적으로 풍자해서 말하고 있다. 그리고 전자와 후자 간의 행태와 삶을 비교적으로 묘사하고 또한 그 양자 간의 대화를 들려줌으로써, 후자와 같은 삶을 살고 있는 인간들이 얼마나 소인배적이고 가여운지를[니체의 표현을 빌리면, 초인성을 잃어버린 그래서 '인간적인, 너무나 인간적인' 삶인지를] 망치로 머리를 치는 듯한 충격으로 제시하고 있다. 과장이 큰 그만큼 깨달음의 충격도 더 크다는 것, 바로 이것이 장자의 문학적 전략인 것이다.

그 어마어마한 곤어나 붕새의 삶처럼 진정 자유롭고 유유자적하게 노니는 소요유逍遙遊적 삶은 매미나 개구리나 곰팡이로서는 도저히 이해할 수 없는 차원의 삶인 것이다. 그런데도 그들은 자기들이 진정 자유와 편함을 누리고 산다고 믿기 때문에 곤어나 붕새의 삶을 오히려 비웃는다. 이 풍자적 우화를 통해 장자는 무엇을 말하고자 하는가? 장자는 자신의 입으로 대답할 필요가 없다. 그 어마어마한 물고기, 그 거대한 새, 그 작은 메추리나 미세한 곰팡이 등의 행태와 삶 그리고 그것들 간의 대화 등 모든 것이 기표 역할을 하고 있는 그 우화 자체가, 장자가 말하고자 하는 내용을 충분하고도 남도록 스스로 말하고 있다 (autotelic).

니체와 하이데거는 소크라테스-플라톤 이래의 이분법적 세계관, 이성주의언어관, 그리고 이에 기반한 서구 모더니즘문명의 한계를 깨달았다. 그들은 동양고전에서 보는 비합리적이고 비논리적인 은유나 우화 그리고 시적 언어가 이성논리적 의사소통언어보다 사실이나 진실을 얼마든지 더 잘 나타낼 수 있다는 것을 깨달은 것이다. 반면에, 이성적 논리와 그 언어만이 참다운 철학을 할 수 있는 유일한 방법이라고 믿는 당시의 영·미 사상가들은 비이성적, 비합리적 은유나 우화나 시적 언어가 들어있는 동양의 고전과 그 사상을 아주 폄척貶斥했다. 그들은 니체를 거의 정신병자 취급했고, 하이데거를 두고는 "구제불능적으로 부품하게 구는 얼빠진 반계몽주의적 인간(a hopelessly pompous and muddle-headed obscurantist)"[61]이라고 배척했다. 그들은 니체와 하이데거를 동양의

---

61   G. Parkes, 1990, 앞의 책, p. 5.

사상과 언어관에 심취, 동조했다는 죄목으로 서양철학사 계보에서 아예 추방해버렸다[후일 프랑스의 메를로-퐁티 등이 주도해서 복권된다]. 그러나 푸코, 데리다, 라캉 등등 (후기)구조주의사상가들은 이성주의언어관을 실증적 방법으로 부정 또는 거부 수준이 아니라 해체해버렸다. 그리고는 니체와 하이데거를 시대를 앞서간 해체주의의 선구, 포스트모더니즘의 선구로 받들고 있다.

소크라테스와 더불어 이성에 기반한 서구문명의 새벽을 연 플라톤. 제6장에서 논의했듯이 결정적으로 레비-스트로스로 인해 동양이 동양으로서 당당하게 말하게 된 오늘날, 그의 이성주의언어관은 설 자리를 찾지 못하고 있다.

두 얼굴의 이성주의 과학

플라톤에 의하면, 누차 언급했던 것처럼, 이성[로고스]의 현현인 말(언어)에 의해 생각에 떠올려지는 관념계가 항존·불변의 완전한 참 실재 곧 이데아계이다. 수학은 이성의 현현인 정치精緻한 수학적 언어에 의해 생각에 떠올려지는 관념적 사유로써 이루어지는 학문이다. 따라서 기하학을 포함한 모든 수학적 값은 항존·불변의 완전한 참 실재이다(이에, 앞서 보았듯이, 기하학을 모르는 사람은 자기의 아카데미아에 들어오지 말라고 했다).

과연 그러한가? 세계적인 수학자 괴델(K. Godel, 1906~1978)은 '괴델의 정리'를 통해 이성에 대한 최후 보루인 수학의 모든 명제가 궁극적으로는 불투명한 것임을 밝혀서 수학의 모든 분야에 확고불변의 기초가 되는 공리(axiom)를 세우려던 지난 100년간의 노력에 종지부를 찍었다. 이를 반영하듯 수학에 추측·불확실(conjecture)성의 공리가 많다. 2022년 프린스턴대 교수 허준이가 그중 리드(Read) 추측, 호가(Hoggar) 추측 등

11개의 난제를 해결해 수학계의 세계 최고상인 필즈상(Fields Medal)을 받았다. 1975년 메이(R. May)로부터 시작된 물리학의 카오스 이론은 우주가 로고스적 질서가 아니라 궁극적으로 혼돈(chaos) 패러다임의 무질서임을 입증했다. 오늘날 막膜우주론(membrane theory)은 우주의 그 혼돈적 특징과 성격을 나타내는 어휘인 Membrane, Magic, Mystery, Matrix(혹은 Mother)의 첫 자를 따서 'M이론'이라고도 불리운다. 현대의 양자물리학은, 제8장에 나오는, 원자핵 내부의 운동 메커니즘의 궁극은 그 어떤 수학-과학으로도 밝힐 수 없는 '색즉공(色卽空)공즉색(空卽色)'적 양상의 불가사의임을 밝혔다.

오늘날 서구의 이성주의 과학(이하 서구과학 또는 과학)은 내부적으로 양심적 번민이 크다. 수학에 기반한 서구과학이 결코 완전하지 않다는 것을 인류가 깨닫고 있기 때문이다. 하지만 과학은 이젠 호랑이 등을 탄 셈이어서 어찌할 수가 없다. 차라리 그 번민을 감추면서, 아니 감추기 위해 오히려 오만해지고 있다.

수학-과학지식으로 만들어내는 살충제, 항생제로 인해 오히려 해충과 바이러스가 점점 강해지고 변종이 더욱 다양해지고 있다. 모두에게 거의 필수가 된 독감, 폐렴 예방주사의 예방효력이 기껏 50% 정도라는 것을 관련 전문가는 다 알고 있다. 하지만 오늘날의 문명은 우리가 그러한 살충제, 항생제, 면역주사제에 점점 더 의존하게끔 **불가역적으로** 계속 나아가고 있다. 더욱 강력하고 그래서 더욱 효과적인 따라서 더욱 위험한 살충제, 항생제, 면역제가 오늘날 인류생존의 필수품으로 되어 있다.

그뿐만 아니다. 개발도상국 농민이 새로운 생물공학적 영농을 한다고 하지만 거기 필요한 호르몬, 종자, 비료, 제초제, 살충제는 생물학적 제국주의(biological imperialism)인 서방 대기업들에 의존한다. 그들의 소위 유전자 혁명은 후진국의 유전자원을 뽑아 실험실에서 결코 완전할수 없는 수학-과학지식을 토대로 합성해 식물과 동물을 변종시키고, 이 합성된 변종을 '개량종'이라는 이름으로 큰 이문을 남기고 후진국에게 다시 파는 제국주의적 행태로 이루어진다.[62] 우리가 불가피하게 그래서 이제는 거의 체념하고 먹고 있는, 슈퍼마켓에 넘쳐나는 유전자변형식품[지엠푸드(GM Food)]은 장기적으로는 치명적 질병들을 유발한다는 우려가 크다.

이윤에 눈먼 '제국주의적 냉혈자본'의 첨병이자 교두보가 되어버린 오늘날의 과학이다. 이제 과학은, 자본(주의)의 시녀가 된 법(치주의)의 비호하에, 인류에게 '병 주고 약 주는' 두 얼굴의 괴물이 되었다. 과학은 자신의 그 괴물성을 황금빛 **과학주의로** 포장해 돈과 명예를 향해 돌진하면서 전통과 전통적 가치를 파괴하고, 인간의 면역체계를 무너뜨리고, 자연생태체계를 교란·약화시키고, 전 지구적 차원에서 환경파괴를 가속화하고 있다. 파괴된 전 지구적 환경을 되살리려는 노력보다는 제국주의적 이익이 더 크다고 생각하는 무기경쟁, 지구 밖 우주탐험에 열을 올린다. 석학 박이문은 지금 진행되고 있는 과학주의 문명을 파멸적 문명이라고 단언한다: 오늘날 "오만한" 서구의 과학주의에서 "인간은 지구, 아니 우주생태계를 파괴하고 있는 암세포적인 역할을

---

62 P. Kennedy, 變道殷·李日洙 譯, 1993, 『21세기 준비(PREPARING FOR THE TWENTY-FIRST CENTURY)』, 韓國經濟新聞社, 109쪽.

하고 있다."[63]

3) 칸트: 억지로 떠받친 이성주의 — 그 '통합철학'의 부질없음

인간이 세상을 어떻게 인식하느냐 하는 철학적 물음을 두고 17세기 유럽대륙의 합리주의, 영국의 경험주의가 서로 팽팽하게 맞선다. 플라토니즘의 도통道通라인이라 할 수 있는 데카르트, 스피노자, 라이프니츠 등 합리주의자에 의하면, 세상은 인간이 생득적으로 타고나는 이성이 판단하는 대로 존재한다. 이에 반해 로크, 버클리, 흄 등 경험주의자에 의하면, 생득적 관념이란 사변思辨논리에 의한 허구이며 우리가 가지고 있는 그 어떤 지식도 우리가 살면서 획득한 것이다. 그러므로 세상이란 우리의 오관이 감각해서 지각하는 그대로의 세상이다. 칸트는 서로 대립적인 이 양대 흐름을 통합해서 인식론에 있어 대 전환을 시도한다. 그는, 사람은 누구나 이성을 타고난다는 전제하에 이성적 인식에 관해 논한 『순수이성 비평(Critique[64] of Pure Reason)』, 이성적 판단에 관해 논한 『판단력 비평(Critique of Judgment)』 그리고 이성적 실천에 관해 논한 『실천이성 비평(Critique of Practical Reason)』을 통해 그 대전환을 성취했다고 믿었다.

---

63 박이문, 2001, 『더불어 사는 인간과 자연』, 미다스북스, 머리말.

64 여기 critique를 '비판'이라고 번역한 데가 많다. 그 번역은 사전적으로는 오류가 아닌 것 같지만 실제로는 오류이다. critique는 비평, 즉 분석 또는 연구라는 뜻에 가깝다. 비판은 criticism에 해당하며 반대, 거부, 비난이라는 뜻이 함의된 어휘이다. 문명 비평, 문명 비판은 엄연히 서로 다른 뜻이다.

칸트는『순수이성 비평』— 일체의 경험이나 의식작용을 넘어선 백 퍼센트 선험先驗적 이성이라는 의미에서 순수이성 — 을 통해 우리가 세상을 인식할 때 감각경험과 이성이 동시에 역할 한다는 인식론을 제시함으로써, 다시 말해, 경험주의적 리얼리즘과 선험주의적 관념론을 통합함으로써 그 스스로가 이것을 코페르니쿠스적 혁명에 비교할 수 있다고 했다. 이 '칸트적 전환'의 한 요체는 우리가 인식하고자 하는 대상인 사물과 우리에게 인식된 사물을 구분했다는 것이다. 이 구분에 의하면, 우리 인간은 전자 즉 인식되기 이전의 사물 그 자체는 결코 알 수 없다. 다만 인식된 사물을 알 수 있을 뿐이다. 이른바 칸트의 불가지론 不可知論이다.

그렇다면 우리가 사물을 어떻게 해서 인식하는가? 칸트의 순수이성 비평에 의하면, 그것은 우리가 색안경을 끼고 사물을 봄으로써 사물을 인식하는 것에 비유할 수 있다. 우리가 안경알을 통해 사물을 보는 것처럼, 우리는 오관에 의해 감각–지각된 사물을 인간에게 생득적으로 품부되어 있는 이성을 통해서 인식할 수 있다. 또한 안경알에 이미 내재된 색깔에 의해 사물의 색깔을 보는 것처럼, 이성에 이미 내재된 아프리오리(a priori)에 의해 사물을 인식한다. 칸트에서 아프리오리는 시간과 공간이라는 두 가지 형식의 직관과, 네 가지의 사유思惟범주 곧 양(quantity), 질(quality), 인과(causal relation), 양식적 속성(modality: 필연–우연)이다. 우리가 인식해서 알고 있는 일체의 사물은, 있는 그대로의 것이 아니라, 이들 선험적 아프리오리에 의해 구조화된 것이다. 그러므로 우리가 사물을 알 수 있기 위해서는 두 가지 조건이 동시에 충족되어야 한다. 사물 곧 감각재료가 있어서 감각–지각이라는 경험이 가능해야 한다. 또한 경험된 것이 상기 아프리오리가 내재된 이성을 통과해야 한다.

어린 아기는 감각-지각이라는 경험 자체는 가능하지만 이성이 아직 발달하지 않았기 때문에, 그래서 상기 아프리오리 즉 [말하자면] 선험적 인식틀이 아직 생기지 않았기 때문에 경험된 것이 그 틀에 의해 구조화되지 않아서 자신이 감각-지각하는 사물이 무엇인지를 알 수 없다. 이 반대의 경우도 마찬가지이다. 우리가 아무리 뛰어난 이성과 감각-지각력을 가졌다 하더라도, 이를테면, 신이 존재하는지 존재하지 않는지 또는 불멸의 영혼이 있는지 없는지는 결코 알 수 없다. 이유는, 첫째, 그 물음은 감각재료가 없는 물음이고 그래서 감각-지각이라는 경험이 불가능하기 때문이다. 둘째, 그 물음은 선험적 인식틀이 내재된 이성을 초월하는 물음이기 때문이다. 그러므로 결국 '신이 존재한다'는 명제도 참이고 '신이 존재하지 않는다'는 명제도 참이다. 이렇게 상반되는 두 참이 칸트에서 안티노미(antinomy) 곧 이율배반이다.

칸트철학에는 선험적 인식틀 **자체에 그러므로 근본적인** 네 가지의 안티노미가 있다. 첫째, 상기 양이라는 사유범주이다: 세계는 시공간적 한계 내에 있다(달리 말해, 세계는 인간의 사유대상인 양적 실재이다)↔세계는 시공간적 한계가 없고 무한하다(달리 말해, 세계는 양적으로 한계가 없는 정신mind의 산물이다). 둘째, 상기 질이라는 사유범주이다: 세계 내의 모든 합성적 실체(composite substance)는 단순한 부분들로 이루어진 것이다↔세계 내의 모든 실체는 단순한 부분들로 이루어져 있지 않고 단순한 것이 존재하지도 않는다. 셋째, 상기 인과라는 사유범주이다: 자연의 법칙을 따르는 인과율로부터 세계의 모든 현상이 도출되는 것이 아니다; 그러므로 세계의 모든 현상을 설명하기 위해서는 자연의 법칙에 얽매이지 않는 자유로운 인과율이 있다고 생각할 필요가 있다↔자유는 없다; 세계의 모든 것은 전적으로 자연의 법칙에 맞게 존재하게 된 것이다. 넷째, 상기 양식적 속성이라는 사유범주이다: 세계에는 절대적인 필연적 존재가 있다↔절대적인 필연적 존재는 세계 안팎 그 어디에도 없다.[65] 이들 근본적 안티노미를 어떻게 해결할 것인가?

문제는 이뿐만 아니다. 이성주의인 합리주의자에 의하면, 이성적 존재인 인간은 당연히 평생토록 이성적으로 판단하고 이성적으로 실천하면서 삶을 영위한다. 그러나 실제 삶에는 상기 근본적 안티노미로 인해 이성적 판단[판단이성]과, 이성적 판단과 일자적으로 연결되는 이성적 실천[실천이성]에도 역시 안티노미가 있게 된다. 이성적 판단의 경우, 이를테면, 꽃이 아름다운 것은 꽃 스스로가 아름다움을 뿜어내어서 아름다운 것이다. 역으로, 꽃 자체는 미적으로 취향적으로 중립인데 그것을 아름답다고 판단하는 이성의 미적, 취향적 능력이 인간에게 있어서 아름다운 것이다. 어느 쪽 명제가 참인가? 두 명제 모두 안티노미적 참이다. 또한 이성적 실천의 경우, 이를테면, 이성적 존재인 인간에게는 당연히 도덕과 행복의 일치가 최고의 선이다. 그러나 도덕을 실천하는 삶이 현실에서 언제나 행복할 수는 없다. 역으로, 행복한 삶이라고 해서 그것이 현실에서 언제나 도덕을 실천하는 삶에 의한 것이고 할 수는 없다. 도덕의 도야와 행복의 달성 간에 안티노미적 공백인 것이다.

이러한 안티노미를 도대체 어떻게 해야 하는가? 칸트는 안티노미를 철학적으로 해결해서, 결코 인간이 알 수 없는 것에 대한 종래의 무익한 모든 철학적 논쟁에 종지부를 찍고자 했다. 그 종지부를 찍어야만 비로소 그가 계획하는 이른바 통합철학이 완성되는 것이다. 방법이 무엇이

---

65 W. S. Sahakian, 1968, 앞의 책, p. 174.

었는가? 그는 인간의 경험[경험주의]으로도 이성[관념주의]으로도 도달될 수 없는 안티노미로서의 빈자리는 결국 종교적 믿음 곧 신앙으로 채워야 하는 자리라고 했다.[66] 이에 그는 『실천이성 비평』에서 신, 영혼 그리고 궁극의 세계라는 영원한 불가지不可知적 존재를 우리가 **믿어야만** 안티노미를 해결 혹은 극복할 수 있다는 실천적 논리를 구성한다.

그 구성된 논리에 의하면, 우리가 무엇을 해야 하는지 또는 무엇을 하지 말아야 하는지를 판단[판단이성]해서 실천[실천이성]하는 도덕적 능력이, 마치 자연세계에 자연의 법칙이 이미 내재해 있듯이, 인간의 이성 속에 이미 내재해 있다[이에 칸트를 윤리직관주의자(ethical intuitionist)라고 한다]. 따라서 이성이란 곧 판단이성이고 실천이성이며, 도덕이란 다름 아닌 이성도덕이다. 다시 말해, 도덕적 판단능력과 이에 따른 실천능력이 인간의 이성에 내재해 있다는 것이다. 순수이성, 판단이성, 실천이성은 하나인 이성(one and the same reason)의 세 가지 측면이라는 것이다. 이성의 이러한 오묘함에 대한 경탄과 경외심에서 그는 '내 마음을 가득 채우는 것이 두 가지 있다. 그것은 [이백오십 년 전, 그때 그 천문학지식 시대에 그 별빛 찬란했던 경이로운 밤하늘을 올려다보는 철학자 칸트의 마음을 상상해 본다]내 머리 위의 별빛 찬란한 하늘과 내 마음속의 이성도덕이다'고 했다. 이 이성도덕을, 그는 모든 상황에 예외 없이 적용해야 하는 절대명령 곧 정언定言명령(categorical imperative)이라고 했다.

부연하면, 실제로 개구리나 장미꽃 등 일체의 자연 종種은 자연의 법

---

66   위의 책, p. 175.

칙, 즉 자연도덕을 백 퍼센트 실천한다. 그러나 우리 인간은 이성도덕을, 그것이 철학적 논리로 볼 때 아무리 정언명령이라 하더라도, 얼마든지 실천하지 않을 수 있다. 이 궁극적인 실천상의 문제를 해결하기 위해 ─ 플라톤으로 말하면, 관념계의 완전한 도덕이데아와 그것의 그림자와 같은 현상계의 불완전한 도덕실천 간의 간극을 매울 수 있기 위해 ─ 칸트는 『실천이성 비평』에서 실천에 있어 세 가지의 가정(practical postulates)을 제시한다. 첫째, 신이 존재한다는 것이다. 둘째, 불멸의 영혼이 있다는 것이다. 셋째, 인간에게 자유의지가 있다는 것이다(그래서 공은 이미 우리의 손에 넘어와 있다는 것이다). 이 세 가지 실천가정을 우리가 **믿어야만** 이성도덕이 온전히 실천으로 구현되는 세상을 이룩할 수 있다는 것이다.

이렇게 해서 칸트는, 세상은 우리의 오관이 감각해서 지각하는 그대로의 세상이라는 경험주의와 세상은 우리의 이성이 판단하는 대로 존재한다는 관념주의를 통합했다. 이 통합은 플라토니즘의 이분법적 세계관의 극복, 즉 눈앞의 현상계와 관념상의 이데아계를 인식론적으로 통합한 것이기도 하다. 그러한 통합은, 경험으로도 이성으로도 영원불가지不可知인 안티노미적 빈자리를 기독교신앙으로 채움으로써 가능했다. 이 철학적 공로로 그는 서양철학사에서 드높이 받들어지고 있다. 또한 그는 ~하기 위해서, ~이기 위해서, ~해야 함으로, ~때문에 등 어떤 목적이나 조건과 결부되어 자칫 가언假言명령(hypothetical imperative)이기 쉬운 세속의 도덕을 종교 차원의 절대도덕 수준으로 끌어올려서 서양문명 최고의 도덕률을 세웠다고 칭송되고 있다.

칸트철학, 과연 그렇게도 위대한가? 칸트(1724-1804) 이후 독일에서 피히테, 셸링, 헤겔, 쇼펜하우어 등 기라성 같은 여러 갈래의 관념론자가 대두됨으로 인해 관념론과 경험론을 통합한 그 통합철학은, 말 그대로, 실천적 가치가 점차 퇴색한다. 이에 '칸트로 돌아가자'는 신칸트학파 파이힝거(H. Vaihinger, 1852-1933)는 상기 세 가지의 실천가정을 믿는 그 믿음, 즉 기독교신앙이 전제된 칸트의 통합철학을 계승해서 '마치 그런 것처럼의 철학(philosophy of 「as if」)'을 제시했다. 미국 실용주의 철학 일부에 동의하면서 칸트의 불가지론을 더욱 밀고 나간 그는, 인간은 신이나 도덕적 세계질서에 관해서 그 어떤 절대적 진리도 찾아낼 수 없지만 [실용주의]우리 자신이 안녕하게 살 수 있기 위해 우리는 이성도덕이 세상에 온전히 구현될 수 있도록 그 세 가지—신, 불멸의 영혼, 자유의지—가 **존재하는 것처럼** 살아야만 한다고 주장했다.[67]

이 주장, 과연 어떤가? 철학이 세상의 변화를 이끌어 나가는가? 아니면 세상의 변화를 뒤쫓아 가면서 그 변화에 장단을 맞추는가? 우리의 회의懷疑는 여기서 더 나아간다.

칸트는 "[너의] 행동원리(maxim)가 동시에 [만인의] 보편법이 되어야 하는 그런 행동원리에 따라 행동하라고 했다."[68] 이 행동준칙은 참으로 뜬금없는 것이다. 칸트에 의하면 그러한 행동은 상기 세 가지 실천가정 위에서만, 다시 말해, 확고한 기독교신앙 위에서만 가능하기 때문이다. 기독교는 헤브라이즘 즉 유대사상이 로마시대 교부철학을 거치면서 플라토니즘과 결부된 서양종교이다. 따라서 그 준칙의 실질적, 구체적 함의는 '기독교신앙에 기반한 너의 행동원리가 만인 보편의 법이 될 수

---

67 위의 책, p. 214.

68 위의 책, p. 177. (각괄호 필자)

있는 방식으로만 행동하라'는 것이다. 이것은 기독교의 신과 무관한 비서양사회, 비기독교세계에서 볼 때 그야말로 뜬금없는 소리인 것이다. 그럼에도 서양인은 기독교신앙을 전제로 하는 칸트철학을 포함에서 서양철학이 없는 또는 통하지 않는 문화집단의 문명을 미개한 또는 야만적인 열등한 문명으로 분류했다. 일단 그렇게 분류되면 개명(civilization)이라는 미명하에 끔찍한 인종주의적 악행과 제국주의적 수탈이 정당화되었다. 칸트철학도, 의도와 무관하게, 여기에 기여한 것이다.

기독교신앙을 전제로 통합적 논리를 구성한 칸트의 통합철학. 이것은 결코 전 인류 보편의 철학일 수 없다. 그 통합철학이 건축한 이성도덕의 세계는, 정확히 말해, 기독교-유럽중심주의적인 **유편유당**有偏有黨한 도덕의 세계이다.[69]

20세기 후반 인류의 지성사는 진정 코페르니쿠스적 대전환을 맞는다. 이성주의와 경험주의를 사변적 논리로써 통합한 (신)칸트철학과 정반대로, 과학적 실증에 의해 양쪽 모두를 부정하는 레비-스트로스의 '구조주의 혁명'이다. 경험주의와 맥을 같이하는 리얼리즘 — 일체의 사

---

69 그럼에도 칸트를 검색하면 칸트와, 칸트철학에 대한 무비평적 극찬으로 온통 도배되어 있다. 한국사회에서는 칸트에게 찬사를 크게 보낼수록 칸트철학을 깊이 알고 있는 지식인으로 대접받는 또는 대접받는다고 스스로 생각하는 모양이다. 모 유명 대학의 한 철학과 교수는 「**불편부당한** 도덕의 세계를 건축한 임마누엘 칸트」라는 제하의 칸트 칭송 글로 어느 일간지 한 면을 가득채웠다. 게다가 "내 행위가 보편적 법칙이 될 수 있는 방식으로만 행동하라"고 대문짝만하게 써서 부제로 달았다.
칸트 통합철학의 핵심인, 실천가정과 실천이성을 **연결하는 이론구성에** 대한 더욱 구체적 비평: P. Kleingeld, 1998, "Kant on the Unity of Theoretical and Practical Reason", *The Review of Metaphysics* 52(2), pp. 311-339.

물과 현상은 우리가 그것을 어떠한 것이라고 이해하고 있느냐 와 무관하게 본래의 객관적 의미를 가지고 존재한다는 믿음 — 과 이성주의와 맥을 같이하는 휴머니즘 — 의식의 주체인 이성적 인간 스스로가 일체의 사물과 현상을 이해해서 이해한 그대로의 의미를 가지고 세상을 살아간다는 믿음 — 은 둘 다 '쌍둥이처럼 꼭 같은 오류'이다.

이러한 혁명적 구조주의인식론에서 보면, 경험주의를 이성주의 프레임 안으로 끌어들이기 위해 상기 3대 실천가정을 대전제로 해서 통합논리를 짜 만든 칸트철학은 형이상학적인 지적 유희물에 가깝다. 칸트의 대두가 레비-스트로스 이후였다면, 기독교신앙으로 떠받친 이성을 경험과 통합하는 그러한 철학적 프로젝트를 과연 그가 시도했을 것인가.

4) 유학합리주의에서 바라보는 서구합리주의

서구에서 합리주의(이하 서구합리주의 또는 합리주의)의 원조는, 로고스우주관에 대한 믿음을 목숨과 바꾸면서까지 지킨 소크라테스이다. 우주적 전일자全─者 로고스가 인간에게 분수分殊 혹은 품부稟賦되어 이성이다. 합리주의란 우리가 무엇을 아는 것 혹은 판단하는 것이 이성에 의한 것이라는 철학이고 믿음이며 태도이다[이런 까닭에 합리적(rational), 이성적(rational) 양자는 같은 의미로 쓰이기도 한다]. 이성적 인간에 있어서 합리성이란, 앞서 논의했듯이, 비율·비례라는 수학적 패러다임에 기반한 논리에 부합하는 성질 혹은 속성이다.

이러한 합리성이, 서구에서 자본주의가 심화되면서, 최소의 자원을 투입해서 최대의 이익(benefit)을 추구하는 수학적 타산 곧 경제적 합리성에 다름 아니게 된다. 따라서 이성에 입각해 사고하는 인간 즉 호모 사피엔스는 최소투입-최대산출이라는 경제원리에 입각해 사고하는 인간 곧 호모 이코노미쿠스이다. 호모 이코노미쿠스는 수학적 적확성으로써 최소투입을 통해 자신의 이익을 최대화하고자 한다. 최대이익이란 효용의 극대화이기도 하다. 최소투입은, 효용극대화라는 목적을 달성할 수 있는 도구 즉 최적의 수단·방법을 통해서 가능하다. 따라서 경제적 합리성이란 도구적 합리성(instrumental rationality)이기도 하다. 이에 오늘날 특히 서구인은 경제, 정치, 교육, 치안, 윤리, 예술 등등 모든 영역에서 어떤 문제를 해결할 때, 어떤 결정을 내릴 때, 무엇을 실천할 때, 어떤 조직을 만들어 운영할 때 등등 모든 일에 있어서 무엇보다 먼저 최소투입-최대산출이라는 경제적 합리성/도구적 합리성을 우선적으로 추구한다.

문화지리학이나 문화인류학에서 직접 현장에 들어가 수행하는 참여관찰에 의하면, 전前자본주의적 문화집단에서는 서구의 합리성 즉 경제적 합리성을 찾아보기 어렵다. 예를 들어, 캐나다 북서부 해안의 콰키우틀족은, 제5장에서 논의한, 포틀래치(potlatch)라는 정기적인 부족행사를 벌인다. 이 행사는 호모 이코노미쿠스의 눈으로 볼 때, 도저히 이해할 수 없는 그야말로 비이성적이고 비합리적인 그래서 야만스럽기까지 한 것이다. 그 행사에서 추장 혹은 대인大人은 자신이 속한 공동체 사람을 불러 최대한 성대하게 잔치를 벌이면서 자기가 가진 것을 경쟁적으로 나누어 주거나 부수어 버린다. 심지어 자신이 살고 있는 집까지 부수고 불태워버린다. 이를 통해 리더의 지위를 유지하기도 하고, 새로 얻기도 한다. 이것은 거의 변함없이 유지되어온 자신들의 전자본주의적 삶의 양식에 영향이나 변화를 줄 수 있는 요인을 무화無化시키거나 소멸시키는 것, 다시 말해, 시간의 흐름 속에서 불가불 생기는 사회적 경제적 격차 그리고 이에 따른 갈등과 불화가 누적되는 것을 막기 위해 지위와 재화를 재분배하는 그들 나름의 문화적 장치인 것이다.

무엇을 말해주는가? 모든 일과 사태에 있어서 경제적 합리성에 앞서 또는 그것을 희생하면서—다시 말해, 경우에 따라서는 최소투입-최대 산출이라는 경제원리에 부합하지 않게 문제해결, 의사결정, 일 등을 하면서—전통이나 종교와 관련된 의식儀式, 상징체계 등을 공고하게 하는 것을 우선시하는 문화집단이 얼마든지 있다는 것이다. 그들로서는 그것을 공고하게 유지하는 것이 친족이나 부족의 결속과 영속 그리고 번영의 기반이기 때문이다. 즉, 그들에게는 그들 고유의 문화적 합리성 (cultural rationality)이 서구의 경제적 합리성(economic rationality)에 앞선다는 것이다. 만약 그들이 서구의 영향을 받아 또는 서구사회로부터 배워, 사안마다 경제적 합리성을 무엇보다도 우선시한다면 그래서 그로 인해 자신들 운명공동체의 기반인 친족간의 유대, 전통적 의식이나 상징 체계를 공고히 유지하지 못한다면, 그것이야말로 그들로서는 비이성 적이고 비합리적인 것이다. 비근하게, 한국사회에서 우리 역시 자본주의 이전에는 친족이나 이웃 간에 경제적 합리성이나 타산보다는 도덕이나 전통이나 관습을 우선시했다.

요컨대, 이성 혹은 비이성, 합리 혹은 비합리는 다양한 문화집단 각 각에 내재된 고유한 문화의 문제이며 나아가 그 문화의 기반인 우주관 의 문제이다. 레비-스트로스에 의하면, 모든 인류가 단 하나의 어떤 목 표를 향해 나아가는 것이 아니다. 장구한 세월 서로 다른 지리적, 역사 적 처지에 따라 모든 문화집단은 각기 저마다의 우주관과 그에 따른 문명적 프로젝트를 가지게 됨으로써 각각 나름의 고유한 합리성을 창조하게 된 것이다. 따라서 그들 각각의 고유한 합리성을 결코 어떤 동일한 잣대로써 말할 수 없다. 지구상에는 다양한 문화집단에 따른 다양한 합리주의가 있다.

당연히 동양의 유교문화 사회에는 서구합리주의와 구별되는 나름의 합리주의가 있다. 그것은 연원이 태곳적 요순(堯舜)에까지 닿아 있는 이른바 유학적 합리주의(Confucian rationalism)이다. 유학적 합리주의(이하 유학합리주의)의 기반은 서구의 로고스우주관과 달리, 앞서 제1절에서 논의했듯이, 도덕우주관(moral cosmology)이다. 이것을 구체적으로 공·맹(孔孟)유학으로 말하면 인(仁)우주관이고, 정·주(程朱)의 형이상학인 신유학으로 말하면 리(理)/기(氣)우주관이다. 주희의 『인설(仁說)』에 의하면, 인에는 인의 미발未發인 체(體: 전덕全德)라는 측면과 인의 이발已發인 용(用)─전덕全德이 인의예지(仁義禮智)라는 사덕四德으로 구현되어 애공의별(愛恭宜別)이라는 감정을 발현시키는 작용─이라는 측면이 통합되어 있다. 즉, 체용일원(體用一源)이다.[70] 주희는 그 체의 측면을 리(理)로 규정하고, 그 용의 측면을 음/양(陰陽)이라는 기(氣)의 작용에 의한 것으로 규정했다. 그리고 리와 기를 (제8장에 나오는) 주돈이의 태극도(太極圖)에서 보는 그러한 이원일자二元一者적 관계로 규정함으로써 리기우주관에 기반한 형이

---

[70] 체(體, substance)와 용(用, function)은 23세 젊은 나이에 요절한 천재 유학자 왕필(王弼, 226~249)이 제시한 개념이다. 그는 『중용』 제12장에 나오는 "군자지도 비이은(君子之道 費而隱)"에서 費를 用으로, 隱을 體로 해석했다. 정합논리에 '갇혀 있는' 서구의 이성주의철학으로서는 인이 형이상의 체, 형이하의 용 이렇게 두 차원에 걸쳐 있는 이론체계를 상상도 못한다. 반면에 동양에서는 체용일원(體用一源)적 이론체계가 유·불·도(儒佛道) 모든 철학을 관통한다. 서양은 이러한 동양철학을 비논리적, 비합리적이라고 폄하해 왔다.

상학체계를 확립했다.

요컨대, 유학에서 우주는 (인이라는 도덕으로 이루어진 그 무엇이 아니라) 인이라는 도덕 자체이다. 그러므로 유학은 도덕우주관, 보다 구체적으로, 인-도덕 우주관이다. 우주적 전일자全一者 인이라는 도덕이 인간사회에 구현되고 있는 사태가, 앞서 제2절에서 논의했듯이, 오륜(五倫)에 기반한 예(禮)가 실천되고 있는 현장이다. 이 현장에서 우리는 인의 본질인 사랑을 느끼게/경험하게 된다. 이와 관련해서 공자는 인을 극기복례(克己復禮)라 했고, 사람을 사랑하는 것(愛人)이라고도 했다.

먼저, 인을 말하는데 왜 복례(復禮)인가? 주희에 의하면, 예는 사람이 인위적으로 만든 것이 아니라 [도덕우주관]하늘의 도덕질서 곧 천리지절문(天理之節文)이 인간세상의 도덕질서 곧 인사지의칙(人事之儀則)이 된 것이다. 그러므로, 뒤집으면, 인간세상의 도덕질서 곧 오륜에 기반한 예가 실천되고 있는 세상이 바로 하늘의 도덕질서 곧 인이 구현된 세상이다. 이러한 세상을 향유하는 사람이 바로 천인합일적 사람(anthropo-cosmic man)이다. 그리고 이러한 사람이, 앞서 제1절에서 언급했던, 맹자가 말하는 천민(天民)이며 **동시에** 인간사회의 시민이다. 정연한 논리체계이다.

그런데 문제는 인욕(人慾), 사람의 욕심이다. 유학의 인-도덕우주관에 의하면, 원래 사람에게는 상기 사덕의 씨앗인 천명지성으로서의 인이라는 도덕이 품부되어 있다. 하지만 자칫 욕심으로 인해 천리지절문이요 인사지의칙인 예가 실종 혹은 마비된다는 것이다. 그러므로 무엇보다 먼저 (욕망이 아니라) 이기적 욕심이 극복되어야만(克己) 예가 회복되고(復禮) 회복된 예가, 앞서 제1절에서 논의한 것처럼, 절의악문적으로 군신 간[물론 군신 간이라는 사회적 관계를 오늘에 온고지신적으로 재해석한다]에, 부자간에, 부부간에, 장유 간에, 붕우 간에—즉, 사람으로 태어나면 한평생을 살면서 누구나 처하게 되는 다섯 가지 사회적 관계의 모든 국면에서—실천되고 있는 현장이 바로 인간사회에 인이라는 도덕이 구현되어 사랑이 도도히 흐르는 사태인 것이다(愛是已發之仁). 이에 공자는 인을 사람을 사랑하는 것(樊遲問仁 子曰愛人)이라고 했다.

인과 예는 이처럼 동전의 양면과 같은 관계이다. 다시 말해, 예가 인을 구현하는 방법인 동시에 인이 구현된 사태이다.[71] 이런 까닭에 공자는 극기복례가 인이라 했고, 바로 뒤이어 하룻동안 이기적 욕심을 버리고 예를 회복하면 천하가 인으로 돌아온다(一日克己復禮 天下歸仁焉)고 했다. 그런데 이 하루 동안을 두고, 주지하다시피, 학자들간에 해석이 분분하고 오류도 많다. 표층적 독해 수준들이기 때문이다.

앞서 언급한 징후적 독해에서 볼 때, '하루 동안'이 함의含意하는 바야말로 유학을 진정 유학답게 하는 한 핵심이다. 인에는 방법과 목적과 실천 간에 간극이 없다 혹은 없어야 한다는 것이다. 다시 말해, 인은 방법과 과정을 다해 끝에 가서 드디어 인이라는 목적을 과일 따듯이 성취하는 것이 아니라는 것이다. 금식기도 100일을 하니 마침내 자비심이 넘치게 된다, 혹은 극기해서 회복된 예를 10년간 실천했더니 드디어 인이 구현된다는 식이 결코 아니라는 것이다. 이것을 주희는 명쾌하게 이해했다: 극기복례란 막힌 물도랑을 틔우는 것과 같으며 인은 물이 흐르는 것과 같다(克己復禮 如通溝渠壅塞 仁乃水流也). 그렇다. 물도랑을 틔우

---

71 이러한 철학적 이론체계는 서양철학에서는 상상도 할 수 없다. 의도와 무관하게 이미 서양철학으로 세례받은 동양의 지식인은 동양고전을 서양철학 하듯이 접근해서 이분법적 정합논리의 이론체계를 짓고 꿰매면서 지식 자랑을 펼친다. 그래서 필경 공자를 '천의 얼굴'로 만들어 유학을 우리와 멀어지게 한다.

면 물은 즉시 흐르는 법이다.

그러므로, 유학의 인 구현 방법은 근본에 있어서 간단명료하다: 극기복례. 이기적 욕심을 극복해서 천리지절문이요 인사지의칙인 군신유의라는 윤리(도덕질서)에 기반한 예를 회복해 실천하면, 별스럽게 사랑을 의식하지 않아도 자연스럽게 즉시 **인으로서의 사랑이** 군신 간에 흐르게 되어있다(愛是己發之仁)는 것이다. 이기적 욕심을 극복해서 천리지절문이요 인사지의칙인 붕우유신이라는 윤리(도덕질서)에 기반한 예를 회복해 실천하면, 별스럽게 사랑을 의식하지 않아도 자연스럽게 즉시 **인으로서의 사랑이** 붕우 간에 흐르게 되어있다는 것이다. 물론 부자간, 부부간, 장유간에도 이와 마찬가지라는 것이다.[72] 인이 사랑으로 구현되는 이치가 이러함으로 주희는 [그러한] 이치에 맞는 사랑을 인이라 한다(愛之理而名仁)고 했다. 좀 많이 나간 것 같다.

요컨대, 도덕우주관에 기반한 유학합리주의와 로고스우주관에 기반한 서구합리주의는 질적으로 서로 다르다. 지난날 우리가 받은 또는 지금도 받고 있는 가정교육, 학교교육, 그리고 우리의 경험을 반추해 보자. 원래 우리는 어떤 문제해결이나 의사결정을 할 때 로고스우주관

---

[72] 과연 누구나 즉시 그렇게 되는가? 유학의 대답은 분명하다. 그렇다, 충서(忠恕)라는 원리에 의해서이다. 공자에게 예를 실천함에 있어서 일관되는 하나의 원리가 있는데 바로 충서이다. 공자에 의하면, 사람은 이기적 욕심 때문에 눈이 있어도 보지 못하고 귀가 있어도 듣지 못한다. 이기적 욕심을 없애야만 남을 대할 때 먼저 자신의 타고난 도덕적 본성 곧 인을 따르게 됨으로써[忠] 자기가 원하지 않는 것을 남에게 행하지 않게 된다[恕](『논어』4:15, 15:23, 12:2). 충서는 유학에서 황금률로 간주되고 있다. 이 황금율은 자신의 행위를 **언제 어디서나 스스로 재 볼 수 있는** 그러면서도 아주 엄격한 잣대이다. 이에 공자는 "인이란 멀리 있는 것이 아니다. 누구나 그것을 성취하고자 원하면 그것은 바로 내 곁에 있다"고 했다. (『논어』7:29)

에서 비롯된 경제적 합리성에 앞서 혹은 그것을 희생하면서—즉, 경우에 따라서는 최소투입-최대산출이라는 경제원리에 부합되지 않게 문제해결이나 의사결정을 하면서라도—무엇보다 오류으로 정리되는 윤리도덕을 앞세웠다. 우리로서는 그것이 우리의 인-도덕우주관에 부합하는 그래서 진정 합리적인 것이다. 윤리도덕에 앞서, 돈과 물질을 우선적으로 타산해 추구한다는 것은 우리로서는 '돈과 물질에 눈이 먼' 그래서 비합리적인 것이다.

근대에 들어와 인류문명의 지배적 추동력은 서구합리주의이다. 특히 물질, 경제, 전쟁무기의 경우 경제원리패러다임인 서구합리주의가 도덕원리패러다임인 유학합리주의를 압도했다. 서구합리주의문명은, 앞서 본 것처럼, (문화)제국주의적 오리엔탈리즘을 심화시키고 개명 — 서구합리주의문명을 복제하는 방식의 문명화 — 이라는 미명하에 유학합리주의문명을 노골적으로 또는 교묘하게 유린, 파괴, 억압했다. 여기에 동조 혹은 동참하는 사람에게는 권력과 부를 누리게 해주고, 반대하고 저항하는 사람은 탄압했다. 또한 그렇게 함으로써 전자가 후자를 정치적, 경제적으로 지배하도록 하는 사회체제가 되도록 해서 양자간에 영원한 구조적 갈등관계를 조성했다[이 대목에서 친일, 반일 대립으로 인해 곡절 많은 대한민국의 근현대사를 반추해보게 된다]. 그럼에도 저들은 헤겔 유의 **발전사관 깃발 아래** 당당하게 스스로 면죄부를 찍었다.

그러나, 주지하다시피 오늘날 문명적 대세가 역전되고 있다. '유학은 구조주의 그 자체'라고 보는 레비-스트로스의 구조주의 혁명은 비서구문명에, 특히 동양의 유교문명에 자신감과 힘을 불어넣었다. 유학합리주의를 오늘에 온고지신적으로 새롭게 다잡은 유교문명은 오리엔탈리즘을 불식시키고 당당하게 동양이 동양으로서 말한다.

서구합리주의문명에서 저들은 삶의 모든 영역에서 그 무엇에 앞서 경제적 합리성을 최대한 추구함으로써 인간 본연의, 니체의 표현으로, 무심결의 자연스러움(unreflective spontaneity)을 잃어버렸다. 인간을 언제나 [常] 인간이게끔 하는 인간상수人間常數(human constant) 곧 사랑과 감정마저도 증발시켜버렸다. 그리고는 개·고양이로부터 인간상수를 채우고자 한다. 하지만 그런 것으로 인간상수가 채워질 리가 없다. 이런 까닭에 이면적으로는 알코올, 마약, 폭력, 정신질환 등과 관련된 대책 없는 심리-사회적 문제를 양산하고 있다. 그럼에도 불구하고, 변함없이 경제적 합리성을 최우선으로 추구해 끊임없이 산술적 타산에 몰두하고 지치도록 자아에 골몰하면서 "[제5장의 '차가운 사회, 뜨거운 사회' 편에서 논의한] 엔트로피를 증대시켜 스스로의 파국을 향해 작동하는 인류 문화를 창조한다."[73] 이러한 저들이야말로 동양인의 유학합리주의 눈에는 비합리적이고 때로는 불쌍하고 안타깝다.

5) 빙퉁그러지게 나가는 포스트모더니즘

포스트모더니즘은, 날로 고도화되는 서구합리주의와 그 모더니즘 문명을 비판하고 그 후속으로 혹은 대안으로 대두된 사조思潮이다. 그런데 오늘날 왜 또 '포스트모던 위기'라고들 하는가?

포스트모더니즘에서 우리 인간(humanity)은 더 이상 서구의 이성주의,

---

73 김경용, 1996, 『기호학이란 무엇인가』, 民音社, 16쪽. (각괄호 필자)

과학주의, 청교도윤리주의 등 근대 서구문명을 꽃피운 모더니즘사조에 의해 규정될 수 없다. 포스트모더니즘에서는 이성이라는 것을 깊이 회의하고, 합리주의와 그 이분법적 사고의 한계를 절감한다. 또한 신 혹은 초월자에 의존하는 절대윤리를 반대하고, 인간의 자연스러운 감정을 긍정하며, 다양성과 상대성을 존중한다.

하지만 오늘날 서구사회의 현실은 그러한 포스트모더니티를 실제로 생활과 과학에 접목시켜서 **질적 차원의** 포스트모던 문명을 구현하지 못하고 있다. 질적 구현은커녕, 오히려 포스트모던 사조로 인해 서구문명은 이면적으로 더욱 쇠락의 길로, 보다 적절한 표현으로, '삼천포'로 빠지고 있다. 그런데도 여기에 대해 무어라고 답변할 수 있는 문화적 의식, 즉 포스트모더니티에 기반한 생활양식에 관한 구체적이고 일관성 있는 의식이 자리 잡지 못하고 있으며, 또한 그럴 가능성도 없다. 바로 포스트모던 위기인 것이다.

그런데도 설상가상으로, 앞서 제2절에서 보았듯이, 끊임없이 극단으로 나아가는 서구문명의 속성으로 인해 오늘날의 포스트모던 성향은 개인과 사회를 끊임없이 [다니엘 벨의 용에저 너머(the beyond)로 몰아가고 있다. 일체의 과거 권위 혹은 전통을 도외시하면서, 일체의 종교적인 성스러운 영역을 거부하면서, 문화적 질서와 책임성을 전제로 하는 그 어떤 의미와 의미체계도 부정하면서, 끊임없이 보다 전능한 지식을 추구하고, 끊임없이 보다 큰 물질적 풍요를 추구하며, 끊임없이 무한정한 자아를 희구한다.

니체의 예언에 의하면, 서구합리주의(이하 합리주의)의 최종과정이 바로 포스트모던 성향이며 이것이 극단으로 나가서 니힐리즘이다. 이 니힐리즘은, 일체의 과거를 파괴하면서 끝없이 '저 너머'를 추구해서 미래를 지배(control)하고자 하는 서구인 자신의 의식적 의지의 결과이므로 필경 사회 전체에 퍼져 들어가 결국은 그 사회를 파괴하고 만다.[74]

뉴질랜드사회의 포스트모던 성향을 한번 보자. 헬로윈즈 데이에 는 애들이 귀신복장 비슷한 특이한 복장을 하고 이집 저집 몰려다니면 서 과자나 사탕을 얻어먹고, 남을 놀라게 하기도 하고, 험한 짓거리들 을 하기도 한다. 이러한 행태를 이용해 돈을 벌려고 그 즈음이 되면 집 집마다 돌리는 광고지에 위험스러운 장난감을 많이 선전한다. 어린이 에게 팔기 위해 도끼를 선전하는데, 마치 실물처럼 선혈이 뚝뚝 흐르는 끔찍스러운 도끼를 광고지에 그려 넣어 선전을 하고 있다! 이 정도의 '저 넘어'는 그들에게 아무것도 아니다.

오타고대학 졸업식장이다. 학생회장이 하얀 티셔츠를 입고 보직교 수들과 함께 나란히 단상에 앉아있다. 그런데 그 티셔츠 한 가운데에 남자 성기가 빨간 색으로 사과만한 크기로 그려져 있다. 기자가 그것 에 관한 코멘트를 여기 저기 들어보는데, 학생회 간부인 여학생들도 그 와 꼭 같은 티셔츠를 입고는 아주 즐거운 표정을 지으면서 뭐라고 떠 들고들 있다! 도대체 '저 넘어'가 어디까지인지 가늠할 수가 없다.

2004년 Civil Union Act가 국회를 통과했다. 동성(homo sex)혼인을 법적으로 인정한다는 법이다. 바로 그날 저녁 TV에서, '무한자아의 무 한자유 충족'이라는 포스트모던 기치아래 당당하게 사내놈들끼리 부 부랍시고 서로 끌어안고 행복에 겨운 표정들이다. 일부 성직자도 이에 동조, 몸소 시범들을 보이면서 시대사조의 첨단을 구가하는 양 아주

---

74 D. Bell, 1980, 앞의 책, p. 300; 1976, 앞의 책, p. 4.

으쓱대는 표정들이다. 신에 도전해서 인간의 지식으로써 바벨탑을 쌓아 올리며 의기양양해 하던 바로 그 모습들이다. 더욱 문제는, 그런데도 그들은 자신들이 향유하는 문명이 날로 선진적으로 나아간다고 믿고 있다는 것이다.

끝 가는 데를 모르는 '저 너머'. 이것의 극단성에 의해 가늠되는 선진성, 이 선진성의 1등 자리에 미국사회가 있다. 그들은 오직 법치주의인지라 실정법에 저촉되지 않는 한 무한정하게 자아와 자유를, 무한정하게 물질적 욕망과 이익을 추구한다. 미국에서 만든 한 코미디 TV프로이다. 많은 사람이 보고 있는 무대 위에서 젊은 부부와 중년 부부 간에 섹스에 관한 어떤 내용을 두고 실랑이가 벌어졌다. 중년 남자가 젊은 남자에게 점잖고 논리 있게 말한다. 이에 코너에 몰린 젊은 남자는 "나는 정규적으로 당신 부인과 섹스한다"고 큰 소리로 되받아친다. 순간 장내에 폭소가 터지고, 그 젊은 부부는 서로 쳐다보면서 의기양양하게 웃어 댄다. 어떤가? 그네들에게 이 정도는 보통이다. 자본주의적 경쟁에 이길 수만 있다면, 다시 말해, 더 잘 웃길 수만 있다면 그래서 보다 높은 시청률을 확보해서 보다 많은 돈을 벌 수 있다면 물불을 가리지 않는다.

그네들이 즐기는 TV드라마 중에 가장 많이 방영되는 프로는 거의 살인이나 강간이나 섹스를 기승전결의 모티프로 한다. 그것도 잔혹하면 잔혹할수록, 말초신경 자극적이면 자극적일수록, 괴상하면 괴상할수록 더욱 인기가 있다(이 말이 치우침 또는 과장으로 들릴 수 있다. 우리나라에서 방영되는 외국 TV프로는 우리가 선호하는 것을 고른 것이기 때문이다[75]). 장면 장면을 엮어 나가는 잔혹함과 비인륜과 암울함을 그네들은 미리 딱 한 마디를 해 둠으로써 넘치는 스릴감, 서스펜스감으로 즐긴다: "이 프로는 오직 성인만 보시라" 또는 "이 프로에는 폭력과 섹스가 들어 있으니, 보고 말고는 각자 알아서 하시라((⋯) so needs your discretion)". 그네들의 자유주의 만끽이 이처럼 딱 부러지게 합리적[이성적]인지라, 누가 가타부타 뭐라고 할 말이 없는 것이다.

그 결과로, 2008년 보도에 의하면, 미국의 수도 워싱턴은 이미 소돔(Sodom)이 되어있다. 워싱턴 주민 50명 중 1명은 AIDS환자이다. 이들 에이즈 환자의 절반 정도가 동성애를 통한 감염임에도 불구하고 그들의 종교는 자유주의를 옹호해서 동성애를 인정하기 때문이라는 것이다. 그래서 동성애 성직자가 나오고, 동성애 결혼식을 교회에서 하기 때문이라는 것이다. 그 성직자들은 동성애를 인정하고 에이즈 예방법을 가르치는 것이 합리적이라고 주장하고 있기 때문이라는 것이다[1970년 미국에서 처음 시작한 퀴어(queer)축제이다. 과연 이것을 우리도 따라 해야만 한국이 자유주의 선진사회로 나아가는 것인지].

도올이 미국사회를 직접 참여관찰한 바에 의하면, 미국이 대중적 삶의 도덕적 질서를 새롭게 재건하는 일은 이제 불가능하다. "미국이라는 리바이어던[Leviathan: 맥락적으로 독해하면, 이미 구조적으로 그 어떤 근본적 개선이나 변혁도 있을 수 없는 그래서 문명적으로 절대군주적 괴물처럼 되어버린 미국이라는 국가을 가동시키고 있는 주요세력들이 도덕적 방향으로 [제5장 '뜨거운 사

---

75 근자에 JTBC의 특파원 25시, 〈세계속의 K-컬쳐〉에 출연한 다니엘 린데만(독일), 알베르토 몬디(이탈리아), 타일러 라쉬(미국)는 서로들 쳐다보면서 주저하다가 부끄러운 웃음을 지으며 "아마 한국사람은 우리들[자기네들] 나라 영화나 TV프로가 너무 (⋯) 해서 보기가 어려울 것이다. 한국 같으면 거의 다 검열대상"이라고 했다.

회, 차가운 사회' 편에서 취급한| 엔트로피를 감소시키는 행위를 도저히 할 수 없도록 구조 지어져 있기 때문이다."[76] 그들에게 설령 도덕에 기반한 새로운 문명적 패러다임을 창출해야 한다는 신념이 있다 하더라도 그들은 그 신념을 실천에 옮길 수가 없다. "언어, 종교, 습관, 감정, 가치의 모든 원초적 바탕이 그 새로운 패러다임의 스트럭쳐|structure]를 수용할 수 없는 방식으로 이미 고착되어 있기 때문이다."[77] 요컨대, 상기 포스트모더니즘이 지향하는 생활양식에 관한 구체적이고 일관성 있는 의식이 자리 잡을 가능성이 전혀 없다는 것이다.

정녕 길이 없는가? 다니엘 벨에 의하면, 그 어떤 문명적 막다른 골목이라 하더라도 언제나 열려 있는 하나의 길이 있는데 바로 종교이다. 그렇다. 원래 종교는 어떤 문명에서 건 실존적일 수밖에 없는 인간이 실존적으로 살아갈 수 있도록 하기 위한 문화적 노력의 산물이기 때문이다. 다시 말해, 종교란 "인간의 유한성에 대한 자각이며, 그 누구도 부정할 수 없는 인간능력의 한계를 인정하는 것이며, 이러한 자각과 한계를 **실존적인 인간조건으로** 수용할 수 있는 [구체적이고] 일관성 있는 해답을 찾기 위한 노력"[78]인 것이기 때문이다.

그렇다면, 어떤 성격의 종교일 것인가? 베버(M. Weber)에 의하면 서구의 전통에서 종교란 예언과 내적 힘을 가진 카리스마적 인물로부터 일어나야만 한다. 그래서 전통의 속박들을 끊어버리고, 묵은 제도의 벽

---

76 김용옥, 2013, 『중용 인간의 맛』, 통나무, 21쪽. (각괄호 필자)

77 위의 책, 28쪽. (각괄호 필자)

78 D. Bell, 1980, 앞의 책, p. 351. (굵은체, 각괄호 필자)

들을 무너뜨리는 종교라야 한다. 이것을 징후적으로 독해하면, 예언과 내적 힘을 가진 예수가 나타나서 구약이라는 전통의 속박과 묵은 제도의 벽을 무너뜨린 것처럼, 동양에서도 그와 같은 카리스마적 인물이 나타나서 케케묵은 유학의 전통과 제도를 타파해야만 동양도 서양과 같은 그러한 '비까번쩍'한 발전을 이룩할 수 있다는 것이다.

과연 그런가? '저 너머'를 날로 극단으로 추구함으로 인해 오늘날 서구사회의 문명적 이면이 상기처럼 대책 없이 빙퉁그러지게 나아가고 있음을 직시해 볼 때, 포스트모던 위기를 극복할 수 있는 종교의 성격은 오히려 베버의 주장과 반대이어야 한다. 벨의 견해처럼, 오히려 과거를 소중히 하고, 전통을 추구함으로써 과거와 현재와 미래 간의 문명적 연속성을 도모하는 그러한 종교여야 한다:

> 만약 새로운 종교가 일어난다면—꼭 일어날 것이라고 나는 생각한다—그 종교는, 이전의 [서구의] 경험과는 정반대로, 과거로 돌아가서 전통을 추구할 것이다. 그래서 죽은 자들, 살아 있는 자들, 그리고 앞으로 태어날 자들 모두를 묶어서 우리에게 하나의 세트로 만들어 줄 실타래를 찾을 것이다.[79]

의미심장하게도 동양의 문명과 사상에는, 제2절에서 본 서양의 그 '위대한' 사상가들이 수백 년에 걸쳐 그렇게도 집요하게 비판해 온, 과거와 전통과 지속성이 귀하게 자리 잡고 있다. "서양의 현대문명은 지

---

79 위의 책, p. 349. (각괄호 필자)

난 17세기 동안의 다양한 지역언어, 다양한 민속, 다양한 전통 등 **과거의 모든 것을 거의 다 파괴하고** 그 위에 건립된 것이다".[80] 반면에 유교문명권에서는 전통적인 과거와 현대적인 오늘 간에, 서양사람이 전혀 의식하지 못했던, 어떤 균형을 유지하고 있다. 바로 이것이, 오늘날 서양이 유교문명권에 큰 관심을 가지게 된 이유이다.[81]

제6장에서 본 것처럼, 우리 동양인의 순수한 인간성(virgin humanity)에서 구조주의 문명관에 대한 확신이 더욱 깊어진 레비-스트로스. 그는 서양문명이 동양문명으로부터 배우지 않으면 서양이 몰락할 것이라고 했다.[82]

6) 소크라테스의 그 죽음, 정녕 허무함인가 — 참여관찰기록

나는 다가올 2세기의 역사를 말한다. 나는 숙명적으로 다가오고

있는 **니힐리즘의 도래**(*the advent of nihilism*)를 기술한다.

니힐리즘의 도래는 지금도 수많은 징후 속에 나타나 있다.

지금 우리의 총체적 유럽문화는 종말에 이르고자 하는 강과 같다.

더 이상 반성하지 않고, 반성하기를 두려워해서 앞뒤를

헤아리지 않고 저돌적으로 파국을 향해 치닫고 있다.[83]

80　C. Lévi-Strauss, 1983b, 앞의 책, 263쪽. (굵은체 필자)

81　위의 책, 263쪽.

82　위의 책, 229쪽.

83　F. Nietzsche, 1967, *The Will to Power*, W. Kaufmann (trans., ed.), New York: Random House, p. 3. (Italics in the original)

오늘날 서구합리주의문명에서 만연하고 있는 니힐리즘의 근원은 소크라테스가 원조인 합리주의와, 합리주의적 타산(calculation)이다.[84]

서구합리주의가 꽃피운 3대 문화가 자본주의문화, 법치주의문화, 과학주의문화이다. 이들 꽃의 열매가 바로 서구의 근대화(modernization)이다. 근대화된 서양문명은 동양문명을 압도했다. 1868년 서구의 자본주의, 법치주의, 과학주의를 동양에서 가장 먼저 받아들여 근대화를 이룬 일본은 중국에 대해 제국주의적 야심을 노골적으로 드러냈다. 중국의 사상가들은 그 야심에 휘둘리고 있는 보수 군벌세력에 대항해서 1919년 [5월 4일]오사혁명을 일으킨다. 그들은 근대의 서구를 전범으로 삼아 '민주와 과학(Democracy and Science)'이라는 슬로건을 내걸고, 중국이 살아남을 수 있기 위해서는 유교문화를 청산하고 몰쓸어 서구화해야 한다고 주장했다.

20세기 중반을 넘어서자, 대다수의 동아시아인에게 근대화란[기억들 하시리라] 무엇보다도 먼저 유교를 말끔히 쓸어내는 것이었다. '공자왈 맹자왈 하는 사람'이라고 하면 그 사람은 아예 상종하지 말아야 할 부류였다. 1970년을 전후한 모택동의 프롤레타리아 문화대혁명은 유학을 절멸하고자 했던 진시황의 분서갱유(焚書坑儒)를 거의 재판再版했다. 1980년대 우리나라에 국제화 바람이 불자, 우리의 전통적인 유교적 문화는 비합리적, 비이성적, 비여성적, 보수적, 봉건적이라 하여 찢고, 발기고, 밟고, 태워 없애는 것을 국제화로 여겼다. 자기네 고유문화에 대해 이토록 열등감을 가진 민족도 드물다.[85]

---

84   D. Bell, 1976, 앞의 책, pp. 3-4.

85   李圭泰, 1995, 『뽐내고 싶은 韓國人』, 신원문화사, 머리말.

그뿐만 아니다. 1990년대에 들어와 우리나라의 동양학 교수 김 모 씨는 공자가 죽어야 나라가 산다고 역설하면서, 제2장에서 취급한, 로즈만의 '똘마니' 되기를 자청했다. 그는 자신을 두고 남달리 일찍 필을 잡은 어릴 적부터 문재文才라고 하면서, 주희(朱熹)를 옆집에서 보고 살았던 양 아주 리얼하게 그리고 있다. 주희가 마치 사회적으로 부적응아인 것처럼 그래서 아편쟁이처럼 소외되고 음울한 인간인 것처럼 썼다. (신)유학이라는 것은 그러한 삐뚤어진 사이콜로지의 소산인데, 그런 줄도 모르고 한국인은 아직도 그것을 붙들고 헤매고 있으니 한심하기 짝이 없다고 한탄한다. 오늘날 이 세계적 무한경쟁시대에 지금 눈앞에 전개되고 있는 눈부신 인류 역사의 발전을 따라잡을 수 있으려면 늦었지만 이제라도 공자를 죽여서 한국문명의 판 자체를 **서구합리주의에 입각해서** 다시 짜야 한다고 역설한다.

과연 플라톤의 언명처럼 '무식이 용맹'이다. 쇼펜하우어의 독서 해악론에 새삼 공감이 간다. 석학 도올은 암의 해독에서 벗어나는 길은 선방禪房에 들어가 '잊어버리는 것'이 아니라, 더 많이 정확히 알아야 한다고 했다. 김 모 씨의 그 책이, 놀랍게도, 장기간 베스트셀러였다. 이러한 역사과정을 통해 우리는 서구합리주의문명의 암울한 뒤안길을 간과看過해왔다. 이 간과의 누적, 그리고 이 누적에 의한 간과의 고착으로 인해 지금 우리 사회의 암울한 뒤안길은 서구사회를 뺨치게 되었다.

제2절에서 검토했듯이, 극단으로 가고야 마는 서양인의 사유思惟이다. 그들은 합리주의를 날로 극단적으로 추구해서 인간성이 합리주의에 의해, 베버(M. Weber)의 표현으로, 갇혀버렸다(imprisoned). 인간사회의 모든 사회적 조직체는, 인간에 의해서가 아니라, 합리와 법에 의해서 움

직여 나가게 되었기 때문에 인간성이 소멸되어 서구사회는 오히려 비합리적이고 무의미한 사회가 되었다는 것이다.

그뿐만 아니다. 다니엘 벨에 의하면, 합리주의의 꽃인 자본주의와 법치민주주의를 통해서 행복한 개개인의 삶이 되도록 한다는 것은 근본적으로 문화적 모순(cultural contradiction)이다. 완벽한 시장자본주의경제와 법치민주주의를 하려면 먼저 인간상수人間常數 곧 인간을 언제나[常] 인간이게끔 하는 인간에 대한 사랑과 감정을 말끔히 증발시켜야 하기 때문이라는 것이다. 인간에 대한 사랑과 감정은 자본주의적 효율성에 있어 최대 장애이며 또한 법치민주주의를 망가뜨리는 부정·부패의 온상이기 때문이라는 것이다. 그러나, 인간상수가 증발해버린 인간의 삶이 행복할 수 없음은 두말할 나위가 없다는 것이다. 이 문화적 모순을 어찌하랴!

설상가상으로 합리주의가 꽃피운 서구의 과학은, 앞서 두 얼굴의 이성주의 과학 편에서 보았듯이, 돈과 명예를 위해 영혼을 팔아버리고 불확실한 미래를 향해 파우스트처럼 돌진하고 있다. 천하통일을 달성한 자본주의의 첨병이자 교두보가 되어 오만해진 과학은 인류를 구원하는 것이 아니라 오히려 인류를 파국으로 몰고 가고 있다는 우려가 점증하고 있다.

보다 근본적이면서도 치명적인 문제는, 합리주의를 고도화하면 할수록 서구사회의 이면은 문명적으로 더욱 쇠락한다는 것이다. 그럼에도 서구문명으로서는 이에 대한 대책으로 합리주의를 더욱 고도화해서 자본주의, 법치주의, 과학주의를 보다 더욱 완벽하게 구현해 나가는 것 외에는 그 어떤 방법도, 대안도 있을 수가 없다는 것이다. 이 무슨 기구한 운명의 서구문명인가! 문화관련학도인 필자는 서구합리주의가 지배적인 뉴질랜드에서 그러한 '문화적 모순'의 기구한 운명을 생생하게 보았고 기록했다. 다음은 그 기록의 일부이다.

먼저, 뉴질랜드사회에서 일상적으로 볼 수 있는 선진적 모습의 사소한 예이다. 한적한 도로인데도, 횡단보도 표시가 있는 도로 건널목[에가 아니라]으로 단 한 사람만 [서 있어 도가 아니라] 다가오고 있어도 제한속도로 달려오던 차가 딱 멈추어 선다. 시력이 매우 박약한 단 두 학생을 위해, 대학도서관 부속실에 고가의 첨단장비를 설치해 글을 읽을 수 있도록 해준다. 학생이 사고로 팔을 못쓰게 되자, 강의 때마다 필사가 대동해서 강의내용을 대필해준다. 개인이 책을 사서 가지고 있지 않다. 모두가 도서관 책을 이용한다. 박사과정, 교수의 경우 도서관에 필요한 책이 없으면 사무원에게 신청한다. 그러면 전국 도서관에 수배해서 연구실에 배달까지 딱 해준다. 필요한 논문을 적어내면, 전 세계적으로 구해 복사해서 배달해 준다. 여학교, 남녀공학교에는 교문 가까이에 아기돌봄 집이 있다. 학생이 등교해서 자기 아기를 맡기고 하교 시에 데리고 간다. 미성년자가 아기를 낳으면 사회적 지원이 크다. 18세가 되면 누구나(약 95%) 출가해서 플랫팅(flatting)—몇몇이 각자 방이 있고 주방·취사·샤워시설을 공동으로 사용하는 주거—으로 독립적, 자립적 생활을 시작한다. 국가는 기술, 예능 등 무엇이든지 배우고자 하면 누구에게나 플랫팅비(렌트비+식비)를 5년 동안 조건 없이 학생수당(student allowance) 명목으로 그냥 준다. 그리고 누구나(약 95%) 국가가 주는 무이자 학생대여금(student loan)으로 학비를 낸다. 졸업 후 최소생활비 이상 벌면, 그 이상 번 돈에서 매달 100달러에 1달러씩 대출금을 무이자로 갚는다. 평생 다 못 갚으면 못 갚은 것으로 그만이다. 돈이 없어서 하고싶은 공부를 못 한다, 배우고 싶은 것을 못 배운다는 것은 어불성설이다.

  뉴질랜드의 그러한 선진적 외양 이면에는 중·고등학교 학생이 선생님에게 폭력을 가하는 일이 해마다 증가하고 있다. 대책은 아주 합리적이다. 먼저 관련 학칙을 더욱 세밀하게 다듬어 강화한다. 그리고 교내 곳곳에 감시카메라를 더욱 많이, 더욱 적절한 곳에 설치한다. 이것이 전부이다. 2011년 7월 26일자 뉴스에 의하면, 급기야 어느 고등학교에서는 화장실에 감시카메라를 설치하는 지경에 이르렀다.

  도덕적 훈육이라고는 없다. 그들로서는 사제간의 도덕이니 사랑이니 하는 그런 방법으로 문제에 접근한다는 것은 비합리적인 것, 달리 말해, 최소투입-최대산출이라는 경제적 합리성에 맞지 않는 것이다. 도덕이니, 사랑이니 해서는 공정하지 못할 수 있고, 골치는 골치대로 아프면서 시간도 오래 걸리며, 또한 그 산출(효과)도 장담할 수 없다는 것이다. 그들의 '합리주의적 타산'에서 볼 때, 법과 징계 그리고 과학주의적 대처라야만 효과가 즉각적이고 확실하며 또한 과정이 공정하다는 것이다. 선생님의 경우 법이나 규정 이외의 것을 더 일하고, 더 신경 쓸 필요가 없다는 것이 내부적 상식이다. 단지 표정과 태도 관리를 잘해서 그 속마음을 남에게 내보이지만 않으면 된다는 것이다. 서구합리주는, 어찌 생각하면, 이처럼 아주 손쉬운 것이다.

  하지만 사제간에 진정한 사랑과 믿음이 없으니 그래서 뜨거운 도덕적 훈육과 감화라는 것이 있을 수 없으니, 아무리 합리주의를 고도화해도—즉, 아무리 학칙을 완전하도록 개정하고, 아무리 예산을 증액해서 감시카메라를 많이 설치한다 해도—폭력은 증가 일로에 있다.

도대체 어떻게 해야 한단 말인가? 대책이라고는 이제까지의 그네들 합리주의를 더욱 고도화하는 것—즉, 계속해서 학칙을 **더욱** 완전하게 개정해 나가고, 계속해서 예산을 **더욱** 증액해서 감시카메라를 **더욱** 적절한 곳에 **더욱** 많이 설치하는 것—외에는 어떠한 대책도 있을 수가 없다. 바로 합리주의의 막다른 골목인 것이다. 원래 막다른 골목이란 모순이 만들어내는 것. 인간상수인 인간에 대한 사랑과 감정을 증발시켜버리고, 오직 합리적인 법과 제도 그리고 돈만으로 질적으로 훌륭한 학교사회를 만들고자 한다는 것 자체가 서구문명에 있어 근본적인 '문화적 모순'인 것이다[지금 대한민국의 교육현실은 이와 크게 다른가].

1998년 청소년의 음주가 늘어나고, 이로 인해 청소년 범죄가 증가해서 당국이 나섰다. 이 경우 앞서 논의한 도덕우주관에 기반한 유교문명에서 합리적 대책이란, 두말할 것도 없이, 무엇보다 먼저 도덕훈육적 접근이다. 그들의 앞서 논의한 이성에 기반한 합리적 접근은 이와 판이하게 간단했다: 술값을 올리는 것. 알코올 도수 23도 이하로 희석된 보드카 판매가격이 너무 싸서 청소년들이 쉽게 사서 마실 수 있다는 것이 문제의 핵심이라는 것이다. 그래서 23도 이하의 보드카에 주세를 단박에 40% 이상이나 대폭 올렸다. 희석된 값싼 보드카를 애용하던 가난한 필자에게는 느닷없는 날벼락이었다. 하는 수 없이 필자는 체질에도, 입맛에도 맞지 않는 가장 싼, 3리터 '곽 포도주'로 바꾸어야만 했다. 부끄럽지만 고백하건대, 이 사소하다면 사소한 일로 인해 비로소 필자는 서구합리주의에 대해 남들보다 늦게나마 비평적 눈이 뜨이기 시작했다.

바로 다음 해 일이다. 술값을 대폭 올렸지만, 청소년의 음주로 인한 사회문제는 증가 일로였다. 당국이 다시 나섰다. 당연히 그들의 이성에 입각한 합리주의적 접근이었다. 그 결과, 이번에는 음주 허용 연령을 낮추었다. 20세부터 음주를 허용하는 것은 오늘날 이 스트레스풀한 현실에 맞지 않기 때문에 오히려 불법음주와 그로 인한 사회문제가 더 양산되고 있다고 판단, 음주 허용 연령을 18세로 낮추었다. 그래도 청소년 음주문제가 계속 심각해지자, 3년 후 이번에는 음주 허용 연령을 다시 20세로 올렸다. 과연 그들의 이성은 이처럼 명실상부한 로고스[logos→ratio: 산술, 측정, 비율]적 이성이다. 그리고는 과음하지 말라는 TV 공영광고를 이따금 하는 것이 전부이다. 2003년 후반 여전히 동일한 이유, 동일한 접근으로써 음주허용 연령을 더 올려야 한다는 주장이 대두된다. 음주 허용 연령을 20세로 다시 올려 보았지만, 아무래도 미흡하니 21세로 더 올려야 한다는 것이다.

로고스적 이성에 입각한 서구의 합리적 대책이란 이처럼 술값을 조정하는 것, 음주 허용 연령을 조정하는 것, 술집 영업시간을 조정하는 것이 전부이다. 그래서 어떻게 보면 서구사회에서 정치가나 교사나 공무원을 하기가 훨씬 쉽다. 단언컨대, 그런 식으로 해서 알코올과 관련된 사회문제가 개선되리라고 믿는 사람은 단 한 명도 없다. 근본적인 문제는, 알코올이나 마약 의존도가 높아만 갈 수밖에 없는 '문화적 모순'이 내포된 그네들 합리주의문명 자체에 있기 때문이다. 그럼에도 불구하고, 문명적 반성을 공개적으로 담론하는 경우는 거의 없다. 바로 상기 니체가 이미 100여 년 전에 갈파했던 '반성하기를 두려워하는 서구사회의 니힐리즘'인 것이다.

그네들 문명이 합리주의문명인지라, 아무리 반성해도 합리주의적 대책 말고는 달리 무슨 대안이 나올 리가 없다. 이런 까닭에 필경 니힐리즘이다. 차라리 아무 반성할 것이 없는 것처럼 표정을 가다듬으면서 너도나도 가는 데까지 그냥 가 본다는 것이다. 일찍이 니체는, 니힐리즘은 합리주의의 최종 과정이라고 했다.[86]

　그러한 니힐리즘의 1등 자리를 향해 소위 선진국들이 서로 각축하는 듯하다. 그들은, 합리주의가 수 세기에 걸쳐 꽃피워낸 자본주의·법치주의·과학주의를 날로 고도하게 추구해서 인간을 언제나 인간이도록 하는 사랑과 감정 곧 인간상수를 증발시켜버렸다. 그들이 존재론적으로 믿어 마지않는 이성, 바로 그 이성적 아我인 나와 이성적 아我인 너 사이에는 타산적 인간관계, 합리적 논리 그리고 법만 존재할 뿐이다. 이런 까닭에 그들은 사람을 존중하는 것이 아니라, 실은 사람을 조심해서 되도록 피한다. 존중하는 것은 그 어떤 경우에도 자신의 아我가 먼저이다. 그들의 세련된 매너와 에티켓은, 푸코가 갈파했듯이, 상대를 위해서가 아니라 결국 자아自我를 위한 배려이다. 자신의 아我 배려에 골몰하다 보니, 모두가 말 그대로 '자아의 노예'가 되어버렸다. 이것을 두고 다니엘 벨은 "지쳐버린 자아(the weary self)"[87]라고 했다. 개나 고양이를 껴안아야만 비로소 지쳐버린 자아로부터 해방감을 조금 맛보기도 한다.

　아我 관리에 철저한지라, 그들은 표정관리와 에티켓에 가히 달인이다. 그들 입에는 늘 '해피'라는 말이 붙어 있고, 표정에는 인간미가 뚝뚝 흐른다. 이것만으로도 우리 동양인은 그들에게 혹한다. 하지만 그들 내부의 정신은 나 중심(egocentrism)의 타산적 합리주의, 차가운 법치

86　D. Bell, 1976, 앞의 책, p. 4.
87　D. Bell, 1980, 앞의 책, p. 300.

주의 사고가 지배한다. 그들은 자신의 이익이나 아我가 조금이라도 침해 당했다고 생각하면 고소부터 하고 본다. 그들은 남의 시선으로부터 **100% 안전하다는 확신이 서면** 자신의 이익, 욕망을 위해 못할 일이 없다『지킬 박사와 하이드』가 저들에게 두고두고 명작인 이유를 생각해 본다]. 그들은 눈앞에 사람이 나타났다 하면 긴장부터 한다. 작은 이해관계에도 정서가 칼날 위에 앉은 듯하며 그래서 쉽게 정신이 피곤해지고 스트레스를 받는다. 알코올, 마약, 환각제, 개·고양이 탐닉, 카지노 대박의 꿈, 극단을 갱신하는 찰나적 스릴감, 이런 것들 없이는 저들의 '이성적 자아'라는 것이 지탱될 수 없다. 이런 까닭에 국가청렴도가 높고 부유한 서구사회일수록 심리-사회적 문제로 인한 마약·알코올 중독, 끔찍한 가정폭력, 자살이 많고, 어처구니없는 '묻지마' 총격이 늘어나고 있다.

불특정 다수를 향한 마구잡이 총격이라면 미국사회를 먼저 떠올리게 된다. 미국에서 학생들의 교내 무차별 총질이 빈번해지자, 급기야 2008년 어느 주州에서는 선생님이 교실에서 권총을 차고 수업을 하도록 하는 입법을 검토했다. 땅이 꺼질 일이다. 하지만 그네들 합리주의로서는 결국 그 길로 가는 것 외에는 달리 방법이 없는 것이다.

몇 달 후 북유럽 1등 복지국가라고 하는 스웨덴에서는, 미국의 그러한 입법을 비웃기라도 하는 듯, 한 고등학교에서 오히려 선생님이 교실에서 마구잡이 총질을 해서 7명의 학생을 사살했다. 지구촌이 경악했다. 하지만 경악이 전부일 뿐, 그 어떤 문명적 반성도 내부에서 터져나오지 않는다. 일찍이 레비-스트로스가 갈파한, 제6장에서 논의했던, 담담한 비관주의(serene pessimism) 바로 그것이다. 반성해보았자, 자기들 합리주의문명으로서는 근본적 대책이 있을 수가 없다는 것을 내심 누구나 알고 있기 때문에 너도나도 그냥 가는 데까지 가는 것이다. 아니나 다를까, 2011년 또 마구잡이 총격 대참사가 발발한다. 노르웨이 수도 오슬로의 대학생 집회에서 32세 젊은이가 90분 동안이나 유유하게 난사, 조준사격을 번갈아 하면서 76명이나 사살했다. 그리고는 태연하게 스스로 체포당한다. 또 지구촌이 경악했다. 역시 경악이 전부이다. 경악의 반복 속에 경악심이 무디어지면서 니힐리즘적 체념이 일상화된 것이다.

뒤질세라, 2016년 미국 올랜도에서 나이트클럽 총기난사로 49명이 참사했다. 또 전 세계가 경악한다. 미국 전역에서 애도와 추모 행렬이 이어지고, 사람들이 참사현장에 애도의 꽃을 갖다 놓는다. 이러한 관례화된 문화행사 속에 애도, 재발 방지 다짐이 전부였다.

이번에는 영국. 2017년 2월 런던에서 소위 묻지마 총격과 테러가 연거푸 일어나자, 메이 총리가 희생자위령집회에 나와 비장한 결단의 표정을 지으면서 "결코 그런 일이 없도록 하고야 말겠다"고 했다. 거기 표정들이 하나같이 애도와 엄숙으로 가득하다. 하지만, 단언컨대, 거기 누구도 내심 그렇게 될 것을 믿는 사람은 단 한 명도 없다. 그들은 사람이 모인 곳에 가기가 점점 더 두렵고, 차 바퀴 펑크소리만 나도 혼비백산이라고 한다.

다시 미국이다. 합리주의가 고도화될수록—합리주의의 꽃인 자본주의, 법치주의, 과학주의가 심화될수록—사람들은 부유해도 한편으로 외롭다. 상기 올랜도 참극의 기억이 가셔지지도 않은 2017년 10월 2일, 라스베이거스에서 4만 명이 운집한 음악회에 자가용 경비행기를 2대나 가지고 있는 부유한 "외로운 늑대"의 묻지마식 총기난사가 발발했다. 32층 호텔에서 자동소총으로 10분 이상 난사했다. 59명이 사망하고 500여 명이 중경상 입었다. 그야말로 '킬링필드'였다. 예의 그 문화적 행사가 또 뒤따른다. 미국 전역에서 애도, 묵념, 촛불추모가 잇달았다. 트럼프 대통령은 "악 그 자체"라고 규탄했으며 백악관, 의회, 증권시장 등에서 묵념시간을 가지고, 관공서에는 일제히 조기가 걸렸다. 그들의 합리주의문명으로서는 그러한 행사 말고는 그 어떤 근본적 대책이 있을 수 없다. 도대체 그들 문명에서 이성이라는 것이 무엇이란 말인가. 데리다가 이성을 백인의 신화(white mythologies)라고 코웃음친 것은 진정 정곡이다. 라캉은, 이성주의 서구문명은 자신의 문화를 거세해서(cultural castration) 철학의 판을 새롭게 다시 깔아야 한다고 했다.

그 어떤 대책도 있을 수 없으니 또 반복이다. 겨우 한 달이 지나, 2017년 11월 5일 택사스주 한 작은 마을의 침례교회에서 일요예배 중인 교인에게 20대 백인이 무차별 총격을 가해 26명을 살해한다. 마을 주민이 360명에 불과한데 무려 7%가 목숨을 잃었다. 당시 아시아를 순방 중인 트럼프는 "피해자들에게 애도를 표한다. 우리는 힘을 합칠 때 강해진다"고 했다. 그리고는 즉각 백악관과 관공서에 4일 동안의 조기 계양을 지시한다. 역시 관례화된 문화행사인 것이다.

그리고는 겨우 일주일이 지나, 11월 14일이다. 캘리포니아의 한 조용한 타운의 초등학교에서 또다시 묻지마 총격으로 초등학생 5명이 죽는다. 땅이 꺼질 일이다. 도대체 무엇이 '선진'이고, 무엇이 '발전'이란 말인가? 그런데 100일도 지나지 않은 2018년 2월 14일, 그러한 한탄마저 무색하게 플로리다의 한 고등학교에서 마구잡이 총격으로 17명이 사망한다. 19세인 그 학교 퇴학자가 수업종료 직전인 오후 2시 30분부터 복도를 오가면서 AR-15 반자동소총을 난사했다. 1시간 이상이나 지속된 총성에 당국은 중무장한 탱크까지 급파했다. 보고를 받은 트럼프 대통령은 "나의 기도와 위로를 희생자 가족들에 보낸다. 우리는 학교에서 학생과 교사 그리고 누구든지 안전하지 않다고 느끼게 해서는 안된다"고 했다. 그래서 과연 희생자 가족에게 위로가 되었으며, 학생과 교사에게 안전에 대한 희망을 주었을까?

트럼프의 그 기도와 위로를 비웃기라도 하는듯, 2022년 5월 24일 텍사스주의 작은 도시(인구 1만6천 명) 유벨디에서 살바도르 라모스(18세)가 방탄복을 입고 소총 2자루로 무장해서 생일날 자기 할머니를 쏘고는 한 초등학교에 난입해 2, 3, 4학년의 교실을 돌아다니며 학생 19명, 교사 2명을 사살했다. 한국, 일본 순방을 마치고 돌아오는 전용기 안에서 바이든 대통령은 "이 사건을 학살로 규정한다. 특단의 대책이 필요하다. 우리는 왜 이런 학살을 겪어야 하는지 정말 지긋지긋하다(sick and tired)"고 했다. 그리고는 5월 28일까지 연방 기관들에 조기계양을 지시했다. 역시 관례화된 문화행사이다.

도대체 '특단의 대책'이 있기나 한지? '지긋지긋하다'는 것은 그 어떤 근본적 대책도 있을 수 없음에 대한 절망감에서 자신도 모르게 나온 말, 그래서 기껏 공허한 푸념이 아닌지? 하기야 근본적 대책이 불가능한지라 달리 무슨 뾰족한 레퍼터리가 입에서 나올 수도 없다. 급기야 2023년 3월 17일자 CNN뉴스에 의하면, 앨라배마주에서는 초등학교 교실마다 방탄피난실(bulletproof shelter)을 설치하기 시작했다. 대당 설치 비용이 6000불(약 780만 원)인데 10초 만에 30명이 대피할 수 있다고 자랑한다. 과연 선진적, 과학적 방안의 끝판왕이다. 그 방안이 그러한 참사를 줄일 수 있을 것으로 믿는 사람이 과연 얼마나 될까. 하지만 달리 그 어떤 대책도 있을 수 없으니 그렇게라도 해보는 것이다.

2022년 7월 14일, 시카고의 건물 옥상에서 그 지역에 사는 22세 백인 청년이 독립기념일 축제퍼레이드를 겨냥해 무차별 총격을 가했다. 여섯 명이 사망하고 수십 명이 중상을 입었다. 총기폭력기록보관소 (GVA)의 발표에 따르면, 이날 하루 만에 미 전역에서 51건의 총격사건으로 110여 명의 사상자가 발생했다. 독립기념 연휴가 시작된 7월 2일부터 그날 오후까지 3일 동안에 328건의 총격사고가 발생해 132명이 죽고, 350명 이상이 다쳤다. 지난해 이 연휴에도 미 전역에서 400건이 넘는 총기사건이 발생해 최소 150명이 사망했다.

이제 서구사회에서 총기난사-대량살상은 말 그대로 일상日常이다. 어찌 보면 예의 그 판에 박힌 위로와 재발방지 다짐과 관례화된 문화행사가, 합리주의문명의 암울한 이면이 그러하면 그러한 대로, 그들의 일상이 가능하게끔 기능하는 한 핵심적인 문화적 장치일 수 있다. 바로 말리노브스키의 기능주의문화이론을 떠올리게 되는 대목이다.

치명적 문제는, 그러한 문화적 장치가 기능하면 할수록 문명적으로 니힐리즘이 만연·심화된다는 것이다. 지난날을 돌이켜 보자. 사람이 사람을 향해 '묻지마' 총격이라니, 이루 형언할 수 없는 무서운 충격이었다. 그래서 한동안은 문득문득 그 충격에 하던 일을 놓고 문명에 대한 반성적 생각에 잠기곤 했다. 그런데 이제는 묻지마식 인명살상이 한 자리 숫자 정도면 별 뉴스거리도 못되고 있다. 뉴스로 나와도 사람들이 그렇게 충격적으로 느끼지 않으며 일상에서도 거의 영향을 받지 않는다. 한마디로, 니힐리즘적 체념인 것이다. 일찍이 니체는 '반성을 두려워하는 니힐리즘'이 합리주의의 최종과정이라고 했다.

의미심장하게도, 상기 미국, 영국, 뉴질랜드, 스웨덴, 노르웨이 등 모두가 그네들 이성에 기반한 합리주의의 산물인 세밀한 법과 규정에 의해 움직여 나가는 모범적인 '선진국'이다.

　다시 뉴질랜드. 여기는 중학교 때부터 학생이 성교를 해서 사회적으로 문제가 많다. 특히 임신하거나 애를 낳는 경우, 개인적으로나 가정적으로나 사회적으로나 복잡한 문제들이 야기된다. 대책은 역시 합리주의적이다. 먼저 예산을 투입해서 관련 전문가로 하여금 보다 효과적인 '성 교육' 프로그램을 개발한다. 다음은 개발된 프로그램으로 성 교육을 강화한다. 그리고는 중학교 화장실에 콘돔 자판기를 설치하고, 성교할 때는 반드시 콘돔을 사용해야 한다고 교육한다.

　남녀공학인 한 중학교에서 실시하고 있는 그 강화된 성 교육 수업을 TV에서 뉴스로 보여준다. 나무로 다듬어 만든 남자 성기를 선생님이 들고 있고, 학생들도 하나씩 다 들고 있다. 선생님이 성기의 구조 및 각 부위의 기능을 설명하고는 콘돔 끼우는 시범을 보인다. 학생도 서로들 '킥킥킥' '호호호' 하면서 콘돔 끼우는 연습을 한다. 그리고는 아주 선진적 교육인 양 그 선생님이 시청자를 향해 한 말씀하신다. 아나운서 역시 자랑스러운 표정을 지으면서 거기에 한마디 거든다. 그들의 합리주의, 과학주의에 필자는 그만 아연실색했다.

　그네들은 철저하게 자유주의이며 개인주의이다. 그래야만 진정 개인의 존엄성이 확보되고, 개성이 최대한 발휘되는 선진적 시민사회라고 생각한다. '간섭'이라는 단어는 사전에만 있다. 법에 저촉되지 않는 한, 모든 것은 개인이 알아서 할 일이다. 육체적으로 정신적으로 충분히 성숙할 때까지는 성교를 삼가야 한다, 경제적 자립이 가능한 후에 결혼해야 한다 등을 학교에서 가르치긴 한다. 하지만 그것은 지知적 가르침일 뿐이다. 몇 번을 이혼해도 부끄럽지도, 불리하지도 않은 사회이다[과연 우리도 그래야만 선진적인지]. 중학생이 성교를 하거나 아기를 낳았다고 해서, 그 누구도 어떤 윤리적 훈육으로 꾸짖을 수 없다. 부모라 하더라도 조심해서 접근해야 한다. 아차 하면 부모도 고발당한다. 꾸짖기는커녕, 철없는 미성년자가 애를 낳았고 또 길러야 하기 때문에 사회적으로 더욱 따뜻하게, 자상하게 보살펴 주어야 한다고 생각한다. 양육비와 의료혜택은 물론이다. 그 미성년자가 부모로부터 나와 따로 살면서 애를 키우면 경제적 보조가 더 커진다. 참으로 합리적이다. 밖에서 보는 동양인은 선진사회라는 생각에 다들 '뿅 간다'.

그러나, 이 선진적 합리주의사회의 이면은 대책 없는 암울함이다. 일찍부터 성교에 길든 미성년자는 시간문제일 뿐 결국은 알코올, 마약, 도둑질 등의 나쁜 길로 들어서는 경우가 많다. 사회보장제도를 믿고 미성년 나이에 쉽사리 애를 낳기 때문에 그 이면에는 유아 유기, 유아 살해, 가정폭력, 아동 학대 등 사회문제가 이만저만이 아니다[우리도 이점을 신중하게 고려해서 관련 정책을 해야 하는 것 아닌지]. 그래서 성인 감옥, 청소년 감옥 모두 항상 만원이다. 그런데도 저들의 합리주의로서는 대책이 단 하나뿐이다. 성교할 때 임신이 되지 않도록 꼭 콘돔을 사용하라는 것이 전부이다. 이처럼 합리적 사회보장제도의 역기능과, 이 역기능에 대한 합리적 대책으로 인해 오히려 범죄가 해마다 증가하고 있다. 이 아이러니컬한 합리주의문명의 막다른 골목을 도대체 어떻게 해야 한단 말인가!

합리주의가 꽃피운 법치민주주의. 오히려 이 법치주의야말로 '문화적 모순'의 꽃이다. 뉴질랜드 인권보호관련협회에서는 두꺼운 작업화와 망치를 그린 삽화를 곁들여 각종 신문에 공익광고를 이따금 낸다.

피고용인이여, 고용주로부터 조금이라도 부당한 대우를 받으면 서슴지 말고 오라. 법적으로 우리가 모든 것을 무료로 대행해주고 도와주겠다는 것이다[필자는 처음 이 광고를 보고 그들의 '선진'적 사회를 부러워해 마지않았다]. 좋은 일이다. 하지만 너도나도 걸핏하면 법으로 간다면 결국 '사랑과 믿음과 소망'은 기독교 성서 속에만 있게 된다. 이렇게 되면 고용인과 피고용인, 상사와 부하직원, 회사와 노동조합 간의 관계는 내심으로 항상 경계하는 긴장관계일 수밖에 없다. 서로서로 꼬투리를 잡아 물증을 확보해 두고는, 서로 수틀리는 유사시를 위해 법적으로 대비해야 한다는 것을 선진적인 '인권보호'의 이름으로 홍보하는 것과 같다. 이런 식으로 해서 법치주의가, 산술적인 양적 측면에서 보면, 정의사회를 어느 정도 효과적으로 구현하고 있다. 하지만 그 구현 이면에는, 인간상수인 사랑과 감정이 증발해버리고 가식적 매너의 세련된 교양인만 양산되어, 진정 질적인 정의사회가 구현될 수 있는 **인간적 토대 자체가** 소멸되고 있다.

설상가상으로, 법치주의의 그러한 문화적 모순을 속수무책으로 더욱 심화시키는 장본이 바로 아이러니컬하게도 또 법치주의이다. 법치주의에서 법의 도덕성 여부는 전적으로 법절차의 합리성 여부에 달렸기 때문이다. 다시 말해, 법의 제정 및 시행·적용에 있어서 절차가 합리적이기만 하면―즉, 최소투입-최대산출(최대효과)이라는 경제원리에 어긋나지 않으면서 동시에 정합적 논리와 형식에 부합하기만 하면―그 법은 공정성과 평등성에서 도덕적으로 하자가 없다고 간주되기 때문이다. 이런 까닭에 [이를테면, 로봇사회공동체가 아니라] 사랑과 감정이 살아 숨쉬는 인간사회공동체에서는 그러한 법치주의가 법의 생명인 정의를 보장할 수 있기에는 역부족이기 때문이다.

이와 관련해서, 세계적으로 화제를 불러일으켰던 2007년 미국의 한 톱뉴스가 있다. 워싱턴 행정법원의 로이 피어슨 판사는 세탁소에 맡긴 자기의 바지가 분실되었다는 이유로, 세탁소 주인 정진남 씨에게 당시 약 500억 원(5천4백만 달러)이라는 천문학적 액수의 손해배상소송을 냈다. 패소하자, 두 달 만에 다시 항소했다!

어떻게 이런 상상도 할 수 없는 일이 가능한가. 더욱이, 피어슨 그는 미국사회에 정의를 구현하고 신장시키는 그래서 존경을 받는 판사가 아닌가. 미국사회가 [로봇사회공동체가 아니라] 인간상수가 살아 있는 인간사회공동체라는 생각을 가지고 있다면, 누구도 그런 일을 상상할 수 없다. 하지만 그는 판사인지라, 앞서 막스 베버의 분석처럼, 미국의 모든 사회적 조직체는 오직 합리와 법에 의해 움직여 나가기 때문에 인간상수가 증발되어 버렸다는 것, 그래서 미국사회가 로봇사회공동체와 같다는 것, 그러므로 관련법들을 잘 끼워 맞추어서 논리가 정연하면 승소한다는 것을 누구보다도 잘 알기 때문에, 바지 하나에 500억 원을 청구하는 그런 일이 가능했던 것이다[지금 대한민국 거대 로펌의 생각, 실천은 이와 크게 다른지]. 일찍이 루소는 제3장에서 언급했던 것처럼 '법으로 체계 잡혀진 사회적 생활에서 인간은 불행과 사악으로 향하게 되었다. 법체계는 정의와 객관성과는 거리가 멀기 때문'이라고 갈파했다[법치주의가 금과옥조인 지금 우리 한국사회의 현실은 어떤지].

만약 피어슨 판사가 더욱 완벽한 법절차와 정합논리로써 승소했더라면, 그래서 바지 하나에 500억 원을 받아 냈더라면, 대번에 그는 미국에서 최고로 유능한 판사로 이름을 날릴 것임은 말할 것도 없다. 그래서 만약 그가 변호사 개업을 하면, 너도나도 도저히 승소할 가망이 없는 사건을 승소하게 해달라고 돈뭉치를 싸 들고 줄을 설 것이다. 무엇을 말해주는가? 그가 만약 승소했더라면, 미국사회에서 인간상수는 더욱 증발해버리게 되고, 미국인의 인간성은 그래서 더욱 황폐해지며 이에 따라 미국사회의 문명적 이면은 더욱 쇠락의 수렁으로 빠지게 되는 것이다. 그가 만약 승소했더라면, 그것은 그가 판사로서 정의를 수호하고 신장시킨 것이 아니라, 오히려 정의를 소멸시킨 것이다. 그가 결국 패소한 이유는 그가 다듬어 낸 논리와 법절차가 완벽하지 못했기 때문일 수도 있고, 혹은 아직까지는 그래도 미국사회에 법 이전에 인간상수와 인간 본연의 도덕 곧 양심이 어느 정도 살아 있기 때문일 수도 있다.

피어슨 판사 건은 그래도 약과인 셈이다. 2008년 7월 25일을 전후해 방영된 〈20/20〉이라는 TV프로에 의하면, 미국은 당시 이라크전쟁을 민간기업 ─ 부시(G. W. Bush) 대통령 당시, 미국 역사상 가장 힘이 세다는 기업가 출신, 부통령 체니(Dick Cheney)가 과거에 CEO로 있던 기업 ─ 에 하청을 줘서 치르고 있었다. 전투병력 모집과 훈련, 군수물자 조달, 그 수송 및 경호 등을 모두 거기에 하청 준다. 이 하청에 의한 전쟁을 치르면서 수천 억 단위의 천문학적 미국 달러가 증발했음이 미 의회를 통해 드러났다. 그런데도 백악관, 국방성, 법무성 등에서 그 누구도 그것에 책임질 사람이 없다는 것이다. 그렇게도 파워가 센 미국 언론이 아무리 그 책임소재를 밝히려 해도 법적 절차를 문제 삼아 관련 부서 그 누구도 취재에 응하지 않았다고 한다. 그러면서 "또 하루 해가 뜨고 지고 마치 아무 일이 없었던 것처럼 역사는 흘러가고 있다"는 멘트로 프로는 끝을 맺었다.

과연 법치주의 1등국 미국답다. 철저한 법치주의인지라, 전쟁비용 집행에 있어 모든 법절차가 합리적으로 정밀하게 짜 맞추어져 있으면 아무리 천문학적 돈이 증발했다 해도 그것으로 그만인 것이다[대한민국의 '방산비리' 의혹도 이러한 법치주의와 관련된 것인지].[88]

혼히들 미국사회를 문화의 용광로라고 한다. 이것은, 제2절에서 본, 뿌리 깊은 오류인 문화접변론에 기반한 극히 피상적인 미국문화 찬사이다. 미국사회는 정확히 말해, 제1장에서 본 레드클리프-브라운의 문화이론 그대로, 서로 다른 문화를 지닌 사람들이 섞여 살고 있는 혼성적(composite) 사회일 뿐이다. 그래서 미국 사회정책에 있어 가장 근본적 과제가 문화적 다원주의(pluralism)를 성공적으로 실현해 나가는 것이다. 이에 따라 미국 문화인류학에서 역점적으로 연구하는 것이 문화와 인성이며 이 분야에 관한 연구와 지식이 세계 최고이다. 그럼에도 불구하고 미국사회에서 인종 간, 문화 간 불화·갈등은 조금도 수그러들지 않고 있다.

세계적인 문명사상가 다니엘 벨의 분석에 의하면, 미국사회가 문화의 용광로인 것은 쾌락주의(hedonism)가 공통의 가치—즉, 소비와 과시를 가치로 생각해서 즐기는 공통된 생각—로 되었다는 점에서 그러하다. 그 공통의 가치로 인해 이異문화 간의 상이한 생활양식과 습성의 차이를 줄이는 것 같지만, 미국사회 내부의 평등은 질적 평등과 거리가

---

88 2020년 2월 10일, 《Euro New》가 유럽 Airbus — 미국, 독일, 영국, 프랑스 합자슴賣의 거대한 항공방위우주산업체 — 의 2019년 금융실적과 관련된 뉴스를 냈다. 적자가 약 1,700조(1.36 billion 유로)인데 그 중 뇌물로 증발한 돈이 약 1,600조(1.3 billion 유로)이다. 적자가 거의 모두 뇌물로 나간 돈임에도 상업용 제트기를 기록적으로 863대 팔았고 수익배당액도 증가했다. 뇌물이 워낙 얽히고설켜서 밝혀내지 못한다고 했다. 법치주의 '선진국'들의 어처구니없는 이면이다.

멀다. 미국사회에는 "문화적으로 공통의 목적이나 신념이 없고 어찌할
바를 모르는 당황(bewilderment)만 있을 뿐이다."[89]

그렇다. 코로나19 창궐이 시작되자 너도나도 살상무기 총을 구입하
려고 총기 상점 앞에 수십 미터씩 줄을 서는 사태에서 우리는 그 당황
함을 여실히 목도했다. 하지만 트럼프는 대선에서 자신을 지지하는 표
가 어느 인종, 어느 문화집단, 어느 사회-경제적 계층에서 나올지를 타
산해서 "코로나는 신의 축복"이라고 했다. 이러니, 미국에서 자유·평등
에 기반한 민주주의에 입각해 대통령선거를 치른다고 하지만 인종적,
문화적, 사회-계층적 불화와 갈등이 오히려 깊어질 수밖에 없는 것이
다. 그 대표적 결과로, 바이든 대통령 취임식 때(2021년 1월 20일) 워싱턴
D.C.에 20일부터 24일까지 비상사태가 선포되어 사단 규모가 넘는 무
장병력 1만5천 명이 투입(트럼프 취임식 때는 8000명이 투입)되었으며, 취임식
장은 무려 750명의 무장병력이 철통경비를 했다. 우리의 상상을 초월
하는 강력한 물리력에 의존하는 법치주의로써 대통령 취임행사가 치러
지는 미국사회가 과연 문화의 용광로인가. 수박 겉핥기도 유분수이고,
미국문화 사대事大도 유분수이어야 한다.

도올이 직접 관찰한 기록에 의하면 '법치주의 1등국' 미국에서 "모든
것은 당한 후에 법적 소송과 돈으로 해결해야 할 뿐이다. 돈 없는 놈은
죽 쑬 뿐이다. (…) 서로서로 수단화하고 뜯어먹기만 하는 사회"[90]이다.
더욱 근본적이고 치명적인 사실이 있다. 2014년 미국의 저명한 정치평
론가 타이비(M. Taibbi)의 『가난은 어떻게 죄가 되는가(The Divide: American

89　D. Bell, 1980, 앞의 책, p. 260.

90　김용옥, 2013, 앞의 책, 20쪽.

Injustice in the Age of the Wealth Gap)』에 의하면, 지금 미국사회에서는 사법적 불공정성에 대해 분노하는 목소리가 점점 사그라지고 있다. 법 앞에서는 모두가 평등하다는 정의는 세상을 덜 살아본 사람의 치기어린 관념에 불과한 것으로 치부될 때도 있다. 미국인은 법적 권리를 소득에 따라 차등적으로 향유하는 것에 대해 분개하지 않고 있다. 그래서 약하고 가난한 사람에게는 증오심이 쌓이고 있고, 가진 사람에게는 오히려 두려움과 비굴함의 감정이 쌓이고 있다[지금 우리 한국의 법치주의 현실은 이와 크게 다른지].

소돔과 고모라에도 엄연히 법이 있었다. 그러나 진정 도덕적으로 선한 사람 단 한 명이 없어서 멸망하고 말았다. 일찍이 기독교 성서는 오늘날 서구합리주의문명의 현실과 앞으로의 미래를 엄중하게 예언했던 것이다. 20세기 중엽, 미국에서 미국예외주의(American exceptionalism)에 관한 담론이 자랑스럽게 유행했다. 인류 역사에서 모든 대제국이 멸망 또는 쇠퇴의 길을 걸었지만, 미국만은 예외일 것이라는 학술적 담론들이다. 그 이유는 미국은 앞서간 대제국들과 달리 청교도정신에 기반한 건전한 자본주의, 건전한 법치민주주의에 의해 운영되는 나라이기 때문이라는 것이다. 과연 그러한가. 이제 미국예외주의 운운한다는 것은 세 살 먹은 어린이도 웃을 일이 되고 말았다.

2005년, 건전한 자본주의, 건전한 법치민주주의에 의해 국가청렴도 세계 1, 2위를 다투는 뉴질랜드에서 일어난 일이다. 어떤 자가 살인으로 만기 징역형을 마치고 사회로 복귀했지만 존재소외, 사회적 차별성이 뼛속 깊이 느껴졌다. 결국 '외로운 늑대'가 된 그는 다시 감옥으로 가기 위해 무고한 이웃을 일부러 쏴 죽였다. 그래도 감방에서는 거기

나름의 인간적 사랑과 감정이 있고 그래서 소외와 차별을 순간순간이나마 잊을 수 있기 때문에 거기에 다시 가고 싶다고 했다. 그들이 이룩한 법치주의와 물질경제 성장이 인간의 질적 평등과 행복을 증대시킨 것이 아니라는 것이다. 그것이 오히려 사회적 차별성, 존재빈곤감을 심화시켜서 대책 없는 '심리-사회적 문제'를 양산하고 있다는 것을 웅변적으로 말해주는 것이다.

처방은 무엇인가? 두말할 것도 없이 그들의 합리주의이다. 과학적으로(즉 정신의학으로) 진단해서 정신병이면 **더욱** 삼엄한 정신병동으로 보내고, 온전한 정신이면 **더욱** 무거운 처벌을 한다. 바로 합리주의문명의 막다른 골목인 것이다. 서구의 선진적인 자본주의, 법치주의가 아무리 성공적이고 과학과 기술력이 아무리 대단하다 하더라도 대부분 그러한 심리-사회적(psycho-social) 문제에 의해 기인되는 서구사회 내부의 문제들에 대해서는 어떤 해결책도 찾지 못하고 오히려 더 악화시키고 있다.[91]

이를 재차 입증이나 하듯, 2023년 10월 26일에는 미국 메인주 루이스턴에서 바로 그 전해 여름에 정신병원 입원 경력이 있는 40세 카드(R. Card)가 볼링장, 식당, 마트를 돌며 마구잡이로 총기를 난사해 22명이나 죽였다. 더욱이 그는 총기교관이었으니 더더욱 땅이 꺼질 일 아닌가! 당시 CNN 화면이 보여준 바이든의 대처는 예의 그 침통하고 단호한 표정으로 그 일을 "또 하나의 무의미하고 비극적인 총격사건"이라고 진단하는 것, "FBI를 동원해 사태를 조속히 처리하겠다"고 약속하

---

91 William T. de Bary, 2003, 앞의 책, p. 367.

는 것이었다. 그 진단, 그 약속으로 미국 땅에서 그러한 끔찍한 사태가 줄어들 것이라고 생각하는 사람은, 단언컨대, 단 한명도 없다.

도대체 대책이 무엇인가? 없다. 있다면, 지금까지 해 온 것처럼 합리주의를 계속해서 더욱 고도화해 나가는 것뿐이다. 문명적 위기의 근원인 합리주의를 더욱 고도화해서, 다시 말해, 합리주의의 꽃인 자본주의, 법치주의, 과학주의를 더욱 철저히 구현해서 거기에 구조적으로 내재된 '문화적 모순'을 더욱 심화시키는 것, 그래서 인간을 언제나 인간이게끔 하는 인간상수 곧 사랑과 감정을 더욱 증발시키는 것, 그래서 그 어떤 해결책도 찾지 못하고 있는 심리-사회적 문제를 더욱 양산해서 그로 인한 사회 내부적 문제들을 더욱 악화시키는 것이다. 이것 외에는 그 어떤 대책도 있을 수가 없다. 이 무슨 기구한 운명의 합리주의 문명인가! [선진국 진입을 자부하는 우리 한국도 문명적으로 이미 그러한 **불가역적** 운명의 길로 들어선 것 아닌지]

레비-스트로스는 "합리주의는 실패했고 서양문명은 병이 들어도 아주 깊이 들었다"[92]고 단언했다. 이성의 화신, 합리주의의 원조 소크라테스. 그의 그 죽음 정녕 허무인가.

---

92 C. Lévi-Strauss, 1983b, 앞의 책, p. 263.

제8장 레비-스트로스, 동양사상, 양자물리학의 합창

— 이항대대: 음/양, 불일불이(不一不二), 천균양행(天均兩行)에 살으리랐다 —

레비-스트로스에 의하면, 고대 인류는 전 세계적으로 구조주의적 사고를 했으며 인류 공통으로 지닌 사고방식의 표본이 구조주의이다. 특히 유학은 바로 구조주의 자체이다.[1]

> 유교사상의 전통 속에서 자란 여러분은 구조의 개념을 쉽게 파악할 수 있다. 陰陽의 對立[對待]에 의해 질서지워지는 宇宙論的 體系에 기반한 古代中國思想보다 더 훌륭한 구조주의적 사고방식의 例를 어디에서도 발견해 본 적이 없다.[2]

고대로부터 유학의 음/양구조는 레비-스트로스의 이항대대구조와 거의 판박이이다. 유학에서 음양사상은 오행(五行)사상과 함께 전국시대 음양학파가 대두되기 훨씬 이전부터 중국 고대의 전반적인 철학적 견해였다. 그 견해는 산에서 태양을 면하고 있지 않은 음지의 사면斜面과 태양을 면하고 있는 양지의 사면을 장구한 세월 관찰한 결과로 얻

---

1   C. Lévi-Strauss, 1983b, 『레비-스트로스의 人類學과 韓國學』, 강신표(대표 역·편), 韓國精神文化硏究院, 278쪽.
2   위의 책, 13쪽. (각괄호 필자)

어진 것이다. 그 요지는 첫째, 음과 양 어느 쪽도 상대 쪽이 없으면 존재할 수 없다. 모든 산등성이가 항상 빛 들고 따뜻한 산을 생각한다는 것은 불가능하다. 둘째, 산을 완전하게 그리려면(혹은 산이 완전하게 자태를 나타내려면) 음과 양 두 측면이 모두 필요하다. 이와 마찬가지로, 이 세상의 그 무엇도 혹은 그 누구도 그 두 측면 모두를 고려하지 않고는 무엇이라고 혹은 누구라고 말해질 수 없다. 셋째, 음과 양 중에서 어느 한쪽이 다른 한 쪽보다 더 중요하다든가 혹은 더 필요하다고 간주하는 것은 불가능하다. 설령 그렇게 간주한다고 해도 그것은 실재와 전혀 다르다.[3]

이러한 음양사상이 주(周)를 지나 춘추전국시대를 거쳐 한(漢)의 초기에 텍스트로 된 것이 『역경(易經)』이다. 『역경』은 천지우주 이전에 근본적인, 레비-스트로스로 말하면, 이항대대적 에너지가 있음을 말하고 있고 그 대대적 에너지를 음/양이라고 했다.

음 에너지와 양 에너지 간의 대대적 상호작용에 의해 오행(五行: 木火土金水)이 생성되고, 이들 오행간의 다항多項대대적 상호작용에 의해 천지만물의 생성변환이 이루어진다. 그러므로 오행간의 다항대대운동은 음/양이라는 이항대대운동의, 레비-스트로스로 말하면, 변형(transform, not change)이다. 이에 주돈이에 의하면, 오행은 결국 하나의 음/양이다. 그리고 음/양은 하나의 태극(太極)이다. 이 태극이 천지만물의 근원이다(太極者天地萬物之根). 무엇을 말해주는가? 천지만물생성변환에 있어 궁극의 기본구조는 음/양이라는 대대적 구조(이하 음양대대구조 혹은 음/

---

3 R. Billington, 1997, *Understanding Eastern Philosophy*, London: Routledge, pp. 107-108.

양구조)라는 것이다. 음/양은 레비-스트로스의 모델적 표현인 이항대대를 실재감 있게 비유적으로 표현한 것에 다름 아니다. 음/양에는 '이항'이라는 개념과 '대대'라는 개념이 절묘하게 통합되어 있다.

『역경』이 도교와 유학의 한 핵심적 경전이 됨으로써 음/양론이 도교와 유학에 이론적, 사상적 토대가 된다. 유학의 경우, 음/양론이 한(漢)에 들어와 동중서(董仲舒)에 의해 오행론과 함께 본격적으로 유학으로 흡수된다. 이후 송(宋)의 상기 주돈이가 주로 『역경』과 『중용』을 토대로 노자의 무극(無極)이라는 아이디어를 수용해서 형이상학적인 『태극도설(太極圖說)』과 『통서(通書)』를 쓴다. 그는 이들 텍스트에서 인(仁)-도덕 실천을 중심으로 하는 공맹의 가르침을 태극-음/양오행론과 결합함으로써 그 가르침이 인(仁)-도덕주의(이하 도덕주의) 형이상학으로 발전될 수 있는 토대를 마련했다. 후일 주희(朱熹)는 주돈이의 형이상학을 수용하고 한편으로는 장재(張載)의 기 일원론적 음/양론을 비판적으로 발전시켜, 공맹의 유학을 도덕형이상학인 리(理)/기(氣)우주론 체계로 만든다. 이것이 공자로부터 시작해서 맹자로 이어지고 다시 주돈이를 거쳐 정호(程顥)·정이(程頤)를 지나 주희(朱熹)에서 완성된 소위 도통(道統: the orthodox line of transmission of the Confucian School) 신유학이다. 특히 정호·정이-주희 곧 정주(程朱)의 형이상학 체계는 사람을 포함한 천지만물의 본성(性)과 이치(理)가 중심 논제이기 때문에 성리학(性理學)이라고도 한다. 주희는 마음과 관련해서는 주로 '性'이라 쓰고, 사태와 관련해서는 주로 '理'라고 썼다. 주희로 대표되는 정주신유학이 중국철학의 중심이다.

공맹유학에서 음/양구조에 기반한 리/기우주론을 제시하는 신유학으로 넘어가는 길목에 상기 주돈이가 있다. 그는 『태극도설(太極圖說)』에서 천지만물생성변환의 원리를 태극과 음/양과 기를 하나의 통합된 다이아그램으로 **절묘하게** 나타냄으로써 신유학에 이론적, 철학적 토대를 마련했다.

『태극도설』의 태극도에서—'태극' 하면 태극기에서 하늘색과 빨간색으로 그려져 있는 원을 생각하시라—태극은 무극(無極), 즉 시공간적 한계가 없는 우주이다. 태극 곧 우주가 하나의 원으로 표현되어 있다. 이러한 원 곧 천지우주[4]는 상호 역동적으로 운동하는 음과 양으로 **꽉 차 있다.** 천지우주에 꽉 차 있는 음과 양은 마치 컴마 두 개가 역동적으로[5] 서로 물고 물리는 형국이다. 이것은 천지만물의 생성변환이 '음/

---

4 천지우주는 주희가 쓴 『인설(仁說)』 원문에 '천지(天地)'이며 우주라는 의미이다. 우주(universe)는 원래 서양의 물리학적 용어로 공간[宇]/시간[宙]적 개념이다. 우주를 조화로운 질서로 이루어진 체계라고 간주해서 형이상학적 표현으로 코즈모스(cosmos)라고도 한다. 당시 중국인에게 천지는 물론 하늘과 땅이다. 또, 맥락에 따라서는 코즈모스로서의 우주이기도 하다. 코즈모스로서의 우주는 하늘과 땅이라는 구체적 이미지와 결부될 때 생동적으로 생각에 확 와 닿는다. 우리가 실제로 경험하는 하늘과 땅 간의 조화작용처럼 그렇게 끊임없이 역동적으로 생성변환[易]하면서 인간의 생활에 들어와 있는 질서 지어진 코즈모스로서의 우주를 본서에서는 천지우주라고 쓴다.

5 태극도에서 음(파란색)과 양(빨간색)의 경계가 되는 선을 주목해보자. 어느 한 부분도 직선이라고는 없는 역동적인 둥근 곡선이다. 무엇을 말해주는가? 기는 음/양으로서의 기인 바, 그 운동은 어느 한순간도 동태動態적이라는 것이다. 다음으로, 음과 양의 경계를 이루는 역동적 곡선 상의 어느 한 점에서 원둘레와 만나도록 상하 수직으로 선을 그어 보자. 정 중앙을 제외하고는 그 어느 수직선도 음을 관통하는 길이와 양을 관통하는 길이가 같지 않다. 무엇을 말해주는가? 음양운동은 어느 한순간도 비대칭적 그래서 역동적인 대대對待운동이라는 것이다. 특기할 것은 이 비대칭운동에서 정 중앙이 고정되어 있음으로 인해 총체적으로는 음의 양量과 양의 양量이 서로 조화롭게 반반으로 둥근 원(태극) 곧 천지우주를 완성하고 있다는

양이라는 역동적인 대대운동메커니즘을 자체에 구유具有하고 있는 기'에 의한 것임을 나타낸 것이다. 후일 장재는 응취凝聚가 일어나기 전 체(體)로서의 기를 태허(太虛)라 했고, 음양대대운동에 의해 취산聚散하는 용(用)으로서의 기를 태화(太和)라고 했으며, 태허와 태화는 그러므로 [기로 꽉 차 있는]태극과 동일한 것이고(體用一源), 따라서 음/양으로서의 기는 결국 음/양으로서의 태극이라고 했다. 요컨대, 태극=기라는 등식이다[태극 곧 원이 음/양으로서의 기로 꽉 차 있음을 계속 주목하자]. 이에 주희는 천지우주의 처음 시작은 음/양으로서의 기일 뿐이다(天地初間只是陰陽之氣)고 했다[상기 장재의 기 일원론적 음/양론].

한편 『역경(易經)』은 생하고 생함을 일러 역(生生之謂易)이라 했고, 역에 태극이 있다(易有太極)고 했다. 이에 주희는 태극을 생하고 생하는 천지만물의 근원(太極者天地萬物之根)이라고 이해해서 리(理)라고 했다(太極只是理字). 그리고 리가 천지만물 각각에 내재해 있다고 보았다. 따라서 유학의 존재론은 리일분수(理一分殊: Principle is one but its manifestations are many)이다. 이러한 리는, 당시 유학이 불교로부터 차용한 월인천강(月印千江) ― 달이 천 개의 강에 찍혀 있다[불성이 만물에 내재해 있음을 설함] ― 비유에서

것이다.

만약 태극의 정 중앙이 고정되지 않아 음 혹은 양 어느 한쪽으로 치우쳐진 기, 즉 음양 간에 조화를 잃은 기는 운동이 원활할 수 없다. 치우침이 너무 커서 그 조화가 소멸되면 기 운동이 막혀 사멸로 간다. 반대로 음과 양이 각각 반달 모양으로 정확한 대칭을 이룬 정태靜態의 기 역시 결국 사멸에 이른다. 음양 간의 대대운동은 태극도에서처럼 중심이 고정되어 있음으로 인해 조화롭게 역동적이야 한다. 이것을 사람의 건강에 적용하는 것이 바로 동양의학 또는 한의학의 근본이다. 한의사는 한의학적 방법으로 음양간의 대대운동에서 중앙을 고정시켜 그 운동이 총체적으로 조화롭게 역동적이게끔 한다.

달인 셈이다. 달이 어울져 흐르는 낙동강에도 들어있고, 조용한 경포대 호수에도 들어있고, 파도치는 인천 앞바다에도 들어있고, 그대 앞에 놓인 술잔에도 들어있다. 다만 달이 있는 곳 각각의 물성物性적 여건에 따라 각 달의 밝기, 크기, 형태가 다르게 보인다. 그러나 하늘에 떠있는 달은 변함없이 그대로이다.

부연하면, 항존恒存·전일全一·불변인 리[플라톤으로 말하면 이데아]가 모든 사물에 품부稟賦된 것이 범주별 사물 본래의 성(性), 그래서 성즉리(性即理)이다. 물에 떠서 가는 배를 발명했다는 것은 리일분수자인 배리를 발견하고 그 리에 맞는 기를 찾아내어 양자를 하나가 되도록 결합했다는 것에 다름 아니다. 모양과 기능이 같은 배라도 성능이 다른 이유는 기의 품은 동일하지만 그 품의 질이 서로 다르기 때문이다. 그 어떤 질의 기라 하더라도, 물성인 기는 다양한 요인에 의해 변환한다. 그래서 배는 헐고 결국은 세상에서 없어진다. 그러나 배리[플라톤으로 말하면 배이데아]는 원래 항존·전일·불변자로서의 리이므로 영원히 존재한다[제7장의 플라톤 편에서 논의한 이데아(형상)-물질(질료)론을 떠올리게 된다].

물론 사람도 마찬가지이다. 리일분수자인 사람리와 그 리에 맞는 기가 서로 결합된 생명체인 사람은 기의 변환에 따라 늙고 결국은 세상에서 없어진다. 하지만 사람리는 원래 항존·전일·불변자로서의 리이므로 영원히 존재한다. 불교의 존재론 역시 유학의 리일분수, 도가의 도일분수(道—分殊)와 마찬가지로 불일분수(佛—分殊)이다. 불일분수자인 사람불 무주상보시로써 업보윤회의 사슬에서 풀려나[解脫] 원래의 항존·전일·불변자로서의 불로 되돌아가서(혹은 하나가 되어) 영원한 적멸에 든다[涅槃].

이상에서, 요컨대, 태극=리이다(太極只是理字). 이것은 실로 획기적인 발상의 전환이다. 태극을 계속 태극이라고만 하면, 더 이상 형이상학적 이론체계를 만들어나갈 수가 없다. 태극을 천지만물생성변환의 근본 원리 곧 리(Principle)라고 개념화함으로써 태극=리, 앞서 태극=기, 따라서 리=기이다.

이러한 등식의 리와 기는 불상리불상잡(不相離不相雜)일 수밖에 없다. 리가 없는 기(Material Force)는 혼돈으로서의 물성일 뿐 아무것도 아닌 것이다. 반면에 기가 없는 리는 머무를 물성이 없으므로 그 어떤 생성변환도 있을 수 없는 공허한 원리일 뿐이다. 그런데 만물의 생성변환이 **실제로 일어나는** 천지우주인지라 리와 기는 분리될 수가 없다(理氣不相離). 하지만 분석적으로는, 우리가 지금 여기서 하는 것처럼, 양자가 분리된다(理氣不相雜). 그래서 리기 이원론인가, 아니면 리 일원론 또는 기 일원론인가 하는 논쟁이 있다. 존재론적 측면에서는 리가 우선[理一分殊]이므로이다. 그래서 정주신유학을 리학(理學)이라고도 한다. 요컨대, 존재론적 실재(ontological reality)라는 면에서 리 일원론이다. 그러나 현상적 실제(actual existence)라는 면에서는 리기 이원론이다.[6]

기와 불상리불상잡인 리가—태극도로 말하면 '음양대대라는 역동적 운동 메커니즘을 자체에 구유하고 있는 기'로 **꽉 차 있는** 태극[웬] 곧 리가—사람을 포함한 천지만물에 내재 혹은 품부되어 있다. 이런 까닭에 유학에서는 인물성동(人物性同), 즉 인성과 물성이 동일하다. 다만 만물 중에 사람이 가장 빼어난 품의 기를 타고났다. 만물이 서로 다른

---

6   W. Chan (trans. & compile), 1963, *A Source Book in Chinese Philosophy*, Princeton University Press, p. 634.

것은, 기가 서로 다르기 때문이 아니라, 기의 품이 다르고 동일한 품에서는 그 질이 다르기 때문이다. 이런 의미에서 맹자는 자신이 요순(堯舜)과 다를 바 없다고 했다. 맹자와 요순은 동일한 품 즉 사람품의 기를 타고 났기 때문이라는 것이다. 동일한 품이지만 그 질이 다름으로 인해 요순은 요순이고, 맹자는 맹자라는 것이다.

주희에 의하면, 동물품, 식물품, 무생물품의 기는 치우치고 막힌 질의 기이다. 반면에 사람품의 기는 맑고 원활하게 통하는 질의 기이다. 그래서 육신과 두뇌의 구조가 고도하게 정교하다. 가장 맑고 통하는 질의 기로 생겨난 사람은 사덕(四德) 즉 인의예지(仁義禮智)를 기반으로 하는 도덕적 감정, 선한 행위가 무한하게 우러나오는 성인聖人에 가깝다. 반면에 탁하고 막히는 질의 기로 생겨난 사람일수록 그것이 적게 우러나온다. 주희에 의하면, 육신을 가진 개인의 현실적 본성 곧 기질지성(氣質之性)이 서로 다른 것은 상당히 숙명적이다. 각자의 유전적, 환경적, 문화적 배경 그리고 후천적 습관에 따라 서로 다른 질의 기를 가지기 때문이라는 것이다.

고자(告子)는, 여기에 반대해서, 사람의 본성은 여울물과 같은 것이어서 동쪽으로 터놓으면 동쪽으로 흐르고, 서쪽으로 터놓으면 서쪽으로 흐른다. 사람의 본성이 선하고, 선하지 않음의 구분이 없는 것은 마치 물이 동쪽으로 흐르는지, 서쪽으로 흐르는지 정해진 방향이 없는 것과 같다고 했다. 이에 맹자가 말한다.

> 물은 진실로 동쪽과 서쪽의 정해진 방향이 없지만, 위아래의 정해진 방향도 없다는 말입니까? 사람의 본성이 선함은 물의 성질이 아래로 흘러가는 것과 같습니다. 사람은 선하지 않은 사람이 없고, 물은 아

래로 흘러가지 않는 것이 없습니다. 만약 지금 물을 쳐서 튀어 오르게 하면 이마를 넘어가게 할 수 있으며, 물을 퍼 올려 거꾸로 흐르게 하면 높은 산 위에 이르게 할 수도 있습니다. 이것이 어찌 물의 본성이겠습니까? 그 형세가 그렇게 만든 것입니다. 사람이 선하지 않은 일을 하게 되는 것도 그 본성이 형세의 영향을 받은 것입니다.(『맹자』 11:2)

여기서 우리는 맹자의 탁월한 격물치지(格物致知)를 본다[고자의 격물력이 맹자에 못 미치고 있다. 물의 **본성이라면** 동쪽 서쪽 이전에 먼저 고저, 위아래와 관련해서 생각해야 했다]. 또한 그를 교육함에 있어서 '형세' 즉 환경적, 문화적 배경을 중시해서 삼천지교(三遷之敎)한 맹모를 새삼 떠올리게 된다. 리와 기 사이의 관계, 그리고 그 관계에 기반한 인성과 물성에 대한 확실한 이해를 위해 논의가 좀 많이 나갔다.

요컨대, 유학에서는 음/양이라는 구조가 천지만물생성변환의 기본 구조이다. 음/양 구조는, 앞서 그 어원에서 보았듯이, 오랜 세월 격물치지적 탐구의 결과로 제시된 것이다. 레비-스트로스가 제시한 이항대대 구조 역시, 제4장에서 논의했던, 격물치지적 접근법―레비-스트로스의 용어로 수퍼합리주의접근법―에 의한 탐구의 결과물이다. 음/양에는 '이항'이라는 개념과 '대대'라는 개념이 절묘하게 통합되어 있다. 레비-스트로스는 "음양대대에 의해 질서 지어지는 우주론적 체계를 기반으로 하는 고대 중국사상보다 더 훌륭한 구조주의적 사고방식의 예를 발견해 본 적이 없다"[7]고 언명했다.

고대로부터 도가의 성경인『도덕경』, 특히 그 제1장과 제2장은 레비
-스트로스의 상기 언명을 거듭 상기시킨다. 그런데 제1장은, 제2장과
더불어, 오랜 세월 동안 많은 사람의 생각을 혼미하게 만든 원인을 제
공하였다.[8] 대빈호(大濱晧)가 쓴『노자의 철학(老子の哲學)』을 보면[9] 더욱 그
런 생각이 든다. 무엇을 말해주는가? 누구도 그 두 장에 대한 자신의
해석을 확고한 정설이라고 주장할 수 없다는 것이다. 하지만 감히 필
자는 그 두 장을 명료하게 해석하고자 한다. 이 작업을 위해 먼저 언급
해 두어야 할 것이 있다.『도덕경』에서 특별히 신비한 것이 없다는 점이
다. 그러므로 사람의 생각을 혼미하게 만드는 난삽한 담론으로써 제1
장, 제2장을 해석할 이유도 없다는 것이다.

왜 난삽한 해석과 담론이 계속되고 있는가? 서양인에게는, 제7장에
서 논의한 것처럼, 플라토니즘 이래 뿌리 깊은 이분법 패러다임의 철학,
종교, 세계관이 거의 절대적이다. 그래서 이른바 구조주의시대 이전까
지 그들 눈에는 유학의 [비이분법]음양대대적, 불교의 [비이분법]불일불이
(不一不二)적, 도가의 [비이분법]천균양행(天均兩行)적 인식과 이에 기반한 세
계관은 비논리적인 것, 심지어 미신적인 것, 그래서 반드시 개명되어야
하는 것, 기껏 좋게 말해 '신비한' 것이었다.

---

7   C. Lévi-Strauss, 1983b, 앞의 책, 13쪽.

8   김형효, 1999,『老莊 사상의 해체적 독법』, 청계, 20쪽.

9   다음을 볼 것: 임헌규 옮김, 1999,『노자 철학 연구』, 청계, 49-59쪽.

노자가 자신의 철학대로 무위자연(無爲自然)의 삶을 살았다면 그의 연대, 생애가 불확실한 것은 이해가 간다.[10] 노자가 형이상학적 개념과 용어가 풍성한 오늘날의 사람임에도 불구하고 제1장을 그렇게 썼다면 그는 신비스러운 인물로 생각될 수 있다. 중국인의 사유에 형이상학적 개념이 들어서기 시작한 것은 기원 전후 1세기경 인도로부터 불교가 들어오면서이다. 그런데 노자는 이보다 수백 년 전에 형이상학적인 도와 그에 따른 인식론을 당시의 개념과 어휘로써, 게다가 시제는 물론 조사 류, 접속사 류, 관계사 류 등을 극히 제한적으로 사용해서 주로 6 언구 또는 4언구 운율조의 문체가 되도록 하다 보니 지금 우리가 보는 제1장처럼 된 것이라고 보아야 한다.

그뿐만 아니다. 도의 본질, 도의 작용 등에 대한 노자 자신의 깨달음에서 우러나오는 경탄, 경외심을 그러한 운율조의 6언구 또는 4언구 속에서 표현하다 보니 비유, 은유가 포함된 수사학적 언사 — 예를 들어, 제1장의 "신비하고 또 신비하게도 모든 미묘한 것이 들고나는 문(玄之又玄 衆妙之門)"; 제21장의 "도의 사물 됨이여 오직 황홀恍惚함 홀황惚恍함이다, 그 황홀함 중에 상象이 있고 물物이 있다(道之爲物 惟恍惟惚. 惚兮恍兮 其中有象, 恍兮惚兮 其中有物)" 등등 — 가 많이 들어있어서 신비하다는 생각을 갖게 된다.

노자가 신비한 사람이라면, 신비한 리일분수(理一分殊)적 리(理)를 말하는 유학자, 신비한 일체유심조(一切唯心造)적 심(心)을 말하는 불교승, 신비한 삼위일체(三位一體)적 신(神)을 말하는 신학자 모두 진정 신비한 사

람이다.

그럼에도, 노자라는 인물 자체가 신비하다는 인식이 들게끔 하는 해석이나 언명이 들어가지 않은 노자 연구물을 보기 어렵다. 흰 구름 자욱한 어떤 선경에서 신비한 내용의 5000여 글자를 남기고 홀연히 사라진 노자. 대체로 이런 유의 이미지를 부각시키는 경향이 농후하다. 모 유명 교수는 『도덕경』을, 특히 제1장과 관련해서, "신비스러운 잠언집이라고 생각한다"고 했다. 과연 그런가? 필자가 볼 때 제1장이야말로 각 절들 간의 연결에 있어 논리체계가, 뒤이어 보듯이, 어느 장보다 정연하다. 제1장은 그 자체로서 나름 하나의 완결된 담론체계라 할 수 있다.

다른 모 유명 교수는 『도덕경』을 "여타 고전들과는 다른 장르의 책, 즉 우주와 세상의 문법학이라고 보아야 한다"고 주장한다. 과연 『도덕경』만 그런가? 『논어』가 포함된 사서(四書), 기독교의 『성경』, 불교의 『성경(불경)』도 '우주와 세상의 문법학'이다. 예를 들어 신유학[11]은 사서에 담겨있는 그 문법을 형이상학적 체계로 제시하고 있다.

또 다른 모 유명 교수는 자신이 번역한 책 끝 페이지, 맨 마지막 문장을 이렇게 쓰고 있다. "노자는 무無에서 나와서 무無로 들어가고, 지금도 무無로서 현존하고 있다". 물론 그렇다. 하지만 도대체 왜들 이러는가? 책의 맨 마지막 문장을 그렇게 딱 쓰고 끝마친다는 것은, 의도와는 무관하게, 노자를 끝내 신비화하는 일일 수 있다. 그런 식으로 쓸려면, 차라리 이렇게 쓰는 것이 도의 개념을 **최종적으로** 보다 명료하게

---

11 도통(道統) 신유학은 근본에 있어서 공자로부터 조금도 일탈하지 않는다. 이에 중국학계 일각에서는 구태여 신유학(Neo-Confucianism)이라는 부적절한 외래 개념을 쓰지 말고 그냥 유학이라고 해야 한다고 주장한다.

그러면서도 멋있는 문학적 표현으로 제시하는 일일 것이다: 마당 한 켠에 예쁘게 피었다가 까만 씨를 맺은 분꽃도, 어제 삼계탕 해먹은 영계 軟鷄도, 지난달에 돌아가신 뒷집의 할아버지도, 2천5백 년 전의 노자도 '무無에서 나와서 무無로 들어가고, 지금도 무無로서 현존하고 있다.'

이제 필자는 『도덕경』에 대해 신비하다는 선입견 없이 제1장, 제2장을 명료하게 해석하고자 한다. 그리고 이 해석을 기반으로 해서 과연 레비-스트로스의 언명처럼 '고대 인류는 전 세계적으로 구조주의적 사고를 했으며 인류 공통으로 지닌 사고방식의 표본이 바로 구조주의'인지 검토하고자 한다.

먼저, 노자는 제1장 첫머리에서 "도가도비상도(道可道非常道) 명가명비상명(名可名非常名)"이라고 천명했다. 이 두 구句를 종합하면, 가도(可道)인 도 즉 '도'라고 이름하는 도는 여일한 도 곧 상도(常道)가 아니다. 왜 그런가? 『역경』의 부록 제3장, 『도덕경』 제14장과 제42장, 『장자』 제물 편을 종합해서 연역해 볼 때, 도는 '도'라고 이름을 지어 부를 수 있는 어떤 것이 아니다(non-being). 그것은 그냥 하나(一)이다. 이 하나는 단순한 숫자 개념의 하나가 아니다. 그것은 도의 속성을 당시의 어휘로[당시 어휘의 수와 종류를 상상해서 지금과 비교해 본다] 말한 것인데 지금의 어휘로 말하면 전일(全一: the one and undifferentiated)이다. 전일로서의 하나(도)는 둘, 즉 음과 양을 있게 한다. 음과 양이 도, 즉 하나이다. 그러므로 하나는 하나가 아니라 둘이고 둘은 둘이 아니라 하나이다[불교로 말하면 불일불이(不一不二)]. 도는 둘, 즉 음과 양이기 때문에 만물을 생성시킨다. 요컨대 도는, 지금의 어휘로 말해, 천지만물생성변환에 있어서 단일한 우주적 원리라는 것이다.

따라서, 도는 "스스로 근본이 되어있고 천지의 생성 이전부터 본래적으로 있으며 (…) 하늘과 땅을 낳았다"(『장자』 대종사大宗師 편). 그래서 모든 것(being)를 있게 했다. 그러므로 "도가 없는 곳이 없다 (…) 땅강아지나 개미에게도 있다 (…) 가라지와 돌피에도 있다 (…) 기와나 벽돌에도 있다 (…) 똥이나 오줌에도 있다"(『장자』 지북유知北遊 편). 무엇을 말하고 있는가? 도일분수(道一分殊), 즉 전일로서의 하나인 도가 ─ 유학에서 전일로서의 하나인 리, 불교에서 전일로서의 하나인 불이 그런 것처럼 ─ 만물에 내재되어 있다는 것이다(the one and omnipresent).

도일분수. 여기에 『도덕경』 제25장을 연관시키면, 우주적 원리인 도는 말로서는 무엇이라고 이름 지을 수가 없다. 하지만 그 원리에 부합하는 세계관과 이에 따른 인간의 삶에 관해 하나의 단일한 체계로 ─ 즉, 『도덕경』이라는 하나의 서물書物이 될 수 있도록 ─ 담론하기 위해서는 부득이 그 원리에 이름을 붙이지 않을 수 없어 '도'라고 했다. 그러니 '도'가 그 원리의 본래 이름이라고 생각하지 말라는 것이다. 이에 뒤이어 "명가명비상명(名可名非常名)"이라고 부연했다. 비단 '도'라는 이름만 그런 것이 아니라, 이름 지어져 있는(可名) 이름은 여일한 이름 곧 상명(常名)이 아니라는 것이다. 놀랍다. 이것은 소크라테스·플라톤 이래 사물의 이름을 그 사물 본래의 여일한 이름이라고 보는 서양의 언어관을 정면으로 부정하는 것이다. 그리고 동시에 소쉬르·레비-스트로스의 구조주의 언어관의 단초를 연 것이다.

보이는 어떤 것이 아닌, 천지만물생성변환의 궁극적 원리 곧 도란 구체적으로 무엇인가? 『도덕경』 제25장에 의하면 그것은, 한마디로, 도법자연(道法自然): 스스로(自) 그러함(然)을 따르는(法) 것이다. 여기서 자연은 우리가 보통 사용하는 명사로서의 자연(자연물, 자연현상의 총체)이 아니다. 그것은 스스로 그러함[12]이라는 상태를 의미한다. 어떤 상태가 무위자연(無爲自然) 즉 '함이 없이 스스로 그러함'의 상태가 바로 도가 현현顯現된 상태이다(유학에서 예가 시중時中적으로 실천되고 있음이 바로 인이 현현된 상태인 것처럼, 불교에서 무주상無住相적 자비가 실천되고 있음이 바로 불이 현현된 상태인 것처럼).

도의 세상, 즉 도의 현현으로 가득한 세상을 이룩하려는 노자는 『도덕경』 제2장에서 인식론을 말했다.

天下皆知美之爲美 斯惡已, 皆知善之爲善 斯不善已 (천하개지미지위미 사오이, 개지선지위선 사불선이)

故有無相生, 長短相較, 高下相傾, 音聲相和, 前後相隨 (고유무상생, 장단상교, 고하상경, 음성상화, 전후상수)

이것을 도올은 가치론(axiology)이라고 했다. 김충렬, 김형효 역시 가치론으로 보고 있다. 세 분 다 국민적 대가이시다. 필자의 공부로는 그분들의 신발 심부름도 할 수 없다. 그러나 감히 필자의 견해는 다음과 같다.

가치론이란 가치의 본질에 대한, 가치와 사실의 관계에 대한, 가치를

---

12 제7장 제1절의 현학(신도교) 편에서 논의했던 왕필은 '스스로(自) 그러함(然)'을 무칭지언(無稱之言)이라고 했다. 칭하는 대상이나 내용이 없는 말이라는 것이다. 따라서 '도'는 말같이 들리지만 실은 말이 아니라는 것이다(김용옥, 2000, 『노자와 21세기』 [3], 통나무, 64-65쪽). 그래서 도는, 현학 편에서 언급한 것처럼, 정말로 아무것도 아니다(Tao is really nothing). 이에 조계종 제8대 종정 서암(西菴)스님은 '도가 본시 없는데 내가 무엇을 깨쳤겠나'라고 하셨다. 스님은 종정직을 사임하고 종단마저 탈종하여 천하에 거칠 것 없이 자유로운 운수납자雲水衲子가 되셨다.

판단하는 기준에 대한 연구이며 이론이다. 天下皆知美之爲美 斯惡已, 皆知善之爲善 不善已. 이 절만을 따로 분리해서 자구 그대로 해석하면 '천하가 모두 아름다움을 아름다움으로 아는데 그것은 추함일 뿐이다, 천하가 모두 선함을 선함으로 아는데 그것은 불선일 뿐이다'가 된다. 이것을 가치론이라고 볼 수도 있다. 하지만 그렇게 본다면, 과연 노자의 가치관은 신비한 데가 있다는 생각을 먼저 갖게 된다.

해석의 한 열쇠는 둘째 절의 첫 글자 고(故)에 있다. '故[그러므로]'로 인해 둘째 절의 사언구들은 첫 절의 내용과 인과적으로 해석되어야 한다. 이 인과적 해석을 위해, 『도덕경』 관련 선이해[13]에 기반해서 징후적 독해[14]를 하면, 전반부는 (가치론이기보다는) 인식론이다.

인식론이란 지식 곧 앎[知]에 관한 이론이다. "인식론적으로 말하면, P가 어떻게 해서 P인지 말할 수 없으면 아무도 그 P를 모른다."[15] 예를 들어, 어떤 음성이 어떻게 해서 말인지, 어떤 색깔이 어떻게 해서 교통

---

13 선이해(pre-understanding)는 『도덕경』의 총체적 내용은 물론이고 그 토대가 되는 또는 그와 관련되는 사상을, 말 그대로, 먼저 이해하는 것이다. 그래야만 둘째 절을 선이해에 비추어 올바르게 해석할 수 있다. 이것은 결코 아이러니가 아니다. 예를 들어, 『장자』를 해석하기 위해서는 무엇보다 먼저 『도덕경』을 선이해해야 한다. 『도덕경』을 이해하기 위해서도 『장자』는 물론 『역경』, 『논어』, 『중용』 나아가 거의 신화적 인물인 요순(堯舜)에 관한 선이해가 중요하다.

14 징후적 독해(symptomatic reading)는, 제7장 제2절에서 언급했듯이, 표층적 독해(surface reading)와 더불어 알튀세르의 용어이다. 그것은 텍스트가 함의하고 있는 참된 의미를 말해주는, 혹은 그것을 좌우하는, 혹은 그것과 관련 있는 선이해 등 전부를 종합하는 해석이다. 이처럼 많은 공부가 뒷받침되어야 하는 징후적 독해란 결국 독자의 힘으로 독해하는 것에 다름 아니다.

15 J. Dancy, 1996, *Contemporary Epistemology*, Oxford: Blackwell Publishers Ltd, p. 7.

신호인지, 어떤 현상이 어떻게 해서 아름다움인지를 말하는 이론이 인식론이다. 레비-스트로스의 인식론에 의하면, 말, 교통신호, 음악, 아름다움, 선善, 요리, 음악, 신화 등 일체의 문화적 사상事象은 이항대대二項對待라는 구조의 산물이다. 놀랍게도, 아득한 고대의 노자가 레비-스트로스의 구조주의인식론을 말하고 있다. 그래서 해석이 이렇게 된다.

> 천하가 모두 아름다움을 아름다움으로 아는데, 이것은[그 앎은] 추함일 뿐이다[추함에 의해서일 뿐이다]. 모두가 선함을 선함으로 아는데, 이것은[그 앎은] 불선일 뿐이다[불선에 의해서일 뿐이다].

'사(斯)'를 此(차)로 새겼다. '이(已)'를 과사過事라는 뜻[이미]이 함의됨과 동시에 잘라 끊는 뜻을 나타내는[뿐] 조사로 새겼다. 이 해석을 간략하게 해설하면 다음과 같다. 노자의 인식론에 의하면, 본래적으로 포지티브한 개념(달리 말해, 단자론적 개념)의 아름다움 혹은 추함이란 없다. 아름다움은 추함이라는 대대對待적 개념에 의해 네거티브하게(달리 말해, 관계론적으로) 생성되며 그 역도 마찬가지이다. 물론 선 혹은 불선의 경우도 이와 같다. 비근하게 물리적 공간을 인식함에 있어서도 그와 같다. 공간만 있으면 우리는 공간을 인식할 수 없다. 공간만 있으면 그것은 아무것도 아니다[無]. 작은 컵이라도 하나 있어야만[有] 우리는 공간을 인식한다. 이것을 노자는 상기 유무상생(有無相生)이라 했고, 장자는 『장자』 제물 편에서 "유가 있다는 것은 무가 있다는 것(有有也者 有無也者)"이라고 했다.

이에 장자는 "성인은 시(是)와 비(非)를 조화시켜[시비상생(是非相生)적, 레비-스트로스의 모델적 표현으로 하면 이항대대적] 천균(天均)에서 쉬는데, 이것을 양행(兩行)이라 일컫는다"고 했다(『장자』제물 편). 이와 관련해서 일찍이 노자는 이렇게 말했다. "[천균-양행적 인식의] 성인은 고정된 마음이 없어[불교로 말하면, 마음이 이분법적 경계에 들지 않아] 선한 사람을 선으로 대하고, 불선한 사람 역시 선으로 대한다. 그렇게 하면 모두가 선한 사람이 된다. 믿음성 있는 사람을 믿는다. 믿음성 없는 사람도 역시 믿는다. 그렇게 하면 모두가 믿음성 있는 사람이 된다"(『도덕경』 49장). 같은 맥락에서 효봉(曉峰, 1888~1966)스님은 "혜안(慧眼)으로 살펴보면 진(眞)이면서도 속(俗) 아닌 것이 없고 속(俗)이면서도 진(眞) 아닌 것이 없다[천균-양행]. 부처님이 말씀한 모든 법은 온갖 분별심[이분법적 경계]을 없애기 위해서다. 내게는 이미 분별심이 없거니[천균-양행이니] 그 모든 법이 무슨 소용 있으리"라고 하셨다.[16]

장자는 그러한 천균-양행(이하 천균양행)적 인식이, 레비-스트로스의 모델적 표현으로 이항대대二項對待적 인식이 인간 본래의 인식임을 『장자』 제물 편 거의 전부에서 역점적으로 설하고 있다. 그래서 편 명이 [일체의 이항쌍에서 이항을 이분법적으로 가를 수 없다는 함의]제물(齊物, Equalizing All Things)이다:

> 그러함(然)은 그렇지 않음(不然)이다[그러함이라는 인식은 그렇지 않음이라는 이항대대적 인식에 의거한다]. 만약 그러함에 그러함 뿐이라면, 그러함과 그렇지 않음을 인식할 수 없게 된다. 가(可)와 불가(不可)도 서로를 [대대對待적으로] 내포하고, 불가(不可)와 가(可)도 서로를 [대대적으

---

16 김정휴 편, 1990, 『달을 가리키면 달을 봐야지 손가락 끝은 왜 보고 있나』, 대원정사, 206쪽, 200쪽. (각괄호 필자)

로] 내포한다. 돌쩌귀는 돌아감의 가운데에 있음으로 인해[즉, 대대적

양행기능이 있어서] 무궁하게 대응해서(樞始得其環中 以應無窮) 옳음(是)도

무궁함의 하나이고 그른 것(非)도 무궁함의 하나가 된다.

이것은 장자가 『도덕경』제2장의 상기 전반부를 부연설명하고 있음
에 다름 아니다. 특기할 것은 돌쩌귀 비유이다. 이 비유는 장자가 돌쩌
귀에 이쪽과 저쪽, 안과 밖을 천균양행적(불일불이적, 이항대대적)으로 통합
하는 기능이 있음을 관찰로써 깨달은 결과이다. 돌쩌귀는, 노자로 말
하면, 『도덕경』제1장 끝 절에 있는 신비하고 또 신비하게도 모든 미묘
한 것이 [양행적으로] 들고나는 문(玄之又玄 衆妙之門)이다.

이제 명료하게 정리해보자. 노자는 『도덕경』제1장에서 천지만물생
성변환의 원리를 자신이 '도'라고 이름 붙인 이유를 말했다. 그리고는
제2장 첫 절에서 도의 세상, 즉 도의 현현으로 가득한 세상을 이룩할
수 있는 천균양행인식론 ― 레비-스트로스로 말하면 이항대대인식론
― 을 말했다. 그리고는 바로 다음 절에서 그 인식론의 타당성을 다양
한 예를 들어 뒷받침하고 있다: "그러므로(故) 유무상생(有無相生), 난이상
성(難易相成), 장단상교(長短相較), 고하상경(高下相傾), 음성상화(音聲相和), 전후
상수(前後相隨)". 이제 이것의 해석은 사족일 것이다. 대신에 유有/무無, 난
難/이易라는 대대적 쌍개념을 가지고 첫 절 패턴처럼 글을 지어본다: 天
下皆知有之爲有 斯無已(천하개지유지위유 사무이), 皆知難之爲難 斯易
已(개지난지위난 사이이).

다시 『도덕경』제1장이다. 노자는 보이지도, 들리지도, 잡히지도 않
는 것을 하나(一) 곧 도라고 했다. 도대체 이러한 도를 우리가 어떻게 해

야 알 수 있는가? 선先이해에 기반한 징후적 독해에서 볼 때, 도가와 유가는 그 방법론에서 상통하고 있다. 유학의 방법론은 누차 언급했듯이 관찰을 통한 격물치지(格物致知) — 레비-스트로스로 말하면 수퍼합리주의 — 이다. 노자 역시 『도덕경』 여러 편을 통해 바퀴통, 바퀴살, 풀무, 골짜기, 그릇, 방, 물 등을 관찰격물해서 도를 말하고 있는데 제1장에서 그 방법론을 간략하게 제시했다: "고상무욕이관기묘(故常無欲以觀其妙) 상유욕이관기요(常有欲以觀其徼)."

노자에서 보이지도 들리지도 잡히지도 않는 도를 알 수 있는 방법론이 도대체 무엇이겠는가? 유학에서 보이지도 들리지도 잡히지도 않는 리를 알 수 있는 방법론이 무엇이었는가? 뉴턴에서 보이지도 들리지도 잡히지도 않는 만유인력을 알 수 있는 방법론이 무엇이었는가? 레비-스트로스에서 보이지도 들리지도 잡히지도 않는 구조를 알 수 있는 방법론이 무엇이었는가? 답은 동일하다. 앞서 제3장 제1절, 제4장 제8절에서 논의한 신실증주의 혹은 과학적 경험주의이다.

신실증주의란, 다시 간단히 말해, 먼저 가설을 구성하고 현실의 경험세계에서 그 가설을 입증한다는 두 계기를 통합하는 접근이다. 과학의 목적은 새로운 앎을 발견하는 것이지만 발견은 먼저 가설을 구성함으로써 가능하다는 것이다. 즉, [가설 설정]발견하고자 하는 것을 먼저 정해서 염두에 두고 찾아 나서야만 발견할 수 있다는 것이다(물론 발견하지 못할 수도 있지만). 레비-스트로스의 방법론, 유학의 방법론, 뉴턴의 방법론, 그리고 다음과 같은 노자의 방법론 모두가 신실증주의(과학적 경험주의)이다.

『도덕경』 제1장, 제2장, 제4장, 제25장에 의하면, 원래 도는 이름이 없는데(無名) 천지의 시작이고, '도'라고 이름해서(有名) 만물의 어머니(근원)이다. 이 유명과 무명은 동일한데 이름이 다를 뿐이다(同出異名). [상기 有無相生: '有有也者 有無也者'. 그러므로] '무명으로서의 도'도 도 곧 상도(常道)이고 '유명으로서의 도'도 도 곧 비상도(非常道)이다. 이 동일함[즉, 有名無名相生: 有有名也者 有無名也者]을 두고 신비하다(玄)고 한다. 이러한 도를 알 수 있는 방법에 있어서 노자라고 해서 무슨 기상천외한 방법론이 따로 있었겠는가. 노자의 방법론 역시 상기 신실증주의이다: 故常無欲以觀其妙 常有欲以觀其徼.

즉, 보이지 않아서 무명인 '[그래서] 상무(常無)로서의 도'를 알고 싶은 까닭이라면(常無欲以) 그 오묘함을 관조할 것이요(觀其妙), 보여서 유명인 '[그래서] 상유(常有)로서의 도'를 알고 싶은 까닭이라면(常有欲以) 그 움직임, 즉 상무로서의 도가 현현된 모습을 관찰할 것인지라(觀其徼). '以'를 까닭으로, '徼'를 움직임·모습으로 새겼다. '欲'을 慾(selfish desire)으로 새기기 때문에 해석이 난삽해진다. 『도덕경』 관련 선이해로써 그것을 願(wish)으로 새겼다. 또한 '觀'을 상무로서의 도라는 맥락에서는 관조 觀照 — 대상의 보이지 않는 본질을 주관을 떠나 냉정히 숙고하는 것 — 로 새겼고, 상유로서의 도 맥락에서는 관찰觀察로 새겼다.[17] 관찰은 무엇을 알고자 하는, 깨닫고자 하는 마음으로 사물 그대로의 현상을 주의 깊게 살펴보는 것이다. 따라서 관찰은, 엄밀히 말해, 관조가 내포된 관찰이다(그렇지 않으면 그냥 보는 것이다).

---

17 T. Cleary, 1991, *The Essential TAO*, HarperCollins Publishers, p. 9; H. Wei, 1982, *The Guiding Light of Lao Tzu*, The Theosophical Publishing House, p. 20; D. C. Lau, 2001, *TAO TE CHING*, The Chinese University Press, p. 3; 大濱晧, 1962, 『老子の哲學』(임헌규 옮김, 1999, 앞의 책, 55~59쪽).

『도덕경』제21장(孔德之容 惟道是從, 道之爲物 惟恍惟惚, 惚兮恍兮 其中有象, 惚兮恍兮 其中有物)에 의하면, 큰 덕의 모습은 오직 도를 따른다. 도의 사물 됨[이것은 세상 누구도 설명할 수 없는] 오직 황홀恍惚함 홀황惚恍함이다. 홀황함 중에 상象이 있고, 물物이 있다. 여기에『도덕경』제1장의 둘째 절, 제39장의 전반부, 제40장, 제42장의 전반부를 보태어 해석하면, 덕이란 하나 곧 전일(全一)자인 도(道)가 만물에 품부稟賦되어[황홀·홀황적 사태] 사물이 범주별로 고유한 본성적 속성을 나타낸 것이다[道=德 그래서 道德經]. 즉, 도는 체(體)이고 덕은 용(用)이라는 것이다. 그러므로 도와 덕은 결국 하나라는 것이다[體用一源]. 달리 말해, 도는 덕의 미발(未發)이고 덕은 도의 이발(已發)이라는 것이다.

이에 도가에서는 닭은 덕이 있어서 닭답고[도의 이발], 사람은 덕이 있어서 사람답다[도의 이발]고 한다. 다시 말해, 자신의 고유한 본성적 속성 즉 덕을 십분 발휘하는 그러한 '닭다운' 닭 자체[物]가 보이지 않는 도가 현현된 것[道之爲物]이다. 마찬가지로, 자신의 고유한 본성적 속성 즉 덕을 십분 발휘하는 그러한 '사람다운' 사람 자체가 곧 도라는 것이다. (제7장에서 유학의 예와 관련해서 논의했던) 현학(후기 도가)과 상당한 영향을 주고받은 선(禪)불교에 의하면, 장작 쪼갤 때는 장작을 성심껏 패고, 물 길을 때는 물을 성심껏 퍼 올리고, 공무 볼 때는 공무를 성심껏 보고, 잡초 뽑을 때는 잡초를 열심히 뽑고[18], 잠잘 때는 잠을 달게 자는 사람

---

18 문광(文光)스님이 혜인사 행자시절 이야기를 하셨다. 스님이 밭에서 잡초를 뽑고 있는데 모시는 혜암(慧菴, 1920~2001) 큰스님이 나오셔서 작은 잡초 하나가 그대로 있는 것을 보시고 '너는 지금 딴생각을 하고 있는 것이야. 잡초 뽑을 때는 잡초만 열심히 뽑는 것이 선(禪)이다'고 하시며 야단을 치셨다. 스님은 내심 '뭐 그런 것 가지고 저렇게 야단치시나' 의아하셨다. 하지만 그 말씀으로 인해 후일 큰 깨달음

자체가 곧 도[道之爲物]이다. 또한 그러한 행行으로 살아가는 삶이 바로 무위의 행으로 사는 선(禪)의 삶이다.

그러므로 사물 자체를 관찰해야만 도를 알 수 있다(유학에서 사물 자체를 관찰해야만 리를 알 수 있는 것처럼[格物致知], 레비-스트로스에서 사물 자체를 관찰해야만 구조를 알 수 있는 것처럼[수퍼합리주의]). 전능자가 아닌 우리 인간으로서는 달리 방법이 있을 수가 없는 것이다. 이에 『도덕경』 제54장이다: "몸으로써 몸을 관찰하고(以身觀身), 집 일로써 집 일을 관찰하고, 고을 일로써 고을 일을 관찰하고, 나라 일로써 나라 일을 관찰하며, 천하로써 천하를 관찰한다. 내가 어떠한 까닭으로(何以) 천하가 그렇다는 것을 알겠는가, 그것을 아는 까닭은 이렇게 관찰하는 것이다(以此)."

관찰에 의한 격물(格物)력이 뛰어난 노자는 특히 물이 상기 도지위물(道之爲物)의 전형이라고 했다. 이와 관련해 『도덕경』 제8장, 제43장, 제66장, 제78장 등 전 편의 기술을 해석해서 요약하면,

> 물은 형태가 없고, 맛이 없고, 언제나 부드럽고, 항상 가장 낮은 곳에 머문다. 그러면서도 물이 모든 것을 이긴다. 물 앞에는 바위도 뚫리고, 쇠도 사그라지고, 세상을 다 잡아먹을 수 있는 불도 죽는다. 물이 모든 것을 다 이길 수 있는 연유는 물의 본질적 속성, 즉 물이 지니고 있는 덕 때문이다. 물은 잡다한 것을 모두 감싸면서, 장애물이 있으면 그것을 치우지 않고 오히려 자신이 갈라지면서, 막는 것이 있으면 대적하지 않고 둘러가면서, 높은 곳이 있으면 기다리고 있다가 넘어가면서, 남이 싫어하는 낮은 곳으로 낮은 곳으로 흐른다. 물의 이러

을 얻었다고 술회하셨다.

한 덕이 산과 계곡과 평야를 만들고 바다를 이루면서 만물을 생육한다. 물의 덕행(德行)이야말로 무위실천의 전형이다.

레비-스트로스 역시 제3장의 제1절, 제4장의 『신화학』편에서 본 것처럼 소년시절부터 사물에 대한 관찰력이 비범했다. 그가 관찰에 기반해서 격물치지(格物致知)한 바에 의하면, '문지방'으로 인해―장자로 말하면 상기 돌쩌귀로 인해, 노자에서는 『도덕경』 제1장 끝 절의 그 문으로 인해―이쪽과 저쪽 또는 안과 밖은 이항대대적 관계이다. 레비-스트로스에 의하면, 근친혼 금지라는 문지방(돌쩌귀, 문)을 넘어온 인간은 영속적인 [─項]자연적 본성 위에 [─項]문화적 본성을 **동시에** 지닌 존재가 됨으로써 자연/문화가 이항二項대대적―도가로 말하면 천균양행적, 앞서 유가로 말하면 음양대대적―인식구조의 원 모델이다. 과연 인류는, 레비-스트로스의 언명처럼, 고대로부터 구조주의적 인식에 기반한 사고를 했다.

*

불교도 인식론에 있어서 레비-스트로스의 구주주의와 다르지 않다. 태생이 유대인인 그는, 의미심장하게도, 만약 다시 태어나 종교를 택한다면 불교를 택하겠다고 했다. 석가가 35세에 성불(成佛)하고 맨 먼저 녹야원에서 수행하던 다섯 비구니를 찾아가서 처음 말씀이 '내가 중도(中道)를 깨우쳤다'는 것이다. 즉, 색(色)/공(空), 생(生)/멸(滅), 이승/저승(현세/내세), 나/부처(佛) 등 모든 이항쌍에서 이항 간의 관계가 불일불이(不─不二)적임을 ― 레비-스트로스로 말하면 이항대대적임을, 유학으로 말하면 음/양대대적임을 — 깨달은 것이다.

불교에 의하면, 오온(五蘊) 즉 수(受), 상(想), 행(行), 식(識), 색(色) 외에는 아무것도 존재하지 않는다. 인간을 포함한 만물은 어떤 한순간도 고정된 실체일 수 없다. 자아(自我)라는 것도 오온의 일시적 결합물에 불과하다.[19]

온(蘊)은 모으다, 결합하다, 쌓다는 뜻으로 연기(緣起)존재론과 적선공덕(積善功德) 방법론이 통합적으로 함의되어 있다. 반야경 이래 대승불교에 의하면, 오온은 카르마(karma) 즉 유정(有情)[생명체]의 업력(業力) — 적선공덕의 힘 — 에 의해 존재한다. 오온 자체는 비어 있는 공이다(五蘊皆空). 이 공이 존재론적 실재(ontological reality)이다. 오온의 일시적 조합체인 일체의 현상적 존재(actual existence) 곧 색(色)은 그러므로 본디 공이다(一切皆空). 공은 내용이 없다는 것이 아니라 무엇이든지 내용으로 채울 수 있다는 것이다. 유정이 어떤 업을 지어 공을 채우느냐에 따라 어떤 색이 되느냐가 결정된다. 이에 반야경은 색즉시공(色卽是空) 공즉시색(空卽是色), 즉 보이는 색계(色界)와 보이지 않는 공계(空界)가 하나도 아니고 둘도 아닌 불일불이적 관계임을, 또한 색과 공을 넘나드는 혹은 통합하는 문 역시 일심이문(一心二門)으로서의 마음임을 역점적으로 설하고 있다. 색의 생멸문(生滅門)과 공의 진여문(眞如門)이 통합된 마음에는 색과 공이 둘이 아니라는 것(不二)이다. 사찰마다 대문에 '不二門'이라고 쓴 현판을 크게 걸어 놓은 이유이다. 불이의 도, 즉 중도(中道)를 깨우친 마음 곧 해탈

---

19 K. Ch'en, 1968, *BUDDHISM: The Light of Asia* (길희성·윤영혜 옮김, 1994, 『佛教의 理解』, 분도출판사, 69-70쪽).

심(解脫心)에는 일체의 경계가 없어지고 따라서 일체의 집착이 없어진다.

이에 불교는 실체론(substantialism)을 부정하는 아나타(anatta) 사상이다. 특히 자아와 불멸의 영혼에 대한 실체론적 믿음이야말로 인류가 품어온 뿌리 깊은 망상 곧 무명(無明)이다. 그러므로 부처님에 있어 가장 근본적 과업이 바로 무명을 깨우치는 일이다. 이와 관련해서 부처님은 무기(無記)를 설하신다. '현상세계 내의 존재인 인간'의 감각-지각에 의한 인식은 현상세계라는 한계를 넘을 수 없다. 그러므로 설령 현상세계 너머에 본체라는 것이 존재한다 하더라도 그것을 인간이 있다느니 없다느니, 혹은 유물적이라느니 유심적이라느니 하면서 판단하고 기술하지 말라는 것이다[無記: 형이상학 금지]. 인간을 행복한 삶으로 **실질적으로** 인도해야 하는 종교가 문제로 삼아야 할 것은 우리가 실제로 살아가고 있는 이 현상세계 뿐이라는 것이 부처님의 입장이다(공자님의 입장도 무기이다).

그런데 부처님은 당시의 다양한 현상론마저 모두 논파하고[20] 독자적인 연기설(緣起說)을 설파했다. 현상계의 그 어떤 현실도 일련의 인과적 연기고리에 의한 것임을 밝힌 것이다. 이것은 고(苦)의 원인을 밝혀 해탈에 이를 수 있는 방법론을 명확히 제시하는 부처님의 독창적 불법이다.

인과적 연기고리를 간략하게 말하면 이렇다. 자아와 불멸의 영혼에 대한 실체론적 믿음 곧 무명은 몸(身)과 말(口)과 마음(意)의 죄로부터 자

---

20 그 구체적 내용: 無盡藏스님, 1993, 『불교의 기초 지식』, 홍법원, 37–42쪽.

라난다(과연 그렇지 않은가. 몸과 말과 마음의 죄가 없다면 불멸의 영혼이 극락에 간다, 지옥에 간다는 그런 **믿음체계를 구태여** 갖게 되었을까).[21]

죄로부터 자라난 무명이 행(行)을 낳는다. 행은 미래의 존재를 결정하게 되는 마음의 성향(혹은 조작)이다. 무명과 행은 과거세에 속한다. 무명에 의한 행으로부터 식(識)이 일어난다. 식의 일어남은 현세 삶의 시작이다. 식은 아기를 임신하는 첫 순간에 일어난다. 식이 일어남과 동시에 명색(名色)[정신+몸]이 생긴다. 이 명색에서 육처(六處) — 안(眼), 이(耳), 비(鼻), 설(舌), 신(身), 의(意) — 가 생겨나고 이것들이 기능해서 촉(觸), 수(受), 애(愛), 취(取), 유(有), 생(生)이 일어나며 이로 인해 결국 노사(老死)가 일어난다. 모두 12개의 고리이다. 해탈의 방법은 고(苦)의 가장 근원인 첫 번째 고리를 끊는 것이다. 그것이 끊어지면, 즉 무명을 깨우치고 나면 모든 고리가 무너지게 되기 때문이다.[22] 이에 그 방대한 불교 경전의 핵심은 무명을 깨우치는데, 다시 말해, 무아(無我)를 깨닫는 데 집중되어 있다고 해도 과언이 아니다.

그렇다면 부처님의 연기설은 결국 상견(常見) 즉 영혼불멸설인가? 아니라면, 단견(斷見) 즉 육체의 죽음과 더불어 영혼도 사멸한다고 보는 유물론적 영혼관인가? 불교는 상견도, 단견도 부정하는 양비론兩非論이다. 그러면 도대체 무엇이란 말인가[서양의 이분법적 사고에 젖은 사람은 그런 기본적인 것도 확실하지 않다면 불교를 믿을 이유가 없다는 것이다]. 부처님은 독화살 비유로써 그 물음에 대해 분명하게 설하신다. 알 수 없는 독화살을

---

21 K. Ch'en, 1968, 앞의 책 (길희성·윤영혜 옮김, 69쪽).

22 위의 책, 69-71쪽.

맞은 자가 해야 할 일은, 알 수 없는 것을 알려고 할 것이 아니라 독화살을 뽑고 살아나는 일이다.

이와 관련해서 부처님이 촛불 비유로 설하신 바에 의하면, 매 순간의 촛불은 이전의 촛불 바로 그것이지도 않지만 그것과 다르지도 않다. 즉, 두 촛불 간에 동일성은 없지만 연속성은 있다. 오온의 매 순간 조합으로 이루어진 존재가 매 순간의 현존재이다. 매 순간의 현존재와 이전 존재 간에, 촛불의 경우처럼, 동일성은 없지만 연속성이 있다. 즉, 모든 현존재는 이전 존재에서 지은 업에 따른 인과적 연기에 의한 존재라는 것이다. 따라서 중요한 것은 알 수 없는 그러한 형이상학적 물음에 골몰하는 것이 아니라 매 순간의 삶을 잘 사는 것, 즉 지금 이 현재에서 좋은 업을 지어 공(空)인 오온을 채우라는 것이다.

이에 불교는 인과업보론과 관련이 있다. 그렇다고 해서, 불교의 해탈 방법론이 당시의 숙작인(宿作因)설과 같은 기계론적 인과업보론에 기반해 있다면 불교는 세속적 수준이 되고 만다. 인과론적 업보를 염두에 두고 부처님 말씀을 실천하면 그것은 결과를 예상하고 그 결과에 대한 기대를 가지고 하는 것이다. 이것은 결국 실리주의, 기껏해야 공리주의이기 때문에 불교가 자칫 사도邪道로 빠질 수 있다. 부처님이 설한 방법론, 즉 매 순간 현재에서 좋은 업을 지어 오온을 채우는 유일 최선의 방법은 한마디로 무주상보시(無住相布施)이다.

특히 금강경은 무주상보시(無住相布施)를 역점적으로 설하고 있다. 무아(無我) 즉 '나'라는 생각 없이 그러므로 나의 대상인 '너'라는 생각도 없이, 따라서 결국 '보시한다'는 생각도 없이 보시 혹은 선행을 해야 한다는 것이다. 무주상적으로 하지 않으면, 자기 기분으로 술 한잔 산 것을 가지고도, 또는 버리기 아까워 쓰레기 치우듯이 남에게 준 것을 가지고도 어떤 기대하는 생각이 들고 이에 따른 섭섭해 하는 마음이 생겨서 결국 비판과 미움의 싹을 틔우게 된다는 것이다('준 것 없이 밉다'는 말이 왜 생겼겠는가). 불교에서 말하는 선(禪)생활이라는 것도, 별다른 것이 아니라, 무아적 실천이면 일상의 생활 자체가 바로 선의 삶이라는 것이다.

서양에서는, 앞장에서 논의했던 것처럼, 칸트철학이 제시하는 정언명령으로서의 이성도덕을 최고 윤리로 받든다. 하지만 이성도덕을 실천하는 삶에는 어디까지나 아(我)가 전제되어 있기 때문에 아의 상대 곧 남을 재는 잣대가 있고, 이분법적 경계가 있고, 보답(give-and-take)이라는 심리적 원리가 있다. 이러한 삶으로 이루지는 세상은 결국 희비쌍곡선적 사바세상 이상일 수 없다. 그 이상의 세상은 신의 존재, 영혼의 불멸을 **믿음으로써** 내세에서나 가능하다.

반면에 무아적인 선(禪)의 삶으로 이룩되는 세상은 그와 질적으로 다른 차원의 세상, 한마디로, 생사즉열반(生死卽涅槃)의 세상[인식론적으로 말하면, 불일불이(不—不二)의 세상]이다. 크고 밝은 지혜를 설하는 반야경에 의하면, 견성(見性) 즉 무명을 깨우쳐서 무아를 성취한 사람에게는 너와 내가, 나와 부처가, 열반과 이 세상이 불일불이적 일자(oneness)임으로 끝까지 부처님을 붙들고 있을 이유가 없고, 극락세상 가기 위해 이 세상을 버릴 이유도 없다. 생과 사가 일어나는 현상세계가 열반이고 열반이 현상세계이다.[23]

3~4세기 위진(魏晉)시대 현학(신도교) 운동 때, 견성에 이른 도교승과 불교승은 흔히들 서로 친하게 지냈다. 그들은 맑고 빛나는 기개가 감도는 대나무 숲 같은 곳에 함께 모여 청담淸談을 나누었는데 죽림칠현(竹林七賢)이 있었다고 전해진다. 그들은 도 혹은 공에 관한 담론 중에 불일불이, 천균양행이라는 진리 — 레비-스트로스로 말하면, 이항대대라

는 인식론적 진리 ― 에 이르면 때로 말을 멈추고 서로 빙긋이 웃음을 나누었다고 한다. 부처님의 중도(中道)를 깨달은 가섭(迦葉)이 부처님에게 지은 그 염화시중(拈華示衆) 미소와 같은 것이리라.

*

첨단 물리학인 미시의 양자물리학 역시 레비-스트로스가 실증적으로 제시한 이항대대라는 구조가 인식론적 구조, 나아가 존재론적 구조이기도 하다는 것을 입증하고 있다.

거시의 뉴턴 고전물리학에서는 파장/입자, 전체/개체, 우주/극소립자素粒子 등 이항쌍에서 이항간의 관계가 이분법적인 상호 배반排反이다. 모츠(L. Mortz)에 의하면, 명확하게 파악되는 그러한 이분법으로 인해 물리학자는 '확신과 교만'을 지니게 되었다. 확신이란, 우주와 인간의 본질은 공히, 제7장 제3절에서 논의한, 로고스[희랍어 logos→라틴어 ratio: 산술, 측정, 비율 → 영어 reason]적 이성이라는 확신이다. 교만이란, 그러므로 이성이 특출한 물리학자의 지적 능력은 우주의 모든 물리적 현상을 탐구하는 데 요구되는 지적 능력과 동일한 수준이라고 믿는 교만이다.

진정 그것은 잘못된 확신이고 교만이었다. 아인슈타인과 플랑크(M. Plank)에 의해 본격화된 미시의 양자물리학은 상기 이항쌍에서 이항간

---

23 이에 관한 성철스님의 설법: 깨우쳐서 보면 전체가 다 부처이고 전체가 다 불국토이지만 깨우치지 못하면 전체가 다 중생이고 전체가 다 사바세계, 지옥인 것입니다. 천당에 가니 극락세계에 가니 하는 것은 모두 헛된 소리입니다. (性澈, 2010, 『영원한 자유의 길』, 藏經閣, 96쪽)

의 관계가 대립적 배반적이 아니라, 레비-스트로스로 말해 대대對待적 관계 ─ 불교로 말하면 불일불이(不─不二)적 관계 ─ 임을 밝힘으로써 뿌리 깊은 서구인의 이분법적 인식과 이에 기반한 철학을 토대부터 뒤흔들었다. 아인슈타인의 상대성 이론은 질량(입자), 에너지(파), 운동, 방향, 공간, 시간 등 우주를 구성하는 모든 물리적 요소는 각각 단자론적으로 존재하고 작용하는 것이 아니라 본질적으로 서로가 서로에게 대대적, 불일불이적으로 관계해서 상대적으로 존재하고 작용한다는 것을 밝힌 이론이다.

플랑크는 빛이 에너지를 가진 파이기도 하고 질량을 가진 입자의 꾸러미이기도 하다는 것을 밝혀서 파와 입자가 단자론적으로 따로따로 존재하는 것이 아니라, 서로 대대적으로 존재한다고 주장했다. 램(W. E. Lamb)은 파와 입자 간의 상호 대대적 이동을 실제로 측정해서 노벨 물리학상을 받는다. 이에 그 대대적 이동을 물리학계에서 램 이동(Lamb Shift)이라고 한다.

나아가 호킹은 거시세계의 극한인 우주와 미시세계의 극한인 소립자素粒子 간의 관계 역시 서로를 대대적으로 포함하는 일자(oneness: one-is-all and all-is-one)적 관계임을 밝혀 빅뱅(big bang)이론을 지지하고 크게 발전시킨다. 최근의 의학(줄기세포 관련)도 우리 신체의 각 기관과 그것을 구성하는 세포 간의 관계 역시 서로를 대대적으로 포함하는 일자 관계임을 밝혔다. 또한 건강에 있어서도 정신과 육체는 대대적 일자관계라는 사실도 입증했다. 즉, 정신세계와 물리세계는 별개가 아니라 상호 대대적으로 존재한다는 것이다.

부연하면, 양자물리학은 우주구성물질의 궁극이 입자인가 파인가를 밝히고자 하는 미시물리학이다. 물질의 최소단위 원자는 크기가 1

억분의 1cm이며 지금까지 밝혀진 것은 118종류가 있다. 원자는 양陽전하인 원자핵과, 핵 주위를 도는 음陰전하인 전자로 구성되어 있다. 원자핵은 양전하를 띠는 양자量子와 무無전하인 중성자로 구성된다. 양자, 중성자 각각은 겔만(M. Gell-Mann)이 알아낸 쿼크(quark)라고 하는 내부 구조가 없는 그래서 더 이상 나누어질 수 없는 점點입자 3개로 구성된다(점입자 쿼크의 크기는 물질에 따라 다르다. 철 원자의 쿼크는 물이나 나무 원자의 쿼크보다 훨씬 크다). 이들 쿼크 각각의 운동양상은 이항대대적인 up/down, top/bottom, charm/strange 3가지이다. 이러한 대대적 양상의 운동에 의해 쿼크가 사라져서 파로 존재하기도 하고[空], 다시 출현해서 점입자로 존재하기도 한다[色].

무엇을 말해주는가? 원자핵 속에는 끊임없이 색즉시공(色卽是空)공즉시색(空卽是色) 현상이 반복되고 있다는 것이다. 봄(D. Bohm)에 의하면, 쿼크는 매우 짧은 시간대에서 생성하고 소멸하기 때문에 인간의 관찰로는 인지할 수 없다. 그래서, 존재하지 않아서 아니라, 관측불능이라는 의미에서 가상입자(virtual particle)이다. 요컨대, 입자와 파가 양자물리학에 대한 관계는 색과 공이 불교에 대한 관계와 같다는 것이다. 입자와 파는 존재론적으로 불일불이적 관계, 즉 입자즉시파(粒子卽是波)파즉시입자(波卽是粒子)임이 현대물리학에 의해 밝혀진 것이다(일찍이 아인슈타인은 미래에 가장 잘 맞을 종교는 불교일 것이라고 했다고 한다).

이와 관련해서 하이젠베르그는 불확정성 원리를 제시했다. 이에 의하면 사람으로부터 관찰(인간의 의식)이 가해지기 전에는 입자와 파가 불일불이적 가능태, 달리 말해, 불확정 상태에 있다. 이 불확정 상태가 관찰, 즉 인간의 의식에 의해 입자 또는 파의 모습을 드러낸다. 이것을 양자물리학에서 관찰효과라고 한다. 이 관찰효과로 인해 마음에너지

(mind energy)라는 개념이 대두된다. 불확정성인 가능태에 관찰자의 마음 에너지가 작용해서 입자 또는 파가 된다는 것이다(아인슈타인은, 유신론자여서 그런지, 이 이론에는 끝까지 반대했다고 한다).

이에 대해 상기 보어는 상보相補성 원리를 제시한다. 입자와 파가 가능태 즉 불확정성인 것은 입자와 파가, 동전의 앞면과 뒷면 간의 관계처럼, 서로 다른 차원에서 상보적으로 중첩되어 있기 때문이라는 것이다. 더 나아가 그는, 장소-거리적 경계가 전제되는 국소局所의 존재를 부정하는 비국소성 원리(non-locality principle)를 제시한다. 그는 입자를 작은 알갱이라 하고, 파를 입자포텐셜 즉 알갱이로 될 수 있는 가능태라고 했다. 이에 따라 그는 이분법 개념인 입자와 파를 부정하고, 대신에 '파동을 지닌 입자' 곧 파립(wavicle: wave+particle)을 제시했다. 입자는 어디까지나 파립으로서의 입자임으로 두 입자가 아무리 떨어져 있어도 한편으로는 서로 파로 연결되어 있다는 비국소성 원리이다.

이러한 비국소성 원리로부터, 어디를 자극하면 거기로부터 멀리 떨어져 있는 장기를 치료할 수 있고 질병을 진단할 수도 있다는 양자의학(quantum medicine)이 대두된다. 1982년 남파리대학의 아스펙트(A. Aspect)와 동료들은 비국소성 원리를 입증했다. 이에 그들은 모든 입자는 파립이므로 우주 끝에서 다른 끝까지 연결(entanglement)되어있다고 주장한다. 이 파립 연결론을 기반으로 해서, 양자물리학은 전 우주가 단일한 하나의 장場이라고 보는 통일장이론 또는 단일한 하나의 끈으로 연결되어 있다는 초끈이론(super string theory), 나아가 M이론 — M: 이론의 특징과 성격을 나타내는 어휘인 Membrane, Magic, Mystery, Matrix (혹은 Mother)의 첫 자 — 이라 불리는 막膜우주론(membrane theory)으로 진전된다. 그래서 우주를, 우리가 TV영상에서 보는 것처럼, 가로세로 끈으로 연결된 거대하고 부드럽게 굴곡진 막으로 표현한다. 호킹은, 이 막우주론을 기반으로 해서, 우주와 극소립자는 서로를 대대적으로 내포한다는 빅뱅이론을 크게 진전시키게 된다.

이상은 무엇을 말해주는가? 우리가 발 딛고 살아가는 이 세상의 모든 것은 궁극적으로 보이지 않는 가상입자 쿼크의 색즉공공즉색 운동의 산물이라는 것이다. 지금 여기 서 있는 나는 세포로 구성되어 있고, 세포는 분자-원자로 구성되어 있으며, 원자는 더 이상 나누어질 수 없는 쿼크의 색즉공공즉색 운동의 산물이라는 것이다. 저기 보이는 소나무, 어디선가 지저귀는 새, 내 옆에 누워있는 바위, 하늘에 떠가는 구름, 끝없는 창공으로 날아가는 로켓 등 모든 것이 쿼크의 색즉공공즉색 운동의 산물, 레비-스트로스의 모델적 표현으로 이항대대 운동의 산물이라는 것이다.

요컨대 현대의 양자물리학이 레비-스트로스가 언어, 친족, 토템, 신화 등 문화적 사상을 연구해서 밝혀낸 이항대대라는 구조가 인류의 인식론적 구조일 뿐만 아니라 인간을 포함한 이 세상 모든 것의 존재론적 구조이기도 하다는 것을 입증했다. 레비-스트로스는 "문화현상을 포함해 모든 자연현상을 설명함에 있어서 똑같은 타입의 설명을 이용할 수 있는 날이[즉, 똑같이 이항대대라는 모델로 접근해서 설명할 수 있게 될 날이] 언젠가는 올 것"[24]이라고 했다. 나아가 그는 "우주가 혼돈상태로 있는

---

24 Shin-Pyo Kang (ed. in chief), 1983a, *Lévi-Strauss's Anthropology & Korean Studies* (Lévi-Strauss's Lectures in Korea, Oct/1981), The Academy of Korean Studies, p. 47. (각괄호 필자)

것이 아니다. 우주에는 어떤 질서가 있고, 인간의 마음은 이 우주의 일부"[25]라고 했다. 이것은 그가 실증적으로 밝혀낸 이항대대라는 구조가 문화의 구조, 자연의 구조, 인간 두뇌의 무의식적 사유구조, 나아가 우주적인 존재론적 구조라는 확신을 천명한 것이다.

여기서 필을 놓도록 한다. 레비-스트로스의 이른바 구조주의 혁명은, 한마디로, 인식론의 혁명이며 그에 따른 세계관의 혁명이다. 이 혁명은 소크라테스-플라톤 이래 뿌리 깊은 형이상학인 이성주의와 이에 기반한 이분법적 사고로써 인간과 자연, 조물주와 피조물, 나와 너, 선과 악, 문명과 야만 등 대쪽 같이 둘로 가르는 서양의 모든 철학과 사상의 토대를 허물어버렸다. 또한 유럽이 '총 균 쇠'를 앞세워 비유럽을 수백 년에 걸쳐 바이러스적 방식으로 착취해온 만행을 당연한 것으로 여기는 유럽중심주의(Eurocentrism)의 제국주의적 역사관, 문명관을 뒤엎었다. 이로 인해 서양인에게 거의 고착된 오리엔탈리즘적 동양관이 뒤바뀌기 시작했다.

물론 레비-스트로스 이전에도 루소, 스피노자, 니체, 하이데거, 러셀, 화이트헤드 등 유럽중심주의를 반성하고 비판하는 사상가들이 있었다. 하지만 그 반성과 비판은 대부분 관련 사상가들 간의 철학적 담론 장 내에 머물렀다. 오늘날 세계적 지성들은 결정적으로 레비-스트로스가 모든 비유럽문명이 자신의 문화와 전통을 당당하게 전 지구적으로 펼칠 수 있도록 하는 데 획기적인 이론적, 사상적 기여를 했다고

---

25 C. Lévi-Strauss, 1978, *Myth and Meaning*, London: Routledge & Kegan Paul, p. 13.

높이 평가하고 있다. 이제 인류는 구조주의 혁명이 없었던 것처럼 세상을 생각(consider)할 수 없게 되었다.[26]

하지만 오늘의 현실을 더 깊이, 더 냉철히 직시해보면 구조주의 혁명의 온전한 달성과는 아직 상당한 거리가 있다. 그 온전한 달성, 즉 레비-스트로스의 [구조의 체(substance)]이항대대 ― 유가로 말하면 음양대대(陰陽對待), 불교로 말하면 불일불이(不一不二), 도가로 말하면 천균양행(天均兩行) ― 인식론이 전 인류적으로 수용되어 모든 인류문명이 상대방의 **다른 문명을** 자신의 존재론적 전제로 인식해서 [구조의 용(function)]호혜성에 기반한 발전을 이루어 나가는 데 본서가 조금이나마 기여한다면 필자로서 큰 보람이고 기쁨이다.

---

26 F. Dosse, 1997, 앞의 책, p. xxiii.

에필로그

그간 먼 길을 힘껏 달려왔다. 이 고비 저 고비 많았지만 '학이시습지 불역열호(學而時習之 不亦說乎)' 배움의 즐거움에 때로 무릎을 치기도 하는 긴 세월이었다. 그러나 아직도 흡족하지 않은 데가 많다. 이것도 더 쓰고 싶고, 저 부분도 더 명료하게 하고 싶다. 그렇다고 계속 더 쓰면 끝이 없을 것이다.

필을 놓으려니, 예나 제나 한결같이 필자를 위해주시는 조학명 형님과 형수님 모습이 새삼 떠오른다. 오랜 세월 '영양가' 없이 공부만 하는 우직한 필자를 언제나 따뜻이 이해해주고 격려해주는 친구들이 고맙다. 여러모로 필자의 공부와 생활을 도와준 바다 건너의 손아래 친구들이 새삼 그립다.

친구 오귀진은 본고 거의 전부를 '매의 눈'으로 검토해서 오류를 바로잡아주고 심도 깊은 토론과 편달을 해주었다. 또한 친구 나승호, 박상국, 서우형, 이승기, 조석우, 최현득[가나다 순]은 자신의 전공 또는 관심 분야를 장章 단위로 면밀하게 사독해주었다. 다들 시간을 쪼개 쓰는 일상임에도 많은 시간을 내어 도와주었다. 집사람은 언제부터인가 필자를 격려해 준 적이 없다. 대신에 "떡이 생기우, 밥이 생기우, 건강을 생각해서라도 이제 그만두시오"가 고정 레퍼토리이다. 그러면서도 반백의 머리를 싸매고 본고의 최후 사독자가 되어 군데군데 나름 상당한 도움을 주었다. 맏이 구실 제대로 한번 못한 필자를 언제나 너그럽게 이해해주는 형제들에게 고마운 마음을 전한다. 힘든 내색 한번 없이 자력경제로 학업을 마친 자식들에게 미안한 생각이 늘 마음 한켠에 있다. 친구 임종달, 김성규는 그들이 어려움에 당면했을 때 자기 자식처럼 돌보아주었다. 이런저런 감회로 가슴이 뭉클해 온다. 이제 그만 옷깃을 여미면서 필을 놓는다.

본고의 목적은 첫째, 레비-스트로스의 구조주의문화이론과 사상 전모를 쉽고 명료하게 체계적으로 이해하는 것이다. 둘째, 이를 통해 인간과 세상에 대해 보다 폭넓고 열린 지식과 깨달음을 함양하는 것이다. 필자는 이 목적을 최대한 달성하기 위해 본서의 체계를 강의형식으로 구성해서, 강의식 문체로 썼다.

과연 본고가 그 목적을 어느 정도 달성할 것인지 자신이 없다. 독자의 귀한 시간에 얼마나 보답이 될 것인지 걱정스럽다. 본고의 구성체계를 더 잘할 수 없었는지 머리속에 아직도 숙제로 남아 있다. 구슬이 세 말이라도 꿰어야 보배라는 말이 있다. 필자가 가지고 있는 변변치 못한 구슬이나마 어떤 체계로, 어떻게 꿰어야 할지 생각이 많았다. 레비-스트로스는 '고대 중국의 전통에서보다 더 훌륭한 구조주의적 사상의 예를 발견할 수가 없었다'고 했다. 중국의 전통적 사상 — 유가 사상, 도가 사상, (선)불가 사상 — 을 통해 레비-스트로스 구조주의에 대한 이해를 쉽게, 더욱 쉽게 하고자 하는 대목 대목에서 그 '통해'라는 수준과 범위를 어느 정도로 해야 할지 쓸 때마다 고민했다.

이와 관련해서 숨길 수 없는 한 엄연한 현실이 있다. 책을 어렵게 쓰면, 쓰기가 쉽고 쓴 글이 논문처럼 정연하다. 저자의 학문적 권위가 올라간다. 오류가 있어도 잘 드러나지 않는다. 이러한 이점으로 인해 독자는 이해하기 어렵다. 책을 강의식으로 쉽게 쓰면, 쓰기에 시간과 공이 많이 든다. 설명, 예 등이 많아 쓴 글이 정연하기 어렵다. 저자의 학문적 노력과 성과가 작게 보인다. 오류가 있으면 바로 드러난다. 이러한 불리함의 대가로 독자는 이해하기 쉽다. 말할 것도 없이 필자의 선택은 후자이다. 하지만 과연 그 선택에 합당하도록 본서를 쉽게 잘 썼는지 자꾸만 뒤돌아보게 된다.

자신이 쓴 원고에 대해 모든 면에서 다 만족하는 경우는 드물 것이라고 스스로 위로하면서 다시 힘을 낸다. 푸코, 알튀세르와 고델리어, 데리다, 라캉, 바르트와 크리스테바, 브로델 등을 중심으로, 서문에 함의되어 있듯이, 이미 초고를 마쳐 둔 이른바 후기구조주의 집필에 들어갈 예정이다.

언어(말), 역사, 문예文藝비평, 정신분석, 문명비평 등 다양한 분야에 걸친 후기구조주의 이론과 그 사상은 서세동점西勢東占으로 인해 자신도 모르게 서양문명에 젖은 우리의 눈을, 어떤 의미에서 레비-스트로스보다 더욱 구체적으로 실질적으로 새롭게 한다. 그래서 새롭게 보이는 그 세상이 바로 지구상의 모든 인류가 인종, 민족, 문화, 종교 따위를 초월해 마땅히 향유해야 할, 제6장에서 논의한, 레비-스트로스의 '민주적 휴머니즘'의 세상이라는 깨달음에서 무릎을 칠 것이다. 분명 세상이 달라진다.

당연히 필자는 후기구조주의 이론과 사상을 더욱 쉽고, 더욱 명료하게 쓰기 위해 최선을 다할 것이다. 이를 위해 학문적 권위로 여겨지기도 하는 난해성을 단호히 거부할 것이다. 실력 부족에 기인하는 난해성을 서문에서 본 지봉(芝峯)의 그 면학정신으로 줄기차게 물리칠 것이다.

　　　　　　　　　다음에 또 필자와 만나주실 것을 소망하면서,

　　　　　　　　　　　　　　　　강학순 올림

사독자들로부터

[가나다 순]

"망설였는데 일단 읽기 시작하니 손에서 놓을 수가 없었습니다. 제 평생에 얻은 것이 가장 많은 인문학서(人文學書)입니다."

강학원(한의사, 전 영남한방병원 원장)

"나는 서양철학도로서 미국사회를 15년 경험했다. 서구문명을 바라보는 강 박사의 철학적 시선이 깊고 날카롭다. 이제 레비-스트로스를 모르는 친구와는 술자리가 될런지…"

나승호(소설가 한이곤, 『해빈록』 상하권 외)

"강의가 철저하고 확실하다. 어느 한 주제, 한 논점도 적당히 넘어간 데가 없다."

박상국(동국대 석좌교수, 동양철학)

"나는 평소 강 박사의 글을 통해 이런 명저가 나올 줄 알았다. 책이 나오면 먼저 교직에 있는 분들께 권하고 싶다."

서우형(전 부산여고 교장)

"대 학술서임에도 학술서처럼 쓰지 않으려는 노력이 행간에 역력하다. 서정주의 '한 송이의 국화꽃'이 생각난다. 특히 언어이론 강의, 역사이론 강의, 토템과 신화이론 강의, 그리고 『도덕경』 강의는 완전 독보적이다."

오귀진(시인, 전 대한조선공사 상무이사)

"이 책을 읽지 않으면 그냥 읽지 않는 것이 아니라 크게 손해 보는 것이다."

이승기(외과 의사, 성서호호요양병원 원장)

"이 원고는 대 논문 여러 편이 나올 수 있는 탁월한 인스피레이션이다. 제8장에서 강 박사의 『도덕경』 해석은 그 독창성이 가히 세계적이다."

조석우(비전업작가, 『창밖의 파초우』 외)

참고문헌

강신주, 2011,『관중과 공자: 패자의 등장과 철학자의 탄생』, 사계절.

강신표, 1998, "韓國의 對待文化文法과 人學,"『한국문화인류학』31(2): 205-233.

_____ (대표 편역), 1983,『레비-스트로스의 人類學과 韓國學』, 한국정신문화연구원.

_____, 2002, "퇴계의 〈성학십도〉에 나타난 한국의 전통 문화문법,"『계간 사상』여름호: 215-254.

_____, 1995, "동아시아 '역사세계'와 '소분지우주' 그리고 현대인류학,"『한국문화인류학』28: 57-77.

강학순, 1992, "기든스(A. Giddens) 構造化理論의 地理學的 含意와 文化景觀解釋,"『地理學』27(2): 129-147.

_____, 1993, "地域發展에 관한 文化生態學的 研究," 경북대학교 박사학위논문, 10-53.

_____, 1994, "下向式·上向式 開發패러다임의 統合과 그 實踐的 代案 研究: A. Giddens의 '構造化理論'을 토대로," 〈大韓國土·都市計劃學會〉'94秋季學術發表大會, 97-103.

_____, 1995, "世界化 發展을 위한 地球化從屬의 認識論的 克服과 그 實踐課題, 민선자치단체장 시대에 있어서 지역개발의 방향 모색," 〈大邱·慶北地域發展學會〉論文集: 57-80.

과학사상연구회, 2001,『한계의 과학 한계의 형이상학』, 통나무.

구교찬·노대명·박성창·주형일·최애영·홍성민 (옮김), Ferry, L. and A. Renaut, 1997,『68사상과 현대 프랑스 철학』, 인간사랑.

길희성, 2002, "동양종교와 공동 가치: 한국사회와 유교적 최소주의 유교 신앙의 회복을 기대하며,"

〈한국정신문화연구원·유네스코한국위원회〉제2회 공동가치 포럼 논문집: 23-39.

길희성·윤영혜 (옮김), Ch'en, K., 1994,『佛敎의 理解』, 분도출판사.

김갑수, 1993, "莊子哲學에서의 自然과 人間에 관한 硏究," 성균관대학교 박사 학위논문.

김경용, 1996,『기호학이란 무엇인가』, 민음사.

김경일, 1992, "〈易經〉과 〈中庸〉의 人間學的 探究," 성균관대학교 박사학위논 문.

김광억, 1984, "現代 英佛 社會人類學의 歷史認識,"『한국문화인류학』16(12월 호): 9-27.

김동수 (옮김), Louis Althusser, 1991,『아미엥에서의 주장』, 솔출판사.

김복래, 2001, "아날학파와 일상생활사,"『국제지역연구』3(1): 31-50.

김석수 (옮김), I. Kant, 2007,『순수이성 비판 서문』, 책세상.

김성곤, 1992, "동양을 보는 서구인들의 편견에 대한 비판: 에드워드 사이드의 탈제국주의 이론,"『문학사상』22: 280-297.

김성국, 1973, "Claude Lévi-Strauss의 구조주의 연구," 서울대학교 석사학위논 문.

김성기, 1990, "포스트모더니티의 사회 이론: 료타르, 들뢰즈, 푸코를 중심으 로,"『문학과 사회』봄호: 349-378.

김시천, 2000, "道家는 '無爲'를 통해 무엇을 말하고자 하였는가,"『아카필로』창 간호: 184-193.

김용옥, 1989,『東洋學 어떻게 할 것인가』, 民音社; 1995,『檮杌 先生 中庸講義』, 통나무; 1998,『老子哲學 이것이다』(上), 통나무; 2000,『절차탁마대기만 성』, 통나무; 2000,『노자와 21세기』[1] [2] [3], 통나무; 김용옥, 2000~2001,『도올논어』[1][2][3], 통나무; 2013,『중용 인간의 맛』, 통나무.

김용정 역, J. Rifkin, 1994,『엔트로피 I』, 안산미디어.

김욱동 (엮음), 1997,『포스트모더니즘과 포스트구조주의』, 현암사.

김정휴 (엮음), 1990,『달을 가리키면 달을 봐야지 손가락 끝은 왜 보고 있나』,

대원정사.

김준홍 (옮김), Richerson, P. J. and R. Boyd, 2009, 『유전자만이 아니다: 문화가 어떻게 인간진화의 경로를 바꾸었는가』, 이음.

김준희 (옮김), 모리스 듀벨제, 1982, 『서구의 두 얼굴』, 종로서적.

김지원 (옮김), Plato, 1989, 『소크라테스의 변명』, 고려출판문화공사.

김진준 (옮김), J. Diamond, 2015, 『총 균 쇠』, 문학사상사.

김창환 (옮김), 2010, 『장자』(內·外 篇), 을유문화사.

김태창 (편역), S. Simonnet, 1987, 『현대의 生態主義·思想, 人間, 科學·技術』, 나남.

김형효, 1989, 『구조주의의 사유체계와 사상』, 인간사랑.

_____, 1991, "J. Derreda와 莊子," 『정신문화연구』 14(4): 97-132.

_____, 1993, "포스트 모더니즘의 철학," 『철학과 현실』 18(9): 144-159.

_____, 1999, 『老莊 사상의 해체적 독법』, 청계.

김혜숙 (엮음), 1995, 『포스트모더니즘과 철학』, 이화여자대학교 출판부.

김호진 (편역), J. 페트라스 외, 1989, 『제3세계의 정치경제학』, 한울.

김홍우, 1989, "現象學과 社會科學," 김동일 외, 『사회과학 방법론 비판』, 청람.

김효명 (옮김), H. Putnam, 1987, 『이성·진리·역사』, 民音社.

남만성 (옮김), 1994, 『노자 도덕경』, 을유문화사.

동녘 편집부, 1992, 『철학에세이』, 동녘.

류종목, 2010, 『논어의 문법적 이해』, 문학과지성사.

맹정현 (옮김), B. Fink, 2002, 『라캉과 정신의학』, 民音社.

무비 스님, 1999, 『금강경 강의』, 불광출판부.

_____, 2003, 『사람이 부처님이다』, 불광출판부.

無盡藏 (편역), 1993, 『불교의 기초지식』, 홍법원.

문옥표, 1986, "현대인류학의 이론구조," 『현대사회』 22(6월호): 207-222. 文學과 社會研究所 (번역), W. Outhwaite, 1984, 『이해사회학 서설』, 청하.

박기순 (옮김), D. Lecourt, 1996, 『프랑스 인식론의 계보: 바슐라르, 캉기엠, 푸코』, 새길.

박수영 (옮김), R. H., Robins, 2004,『언어학의 사상사』, 역락.

박신진, 1986, "聖書解釋에 있어서 構造主義的 方法의 貢獻: 創2~3章의 記號學 的 說話分析을 中心으로," 감리교신학대학 석사학위 논문.

박이문, 2001,『더불어 사는 인간과 자연』, 미다스북스.

_____,2001,『理性의 시련』, 문학과지성사.

박정호·양운덕·이봉재·조광제 (엮음), 1996,『현대 철학의 흐름』, 동녘.

박종열 (옮김), M. Harris, 1993,『문화의 수수께끼』, 한길사.

박종현 (옮김), Plato, 2016,『파이드로스』, 서광사.

_____,(옮김), Plato, 1997,『플라톤의 국가·政體』, 서광사.

박찬석, 1987, "近代化가 섬의 文化生態에 미친 影響-울릉도,"『地理學論究』8: 69-86.

변도은·이일수 (옮김), P. Kennedy, 1993,『21세기 준비』, 韓國經濟新聞社.

社會科學院, 1995, "세계화의 도전과 웅전 II,"『계간 사상』봄호: 52-80, 193- 215.

西岡秀雄, 1961,『文化地理』, 東京: 廣文社.

서규환 (옮김), D. Bell, 1991,『2000年代의 新世界秩序』, 디자인하우스.

서정민 (옮김), B. Lewis & B. E. Churchill, 2015,『100년의 기록』, 시공사.

설준규·송승철 (옮김), R. Williams, 1984,『문화사회학』, 까치.

성백효 (역주), 1991,『大學·中庸 集註』, 傳統文化硏究會.

성진기 외, 2000,『니체 이해의 새로운 지평』, 철학과현실사.

성철, 2010,『영원한 자유의 길』, 藏經閣.

沼田眞, 1977, "地理學と生態學の接点,"『地理』第二十二券, 第一號.

신인철 (옮김), E. Leach, 1996,『성서의 구조인류학』, 한길사.

신철원 (편역), 1995,『맹자(孟子)』, 恩光社.

심세광, 1990, "미셸 푸꼬에 있어서 에피스테메(pistm)의 문제: 말과 사물(Les mots et les choses)을 중심으로," 성균관대학교 석사학위논문.

심옥숙, 2019,『칸트 실천이성비판』, 주니어김영사.

심우섭, 1981, "中庸思想에 關한 硏究: 費隱의 觀點에서," 동국대학교 박사학위

논문.

심우성 (옮김), 諸橋轍次, 2001, 『공자 노자 석가』, 동아시아.

양해림 (옮김), O. A. G. Spengler, 2008, 『서구의 몰락』, 책세상.

오현중 (옮김), 2021, 『장자』(雜篇), 홍익.

우재호 (옮김), 2007, 『맹자』, 을유문화사.

원형갑, 1989, "크리스테바의 텍스트 生成理論," 『민족지성』 10월호: 262-273.

유영미 (옮김), J. Ziegler, 2016, 『왜 세계의 절반은 굶주리는가』, 갈라파고스.

윤사순, 2002, "性理學의 合理的 思惟 경향," 『東洋哲學』 14: 209-228.

윤영자 (옮김), 荒川弘, 1989, 『國際秩序와 世界經濟秩序』, 도서출판 인간사랑.

윤호병 외, 1992, 『후기구조주의』, 고려원.

이광규, 1973, 『레비-스트로스: 生涯와 思想』, 대한기독교서회.

_____,1983, 『文化人類學槪論』, 一潮閣.

_____,1997, 『韓國文化의 構造人類學』, 집문당.

이규태, 1995, 『뽐내고 싶은 韓國人』, 신원문화사.

이기홍 (옮김), J. Zelen, 1989, 『맑스의 방법론』, 까치.

이문웅 (옮김), L. A., White, 1981, 『文化의 槪念』, 一志社.

이순희 (옮김), M. Taibbi, 2015, 『가난은 어떻게 죄가 되는가』, 열린책들.

이승식 (옮김), D. Patte, 1976, 『구조주의적 성서해석이란 무엇인가?』, 한국신학
　　　연구소.

이승훈, 1988, "구조주의의 이론과 실제," 이승훈 엮음, 『한국문학과 구조주의』,
　　　문학과비평사.

이어령, 1988, "문학작품의 공간기호론적 독해," 이승훈 엮음, 『한국문학과 구조
　　　주의』, 문학과비평사.

이우재, 2000, 『李愚才의 論語 읽기』, 세계인.

이정호 (옮김), R. Feynman, 1992, 『물리법칙의 특성』, 電波科學社.

이종원 (옮김), 아야베 쓰네오(綾部恒雄) 역음, 1987, 『문화를 보는 열다섯 이
　　　론』, 인간사랑.

이청 (엮음), 1995, 『道가 본시 없는데 내가 무엇을 깨쳤겠나』, 둥지.

이학 (옮김), S. Freud, 1987, 『프로이트 심리학 연구』, 靑木.

임봉길·윤소영·송기형·김성도·정재곤, 2001, 『구조주의 혁명』, 서울대학교출판부.

임석진 (옮김), G. W. F. Hegel, 1980, 『歷史에 있어서의 理性』, 志學社.

권택영·맹정현·주디트 밀러, 2001, "자크 라캉 탄생 100년," 『세계의 문학』 26(1): 216-264.

임헌규 (옮김), 大濱晧, 1999, 『노자 철학 연구』, 청계.

장병기·김현권 (편역), L. Hjelmslev *et al.*, 1998, 『소쉬르의 현대적 이해를 위하여』, 박이정.

장승구·윤형식·김석수·정해창·박홍기, 2004, 『중용의 덕과 합리성』, 청계.

장하준, 이순희 (옮김), 2007, 『나쁜 사마리아인들』, 부키.

전경수, 1986, "文化理論과 人類學的 4觀點," 『예술과 비평』 3: 28-54.

전홍석 (옮김), 朱謙之, 2003, 『중국이 만든 유럽의 근대』, 청계.

정수복, 2007, 『한국인의 문화적 문법』, 생각의 나무.

정인재, 1996, "한국 新儒家에 대한 영·미학자들의 견해," 『서강대학교 인문연구논집』 23: 71-100.

정재서, 2000, 『도교와 문학 그리고 상상력』, 푸른숲.

정호영, 1995, "지구화 과정 속의 민족 국가와 세계," 『지성과 패기』 1(2): 144-145.

조경만, 1998, "농업에 내재된 자연-인간 관계의 고찰," 『역사민속학』 2: 7-31.

조남호, 2004, 『주희(朱熹): 중국철학의 중심』, 태학사.

조명휘, 1991, "中庸思想硏究," 동국대학교 박사학위논문.

조태훈·김재덕 (옮김), T. Campbell, 1989, 『인간의 사회에 관한 일곱 가지 이론』, 인간사랑.

주경복, 1996, 『레비-스트로스: 슬픈 열대와 구조주의자의 길』, 건국대학교출판부.

_____, 2016, "신자유주의를 말한다," 주영미 옮김, J. Ziegler, 『왜 세계의 절반은 굶주리는가?』, 갈라파고스, 부록.

주경철 (옮김), F. Braudel, 1995,『물질문명과 자본주의 일상생활의 구조』上·下, 까치.

朱熹, 인설(仁說), 1771,『주자문집대전』제67권, 전주감영, (조남호, 2004, 앞의 책: 74-78).

차동우·이재일 (옮김), Motz, L. and J. H. Weaver, 1992,『물리이야기』, 전파과학사.

최길성, 1988, "不淨 관념으로 본 한국인의 의식구조," 한상복 편,『한국인과 한국문화』, 심설당.

최달곤·정동호 (옮김), L. H. Morgan, 2000,『고대 사회』, 문화문고.

최문규, 1996, "'제국적 의미화'의 힘으로서의 문화적 텍스트 읽기,"『황해문화』10 (3): 322-333.

최상철·임성수 (옮김), 長奉晴夫, 1988,『第3世界의 地域發展: 그 思想과 方法』, 裕豊出版社.

최석영 (옮김), Hobsbawn, E. and T. Ranger, 1999,『전통의 날조와 창조』, 서경문화사.

최재희, 1981,『칸트의 純粹理性批判 硏究』, 博英社.

최협, 1996,『부시맨과 레비-스트로스』, 풀빛.

학술단체협의회, 1991, "자본주의 세계체계와 한국사회," 〈예술단체협의회〉제4회 연합심포지움, 한울총서 87.

한국현상학회 (엮음), 1990,『후설과 현대철학』, 서광사.

한도현·김동노·양현아·허라금·최진덕, 2004,『유교의 예와 현대적 해석』, 청계.

한문희 (옮김), J.-J. Rousseau, 2013,『언어의 기원』(1781), 한국문화사.

한상복, 1998, "한국 경제발전의 사회 문화적 동인(動因) 및 코스트," 서울대학교 인류학연구회 (엮음),『한국인류학의 성과와 전망』, 317-327.

한상복·이문웅·김광억, 2022,『문화인류학』, 서울대학교출판문화원.

한자경, 2001,『동서양의 인간 이해』, 서광사.

한형조, 2000,『왜 동양철학인가』, 문학동네.

한형조·이광호·정순우·이승종·강영안, 2004,『유교의 공부론과 덕의 요청』,

청계.

현승일 (옮김), Ludwig von Bertalanffy, 1990, 『일반체계이론』, 民音社.

황문수 (옮김), Plato, 2015, 『소크라테스의 변명―크리톤·파이돈·향연』, 문예출판사.

황태연, 2011, 『공자와 세계』 제1권(중·하), 청계.

황현숙 (옮김), R. Leakey, 2005, 『인류의 기원』, 사이언스북스.

Barnard, A., 2000, *History and Theory in Anthropology*, Cambridge University Press.

Barnes, G. L., 1993, *China, Korea and Japan: The Rise of Civilization in East Asia*, London: Thames and Hudson Ltd.

Barthes, R., 1973, *Mythologies* (1957), A. Lavers (trans.), St. Albans: Paladin.

_____, 1974, *S/Z* (1970). R. Miller (trans.), New York: Hill and Wang.

_____, 1977, *Writing Degree Zero* (1953), Lavers, A. and C. Smith (trans.), New York: Hill & Wang.

Bell, D., 1967, *The End of Ideology*, New York: The Free Press.

_____, 1976, *The Cultural Contradictions of Capitalism*, London: Heinemann.

_____, 1980, *The Winding Passage: Essays and Sociological Journeys 1960 1980*, MA: Abt Books.

Bell, D. A. and Hahm Chaibong, 2003, "The Contemporary Relevance of Confucianism," In Bell, D. A. and Hahm Chaibong (eds), *Confucianism for the Modern World*, Cambridge University Press.

Benedict, R., 1934, *Patterns of Culture*, Boston: Houghton Mifflin Co.

_____, 1934, "Anthropology and the Abnormal," *Journal of General Psychology* 10: 59-82.

_____, 1946, *The Chrysanthemum and the Sword: Patterns of Japanese Culture*, Boston: Houghton Mifflin.

Benson, N. C. and S. Grove, 1998, *Psychology*, Cambridge: Icon Books Ltd.

Bergson, H., 1988, *Matter and Memory: An Essay on the Immediate Data of Consciousness* (1889), Paul, N. M. and W. S. Palmer (trans.), Princeton University Press.

_____, 1911, *Creative Evolution* (1907), A. Mitchell (trans.), New York: Henry Holt and Company.

Billington, R., 1997, *Understanding Eastern Philosophy*, London: Routledge.

Blackburn, S., 1994, *The Oxford Dictionary of Philosophy*, Oxford University Press.

Blackham, H. J., 1965, *Six Existentialist Thinkers*, London: Routledge and Kegan Paul.

Bloch, M., 1996, "Structurlaism," In Barnard, A. and J. Spencer (eds), *Encyclopedia of Social and Cultural Anthropology*, New York: Routledge.

Boas, F., 1966, *Race, Language, and Culture* (1940), New York: The Free Press.

Braudel, F., 1972, "History and the Social Sciences: the longue durée," In P. Burke (ed.), *Economy and Society in Early Modern Europe*, London: Routledge and Kegan Paul.

Caruso, P., 1966, "Exploring Lévi-Strauss: Interview," *Atlas*, Vol. XI (April).

Caws, P., 1973, "Structuralism," In Philip P. Wiener (ed. in chief), *History of Ideas*, New York: Scribners.

_____, 1988, *Structuralism: The Art of the Intelligible*, New Jersey: Humanities Press International.

_____, 1996, "Structuralism," In Lévinson, D. and M. Ember (eds), *Encyclopedia of Cultural Anthropology*, New York: Henry Holt and Company.

Chan, Wing-tsit (trans. & compile), 1963, *A Source Book in Chinese Philosophy*, Princeton University Press.

_____, 1985, "How T'oegye Understood Chu Hsi," In de Bary, W. T. and J. K. Haboush (eds), *The Rise of Neo-Confucianism in Korea*, Columbia University Press.

Chang, Hao, 1993, "Confucian Cosmological Myth and Neo-Confucian Transcendence," In Smith, R. J. and D. W. Y. Kwok (eds), *Cosmology, Ontology and Human Efficacy*, University of Hawaii Press.

Cheater, A. P., 1991, *Social Anthropology: an alternative introduction*, London: Routledge.

Ch'en, K. K. S., 1968, *Buddhism: The Light of Asia*, New York: Hauppauge.

Chomsky, N., 1975, *The Logical Structure of Linguistic Theory*, New York: Plenum Press.

Chu Hsi, 1963, "A Treatise on *Jen*," In Wing-tsit Chan (trans. & compile), 1963, *op. cit.*

Chung, Edward Y. J., 1995, *The Korean Neo-Confucianism of Yi T'oegye and Yi Yulgok: A Reappraisal of the Four-Seven Thesis and Its Practical Implications for Self-Cultivation*, State University of New York Press.

Clarke, S., 1981, *The Foundations of Structuralism: A critique of Lévi-Strauss and the structuralist movement*, Sussex: The Harvester Press.

Clarkson, J. D., 1968, "The Cultural Ecology of Chinese Village: Cameron Highlands, Malaysia," 《Department of Geography Research Paper #114》, The University of Michigan.

Cleary, T., 1991, *The Essential TAO*, New York: HarperCollins Publishers.

Cohen, I. J., 1989, *Structuration Theory: Anthony Giddens and the Constitution of Social Life*, London: Macmillan Education Ltd.

Cohen, Y. A., 1971, *Man in Adaptation: The Cultural Present*, Chicago: Aldine.

Collins, J. and B. Mayblin, 1996, *Derrida*, Cambridge: Icon Books Ltd.

Cuddon, J. A., 1998, *Literary Terms and Literary Theory*, London: Blackwell Publishers.

D'anglure, B. S., 1996, "Lévi-Strauss, Claude," In Barnard, A. and J. Spencer (eds), 1996, *op. cit.*

Dancy, J., 1996, *An Introduction to Contemporary Epistemology*, Oxford: Blackwell Publishers Ltd.

Danto, A. C., 1975, *Sartre*, Glasgow: William Collins Sons and Co Ltd.

de Bary, W. T., 1985, "Introduction," In de Bary, W. T. and J. K. Haboush, 1985, *op. cit.*

_____, 2003, "Why Confucius Now?," In Bell, D. A. and Hahm Chaibong (eds), 2003, *op. cit.*

Dosse, F., 1997, *History of Structuralism*, Vol. I: *The Rising Sign, 1945-1966*, D. Glassman (trans.), University of Minnesota Press.

_____, 1997, *History of Structuralism*, Volume II: *The Sign Sets, 1967-Present*,

D. Glassman (trans.), University of Minnesota Press.

Durkheim, E., 1995, *The Elementary Forms of the Religious Life* (1912), New York: Free Press.

_____, 1933, *The Division of Labour in Society* (1893), G. Simpson (ed.), New York: MacMillan.

_____, 1952, *Suicide: A Study in Sociology* (1897), London: Routledge and Kegan Paul.

Eagleton, T., 1996, *The Illusions of Postmodernism*, Oxford and Cambridge, MA: Basil Blackwell.

Evans-Prichard, E. E., 1956, *Nuer Religion*, Oxford University Press.

Fairbank, J. K., 1958, *The United States and China*, Cambridge University Press.

Fingarette, H., 1972, *Confucius: The Secular as Sacred*, New York: Harper Torchbooks.

Foucault, M., 1972, *The Archaeology of Knowledge* (1969), A. M. Sheridan-Smith (trans.), London: Tavistock.

_____, 1984, "Neitzsche, Geneology, History," In P. Rabinow (ed.), *The Foucault Reader*, New York: Pantheon.

Freud, S., 1963, *Introductory Lectures on Psychoanalysis*, J. Strachey (trans.), London: Allen & Unwin.

Friedmann, J., 1988, *Life Space and Economic Space: Essays in Third World Planning*, Oxford: Transaction Books.

Fung, Yu-lan, 1976, *A Short History of Chinese Philosophy*, D. Bodde (ed.), New York: The Free Press.

_____, 1995, *Chuang-Tzu*, Beijing: Foreign Languages Press.

Garbarino, M. S., 1983, *Sociocultural Theory in Anthropology*, Illinois: Waveland Press Inc.

Garfinkel, H., 1984, *Studies in Ethnomethodology*, Oxford: Basil Blackwell.

Geertz, C. (ed.), 1971, *Myth, Symbol and Culture*, New York: Norton.

_____, 1973, "The Cerebral Savage: On the Work of Lévi-Strauss," In Geertz, C. (ed.), *The Interpretation of Culture: Selected Essays by C. Geertz*, New York: Basic Books Inc.

Gellner, E., 1997, "Interpretative Anthropology," In Hodder, I. *et al.*, *Interpreting Archaeology Finding meanings in the past*, London: Routledge.

Giddens, A., 1989, *Sociology*, Cambridge: Polity Press.

_____, 1984, *The Constitution of Society: Outline of the Theory of Structuration*, Cambridge: Polity Press.

Gluckman, M., 1965, *Politics, Law, and Ritual in Tribal Society*, Chicago: Aldine.

Goldsmith, M., 2005, "The evolution of Marshall Sahlins," In Munro, D. & B.V. Lai (eds), *Texts and Contexts: Reflections in Pacific Islands Historiography*, University of Hawaii Press.

Goodenough, W. H., 1970, *Description and Comparison in Cultural Anthropology*, Chicago: Aldine.

_____, 1981, *Culture, Language, and Society*, London: The Benjamin/Cummings Publishing Company, Inc.

Graham, A. C., 1989, *Disputers of Tao: Philosophical Argument in Ancient China*, Illinois: Open Court.

Gregory, D., 1981, "Ecosystem," In R. J. Johnston (ed.), *Dictionary of Human Geography*, New York: The Free Press.

_____, 1981, "Human Ecology," In R. J. Johnston (ed.), *ibid.*

Grossman, L., 1981, "The Cultural Ecology of Economic Development," *Annals of the Association of American Geographers* 71: 220-236.

Guignon, C. B., 1998, "Existentialism," In E. Craig (general ed.), *Encyclopedia of Philosophy*, London: Routledge.

_____, 1998, "Post-Structuralism: Post-Structuralism in the Social Sciences," In E. Craig (general ed.), *ibid.*

Gutting, G., 1998, "The Unconscious and Desire: from Lacan to Lyotard," In *ibid.*

Hahm, Chaibong, 2003, "Constitutionalism, Confucian Civic Virtue, and Ritual Propriety," In Bell, D. A. and Hahm Chaibong (eds), *Confucianism for the Modern World*, Cambridge University Press.

Hall, D. L. and R. T. Ames, 1987, *Thinking Through Confucius*, State University of New York Press.

_____, 2003, "A Pragmatist Understanding of Confucian Democracy," In Bell, D. A. and Hahm Chaibong (eds), 2003, *op. cit.*

Harmon, D., 2002, *In Light of Our Differences: How diversity in nature and culture makes us human*, Washington: Smithsonian Institution Press.

Heidegger, M., 1958. *The Question of Being*, Kluback, W. and Jean T. Wilde (trans.), New York: Twayne.

Helm, J., 1962, "The Ecological Approach in Anthropology," *The American Journal of Sociology* 67: 630–639.

Hénaff, M., 1998, *Claude Lévi-Strauss and the Making of STRUCTURAL ANTHROPOLOGY*, M. Baker (trans.), University of Minnesota Press.

Herskovits, M. J., 1958, *Acculturation*, Gloucester: Peter Smith.

Horrocks, C., and Z. Jevtic, 1997, *Foucault*, Cambridge: Icon Books Ltd.

Hsu, F. L. K., 1971, "Psychological Homeostasis and *Jen*: Conceptual Tools for Advancing Psychological Anthropology," *American Anthropologists* 73(1): 23–43.

Huang, N., 1997, "Confucius and Confucianism," In Carr, B. and Indira Mahalingam (eds), *Companion Encyclopedia of Asian Philosophy*, London: Routledge.

Jakobson, R., 1968, *Child Language, Aphasia and Phonological Universals*, The Hague: Mouton.

_____, 1971, *Word and Language*, The Hague: Mouton.

Jameson, F., 1972, *The Prison-House of Language: A Critical Account of Structuralism and Russian Formalism*, Princeton University Press.

Jung, Hwa Yol, 1990, "Heidegger's Way with Sinitic Thinking," In G. Parkes (ed.), *Heidegger and Asian Thought*, University of Hawaii Press.

Kang, Hak Soon, 2001, "Lacan: a post-modern savior," In Simmons, L. and H. Worth (eds), *Derrida Downunder*, Palmerston North: Dunmore Press.

Kang, Hak Soon and M. Goldsmith, 2005, "A Dialectical Paradox of Civilization: Toward mutual understanding of & tolerance for *difference*," The 2nd World Congress of Korean Studies, Venue: Peking University. (See footnote 18 in Chapter 7)

Kang, Shin-Pyo, 1974, "The Structural Principle of the Chinese World View," In I. Rossi (ed.), *The Unconscious in Culture*, New York: E. P. Dutton & Co., Inc.

_____ (ed. in chief), 1983, *Lévi-Strauss's Anthropology & Korean Studies*, The Academy of Korean Studies.

Keesing R. M., 1922, "The Past in the Present: Contested Representations of Culture and History," In Goldsmith, M. and K. Barber (eds), *Sites*, Massey University Press.

_____ ,1974, "Theories of Culture," *Annual Review of Anthropology* 3: 73-97.

Keesing R. M. and A. J. Strathern, 1998, *Cultural Anthropology a comparative perspective* , London: Harcourt Brace & Company.

Kim, Kwang-ok, 1998, "The Confucian Construction of a Cultural Community in Contemporary South Korea," In Mutsuhiko, S. and R. L. Janelli (eds), *The Anthropology of Korea: East Asian Perspectives*, Osaka: National Museum of Ethnology.

_____ , 1996, "The Reproduction of Confucian Culture in Contemporary Korea," In Wei-ming Tu (ed.), *Confucian Traditions in East Asian Modernity: Moral Education and Economic Culture in Japan and the Four Mini-Dragons*, Harvard University Press.

Kleingeld, P., 1998, "Kant on the Unity of Theoretical and Practical Reason," *The Review of Metaphysics* 52(2): 311-339.

Koh, Byong-ik, 1996, "Confucianism in Contemporary Korea," In Wei-ming Tu (ed.), 1996, *op. cit.*

Korn, F., 1973, *Elementary Structures Reconsidered: Lévi-Strauss on Kinship*, London: Tavistock.

Kristeva, J., 1984, *Revolution in Poetic Language* (1974). M. Waller (trans.), New York: Columbia University Press.

Kroeber, A. L., 1917, "The Superorganic," *American Anthropologist* 19: 163-213.

Kroeber, A. L. and C. Kluckhohn, 1952, *Culture: A Critical Review of Concepts and Definitions*, New York: Vintage Books.

Kuper, A., 1991, *Anthropology and Anthropologists*, London and New York: Routledge.

Kurzweil, E., 1980, *The Age of Structuralism: Lévi-Strauss to Foucault*, Columbia University Press.

Lacan, J., 1979, *The Four Fundamental Concepts of Psychoanalysis*, A. Sheridan (trans.), Harmondsworth: Penguin.

Lane, M., 1970, *Introduction to Structuralism*. New York: Basic Books, Inc.

Lau, D. C. (trans.), 1983, *The Analects* (*Lun y*), Hong Kong: The Chinese University Press.

_____, 2001, *TAO TE CHING*, Hong Kong: The Chinese University Press.

Lavine, T. Z., 1984, *From Socrates to Sartre: the philosophic quest*, New York: Bantam Books.

Leach, E., 1976, *Claude Lévi-Strauss*, New York: Penguin Books.

_____, 1973, *Political Systems of Highland Burma: A Study of Kachin Social Structure* (1954), London: Routledge.

Leach, E. and D. A. Aycock, 1983, *Structuralist Interpretations of Biblical Myth*, Cambridge University Press.

Leader, D. and J. Groves. 1995, *Lacan*, Cambridge: Icon Books Ltd.

Lechte, J., 1995, *Fifty Key Contemporary Thinkers: From structuralism to postmodernity*, London and New York: Routledge.

Legge, J. (trans.), 1990, *The I Ching* (The Appendixes), Dumfriesshire: Tynron Press.

Levenson, J., 1958, *Confucian China and Its Modern Fate*, New York: Routledge.

Lévi-Strauss, C., 1952, *Race and History*, Paris: UNESCO.

_____, 1968, *Structural Anthropology* (1958). Jacobson, C. and B. G. Schoepf (trans.), London: The Penguin Press.

_____, 1969, *The Elementary Structures of Kinship* (1949). Bell, J. H. and J. R. Sturmer (trans.), London: Eyre & Spottiswoode.

_____, 1969, *The Savage Mind* (1962). Weidenfeld, G. and Nicolson Ltd. (trans.), The University of Chicago Press.

_____, 1969, *Conversation with Claude Lévi-Strauss*, ed. by G. Charbonnier, John and Doreen Weightman (trans.), London: Jonathan Cape.

_____, 1969, *The Raw and the Cooked* (1964), Vol. 1 of *Mythologiques*, John and Doreen Weightman (trans.), New York: Harper and Row.

_____, 1978, *The Origin of Table Manners* (1968), Vol. 3 of *ibid*.

_____, 1981, *The Naked Man* (1971), Vol. 4 of *ibid*.

_____, 1971, *Tristes Tropiques* (1955), J. Russell (trans.), New York: Atheneum.

_____, 1978, *Myth and Meaning*, London: Routledge & Kegan Paul.

_____, 1985, *The View from Afar* (1983), Neugroschel, J. and P. Hoss (trans.), New York: Basic Books.

_____, 1987, *Introduction to the Work of Marcel Mauss* (1950), F. Baker (trans.), London: Routledge and Kegan Paul.

_____, 1973, *Totemism* (1962), R. Needham (trans.), Harmondsworth: Penguin Books.

_____, 1976, *Structural Anthropology*, Vol. II (1973), M. Layton (trans.), New York: Basic Books.

Linton, R., 1955, *The Tree of Culture*, New York: Alfred A. Knopf.

_____, 1937, "One Hundred Percent American," *The American Mercury* 40: 427–429.

McGuigan, J., 1999, *Modernity and Postmodern Culture*, Buckingham: Open University Press.

Malinowski, B., 1922, *Argonauts of the Western Pacific: An Account of Native Enterprise and Adventure in the Archiperagoes of Melanesian New Guinea*, London: Routledge and Kegan Paul.

_____, 1948, *Magic, Science and Religion and Other Essays* (selected by Robert Redfield), Glencoe, IL: The Free Press.

Martinet, A., 1966, *Elements of General Linguistics*, London: Faber and Faber.

Mauss, M., 1990, *The Gift: The Form and Reason for Exchange in Archaic Societies* (1925), W. D. Halls (trans.), London: Routledge.

Mead, M., 1949, *Male and Female: A Study of the Sexes in a Changing World*, New York: William Morrow and Company.

_____, 1935, *Sex and Temperament in Three Primitive Societies*, New York: William Morrow and Company.

Murphey, R., 1997, *East Asia: A New History*, New York: Longman.

Myrdal, G., 1968, *Asian Drama: An Inquiry into the Poverty of Nations*, New York: Pantheon.

Needham, J., 1956, "Science and Civilization in China," *History of Scientific Thought*, Vol. 2, Cambridge University Press.

Ng, On-Cho, 1993, "Toward an Interpretation of Ch'ing Ontology," In Smith, R. J. and D. W. Y. Kwok (eds), *Cosmology, Ontology and Human Efficacy*, University of Hawaii Press.

Nietzsche, F., 1967, *The Will to Power*, W. Kaufmann (trans., ed.), New York: Random House.

Pace, D., 1983, *Claude Lévi-Straus: The Bearer of Ashes*, London: Routledge & Kegan Paul.

Parkes, G., 1990, "Introduction," In G. Parkes (ed.), *Heidegger and Asian Thought*, University of Hawaii Press.

Patomki, H., 2002, "From East to West: Emergent Global Philosophies: Beginnings of the End of Western Dominance?," *Theory, Culture & Society* 19(3): 89-111.

Perry, R. J., 2003, *Five Key Concepts in Anthropological Thinking*, New Jersey: Prentice Hall.

Poster, M., 1984, *Foucault, Marxism & History*, Cambridge: Polity Press.

Radcliffe-Brown, A. R., 1952, *Structure and Function in Primitive Society: Essays and Addresses*, London: Cohen & West.

_____, 1957, *A Natural Science of Society*, Glencoe, IL: The Free Press.

Redfield, R. *et al.*, 1936, "Memorandum for the Study of Acculturation," *American Anthropologist* 38(1): 149-152.

Reid, M., 2001, "S/Z Revised," *Yale Journal of Criticism: Interpretation in the Humanities* 14(2): 447-452.

Rella, F., 1994, *The Myth of the Other: Lacan, Deleuze, Foucault, Bataille*, N. Moe (trans.), Washington, D.C.: Maisonneuve Press.

Robinson, D. and C. Garratt, 1998, *Descartes*, Cambridge: Icon Books Ltd.

Rosman, A. and P. G. Rubel, 1998, *The Tapestry of Culture*, New York: Mc-Graw-Hill.

Rostow, W. W., 1961, *The Stages of Economic Growth: A Non-Communist Manifesto*, Harvard University Press.

Rousseau, J.-J., 2009, *Discourse on the Origin of Inequality* (1755), Oxford University Press.

_____, 1914, *Emile, or Education* (1762), London: J. M. Dent & Sons Ltd.

Rozman, G., 2002, "Can Confucianism Survive in an Age of Universalism and Globalization?" *Pacific Affairs* 75(1): 11-37.

Rozman, G., 2003, "Center-Local Relations: Can Confucianism Boost Decentralization and Regionalism?" In Bell, D. A. and Hahm Chaibong (eds), 2003, *op. cit.*

Rubel, P. and A. Rosman, 1996, "Structuralism and Poststructuralism," In Lévinson, D. and M. Ember (eds), 1996, *op. cit.*

Rump, A. and Wing-tsit Chan (trans.), 1979, *Commentary on the Lao Tzu by Wang Pi*, The University Press of Hawaii.

Ryan, T., 2001, "Anthropological Différance: From Derrida to Lévi-Strauss," In Simmons, L. and H. Worth (eds), *Derrida Downunder*, Palmerston North: Dunmore Press.

Sahakian, W. S., 1968, *Outline-History of Philosophy*, New York: Barnes & Noble Inc.

Sahlins, M., 1995, *How Natives Think: about Captain Cook, for Example*, University of Chicago Press.

Sahlins, M. and E. R. Service, 1960, *Evolution and Culture*, University of Michigan Press.

Said, E. W., 1985, "Orientalism Reconsidered," In Barker, F. *et al.* (eds), *Europe and Its Others*, Colchester: University of Essex.

Sapir, E., 1921, *Language: An Introduction to the Study of Speech*, New York: Harcourt.

Sartre, J.-P., 1970, *Existentialism and Humanism*, P. Mairet (trans.), London:

Methuen & Co Ltd.

Sarup, M., 1993, *Post-structuralism and Postmodernism*, New York: Harvester Wheatsheaf.

Saussure, F., 1974, *Course in General Linguistics* (1916), Bally, C. and A. Sechehaye (eds) & W. Baskin (trans.), Glasgow: Fontana.

Service, E. R., 1971, *Cultural Evolutionism: Theory in Practice*, New York: Holt, Rinehart and Winston.

Seymour-Smith, C., 1996, *Macmillan Dictionary of Anthropology*, London: The Macmillan Press.

Shanks, M., 1997, "Archeology and the Forms of History," In Hodder, I. *et al.*, 1997, *op. cit.*

Silverman, H. J. and F. A. Elliston (eds), 1980, *Jean-Paul Sartre: Contemporary Approaches to His Philosophy*, Duquesne University Press.

Singer, M., 1979, "The Concept of Culture," In D. L. Sills (ed.), *International Encyclopedia of the Social Sciences*, New York: The Macmillan Company and The Free Press, Vol. 10.

Smith, A., 2002, *The Theory of the Moral Sentiments* (1759), New York: Cambridge University Press.

Smith, D. M., 1975, "Neoclassical Growth Model and Regional Growth in the U.S.," *Journal of Regional Science* 15: 165-181.

Smith, S. D., 1990, "Towards a Global Culture?" In M. Featherstone (ed.), *Global Culture: Nationalism, Globalization and Modernity*, London: Sage Publications.

Sol Tax *et al.* (eds), 1953, *An Appraisal of Anthropology Today*, Chicago: Aldine.

Spivak, G. C., 1985, "The Rani of Sirmur," In Barker, F. *et al.* (eds), *Europe and Its Others*, Colchester: University of Essex.

_____ , 1985, "Three Women's Texts and a Critique of Imperialism," *Critical Inquiry* 12 (Autumn): 243-261.

Sternberg, R. J., 1995, *In Search of the Human Mind*, London: Harcourt Brace College Publishers.

Steward, J. H., 1955, *Theory of Culture Change: the methodology of multilinear evolution* , University of Illinois Press.

_____ , 1967, "Organism and Ecosystem as Geographical Model," In Chorley, R. J. & P. Haggett (eds), *Models in Geography*, New York: Methuen.

Thody, P. and H. Read, 1998, *Sartre*, Cambridge: Icon Books.

Toffler, A., 1980, *The Third Wave*, New York: Morrow.

Toynbee, A. J., 1956, *Resurrection of Asia and the Role of the Commonwealth*, Wellington: Victoria University College.

Trubetzkoy, N., 1969, *Principles of Phonology*, University of California Press.

Tu, Wei-ming *et al.* (eds), 1992, *The Confucian World Observed: A Contemporary Discussion of Confucian Humanism in East Asia*, Honolulu: The East-West Center.

Tu, Wei-ming, 1976, *Centrality and Commonality: An essay on Chung-Yung*, 『Monograph No. 3 of the Society for Asian and Comparative Philosophy』, The University Press of Hawaii.

_____ , 1979, *Humanity and Self-Cultivation: Essays in Confucian Thought*. Berkeley: Asian Humanities Press.

_____ , 1997, "Chinese Philosophy: a synoptic view," In Deutsch, E. and R. Bontekoe (eds), *A Companion to World Philosophies*, Oxford: Blackwell Publishers.

Tucker, M. E. and J. Berthrong (eds), 1998, *Confucianism and Ecology: The Interrelation of Heaven, Earth, and Humans*, Harvard University Press.

Turner, V. W., 1967, *The Forest of Symbols: Aspects of Ndembu Ritual*, Cornell University Press.

Tylor, E. B., 1958, *The Origin of Culture*, New York: Harper and Row.

Tzu, M. N. E. (trans.), 1992, *Da Xue: The Great Learning*, Singapore: ASIAPAC.

Wallace, A. F. C., 1970, "A Relational Analysis of American Kinship Terminology," *American Anthropologist* 72(4): 841-845.

Wallerstein, I., 1990, "Culture as the Ideological Battleground of The Modern World-System," In M. Featherstone (ed.), 1990, *op.cit.*

_____ , 1991, *Unthinking Social Science*, Cambridge: Polity Press.

Weber, M., 1968, *The Religion of China*, New York: The Free Press.

_____, 1976, *The Protestant Ethic and the Spirit of Capitalism* (1904), London: Allen and Unwin.

Wei, H., 1982, *The Guiding Light of Lao Tzu*, London: A Quest Book.

Weil, W., 1969, "On the Algebraic Study of Certain Types of Marriage Laws (Murngin System)," In C. Lévi-Strauss, 1969, *op. cit.*, 221-227.

Whorf, B. L., 1965, *Language, Thought and Reality*, Mass.: M.I.T. Press.

Winthrop, R. H., 1991, "Semiotics; Structuralism; Symbolism; Totemism," In R. H. Winthrop (ed.), *Dictionary of Concepts in Cultural Anthropology*, New York: Greenwood Press.

Wiseman, B. and J. Groves, 1997, *Lévi-Strauss*, Cambridge: Icon Books Ltd.

Wissler, C., 1926, *The Relation of Nature to Man in Aboriginal North America*, New York: Oxford University Press.

Woods, T., 1999, *Beginning Postmodernism*, Manchester University Press.

Young, R., 1996, *White Mythologies: Writing History and the West*, London: Routledge.

레비-스트로스의 구조주의문화이론과 사상

발행일 1쇄 2024년 5월 30일

지은이 강학순
펴낸이 여국동

펴낸곳 도서출판 인간사랑
출판등록 1983. 1. 26. 제일-3호
주소 경기도 고양시 일산동구 백석로 108번길 60-5 2층
물류센타 경기도 고양시 일산동구 문원길 13-34(문봉동)
전화 031)901-8144(대표) | 031)907-2003(영업부)
팩스 031)905-5815
전자우편 igsr@naver.com
페이스북 http://www.facebook.com/igsrpub
블로그 http://blog.naver.com/igsr
인쇄 하정인쇄 **출력** 현대미디어 **종이** 세원지업사

ISBN 978-89-7418-619-7 93160